LISHUI ALMANAC

溧水年鉴 2011

溧水县地方志编纂委员会办公室

方志出版社

图书在版编目(CIP)数据

溧水年鉴.2011/溧水县地方志编纂委员会办公室编.
—北京:方志出版社,2011.10
ISBN 978-7-5144-0291-9

Ⅰ.①溧… Ⅱ.①溧… Ⅲ.①溧水县—2011—年鉴
Ⅳ.①Z525.34

中国版本图书馆CIP数据核字(2011)第213569号

溧水年鉴(2011)

编　　者:溧水县地方志编纂委员会办公室
责任编辑:徐　宏

出 版 者:方志出版社
(北京市建国门内大街5号中国社会科学院科研大楼12层)
邮编　100732
网址　http://www.fzph.org
发　　行:方志出版社发行部
(010)85195814　85196281
经　　销:新华书店
法律顾问:北京市大禹律师事务所
印　　刷:南京四彩印刷有限公司

开　　本:889×1194　1/16
印　　张:24.75
字　　数:766千字
版　　次:2011年10月第1版　2011年10月第1次印刷
印　　数:0001~2000册

ISBN 978-7-5144-0291-9/K·238　定价:190.00元

溧水年鉴编纂委员会

溧水年鉴编辑部

主　　编　巫永发
副 主 编　卞新宏　徐友华
执行主编　李淑萍　刘春兰
责任编辑　李淑萍　刘春兰　赵德生　张惠麒　朱　芸　韦　静
特约编审　刘迎春
特约编辑（按篇目先后排列）
杨孟良　卞巧生　闵小红　徐小明　吴赟兰
目录翻译　韦　静　余晓亮
美术设计　周黎明
封底摄影　赵忠杰
彩页策划　张茂顺
工作人员（以姓氏笔划为序）
田家根　任雨霞　赵　东　崔宁生　程伟林　阚乃梅

主审人名单

（按篇目先后排列）

夏艾琴　夏建国　沈　建　朱　洪　王先平　何存茂　徐友林　杨　兵
尚　进　臧正玉　汪能龙　王佶雷　谢以生　甘年保　周国平　屠文彪
汤宇甦　赵祖云　简恩林　王拥军　赵建华　赵定海　金永平　陈晓秋
易中宇　葛绍青　甘宗伟　张家顺　陈　亚　丁　良　张晓坤　邹　建
吴国荣　石明生　苗景宏　潘学能　王　敏　徐称心　严必友　严雪凤
华荣强　汤世春　巫永发　刘泉华　李巧根　管红玲　王克全　何晓萍
朱信年　赵亲才　曹松发　许青华　赵孝荣　何晓明　焦祖峰　束润林
刘智敏　黄忠山　芮　磊　沈　宏　章丽坤　郑　萍　代吉上　张　芬
李明富　杨连宝　周利人　全　智　韩家保　韩长乐　夏树芳　倪一斌
周　迅　周　静　王荣英　吴红月　傅了胜　赵　军　俞　杰　夏　云
俞小阳　相开玲　吴志坚　范哲庆　王超勇　唐海清

9 月 10 ~ 12 日，第十二届江苏国际服装节期间，中共江苏省委副书记、省长罗志军巡视溧水县展厅

县工商联　供稿

11 月 23 日，江苏省政协主席张连珍到溧水县开展“政协委员活动日”活动

县政协　供稿

7 月 23 日，中共江苏省委常委、南京市委书记朱善璐视察溧水经济开发区创维冰箱、洗衣机生产基地

县委办公室　供稿

4 月 26 日，南京市市长季建业视察江苏南京白马现代农业高新技术产业园展览

县科技局　供稿

8月5日，中共南京市委副书记陈绍泽慰问溧水县供电公司员工

县供电公司　供稿

7月12日，南京市副市长陈维健在和凤镇检查防汛工作

诸长恩　摄

7 月 16 日，中共溧水县委书记项雪龙在防汛一线检查指导

《秦淮源周刊》 供稿

4 月 28 日，溧水县政府县长姜明陪同江苏省全面小康建设调研组实地考察溧水全面建设小康社会情况

县政府办公室 供稿

5 月 27 日，溧水县人大代表视察国家卫生县城创建工作

县人大　供稿

2 月 3 日，溧水县政协委员视察通济步行街

县政协　供稿

领导活动

LI SHUI YEAR BOOK

2011

南京长安汽车有限公司汽车生产线

县委宣传部　供稿

南京喜之郎食品有限公司生产车间

溧水经济开发区　供稿

南京创维冰箱厂

溧水经济开发区　供稿

和凤镇润新海运公司
润祥号海船

和凤镇　供稿

南京傅家边现代农业园应用避雨栽培技术种植的葡萄

县委办公室　供稿

永阳镇山栀基地

《秦淮源周刊》 供稿

南京市溧水吴村桥严景万茶叶基地

《秦淮源周刊》 供稿

家禽养殖基地

《秦淮源周刊》 供稿

溧水新貌

王能兵　摄

城区远眺

县住建局　供稿

望京街广场

县委宣传部　供稿

护城河景观

县委办公室　供稿

宁杭高速公路

县委办公室　供稿

243 省道

县交通运输局　供稿

小镇新路

张荣富　摄

卧龙湖大桥

县委宣传部　供稿

溧水体育公园

县住建局　供稿

溧水县自来水公司十万吨新水厂

县自来水公司　供稿

溧水县人民医院

县卫生局　供稿

溧水汽车客运总站

县交通运输局　供稿

卧龙湖国际社区居住小区

南京卧龙湖置业有限公司　供稿

居民小区

唐奇通　摄

白马镇康居小区

白马镇　供稿

孟家新村

张克敏　摄

山乡春天

张荣富　摄

水乡渔歌

赵忠杰　摄

石臼湖

县委办公室　供稿

胭脂河

姜明灯　摄

东屏湖

《秦淮源周刊》供稿

中山水库风景

耿景明　摄

傅家边梅花山

《秦淮源周刊》 供稿

无想山竹海

县委办公室 供稿

私家收藏馆——周园

周园　供稿

太阳岛高尔夫球场

县委宣传部　供稿

金水湾国际度假村

东屏镇　供稿

南京市古树名木——石湫上方村千年银杏树

石湫镇　供稿

和凤镇乌飞塘村古朴树

《秦淮源周刊》　供稿

石湫龙舞

县委宣传部　供稿

柘塘打社火

县委宣传部　供稿

蒲塘踩高跷

县委办公室　供稿

1 月 12 日，江苏冠军涂料有限公司组织青年职工赴南京，为南京申办青奥会加油

《秦淮源周刊》 供稿

2 月 24 日，双墩村民“双龙戏珠”迎“元宵”

《秦淮源周刊》 供稿

2 月 27 日，第十届南京 · 溧水梅花节暨“秦淮源头最美乡村自驾游”和“南京万名游客祈福启新溧水游”在傅家边梅园开幕

县政府办公室　供稿

2 月 28 日，江苏欣力光电有限公司举行产品剪彩仪式

溧水经济开发区　供稿

3月6日，第五届中国（南京 · 溧水）草莓文化节开幕

县委宣传部　供稿

3月14日，张艺谋带领《金陵十三钗》剧组到石湫影视基地勘景

石湫镇　供稿

3月26日，白马湖人居森林项目开工

白马镇　供稿

5月1日，卧龙湖国际社区紫薇花园别墅区车展

《秦淮源周刊》 供稿

5月7日，和凤镇农民创业基地、天湖蛋业联合社、蛋业加工园揭牌

《秦淮源周刊》 供稿

5月16日，南京市第二十次"全国助残日"广场助残活动暨"圆梦行动"捐赠仪式在溧水县南门广场举行

县政府办公室 供稿

5 月 28 日，住建部为溧水县创建国家园林县城授牌

县政府办公室　供稿

6 月 15 日，南京长安汽车有限公司举行成立十周年答谢会

《秦淮源周刊》 供稿

7 月 20 日，由党员干部、民兵、应急队和当地群众组成的抢险队在联合圩防汛抢险

《秦淮源周刊》 供稿

8 月 21 日，溧水经济开发区机场路居委会社区服务中心大楼落成

溧水经济开发区 供稿

10 月 5 日，柘塘小学举行百年校庆活动

溧水经济开发区　供稿

11 月 18 日，溧水县老年节暨第四届老有所乐运动会闭幕

县体育局　供稿

12 月 26 日，东庐山观音寺圆通宝殿举行开光庆典

县民族宗教局　供稿

12 月 29 日，位于珙蓝凤凰小镇的约翰温泉大酒店建成开业

县旅游局　供稿

编 纂 说 明

一、《溧水年鉴》由溧水县人民政府主办，溧水县地方志编纂委员会办公室、溧水县档案局、中共溧水县委党史工作办公室联合组织编纂，各镇(开发区)、各部委办局、集团公司、驻溧水单位供稿。《溧水年鉴》编辑部按照年鉴体例编辑，由方志出版社出版。

二、2011版《溧水年鉴》记述时限为2010年1月1日~12月31日，主要反映2010年溧水县自然、政治、经济、文化、社会等方面基本情况和大事要事，并刊载重要的资料和统计数据。为参照之需，某些条目内容或统计表中的数据亦反映2010年之前的情况。

三、《溧水年鉴》采用分类编辑法，主体内容分为类目、分目、条目3个层次，部分分目下设副分目。条目为记述的基本层次。

四、《溧水年鉴》类目之首大部分设“综述”分目，大部分分目之首设“概况”条目，反映各行业、各类事物的总体情况，并用基本固定的要素予以记述。

五、《溧水年鉴》选择相关的资料附于有关分目、条目中，以增强年鉴的实用价值并便于相互比较。

六、《溧水年鉴》为保持各类目或分目内容的相对完整性，个别条目会有重复，对于内容完全相同的条目，以参见方式处理。

七、《溧水年鉴》“溧水概况”类目设有“组织机构及负责人”分目，记载2010年溧水县境内科级以上组织机构和正副职领导干部调整、变化情况。“大事记”类目，按月、日为序。“人物”类目，按姓氏笔画为序。

八、《溧水年鉴》中的统计资料由县统计局提供。未列入统计资料的数据由各单位提供，领导讲话和文件选编中的数据、计量单位未作改动。凡因统计口径等原因，专业部门与统计部门的部分数据数值不一致时，均以县统计局统计资料为准。

九、《溧水年鉴》的编纂出版，得到全县各部门、各镇(开发区)及社会各界的支持，也得到省、市地方志办公室领导和专家的指导和帮助，在此一并致谢。

目　录

Mu Lu

特　载

溧水概况

开发园区建设

开放型经济

工　业

农　业

水　务

城镇建设·环境保护

建筑业·房地产业

交通·供电

邮政·通信

商贸·旅游

财政·税务·审计

金　　融

经济管理

教　　育

科学技术

文　　化

卫　生

体　育

中国共产党溧水县委员会

溧水县人民代表大会及其常务委员会

溧水县人民政府

政协溧水县委员会

人民团体

国防建设

政　　法

◇目录◇

人力资源和社会保障

社会生活

各镇概况

人　　物

大　事　记

统计资料

附　　录

索　引

彩页目录

Contents

特　　载

Te Zai

县人大 供稿

坚定不移走科学发展之路
为建设基本现代化的新溧水而努力奋斗

——中共溧水县委十一届十九次全体(扩大)会议报告(摘要)

中共溧水县委书记　项雪龙

2010年12月16日

同志们：

这次县委全体(扩大)会议的主要任务是：认真贯彻党的十七届五中全会和省委全会精神，回顾总结我县今年以来工作和“十一五”发展所取得的成绩，研究部署“十二五”及明年各项目标任务，动员全县上下，进一步解放思想，开拓创新，坚定不移走科学发展之路，为建设基本现代化的新溧水而努力奋斗。

一、2010年工作和“十一五”发展的简要回顾

今年是“十一五”收官之年，面对复杂多变的宏观环境和艰巨繁重的发展任务，全县上下坚持以科学发展观为统领，紧紧围绕年初确定的奋斗目标和工作思路，集中精力抓发展，全力以赴促转型，坚持不懈惠民生，各项工作取得了显著成绩。

(一)全县经济持续高位增长。预计全年实现地区生产总值239亿元，增长22%；完成财政收入32亿元，增长35.3%，财政一般预算收入20亿元，增长38.7%，增幅均居全市区县前列；财政一般预算收入在全省51个县市中暂列第24位，比去年底又提升了2位。实现工业开票销售收入340亿元，增长38%，工业增加值132亿元，增长26.2%，利税63亿元，增长57.5%。社会消费品零售总额达70.8亿元，增长20%，三产增加值64亿元，增长20.3%。新增高效农业面积3.1万亩，重点农业龙头企业实现销售收入34亿元，增长20%。完成建筑业施工产值90亿元、增加值22亿元、入库税收2.7亿元，分别增长16.4%、22%和54.3%。

(二)后劲培育取得重大突破。全县累计“四个一批”项目709个、总投资536.9亿元，其中新开工项目399个、总投资196.5亿元；全年在建项目451个，其中亿元以上项目72个。预计今年完成全社会固定资产投

资223亿元，增长35.2%，其中工业固定资产投资192亿元，增长37%。完成注册合同外资3亿美元，实际利用外资1亿美元，实际利用内资140亿元，分别增长36.1%、22.5%和34.7%，新引进亿元以上项目40个，有效签约工业项目投资达到250亿元。溧水经济开发区、各镇工业集中区和“三园”建设有序推进，创维科学城、长安汽车园、总参60所高科技产品生产试验基地等一批重大项目相继落户。现有工业企业完成技改投入60亿元，增长34%。新增高新技术企业4家、高新技术产品6个、工业名牌产品14个、全国驰名商标产品1个、国家专利122件，引进省级高层次创新创业人才12人。对一批“五小”企业实施了关停整顿和产业置换，促进了产业升级。

（三）人民生活步入全面小康。十项民生工程顺利实施，预计全年新增就业岗位20124个，城镇失业人员再就业3248人，转移农村劳动力17015人，新增私营企业777家、个体工商户1126户。农民人均纯收入和城镇居民人均可支配收入分别达到10730元和24450元，同比增长12.4%和11%。新增企业职工参加社会保险87737人，实施“五险”同征47014人，新农保、新农合参保率分别达到99%和98%。困难群众大重病救助、城乡低保户和无固定收入重度残疾人员及重点优抚对象遗属生活救助标准进一步提高，被征地人员全部纳入基本生活保障。建成了2家养老中心，为全县60岁以上老人办理了享受全市公交等优惠服务的南京市民卡。新建经济适用房和廉租房200套、拆迁安置房3.3万平方米，完成农村危房改造382户。全面小康建设高标准通过了省级验收，被誉为“跨越发展的典型、协调发展的典型、惠民发展的典型和可持续发展的典型”。

（四）城乡面貌得到持续改善。深入贯彻中央和省市关于统筹城乡发展的战略部署，出台了相关实施意见，开展了溧水县城乡总体规划编制工作。十大重点建设工程全面推进，健康西路、板桥路建成通车，毓秀路、龙山路、青年路、金蛙西路改造顺利竣工，县游泳馆完成主体工程，县人民医院新址扩建、县体育馆、县汽车客运总站进入工程扫尾阶段，宁杭城际铁路、溧马高速、246省道正在加快建设。实施了城市道路绿化、景观改造和城西西苑公园、城北文化公园改扩建工程，新增城市绿化面积23万平方米。完成了通济街改造提升，加强了城市卫生保洁、道路交通管理、“六小”行业规范、拆违拆破等工作，国家卫生县城创建通过国家级验收。开通了南京至溧水的城市公交，建成农村公路80公里。完成农村改厕11200户、河塘清淤422座、村庄绿化151个，新增造林1.35万亩，环境综合质量进一步提升。

（五）社会建设水平不断提高。启动了新一轮教育布局调整，县职教中心、县第二高中通过四星级验收，东庐中学、石湫中学入选首批南京市推进素质教育示范初中，全县高考万人本科达线率、中考优分率和生均总分再创历史新高。组织实施科技计划项目64项、产学研合作项目30个。县人民医院基本现代化创建工作扎实开展。体育事业得到加强。全年新增有线电视用户7300户、数字电视用户5950户。文化、人口和计生工作取得新的成效。以创建文明机关为抓手，广泛开展“增强十种意识、争做十种人”主题教育活动，带动了城乡文明程度和市民素质的有效提升。积极支持人大、政协开展工作，支持“一府两院”依法行政、公正司法，统战、群团、人武、人防等工作取得新的进展。加强了社会治安综合治理，社会秩序基本保持稳定。

（六）党建保障作用有效发挥。开展了学习贯彻党的十七届四中和五中全会精神、第二批学习实践科学发展观和创先争优、党员承诺等活动，广大党员干部推动科学发展、促进社会和谐的意识和能力进一步增强。以加强领导班子和干部队伍建设为重点，举办了新上岗县管副职领导干部、公务员5+X等专题培训，规范了干部选拔任用初始提名和“一报告两评议”制度，实行了重点岗位正职领导干部民主推荐、县委常委差额票决制，一批优秀年轻干部走上了领导岗位。顺利完成了县政府机构改革和农村基层党组织换届。加强了大学生村干部培养、部门与村和社区党组织结对共建、党员远程教育、党员服务中心建设等各项工作。广泛开展“学习《廉政准则》、争做勤廉表率”活动，严肃查处党员干部违纪违法行为，领导干部廉洁从政意识进一步增强。切实加强行政服务中心规范化建设，落实行政审批“两集中、两到位”制度，积极开展行风评议，机关服务效能进一步提高。

总之，在今年宏观经济形势发生重大变化、经济发展面临严峻考验的情况下，全县各项工作突破大、亮点多、成效好，为“十一五”发展画上了圆满句号。回望整个“十一五”发展，依靠全县上下的奋力拼搏，我们提前实现了“五年翻两番、全面达小康”的阶段性目标，开启了“建设新溧水”的宏伟征程，“十一五”确定的目标任务全面超额完成，溧水经济社会已经迈入快速健康发展的良性轨道，开始进入优化发展的新阶段，为“十二五”发展奠定了良好基础。总结“十一五”工作，主要有以下五个方面的成绩和特点：

（一）经济实力显著增强。全县地区生产总值年均增速达到了23.3%；财政收入从7.01亿元提高到32亿元，财政一般预算收入从3.61亿元提高到20亿元，实现了平均每两年翻一番的超预期目标。财政一般预算收入绝对值由全省51个县市中的第35位提高到去年的第26位，人均从第15位跃升到去年第9位。累计完成工业固定资产投资551亿元，年均增幅达到43.1%，为今后发展积蓄了强大后劲。

（二）人民生活显著改善。城镇居民人均可支配收入和农民人均纯收入年均分别递增14.5%和12.5%，居民人均储蓄余额比“十五”期末增加10946元。城乡居民人均住房面积分别提高到37平方米和55平方米，百户电脑拥有量从15台增加到43台，平均每20户家庭就有1户拥有私家轿车。恩格尔系数从“十五”期末的40.7%下降到34.6%。社会保障实现全覆盖，保障水平不断提高。

（三）社会建设显著加快。累计完成城建投入50多亿元，城市基础设施日趋完善，城区面积由10平方公里扩大到23平方公里，建成了国家园林县城和国家卫生县城。新建了一批高等级公路，农村公交通达率达100%，大交通格局基本形成。森林覆盖率和城市绿化覆盖率达到28.3%和40.8%，环境质量综合指数超过小康标准。先后获得省教育现代化建设先进县、省有线电视先进县、省体育强县、省双拥模范县、省社会治安安全县“四连冠”等荣誉称号。

（四）干群状态显著提升。全县干部群众大力弘扬振兴溧水的志气、蓬勃向上的朝气、攻坚克难的勇气、开拓创新的锐气。面对与先进地区的差距，大家不服输、不气馁，顽强拼搏，埋头苦干，勇争一流；面对发展中遇到的各种挑战，大家迎难而上，群策群力，破解难题，化解矛盾；面对成倍增加的工作量，大家全身心投入，兢兢业业，求真务实，忘我工作。大家对加快溧水发展的信心越来越强、思路越来越清、作风越来越实、氛围越来越浓、勇挑重担的人越来越多，充分展示了溧水人不甘落后、敢于争先、善于超越的精神风貌。

（五）溧水形象显著改观。五年来溧水经济保持高位增长，社会事业、精神文明以及党的建设取得了重大进展，得到了上级组织的充分肯定、社会各界的广泛关注和人民群众的普遍认可。各级领导班子精诚团结，全县上下齐心协力，人与人之间相互信任，把主要的心思和精力都集中到了干事创业上来，形成了聚精会神搞建设、一心一意谋发展、只争朝夕抓落实的浓厚氛围，充分展示了溧水充满活力、文明进步、团结和谐、富有希望的全新形象。

完全可以说，过去的五年，是溧水经济实力提升最快、人民群众受益最多、社会建设成效最好的时期之一，全县上下合力奋斗，谱写了科学发展的新篇章，创造了溧水发展史上又一个崭新的辉煌。这些成绩的取得，从我们自身工作的角度讲：得益于科学先进的发展理念，得益于敢为人先的目标追求，得益于符合溧水的思路举措，得益于求真务实的良好作风，得益于团结协调的和谐气氛，得益于坚强有力的干部队伍。这些基本经验是我们宝贵的精神财富，对于推动溧水“十二五”乃至更长时期的发展具有重要的指导意义。“十一五”取得的辉煌成就，同样也离不开上级党委、政府的正确领导，离不开社会各界、方方面面的关心支持。在此，我代表县委常委会，向所有关心支持溧水、为溧水发展作出积极贡献的同志们、朋友们，表示衷心的感谢和崇高的敬意！

二、“十二五”发展的形势和任务

今后五年是实施国民经济和社会发展第十二个五年规划的重要时期，也是溧水建成全面小康后向基本现代化迈进的关键时期。我们要认真贯彻党的十七届五中全会和省委全会精神，正确把握发展阶段的新形势新特点，科学制定“十二五”规划，为实现“十二五”经济社会更好更快发展谋好篇、布好局。

当前，溧水人均地区生产总值已达8000多美元，正处在工业化的加速期、城镇化的关键期、基本现代化的建设期、社会发展的转型期和重要的战略机遇期。这一时期，既面临着难得的发展机遇，又面临着诸多严峻的挑战：一是宏观经济的挑战。世界经济格局正在发生深刻变化，对中国经济的不利影响还在继续加深;国家宏观政策调整特别是货币政策相对收缩,加剧了对溧水企业和产业的要素制约;能源及原材料价格上涨,消费品价格指数居高不下,对企业发展和居民生活带来了双重影响;区域经济竞争更加白热化,招商工作压力明显加大。二是资源环境的挑战。与"十一五"相比,项目投入、经济产出的总量大幅增长,对土地、资金、人才、劳动力以及水电的需求迅速增大,资源约束进一步加剧,用地更趋紧张,环境容量将变得更加有限。三是经济结构的挑战。经济增长主要依靠投资拉动,自主创新能力不足,产业层次不高,核心竞争力不强;现代服务业与先进制造业、城市化与工业化、城镇与农村的发展还不相协调。四是群众期望的挑战。广大群众对改善物质生活条件、丰富精神文化生活、伸张社会公平正义、扩大民主政治参与乃至于对政府工作和干部队伍的要求越来越高,与群众需求相配套的社会建设、社会管理、公共服务还有待加强。五是干部素质的挑战。少数干部的理念、思路、认知、作风与引领率先发展、建设基本现代化的要求还不能完全适应,服务群众、服务发展的水平还要进一步提升。

因此,"十二五"期间,我们要在新的起点上实现新的跨越发展,必须正确处理好发展速度与发展质量、投入拉动与创新驱动、经济发展与环境资源、先进制造业与三次产业、发展经济与改善民生、城镇化与新农村建设、物质文明与精神文明、加强管理与优质服务、自身建设与担负使命之间的关系,更加注重经济发展质量,更加注重企业科技创新,更加注重生态环境保护,更加注重产业协调发展,更加注重人民生活改善,更加注重城乡一体化建设,更加注重社会文明进步,更加注重机关服务效能,更加注重干部队伍素质,促进经济、政治、文化和社会建设同步发展,经济效益、社会效益、生态效益和群众利益共同提升,投资环境、人居环境和生态环境整体改善,真正成为区域经济发展的领跑者、科学发展的排头兵。

"十二五"溧水的发展目标,就是与苏南地区同步,率先基本实现现代化。全县工作总的指导思想是:以科学发展观为统领,以基本现代化为目标,以转型发展为主线、创新发展为动力、跨越发展为主题,在更高水平上实施环境优先、工业立县、三产兴县、科教强县"四大战略",着力推动经济科技化、环境生态化、农民市民化、城乡一体化、社会文明化,团结带领全县人民,开拓创新,真抓实干,锐意进取,为建设经济更加发达、环境更加优美、人民更加幸福、城乡更加协调、社会更加和谐的现代化新溧水而努力奋斗。

经济更加发达。就是基本形成以先进制造业为主体、现代服务业为支撑、现代农业为基础的现代产业体系,到"十二五"期末,主要经济指标比2010年再翻两番,进入苏南强县行列。

环境更加优美。就是生态环境得到有效保护,各类污染得到有效治理,环保设施更加完善,人居环境更加改善,生态经济和环保产业加速发展,环境综合质量明显提升,建成国家生态县。

人民更加幸福。就是城乡居民收入保持较快增长,城乡就业、社会保障水平进一步提高,弱势群体得到有效救助,满足群众需求的社会公共设施基本到位,达到苏南地区先进水平,人民物质生活更加殷实、精神生活更加充实、幸福指数明显提升。

城乡更加协调。就是城乡统筹力度加大,新城建设初具规模,小城镇、新农村建设取得重大突破,公路、铁路、轻轨以及电力、燃气、供水等重大基础设施建设加速推进,县镇村经济同步发展,公共事业差距逐步缩小,形成城乡融合互动、协调发展的新格局。

社会更加和谐。就是社会事业加快发展,市民素质和城乡文明程度不断提高,社会凝聚力、创造力显著增强,形成廉洁高效的政务环境、诚实守信的市场环境、公平公正的法治环境、和谐安定的社会环境、健康向上的人文环境,争创省级文明县城。

工作上,要突出抓好以下五个重点:

(一)突出创新驱动,推进转型升级,加快经济科技化进程。坚持把创新发展作为产业转型升级的主要动力,加快科技创新步伐,推动主导产业高端化、传统产业品牌化、新兴产业规模化,不断提升溧水经济核心竞争力。按照引进项目抓转型、做大企业抓转型、科研合作抓转型、培育名牌抓转型、园区建设抓转型、淘汰落后产能抓转型的要求,推进制造业从劳动密集型向资本、技术和管理密集型转变,从一般加工业为主向先进装备制造业和新兴产业为主转变。全县工业固定资产投资每年不低于200亿元,着力在提高项目质量和投入产出率上下功夫,着力打造一批上规模、上水平的旗舰型大企业,着力培育一批高新技术企业、名牌产品和上市公司。坚持现代服务业与先进制造业互动并进,大力发展工业设计、现代物

流、电子商务、金融保险、服务外包、科技孵化等生产型服务业，大力发展现代商贸、高档餐饮、生态文化旅游、房地产、社区商业等生活型服务业，努力把溧水建成区域特色鲜明、商机人气云集的现代服务业中心和文化休闲度假旅游胜地。围绕科技农业、高效农业、旅游农业、生态农业发展目标，加快农业产业化步伐，积极引进科技型、生产型、销售型、旅游型的龙头企业，全面提升农业科技含量和智能化水平，促进传统农业向现代农业转变。引导建筑企业加大科技、设备、人才投入，加快建立现代企业制度，积极开拓高附加值的专业市场，承接重大工程项目，推动建筑业转型升级。加快江苏白马现代农业高新技术产业园、南京航空产业园、江苏未来影视文化创意产业园基础设施建设，促进相关产业和项目集聚发展，实现产业层次全面提升。

（二）突出环境保护，加强生态建设，加快环境生态化进程。坚持把环境保护作为加快经济发展的先决条件，更加自觉地走生产发展、生活富裕、生态良好的文明发展道路。要把环境保护与产业发展结合起来，大力发展高技术、高效益、低消耗、低排放的先进制造业，大力发展有机食品、绿色食品、无公害食品加工业，大力发展生态农业和生态休闲旅游度假业，大力发展循环经济、低碳经济，推广清洁生产，促进产业与生态并进、经济与环境双赢，把溧水建成全省重要的绿色产业示范区。要坚持预防和治理相结合，全面提高项目准入门槛和环评标准，加大环保执法力度，真正做到达不到环保要求的项目坚决不要，不能达标排放的企业坚决治理，违规排污的企业坚决处罚，达标排放无望的企业坚决关闭，确保企业排放全部达标。要完善环保基础设施，完成新桥河、天生桥河、中山河、柘塘新河、环山河等污水管网建设，推进污水集中处理、农村无害化改厕、垃圾袋装化分类收集工作，确保主要河流水质达到环境功能区要求，城乡垃圾处理实现全覆盖。要推动国家生态县、生态镇、生态村“三级联创”，大力实施植树造林、封山育林、退耕还林、城市增绿等生态修复工程，着力建成一批高水平的生态走廊、生态湿地、绿色林网和绿色村庄，使溧水蓝天碧水的生态特色得以长久保持。

（三）突出农民增收，改善群众生活，加快农民市民化进程。坚持把农民增收作为改善民生的重点，围绕农民人均纯收入“五年倍增”目标，以鼓励创业增加经营性收入，以扩大就业增加工资性收入，以提升农业增加生产性收入，以发展物业增加资产性收入，以政策扶持增加转移性收入，不断拓宽农民增收渠道。要加快建立广覆盖、保基本、多层次、可持续的社会保障体系，逐步提高城乡各类保障标准。健全社会公共救助体系，做大慈善基金，确保困难群众得到及时有效的援助。完善教育、卫生、社区服务等基本公共服务体系，普及科教、文化、体育等公共服务设施。要更加重视民生工程向农村倾斜，加强农村人力资源市场网络化建设，为农民提供更多的就业信息和就业培训，推动农村劳动力向城镇和二三产业有序转移，使农民获得与城镇居民均等的就业机会与发展空间；加快农地重整、村镇重建，引导农民向小城镇、中心村集中居住，为农民创造城镇化的居住条件；提高新农保、新农合、农村五保等保障标准，逐步缩小城乡差距，努力实现由“农民待遇”向“市民待遇”转变；着力解决被征地农民的保障问题，让他们逐步享有与城市居民同等的社会保障；促进城乡社会事业均衡发展，让农村居民在医疗、教育、文化、娱乐等方面更多地享受到城镇化的公共服务。

（四）突出城乡建设，统筹城乡发展，加快城乡一体化进程。坚持把城乡建设作为统筹城乡发展的重要抓手，全力打造富有品位的新城区、富有特色的小城镇、富有活力的新农村，形成新城、新市镇、新社区协调发展的新型城镇体系。要深化完善城乡规划，完成溧水县城乡总体规划和新市镇、新社区规划修编工作，完善道路、供水、供电、供汽、通讯、排污、防洪等专项规划及工业、农业、商业、旅游度假业等产业规划，进一步优化城乡建设、土地利用、产业发展、人口居住、环境保护、社会事业等空间布局。要加快城南新区、无想山休闲旅游度假区、卧龙湖国际社区、溧水经济开发区以及柘塘空港新城区建设，进一步拉开溧水新城建设框架，建成一批城市功能性基础设施，改造提升老城区，使溧水真正成为适合现代创业和居住的生态园林城市。要全面提升小城镇规划、建设、经营、管理水平，加快功能区建设，形成一批规模适度、功能完备、各具特色的新市镇。加强村庄环境整治，推动基础设施、公共服务和社会管理向中心村集中，建成一批整体布局合理、生产生活便利、乡村风情浓郁的新型农村社区。

（五）突出文明创建，促进社会和谐，加快社会文明化进程。坚持把文明创建作为凝聚社会力量、推动社会进步、维护社会稳定的重要载体。以提高人的素质为重点，广泛开展“四德”教育，拓展群众性精神文明创建活动，引导人们知荣辱、讲正气、尽义务，形成扶正祛邪、惩恶扬善的社会风气；弘扬科学精神，加强人文关怀，努力培育奋发进取、理性平和、开放包容的社会心态；提倡修身律己、诚实守信、尊老爱幼、勤勉做事、踏实做人，形成我为人人、人人为我的社会氛围。以“四个一流”(一流的教育理念、一流的师资队伍、一流的硬件设施、一流的教育质量)为目标，加大教育投入，优化教育布局，改善办学条件，提高教学质量，促进各类教育均衡发展，真正实现达到苏南先进水平的教育现代化。大力发展医疗卫生事业，推进基本药物制度改革，提高公共卫生服务和医疗保障水平。繁荣文化、广电、体育事业。做好人口、计生、老龄工作。坚持和完善人民代表大会制度、政治协商制度，巩固和壮大最广泛的爱国统一战线，充分发挥工青妇、科协、工商联、侨联、残联等党群组织联系人民群众的桥梁和纽带作用，推动人武、双拥、侨务、对台等各项工作。扩大基层民主，推进党务、政务、村务公开。加强社会公共管理，正确处理人民内部矛盾，依法打击各种违法犯罪活动，营造安定祥和的社会环境。

三、2011年的主要工作安排(略)

政府工作报告(摘要)

——溧水县第十四届人民代表大会第四次会议

溧水县人民政府县长　姜　明

2011年1月6日

各位代表：

现在，我代表县人民政府向大会报告工作，请予审议，并请县政协各位委员和其他列席会议人员提出意见。

一、2010年工作和“十一五”发展简要回顾

2010年，在上级党委、政府和中共溧水县委的领导下，全县上下深入贯彻落实科学发展观，积极应对国际国内宏观经济形势复杂多变带来的严峻挑战，坚定信心、振奋精神、团结拼搏、埋头苦干，全县经济社会发展继续保持良好势头，圆满完成了县第十四届人民代表大会第三次会议确定的各项目标任务。

(一)经济平稳快速发展

预计实现地区生产总值243亿元，同比增长23%，人均GDP超过8700美元；完成财政总收入32.14亿元，同比增长35.9%，其中，地方一般预算收入20.0168亿元，同比增长38.8%，增幅继续保持全市前列。工业经济增势强劲。完成工业产值、销售收入、增加值、利税、利润分别达到511亿元、502亿元、132亿元、63亿元和40亿元，同比分别增长24.9%、28.8%、27%、57.5%和72.6%，产销率达97.5%。汽车及零部件、电子信息、机械制造、新型材料、食品轻工五大主导产业占全县工业经济总量的80.2%，比上年提高5.4个百分点。新增销售500万元以上的规模企业80家，总数达到550家，新增销售亿元以上企业30家，总数达到90

家。喜之郎食品实现税收3.65亿元，同比增长35%。现代农业加快发展。实现农业增加值22.4亿元，新增高效农业3.77万亩、设施农业1.26万亩。农业园区建设再上新台阶，江苏南京白马现代农业高新技术产业园建设全面展开，完成了国家级农业科技园区申报工作，傅家边现代农业园基础设施进一步完善，开展了10个县级农业园区创建工作。农业产业化进程进一步加快，29家县级以上农业龙头企业销售收入增长20%。以农民专业合作社为重点的各类合作经济组织加快发展，覆盖农户达到50%。服务业加快提升。昱达商贸等10家重点商贸企业实现销售收入35.9亿元，同比增长20.5%。建成了县农副产品交易中心，启动了再生资源交易市场建设，年交易额超亿元的专业市场达7家。积极推进"家电下乡"，财政累计兑付资金4018万元，兑付率位居全省前列。创维物流园年营运收入突破10亿元，沙塘庵粮食市场年交易额达9.8亿元，中国移动华东物流中心开工建设。江苏银行溧水县支行落户运营，实现了我县股份制商业银行分支机构的新突破。江苏未来影视文化创意产业园建设加快推进，白马如意文化艺术中心建成开园，国家3A级旅游景点发展到3家，承办了省第二届乡村旅游节，全年接待游客183万人次，实现旅游收入13.2亿元。建筑业发展再上新台阶。完成建筑业施工产值90亿元，同比增长22%；施工面积920万平方米，同比增长21%；入库税收2.7亿元，同比增长20%。完成1家企业晋升一级资质、3家企业晋升二级资质，施工产值超亿元的企业达20家。

（二）转型创新不断加快

有效投入持续增加。完成全社会固定资产投资223亿元，同比增长35.1%，其中工业固定资产投资192亿元，同比增长37%。成功举办了梅花节、草莓文化节，组织参加了市重洽会、江苏台湾周等重大招商活动，招商引资取得新的突破。完成注册合同外资2.94亿美元、实际利用外资1.05亿美元，实际利用内资144.9亿元，同比分别增长33.2%、15.3%和39.5%。新引进亿元以上项目40个，创维科学城、长安汽车园、总参60所高科技产品生产试验基地等一批重大项目相继落户。进一步加快项目推进步伐，完善项目推进机制。创维冰洗、长安30万辆整车技改扩能等一批项目相继开工建设，梅泰诺通讯、天恒包装等一批项目相继建成投产。进一步加快载体建设，开发区、各镇工业集中区项目承载和集聚能力不断增强。通过大力实施城乡建设用地增减挂钩和万顷良田试点工作，新增建设用地指标1100亩。节能减排成效明显。加快完善各镇污水处理设施，对9家排污不达标的企业进行了限期治理，依法关闭达标排放无望的企业4家，实施各类节能、节水技术改造项目30多项，10家企业通过了清洁生产审核。SO_2、COD排放总量分别在2005年的基础上下降了1.9%和3.5%。科技创新步伐加快。完成企业技改投入60亿元，占工业固定资产投资的31.3%；组织实施科技计划项目64项，形成产学研合作项目30项；与南京航空航天大学、南京农业大学、省农科院等高等院校、科研院所开展了科技成果对接；新增高新技术企业4家、高新技术产品6个、民营科技企业15家、省市工程技术研究中心8家，申请专利505件。加大品牌建设力度，新增省名牌产品5个、市名牌产品8个，新增中国驰名商标1件、省市著名商标12件。

（三）城乡面貌明显提升

完善了规划编制。完成新一轮土地利用总体规划修编，开展了溧水县城乡总体规划、永阳新城总体规划修编工作，加快推进开发区航空产业园和白马、东屏、石湫等三个市级特色镇控制性详规及各类专业规划的编制工作。十大建设工程全面推进。健康西路、板桥路建成通车，毓秀路、龙山路、青年路、金蛙西路改造工程顺利完工；县体育场馆建成投入使用；县人民医院新址建设工程、游泳馆、汽车客运总站等城建项目和宁杭城际铁路、溧马高速、246省道等基础设施项目加快推进。完成了宁高高速开发区和天生桥互通道路景观改造工程，实施了一批城市道路绿化、景观改造和城西西苑公园、城北文化公园扩建工程，新增城市绿化面积28万平方米。城乡环境明显改善。成功创建了国家卫生县城，完成了通济街改造提升，加强了市容市貌、环境卫生、"六小"行业等方面管理，加大违法建设查处力度，全面整治城区交通秩序，组织实施城乡客运一体化改造。扎实推进国家生态县、环境优美镇、生态村创建工作，开发区启动了省级生态工业园区创建，全县环境质量综合指数达到87.1分。新农村建设步伐加快。村级集体经济进一步发展，村均可支配收入达到199万元，比上年增加33.7万元，百万元以上的行政村达70个。38个年集体经济收入低于50万元的行政村标房建设进展顺利。新一轮"农村八件实事"顺利推进，农村生产生活条件显著改善。建设高标准农田1.5万亩，完成了湫湖灌区一期建设工程，3座中型水库和7座小型水库除险加固工程，10条县镇河道疏浚、422个村庄河塘清淤、63座农村泵站改造工程。湫湖泵站改造、二干河整治三期、新桥河整治工程完成工作量85%以上。对21个村庄实施了环境整治，完成农村改厕1.12万户，新增绿色新村151个，新增造林1.35万亩。新建农村公路80公里，新建小农桥52座。

（四）人民生活显著改善

十大民生工程加快推进，新增就业岗位2.19万个，开展各类职业技能培训1.49万人次，新增城镇失业人员再就业3579人，转移农村劳动力1.82万人。建立创业指导中心，积极鼓励群众创业，新发展私营企业782家、个体工商户1301户，新增民营注册资本21.9亿元。农民人均纯收入达10730元，同比增长12.4%；城镇居民人均可支配收入达24450元，同比增长11%；农民人均纯收入增幅首次超过城镇居民。新增企业职工参加各类社会保险9.95万人，5.63万名企业职工保险实行“五险”同征。新农保、新农合参保率分别达到99%和98%。城乡低保、农村五保、困难户大重病救助、无固定收入重度残疾人员以及重点优抚对象遗属生活救助金标准进一步提高；建立了精神障碍人员保障基金。加大保障性住房建设力度，完成3.3万平方米拆迁安置房、200套经济适用房和廉租房建设；完成153户无自救能力农村危房改造。社会事业加快发展，高考万人本科达线率再创历史新高；完善新一轮城区教育布局调整方案，启动了城南新区实验小学建设；二高中创建“四星级”高中通过专家评审；强化校园安全工作，成立校园保安大队，建立校园技防监控系统。全面实施基本药物制度，县人民医院基本现代化建设和县中医院省二级甲等中医院创建工作顺利推进；全面实施10类27项农村基本公共卫生服务项目。农村有线电视“户户通”工程有序推进，新增农村有线电视用户7580户、有线电视数字化整转6300户。继续推进计划生育“和谐家园”建设，县、镇、村三级“世代服务”机构体系实现全覆盖，全县人口出生率控制在9‰以内。全民健身活动蓬勃开展，民族宗教、台侨、工商联、档案、地方志、老龄等各项工作取得了新进步。

（五）民主法治和政府自身建设进一步加强

深入开展法制宣传教育，全面完成“五五”普法各项目标任务。开展了安全生产、信访热点难点问题、基层基础薄弱环节“三项排查”工作，实施了安全隐患大整改；加强应急救援能力建设，采购了抢险救援消防车、消防云梯车等应急救援装备。深入推进平安创建、法治创建，进一步强化社会治安“大防控”，社会保持和谐稳定。自觉接受县人大及其常委会的法律监督、工作监督，县人民政协的民主监督和人民群众的监督，全年共办理人大代表建议127件、政协委员提案120件。紧紧围绕为民务实清廉的总体要求，转变政府职能，完成了县政府机构改革，加强政府投资项目管理，政府的执行力、公信力、创新力和凝聚力进一步提高。认真贯彻《廉政准则》各项规定，严格落实廉政建设责任制，强化审计监督和行政监察。深入推进依法行政和政务公开，规范行政许可，加快电子政务建设，实现权力阳光运行。完善行政服务中心体制机制建设，简化和规范办事程序，启动了“12345”政府服务呼叫中心建设，有力提升了政府工作效率和服务效能。

各位代表，刚刚过去的2010年实现了“十一五”发展的圆满收官。“十一五”期间，我们紧紧围绕“五年翻两番、全面达小康、建设新溧水”的总目标，始终坚持工业立县、三产兴县、科教强县、环境优先“四大战略”，有效化解了国际金融危机等宏观形势带来的不利影响，抢抓发展机遇，破解发展难题，创新工作思路，提升工作标杆，全面实现并超额完成了“十一五”规划确定的主要目标任务，以县为单位实现全面小康，被省考评组誉为“跨越发展的典型、协调发展的典型、惠民发展的典型和可持续发展的典型”。五年来，溧水经济发展与日俱进。地区生产总值年均增长23.7%，财政总收入从7.01亿元提高到32.14亿元，地方一般预算收入从3.61亿元提高到20.0168亿元，年均增幅分别达到35.6%和40.9%。地方一般预算收入绝对值在全省51个县市中前移了10位。累计完成工业固定资产投资551亿元，年均增幅达到43.1%。地方一般预算收入、工业固定资产投资实现了每两年翻一番。万元工业增加值综合能耗下降了28%。五年来，溧水对外形象焕然一新。成功创建了国家园林城市和国家卫生县城，森林覆盖率和城市绿化覆盖率分别达28.3%和40.8%。县城建成区面积由10平方公里扩大到23平方公里，城区人口增加到14万人，城镇化率达45.1%。建成了宁杭高速二期、沿江高速溧水段和243省道溧水段，开工建设了宁杭城际铁路、溧马高速、246省道，大交通格局基本形成。建成了县城生活垃圾处置场、城市污水处理厂和各镇污水处理设施，城乡面貌日新月异。五年来，溧水人民生活硕果满仓。城镇居民人均可支配收入、农民人均纯收入年均分别增长14.5%和12.5%，居民人均储蓄余额比"十五"期末增加了1万多元。实现了城乡低保、新农保、新农合、城镇居民医疗保险全覆盖，各类弱势群体得到有效救助。社会事业蓬勃发展，先后获得全国计划生育优质服务先进县、省教育现代化建设先进县、省有线电视先进县、省体育强县、省食品安全示范县、省双拥模范县、省村民自治模范县、省社会治安安全县等荣誉称号。五年来，溧水改革开放亮点纷呈。完成了政府机构改革，云海公司成功上市，交通建设、城镇投资、清源水务、昱达商贸等投融资平台不断发展壮大，成立了3家融资担保公司和1家农村小额贷款公司，实施了柘塘镇整建制和东屏镇部分地区并入溧水经济开发区的区划调整。组建了225家农民专业合作社、38家农地股份合作社和46家社区股份合作社。累计实现利用外资3.7亿美元，利用内资420亿元，对外贸易出口总额10亿美元。

各位代表，五年的奋斗充满艰辛，五年的发展波澜壮阔，五年的成绩来之不易，五年的历程值得铭刻，五年的经验弥足珍贵。在发展形势最为困难、最为复杂的"十一五"时期，全县上下负重奋进、勇于拼搏，创造了溧水发展史上又一个崭新的辉煌。这些成绩的取得，得益于我们树立了科学先进的发展理念，确立了敢为人先的目标追求，创新了符合溧水的思路举措，发扬了求真务实的良好作风，营造了团结协调的和谐氛围，打造了一支坚强有力的干部队伍。五年的实践，探索出符合溧水发展的新路子，为全县转型发展、创新发展、跨越发展积累了丰富的经验和宝贵的精神财富，将为"十二五"发展提供强大动力。这些成绩的取得，凝聚着全县广大干部群众的智慧与力量、奋斗与辛劳、创造与奉献，在此我代表县人民政府向辛勤工作在各条战线上的全县人民，向给予政府工作支持和监督的人大代表、政协委员、各人民团体、社会各界人士、驻溧部队官兵表示衷心的感谢！

在充分肯定成绩的同时，我们也清醒地看到政府工作还存在缺点和不足，前进道路上还存在矛盾和困难，主要是：经济发展面临着总量扩张与质量提升的双重压力，龙头型、基地型、旗舰型项目不多，受要素制约和环境容量限制，结构调整和产业升级的任务越来越艰巨；城市功能和长效管理机制还不够完善，小城镇建设亟需加快；城乡居民增收渠道不宽、难度越来越大，社会深层次矛盾逐步显现，社会管理和民生改善任重道远；科学行政、依法行政、高效行政的能力和水平有待进一步提高。这些问题，都需要我们在"十二五"时期采取有效措施，努力加以解决。

二、"十二五"发展的主要目标和任务

"十二五"是我们发展的重要战略机遇期，我们将处于工业化中期向中后期的跨越、全面小康向基本现代化的跨越，同时也是城镇化加速推进、社会建设重要转型的关键时期。全县经济社会发展既面临难得的机遇，也面临诸多可以预见和难以预见的风险挑战。面对新的征程，我们要认真学习贯彻党的十七届五中全会和县委十一届十九次全体(扩大)会议精神，正确认识国内外形势的新变化，准确把握溧水发展阶段的新特点，切实增强机遇意识、忧患意识、风险意识和责任意识，以科学发展观为统领，以基本现代化为目标，以转型发展为主线、创新发展为动力、跨越发展为主题，在更高水平上实施环境优先、工业立县、三产兴县、科教强县"四大战略"，着力推动经济科技化、环境生态化、农民市民化、城乡一体化、社会文明化，团结带领全县人民，开拓创新，真抓实干，锐意进取，为建设经济更加发达、环境更加优美、人民更加幸福、城乡更加协调、社会更加和谐的现代化新溧水而努力奋斗。

"十二五"时期溧水已经进入优化发展的新阶段，我们必须不断巩固"十一五"来之不易的发展成果，乘势而上，载誉前行，凝聚全县人民的智慧才华，在新的起点上实现新的跨越、攀登新的高峰、创造新的辉煌。通过努力，与苏南地区同步，率先实现基本现代化，地区生产总值确保达到650亿元，力争突破750亿元，财政总收入、地方一般预算收入等主要经济指标实现翻两番，进入苏南强县行列。

未来的五年，我们要以转型创新为主线，着力构建现代产业体系。坚持把创新驱动作为推动经济发展的主动力，按照结构优化、技术先进、清洁安全、附加值高、吸纳就业能力强的要求，构建以先进制造业为主体、现代服务业为支撑、现代农业为基础的现代产业体系。推进制造业高端化。着力提高项目引进质量，着力提高项目投入产出率，着力壮大五大主导产业，着力培育节能环保、高端装备制造、新材料、新能源汽车等战略性新兴产业。到"十二五"期末，五大主导产业占工业经济总量的比重达到85%以上，新兴产业产值占工业经济总量的30%以上，科技进步贡献率达到60%以上。推进服务业和农业现代化。坚持现代服务业和先进制造业并重，大力发展现代物流业、文化创意产业、服务外包业、金融保险业、商务服务业，全面提升商贸餐饮业、旅游业、房地产业，促进服务业发展提速、比重提高、结构提升、竞争力增强，服务业增加值"十二五"期间力争翻两番。以高效、科技、生态、旅游农业为目标，以农业园区建设为突破口，拓展延伸农业综合功能，加快现代农业发展。推进建筑业规模化。培育产值5亿元以上企业10家、10亿元以上的5家、25亿元以上的2家，新增5家一级总承包资质企业，争创1家特级总承包资质企业。推进园区建设集约化。加快溧水经济开发区和各镇工业集中区转型升级，围绕建设生态园区、特色园区的目标，完善园区功能定位，提升区域开发水平，加快推进江苏南京白马现代农业高新技术产业园、南京航空产业园、江苏未来影视文化创意产业园基础设施建设，促进产业集聚、项目集群。

未来的五年，我们要以生态县创建为抓手，着力增强可持续发展能力。坚持发展生态经济、保护生态环境、建设生态设施"三位一体"，生态县、生态镇、生态村"三级联创"，努力促进生态文明。大力发展生态经济。按照减量化、再利用、资源化的要求，加快发展循环经济、低碳经济，推广清洁生产，引导企业开展环境管理体系、环境标志产品等绿色认证，建成一批生态示范企业、园区和基地。加大秸秆、废旧物资综合利用，提高资源综合利用效率。大力保护生态环境。加强企业节能减排，全面提高项目准入门槛和污染物排放标准，真正做到达不到环保要求的项目坚决不要，不能达标排放的企业坚决治理，违规排污的企业坚决处罚，达标排放无望的企业坚决关闭。"十二五"期末，SO_2、COD排放量在2010年的基础上分别削减5~10%。加大城乡环境综合整治和生态修复力度，加快生态溧水建设，使溧水天更蓝、水更清、山更绿、环境更优美。"十二五"期末，森林覆盖率和城市绿化覆盖率分别达32%和44%。大力建设生态设施。全面建成县城污水处理厂二期及开发区、各镇污水处理厂和截污管网。继续加大垃圾中转、垃圾处理设施建设。采取有效措施，确保各类生态环保设施正常运行。

未来的五年，我们要以统筹城乡发展为契机，着力推进城乡一体化。坚持城镇化与工业化并进，加快城乡建设、改变城乡面貌。推进城乡规划一体化。按照"城乡一张图、全县一盘棋、规划全覆盖"的要求，加快全县产业发展、土地利用、农业开发、村镇建设、生态环境、休闲旅游等空间布局的战略研究和规划编制工作。加快城乡建设步伐。按照"新城、新市镇、新社区"的三级城乡布局体系，推进永阳新城，白马、东屏、石湫等新市镇和一批新社区建设。完善城乡基础设施。加快构建公路、铁路、航道、轨道交通综合交通体系；加快水利设施建设，统筹推进水安全、水资源、水环境、水管理；完善电网结构，建设智能电网，推进使用新能源；实施区域供水，城乡安全饮用水普及率达到100%。完成中型危桥改造，方便群众出行。提高城乡管理水平。巩固国家卫生县城创建成果，建立城乡管理长效机制，推进城市管理信息化，打造宜居宜业的现代化文明新城、富有特色的生态小城镇和富有活力的优美新农村。

未来的五年，我们要以富民和谐为根本，着力加快社会建设。坚持把富民惠民、改善民生、促进和谐作为工作取向。实施收入倍增计划。紧紧围绕农民人均纯收入五年翻一番、城镇居民人均可支配收入六年翻一番的目标，着力做好"创业、就业、农业、物业"四篇文章，突出抓好高校毕业生等重点群体就业，加强就业技能培训，使全县有劳动能力和就业愿望的人实现充分就业；制定和落实相关政策措施，鼓励城乡居民自主创业，以创业带动就业、增加收入。完善社会保障体系。实现各类养老保险、医疗保险全覆盖，解决好被征地人员参加城镇社会保障问题，加大弱势群体的救助力度，建立健全社会救助标准动态调整机制，继续加大经济适用房、廉租房建设力度，对无自救能力农村危房户继续实行"有一改一"。加快社会事业发展。按照一流的教育理念、一流的师资队伍、一流的硬件设施、一流的教育质量的要求，优先发展教育事业；大力发展医疗卫生事业，深化医药卫生体制改革，提高公共卫生服务和医疗保障水平；重视提升文化软实力，全面建成覆盖全社会的公共文化服务体系；做好人口计生工作，促进人口长期均衡发展；加快社会化养老服务体系建设，确保老年人安享晚年。推进社会文明进步。以省级文明县城创建为动力，以提高全民素质为重点，广泛开展"四德"教育，在全社会加快形成艰苦创业、开拓创新、争先创优的新风尚。加强平安创建、法治创建，更加重视安全生产和社会矛盾化解工作，确保社会和谐稳定。

三、2011年政府工作的主要安排(略)

溧水县2010年财政预算执行情况和2011年财政预算(草案)的报告

——溧水县第十四届人民代表大会第四次会议

溧水县财政局局长　简恩林

2011年1月6日

各位代表：

受县人民政府委托，我向大会报告2010年全县和县本级财政预算执行情况及2011年全县和县本级财政预算(草案)，请予审议，并请县政协各位委员和各位列席人员提出意见。

一、2010年全县和县本级财政预算执行情况

2010年，在县委、县政府的正确领导下，全县各级财税部门以科学发展观为统领，认真贯彻落实上级各项方针政策和县十四届人大三次会议的有关决定、决议，紧紧围绕县委、县政府中心工作，大力培植财源，狠抓财政收入，优化支出结构，深化财政改革，促进了全县经济和社会各项事业的健康发展。经过全县上下的共同努力，圆满完成了各项财政工作目标任务，实现了年度财政收支平衡。

2010年全县地方一般预算收入完成20.0168亿元，完成年度调整预算的104.3%，较上年增长38.8%；上划中央收入12.1215亿元，完成年度调整预算的101.4%，较上年增长31.3%，全县财政总收入完成32.1383亿元，完成年度调整预算的103.2%，较上年增长35.9%。全县财政可用财力26.54亿元(含上级专项6.32亿元)，全县一般预算支出25.89亿元，较上年增长30.5%，结转下年度支出0.65亿元。

另：全县政府性基金收入14.43亿元；养老保险基金收入2.69亿元。全县政府性基金支出15.34亿元；养老保险基金支出2.69亿元。

分预算级次看，县本级财政总收入完成6.81亿元，增长43.2%，其中：地方一般预算收入完成6.09亿元，增长43.8%，可用财力20.79亿元，一般预算支出20.14亿元，增长26.3%，结转下年度支出0.65亿元；七镇财政总收入完成13.75亿元，增长33.3%，其中：地方一般预算收入完成8.82亿元，增长40.5%，可用财力2.94亿元，一般预算支出2.94亿元，增长34.9%；开发区财政总收入完成11.58亿元，增长35%，其中：地方一般预算收入完成5.1亿元，增长30.8%，可用财力2.81亿元，一般预算支出2.81亿元，增长63.1%。

2010年县本级一般预算支出20.14亿元，其中：一般公共服务支出2.04亿元；公共安全支出1.51亿元；教育支出3.07亿元；科学技术支出0.14亿元；文化体育与传媒支出0.17亿元；社会保障和就业支出2.34亿元；医疗卫生支出1亿元；环境保护支出0.7亿元；城乡社区事务支出1.68亿元；农林水事务支出4.25亿元；交通运输支出0.76亿元；资源勘探电力信息等事务支出0.97亿元；商业服务业等事务支出0.77亿元；国土资源气象等事务支出0.38亿元；住房保障支出0.04亿元；粮食物资储备管理事务支出0.1亿元；其他支出0.22亿元。

2010年县本级政府性基金预算支出15.34亿元，其中：教育0.23亿元；社会保障和就业0.1亿元；城乡社区事务14.56亿元；农林水事务0.29亿元；交通运输0.11亿元；其他支出0.05亿元。

由于财政决算正在编制过程中，上述执行数字，在财政决算汇总编制后，还会有些变化，届时再向县人大常委会汇报。

2010年，全县预算执行和财政工作的主要情况是：

(一)突出强化收入征管，财政收入目标圆满实现

2010年，全县各级财税部门积极加强对国家相关政策的调查研究，密切关注国家政策变化对财政收入的影响；着力完善收入组织机制，认真做好税源调查，组织税源评估，挖掘增收潜力；继续突出重点税种，重点行业、重点企业抓增收；坚持依法治税管费，规范组织收入行为，做到应收尽收；同时加大对非税收入征收管理，对9个部门27项重点收入下达了征收任务，实行奖惩考核；继续加大对建设项目规费的收缴和清欠力度。2010年，全县财政实力进一步壮大，各项收入指标均超额完成十四届人大三次会议确定的目标。

(二)突出推进结构调整，着力支持县域经济加快发展

通过积极发挥财政职能作用，落实积极的财政政策，坚持“工业立县”战略，推动企业自主创新，促进企业转型发展，支持经济结构优化升级。

1.支持企业加快发展。全年共拨付24800万元(含政府融资及专户拨款)，支持企业加快发展，推动我县工业企业创新转型和产业升级，壮大和培育地方财源。一是投入19400万元，用于土地整理、耕地“占补平衡”及城乡建设用地增减挂钩等项目实施，为实施城乡统筹和企业加快发展提供用地保障。二是围绕省六大新兴产业和市创新转型“4+8+8”产业政策，共拨付资金5400多万元，支持长安汽车公司、云海金属、长龙汽配、佑昌照明等重点企业发展，支持中盛铁路、得瑞电机、西普机电等财源建设企业，支持金鑫传动、冠军涂料等一批成长型科技企业加快发展；支持飞燕活塞环、汉天水泥、秦源热电、银茂微电子等企业开展节能减排和循环利用，提升企业综合竞争力；鼓励嘉庆水务、纳瑞士食品等企业开展自主研发创新活动，推动专利新产品产业化和中小科技型企业发展；支持西普机电、海正医药、云海公司等企业加大科技兴贸力度，支持扩大出口，开拓新兴国际市场；支持我县产业集中区、产业集群和社会服务体系等载体建设，创造良好的企业发展氛围。

2.推动经济结构优化升级。大力推进三产、商贸等现代服务业发展。一是争取807万元，支持傅家边、大金山景区、石湫影视基地建设，支持洪蓝镇、双牌石农贸市场提档升级，支持迈斯克等企业放心副食品项目，支持创维物流、白马如意艺术中心等现代服务业的发展；拨付1800万元，支持做好全县5.45万吨储备粮食的收储、保管、轮换工作；拨付450万元，支持沙塘庵粮油市场建设。二是做好家电、汽车摩托车下乡及家电以旧换新等工作，全面推进家电下乡代垫直补工作。全年全县家电下乡及以旧换新产品销售59538台，销售额1.7亿多元；兑付家电下乡补贴资金813万元，汽摩下乡补贴资金540万元，家电以旧换新补贴资金3205万元。三是支持地方金融企业发展。拨付334万元，用于金融机构涉农补助和小企业贷款增长风险奖励；拨付253万元，支持我县中小企业担保公司做大做强。2010年，该公司为我县90多户企业提供了融资担保，担保额3.6亿多元。

3.推进投融资体系建设。完善对国有投融资平台目标考核，积极利用考核结果，进一步提高投融资水平和服务能力。对国有投融资平台的投融资额实现情况、重点建设项目实施情况、债务及增资重组等情况进行调研，了解掌握各平台运营状况，为进一步整合资源，完善平台运作打下基础。加强投融资平台基础管理。将平台融资全部纳入专户管理，实施全过程监管；加强收支预算管理，规范投融资行为，积极防范财政风险。2010年，通过城投、交投、土地储备中心、中小企业担保公司等平台融资20多亿元，有力的支持了城市基础设施建设和全县经济社会发展。

(三)突出城乡统筹发展，支持社会主义新农村建设

以调整农业结构为重点，以农业增效、农民增收为目标，围绕全县社会主义新农村建设的总体任务，全年安排支农支出4.3亿元，全面提升农业基础设施水平和科技水平，加快推进农业产业化和现代化进程。

1.支持加快发展现代农业。一是统筹拨付资金12600多万元(其中：省市财政3000万元)，用于支持白马现代农业高新技术产业园区的总体规划、基础设施建设及征地搬迁工作；拨付1000多万元，用于傅家边现代农业园高效实施农业项目建设，进一步提升园区现代农业科技水平。二是加大对高效设施农业的扶持力度。争取上级专项资金1690万元，重点围绕草莓、蓝莓、蔬菜等我县优势特色农业主导产业，实行集中连片开发，集中扶持。三是落实专项整合资金600万元，重点支持和凤镇立体高效农业生态园区和洪蓝镇东大圩高效农业示范园建设，发挥带动效应，促进农业稳定发展和农民持续增收。四是安排资金295万元，重点支持常力蜂业、东润食品、宝生源、老一辈、博士牛等农业龙头企业发展，不断壮大我县农业龙

头企业的规模和实力。

2.支持改进生产生活条件。一是加强农村水利基础设施建设。拨付5310万元，支持新桥河整治及二干河三期工程建设；安排2390万元，支持老鸦坝、方便、卧龙3座中型水库及无想寺等7座小型水库除险加固工程；拨付2300万元，支持防汛消险、泵站改造、生态小流域治理及县乡河道疏浚整治工程建设；安排1712万元，支持湫湖泵站改造工程建设；安排720万元，完成52座小农桥的建设工作。二是进一步加大农业综合开发力度，安排农业综合开发资金5600万元用于土地治理、产业化经营补贴、贷款贴息、丘陵山区开发、市级特色基地等各类项目建设。三是拨付146万元，推进村级公益事业一事一议财政奖补工作，支持18个村48个农村公益事业项目建设，总投资616万元。

3.支持农民增收及村级经济发展。一是进一步完善补贴"一折通"发放办法和方式。全年共完成发放补贴项目36项，资金13137万元，受惠农户72.51万户次。二是安排资金827万元，支持了石燕经济林果、黑玉特种家禽、在水一方水产等农民专业合作社建设发展，扶持24家合作社扩大生产经营贷款，支持新成立的16家农地股份合作社发展，切实为带动入社农户增收提供有力支撑。三是加大对优势农产品精深加工的扶持力度。全年投入近600万元，重点扶持发展山栀、獭兔、水产、茶叶等与我县农业主导产业关联度高、带动力强的农产品精深加工企业，促成建立与农户产、供、销利益联结机制，通过订单生产、保护价收购、技术服务等形式，切实带动农民增收。四是安排资金400多万元，用于农民创业培训和农业实用技术培训，支持农村劳动力转移工程。五是拨付2880万元，支持村级标房建设；安排资金160万元，支持16个改制村化解村级债务，支持村级经济发展。

(四)突出优化支出结构，积极保障和改善民生

进一步优化支出结构，加快推进以改善民生为重点的社会事业建设，确保新增财力主要投向社会保障、教育、医疗卫生等民生领域。

1.支持社保体系建设。贯彻落实并完善积极的就业政策，安排再就业资金930万元，继续实行各项优惠政策，鼓励企业吸纳就业、援助就业困难人员及时就业，支持自主创业；安排近500万元，支持就业培训3.2万人次。整合完善救助体系，支持提高城乡低保、农村五保和城乡无固定收入重残人员的救助标准。全年我县城乡低保共参保6175户，11226人，发放低保资金1556万元。全年发放五保供养金5821人次，累计484万元。启动物价上涨与困难家庭临时生活补贴联动机制，共11.36万人次领取了临时生活补贴，累计233万元。巩固和完善新型农村合作医疗制度，筹集资金7027万元，支持新农合提高筹资标准，支持低保、五保及优抚对象无障碍参合。2010年新农合参合275932人，参合率98%。进一步完善新型农村养老保险制度及养老补贴制度，全年新增参保2973人，累计参保129938人，参保率99%，全年累计发放养老补贴5018万元。支持实施住房保障制度，多方筹措资金，支持拆迁安置房、经济适用房和廉租房建设；安排225万元，支持对农村468户无自救能力的困难户实行危房改造；向城区共有52户低收入住房困难家庭发放住房租赁补贴11万元。

2.支持教育事业发展。全年预算内教育支出3.72亿元(含专户支出)，落实"三个高于"的工作要求，千方百计加大教育投入，支持教育优先发展。拨付1.32亿元，保障义务教育阶段学校实施绩效工资，落实住房公积金调整政策；拨付3700万元，支持实施中小学校舍安全工程，支持白马、晶桥、和凤小学教学用房建设及16所中小学塑胶运动场地建设，支持农村中小学进一步改善办学条件，促进教育均衡；拨付1600万元，继续提高义务教育公用经费保障水平，年生均小学达450元、初中达650元；拨付1200万元，支持二高中创四星及其他非义务教育阶段学校改善办学条件；拨付820万元，落实从学前教育到高等教育全覆盖的助学政策，支持职教助学金发放，支持涉农专业学生免收学费和特殊教育全免费；拨付810万元，支持职教中心巩固四星创建成果，加强实训基地建设，开设白马硅谷涉农专业等；拨付400万元，建立健全校园安全机制；拨付260万元，用于农村学生班车补助；拨付180万元，支持农村幼儿园改善办学条件，启动群力幼儿园新建项目。

3.支持卫生事业发展。加大卫生事业投入，着力改善医疗卫生条件。拨付4274万元，支持新农合工作开展。拨付2800多万元，支持疾病控制、卫生监督、妇幼保健等工作开展，促进公共卫生服务逐步均等化。拨付1150多万元，进一步健全县、镇、村三级医疗卫生服务网络，加强基层医疗卫生机构基础设施建设和

卫生人才培养，支持县人民医院及中医院等卫生事业的发展。拨付800万元，对核定的收支差额实行全额补助，支持基本药物制度改革稳步实施。

(五)突出保障和谐稳定，促进各项社会事业协调发展

围绕县委县政府各项重点工作的开展，积极完善财政保障机制，支持各项社会事业协调发展，促进社会和谐稳定。

1.着力保障机关运转和维护社会稳定。拨付2.8亿元，重点用于保障国家机关的正常运转，确保县委、县政府各项重点工作的开展与推进，保障人大、政协职责履行；全面落实公务员津补贴和住房公积金政策；支持县级机构改革、村“两委”选举；支持第六次全国人口普查、“十二五”规划编制、医药卫生体制改革的顺利开展；支持阳光电子政务等依法行政工作的开展；保障公检法部门全面落实“收支脱钩、全额保障”的政法经费保障机制的建立，建立健全县公安联防人员经费保障机制，确保平安创建、维稳、综合治理等工作的经费保障，构建安定和谐的社会局面。

2.保障其他各项社会事业协调发展。安排科技支出1422万元，重点支持西普机电、新思维等公司科技创新与成果转化，支持博士牛、嘉庆水务、飞燕活塞环等32个科技项目投入，加大科普宣传力度、提高全员科普意识。安排文化体育与传媒支出1.29亿元(含政府平台融资等)，重点用于支持县体育公园、广电演播大楼建设、镇村文体载体建设、开展多形式的群众文体活动，支持蒲塘桥、天生桥等文物设施维修，支持“文化三下乡”、博物馆免费开放，支持各类节庆公益活动的开展，不断丰富和提高人民群众物质文化生活水平。安排计划生育支出4690万元，重点用于：加强对镇级人口与计生事业发展的支持力度；对农村部分计划生育家庭1300人发放奖励扶助金，为1.92万人次育龄妇女免费提供计生技术服务，对计生困难家庭进行补助，推进“和谐家园”工程建设，推动实现县、镇、村三级“世代服务”品牌体系全覆盖工程建设，支持省人口协调发展先进县创建工作。

3.提升城乡建设水平。一是安排基础设施建设专项引导资金3000万元，重点支持城市基础设施建设，对全县重点建设项目进行补助，支持成功创建国家卫生县城。加大城区路网建设，融资近2亿元新建续建及改造城区道路，支持城区基础设施建设。积极支持城北文化公园、城西西苑公园扩建、城南体育公园等项目建设，支持一批城市节点绿化景观工程建设。拨付路灯建设经费605万元，继续实施路灯建设向老社区延伸工程。二是多方筹措资金，支持小城镇建设。安排资金1088万元，支持白马、东屏、石湫三个市级重点特色镇及村庄环境综合整治；争取资金530万元，支持洪蓝、石湫、和凤等镇小城镇重点基础设施建设，进一步优化提升小城镇品位和形象。

4.支持环境保护工作。建立完善环保项目库，加大环境保护的投入，支持生态县建设。一是设立“太湖水污染治理专项资金财政专户”，将上年新增财力的10%(2700万元)划入专户，会同上级部门补助资金，专项用于太湖水污染治理，用于农村环境综合整治示范点建设、农村改厕及小城镇建设补助等，推进生态县创建工作。二是多渠道争取资金支持环保项目实施。拨付资金2343万元，支持洪蓝、东屏、石湫、和凤等各镇污水处理设施及污水管网建设；统筹安排资金2400万元，支持中山河截污管网、东屏及中山水库取水泵、配电技改项目的实施；拨付资金317万元，支持天生桥河水环境综合整治、区域供水项目等；拨付215万元，支持洪蓝金牛山、金焰锶业等地质环境及矿山治理项目实施。

(六)突出科学精细管理，提升财政管理水平

深化财政管理体制改革，进一步推进财政科学化、精细化管理，推进财政大监督机制建设和财政绩效管理，提高财政资金使用效益。

1.推进财政改革。加强和完善部门预算管理。强化部门专项项目预算、单位非税收入支出预算的编制，确保实现部门预算的“零基、综合、可行、合理”的要求，推进部门预算科学化、精细化管理。落实厉行节约的要求，严格按照各项定额标准编制基本支出，节约经费开支，努力压缩行政成本。加强非税收入管理，完善收支管理程序及管理办法，改进收支流程，加强支出管理，完善征管网络平台，提高规范化水平。继续推进国库集中支付改革，选择24个县级预算单位实行专项资金财政直接支付，实行财政直接支付的单位比上年增加1倍，支付的专项资金比上年增长102%。印发了《溧水县财政国库支付中心财政国库集中

支付业务内部控制制度》，进一步加强风险识别与内部控制，确保资金支付安全。完善政府采购管理办法和手段，加强对集中采购机构的监督管理；严格执行《政府采购计划管理办法》等相关制度，强化采购预算的编制和执行；积极服务政府重点工程建设，探索新形势下工程类采购项目管理及采购工作方法。全年完成政府采购金额1.5亿元，集中采购率达80%以上，节约率为11.8%。

2.加强财政监督工作。加强国有土地出让收支管理，完善土地收储补偿机制，建立土地收储档案，规范土地出让金收支行为。强化对城乡建设用地增减挂钩和万顷良田建设资金的监管。加强国有资产监管，启用资产管理信息系统，加强国有资产动态管理，确保国有资产不流失；加强国有资产收益收缴，累计收缴入库5400万元。进一步完善财政大监督机制，着力构建预算编制、预算执行、财政监督与绩效评价"四位一体"的财政管理体系，明确监督重点，切实加强对"保增长、保民生、保稳定"等一系列专项资金的监督和管理，开展强农惠农资金检查清理工作。深化"小金库"专项治理工作，巩固专项治理工作成果，积极建立完善治理长效机制。深入贯彻落实政府性投资项目"1+5"管理办法，以政府"双十工程"为重点，构建政府投资项目全过程监管体系。强化监督检查，严格执行基本建设财务管理规定。对县人民医院、县垃圾填埋场、县人防工程等全县重大投资项目推行了全程跟踪审查及成本控制，促进了财政资金的有效使用。

各位代表，过去的一年，财政工作紧紧围绕我县经济和社会发展大局，取得了新的成绩。这些成绩的取得得益于党委、政府的正确领导，得益于人大的依法监督和政协的民主监督，也得益于社会各界的关心、理解和支持。借此机会，对大家表示衷心感谢。

同时，我们也清醒地认识到，财政工作还面临着一些矛盾和问题。主要表现在：一是收入持续增长的长效机制尚未有效建立，迫切需要通过推动经济发展方式转变和经济结构调整，进一步强化财源建设；二是加大政府投资、兑现各项产业扶持政策、改善民生投入等刚性增支对财政提出了更高的需求，收支矛盾仍较突出；三是部分财政资金的引导作用和社会效益仍未有效彰显，财政资源使用效益尚需进一步提高。这些矛盾和问题，我们将在今后的工作中，通过深化财税改革，严格财税管理、创新工作机制等措施逐步加以解决，也恳请各位代表、委员一如既往地给予支持和指导。

二、2011年全县及县本级财政预算(草案)

(一)编制2011年财政预算(草案)的指导思想

编制2011年预算(草案)总的指导思想是：以邓小平理论和"三个代表"重要思想为指导，深入贯彻落实科学发展观，认真贯彻落实县委十一届十九次全体(扩大)会议精神，围绕县委、县政府工作重点，按照构建社会主义和谐社会和建立完善公共财政体制的要求，继续推进预算编制改革和制度创新，逐步构建完整的政府预算体系。进一步调整和优化财政支出结构，保证重点支出。着力支持"三农"和教育、卫生等社会事业发展，严格控制一般性支出；着力支持转型升级，提升经济发展质量；着力支持生态县创建，提升生态建设水平；着力保障改善民生，提升群众生活质量；着力支持城镇化建设，提升城乡一体化水平。按照建立预算编制、执行、监督和绩效评价"四位一体"公共财政管理体制的要求，不断提高财政工作的科学化、精细化管理水平。

(二)2011年全县和县本级财政预算(草案)

根据2011年财政预算(草案)编制的指导思想，县人民政府编制了2011年县本级财政预算(草案)并代编了溧水经济开发区和各镇财政预算(草案)。2011年全县财政预算(草案)及县本级预算(草案)如下：

1.2011年全县财政收支预算(草案)

(1)财政收入计划

2011年全县地方财政一般预算收入25亿元，增长25%；上划中央收入16亿元，增长32%。汇总后，全县财政总收入41亿元，较上年增长28%。按收入项目划分："两税"收入15.02亿元(其中消费税0.67亿元)，增长28.5%；国税部门征收的企业所得税收入4.76亿元，增长57.6%；地税征收的其他工商税收收入15.63亿元，增长31.8%；财政口各项收入5.59亿元，增长3.7%。

另：政府性基金收入11.43亿元；养老保险基金收入3.29亿元。

(2)财力测算和支出安排情况

根据上述财政收入安排情况和现行财政体制测算，2011年全县财政总财力为23.13亿元(包括省市财力补助和调入资金等，但不含省市专项补助)。其中：县本级财政财力为14.59亿元，镇财政财力为4.54亿元，开发区财政财力为4亿元。

按照“量入为出、收支平衡”的原则，2011年全县财政支出为23.13亿元。

2.2011年分级次财政收支预算安排情况

2011年县本级财政总收入6.75亿元(其中地方一般预算收入6.12亿元)，比上年下降0.8%，一般预算支出14.59亿元；镇财政总收入18.45亿元(其中地方一般预算收入11.75亿元)，比上年增长34.2%，一般预算支出4.54亿元；溧水经济开发区财政总收入15.8亿元（其中地方一般预算收入7.13亿元)，比上年增长36.5%，一般预算支出4亿元。

3.县本级财政收支计划

(1)财政收入安排建议

2011年县本级地方一般预算收入6.12亿元(含行政性收费收入3.19亿元)，较上年增长4.8%；上划中央财政收入0.63亿元，较上年下降12%。汇总后，县本级财政总收入为6.75亿元。

2011年县本级收入按项目划分：“两税”收入0.45亿元；国税征收的企业所得税收入0.07亿元；地方工商税收收入1.23亿元；财政口收入5亿元。

(2)财政财力和财政支出安排情况

2011年，县本级财政总财力26.02亿元(其中：一般预算财力14.59亿元，政府性基金预算财力11.43亿元)。根据“量入为出、量财办事、保证重点，压缩一般”原则，2011年县本级财政支出安排如下：

一般预算支出14.59亿元

①一般公共服务支出1.55亿元，主要用于县人大、县政府、县政协及相关机构事务、发展与改革事务、共产党事务等一般公共服务部门的行政运行费用、工资类支出以及相关的各类专项业务支出等。

②公共安全支出1.39亿元，主要用于公安局、检察院、法院、司法局等部门的运行支出，支持政法部门履行职能、预防和打击犯罪、普法宣传、法律援助、依法治县和维护稳定等。

③教育支出3.26亿元，主要用于教育管理事务支出、义务阶段教师绩效工资、中小学公用经费、教育助学、家庭经济困难学生免学费、教师培训、平安校园建设、学前教育以及校舍安全建设等。

④科学技术支出0.04亿元，主要用于科学技术管理事务支出，科学技术普及、科技成果转化等方面。

⑤文化体育与传媒支出0.13亿元，主要用于文化、文物、体育、广电管理事务支出、非遗保护、“三送”活动、有线电视进村入户、广电设施更新补助等。

⑥社会保障和就业支出1.64亿元，主要用于就业保障和就业管理事务支出，民政管理支出，行政事业单位离退休支出，就业补助，城乡居民最低生活保障支出，新型农村养老保险支出，社区居委会补助，老年人一次性慰问金以及抚恤、安置、社会救济等各项社会保障和就业类支出。

⑦医疗卫生支出0.97亿元，主要用于医疗卫生管理事务、农村新型合作医疗及城镇居民医保、新医改以及中心卫生院建设等。

⑧环境保护支出0.47亿元，主要用于环境保护管理部门运行经费、环境监测与监察、污染防治、生态县创建等支出。

⑨城乡社区事务支出1.44亿元，主要用于城市维护、新市镇建设以及县委、县政府确定的重点城建项目等支出。

⑩农林水事务支出0.85亿元，主要用于农、林、水利和农业综合开发部门管理事务支出、农村排涝站、中小水库除险加固、土地治理、农业综合开发及丘陵山区开发、村庄综合整治、生态溧水、农业保险、粮食直补、重大动物疫病防治、农业龙头企业、农民专业合作经济组织建设及补助村民委员会支出等。

交通运输支出0.18亿元，主要用于交通部门人员经费和县乡道路改造、大中修、农村道路建设、安全整治以及养护等。

资源勘探电力信息等事务支出1.39亿元，主要用于安监、工信等部门人员经费、国有资产管理及中小企业发展等支出。

商业服务业等事务支出0.05亿元，主要用于供销部门人员经费支出。

国土资源气象等事务支出0.42亿元，主要用于国土、地震、气象部门行政运行费用、工资类支出以及相关的各类专项业务支出。

预备费0.4亿元，用于当年预算执行中的自然灾害救灾开支及其他难以预见的特殊开支。

其他支出0.41亿元，主要用于援疆和援藏支出、兑现县委、县政府年度制定的各类考核奖励政策支出、财政部代理发行债券利息等。

基金预算支出11.43亿元。

①教育支出0.25亿元，主要用于义务阶段学校公用经费、职教助学金、学前教育及校舍安全建设等。

②社会保障和就业支出0.03亿元，主要用于残疾人康复、残疾人就业培训、残联组织建设等。

③城乡社区事务支出11.07亿元，主要用于征地、拆迁补偿、土地开发、城市建设支出、旧城区路灯维修、新城区路灯建设及电费等。

④资源勘探电力信息等事务支出0.08亿元，主要用于对全县推广使用新型墙材和建筑节能材料的企业技改补贴等。

三、坚持改革创新　加强科学管理　为完成全年预算任务而努力奋斗

2011年是实施“十二五”规划的开局之年。面对新形势和新任务，我们要进一步增强做好财政工作的责任感和紧迫感，坚持改革创新，加强科学管理，积极发挥财政职能作用，努力开创财政工作新局面，确保全年预算任务的圆满完成。

*1.以科学组织收入为中心，确保持续稳定增收。*进一步增强责任感、危机感和紧迫感，分解落实收入目标，着力加强收入组织力度，确保持续稳定增收。密切关注经济形势，加强财政运行分析，提高组织收入的预见性和主动性，增强针对性和灵活性。建立完善财税收入增长监控、分析、预测机制，继续加强对重点行业、企业的跟踪服务。强化纳税评估，充分挖掘增收潜力，确保应收尽收。对基础设施建设的重点项目、房地产等行业实行源头控制，做到征收不留死角。加强对关联企业税收的管理，建立常规增长机制，防止税收外流。强化行政性收费和政府性基金的征管，规范非税收入减免行为。进一步强化税源管理，对现有财政优惠政策进行清理，规范财税秩序。落实各项考核措施，建立责任考核机制，进一步形成齐抓共管的合力，提高收入征管水平。

*2.以促进转型升级为重点，推动县域财源建设。*以落实积极的财政政策为抓手，促进经济发展方式转变，推动经济又好又快发展。进一步强化加快转变经济发展方式的鲜明导向，明确重点企业加大扶持力度，推动经济结构优化升级。继续结合省六大新兴产业和市“4+8+8”产业政策，完善项目库建设，对发展快、科技含量高、效益好、税收增速快的成长型科技骨干企业重点支持。建立并完善我县重大工业投资项目补助办法，重点支持我县特大工业项目以及省市资金补助配套，推动我县工业经济快速发展。进一步强化扶优限劣的政策导向，促进产业结构调整升级。积极落实国家、省、市《关于鼓励和引导民间投资健康发展的意见》，加快经济发展方式转变。加大节能减排和循环经济扶持力度，鼓励自主创新和技术创新，促进“两化融合”，加快培育新兴产业发展，加快专利新产品等科技成果转化。完善三产项目库建设，支持服务外包、物流等现代服务业发展，继续支持我县旅游产业发展。培育壮大地方金融企业，进一步促进我县中小企业发展。继续推动外向型经济发展，支持招商引资工作的开展，加快推动招商引资成果的转化。落实财力保障重点工业区、产业集群等基础设施项目建设，使政府融资、财政投资资金尽快转化为促进经济发展的强大推动力，加速经济发展。

*3.以保障改善民生为根本，促进社会和谐稳定。*把保障和改善民生作为财政工作的出发点和落脚点，财政支出逐步向新农村建设倾斜，向社会事业发展的薄弱环节倾斜，向基层倾斜，不断发挥公共财政职能，提高保障水平。进一步整合财政支农资金，推进现代农业发展，提升农业发展水平；支持白马现代农

业高新技术产业园、和凤镇返乡农民创业园和傅家边现代农业科技园建设;发挥财政资金的引导作用,支持实施农民增收十项工程,切实带动农民增收。努力增加社会保障投入,强化社会保障资金管理,支持全面推进新型农村养老保险及城镇、农村居民养老补贴发放;巩固新农合成果,加强资金监管,完善业务流程;加强经济适用房、廉租房、拆迁安置房建设,继续对农村危房实行"有一改一"。加大对教育、卫生等社会事业发展的支持力度。巩固农村义务教育经费保障机制,支持中小学校舍安全工程建设,完善义务教育控债机制和全覆盖的助学体系;探索医保基金等多渠道补助办法,稳步推进医药卫生体制改革;完善政法经费保障机制,继续推进"平安溧水"等创建工作开展。整合财政资源,严格资金监管,大力推进各重点建设项目实施,促进经济社会统筹协调发展。

4.以财政改革创新为动力,提高科学理财水平。进一步深化部门预算、国库集中支付及政府采购管理改革,构建运行高效、操作规范、管理科学的财政预算管理机制;进一步健全财政资金运行管理制度,提高预算管理水平。将预算内外资金、政府性基金和其他资金收支实行统一管理、按标准统筹安排,实施全口径预算编制。切实做好公共财政预算、政府性基金预算、国有资本经营预算和社会保险基金预算的有效衔接,提升预算编制水平。进一步提升国库集中支付的比率,基本杜绝实拨资金现象。逐步建立覆盖全县范围的非税收入征管网络,提高非税收入征管质量和效率。拓展政府采购管理范围,强化政府采购制度建设和采购政策功能发挥。建立健全财政绩效监督机制,不断扩大支出的绩效考评范围,将绩效考评结果作为预算编制的重要依据,提高财政资金的使用效益。加强对国有投资平台投融资管理及运营管理,强化国有资产收益预算管理,完善国有资产收入收缴管理。完善行政事业单位国有资产管理信息系统,实现行政事业单位国有资产管理网络化、动态化,进一步维护国有资产安全,防止国有资产流失,提高国有资产使用效益。认真执行《溧水县基本建设财务管理暂行规定》,对全县重点建设工程基本建设财务进行跟踪检查,规范基本建设财务核算行为。通过开展重点检查和专项检查,加强对部门预算单位收支财务管理,按照整合存量、优化增量的原则,清理、整合财政专项资金,确保资金使用的规范、安全和有效。加强财政管理内部控制体系建设,建立健全财政管理内部控制制度,强化预算执行全过程监控,将监督管理的理念贯穿于财政资金使用的事前、事中、事后的整个过程,保障财政管理的科学、系统和规范。

各位代表:新的一年,我们将在县委、县政府的正确领导下,在县人大的依法监督和大力支持下,以科学发展观为统领,坚定信心,奋发进取,扎实工作,开创财政改革发展新局面,为全县经济社会发展作出应有的贡献!

溧水县2010年国民经济和社会发展计划执行情况与2011年计划安排(草案)的报告

——溧水县第十四届人民代表大会第四次会议

溧水县发展和改革局局长　吴国荣

2011年1月6日

各位代表:

我受县人民政府委托,向大会报告溧水县2010年国民经济和社会发展计划执行情况与2011年计划安排(草案),请予审议。并请县政协各位委员和其他列席会议的人员提出意见。

一、2010年国民经济和社会发展计划执行情况

2010年是"十一五"规划的收官之年。这一年,面对复杂多变的宏观环境和艰巨繁重的发展任务,全

县上下坚持以科学发展观为统领，紧紧围绕年初确定的奋斗目标，集中精力抓发展，全力以赴促转型，坚持不懈惠民生，全县经济社会继续保持了良好的发展势头，较好地完成了县第十四届人大第三次会议审议通过的国民经济和社会发展计划，为全面完成"十一五"规划画上了圆满的句号。

全年实现地区生产总值243亿元，同比增长23%，完成计划的107.5%；财政总收入32.14亿元，同比增长35.9%，完成年度调整预算的103.2%；地方一般预算收入20.0168亿元，同比增长38.8%，完成年度调整预算的104.3%；全社会固定资产投资223亿元，同比增长35.1%，完成计划的101.4%；工业固定资产投资192亿元，同比增长37.0%，完成计划的101.1%；社会消费品零售总额70.5亿元，同比增长20%，完成计划的101.3%；对外贸易出口总额2.65亿美元，同比增长18.3%，完成计划的120.5%；实际利用外资1.05亿美元，同比增长15.3%，完成计划的116.7%；实际利用内资144.9亿元，同比增长39.5%，完成计划的120.7%；农民人均纯收入10730元，同比增长12.4%，完成计划的101.5%；城镇居民人均可支配收入24450元，同比增长11%，完成计划的100.3%；城镇登记失业率3.2%，控制在计划3.5%以下。主要综合指标全面超额完成预期目标。2010年，全县经济社会发展主要呈现以下几方面的特点：

（一）经济持续快速增长

在全球经济增速普遍放缓、国家宏观政策不断调整、企业成本急剧上升的情况下，全县经济继续保持快速发展的态势，地区生产总值保持23%的增幅，财政收入和固定资产投资增速均超过35%，特别是地方一般预算收入和工业固定资产投资在2009年分别突破14亿元和140亿元的基础上，2010年分别突破20亿元和190亿元。

工业进一步做大。全年实现工业总产值511亿元，同比增长24.9%；销售收入502亿元，同比增长28.8%；工业增加值132亿元，同比增长27%；工业利税63亿元，同比增长57.5%；工业利润40亿元，同比增长72.6%；产销率达97.5%。新增销售收入500万元以上的规模企业80家，全县规模企业达550家；新增亿元以上企业30家，全县亿元以上企业达90家，长安汽车公司达49亿元、云海公司达36亿元、喜之郎公司达23亿元、创维电子达10亿元。

建筑业进一步做强。全年实现建筑业增加值24亿元，同比增长25.7%；完成施工面积920万平方米，同比增长21%;施工产值90亿元，同比增长22%。建筑施工产值超亿元企业达20家，其中10亿元以上的1家、5亿元以上的5家、3亿元以上的4家。1家企业晋升一级资质，3家企业晋升二级资质。获省优质工程1个、市优质工程32个。创国家级文明工地2个、省市文明工地36个。

服务业进一步提升。全年实现服务业增加值64.7亿元，同比增长18.5%。昱达商贸等10家重点商贸企业实现销售收入35.9亿元，同比增长20.5%，销售收入超亿元企业达10家。旅游业蓬勃发展。全年接待游客183万人次，同比增长21%。江苏未来影视创意产业园演员公寓、摄影棚建成并交付使用。卧龙湖国际社区酒店完成主体工程施工。傅家边现代农业园建成了全省一流的现代农业观光园。

农业进一步调优。全年新增高效农业3.77万亩，高效渔业0.755万亩，设施农业1.26万亩，设施渔业0.415万亩；畜禽规模养殖比重提高5.12个百分点。农业产业化进程不断加快。全县29家县级重点龙头企业实现销售收入34.5亿元，同比增长20%；利税1.96亿元，同比增长19%。建设了10个县级以上农业园区。组织申报"三品"基地9个、"三品"产品30个。新增市级以上名牌农产品3个。

（二）投入创新步伐加快

招商引资量质并举。全年完成注册合同外资2.94亿美元，同比增长33.2%，完成计划的127.7%。实际利用内资144.9亿元，新引进亿元以上项目53个，其中5亿元以上的2个，10亿元以上的2个。创维科学城、长安汽车园、总参60所高科技产品生产试验基地等一批重大项目相继落户。这些重点项目的引进，有力地支撑了今后的投入和产出。

"四个一批"项目扎实推进。全县累计"四个一批"项目709个、总投资536.9亿元，其中新开工项目399个、总投资196.5亿元；全年在建项目451个，其中亿元以上项目72个。支撑全年工业投资计划的项目上半年全部开工，全年在建工业项目竣工率达75%以上。重点工业项目当年完成投资占工业投资的60%以上，工业企业技改完成投资占工业投资的31.3%。载体建设进一步加快。溧水经济开发区和各镇工业集中区完成基础设施投资11亿元,其中溧水经济开发区完成6亿元;全县开工标准厂房30万平方米。

改革创新力度加大。新设立了注册资本5000万元的南京通盛担保公司,已担保贷款5900万元;县中小企业担保公司担保贷款3.62亿元。全年组织实施各级各类科技计划项目64项,形成产学研合作项目30项,新增高新技术企业4家、高新技术产品6个、民营科技企业15家、省市工程技术研究中心8家,新增省市名牌产品13个、中国驰名商标1件、省市著名商标12件。申请国家专利505件,其中发明专利157件。引进省级高层次创新创业人才12人。

(三)城乡面貌日新月异

城乡规划不断深化。完成了溧水县城乡总体规划和永阳新城总体规划的初步规划纲要、老城区控制性详规编制前期初步方案、城南新城区控制性详规编制中间成果和卧龙湖片区规划初步成果。结合宁杭城际铁路溧水站,开展了站场、广场周边控制性规划和城市设计。完成了白马、东屏、石湫三个市级特色名镇的控制性详细规划编制的初步方案。

城乡建设加快推进。路网建设力度加大。健康路西延、板桥路建成通车;全面完成通济街、龙山路、青年路东段、金蛙西路、毓秀路等景观提升改造;薛李路、交通西路、幸庄一号路东延、城西生活路和城北生活路建设正在加快推进。溧水经济开发区完成滨淮大道、新淮路等道路路基建设。城市形象全面提升。开通了南京至溧水的城市公交,交通应急指挥中心投入使用。城北文化公园、城西西苑公园扩建工程全面完成;改造城区老旧片区2000平方米;新增城市绿化28万平方米;新建路灯14公里。新农村建设有序推进。白马镇完成神农东路、美玉南路、白珠路等集镇道路建设,东屏镇完成环湖路景观建设和群力集镇基础设施改造,各镇康居小区和拆迁安置小区都在加快建设。基础设施建设步伐加快。晶桥变升压工程主变增容部分已竣工投运,完成了47公里配网高压、60公里低压改造。溧马高速征地拆迁等开工前期工作加快推进,全面完成宁杭城际铁路征地拆迁配套服务工作。246省道完成路基工程,全面建成县道202戴山线、203淳溧线和305白明线,建成农村公路80公里。

环境质量不断提升。加强城市卫生保洁、道路交通管理、"六小"行业规范、拆违拆破等工作,成功创建国家卫生县城。全年新增造林1.35万亩,村庄绿化151个。完成农村改厕1.12万户、河塘清淤422座。开工建设各镇污水管网33公里。各镇区村庄环境整治目标任务全部完成。全面推行了排污许可证制度,生态镇、村的创建积极有序推进。全县环境质量综合指数达87.1分。

(四)社会建设协调发展

全面小康建设高标准通过了省级验收,并获得高度评价。荣获了省教育现代化建设先进县。县第二高中通过四星级验收,白马小学综合楼基本竣工,全县完成了11片塑胶运动场建设。初中教育普及率达100%,初中毕业生升学率96%以上,中、高考继续保持全市先进水平。县人民医院新址建设进入扫尾阶段;县中医院省二等甲级医院创建即将验收。县文化艺术中心完成第二轮规划设计。全年新增有线电视7580户、数字电视6300户。建成县体育公园全民健身广场和游泳馆基础工程。

(五)民生工程成效显著

积极拓宽就业渠道。全年新增就业岗位21946个,新增城镇再就业3579人,新增农村劳动力转移就业18211人;开展各类职业技能培训14878人次,其中创业培训859人。健全社会保障体系。全年新增企业职工参加各项社会保险9.95万人。新农保、新农合参保率分别达到99%和98%,城乡老年居民养老补贴按时足额发放,新征地农民全部纳入被征地人员基本生活保障。城乡最低生活保障标准不断提高,城镇居民由每人每月270元提高到300元, 农村居民由每人每月210元提高到240元。建立了精神障碍人员保障基金。积极推进拆迁安置房、经济适用房和廉租房建设,建成了城区266套3.3万平方米拆迁安置房、200套1.9万平方米经济适用房和廉租房。无自救能力的农村危房户实现"有一改一"。

2010年,全县经济社会继续保持良好的发展势头,这是县委、县政府带领全县人民大力实施工业立县、三产兴县、科教强县、环境优先"四大战略"的结果,是县人大、县政协加强指导和监督的结果,也是全县各镇区、各部门务实开拓、扎实工作,全县人民齐心协力、努力奋斗的结果。

在充分肯定成绩的同时,也要看到经济社会发展中存在的问题和不足,如要素供给矛盾更加突出、节能减排压力进一步加大、部分重点项目推进缓慢等，这些都需要我们在今后的工作中密切关注，加以研究，切实解决。

二、2011年国民经济和社会发展计划安排建议

2011年是"十二五"规划的开局之年，理清发展思路，把握发展机遇，扎实做好各项工作，确保"十二五"发展开好局、起好步意义重大。做好2011年工作，既要充分考虑到物价上涨预期的压力、货币政策由适度宽松转向稳健带来的不确定性等因素影响，更要看到国家继续实施积极的财政政策、南京市城乡统筹和科技创新力度的加大、我县一批战略带动性项目的落户这些有利条件。2011年，全县经济社会发展总的指导思想是：以党的十七届五中全会和县委十一届十九次全体(扩大)会议精神为指导，全面贯彻落实科学发展观，以转型升级为导向，以改善民生为根本，以推进城镇化为重点，以创建生态县为抓手，大力实施环境优先、工业立县、三产兴县、科教强县"四大战略"，为"十二五"又好又快发展开好局、起好步。根据"十二五"规划和上级要求，结合我县经济发展情况，2011年全县经济和社会发展的主要目标是：

地区生产总值(现价)增长22%(297亿元)，其中：一产增加值增长5%，工业增加值增长24%，建筑业增加值增长20%，三产增加值增长24%。

财政总收入增长28%(41亿元)，其中：地方一般预算收入增长25%(25亿元)。

全社会固定资产投资增长20%(268亿元)，其中：工业固定资产投资增长20%(230亿元)。

社会消费品零售总额增长20%(84.6亿元)。

实际利用外资增长25%(1.25亿美元)，实际利用内资增长20%(174亿元)，对外贸易出口总额增长10%(2.9亿美元)。

农民人均纯收入增长12%(12020元)，城镇居民人均可支配收入增长11%(27140元)。

城镇登记失业率控制在3.5%以内。

全社会研发经费占GDP的比重1.4%。

万元增加值综合能耗下降5%。

环境质量综合指数87分以上，SO_2、COD排放量分别比2010年削减1%~2%。

现对主要预期目标作重点说明：

——关于经济增长的预期目标。2011年，全县地区生产总值安排增长22%，高于南京市的增幅，也高于周边郊区县的预安排。根据对"十一五"期间的分析，年均增幅达到23%以上，加上近年来工业有效投入的增加和一批战略带动性项目的加快推进，安排22%的增幅是积极的，也是可行的。

——关于投资的预期目标。2011年全社会固定资产投资和工业固定资产投资安排分别增长20%，这主要是考虑"十一五"以来我县投资快速增长基数较高，"十二五"期间土地资源等要素制约的矛盾加大，促进经济结构调整、加快转变发展方式、提高经济发展质量是2011年的主攻方向。根据调查摸底，2011年各类投资项目充足，为完成投资目标提供了强大支撑。

——关于城乡居民收入的预期目标。2011年农民人均纯收入和城镇居民人均可支配收入分别安排增长12%和11%，一是落实农民人均纯收入五年倍增、城镇居民人均可支配收入六年倍增的要求，二是考虑到我县城乡居民收入这几年快速增长基数加大、持续增收的难度逐渐增加。

三、2011年国民经济和社会发展的主要任务

实现2011年国民经济和社会发展主要预期目标，必须加快创新步伐，突出转型升级，统筹城乡发展，推进重点项目建设，坚持务实为民，强化民生保障，切实完成好以下主要任务：

(一)加快转型创新步伐，构建现代产业体系

加大科技创新力度。引进符合省级标准的高层次创新人才6人，培育10人。加大科技投入力度，县级科技投入达到当年度本级财政实际支出3%以上。组织实施各级各类科技计划项目50项以上。大力发展高新技术产业，新增高新技术企业和产品8个，高新技术产业产值占规模工业产值的18%。积极扶持发展民

营科技企业，重点抓好100家民营科技企业，全县民营科技企业技工贸总收入达60亿元以上。加大专利申请力度，申请国家专利500件以上，其中发明专利80件以上。抓好科技创新平台建设，新增各级各类科技创新服务平台5个。加强产学研合作，新形成产学研合作项目20项。加大科技兴农力度，引进推广10个农业新品种和10项农业先进实用技术。科技培训（咨询）农村党员、干部和科技示范户5000人次。积极实施品牌战略，保创省市名牌工业产品10个，新增市以上名牌农产品2个。新增中国驰名商标1件，省著名商标3件，市著名商标7件。

推进制造业高端化。工业开票销售收入增长25%（440亿元），力争增长30%（460亿元）。做大企业规模，新增销售收入2000万元以上的规模企业30家；新增成长型企业15家，全县成长型企业达180家；新增销售收入亿元以上企业10家，全县亿元以上企业达100家，其中：50亿元以上的1家，40亿元以上的1家，30亿元以上的1家，20亿元以上的1家，10亿元以上的1家，5亿元以上的2家。加快推进工业项目建设，支撑全年工业投资计划的项目上半年100%开工，全年在建工业项目竣工率达75%以上，重点工业项目当年完成投资占工业投资的70%以上。重点推进长安汽车扩产，创源电动车和创维液晶电视、冰箱、洗衣机，总参六十所无人机、轻型机，喜之郎奶茶扩产等项目。加大工业企业技改力度，全年工业企业技改完成投资占工业投资的30%以上。加快工业载体建设，溧水经术开发区和各镇工业集中区完成基础设施投资10亿元，其中：溧水经济开发区完成6亿元。全县建成工业标准厂房30万平方米，其中：建设15个村17栋工业标准厂房8.5万平方米。加快信息化和工业化融合，软件业务收入1亿元，引进软件企业5家，新增从业人员500人。应用信息化系统的骨干企业达40家。

加快发展现代服务业。服务业税收增长25%以上。加快发展物流业，推进航空物流产业园和创维物流园二期建设。培育省市重点物流企业（基地）2家。重点建设中国移动华东物流中心、京港国际物流中心、溧水现代粮油仓储物流中心。培育服务外包企业2家，服务外包执行额4000万美元。不断增强金融对经济发展的促进作用，新设1家银行业分支机构、2家融资性担保机构，全年担保贷款达到12亿元以上。新设1~2家农村小额贷款公司，确保注册资本达1亿元。组织开展2场银企对接签约会。提升金融运行质量，金融机构年底贷款余额139亿元，增长36%。加快推动文化产业发展，重点建设江苏未来影视文化创意产业园文化休闲娱乐外景区、江南水乡和欧洲风情小镇。加快发展旅游业，接待游客220万人次；争创四星级标准以上酒店3家和省三星级以上乡村旅游点、市自驾游基地、省级诚信旅行社各1家。积极推进商贸市场建设，建成县再生资源交易市场。重点建设县车辆交易市场、开发区汽车4S园、南京中贸钢材城、和凤淳泰4S店。有序推动房地产业健康发展，房地产新开工面积60万平方米，竣工面积50万平方米。

大力发展现代农业。加快推进农业园区建设，建成3个县级现代农业示范园区。重点建设江苏白马现代农业高新技术产业园区南京农业大学教学科研基地、南京农业机械化研究所科研基地、南京林业大学试验创新基地和江苏省现代农业装备科技示范中心等项目。完成江苏省溧水县现代农业园区水库环境整治项目。新增高效农业3万亩、农业“三品”基地2个、“三品”产品2个。加快推进农业产业化进程，争创市级农业龙头企业2家，县级以上重点农业龙头企业销售收入增长20%、利税增长20%，带动农户8.8万户。加强农业基础设施建设，完成湫湖泵站更新改造、二干河综合整治三期工程和淳东灌区、环山河农田水利建设工程，实施6座小型水库除险加固工程，建成石臼湖堤顶道路28公里，建设高标准农田2万亩。新建小农桥50座。积极培育农业经营主体，新组建农民专业合作社40个、农村集体资产股份合作社20个、农地股份合作社16个。因地制宜发展村级经济，村级集体可支配收入增长20%以上，其中村集体自主经营收入增长15%以上，村级不良债务下降15%以上。

做大做强建筑业。建筑业施工面积970万平方米，建筑安装施工产值92亿元，建筑业税收增长25%以上。培育发展规模企业，建筑安装施工产值超亿元企业20家，其中：10亿元以上的1家，5亿元以上的5家，3亿元以上的4家。加快企业资质升级，力争1家晋升一级资质、1家晋升二级资质。争创省优质工程1个、市优质工程20个，创省、市级文明工地30个。

（二）加快改革开放步伐，构建跨越发展新机制

深化体制机制改革。继续做好上市公司培育，推动3家公司的股份制改造。积极实施农村信用联社改

制。加快发展民营经济，新增民营企业551家、个体工商户1150户；新增民营注册资本13.3亿元。积极稳妥推进医药卫生体制改革。

提高对外开放水平。注册合同外资2.4亿美元，力争2.5亿美元。对外劳务营业额200万美元。注重引进大项目，新引进总投资千万美元以上的外资项目5个，10亿元以上的内资项目5个、5亿元以上的8个、亿元以上的30个。农业实际利用外资1000万美元、内资8.4亿元，农副产品出口交货额7500万美元。

（三）加快城乡建设步伐，构建南京南部现代化新城

推进城乡规划一体化。完成城东片区10平方公里控制性详细规划、县轨道交通专项规划、污水处理工程专项规划、特色镇控制性详细规划以及城区局部区域城市设计研究等。

加快永阳新城建设。建成城南新区幸庄一号路东延、幸庄一号路西延、新龙路南延、健康路东延、银龙路和金蛙路东延改造。永阳镇新建城郊四号路、辛源路、美人山路。县城道路路灯全覆盖。建成航空产业园区滨淮大道、四十六号路、十七号路和交山路，开工建设拆迁安置房一期工程5万平方米。

推进新市镇、新社区建设。白马镇建成体育东路、工业路，建设农民拆迁安置小区一期工程、廻峰家园小区和良雅小区，改造提升廻峰路、康居路南延等3.3公里道路。东屏镇改造提升常溧路二期和南山地块1.2公里道路，新建东岗路、西湖路、新农路延伸三条道路，建设拆迁安置小区及农贸市场。石湫镇建成集镇道路4公里和石峰路、工业园区新拓展区1.7公里道路，完成正大路、东横路、新河路等集镇街道综合整治，建设石峰路安置小区，开工建设集镇西扩新区一期工程。洪蓝镇建成中央路、振兴中路、滨河大道，改造提升金牛路，建设金牛山公园、集镇新区商贸一条街、室内建材市场和农民拆迁安置小区。和凤镇完成123省道集镇段改造，建成凤凰西路、良高路北延、凤翔路，建设行政服务中心、毛公埠新村、船员培训基地。晶桥镇建成镇西路、园区区间路1.5公里和集中居住区，改造云鹤农贸市场。

加快基础设施建设。交通。建成宁杭城际铁路溧水段、省道246溧水段、竹海路、省道246至宁杭高速溧水东互通连接线、洪蓝胭脂河大桥和宁杭城际铁路溧水站前广场。建设溧马高速溧水段、溧芜高速溧水段、南京至高淳新干线公路溧水段、省道340溧水段、宁杭城际铁路溧水站至白马农业园公路，改造宁高高速联网收费溧水段。建设农村公路50公里。改建4座中型农桥。全面实施城乡客运一体化。电力。推进渔歌220千伏变电站工程建设，建成35千伏晶桥变升压工程，完成110千伏溧高线洪蓝支线、35千伏洪明线、十屏线、溧柘线改造。供水。加快推进区域供水工程。建成和凤镇第二水厂，完成晶桥镇云合水厂、石湫上方水厂和明觉水厂改造，改造东庐、群力集镇自来水管网。

（四）加快生态建设步伐，构建可持续发展的支撑体系

发展循环经济。引导和支持企业发展循环经济，创清洁生产企业10家，完成循环经济试点企业3家，工业用水重复利用率达80%。发展循环农业，建成一批高效生态农业园，建成规模畜禽养殖场沼气池10座。提高资源综合利用水平，秸秆综合利用率达87%以上。推广散装水泥41万吨，粉煤灰综合利用7万吨，综合利用率达95%。拆除20门粘土砖窑2座，非粘土新型墙体材料产量1.7亿块，新型建筑节能墙体材料在建筑中的应用比例达65%以上。完成城乡建设用地增减挂钩5000亩和耕地占补平衡1600亩。

加强生态溧水建设。新增造林面积8000亩，完成村庄绿化100个。完成省道246城区段污水管网及绿化亮化工程，新增城市绿化面积25万平方米。森林覆盖率和城市绿化覆盖率分别达29%和42.3%。创建12个生态村。东屏、洪蓝、白马、石湫、和凤、晶桥、原柘塘镇通过国家级生态镇省级考核。生态县创建通过省级考核。

强化环境保护。坚决淘汰各类落后产能，30%的年耗能5000吨以上标准煤企业建成节能型企业。核发排污许可证150家以上。加快环境基础设施建设，完成县城市污水处理厂一期提标工程，开工建设二期工程；加快截污管网建设，实施城南新区雨污分流工程，建成开发区柘塘污水处理厂一期工程；完成各镇41.9公里污水管网建设、确保污水处理厂正常运行。加强城乡环境综合整治，完成中山河、护城河、南门河清淤及截污管网建设；完成天生桥河、新桥河水环境治理；疏浚村庄河塘240万立方米、县乡河道213万立方米。实施城市垃圾填埋场渗漏液处理提标升级，生活垃圾无害化日处理能力达250吨；在全县推行垃圾袋装化和分类收集，新建2座、改造9座压缩式垃圾中转站，确保农村垃圾收运体系正常运转。每个镇（区）70%的行政村“三格式”无害化改厕率达80%，村镇饮用水卫生达标。完成20个亮点村庄环境整治。

（五）加快社会建设步伐，构建基本公共服务均等化

促进居民充分就业。进一步落实创业小额担保贷款、创业场地租金及岗位补贴等各项政策，全面落实低保和特困家庭高校毕业生推荐就业政策。新增就业岗位1.5万个、城镇再就业3000人、农村劳动力转移就业1.5万人。开展各类职业技能培训8000人次。开展农业实用技术培训1.2万人，农民创业培训500人。开工建设县人力资源市场。

保障和改善民生。企业职工保险实行“五险”同征；医保实现市、县联网刷卡结算；新型农村社会养老保险做到应保尽保。新增企业职工参加各类社会保险3.5万人。城乡老年居民养老补贴按时足额发放，继续对城乡70周岁以上非财政及社会保险基金供养的老年居民增发一次性养老补贴。按照市统一要求做好被征地人员保障工作。新型农村合作医疗保险人均筹资提高到280元，低保、五保家庭及优抚对象无障碍进入。提高新农合住院补偿比例，大病补偿最高封顶线12万元，全面实现县内定点医疗机构即看即报。提高困难户大重病救助标准，提高城乡低保户、农村五保户、无固定收入重度残疾人员和重点优抚对象遗属生活救助金标准。开工建设县社会福利院和开发区敬老院，完成洪蓝、东屏、白马镇敬老院以及县救助站综合楼改扩建。全县建设中大街、板桥、通济街等16个社区居家养老服务站。完善住房保障体系，县城区建设拆迁安置房4万平方米，全县建成200套廉租房和经济适用房，对低收入家庭继续实施租赁补贴和购房补贴。无自救能力农村危房实行“有一改一”。

坚持教育优先。调整优化教育布局，建成城南新区实验小学主体工程和县第二高中图文信息中心；建设7片塑胶运动场；积极推进中小学校舍安全工程，完成县第一初中综合楼、洪蓝中学教学楼、石湫中学综合楼、云鹤中学实验楼、洪蓝中心小学教学楼、白马中心小学教学楼、柘塘中心小学教学楼7所中小学11400平方米校舍重建。加大对学前教育的投入力度，建成东屏镇群力、晶桥镇云鹤、石湫镇明觉3个幼儿园校舍8000平方米。有效保障外来务工人员子女和社会弱势群体受教育权利，外来务工人员子女申请就读率达100%，残疾儿童进入特殊教育学校或在普通学校随班就读率达98%以上。小学入学率和巩固率达100%，初中入学率、巩固率和升学率分别达100%、97%和96%以上。

发展卫生事业。县人民医院实行整体搬迁，创建省级基本现代化医院；建成和凤镇卫生院防保楼和晶桥镇卫生院病房楼，开工建设洪蓝镇卫生院和东屏镇卫生院易地新建工程。开展村卫生室省级达标改扩建工程。加强社区卫生服务内涵建设，社区居民健康档案建档率达50%，慢性病规范管理率达90%以上；以镇为单位国家免疫规划疫苗接种率达95%以上。加强重大传染病防治和卫生应急能力建设，突发事件卫生应急处置及时率达100%。

统筹推进其他各项事业。文化广电。开工建设县文化艺术中心、如意文化艺术中心二期工程。新增农村有线电视6000户、全面完成集镇有线电视数字化整转。人口计生。人口出生率控制在9‰以内，计划生育率达98%以上，全面推进省新农村、新家庭计划项目。对符合计划生育政策的对象及时发放奖扶、特扶金，对持独生子女父母光荣证退休的企业职工实行一次性奖励。建立全员人口信息中心数据库。

促进社会文明进步。全面落实省市平安创建、综合治理各项指标；完善治安防控体系建设，大力推进技防城暨技防入户工程建设，加快“城中村”、老小区治安防范设施改造工程；开工建设县公安局业务用房、检察院技术业务用房，完成县法院审判综合楼改造和晶桥派出所业务用房建设。加快城乡社区综合服务中心建设，建成开发区华侨、新淮和永阳镇东门3个社区服务中心，开工建设永阳镇板桥社区综合服务中心。落实安全生产责任制，亿元GDP生产安全事故死亡率比2010年下降5%。扎实推进法治溧水建设。依法行政，公正司法，深入开展法制宣传教育和“法治建设”为民办实事活动。建设森林防火气象监测预警中心及综合气象探测中心。积极开展文明创建活动，市民公共文明指数提高5%。

各位代表，2011年全县国民经济和社会发展任务艰巨，责任重大，我们将全面贯彻党的十七届五中全会和县委十一届十九次全体（扩大）会议精神，全面落实科学发展观，以更加昂扬的斗志、更加务实的作风，主动接受县人大及其常委会的监督和指导，积极听取县政协的意见和建议，认真执行本次大会的各项决议，进一步解放思想，坚定信心，克服困难，扎实工作，集聚全县人民的智慧和力量，为实现“十二五”良好开局做出更大贡献！

溧水县国民经济和社会发展第十二个五年规划纲要

“十二五”时期，是我县在建成全面小康社会后向基本现代化迈进的重要时期，也是全面贯彻落实科学发展观、推进经济社会转型发展、创新发展、跨越发展的关键时期。《溧水县国民经济和社会发展第十二个五年规划纲要》根据《中共溧水县委关于制定溧水县国民经济和社会发展第十二个五年规划的建议》编制，是我县经济社会未来五年发展的蓝图，是编制实施各类规划、计划及制定相关政策措施的重要依据，也是今后五年全县人民共同奋斗的基本行动纲领。

第一篇　发展基础和发展环境

第一章　发展基础

“十一五”期间，全县紧紧围绕“五年翻两番、全面达小康、建设新溧水”的总体目标，坚持工业立县、三产兴县、科教强县、环境优先“四大战略”和加快发展、新型工业化、富民优先、统筹发展、团结奋进“五个不动摇”，全神贯注抓经济，克难奋进谋发展，圆满完成了“十一五”规划确定的主要目标和任务，地方一般预算收入、工业固定资产投资四年实现翻两番，以县为单位通过了省级全面小康社会验收，开创了经济快速发展、社会和谐稳定、各项工作齐头并进的新局面。

*经济实力快速提升，三次产业协调发展。*2010 年，全县实现地区生产总值 243.6 亿元，年均增长 23.7%，人均地区生产总值超过 5.8 万元。实现财政总收入 32.14 亿元，年均增长 35.6%；地方一般预算收入 20.02 亿元，年均增长 40.9%。三次产业结构调整到 9.2:64.3:26.5。工业主体地位更加凸显。2010 年，全县实现工业增加值 132.6 亿元，年均增长 28.0%，占 GDP 的 54.4%，比 2005 年提高 8.4 个百分点。全县销售收入 500 万元以上的规模企业 558 家，其中亿元以上企业 84 家。服务业稳步发展。2010 年，全县实现服务业增加值 64.66 亿元，年均增长 18.5%，比“十五”提高 0.4 个百分点。创维物流园年营运收入突破 10 亿元，中国移动华东大区物流中心开工建设。2010 年，接待游客 183 万人次，年均增长 20%以上。农业和农村经济健康发展。现代农业加快发展，2010 年，高效农业面积 21.82 万亩，其中设施农业 9.8 万亩；县级以上农业龙头企业达 29 家，其中省级 6 家、市级 1 家。村级经济快速发展，2010 年，村均可支配收入 190 万元，比 2005 年增长 2 倍。

*改革开放不断深化，转型创新取得进展。*完成了政府机构改革，服务效能进一步提高。全面完成以产权制度改革为重点的深化企业改革任务，南京云海特种金属股份有限公司成功上市，民营经济成为经济主体。融资性担保机构和交通建设、城镇建设、清源水务投资公司等投融资平台不断做大，成立了 3 家担保公司和 1 家农村小额贷款有限公司。组建了 225 家农民专业合作社、38 家农地股份合作社和 46 家社区股份合作社。对溧水经济开发区、柘塘镇及东屏镇部分地区进行了区划调整，增强了溧水经济开发区的承载能力。有序推进医药卫生体制改革，实施了基本药物制度。开放水平不断提高，实际利用外资 3.7 亿美元，实际利用内资 420 亿元，对外贸易出口总额 10 亿美元。

*经济转型步伐加快。*引进了创维电子等一批科技含量高、附加值高、污染低、能耗低的优势产业。加大对现有企业的技术改造，技改投入占工业投资的 30%。对 45 家“五小”企业实施关停并转。创新能力增强。创建高新技术企业 30 家、技术创新和研发服务平台 25 家。2010 年，高新技术产业产值占规模工业产值的 15%，申请专利 505 件，全社会研发投入占 GDP 的 1.2%。人才队伍不断壮大，全县人才资源总量达 6.8 万人。

*城乡建设同步推进，基础设施不断完善。*县城拉开建设框架，建成区面积由 10 平方公里扩大到 23 平方公里，城区人口增加到 14 万人，城镇化率达 45.1%。建成了珍珠广场、西苑公园等一批市民广场和公园，通济街改造全面完成。新建城市道路 21.2 公里，改造提升城市道路 8 条，开通了南京至溧水和县城 8 条城市公交线路。国家级园林城市和国家卫生县城创建顺利完成。村镇建设步伐加快，建成了一批农民

集中居住区。农村环境显著改善，整治村庄320个。农业生产条件进一步提升，开挖疏浚县乡河道、大中沟71条，改扩建、疏浚骨干当家塘399座，第一轮河塘清淤通过省级验收，二干河综合整治二期、中山水库除险加固等重点水利工程全面完成。

建成了宁杭高速二期、沿江高速溧水段和243省道溧水段一级公路，宁杭城际铁路、溧马高速、淳芜高速、246省道开工建设，境内秦淮河航道达到六级标准。建成了县汽车客运总站。改造县乡公路76.8公里，新建和改造农村公路700公里。创建了农村公路养护体制改革示范县和全省路政管理示范县。解决了13.36万人的安全饮水问题，城乡供水、供电等设施明显改善，保障能力进一步提高。

生态环境持续改善，社会发展协调推进。新增绿化造林面积8.95万亩，建设绿色新村380个，启动了国家级生态县建设，森林覆盖率和城市绿化覆盖率分别达28.3%、40.8%。有20家企业通过了市级清洁生产审核。建成了县城垃圾处置场、城市污水处理厂一期及20公里截污管网，城市生活污水集中处理率达81.9%；各镇建设了污水处理设施。对晶桥观山工业集中区化工企业进行了专项整治。SO2、COD在2005年的基础上分别削减10.7%和17.4%，环境质量综合指数稳定在80分以上。

义务教育入学率100%，高中教育入学率95.5%，高等教育毛入学率59.2%。完成了建制镇社区卫生服务中心和社区卫生服务站建设，新建了县人民医院和县体育公园。创建了省首批普及高中阶段教育先进县、省教育现代化建设先进县、全国计划生育优质服务先进县、省有线电视先进县、省人口协调发展先进县、省体育强县和省食品安全示范县。

居民收入显著增加，保障水平稳步提高。2010年，农民人均纯收入、城镇居民人均可支配收入10804元和24468元，年均分别增长12.7%和14.5%。“十一五”期间，新增就业岗位8.2万个，转移农村劳动力9.5万人次，城镇失业人员就业1.7万人，城镇登记失业率控制在4%以下。企业职工养老、医疗和失业保险覆盖率98%以上，新农保参保率99%，新农合参保率98%，城乡低保实现应保尽保。每百名老年人拥有机构床位2.2张，对城乡70周岁以上非财政及社会保险基金供养的老年居民增发一次性养老补贴，高龄老人发放长寿补贴。建成经济适用房640套、廉租房80套，农村危房实现“有一改一”。

民主法治进程加快，精神文明成果丰硕。加强行政服务中心建设，加快政务信息化步伐。民主决策水平不断提高，基层民主建设扎实推进。“平安溧水”、“法治溧水”创建成果显著。以创建文明机关、创建国家卫生县城和创建金融生态县为抓手，引导和培养市民健康、科学、文明、诚信的生活方式，全民思想道德素质不断提高。

“十一五”是溧水发展史上最辉煌的时期之一，全县经济实力显著增强，人民生活显著改善，社会建设显著加快，城市面貌显著改观，精神状态显著提升。这些成绩的取得，得益于科学先进的发展理念，得益于敢为人先的目标追求，得益于符合溧水的思路举措，得益于求真务实的良好作风，得益于团结协调的和谐氛围，得益于坚强有力的干部队伍。这些基本经验是“十二五”期间溧水建设基本现代化的宝贵精神财富。

“十一五”规划主要指标完成情况

指　　标	2005年实绩	“十一五”规划	2010年实绩	“十一五”年均增长%	占规划%	比规划±%
地区生产总值(亿元)	84.0	237.8	243.60	23.7	102.4	+2.4
工业增加值(亿元)	38.59	131	132.60	28.0	101.2	+1.2
服务业增加值(亿元)	27.62	/	64.66	18.5	/	/
财政总收入(亿元)	7.01	24.9	32.14	35.6	129.1	+29.1
地方一般预算收入(亿元)	3.61	10	20.02	40.9	200.2	+100.2
全社会固定资产投资(亿元)	48.33	140.7	224.53	36.0	159.6	+59.6
工业固定资产投资(亿元)	31.95	110	192.10	43.2	174.6	+74.6
实际利用外资(万美元)	2857	20000	10985	30.9	54.9	−45.1

续表

指　　标	2005年实绩	"十一五"规划	2010年实绩	"十一五"年均增长%	占规划%	比规划±%
实际利用内资(亿元)	25.78	90	144.89	41.2	161.0	+61.0
社会消费品零售总额(亿元)	28.72	60.1	70.51	19.7	117.3	+17.3
农民人均纯收入(元)	5944	11500	10804	12.7	93.9	−6.1
城镇居民人均可支配收入(元)	12432	23000	24468	14.5	106.4	+6.4
城镇登记失业率(%)	3.85	<4	3.21	/	/	/

第二章　发展环境

“十二五”期间，我县正处在工业化的加速期、城镇化的关键期、社会建设的转型期、基本现代化的建设期，是我县经济社会发展大有作为的重要机遇期。机遇和挑战并存，机遇大于挑战。机遇和有利条件主要表现在：一是和平与发展的世界格局没有改变，经济全球化的大趋势不会逆转，后国际金融危机期世界经济逐步复苏，科技创新孕育新突破。二是我国经济社会虽然遇到了许多新情况和新困难，但坚持科学发展、促进社会和谐仍是中国社会的主流和趋势，经济社会发展将继续保持长期向好的态势。三是长三角区域经济一体化进程的加快、南京城乡统筹力度的加大、南京作为国家科技创新试点城市和青奥会举办城市都将推动溧水经济社会的发展。四是随着一批战略带动性项目的落户、重大交通功能性项目的实施、民生领域取得的重大进展，为“十二五”发展奠定了坚实的基础。五是我县处于工业化中后期阶段，工业化带动城镇化、城镇化促进工业化发展也将带来新的机遇。

与此同时，我县经济社会发展也将面临一些不利因素和新的挑战。一是宏观经济面临新挑战。后国际金融危机期贸易壁垒加剧，外贸出口难度加大；国内总需求潜力巨大，但居民消费受到一系列结构性矛盾的困扰，导致内需相对不足；流动性过剩造成通胀压力加大。二是区域经济的竞争到了白热化的程度，招商引资难度加大。三是资源环境面临新挑战。加快发展，实现基本现代化，不仅要有土地、资金、能源和人力资源等要素支撑，更要有环境容量的支撑，原有低成本扩张的模式难以为继，生态环境脆弱的矛盾更加突出，节能减排将面临更大压力。四是经济结构和产业层次面临新挑战。我县经济增长方式还不够集约，经济结构还不尽合理，传统产业所占比重较大，带动性强的大企业还不够多，科技创新贡献率还有待进一步提高。五是社会发展面临新挑战。随着人民群众生活水平的日益提高和社会结构的变化，人民群众对精神需求、社会管理、公共服务提出新的要求。六是干部队伍建设面临新挑战。建设基本现代化要有一支政治坚定、能力突出、作风过硬、群众信任、善于领导科学发展和促进社会和谐的高素质干部队伍，这对全县各级干部提出了新的要求。

第二篇　指导思想和发展目标

第三章　指导思想

“十二五”期间，全县国民经济和社会发展的指导思想是：以科学发展观为统领，以基本现代化为目标，以转型发展为主线、创新发展为动力、跨越发展为主题，在更高水平上实施环境优先、工业立县、三产兴县、科教强县“四大战略”着力推动经济科技化、环境生态化、农民市民化、城乡一体化、社会文明化。开拓创新，真抓实干，锐意进取，建设经济更加发达、环境更加优美、人民更加幸福、城乡更加协调、社会更加和谐的现代化新溧水。

围绕指导思想，“十二五”期间，全县经济和社会发展必须坚持以下基本原则：

——坚持抢抓机遇加快发展。始终把加快发展作为发展的第一要务，提升标杆，不断增强经济社会发展的综合实力和区域竞争力，实现经济社会跨越发展。

——坚持创新转型可持续发展。强化企业在技术创新中的主体地位，以园区转型升级为切入点，优化产业布局，以先进制造业和现代服务业为"双轮驱动"，加快构建现代产业体系。积极发展绿色经济、循环经济和低碳经济，不断增强可持续发展能力。

——坚持改革开放推进发展。推进经济体制改革，优化经济发展环境，坚持内引外联，加大引进技术、资金和品牌力度，不断提高开放型经济水平，提升县域竞争力。

——坚持城乡统筹协调发展。主动融入市域统筹，全面推进县、镇、村统筹，着力推进城乡规划一体化、产业发展一体化、要素配置一体化、基础设施一体化、公共服务一体化。

——坚持富民和谐共享发展。坚持民生为本的理念，加快富民步伐，健全社会保障，注重社会建设，完善社会管理，促进基本公共服务均等化，让人民群众共享发展成果。

第四章　发展目标

按照长三角先进制造业基地、物流中心和文化旅游休闲基地，全国现代农业科技示范基地，南京南部现代化新城的功能定位，"十二五"期间，溧水经济社会发展的总体目标是：地区生产总值确保达到 650 亿元，力争突破 750 亿元，主要经济指标实现翻两番。基本形成以先进制造业为主体、现代服务业为支撑、现代农业为基础的现代产业体系。创建国家生态县和省级文明城市。率先实现基本现代化，经济社会发展全面进入苏南先进县市行列，融入南京主城。

围绕总体目标，国民经济和社会发展的主要发展目标是：

经济发展。地区生产总值年均增长 22%，2015 年 650 亿元；力争 750 亿元。人均地区生产总值 11.8 万元；力争 13.6 万元。工业增加值年均增长 24%，2015 年 376 亿元；力争 430 亿元。服务业增加值年均增长 25%，2015 年 196 亿元；力争 240 亿元。财政总收入、地方一般预算收入分别年均增长 28%和 27%，2015 年分别 110 亿元和 66 亿元；力争 125 亿元和 80 亿元。全社会固定资产投资、工业固定资产投资分别累计完成 2000 亿元和 1700 亿元，分别年均增长 20%；力争分别累计完成 2100 亿元和 1800 亿元。社会消费品零售总额年均增长 20%，2015 年 176 亿元；力争 200 亿元。

结构调整。2015 年三次产业结构比例调整到 4:66:30；力争 3.6:64.4:32。工业五大主导产业产值占全县工业的 85%。新兴产业产值占全县工业的 30%。高效农业面积占耕地面积的 54%。城镇化率 65%。

科技创新。2015 年全社会研发投入占地区生产总值的 2.5%；力争 3%。高新技术产业产值占规模工业产值的 30%；力争 40%。累计申请专利 4000 件。科技进步贡献率 60%。

开放水平。实际利用外资、实际利用内资分别累计完成 9 亿美元和 1250 亿元，分别年均增长 20%；力争分别累计完成 10 亿美元和 1300 亿元。对外贸易出口总额年均增长 20%，2015 年 6.5 亿美元；力争 8 亿美元。

资源环境。万元增加值综合能耗累计下降 20%。2015 年 SO_2、COD 排放量在 2010 年的基础上分别削减 5~10%。城镇生活污水集中处理率 85%。开展生活污水处理的行政村 70%。城镇垃圾无害化处理率 100%。森林覆盖率 32%。城市绿化覆盖率 44%。环境质量综合指数 90 分；力争 95 分。确保 2012 年前创建国家生态县。

人民生活。农民人均纯收入、城镇居民可支配收入分别年均增长 14.8%和 13.5%，2015 年分别 21500 元和 46000 元；力争 22000 元和 48000 元。城镇登记失业率控制在 3.5%以内。新农保、新农合全覆盖并不断提高标准。

社会建设。高等教育毛入学率 60%以上。每百名 60 岁以上老年人拥有养老服务机构床位数 4 张。万人刑事案件数增幅控制在 5%以内。亿元 GDP 死亡率下降 25%。

“十二五”经济社会发展主要指标

类别	指标	单位	2010年	2015年确保		2015年力争		指标属性
				绝对值	年均增幅%	绝对值	年均增幅%	
经济发展	地区生产总值	亿元	243.60	650	22	750	26	预期性
	人均地区生产总值	万元	5.8	11.8	/	13.6	/	预期性
	工业增加值	亿元	132.60	376	24	430	27	预期性
	服务业增加值	亿元	64.66	196	25	240	30	预期性
	财政总收入	亿元	32.14	110	28	125	31	预期性
	地方一般预算收入	亿元	20.02	66	27	80	32	预期性
	全社会固定资产投资	亿元	224.53	560,累计2000	20	610,累计2100	22	预期性
	工业固定资产投资	亿元	192.10	485,累计1700	20	530,累计1800	22	预期性
	社会消费品零售总额	亿元	70.51	176	20	200	23	预期性
结构调整	三次产业结构比例		9.2:64.3	4:66:30		3.6:64.4:32		预期性
	工业主导产业产值占全县工业	%	80	85	/			预期性
	新兴产业占产值全县工业	%	17	30	/			预期性
	高效农业面积占耕地面积	%	34	54	/			预期性
	城镇化率	%	45.1	65	/			预期性
科技创新	全社会研发投入占地区生产总值	%	1.2	2.5	/	3	/	预期性
	高新技术产业产值占规模工业产值	%	15	30	/	40	/	预期性
	申请专利	件	505	累计4000				预期性
	科技进步贡献率	%	53	60	/			预期性
开放水平	实际利用外资	亿美元	1	2.5,累计9	20	3,累计10	25	预期性
	实际利用内资	亿元	144.9	350,累计1250	20	380,累计1300	22	预期性
	对外贸易出口总额	亿美元	2.77	6.5	20	8	25	预期性
资源环境	万元增加值综合能耗下降	%	累计下降20	累计下降20	/			约束性
	SO_2、COD排放量削减	%	分别比2005年削减10.7和17.4	分别比010年削5~10	/			约束性
	城镇生活污水集中处理率	%	81.9(城市)	85	/			约束性
	开展生活污水处理的行政村	%	20	70	/			约束性
	城镇垃圾无害化处理率	%	70	100	/			约束性
	森林覆盖率	%	28.3	32	/			约束性
	城市绿化覆盖率	%	40.8	44	/			约束性
	环境质量综合指数	分	87.1	90	/	95	/	预期性

续表

指标		单位	2010年	2015年确保		2015年力争		指标属性
				绝对值	年均增幅%	绝对值	年均增幅%	
人民生活	农民人均纯收入	元	10804	21500	14.8	22000	15.3	预期性
	城镇居民人均可支配收入	元	24468	46000	13.5	48000	14.4	预期性
	城镇登记失业率	%	3.21	<3.5	/			约束性
	新农保参保率	%	99	100	/			约束性
	新农合参保率	%	98	100	/			约束性
社会建设	高等教育毛入学率	%	59.2	>60	/			预期性
	每百名60岁以上老年人拥有养老服务机构床位	张	2.2	4	/			约束性
	万人刑事案件数增幅	%	<4	<5	/			约束性
	亿元GDP死亡率累计下降	%		25	/			约束性

第三篇　主要任务

第五章　加快转型创新步伐　构建现代产业体系

大力实施先进制造业和现代服务业"双轮驱动"战略，加快推进新型工业化和产业高端化，促进信息化与工业化融合，加快科技创新步伐，推动产业转型升级。构建以先进制造业和现代服务业为支撑、现代农业为基础的现代产业体系。

第一节　推动产业转型升级

加大有效投入，着力引进一批战略带动性项目；加快技术改造，淘汰落后产能；加强园区建设，推进产业转型升级。

加大有效投入。围绕产业链延伸，加大招商力度，着力引进龙头型、旗舰型、科技创新型项目，使之成为推动产业转型升级的重要生力军。全社会固定资产投资累计完成2000亿元，力争2100亿元。其中工业固定资产投资累计完成1700亿元，力争1800亿元。

加大技改力度。淘汰小化工、小铸造等各类落后产能，以技术改造推动产业转型。鼓励企业引进先进设备、先进技术，改进工艺水平，加大技改投入，提高企业生产效率和产品竞争力。2015年，技改投资占工业投资的35%。

加快园区建设。抓好溧水经济开发区、市重点工业园区和配套协作区、镇重点产业园的提档升级，加快园区道路、供水、供电、污水处理等基础设施建设，进一步完善园区载体功能。提高园区开发建设水平，重点建设三个特色园区，以园区转型推动产业转型，使之功能更明确、特色更鲜明、优势更突出。溧水经济开发区航空产业园。"十二五"期间，重点建设航空制造、现代物流、新材料产业和四个配套服务片区。积极推进无人机和轻型机等航空航天产业项目建设，加快推进京港国际物流中心等现代物流企业集聚，着力推进创维电子、创源新能源电动车等项目建设。江苏白马现代农业高新技术产业园区。"十二五"期间，基本建成南农大农业科研基地、南林大林业科研基地、农业部农机化所和省农机局农机研究中心、中科院植物所珍稀植物科研基地等项目，形成国家级农业高新技术园区雏形。江苏未来影视文化创意产业园。"十二五"期间，重点建设影视文化创意乐园，影视创意集聚区、影视拍摄外景区，影视拍摄制作中心、影视接待中心、会展演艺培训中心，形成"一园二区三中心"格局。拍摄一批影视剧，集聚一批影视文化企业。

专栏1　特色园区

溧水经济开发区航空产业园。园区总体规划面积41平方公里，近期规划建设18.45平方公里，主要功能定位为航空制造业和现代物流业。

江苏白马现代农业高新技术产业园区。集聚江苏乃至全国农业科教资源，通过建立各级财政主导、院校主体、社会参与的多元化投融资机制，突出农业科技创新、农业科技成果转化、农业科技成果展示与推广、农业科技培训与科普教育、农业休闲观光等五大功能，把园区建设成引领长三角地区农业现代化、带动东部区域农业国际化的农业高新技术转化基地。园区规划范围东至落步山、南至宁杭高速公路、北至共和集镇、西至白马镇区边界，总面积约40平方公里。打造15平方公里的农业科技创新区、10平方公里的高新农业产业区和5平方公里的以现有食品工业园为主的农产品集中加工区、10平方公里的白马集镇配套服务区。

江苏未来影视文化创意产业园。打造成文化江苏的精彩名片，影视生产、制作、发布、会展、培训一体化的国家级基地，国内领先、国际有影响的影视文化创意产业集群，旅游、休闲、养生为主体的5A级景区。园区规划总面积10平方公里，一期占地1.41平方公里，建成后形成民国风情街区、欧洲小镇、演员公寓与摄影棚区、商业文化产业园区、外景拍摄区、文化娱乐区、绿化与农业区、森林游乐区八大功能区。

第二节　加大科技创新力度

坚持把科技创新作为经济社会发展的原动力，重点培育具有自主知识产权与核心竞争力的优势企业，形成以企业为主体的科技创新体系，推动经济社会又好又快发展。2015年，科技进步贡献率60%。

发展高新技术产业。围绕主导产业和新兴产业，重点扶持和培育一批研发能力强、技术创新快的优势企业。不断深化与高校和科研单位的合作，形成和完善以企业为主体、市场为导向、产学研相结合的技术创新体系。2015年，新认定后的高新技术企业40家，高新技术产业产值占规模工业的30%，力争40%；民营科技企业200家，技工贸总收入100亿元；农业科技型企业和科技型专业合作社20家。累计申请专利4000件，其中发明专利600件。

搭建科技创新平台。依托高校科研院所资源，建立健全科技服务体系和科技研发机构，建设各级各类技术创新服务平台40个，其中省级以上重点实验室、工程技术中心、院士工作站、博士后工作站等研发机构15个，形成产学研合作项目100项。加强科技创业服务中心、科技信息网络中心、国家级星火学校、科普教育基地等科技基础设施建设，为广大科技人才创新创业提供平台。

壮大科技人才队伍。统筹推进人才队伍建设，加大人才引进培养和激励力度，突出培育高层次创新创业人才，扎实推进主导产业人才高端化、新兴产业人才规模化、传统产业人才精优化。2015年，全县人才资源总量达8.9万人，各类高层次人才总量突破5000人。

实施品牌战略。从科技投入、品牌培育、市场推广、用户反馈等多个维度，加强品牌创建，加快质量升级。到2015年，新增中国驰名商标5件、省市著名商标86件、中国地理标志产品2件、市级以上名牌工业产品50个、农业产品20个。引导、扶持企业积极参与和牵头制定国际标准、国家标准、行业标准。

第三节　推进制造业高端化

坚持走新型工业化道路，做大做强五大主导产业，加快发展新兴产业，推进信息化和工业化融合。2015年，工业增加值376亿元，力争430亿元。销售收入2000万元以上的规模企业500家，其中50亿元以上的6家、100亿元以上的3家。

提档扩能汽车及零部件制造产业。建成长安汽车50万辆汽车和50万台套发动机项目、创源新能源电动车项目，加快微型汽车和特种车辆发展，并逐步向家用轿车和专用车辆拓展。高起点、规模化发展车桥、底盘、电子、电气等汽车关键零部件，形成以微型车、特种车辆等为龙头的汽车制造基地和南京重要的汽车零部件生产基地。2015年，汽车及零部件制造产业产值400亿元，力争500亿元，占全县工业的27%。

做大做强电子信息产业。建成创维200万台液晶电视、200万台冰箱、100万台洗衣机生产线项目。瞄准国际电子和信息产业的发展趋势，坚持“产业配套集群化、技术导入高端化、研发创新一体化”导向，鼓励企业在集成电路、软件、通信等重点领域拓展发展空间。2015年，电子信息产业产值200亿元，力争250亿元，占全县工业的14%。

发展壮大机械装备产业。重点培育风电、光伏、智能电网、高空作业车、装载机械、煤矿掘进机、压力容器、大型非标件、伺服电机、数控机床、水泥机械、通风机械、液压元件等产品及关键零部件，加快发展车辆配件和船舶配件。2015年，机械装备产业产值300亿元，力争350亿元，占全县工业的20%。

集聚发展新型材料产业。培育壮大龙头企业，放大集聚功能，加大核心项目和技术的引进吸收，促进企业集群发展。重点发展金属材料、建筑材料、新型有机材料等产品。2015年，新型材料产业产值150亿元，力争200亿元，占全县工业的10%。

改造提升轻工食品产业。重点提高服装、家具、玩具等轻工产业的设计和新品开发能力，提升产品品质和档次。放大“全国食品工业强县十大特色县”的品牌效应，做大做强喜之郎、瑞麦、小洋人等现有食品加工企业，积极引进一批食品行业重点企业集聚发展，延伸产业链，逐步建立原料基地、产品研发、加工制造、印刷包装的产业链。2015年，轻工食品产业产值200亿元，力争250亿元，占全县工业的14%。

规模化发展新兴产业。加快发展生物医药、节能环保、航空航天、新材料等战略性新兴产业。生物医药产业主要发展生物制药、化学药、中药等产品，努力打造特色拳头产品。节能环保产业大力发展节能关键技术及产品、水体污染控制处理技术及产品，加快形成产业集聚。抓住南京建设中国航空科技城契机，加快成为航空航天产业研发、制造、培训、维修的配套基地。积极发展电子基础材料、生物高分子材料、航空航天材料和先进复合材料等新材料产业。依托溧水经济开发区航空产业园、江苏未来影视文化创意产业园等载体积极发展软件产业。2015年，软件业务收入5亿元，新引进软件企业20家。2015年，新兴产业产值(含电子信息、新能源电动车)400亿元，力争500亿元，占全县工业的30%。

推进信息化和工业化融合。积极引导企业围绕产品数字化、设计智能化、过程自动化、管理信息化、商务电子化、系统集成化“六大工程”，加快信息化技术在企业研发、设计、制造、运营、管理等环节的深度应用。2015年，骨干企业全部应用信息化系统。

专栏2　制造业发展片区

溧水经济开发区(核心区)。引导汽车及零部件、电子信息、机械装备、食品加工、新型材料、航空航天、生物医药、节能环保等产业集聚发展，将优质项目、战略带动性项目和土地、资金、人才等要素向溧水经济开发区集中。加快航空产业园、海峡两岸新型材料产业园、创维科学城等特色产业园建设。2015年，溧水经济开发区工业经济占全县总量的65%以上。

市重点工业园区和配套协作区(特色产业区)。重点打造永阳和东屏先进装备制造、晶桥新型材料、石湫五金刀具、和凤电子电工、白马农副产品加工和农业机械等特色产业区。同时将洪蓝镇、石湫镇工业集中区分别作为溧水经济开发区汽车及零部件产业配套发展区、航空航天产业机械制造配套发展区。

第四节　加快发展现代服务业

加快发展现代服务业，大力提升传统服务业。2015年，服务业增加值196亿元，力争240亿元。

现代物流业。依托禄口空港优势和溧水经济开发区的产业优势，加快推进航空物流产业园和创维物流园二期建设，形成长三角颇具规模的现代物流基地；大力发展第三方物流，重点建设京港国际物流中心、中国移动华东大区物流中心和溧水现代粮食物流中心。2015年，培育省市重点物流企业(基地)10家。

金融业。大力发展金融业，设立3家银行分支机构、2家风险(创业)投资公司分支机构、2家农村小额贷款公司、4家融资性担保公司，组建农村商业银行和村镇银行。支持保险公司在溧水设立分支机构。2015年，金融机构存、贷款余额和居民储蓄余额分别达415亿元、310亿元和200亿元，比“十一五”末分别增长 180%、200%和 160%。

服务外包产业。坚持培育和引进相结合，大力推动我县服务外包产业发展。重点发展软件和研发设计外包、供应链管理外包、动漫影视外包、生物医药外包等外包产业。2015 年，服务外包执行额 8000 万美元。

商务服务业。以市场化、专业化为方向，大力培育和发展会计审计、人才培训、经纪代理、中介咨询、法律服务等商务服务机构，组建一批行业协会、商会、促进会、联合会等自律性的中介组织，加快形成种类齐全、运作规范的商务服务体系。积极引进商务服务企业，整合现有商务服务机构，扩大商务企业规模，提升整体管理水平。2015 年，全县各类商务服务组织扩大到 80 个。

文化创意产业。按照“资源整合、优势互补、联动发展”的思路，优化区域布局，形成以“生态溧水、中国影都”为主题的溧水文化产业格局，着力构建“一园（江苏未来影视文化创意产业园）、一区（以休闲度假为特色的生态旅游文化度假区）、一圈（县城地区休闲文化消费圈）、一基地（文化体育产品生产基地）”的区域空间布局。以打造具有溧水特色的文化品牌为目标，整合传统和现代、有形和无形的文化资源。一是依托秦淮源头文化资源优势，打造秦淮源品牌；二是依托旅游资源优势，打造文化旅游品牌。形成融自然景观、人文历史、地域文化为一体的大文化旅游格局。充分挖掘各类民间文化、历史典故、名人轶事和民间传统工艺，推动文化与经济的相互融合，形成产业特色。引导和鼓励各类资本投向文化产业，盘活各类文化资产。“十二五”末，文化创意产业增加值翻两番以上。

旅游业。加快发展旅游业，重点推进江苏未来影视文化创意产业园，白马如意文化艺术中心，天生桥景区和无想山景区，江苏白马现代农业高新技术产业园区和傅家边现代农业园，东屏湖景区和卧龙湖景区五大旅游片区建设，形成“影视文化、收藏文化、乡村休闲、休闲度假”四大旅游品牌。建成 4A 级景区 2 个，建设四星级以上酒店 4 家。2015 年，接待游客 500 万人次。

商贸流通业。进一步建立和完善县、镇、社区商业中心为主体的全县三级商贸网络体系，县城重点打造以通济街为核心的商贸主中心和城南、城北、城东三大商贸副中心。以推进“名街、名店、名品、名企”建设为抓手，突出时尚购物、娱乐休闲等高端商圈业态，引进和培育档次高、品牌响的大型商场、超市、娱乐会所、高档星级酒店等，推进县城商贸圈餐饮、住宿等提档升级。鼓励发展各类连锁经营、特许经营、电子商务等新型商业营销模式。进一步完善城乡市场体系建设，建成车辆、钢材、建材、家具、再生资源等市场。切实加强镇级商贸网点的规划建设，继续巩固深化“万村千乡市场工程”成果，改善农村消费环境，把国家鼓励消费的各项惠民利民政策落到实处。大力推进社区商业建设，加快发展社区商业网点，努力建立满足社区居民生活需求的商业服务网络体系。2015 年，全县社会消费品零售总额 176 亿元，力争 200 亿元。亿元以上商贸企业 5 家、5 亿元以上专业市场 5 家，新增品牌店 50 家。

房地产业。稳步、有序发展商品房市场，加强市场监控，规范房地产交易秩序。2015 年，房地产增加值 28 亿元，年均增长 25%。

专栏 3　服务业发展片区

现代物流业区。在溧水经济开发区航空产业园建设航空物流园，在创维科学城建设创维物流园，在东屏镇建设中国移动华东大区物流中心，在和凤镇建设溧水现代粮食物流中心。

商贸区。以县城通济街为核心，沿珍珠路、中山路、中大街和交通路商业主轴线布局商贸主中心；城南、城北、城东片区布局三个商贸副中心；栖凤路以西、天生桥路以北和宁高高速以东区域布局市场集中区；各镇布局商贸商务集聚区。

旅游业区。江苏未来影视文化创意产业园为影视文化旅游区；白马如意文化艺术中心为民间收藏文化旅游区；天生桥景区和无想山景区为历史文化旅游区；江苏白马现代农业高新技术产业园区和傅家边现代农业园为农业观光旅游区；东屏湖景区和卧龙湖景区为商务休闲旅游区。

第五节　大力发展现代农业

以高效农业、科技农业、生态农业、旅游农业为目标，以市场化、产业化、园区化、合作化、标准化为路径，加大资金投入，转变发展方式，推进农业现代化进程。2015年，农业增加值26亿元，力争27亿元；高效农业面积35万亩，占耕地面积的比重比2010年提高20个百分点；设施农业面积12万亩，占耕地面积的比重比2010年提高3.5个百分点；农业科技进步贡献率62%。

加快农业示范园区建设。按照规划设计科学、产业特色鲜明、规模集中连片、基础设施完善、科技水平较高、运行机制顺畅、标准品牌齐创、带动效应显著的标准，坚持规划引领、吸引多元投入，各镇区建成面积不少于5000亩的县级现代农业示范园区。重点打造江苏白马现代农业高新技术产业园区，创建国家级农业科技园区；不断提升傅家边现代农业园发展水平。

培育壮大合作经济组织。积极争创省"五好"、市"五有"合作组织。2015年，农民专业合作社360家，农地股份合作社150家，社区股份合作社全覆盖，农户参加各类合作组织的比例60%以上。鼓励有条件的合作社跨行业、跨镇区发展，培育一批示范合作联社。2015年，力争销售额超亿元的合作联社6个。

拓展延伸农业综合功能。培育壮大农业龙头企业，扶持农产品精深加工，增加农业综合效益。2015年，全县重点农业龙头企业50家，争创国家级农业龙头企业1家、省级13家、市级20家。大力发展休闲观光农业，重点开发蕴含农耕文化、体验农耕生活、参与性和知识趣味性强的农业旅游项目，2015年，休闲农业接待游客120万人次，营业收入1.5亿元，争创全国休闲农业与乡村旅游示范县。重视农产品质量安全，2015年，新增"三品"产品100个，全县"三品"基地面积52.5万亩，占食用农产品面积的90%以上。

提升农业社会化服务水平。加强农技推广体系建设，全面实施科技入户以及农业新品种、新技术、新模式工程。大力发展为农综合服务社，加强农资质量和价格监管，确保农民用上放心农资。强化农村金融服务，引导金融机构增加信贷投放。扩大政策性农业保险范围，设立设施农业及其他高效农业险种，防范和降低农业风险，农户参加农业保险比例提高20%。强化农业信息服务，及时为农民提供市场信息服务。积极发展农机服务组织，2015年，全县农机化水平提高到80%。

加快发展村级经济。因地制宜发展村级经济，加快土地流转、集中，积极对外招商，推进村级招商项目进驻镇工业集中区。加快村级标房建设，壮大集体经济实力。2015年，村集体可支配收入500万元以上的村20个，全县集体经济可支配收入在2012年的基础上翻一番。

专栏4　农业发展片区

根据南京市农业"1115工程"确定的目标任务，因地制宜、科学规划、合理布局、整合资源、集中投入，重点打造21万亩高标准粮田、25万亩经济林果、17万亩高效养殖和8万亩标准菜地。对纳入高标准粮田和标准化菜地的地块，划定红线，实行永久保护。其中，高标准粮田重点发展优质稻米以及与优质稻米茬口相衔接的小麦、油菜、马铃薯等高效经济作物；经济林果重点发展草莓、蓝莓、黑莓、茶叶、花卉苗木等；高效养殖以石臼湖地区为主，重点养殖螃蟹、青虾、加州鲈鱼、温氏鸡等；标准菜地重点发展有机蔬菜、设施蔬菜、食用菌等。

第六节　做大做强建筑业

引导企业加大设备、科技、人才投入，加快建立现代企业制度，支持企业承接高、大、难、新的工程项目，发展高附加值的专业工程市场和新兴的外地市场。2015年，建筑施工总产值200亿元，增加值52亿元、力争53亿元，税收年均增长25%以上，从业人员10万人。培育产值5亿元以上的企业10家、10亿元以上的5家、25亿元以上的2家。将南京明辉公司打造成40亿元以上的现代企业集团。新增一级总承包资质企业5家，力争1家企业取得特级总承包资质。工程优良品率80%以上，创省级以上优质工程10个，争创国优工程或"鲁班奖"1个。

第六章 加快城乡建设步伐 构建南京南部现代化新城

按照南京市总体规划和统筹城乡发展的要求，进一步优化空间布局，合理配置要素和基础设施，实施北拓、东进、南延战略，加快形成南京南部现代化新城。2015 年，城镇化率 65%以上。

第一节 推进城乡规划一体化

按照我县功能定位和“城乡一张图、全县一盘棋、规划全覆盖”的要求，强化城乡规划在城乡建设和管理中的龙头作用，建立城乡一体的规划编制机制和管理体制，尽快形成城乡规划一体化。加快全县产业发展、土地利用、农业开发、村镇建设、生态环境、休闲旅游等空间布局的战略研究和规划编制工作，高标准完成溧水县城乡总体规划、永阳新城总体规划、永阳新城近期建设地区控制性详细规划、航空产业园中心区控制性详细规划、新市镇总体规划和详细规划、新社区规划的编制工作。加强城市特色的塑造，结合风景区建设和环境整治开展一批特色风貌区的城市设计工作，提升城市品质。

第二节 加快城乡建设步伐

按照“新城、新市镇、新社区”的三级城乡布局体系，优化永阳新城布局，推进 7 个新市镇和新社区建设。2015 年，全县建成区面积 95 平方公里，城镇人口 42 万人。

加快永阳新城建设。到 2015 年，永阳新城打造成南京南部的综合性新城和宜居宜业的生态文明新城，达到中小城市发展规模。建成区面积 60 平方公里、人口规模 25 万人，其中完成卧龙湖社区 2~3 平方公里建设，城东、城南片区新扩 5~6 平方公里，东庐片区新扩 2 平方公里。全面完成永阳新城中心区、航空产业园区范围内道路网建设，实现新老城区道路网贯通，逐步完善主城区至东庐片区、卧龙湖国际社区、宁杭铁路溧水站道路网建设。建设滨淮、新淮、东港、安山、福田路等市政道路。完善永阳新城中心区和航空产业园区功能配套设施，建成游泳馆、文化艺术中心、实验小学、人力资源市场、宁杭铁路溧水站及站前广场等重点项目；新建 7~10 个小型公园广场。有序推进旧城改造，完善商业、文化、市政等配套功能设施，基本完成城中村改造。

推进新市镇建设。科学规划，合理布局，提高新市镇规划、建设、经营、管理水平。重点抓好工业集中区、农业耕作区、商业贸易区、居民住宅区、教育文化卫生区、行政服务区、休闲运动区、生态保护区等功能区建设，新建和改造一批市政道路，建成一批绿化景观，加快商务、商贸、社会事业等设施建设，提升新市镇公共服务水平。2015 年，新市镇人口 17 万人，建成区面积 35 平方公里。重点建设东屏、白马和石湫三个镇。东屏镇建成以装备制造、现代物流和商务休闲为主导产业的新市镇，城镇人口 3 万人，建成区面积 5 平方公里。白马镇建成全国现代农业科技示范基地、农业观光旅游基地、溧水县域东部中心，城镇人口 3.5 万人，建成区面积 8 平方公里。石湫镇建成全国重要的影视文化创意基地、溧水县域西部中心，城镇人口 3 万人，建成区面积 8 平方公里。洪蓝、晶桥、和凤三个镇城镇人口分别 2 万人，建成区面积分别 4 平方公里，明觉重点打造滨湖旅游特色新市镇。2015 年，东屏、白马、石湫三个重点镇分别建成约 1 平方公里的新区，洪蓝、晶桥、和凤三个镇分别建成约 0.5 平方公里的新区。

推动新社区建设。按照“靠近新市镇、靠近产业集中区、靠近规模耕作区”的建设要求，到 2015 年，建成农民集中居住区 30 个。加大对规划保留新社区的建设力度，引导村庄适度集聚、设施集约配套，提高空间资源综合利用率。建成一批乡村风情浓郁、功能配套完善、生活环境优良的农村新社区。

加快基础设施建设。交通。加快构建公路、铁路、航道综合交通体系。建成宁杭铁路溧水段和禄口机场至溧水轨道交通。建成溧马高速公路、淳芜高速公路溧水段。建成 246 省道、南京至高淳新干线公路、123 省道宁高公路、340 省道常溧公路、341 省道老明公路等“三纵两横”一级公路主骨架。建成宁杭铁路溧水站至白马农业园公路。建设农村公路 250 公里。启动秦淮河四级航道改造工程。形成县城有客运总站、镇有车站、村有亭牌的站点布局，建成以城区客运枢纽为中心，以各镇车站为纽带，辐射周边市县，连接城区与镇、镇与镇、镇与村的客运三级网络，基本实现城区、开发区、主要商贸区、大型厂矿区、居民集中区公交全覆盖，行政村和主要自然村、农民集中居住点班车通达率100%的城乡客运一体化新目标。水利。加快防洪设施建设，防洪标准达到50年一遇，翻建石臼湖10米以下护坡，建设石臼湖堤顶道路28公里，实施32座小型水库除险加固，改建重点排涝泵站13座、农村小泵站71座；加强水源工程建设，改扩建水源塘395座，完成淳东灌区溧水片、方便灌区和湫湖灌区治理工程。电力。完善溧水电网结构，建设坚强智能电网。新建渔歌、群力、柴山、和凤、新城区等变电站及石湫、永阳开关站；实施南门变电站升压工程和明觉、柘塘变电站增容扩建工程。积极推进新能源使用。供水。实施引长江水工程，实现全县范围的区域供水，城乡自来水普及率100%。

第三节　提升城乡管理水平

巩固国家卫生县城创建成果，不断加大投入、提升管理水平，重点在城市卫生保洁、道路亮化、广告设计、交通管理、公共场所整治、“六小”行业规范、拆违拆破等方面完善长效管理机制。完成城区主干道两侧房屋立面亮化美化工程，拆除城区所有低品位广告牌，新建与城市建设相匹配的电子显示屏20块，拆违拆破面积5万平方米。

创新城乡管理机制，加强小区物业管理和农村社会治安管理，营造居民便捷、安全和舒适的生活环境。坚持管理重心下移和属地管理，充实镇村管理队伍，努力消除管理盲区。以城市管理信息化为突破口，建设城市数字化管理系统，全面提升管理水平。

第七章　加快生态建设步伐　构建可持续发展的支撑体系

切实加强生态建设，加大环境保护力度，节约集约利用资源，推进资源节约型、环境友好型社会建设，全面增强县域可持续发展能力。

第一节　发展循环经济

按照减量化、再利用、资源化的原则，发展循环经济。加强生态工业园区建设，实现集聚生产、集中治污、集约发展。

引导和支持企业发展循环经济，发展一批新型环保企业，发挥示范带动作用。加强高效能、可循环技术研发，推广循环生产模式，构筑生态环保产业链。新建50家清洁生产企业、20家循环经济试点企业。建立健全考评体系，推进生态工业园区试点工作，培育2个循环经济示范园区。加快推进秸秆综合利用，建成年加工利用秸杆1万吨以上的加工点2个，每年建设秸秆沼气池300个以上，秸秆综合利用率95%以上，创建秸秆综合利用示范县。全面禁止使用粘土砖，新型墙体材料应用率95%以上。开发粉煤灰综合利用新技术、新产品，粉煤灰综合利用率95%以上。加快建立再生资源回收、加工、利用体系。

第二节　加强生态溧水建设

加强生态林、自然保护区、水源涵养区和湿地的保护，恢复和增强生态服务功能。实施城乡绿化和水系整治，加强城市园林绿化建设，打造优良人居生态环境。突出抓好沿路、沿河、沿湖、沿山绿色屏障建设，重点建设生态防护林和城市主要出入口生态景观。加强城区街头绿地和小游园建设。累计完成成片造林2.5万亩，改造低产低效林1万亩，生态公益林抚育10万亩，建设绿化新村500个；新增城市绿化面积207万平方米。2015年，森林覆盖率和城市绿化覆盖率分别达32%和44%。确保2012年创建国家生态县。

第三节　强化环境保护

坚持预防为主、综合治理，严格执行污染排放标准、污染物排放总量控制和环保准入制度，切实提高环境承载能力。

加快环境基础设施建设。提高工业废水和生活污水的处理能力，县城市污水处理厂日处理能力扩大到4万吨，全面完成中山河、南门河等截污管网建设，建设永阳新城污水管网，各镇和溧水经济开发区西扩片区全面完成污水管网建设，对重点污水排放企业实施深度处理。2015年，城镇生活污水集中处理率85%以上，开展农村生活污水处理的行政村70%以上。改善区域大气环境质量，全年空气质量优良天数大于320天。SO2和COD排放量在2010年的基础上分别削减5~10%。

加强城乡环境综合整治。以国家生态县创建、新农村建设为抓手，加大重点河流和区域综合治理力度，实施“引水入城”工程，实现县域水体循环，全面完成天生桥河、南门河、护城河、中山河、新桥河、柘塘新河、环山河等河道综合整治，疏浚县乡河道，整治村庄河塘。重点治理畜禽养殖污染、土壤污染、农村生活垃圾污染，有效控制面源污染。提升城市垃圾填埋场污水处理能力，确保达到国家一级排放标准，垃圾日处理能力达300吨。在全县推行垃圾袋装化和分类收集，确保“组保洁、村收集、镇转运、县处理”的垃圾收运体系正常运转。新改建一批公厕和垃圾中转站。加大村庄整治力度。2015年，完成无害化农村改厕5万户，生活垃圾达到无害化处理，完成市级以上标准村庄整治200个。

第四节　节约集约利用资源

建立完善资源开发长效保护机制，推进资源节约集约利用。

整合利用土地资源。按照功能分区，统筹土地资源的开发利用和保护，推动土地集约化利用、规模化经营。合理确定新增建设用地规模、结构和时序，提高土地投资强度和产出效益。在保护生态环境的前提下，有序推进未利用土地集中成片开发。开展基本农田整理、中低产田改造、撂荒地复垦，提高农业用地综合效益。累计建设高标准农田13.1万亩，完成增减挂钩土地指标2万亩。

节约利用能源。制定科学合理的产品能耗定额，年耗能5000吨以上标准煤的企业全部建成节能型企业，万元规模工业增加值综合能耗累计下降20%。推广利用太阳能等可再生能源，太阳能热水器普及率95%。

提高水资源利用率。大力推进节水型社会建设，提高水资源集约利用水平。加大城市节水力度，鼓励再生水、中水回用，限制高耗水行业发展，支持企业实施节水技术改造。大力发展节水灌溉农业，提高地面蓄水能力。2015年，工业用水重复利用率80%。

加强矿产资源生态修复。依法管理矿产资源，严格开发资格认证和许可管理，严禁滥采，杜绝矿产资源流失。建立资源型企业可持续发展准备金，全面完成废弃宕口的整治。

第八章　加快社会建设步伐　构建基本公共服务均等化

保障和改善民生，发展社会事业，加强社会管理，促进社会文明进步，构建基本公共服务均等化。

第一节　保障和改善民生

促进充分就业。支持就业容量大的主导产业更多吸纳就业，做好城镇职工再就业，鼓励自主创业，以创业带动就业，以灵活多样的方式促进就业，努力形成企业和职工利益共享机制，建立和谐劳动关系稳定就业。建成县人力资源市场，构建功能完善、覆盖全县的劳动力信息网络体系。累计培训各类技能人才4.5万人，新增就业7.5万人，实现再就业1.5万人，转移农村劳动力7.5万人次，以创业带动就业2万人，城镇登记失业率控制在3.5%以内。

提高城乡居民收入。稳步提高职工工资收入水平，逐步提高最低工资标准和企业退休人员基本养老金水平。建立合理有序的收入分配格局。积极推行企业工资集体协商制度，建立企业职工工资共决机制和正常调整机制。继续实施农民增收工程，突出抓好低收入农户增收，增加农民收入。

完善社会保障制度。2015年，企业职工基本养老保险、失业保险、工伤保险、生育保险和基本医疗保险覆盖率分别达98%以上；新型农村社会养老保险和新型农村合作医疗保险全覆盖；建立被征地人员保障制度；不断提高城乡最低生活保障标准，进一步促进城乡低保一体化。健全医疗、教育等社会救助制度，提高社会慈善救助水平。提升住房保障水平，累计建设经济适用房730套，廉租房100套，对低收入住房困难家庭发放租赁补贴，特别对新就业的大专院校毕业生、外来务工人员等人群，采取政府主导、社会参与、市场运作方式建设公共租赁房。对农村危房实行“有一改一”。

第二节　发展社会事业

坚持教育优先。以一流的教育理念、一流的师资队伍、一流的硬件设施、一流的教学水平为目标，大力促进教育事业发展。2015 年，幼儿教育学前三年入园率 98%以上，小学、初中入学率和巩固率 100%，残疾儿童入学率 99%以上，初中毕业生升学率 96%以上，高等教育毛入学率 60%以上。进一步优化教育布局，城区新建 1 所小学、1 所初中和 5 所公办幼儿园，扩建第三小学。加大政府对学前教育的投入力度，完善幼儿园办园体制和管理机制，每个镇(区)办好 2 所公办幼儿园，并全部创建省优质园。进一步促进义务教育优质均衡发展，普通高中达到优质高中办学标准，办好特殊教育。职教中心校争创国家改革发展示范性职业学校。全县社区教育争创省级社区教育示范区，80%的社区教育中心达市级以上标准。进一步加大教育投入力度，改善办学条件，实施"校舍安全工程"和新一轮教育技术装备与信息化建设工程。进一步加强教师队伍建设，加大名特优教师培养力度，提高教师队伍整体素质。

发展卫生事业。2015 年，卫生服务体系和县、镇、村卫生网络健全率 100%，基本医疗保障覆盖率 100%，住院实际补偿比例 60%以上。加强县级医疗中心建设，县人民医院迁入新址并创建基本现代化医院，按照二级甲等要求重新规划建设县中医院，创建省级中医合格县。加强基层卫生服务体系建设，易地新建东屏镇和洪蓝镇卫生院，按省级标准全面完成中心卫生院、镇卫生院(分院)和村(社区)卫生室的升级改造和服务能力建设。积极实施基本药物制度，保障药品供应，确保药品质量安全。加强公共卫生服务体系建设，建设县公共卫生应急中心。推进卫生信息化建设工程，加强以卫生人才、学科和医德医风为重点的内涵建设，提高医疗卫生服务质量和水平。完善食品药品监管体系，有效防控食品药品安全风险，保障公众饮食用药安全。

繁荣文化广电事业。不断推进文化创新，基本建成公共文化服务体系，增强文化发展活力，满足人民群众不断增长的精神文化需求。建成苏南一流的文化艺术中心，镇(区)文化站达"五星级"标准，社区(中心村)都有标准的文化活动室，文化信息共享工程基层点延伸到行政村，"农家书屋"建设延伸到每个自然村。广泛开展群众性文化活动，办好南京·溧水梅花节、广场文化宣传活动和农村社区文化艺术节。实施文化惠民工程，继续开展三下乡活动。推进群众精品文化工程建设，打造 1~2 个在全国范围有影响的文化活动品牌。推进文化体制改革，强化公益性文化单位的服务主体功能、经营性文化单位的市场主体地位和群众在文化建设中的主体地位，引进市场机制重点解决县影剧管理站、锡剧团、录音录像发行站的遗留问题。加强文化市场管理和文化队伍建设。2015 年，创建全国文化先进县。真正实现有线电视数字化整体转换，加快推进"三网融合"。

统筹推进其他各项事业。加强公共体育设施建设，逐步形成县、镇、村(社区)体育设施分级布局体系。加强体育场馆的运营和管理，推动全民健身运动。新建县档案馆，并创建成国家二级档案馆。加快发展老龄事业，办好老年大学，实行离退休人员社会化管理，健全养老服务体系，建成以县社会福利院为中心的全县老年服务机构，扩建镇(区)敬老院，县城建设一家综合性居家养老服务中心，县城社区和 80%的农村社区建设居家养老服务站，形成以居家养老为基础、社区服务为依托、机构养老为补充的养老服务体系。2015 年，每百名 60 岁以上老年人拥有养老服务机构床位 4 张。坚持计划生育基本国策，建立和完善统筹解决人口问题的体制机制，加快人口计生社会管理和公共服务体系建设，完善利益导向机制，稳定适度低生育水平，提高出生人口素质，改善出生人口结构，争创省人口均衡发展先进县。到 2015 年，全县人口出生率控制在 12‰左右，人口自然增长率控制在 6‰以内。推进妇女儿童事业发展，建成妇女儿童活动中心和青少年科技活动中心。

第三节　促进社会文明进步

加强社会公共管理。全面完成城乡社区综合服务中心建设，健全新型社区管理和服务体制，完善基础服务和管理网络。建立公平规范的利益协调、矛盾调处、权益保障机制，妥善处置群体性事件。加强人口管理，完善流动人口公共服务设施建设，推进流动人口公共服务均等化。

推进"平安溧水"建设，提高保障公共安全和处置突发事件的能力，建成覆盖全县的公共安全应急体系，加强保安队伍管理。建设公共安全指挥中心，深入推进技防城、技防入户和道路监控“3·20”工程。建设和完善公共消防设施，县城新建消防站2座，晶桥观山工业集中区新建消防站1座；建立以公安消防队伍为依托的县级综合性应急救援队伍。加强安全生产管理，建设安全生产保障中心，强化对危险化学品、矿山、建筑、烟花爆竹、液化气等重点行业的安全监管。亿元GDP死亡率累计下降25%。

加强防灾减灾工作，建设气象防灾减灾体系和为农气象服务体系，提高对自然灾害的预测、预警水平。建设森林防火气象监测预警中心和防灾减灾科普基地。完善地震灾害管理机制，建设地震应急指挥平台。

推进精神文明和民主法治建设。深入学习邓小平理论、“三个代表”重要思想，全面落实科学发展观，坚持开展爱国主义、集体主义、社会主义思想道德教育，在全社会形成艰苦创业、开拓创新、争先创优的社会主义新风尚。大力弘扬社会公德、家庭美德、职业道德和个人品德，特别要加强青少年的思想政治、道德品质、心理健康和法制教育。倡导科学精神、普及科学知识、传播科学思想和方法，抵制封建迷信。积极开展文明单位、文明行业、文明镇村、文明家庭、文明社区等创建活动，创建省级文明城市。

深入推进法治溧水建设，加强依法执政、依法行政、公正司法和法制宣传。坚持和完善人民代表大会制度，密切人民代表同人民的联系，加强民主选举、民主决策、民主管理和民主监督，进一步扩大基层民主。

第九章　加快改革开放步伐　构建跨越发展新机制

加快改革步伐，扩大对外开放，消除阻碍跨越发展的体制机制障碍，形成更具活力更加开放的体制机制环境。

第一节　建设服务型政府

深化行政审批制度改革。强化“一个窗口对外”的审批机制，不断完善以县行政服务中心为载体，上下衔接、内外协调的审批服务体系，加快推广电子政务，降低行政成本，提高行政效能，营造良好的软环境。

全面推进依法行政。加快建立权责明确、行为规范、监督有效、保障有力的行政执法体制，推行行政执法责任制，不断提高依法行政水平。加快建设法治政府和服务型政府。

健全决策机制。健全科学决策、民主决策、依法决策机制，推进政务公开，增强公共政策制定的透明度和公众参与度，加强行政问责制，改进行政复议和行政诉讼，完善政府绩效评估制度，提高政府公信力。

第二节　推进经济体制改革

深化投资体制改革。积极实施核准制和备案制的投资管理办法，落实和扩大企业投资自主权，积极鼓励社会多元化投资。进一步规范政府投资行为，合理界定政府投资职能和范围，健全项目决策机制，积极实施政府投资项目代建制，完善资金管理，提高项目投资效率。加强投资监管，建立有效的政府投资责任追究制和社会监督机制。

深化财税体制改革。进一步完善县镇两级的分税财政管理体制和开发区财政体制，加强县镇财政建设。推进非税收入管理，完善和深化综合预算、政府采购及国库集中收付改革，强化国有资产管理。优化支出结构，财政保障重点向改善民生、社会事业、科技创新和转型升级等领域倾斜。

推进企业资本经营与上市融资工作。做好上市企业储备工作，对基础较好、符合国家产业政策、市场发展前景好的企业，指导开展股份有限公司改造及规范完善等上市培育工作。制定企业上市的激励政策，扶持有实力的中小企业上市融资。到2015年，全县新增5家上市公司。

第三节　统筹推进其他各项改革

鼓励和引导民间资本和社会资本进入非义务教育领域，满足人民群众享受优质教育资源的需求。深化医药卫生体制改革，组织实施好基本药物制度，积极推进公立医院改革，鼓励民间资本和社会资本进入医疗卫生领域，满足人民群众多层次医疗需求。加快推进农村集体资产股份制改革和土地股份制改革，完善收入分配制度改革。

第四节 提高对外开放水平

加快从招商引资向招商选资转变，丰富招商方式，拓宽利用外资渠道，优化利用外资结构，注重提高引资质量，完善投资软环境，切实保护投资者合法权益。加大对新兴产业的招商力度，围绕主导产业、现代服务业和现代农业等重点领域，有选择地引进一批基地型、科技型、龙头型项目。

扩大对外贸易，培育出口骨干企业和优势产品，不断提高高新技术产品和拥有自主知识产权的产品出口比重。鼓励有实力的企业到境外投资建厂，带动劳务、原料和产品输出。

积极帮助企业“走出去”。鼓励引导企业开展国际工程承包，以境外工程带动产品出口，进一步促进外经贸联动发展。累计完成对外承包工程总额1200万美元。

第四篇 规划实施

建立新形势下符合溧水实际的保障机制和实施机制，确保“十二五”规划有效实施。

第十章 保障机制

健全经济调节机制。建立国民经济和社会发展“十二五”规划与同级财政预算相衔接制度，发挥公共财政的保障作用；引导民间资本和社会资本投向公用事业和基础设施领域；运用经济杠杆和行政管理手段，提高土地投资强度，加大力度破解土地要素制约矛盾，确保重大项目按期落地。制定产业发展的激励政策，确保全面完成“十二五”规划提出的目标任务。

组织实施重点工程。重点工程是“十二五”规划重点任务的具体落实。保障规划有效实施，必须集中精力抓好重点工程建设。围绕“十二五”经济社会发展的总体目标和战略重点，对单纯依靠市场机制难以解决、需要政府加强调控和指导的重点工程，由政府组织实施。从基础设施、公共服务、生态环境保护等领域筛选一批重点项目，县投资主管部门会同相关职能部门制定具体建设项目计划并组织实施。

第十一章 实施机制

确立总体规划的主体地位。国民经济和社会发展“十二五”规划纲要是全县经济社会发展的总体纲领，在各类规划中处于龙头地位，是编制其他各类专项规划、年度计划的重要依据。专项规划是总体规划在特定行业或领域的延伸和细化。总体规划目标任务通过年度计划分解落实或分步实施，确保规划目标的顺利实现。

加强规划的相互衔接。做好总体规划与城市发展规划、土地利用规划和环境保护规划之间的衔接协调，城市规划、土地利用规划和环境保护规划要以国民经济和社会发展“十二五”总体规划为依据，要将总体规划确定的目标、任务和要求进行具体落实，突出建设性、控制性，确保在总体要求上方向一致，在空间配置上相互协调，在时序安排上科学有序。

强化规划的组织落实。加强县委对规划实施的领导，充分发挥人大监督、政协参政议政的职能作用。政府各部门按照职责分工，将规划确定的相关任务纳入本部门年度计划，落实责任，明确进度，及时将进展情况向县政府报告。建立重大项目责任制，对规划纲要中确定的重大项目进行分解落实，确保按期实施。进一步完善科学考核评价体系，不仅注重考核发展速度，更注重考核发展方式、发展质量，促进规划目标的实现。

健全规划监督评估机制。健全规划实施报告制度。通过制定和实施国民经济和社会发展年度计划，每年将规划目标和主要任务的进展情况向县人大报告，并向县政协通报。推进规划实施的信息公开，健全政府与企业、公众的沟通机制，加强社会对规划实施的监督。

建立规划中期评估制度，检查规划落实情况，分析规划实施效果，找出规划实施中存在的问题，提出对策建议，形成中期评估报告，提交县人民代表大会常务委员会审议。

规划实施期间，如遇国内外环境发生重大变化或其它重要原因导致实际运行与规划目标发生重大偏离时，县政府将适时提出调整方案，提请县人民代表大会常务委员会审议批准。

溧水概况

LiShui GaiKuang

基本情况

【位置面积】 溧水县位于江苏省西南部，是省会南京的南大门，东邻溧阳市，南连高淳县，西与安徽省当涂县毗邻，西北与江宁区交界，东北和句容市接壤。距南京主城区 45 公里，距南京禄口国际机场 13 公里。宁高、宁杭、沿江三条高速公路以及 243 省道、340 省道、341 省道、123 省道等高等级公路穿境而过，并与周边绕城高速、沪宁高速、104 国道等连为一体，是长三角重要的交通枢纽县和苏、浙、皖、沪三省一市的重要交通节点，具有“10 分钟到机场、30 分钟到火车站、1 小时到港口、2 小时到杭州、3 小时到上海”的交通优势。2010 年底，全县总面积 1067 平方公里。

【行政区划】 2010 年底，全县设有永阳、白马、东屏、柘塘、洪蓝、石湫、和凤、晶桥 8 个建制镇及溧水经济开发区。其中，柘塘镇于 2008 年以“整体合并，保留建制”的方式并入溧水经济开发区，人财物及经济发展、社会管理全部纳入开发区管委会管辖(溧委发[2008]18 号文)。镇(区)下辖 25 个居民委员会，91 个村民委员会，其中 12 个村民委员会增挂居民委员会牌子。

【民族与人口】 2010 年，县内居民以汉族为主，有 31 个少数民族，分别是：彝族、苗族、回族、布依族、白族、傈僳族、满族、蒙古族、土家族、壮族、瑶族、佤族、黎族、侗族、傣族、朝鲜族、藏族、维吾尔族、拉祜族、水族、东乡族、土族、毛南族、仡佬族、锡伯族、阿昌族、京族、哈尼族、仫佬族、羌族、布朗族。其中，以回族、苗族、彝族人数居多。全县少数民族人口 1195 人，散居在全县各镇(区)。

至年底，溧水县总人口 413326 人，其中男性 210761 人，女性 202565 人，性别比 104:100；全县非农业人口 165015 人，占总人口的 39.92%；农业人口 248311 人，占总人口的 60.08%；出生率 10.23‰，死亡率 17.2‰，全年人口自然增长率−6.97‰。

【历史沿革】 溧水历史悠久，文化底蕴深厚。早在 1 万年前就有人类生存。隋开皇十一年(591 年)析溧阳西北境及丹阳(今江宁小丹阳)故地东部置溧水县，此为建县之始。唐代诗人李白、书法家颜真卿、南唐政治家韩熙载都在溧水留下过足迹和诗文。唐代新罗诗人崔致远曾任溧水县尉。宋代词人周邦彦曾任溧水县令。北宋状元曾任兵部尚书的俞栗，南宋状元官拜左丞相的吴潜等均为溧水人。元元贞元年(1295 年)升溧水为州，明洪武二年(1369 年)复改为县。明弘治四年(1491 年)析西南境置高淳县。溧水人齐泰曾任明朝兵部尚书，为“明初四杰”之一。清代溧水属江宁府。清代文学家袁枚曾任溧水县令。清康熙年间，溧水明觉人汤鹏独创别具一格的铁画，至今为世人称道。中华民国元年(1912 年)至 3 年，溧水先后属南京府、金陵道，中华民国 18~38 年，分别属江宁区、溧阳区、江苏省第一行政督察区。1938 年 6 月，新四军到达溧水，溧水成为苏南抗日根据地的战略要地。项英、陈毅、粟裕、谭震林、邓子恢、张鼎臣、王必成、江渭清等领导人先后到溧水组织指挥溧水及苏南地区抗日斗争。1941 年，中国共产党在县境分别建立溧水(后改为溧高)、江溧句(后改为江宁)、江当溧(后改为横山)抗日民主政府，组织领导群众投入抗日运动。新四军第十六旅旅部和苏南党政领导机关同年底移驻溧水。1942年，溧水地区成为中国共产党领导的苏南人民抗日斗争中心区。1949年4月25日，溧水解放，属镇江专区，1958年属常州专区，1959年9月9日复属镇江专区，1983年1月，划属南京市。至2010年，溧水建县1419年。

【地理环境】 溧水县地处北纬31°23′~31°48′，东经118°51′~119°14′，属宁镇扬丘陵山区，地势东南高西北低，低山丘陵面积占总面积的72.5%，最高海拔368.5米。县境内浮山、东庐山、回峰山、芳山、秋湖山、无想山拱据东、南，连绵环列，西横山突兀西端，逶迤绵延。分属秦淮河水系的一、二、三干河和石臼湖水系的天生桥河、新桥河、云鹤支河贯通县境，河流全长118.7公里。全县有中小型水库79座，其中方边水库（东屏湖）、中山水库（中山湖）分别为南京市第二、第三大水库。石臼湖是南京市最大的淡水湖。山水天然组合，原始植被完好，森林覆盖率28.31%，生态环境优良。

（县方志办）

【气候特征】 溧水县属北亚热带季风气候区，四季分明，气候宜人，年平均气温15.6℃，平均相对湿度79%，平均降雨量1079.4毫米。空气质量常年达到国家二级标准。2010年气温偏高，降水略偏多，日照略偏少，与往年相比，气象灾害发生相对较少，危害程度较轻。年平均气温16.6℃，比常年偏高1.0℃；年降水量1255.6毫米，比常年偏多16%；年日照时数1921.6小时，比常年偏少5%；年日照百分率为43%，比常年偏少3%。无霜期194天。降水时空分布不均，2月降水量147.9毫米，9月降水量227.5毫米，分别创1971年以来历史同期新高。6月降水异常偏少，仅35.9毫米，刷新1961年以来历史同期最少记录。6月17日入梅后，降水异常偏少，大部分地区出现旱象，直至7月3日才出现明显降水。气象意义上梅雨特征不明显。7月18日出梅，梅雨期长达31天，梅雨量261.9毫米，梅雨期降水呈局地性、间歇性、过程性、短时降水强度大的特点。8月份多强对流天气。

（许祥 周静）

【自然资源】 2010年，溧水县境内有耕地面积2.7万公顷，盛产水稻、小麦、棉花及油类等农作物。水域面积1.7万公顷，鱼、蟹、鳖等水产资源丰富，菱、藕等水生植物繁多。山林面积2.5万公顷，遍布林、桑、茶、果、麻等，有徐长卿、苍术、桔梗、沙参、明党参等中药材500余种。山区有狼、豺、黄鼬、野兔等野生动物。县境内地下蕴藏着丰富的矿产资源，发现矿产18种，其中金属矿产有锶、铜、铅、锌、锗、铁、金、银8种，非金属矿有水泥用石灰岩、建筑石料用火山岩、石灰岩、砂岩、砂、耐火粘土、高岭土和砖瓦用粘土，能源矿有铀矿，水气矿有矿泉水。

（县方志办 县国土局）

2010年溧水县气象资料

项目	要素值	日期
年平均气温(℃)	16.6	
年极端最高气温(℃)	38.5	8月4、12日
年极端最低气温(℃)	−5.3	1月13日
年降水量(毫米)	1255.6	
日最大降水量(毫米)	103.8	7月11日
年蒸发量(毫米)	1470.2	
年最大积雪深度(厘米)	10	2月14日
年雨日(天)	139	

风景名胜

【无想山风景区】 无想山是省级森林公园，位于溧水县城南4公里处，茂林修竹，鸟语花香。无想寺梵音缭绕，无想寺水库环绕山脚，山顶的天池属古火山口，一泓清水，晶莹澄碧，常年不涸，被誉为“江南第一天池”。无想寺初建于六朝，山因寺得名，颇有禅意，古寺几度兴废，清末为战乱所毁。古寺原址尚存南唐韩熙载读书台遗址、杜伏威剑劈石、百步天梯等历史文化遗迹。古寺西侧为景物最佳处，山泉飞瀑，周围留有古人摩崖石刻。左方巨石横书“凤泉”，西南一石竖镌“丹鼎”，东南一石竖刻“污尊铭”并正文29字。3处石刻皆篆书，风格苍古，保存完好，为明代溧水知县王从善手迹，是县级文物保护单位。1996年，山脚重建无想寺大雄宝殿，香客络绎不绝。古往今来，文人雅士吟诵无想山的词章众多，北宋著名词人周邦彦被贬任溧水县令期间，曾多次游历无想山，留下千古佳作《满庭芳·夏日溧水无想山作》。韩熙载居此读书时，诗赠无想寺僧：“无想景幽远，山屏四面开。凭师领鹤去，待我挂冠来。药为依时采，松宜绕舍栽。林泉自多兴，不是效刘雷。”景秀境幽的无想山，是游人寻幽访古，忘情山水的绝佳之地。

无想山深处　　谢　翔摄

【傅家边风景区】 傅家边风景区是傅家边现代农业园的核心部分，地处洪蓝镇傅家边村，距南京市主城区58公里，距溧水县城12公里，面积1280公顷。景区凭借得天独厚的生态自然条件，丰富的植物资源优势和现代化的农业设施，经过多年开发建设，形成梅香园、神山湖、青龙山、竹海和中心科普等五大游览区，以及10万平方米的珍禽园、万只果园鸡场和十里梅花大道等，体现人工美与自然美的和谐。景区建有供游客自己动手采摘的精品草莓采摘园、五彩葡萄采摘园、水晶梨采摘园等生态水果基地及2000平方米的市民菜园，配套建成1580平方米的组培中心和1800平方米的科普展览馆。旅游接待设施有5680平方米的阳光嘉园餐厅、2万平方米的农家乐园、5万平方米的梅花广场。3公里的环湖路把景区与无想山、无想寺水库、无想寺农家乐等众多景点连为一体，成为傅家边的一个特色环湖景观区。景区依托现代农业园，重点打造集梅花观赏、莓果采摘品尝、高科技农业观光、科普教育和休闲度假为一体的乡村旅游度假区。游客可尽情观赏十里梅岭盛开的梅花，亲身体验农家丰收乐趣，享受世外桃源神韵。景区2004年成为全国首批“全国农业旅游示范点”。2005年创建“国家AAA级旅游景区”，2010年被评为“南京市自驾游基地”、“江苏省自驾游基地”、“精品乡村旅游区点”、“江苏省四星级乡村旅游区（点）”、“全国休闲农业与乡村旅游示范点”、“全国休闲农业与乡村旅游五星级（企业）园区”。自2001年起，先后举办“溧水梅花节”、“傅家边采果节”、“草莓文化节”等大型文化旅游活动。截至2010年底，接待海内外游客260余万人次。

【天生桥风景区】 国家AAA级旅游风景区。位于溧水城西2公里处，总面积1.27平方公里，名列金陵新四十八景，是江苏省文物保护单位。距禄口国际机场18公里，距南京市主城区46公里，宁高、宁杭高速公路傍依而过，交通便捷。景区划分为天生桥·胭脂河游览区、凤凰井景区、农家乐休闲度假区和旅游服务管理区。主要景点有天生桥、胭脂河、凤凰井、龙脉岭、悬索桥、农艺馆、动物园等。胭脂河是朱元璋为沟通江浙漕运，派崇山侯李新于洪武二十六年（1393年）开凿的一条著名的人工运河，它南接石臼湖，北连秦淮河，全长7.5公里。胭脂河素有

“江南小三峡”之美称，此称最早出自乾隆。他游完天生桥胭脂河后，不由抚掌赞叹：“短短数十里之行，大有阅尽长江三峡奇、险、秀风光之妙趣，谓之江南小三峡，实非虚誉”。“江南小三峡”分别为天生峡、胭脂峡、隐秀峡。船游“江南小三峡”是景区的精典游览项目。天生桥全长 34 米，宽 9 米，高 36 米，厚 8.9 米，是开挖胭脂河时“以巨石面留为桥，中凿石孔十余丈，以通舟楫，桥因势而成”，故名“天生”，构成“长虹卧波”天然美景。它完全利用天然岩层特点，经精心设计开凿而成，是当时一项了不起的工程，也是人类建桥史上的奇迹。2010 年，景区接待游客 13.15 万人次，实现门票收入 424.98 万元。

【大金山风景区】 国家 AAA 级风景区。位于东屏镇南，东屏湖西，占地面积 66 公顷，距南京主城区 40 公里，禄口机场 24 公里，距沿江高速、宁杭高速入口均在 5 公里以内，交通便捷。该景区自 1994 年开始建设，融峡谷风光、湖泊潭池、特殊地貌、森林风光、野生植物、战争遗址、军事文化、地方民俗等旅游资源为一体，以旅游观光、军事体验、体育休闲、乡村美食为特色。景区利用战争遗址建有私营国防园，设有国防教育馆、兵器展示区、射击练习区、真人 CS 战场、骑马场等，先后被认定为“江苏省爱国主义教育基地”、“全国青少年户外活动基地”、“南京自驾游基地”。景区依山形坡势遍植银杏、桂树、枇杷、金橘、红枫、石榴、冬枣等经济观赏林木，常年开展鲜果采摘、菜田认养等休闲旅游活动。景区休闲会所为南京市乡村度假酒店，以会议接待、度假休闲为主要服务内容。“东屏湖全鱼宴”是该会所重点打造的特色餐饮品牌。稻香村由一组休闲木屋组成，提供当地时令蔬菜、绿色果品。2010 年，大金山风景区启动延安寺和特色游步道建设，完成餐饮接待设施提升工程，旅游接待 8.99 万人次，实现门票收入 125.62 万元，餐饮收入 360 万元。 （陶巧良）

【周园】 位于溧水县白马镇朱家边村南，占地面积 7 公顷。整体建筑布局呈“如意”之形。由英籍华人、香港大桐利集团董事局主席、南京亚狮龙体育用品有限公司董事长周贺桐投资 3.5 亿元兴建。2007 年动工建造，计划分三期建设。2010 年 10 月，完成一期工程。

周园一期工程由周园四合院和文化艺术中心两部分组成，以佛教文化为主题，汇聚周氏家族五世百年收藏。展出藏品 1.5 万余件，主要有佛像、石雕、根雕、古代家具、玉器、古玩、名人字画等。

周园四合院为一组仿古建筑，由狮龙堂、尚书房、御膳房、养心斋、太和斋（宝和斋）、百佛堂等六大建筑构成，布局规整，重檐庑殿顶，巍峨壮丽。

狮龙堂五开间重檐歇山顶，建有汉白玉栏杆须弥座，嵌有丹陛石，绘有和玺彩画。堂内陈设古色古香紫檀、花梨木家具，摆设成“客厅”。其中，酸枝木“狮龙桌”，云龙纹嵌玉石束腰三弯曾足，长 3.2 米，宽 1.2 米，高 1 米，重 3 吨，是镇园之宝。

尚书房弥漫墨香与木香。陈设龙凤砚，重 6.5 吨，雕刻 27 条龙、2 只凤凰，寓意“龙凤呈祥”。

御膳房设有酸枝木双拼子母桌，嵌有上千只玉狮，雕工精美，细腻逼真，属典型清式家具。

养心斋地铺特制宫廷装潢用砖，两尺见方，质地坚硬，敲击时发出金属般声音，并具有吸水和增湿双重功能。

太和斋（宝和斋）有檀香木雕花拔步床和衣橱等古典

狮龙堂

红木大床

石雕群

千佛廊　　周园 供稿

家具，摆设成“卧室”。

百佛堂内供奉着不同风格的佛像100尊。正中是西汉风格密檐式佛塔，通体九级须弥座，塔身镌刻“阿弥陀佛”。

文化艺术中心分为室内和室外两部分。室内有百床馆、根雕馆、茶海展示区。以“床王”领衔的百床馆，收藏120张各式床具。“床王”占地30平方米，雕刻精美。根雕馆和茶海展示区展示的根雕有50多件，大多是香樟木质，其中有树龄千年的花梨木独木“桌王”，《一百零八将》、《十八罗汉》等，雕刻手法细腻，人物面部表情丰富。茶海有30余件，其中红豆杉茶海尤其珍稀。室内四周墙壁绘有壁画，取材于佛教故事，其中《朝元图》画有天神286身。周园壁画全用工笔，线条飘逸，色彩艳丽。室外有4000多座不同宗派风格迥异的石佛像、佛塔、石碑。其中1000尊佛像供奉在长318米的千佛廊。

2010年10月29日，周园正式对外开放，成为溧水旅游名片，获“江苏省旅游项目建设优秀奖”。至年底，实现门票收入18万元。

（陶巧良　王大成）

地方特产

【洪蓝御带糕】 地方传统特产。据县志记载，清乾隆皇帝下江南，途径洪蓝镇无想寺歇息，寺内僧人用当地特产白云片糕来招待他。乾隆见其外形洁白如玉，入口绵软细腻，遂高兴地赞道：“此糕玉白味美哉，形似朕之御带也”。回京后，谕示江苏巡抚将此糕作为贡品年年进贡。洪蓝御带糕遂以此得名，流传至今。洪蓝御带糕主要选用优质糯米、白糖、黑芝麻、桃仁、赤豆沙、蜜饯等辅料精制而成，芬芳香甜，别具风味。洪蓝御带糕不仅在溧水畅销，且逐渐向苏锡常等周边地区扩散，打入各大超市、宾馆以及旅游景点，在上海也设有专门销售点。

【石湫狗肉】 石湫人喜食狗肉，也精于狗肉的烹制。传说南宋高宗年间，岳飞率部据山抗金。山洪突发，经日不止，官民皆苦，石臼危急。适逢杭州灵隐寺活佛济公到此游历，于小镇西移石建坝，镇山洪，令为木排之地，取不漫之意，山洪顿止。民感其恩，设宴席款待活佛，活佛嬉笑假寐，忽异香传来，活佛长身出席，急趋追香，乃民间不入席之狗肉。活佛闻之、食之，连赞三声：“好狗！名肉！”遂取荷叶裹之，飘然而出。后人为感谢活佛再生之德，集资在镇南建庙一座，题名“三郎庙”（传说活佛济公在家排行老三）。石湫镇至今尚遗存三郎庙址。石湫民间煮狗肉“大铁锅，岗岗灶，不烧柴把烧稻草；不加油，不加料，不盖锅盖盖笠帽”。在烹煮狗肉时，选择野外空地临时起灶，先用石块垒砌，上架大铁锅，下面用稻草烧煮。因稻草性温，火性绵软而持久，煮出来的狗肉酥烂入味，吃起来特别香。吃狗肉不用碗，不用筷，荷叶包狗肉，用手抓着沾点盐就吃，叫“金丝荷叶托狗肉”。石湫曾经是新四军抗日打游击的地方，传说当年开明士绅曹家淦用狗肉款待过陈毅等新四军领导。建国后，许世友等也曾到过石湫，并盛赞石湫狗肉汤浓肉香，名不虚传。

【中山兔毫】 溧水古称中山。据当地传说，秦时，大将蒙恬为开拓南方边疆，曾在中山驻扎。中山地区多野兔，蒙恬缚兔毫为笔，制成中国历史上第一支毛笔，作为通报讯息的工具。蒙恬因此成为毛笔的发明人。中山兔毫以其质量精良、制作上乘、书写流畅成为用笔者必备工具。唐宋时期，中山兔毫制作发展到鼎盛阶段，至清末，因战乱走向衰落。传统中山兔毫制作工艺要经过选料、除脂、配料、梳洗、顿押、卷头、拣齐、扎头、装头、干修、粘锋、刻字、挂绳等工序。中共十一届三中全会后，制作工艺逐步恢复，主要产品有颂雅大中小套笔、秦淮之源中山兔毫精笔等系列毛笔。中山兔毫笔被列为县政府馈赠礼品。2010年，在江苏省第二届旅游商品博览会上，中山兔毫毛笔获省旅游纪念品类优质产品奖。

【明觉铁画】 历史上的中国铁画之源，在溧水县明觉乡（现石湫镇）罗村的汤家。《溧水县志》记载：汤鹏，字天池，溧水县明觉人，生于清代顺治至康熙年间，为中国铁画艺术创始人。安徽省博物馆收藏的“晴窗流竹露，夜雨长兰芽”铁字对联，系汤鹏于康熙二十六年（1687年）所作。镇江市博物馆收藏的汤鹏大幅山水铁画“溪山烟霭”图，属稀世珍品。明觉铁画作品可分为四大类：一为尺幅小景，如花草、树木、动物、人物等，画幅直径一尺左右，嵌进红木框里，以素娟作背景，挂在粉壁墙上，黑白相衬，分外醒目。二为铁画（花）灯，用4~6幅精

明觉铁画迎客松　　石湫镇 供稿

巧的铁画(花)合嵌而成,铁画既可吊挂,也能加上灯柱立于墙角,随时移动,美观实用。三为铁画屏风,有四、六、八扇之分,扣束联结,可折叠和移动,大幅山水铁画屏风有的宽达12幅。四为铁字,将古代和当代著名书法家的手迹,锻制成字,风格独特。

(陶巧良)

【黑莓】 黑莓果实为聚合果类小浆果,原产于北美。它富含天然色素、碳水化合物、多种维生素及多种氨基酸成份,具有“高营养、高抗性、无污染、全天然”的特点,冠有“生命果”之美誉。1986年,江苏省中国科学院植物研究所从美国引进黑莓到溧水栽培。至2010年,溧水建成全国最大黑莓基地,种植面积发展到2090.33公顷,被誉为“中国黑莓之乡”。生产加工企业有南京新得利食品有限公司、南京宝生源食品有限公司、沃德绿世界(溧水)生物科技有限公司,加工制作黑莓饮料、速冻果、黑莓罐头、黑莓酱、黑莓酒、黑莓粉、黑莓胶囊、黑莓精华素等。年加工量超万吨,年产值近4亿元。其中,黑莓鲜汁以黑莓鲜果为原料生产,在加工过程中,应用全新工艺配方,保留鲜果完整的营养成份,保持天然玫瑰红色和特有的风味。黑莓产品外销欧美、东亚、澳洲、非洲等10余个国家和地区,内销20余个省、市、自治区。

黑　莓　　县农业局 供稿

【青梅】 青梅是溧水特产名果,主要加工产品有话梅、脆梅、梅干、梅酱、梅酒等。溧水于20世纪80年代初引进青梅2000余株,成片种植于洪蓝镇傅家边现代农业园。至2010年底,种植面积达354.13公顷,产量3800吨,鲜果销售收入542.3万元。傅家边果品加工厂和南京梅王食品有限公司生产加工各类青梅系列产品,年产量4000多吨,加工产值5000多万元。傅家边牌青梅、宁韵牌青梅酒为南京市名牌产品。

青　梅　　县农业局 供稿

【草莓】 草莓果实含有丰富的磷、钙、铁等矿物质和维生素,其中维生素C每克鲜果中含有50~120毫克,是柑桔的3倍,营养成分很容易被人体吸收,并具有一定的医疗价值,是公认的营养水果。除鲜食外,草莓还可以加工成酱、罐头、饮料等。溧水采用高垄、多层薄膜保温法种植草莓,使用有机肥料。至2010年,栽培面积352.47公

草　　莓　　　　　　　　县农业局 供稿

顷，主要品种有丰香、红颜等。溧水草莓具有上市早，果期长，品质好的特点，受到市民青睐。在2010中国优质草莓评比中，溧水选送的红颜、丰香草莓被评为金奖草莓和最受南京市民喜爱的草莓。

【蓝莓】 蓝莓是生长在地球上最古老的水果之一，属杜鹃花科。果实富含特有的蓝莓花青素物质，具有提高视力，抗衰老，防癌等功效，被誉为"21世纪功能性保健浆果"和"水果中的皇后"，并被国际粮农组织列为人类五大健康食品之一。蓝莓果实大小近似樱桃，呈蓝色及亮蓝色，口味甜酸有特殊的香气，风靡日本及欧美。溧水于1988年从美国引种蓝莓，种植基地主要在白马镇石头寨和白龙两个行政村。至2010年，种植面积达400多公顷，筛选出彩蓝、巨丰、圆蓝、芭尔德温、杰兔等10多个优良品种，建立100公顷丰产示范园。生产加工企业有南京新得利食品有限公司、南京宝生源食品有限公司、沃德绿世界(溧水)生物科技有限公司。产品有蓝莓鲜果、蓝莓汁、蓝莓饮料、

蓝　　莓　　　　　　　　县农业局 供稿

蓝莓酒、蓝莓粉、蓝莓冲剂，销往欧美、东亚、澳洲、非洲等10余个国家和地区。

【严景万有机茶】 南京市溧水严景万茶场是有30多年历史的私营茶场，拥有茶园面积235公顷。其中，有机茶园78公顷，无公害茶园157公顷，年产干茶200多吨。场长严景万在县境内第一个用自已的名字注册商标。吴村桥严景万牌茶叶严格按照NY5244-2004、NY/T5018-2001和NY/T5019-2001无公害茶叶、茶叶生产技术规程、茶叶加工技术规程标准执行，属中高档产品。吴村桥严景万牌碧螺春茶叶外形紧密，条索纤细，卷曲如螺，嫩绿隐翠，清香幽雅。冲泡后茶叶上下翻飞，徐徐舒展，毫香四溢，汤色黄绿明亮，叶底柔匀。饮后有回甜之感。2002年，通过江苏省无公害农产品认证；2004年，取得有机食品转换证。从1984年起，吴村桥严景万牌茶叶连续29次获市、县茶叶质量评比特等奖。2009年，严景万在南京市首届农业"十大王"评比中，获"茶叶大王"称号。吴村桥严景万牌茶叶被江苏省名牌战略推进委员会授予江苏省名牌产品称号。2008~2010年，吴村桥严景万商标被认定为江苏省著名商标、南京市著名商标。 (贾生华　王忠军　邓怀志)

【溧峰茶叶】 溧水县茶叶实验场创建于1958年，有茶园面积373公顷，下辖5个茶农分场，一个良种茶繁育生产基地。2010年，333公顷茶园及生产加工厂通过省级无公害标准化示范区验收。主产品溧峰系列绿茶有碧螺春、翠眉、雨花茶、翠毫、毛尖、春芽、炒青等。溧峰碧螺春纤细卷曲，白毫披露，银绿隐翠，匀齐纯净，嫩香幽雅，清鲜回甘，嫩绿明亮。溧峰翠眉扁平光滑形如眉状，翠绿匀整，纯净清香，清鲜回甘，嫩绿明亮。溧峰雨花茶形似松针紧直，锋苗挺秀、白毫显露，嫩绿匀亮。1998年，溧水县茶叶实验场研制的溧峰翠眉，获南京市科学进步二等奖。2000年，溧峰绿茶被中国绿色食品发展中心认证为绿色食品。2001年，通过ISO9001-2000质量管理体系国际认证。2003年起，溧峰绿茶被中绿华夏有机食品认证中心认证为AA绿色食品和有机食品。2006年，溧峰茶叶获江苏省质量监督局QS食品生产许可证。2007年，国家监督检验局认定溧峰雨花茶为雨花茶地理标志保护产品，并发地理标志产品证书。自2005年

起，溧峰碧螺春连续 6 年获江苏省“陆羽杯”名优茶质量评比特等奖、“中茶杯”名优茶评选特等奖。2001~2010 年，溧峰商标被认定为江苏省著名商标；溧峰牌茶叶被江苏省名牌战略推进委员会授予江苏省名牌产品。（严克镇）

【久宏茶叶】 久宏茶业公司拥有茶园面积 104.67 公顷，依山傍水，方圆 15 公里内无污染源。久宏牌茶叶严格按照 NY5244-2004、NY/T5018-2001 和 NY/T5019-2001 无公害茶叶、茶叶生产技术规程、茶叶加工技术规程生产加工，属中高档产品。2002 年，通过江苏省无公害农产品认证。2004 年，取得中绿华夏认证。2007 年，完成无公害及有机食品转换认证。久宏牌碧螺春、炒青外形匀齐、纯净，入口后清淡甘甜，醇香可口。从 1984 年起，连续 30 多次获市、县茶叶质量评比特等奖、一等奖、金奖、银奖等。2008 年，久宏茶业公司成为江苏消费者信得过 AAA 级品牌会员企业，江苏省“3.15”质量诚信消费者信得过示范单位。2010 年，久宏商标被认定为江苏省著名商标，久宏牌雨花、茗毫获南京市名牌农产品称号。

【有机蔬菜】 溧水县从 1997 年开始试种有机蔬菜，至 2010 年，有机蔬菜生产基地面积达到 452 公顷。先后通过国际 OCIA、欧盟 EU、日本 JONA、国家 OFDC 等国内外有机认证机构的认定。全县从事有机蔬菜生产、加工的企业有南京春江新迪有机农业有限公司、屏湖有机食品有限公司、普朗克科贸有限公司等，其中南京春江新迪有机农业有限公司 1998 年成为国际有机农业运动联合会（IFOAM）成员。有机蔬菜主要品种有西兰花、毛豆、青刀豆、甘兰、菠菜、小南瓜等 20 多个。主要品牌有春江、环湖、普朗克。外销美国、日本、欧盟、东南亚等国家和地区，内销上海、南京、无锡等城市。

【湫湖牌大米】 湫湖牌大米由南京沙塘庵粮油实业有限公司生产。2003 年，注册湫湖商标。2004 年，获国家农业部无公害大米证书。2008 年，获“江苏省名牌农产品”称号。2010 年，湫湖商标被认定为江苏省著名商标。湫湖牌大米主要销往南京、上海、苏州、无锡、常州、镇江、温州、宁波、昆明、明光等大中城市。

【春江牌有机大米】 春江牌有机大米产自溧水县白马镇南京春江新迪有机农业有限公司有机水稻生产基地。水稻生长期间施用有机肥，人工除草，不使用农药，从种植、加工、运输，实行全过程无污染监控。春江牌有机大米籽粒密实、硬度好、品质佳、饱满透明、营养丰富、有嚼劲，蛋白质含量 80% 左右，不饱和脂肪酸以及糖米胶质含量高，易消化吸收。受到北京、天津、上海、广州、深圳等 20 多个城市消费者欢迎。

【老一辈风鱼】 手撕风鱼是溧水石臼湖地区的民间特产，享有“手撕闻香，口齿流芳”盛名。石臼湖素有“日出斗金，日落斗银”之说，湖内鱼虾肥美。每到入冬时节，渔民将鱼捕上岸后，挑出鳊鱼（也称武昌鱼），不去鱼鳞，在鱼腮下开一个小口，将盐、生姜、香料放进鱼肚，悬挂在屋檐下风干，称为手撕风鱼。手撕风鱼鲜而不腥、久嚼不腻、唇齿留香、回味绵长。老一辈风鱼选用生态湖泊及无公害养殖基地的新鲜活鱼，沿用传统手法，经过38 道工序精制，多种中药回卤，19 味佐料复合调味而成。有手撕风鱼、风白鱼、风草鱼、风青鱼、风鳜鱼、风鲈鱼以及手撕风鱼肉、风鱼鳞、风鱼鳔、风鱼骨等休闲风鱼系列产品。2010 年，老一辈品牌被认定为南京市著名商标，获南京市名牌产品称号。

（袁新怀　方明保　贺　香）

风鱼菜谱　　县农业局 供稿

知名品牌

·知名商标·

【鲸海被认定为中国驰名商标】 2010年，江苏冠军涂料科技集团有限公司鲸海商标被国家工商行政管理总局认定为中国驰名商标。鲸海漆获江苏名牌产品称号。2006年，该品牌溶剂型木器涂料获得国家3C认证。2007年，鲸海产品通过ISO9000国际质量管理体系、ISO14000国际环境管理体系和GB/T28000职业健康管理体系认证，获中国环境标志产品认证证书。2008年，鲸海牌防火涂料通过公安部消防产品型式认可；天然彩色木器漆获国家发明专利，通过欧盟RoHS最高环境标准检测。2009年，鲸海牌单组份木器金属油漆获国家发明专利，通过欧盟RoHS最高环境标准检测。

（许荣国）

2010年溧水县江苏省著名商标

序号	企业名称	商标
1	南京名鹰服饰开发有限公司	名鹰
2	南京力源强磁股份有限公司	思乌
3	南京云海特种金属有限公司	rsm
4	南京飞燕活塞环股份有限公司	飞燕
5	江苏冠军涂料科技集团有限公司	鲸海
6	南京茅山刀具厂	锋宝
7	南京新世纪园艺研究所	傅家边及图（农副产品）
8	江苏冠军涂料科技集团有限公司	冠军
9	南京市溧水县金陵机械工具厂	京宁
10	南京华能冶金机械制造有限公司	宁虹
11	南京市溧水严景万茶场	吴村桥严景万（农副产品）
12	南京久宏茶叶有限公司	久宏（农副产品）
13	南京沙塘庵粮油实业有限公司	湫湖（农副产品）
14	南京溧水精诚电工材料有限公司	TY图形
15	溧水县茶叶实验场	溧峰（农副产品）

2010年溧水县南京市著名商标

序号	企业名称	商标
1	南京力源强磁股份有限公司	思乌
2	南京云海特种金属有限公司	rsm
3	南京名鹰服饰开发有限公司	名鹰
4	南京和兴不织布制品有限公司	和兴
5	南京荣宝箱包有限公司	荣宝

续表

序号	企业名称	商标
6	南京苏强数控机电有限公司	苏强
7	南京富木制衣有限公司	富木
8	南京老一辈食品有限公司	老一辈(农副产品)
9	南京莱得沃精英体育用品有限公司	LEDWARELITE
10	南京国网南自电气自动化有限公司	WNZ
11	南京隆福源蜂业有限公司	隆福源(农副产品)
12	南京明星机器制造有限公司	良机机床
13	南京市溧水常溧蜂业有限公司	金陵花(农副产品)
14	江苏省钟星消防工程有限公司	警星及图
15	南京爬山虎磁业有限公司	爬山虎及图
16	南京凯宏肉类机械有限公司	KAIHONG
17	南京飞燕活塞环股份有限公司	飞燕
18	南京市溧水县天龙化工有限公司	长洪
19	南京溧水贝斯特有限公司	贝斯特
20	南京金焰锶业有限公司	红焰
21	南京迪妮丽人服饰有限公司	知臣
22	南京金鑫传动设备有限公司	NJC
23	南京楚汉食品有限公司	楚汉及图(农副产品)
24	江苏冠军涂料科技集团有限公司	鲸海
25	南京新世纪园艺研究所	傅家边及图(农副产品)
26	南京市溧水金宏漆业有限公司	锦风
27	南京市溧水县茅山机电刀具厂	锋宝
28	溧水县傅家边制茶厂	溧梅(农副产品)
29	南京溧水县洪溪有限责任公司	洪溪(农副产品)
30	南京洪湖漆业有限公司	洪湖
31	南京金宇刀具制造有限公司	金宇
32	南京汇溪漆业有限公司	增辉 ZENGHUI
33	南京龙力佳农业发展有限公司	宁韵(农副产品)
34	南京市溧水县金陵机械工具厂	京宁
35	南京华能冶金制造有限公司	宁虹
36	南京溧水县石湫名肉食品厂	石湫(农副产品)
37	南京市金球机床制造有限公司	KING BALL
38	南京宏伟屠宰机械制造有限公司	宏伟
39	溧水县明觉水产养殖场	银水湾及图(农副产品)

续表

序号	企 业 名 称	商 标
40	南京振锋机械刀具有限公司	首锋及图
41	南京市溧水严景万茶场	吴村桥严景万(农副产品)
42	南京久宏茶叶有限公司	久宏(农副产品)
43	南京沙塘庵粮油实业有限公司	湫湖(农副产品)
44	南京天豪橡塑有限公司	天豪
45	南京大地冷冻食品有限公司	年蓬(农副产品)
46	南京顺恒信化工有限公司	顺恒信
47	南京溧水精诚电工材料有限公司	云天
48	南京新贵米业有限公司	宁贵及图(农副产品)
49	南京石臼湖蛋业有限公司	船桥及图(农副产品)
50	溧水县茶叶实验场	溧峰(农副产品)
51	南京柏克思电热器具制造厂	壹恒
52	溧水县回峰山茶厂	回云(农副产品)
53	南京金源漆业有限公司	金海

(杨支援)

· 名牌产品 ·

【RSM 牌铸造镁合金锭】 2001 年，南京云海特种金属股份有限公司生产的镁合金产品在美国注册RSM 商标。先后通过日本本田、美国克莱斯勒、德国大众等国际著名汽车公司的质量认证与产品认证。2006~2010 年，RSM 牌铸造镁合金锭获江苏省名牌产品称号，销量全球第一。

(诸培弘　鲍丽娜)

【凯宏牌屠宰设备】 南京凯宏肉类机械有限公司屠宰设备主要有肉类加工机械、分割肉设备、熟食制品加工设备、火腿加工专用系统、制冷工程设备。该设备拥有计算机设计程序和管理系统，全不锈钢微电脑控制液压打毛机，自动脱钩、脱盘、自动清洗消毒同步检验线，卧式拉毛机、金华火腿加工专用系统等。产品通过 ISO9001-2000 国际质量体系认证，被中国技术监督协会评为屠宰设备“质量过硬放心品牌”，获中国市场品牌战略管理联合会“中国肉类机械十佳品牌”和“中国肉类机械行业最具影响力十佳品牌”称号。2010 年，凯宏牌屠宰设备被评为江苏省名牌产品。

【NJC 牌钢结构专用涂料齿轮传动设备】 2010 年，南京金鑫传动设备有限公司 NJC 牌钢结构专用涂料齿轮传动设备被评为江苏省名牌产品。该设备全部采用优质低碳合金钢材料，渗碳淬火，经轮齿修形，深层渗碳，喷丸强化，精密成形磨齿加工，并采用激光冲击波技术去除切削毛刺，齿轮精度达 5 级。齿轮寿命采用无损设计。箱体采用优质钢板焊接结构，二次回火去应力工艺，确保箱体的刚性和稳定性。轴承采用国产优质名牌轴承和 SKF、FAG 进口轴承。润滑采用循环油集中润滑，油品采用极压工业齿轮油 N220。该齿轮箱适合于国内外钢厂各种规格的需求。

【名鹰牌服饰】 南京名鹰服饰开发有限公司名鹰品牌系列产品有西服、休闲单西服、茄克、羊绒大衣、风衣、休闲裤、T 恤、衬衫、羊毛衫、羽绒服等。产品全面导入 ISO9001 质量管理认证体系和 CIS 形象系统，不断优化产品结构和产品质量，提升名鹰品牌的知名度、美誉度和忠诚度。被誉为“草原之鹰”的著名歌唱家腾格尔出任名鹰品牌形象代言人。2010年,名鹰牌服饰被评为江苏省名牌产品。

【金陵花牌洋槐蜜】 2010年,南京常力蜂业有限公司金陵花牌洋槐蜜被评为江苏省名牌产品。该品牌蜂蜜色浅味鲜,入口甜而不腻,口齿生香,具有清热补中、解毒润燥功效。2007年,金陵花牌洋槐蜜被中国绿色食品发展中心认定为绿色食品。2005~2010年,金陵花牌洋槐蜜被南京市质监局评为南京市名牌产品。 (许荣国)

常力蜂业蜂场　　县供销合作总社 供稿

2010年溧水县新增(含复评)南京市名牌产品名单

序号	名牌产品	产品企业	商标	备注
1	低压抽屉式开关柜	南京兆源电器有限公司	兆源(图形)	
2	永磁锶铁氧体元件	南京力源强磁股份有限公司	思鸟	复评
3	碳酸锶	南京金焰锶业有限公司	红焰	复评
4	刀具	南京市溧水县芽山机电刀具厂	锋宝	复评
5	屠宰分割设备	南京凯宏肉类机械有限公司	凯宏	复评
6	Y系列三相异步电动机	南京控特电机有限公司	控特	复评
7	冷却机	南京西普水泥工程集团有限公司	西普	
8	防水卷材	南京先声合成材料有限公司溧水分公司	先声(图形)	
9	绿茶	南京久宏茶业有限公司	久宏	复评
10	水果	南京新世纪园艺研究所	傅家边	
11	野鸡、珍珠鸡、贵妃鸡肉制品	南京牧乐农副产品开发有限公司	牧乐	
12	手撕风鱼	南京老一辈食品有限公司	老一辈	复评
13	大厚牛肉	江苏迈斯克食品有限公司	大厚食品	
14	盐水鸭	江苏迈斯克食品有限公司	大厚食品	
15	豆制品(非发酵性豆制品)	南京果果食品有限公司	豆果果	
16	酱腌菜	南京脆而爽蔬菜食品有限公司	NJCRS	
17	青梅酒	南京龙力佳农业发展有限公司	宁韵	

(王　群)

组织机构及负责人

中共溧水县委员会

书　记:项雪龙
副书记:姜　明
　　　汤少波
常　委:孙绿叶(女)
　　　邱　建
　　　林建乐
　　　杭　韬
　　　张　伟
　　　杨中南
　　　朱克成
　　　张庆信
　　　徐　春(8月10日任)

溧水县人民代表大会常务委员会

主　任:项雪龙
副主任:沈银保
　　　邱训成
　　　张三青
　　　经地生(1月3日任)
　　　汤义政(不驻会)
党组书记:沈银保
党组副书记:邱训成

溧水县人民政府

县　长:姜　明
副县长:孙绿叶(女)
　　　张　伟
　　　陈小冬
　　　蒋晓芬(女)
　　　臧正满
　　　邰伦浩
县长助理:夏树芳
党组书记:姜　明
党组副书记:孙绿叶(女,12月27日任)

政协溧水县委员会

主　席:尹昭伦
副主席:张开昊
　　　朱信年
　　　吴红月(女,不驻会)
　　　严必友(不驻会)
　　　梅小明(不驻会)
党组书记:尹昭伦
党组副书记:张开昊
秘书长:禹争鸣

中共溧水县纪律检查委员会

书　记:林建乐
副书记:王克全(10月13日免)
　　　张海金
　　　管红玲(女,10月13任)
常　委:俞荣头
　　　陈德新
　　　高明芳(女)
　　　周贤荣

溧水县人民法院

院　长:周　迅
副院长:李怀宝
　　　芮铭珍(女)
　　　李国俊
　　　雷宝根(10月29日任)
党组书记:周　迅
党组副书记:李怀宝
政治处主任:沈永祥
纪检组长:李国俊
执行局局长:雷宝根(8月17日免)
　　　　　张红头(8月17日任)

溧水县人民检察院

检察长:倪一斌
副检察长:施　彪
　　　　周厚顺

杨中青
党组书记:倪一斌
党组副书记:施　彪
政治处主任:陶仁法
纪检组长:陶仁法(8月17日免)
王九江(8月17日任)
反贪污贿赂局局长:施　彪
反贪污贿赂局副局长:红　晨(女,8月17日任)

溧水县人民武装部

部　长:张庆信
政　委:全　智
副部长:王继东(5月1日任)
党委第一书记:项雪龙
党委书记:全　智
党委副书记:张庆信

县委工作机构

办公室

主　任:朱克成
副主任:李巧根
武兆飞
王小荣(8月17日任)

政策研究室

主　任:李翔荣

机要局

局　长:空缺

保密工作委员会办公室

主　任:许青华(8月17日任)

组织部

部　长:孙绿叶(女,8月10日免)
徐　春(8月10日任)
副部长:朱亚琦(女,10月13日免)
汤世春
花　毅
王克全(10月13日任)
正局级干部:李明富

组织员办公室

主　任:朱亚琦(女,10月22日免)
组织员:颜孝兵

非公有制企业工作委员会

书　记:汤世春(5月31日免)
王克全(5月31日任)

机关党工委

书　记:焦祖峰
副书记:田喜泉
严培军(8月17日任)
纪工委书记:严培军(8月17日任)
工会主席:田喜泉

老干部局

局　长:何晓明
副局长:张　翔
刘令滨

县关心下一代委员会办公室

主　任:刘令滨

宣传部

部　长:杭　韬
副部长:马里兵
吴永胜

县精神文明建设指导委员会办公室

主　任:何晓萍(女)
副主任:谢　秋(女)

新闻中心

主　任:马里兵

统一战线工作部

部　长:朱信年
副部长:王光荣(5月31日免)
俞　杰
王　蓉(女)
李明富(5月31日任)
魏建芳

台湾工作办公室
主　任:王蓉(女)

政法工作委员会
书　记:邱　建
副书记:张　伟
　　　夏树芳
　　　韩长乐
　　　周　毅

农村工作委员会(5月31日由县委农村工作办公室更名为县委农村工作委员会)
主　任:薛万春(12月27日免)
　　　赵亲才(12月27日任)
副主任:徐伏云
　　　沈久福

县机构编制委员会办公室(5月单独设置,列县委机构序列,既是县委工作机构,又是县政府工作机构)
主　任:花　毅

党校
校　长:沈银保
常务副校长:赵孝荣
副校长:卞新宏
　　　马友凤(女)

党史工作办公室
主　任:巫永发

人民团体

县总工会
主　席:空缺
副主席:郑　萍(女)
　　　齐艾梅(女,12月27日免)
　　　李传才
　　　章丽银

共青团溧水县委员会
书　记:王超勇(8月17日任)
副书记:代吉上

县妇女联合会
主　席:张　芬(女)
副主席:章明花(女)
　　　王　佳(女)

县科学技术协会
主　席:周利人
副主席:俞　宏
　　　吴正祥(5月31日免)

县工商业联合会
主　席:梅小明
副主席:王光荣(5月31日免)
　　　李明富(6月25日任)
　　　曹　斌
　　　吴　旭
　　　王昌国(不驻会)
　　　王洪保(不驻会)
　　　朱宽宝(不驻会)
　　　张习保(不驻会)
　　　杨学昕(不驻会)
　　　陈敬才(不驻会)
　　　周正纲(不驻会)
　　　周金兰(女,不驻会)
　　　赵文贤(不驻会)
　　　陶安清(不驻会)
党组书记:王光荣(5月31日免)
　　　　李明富(5月31日任)
党组副书记:曹　斌

县文学艺术界联合会
主　席:杨连宝
副主席:储国华(12月27日免)
　　　章熙秋

县残疾人联合会
理事长:空缺
副理事长:赵　军

县归侨侨眷联合会
主　席:王　蓉(女)

县人大工作机构

办公室
主　任：鲍定远
副主任：曹园园

内务司法工作委员会
主　任：迟长年

财政经济工作委员会
主　任：王地根
副主任：薛昌国

农村经济工作委员会
主　任：周　麟

社会事业工作委员会
主　任：陈千云(6月1日免)
　　　　王春芳(女,6月1日任)
副主任：张晓英(女)

人事代表联络工作委员会
主　任：师昌顺(6月1日免)
　　　　陈千云(6月1日任)

县政府工作机构

办公室
主　任：黄忠山
副主任：曹松发
　　　　石开金
　　　　徐　强
　　　　赵雪保
　　　　张德才
　　　　徐正宏(9月2日任)

经济研究室
主　任：鲁慧荣
副主任：徐正宏(9月2日免)
魏红星(9月2日任)

县信访局
局　长：曹松发
副局长：毕咏联
　　　　易茂春

县法制办(5月改为在县政府办公室挂牌)
主　任：沈　宏
副主任：顾长寿
　　　　杨　军

县政府外事办公室(5月设立,在县政府办公室挂牌)
主　任：黄忠山(6月7日任)

县国家保密局
局　长：许青华(9月2日任)

台湾事务办公室
主　任：王　蓉(女)

侨务办公室
主　任：王　蓉(女)

县发展和改革局
局　长：吴国荣
副局长：沈　建(6月7日免)
　　　　周正纲
　　　　徐建民
　　　　周宜平(6月7日免)
　　　　刘振华
　　　　张春银
　　　　张彦春
党委书记：吴国荣
党委副书记：黄宙国
纪委书记：黄宙国
工会主席：王　云

县物价局(5月改在县发展和改革局挂牌,不再列入县政府组成部门)
局　长：任新建
副局长：袁兴华(6月7日免)
　　　　张夕平(6月7日免)
　　　　裘　武(6月7日免)

县发展和改革局（5月县物价局划入县发展和改革局）
局　长：吴国荣
副局长：任新建（6月7日任）
　　　周正纲
　　　袁兴华（6月7日任）
　　　刘振华
　　　张春银
　　　张夕平（6月7日任）
　　　张彦春
　　　裘　武（6月7日任）
党委书记：吴国荣
党委副书记：黄宙国（12月27日免）
纪委书记：黄宙国（12月27日免）
工会主席：王　云

县乡镇企业管理局
局　长：沈　建（6月7日免）
副局长：陈　霞（女，6月7日免）

县中小企业管理局
局　长：沈　建（6月7日免）
副局长：陈　霞（女，6月7日免）

县招商局
局　长：夏　云（6月7日免）
副局长：马加明（6月7日免）
　　　焦君芳（6月7日免）

县工业和信息化局（2010年5月组建）
局　长：沈　建（6月1日任）
副局长：马加明（6月7日任）
　　　陈　霞（女，6月7日任）
　　　崔业基（6月7日任）
　　　焦君芳（6月7日任）

县投资促进局（5月设立，在县工业和信息化局挂牌）
局　长：沈建（6月7日任）

县建设局
局　长：空缺
副局长：王先平（6月7日免）
　　　潘崇根（6月7日免）
　　　王　永（6月7日免）
　　　罗　勇（6月7日免）
　　　于　鸣（6月7日免）
党委书记：王先平（5月31日免）
党委副书记：池忠铭（5月31日免）
纪委书记：池忠铭（5月31日免）
工会主席：孙复叶（5月31日免）

县建筑工程局（5月改在县住房和城乡建设局挂牌）
局　长：汤福星（6月7日免）
　　　王先平（6月7日任）
副局长：许　敏（6月7日免）
　　　蔡广金（6月7日免）
　　　魏仁富（6月7日免）
总工程师：孙宝玉（6月7日免）
党委书记：汤福星（5月31日免）
党委副书记：端木礼荣（5月31日免）
纪委书记：端木礼荣（5月31日免）
工会主席：端木礼荣（5月31日免）

县人民防空办公室（5月改在县住房和城乡建设局挂牌）
主　任：韩家保
副主任：经翔云（6月7日免）

县民防局
局　长：韩家保（6月7日免）
副局长：经翔云（6月7日免）

县住房和城乡建设局
局　长：王先平（6月1日任）
副局长：许　敏（6月7日任）
　　　蔡广金（6月7日任）
　　　王　永（6月7日任）
　　　经翔云（6月7日任）
　　　魏仁富（6月7日任）
　　　罗　勇（6月7日任）
　　　于　鸣（6月7日任）
总工程师：孙宝玉（6月7日任）
党委书记：韩家保（5月31日任）
党委副书记：王先平（5月31日任）
　　　　许　敏（5月31日任）
　　　　池忠铭（5月31日任）

纪委书记:池忠铭(5 月 31 日任)
工会主席:孙复叶(5 月 31 日任)

县科学技术局
局　长:余　炜
副局长:周利人
　　　代　军
　　　严雪凤(女)

县知识产权局
局　长:余　炜(6 月 7 日任)

县公安局
局　长:夏树芳
副局长:杨顺保
　　　尹照生
　　　毛永云
　　　胡　军(8 月 25 日免,挂职)
政治委员:杨　兵
副政治委员:王炎岭
党委书记:夏树芳
党委副书记:杨　兵
　　　　　杨顺保
纪委书记:王炎岭
工会主席:郭小白
副局级干部:张安先
　　　　　王　勇(9 月 2 日任)
　　　　　张小唐(9 月 2 日任)
　　　　　汤志亮(9 月 2 日任)
　　　　　甘其宏(8 月 17 日任)
　　　　　潘渭浩(9 月 2 日任)
　　　　　王　忠(8 月 17 日任)
　　　　　卢志保(9 月 2 日任)
　　　　　熊克平(8 月 17 日任)
　　　　　邵民红(女,8 月 17 日任)
　　　　　傅　杰(8 月 17 日任)
　　　　　姚道清(8 月 17 日任)
　　　　　吴克松(8 月 17 日任)

县交警大队
大队长:毛永云(9 月 2 日免)
教导员:空缺

县公安局国保大队
大队长:汤志亮(9 月 2 日免)
教导员:空缺

县公安局治安大队
大队长:张小唐
教导员:空缺

县公安局刑侦大队
大队长:王　勇(9 月 2 日免)
教导员:甘其宏(8 月 17 日免)

县公安局经侦大队
大队长:潘渭浩(9 月 2 日免)
教导员:王　忠(8 月 17 日免)

县公安局水上大队
大队长:卢志保(9 月 2 日免)
教导员:熊克平(8 月 17 日免)

县公安局永阳派出所
教导员:邵民红(女,8 月 17 日免)

县维护稳定领导小组办公室
2010 年 5 月成立。
主　任:夏树芳(6 月 7 日任)
副主任:尹照生(9 月 2 日任)

县社会治安综合治理委员会办公室
主　任:周　毅
副主任:孙　军
　　　范龙升

县教育局
局　长:毕咏慈(10 月 29 日免)
　　　严必友(10 月 29 日任)
副局长:丁昌保(6 月 7 日免)
　　　彭　旺(9 月 2 日免)
　　　韦仁健
　　　胡新春(9 月 2 日任)
党委书记:毕咏慈(8 月 27 日免)
　　　　彭　旺(8 月 27 日任)
党委副书记:刘　宁

纪委书记:刘　宁
工会主席:刘　宁(5月31日免)
　　　　　王　斌(5月31日任)

县政府教育督导室
主　任:毕永慈(9月13日免)
　　　　严必友(9月13日任)
副主任:甘德清

县监察局
局　长:王克全(10月29日免)
　　　　管红玲(女,10月29日任)
副局长:俞荣头

县民政局
局　长:傅了胜
副局长:甘仲全
　　　　程　民
　　　　刘坤智(6月7日免)
　　　　段聿寿
　　　　汤世雷(9月2日任)

县老龄工作委员会办公室
主　任:傅了胜
副主任:段聿寿

县司法局
局　长:周　静
副局长:刘　永
　　　　杨文蛟

县财政局
局　长:简恩林
副局长:唐海清
　　　　韦仁海(6月18日任,挂职)
　　　　冯晓鸣(6月18日任,挂职)

县政府国有资产监督管理办公室
主　任:简恩林

县人事局
局　长:花　毅(6月1日免)
副局长:陆伟平(6月7日免)

县劳动和社会保障局
局　长:石明生(6月1日免)
副局长:张伟华(6月7日免)
　　　　周金刚(6月7日免)

县人力资源和社会保障局(5月组建)
局　长:王荣英(女,6月1日任)
副局长:陆伟平(6月7日任)
　　　　张伟华(6月7日任)
　　　　周金刚(6月7日任)

县公务员局(2010年5月设立,在县人力资源和社会保障局挂牌)
局　长:陆伟平(6月7日任)

县事业单位登记管理局
局　长:陆伟平(6月7日免)
　　　　花　毅(6月7日任)

县国土资源局
局　长:石明生
副局长:褚海明
　　　　尹昭根
　　　　唐祥春
党组书记:石明生

县审计局
局　长:赵定海
副局长:杨明炜
　　　　潘胜祥
　　　　董礼霁

县统计局
局　长:王　敏
副局长:巢玉军
　　　　任坤祺

县安全生产监督管理局
局　长:徐称心
副局长:张　锋
　　　　许秋生
　　　　黄毓南

县环境保护局
局　长:何存茂
副局长:赵训佳
　　　　丁莉芳(女)

县市容管理局
局　长:徐友林(6月7日免)
副局长:裴光申(6月7日免)
　　　　陈长江(6月7日免)
　　　　俞立新(6月7日免)

县城市管理局(5月组建)
局　长:徐友林(6月1日任)
副局长:裴光申(6月7日任)
　　　　陈长江(6月7日任)
　　　　俞立新(6月7日任)
　　　　唐　凌(9月2日任)
党委书记:武树保(5月31日任)
党委副书记:徐友林(5月31日任)
　　　　　　端木礼荣(5月31日任)
纪委书记:端木礼荣(5月31日任)
工会主席:端木礼荣(5月31日任)

县城市管理行政执法局(5月设立,在县城市管理局挂牌)
局　长:徐友林(6月7日任)

县交通局
局　长:解承善(6月7日免)
副局长:刘纪群(6月7日免)
　　　　杨　炎(6月7日免)
　　　　方　勇(6月7日免)
总工程师:黄继元(6月7日免)
党委书记:解承善(5月31日免)
党委副书记:万春保(5月31日免)
纪委书记:万春保(5月31日免)
工会主席:万春保(5月31日免)

县交通运输局 (5月由县交通局更名为县交通运输局)
局　长:解承善(6月1日任)
副局长:刘纪群(6月7日任)
　　　　杨　炎(6月7日任)
　　　　方　勇(6月7日任)
总工程师:黄继元(6月7日任)
党委书记:解承善(5月31日任)
党委副书记:万春保(5月31日任)
纪委书记:万春保(5月31日任)
工会主席:李陆宝(5月31日任)

县公路管理站
站　长:郭　斌

县农林局
局　长:王进荣(6月1日免)
副局长:陈长泉(6月7日免)
　　　　秦建良(6月7日免)
　　　　董学成(6月7日免)
　　　　金云新(6月7日免)
党委书记:王进荣(5月31日免)
党委副书记:王兴亚(5月31日免)
纪委书记:刘正林(5月31日免)
工会主席:刘正林(5月31日免)

县农业资源开发局(5月改在县农业局挂牌)
局　长:戴孝礼
副局长:裴　强(6月7日免)
　　　　杨志锁(6月7日免)

县农业局
局　长:王进荣(6月1日任,10月29日免)
　　　　戴孝礼(10月29日任)
副局长:戴孝礼(6月7日任)
　　　　裴　强(6月7日任)
　　　　陈长泉(6月7日任)
　　　　秦建良(6月7日任)
　　　　杨志锁(6月7日任)
　　　　董学成(6月7日任)
　　　　金云新(6月7日任)
党委书记:王进荣(5月31日任,8月17日免)
　　　　　夏建国(8月17日任)
党委副书记:王兴亚(5月31日任)
纪委书记:刘正林(5月31日任)
工会主席:方运保(5月31日任)

县林业局(5月改在县农业局挂牌)
局　长:王进荣(6月7日任,9月2日免)
　　　　戴孝礼(9月2日任)

县水产局(5月改在县农业局挂牌)
局　长:王进荣(6月7日任,9月2日免)
　　　　戴孝礼(9月2日任)

县绿化委员会办公室
主　任:张华春
副主任:强建和

县政府农村集体资产管理办公室(5月在县农业局挂县政府农村集体资产管理办公室牌子)
主　任:薛万春

县水务局
局　长:徒九如(6月1日免)
　　　　朱　洪(6月1日任)
副局长:郝纪平
　　　　张启权
　　　　徐　俊
　　　　傅力生
党委书记:徒九如(5月31日免)
　　　　　朱　洪(5月31日任)
党委副书记:杨忠林(12月27日免)
纪委书记:杨忠林(12月27日免)
工会主席:杨成保

县商务局
局　长:夏　云(6月1日免)
副局长:崔业基(6月7日免)
　　　　易海蓉(女)
　　　　彭红明
党总支书记:夏　云(5月31日免)
党总支副书记:彭红明(5月31日免)
工会主席:方运保(5月31日免)

县粮食局(5月改在县商务局挂牌)
局　长:栾溧山(6月7日免)
　　　　甘年保(6月7日任)
副局长:杨昌棉(6月7日免)
　　　　刘寿龙(6月7日免)
党委书记:栾溧山(5月31日免)
党委副书记:邱以进(5月31日免)
纪委书记:邱以进(5月31日免)
工会主席:曹春水(5月31日免)

县第三产业发展办公室
主　任:黄宙国(6月7日免)
副主任:周宜平(6月7日免)

县商业贸易局
局　长:甘年保(6月7日免)
副局长:吴定远(6月7日免)
　　　　何春龙(6月7日免)
　　　　官爱萍(女,6月7日免)
党委书记:甘年保(5月31日免)
党委副书记:吴志坚(5月31日免)
纪委书记:吴志坚(5月31日免)
工会主席:姜光福(5月31日免)

县商务局(5月由原商务局、粮食局、第三产业发展办公室、商业贸易局合并组建)
局　长:甘年保(6月1日任)
副局长:彭红明
　　　　吴定远(6月7日任)
　　　　周宜平(6月7日任)
　　　　杨昌棉(6月7日任)
　　　　刘寿龙(6月7日任)
　　　　何春龙(6月7日任)
　　　　官爱萍(女,6月7日任)
　　　　易海蓉(女)
党委书记:甘年保(5月31日任)
党委副书记:邱以进(5月31日任)
　　　　　　吴志坚(5月31日任,12月27日免)
纪委书记:曹春水(5月31日任)
工会主席:姜光福(5月31日任)

县文化局
局　长:管红玲(女,6月1日免)
副局长:倪明华(6月7日免)
　　　　李德琴(女,6月7日免)
　　　　张明春(6月7日免)

县广播电视局
局　长：赵祖云(6月7日免)
副局长：史献金(6月7日免)
　　　　庄　毅(6月7日免)

县旅游局(5月改在县文化广电局挂牌)
局　长：朱　文(女)
副局长：孔　刚(6月7日免)
　　　　黄晓宝(6月7日免)

县文化广电局(5月组建)
局　长：赵祖云(6月1日任)
副局长：倪明华(6月7日任)
　　　　史献金(6月7日任)
　　　　李德琴(女,6月7日任)
　　　　张明春(6月7日任)
　　　　孔　刚(6月7日任)
党委书记：朱　文(女,5月31日任)
党委副书记：赵祖云(5月31日任)
　　　　　　庄　毅(5月31日任)
纪委书记：庄　毅(5月31日任)
工会主席：庄　毅(5月31日任)

县卫生局
局　长：王春芳(女,6月1日免)
　　　　汤世春(6月1日任)
副局长：袁修华(9月2日任)
　　　　杨信春
　　　　袁运金
　　　　陈　水
　　　　陈正兵
　　　　黄光辉(9月2日任)
党委书记：王春芳(女,5月31日免)
　　　　　汤世春(5月31日任)
党委副书记：杨信春
纪委书记：杨信春
工会主席：李孔清

南京市溧水食品药品监督管理局
局　长：袁修华(8月17日免)
副局长：范哲宁(6月7日免)
　　　　黄光辉(8月17日免)
党组书记：袁修华(8月17日免)

县食品药品监督管理局(8月划归地方管理,在县卫生局挂牌)
局　长：袁修华(9月2日任)

县爱国卫生运动委员会办公室
主　任：袁运金

县人口和计划生育局
局　长：吴红月(女)
副局长：吴　宁(女)
　　　　毕道娟(女)
　　　　黄晓宝(6月7日任)

县民族宗教事务局
局　长：俞　杰
副局长：丁　群(9月2日任)

江苏南京白马现代农业高新技术产业园区管理委员会
主　任：姜　明(6月7日任)
副主任：陈小冬(6月7日任)

江苏南京白马现代农业高新技术产业园有限公司
总经理：陈　鹏(6月7日任)
副总经理：高满军(6月7日任)
　　　　　樊　斌(6月7日任)

县经济开发区管理委员会
主　任：汤少波
副主任：武树保(6月7日免)
　　　　叶福巧
　　　　俞晓宏
　　　　王明新
　　　　邓伟德
　　　　陈双临
　　　　李立超
　　　　涂国强
　　　　陈一鸣(女)
　　　　陶维强
　　　　李雪松
　　　　夏艾琴(女)
　　　　熊文亮
　　　　王　炜(6月30日免,挂职)

朱星辉(6月30日免,挂职)
工委书记:汤少波
工委副书记:武树保(5月31日免)
叶福巧
徐双林
朱明保
工委委员:俞晓宏
王明新
赵新生
王孟仁
王　迪
纪工委书记:徐双林
政协工作委员会副主任:徐双林(12月27日任)
工会主席:阚爱民
工会副主席:陈家平
综治办主任:徐国刚

县经济开发总公司
总经理:汤少波
副总经理:叶福巧
王明新

南京傅家边现代农业园管理委员会
主　任:陈小冬
副主任:夏建国(9月2日任)

南京傅家边现代农业园开发区总公司
总经理:夏建国(9月2日任)
副总经理:徐孝武
史建平

县行政服务中心
主　任:汤世春(6月7日免)
管红玲(女,6月7日任)
副主任:孔　伟
左文才

县档案局
局　长:巫永发
副局长:马绍林(6月7日免)

县档案馆
馆　长:巫永发
副馆长:马绍林(6月7日免)

县地方志编纂委员会办公室
主　任:巫永发
副主任:马绍林(6月7日免)

县体育局
局　长:刘泉华
副局长:傅元钢
查春华(女)

县供销合作总社
主　任:周国平
副主任:高　峰
张连海
党委书记:王槐义
党委副书记:周国平
纪委书记:王槐义
工会主席:黄国正(5月31日免)

县行政学校
校　长:空缺
副校长:赵孝荣
王卫平(6月7日免)

县政协工作机构

办公室
主　任:禹争鸣
副主任:林溧生
章丽坤

提案委员会
主　任:王伟忠

经济科技委员会
主　任:翟小来(12月29日免)
副主任:宋国朝

人口资源环境和城乡建设委员会(12月成立)
主　任:黄宙国(12月29日任)

教卫文体委员会
主　任:黄烈隆

社会法制和民族宗教委员会(12 月成立)
主　任:丁守志(12 月 29 日任)
学习文史委员会(12 月不再保留)
主　任:丁守志(12 月 29 日免)

联络委员会(12 月不再保留)
主　任:潘海平(12 月 29 日免)

委员工作委员会(12 月成立)
主　任:林溧生(12 月 29 日任)

县纪委工作机构

办公室
主　任:陈德新

纪检监察室
主　任:任　伟

来信来访室
主　任:王　京(女)

案件审理室
主　任:高明芳(女)

执法监察室
主　任:刘智敏(12 月 27 日免)

党风廉政室
主　任:周贤荣
宣传教育室
主　任:喻晓华

纪检监察工作一室
主　任:顾学群(女,5 月 31 日任)

纪检监察工作二室
主　任:张君保(5 月 31 日任)

溧水县人民武装部工作机构

军事科
参　谋:谢振东(5 月 1 日任)

政工科
科　长:严维荣

南京市垂直管理单位

国家税务局
局　长:王拥军
副局长:李光亮
　　　王少华
党组书记、党委书记:王拥军
党组副书记、党委副书记:李光亮

地方税务局
局　长:赵建华
副局长:刘德才
　　　陈步荣
党组书记:赵建华

工商行政管理局
局　长:苗景宏
副局长:刘　钢
　　　顾学军
　　　周　军
　　　聂　俊

质量技术监督局
局　长:潘学能
副局长:王成义
　　　陈玉宝
党委书记:潘学能

气象局
局　长:华荣强
副局长:许　祥
　　　王锡中

烟草专卖局
局　长:谢亚谊
副局长:陈旭明

盐务公司
经　理:邢海涛
副经理:杨　云

中国人民银行溧水县支行
行　长：金永平
副行长：刘长征
　　　　刘必伟

中国工商银行股份有限公司溧水支行
行　长：陈云程
副行长：贾　力
　　　　耿　炜
　　　　刘克强

中国农业银行溧水县支行
行　长：葛绍青
副行长：徒有定
　　　　王　耘

中国建设银行股份有限公司溧水支行
行　长：甘宗伟
副行长：许　民

中国农业发展银行溧水县支行
行　长：陈晓秋
副行长：赵红明
　　　　杨　健(5 月任)
行长助理：陈　军

中国银行溧水县支行
行　长：闵湘健
副行长：吴根宝
　　　　张静媛(女)

溧水县农村信用合作联社
理事长：肖　桦
主　任：陈　亚
副主任：王化青
　　　　张远扬
　　　　丁家美
监事长：徐名柏
党委书记：肖　桦
党委副书记：陈　亚
纪委书记：徐名柏

中国人民财产保险股份有限公司溧水支公司
经　理：丁　良
副经理：邓淑娟(女)
　　　　王庆红

中国人寿保险股份有限公司溧水县支公司
经　理：焦大卫(12 月免)
　　　　张晓坤(12 月任)
副经理：刘玉明(12 月任)

供电公司
总经理：漆炜之
副总经理：顾志强
　　　　　谢以生
　　　　　许林生
　　　　　陈士超
党委书记：顾志强
党委副书记：漆炜之
　　　　　　谢以生
纪委书记兼工会主席：张国利
总工程师：孔小红

邮政局
局　长：尚　进
副局长：陈爱林

中国电信股份有限公司溧水分公司
总经理：臧正玉
副总经理：王　珂
　　　　　连　铭

江苏移动通信有限责任公司溧水分公司
经　理：汪能龙
副经理：陈臻勇

中国联通有限公司溧水分公司
总经理：王佶雷
副总经理：陈岩鞾

县属学校、医院

江苏省溧水高级中学
校　长：严必友

副校长：江文宏
　　　　陈龙文
　　　　魏贤平

县第二高级中学
校　长：高虎英
副校长：潘明文
　　　　史　敏
　　　　陈长友

县第三高级中学
校　长：孙宝春
副校长：陈兴海
　　　　吕青山
　　　　刘纪强

县教师进修学校
校　长：汤义政
副校长：陶祥明(女)
　　　　吴建溧
　　　　汤志荣

南京广播电视大学溧水分校、溧水县职业教育中心校
校　长：周旭东
副校长：徐孝德
　　　　杨四洲
　　　　曾宪生

县人民医院
院　长：洪克胜
副院长：孙宝林
　　　　朱　进
　　　　郭　军
总支书记：洪克胜
总支副书记：石春国
工会主席：石春国

县中医院
院　长：陈　水
副院长：陆冬金
　　　　邱贤澄

县属场圃

县林场
场　长：朱贻健
副场长：王友玉
　　　　武金林
党委书记：朱贻健
党委副书记：杨造林(女)
纪委书记：杨造林(女)
工会主席：杨造林(女)

镇

永阳镇
党委书记：经地生
党委副书记：王荣英(女,5月31日免)
　　　　　　夏　云(5月31日任)
　　　　　　陈晓燕
党委委员：相开玲(女,8月17日免)
　　　　　蒋　林
　　　　　葛声来
　　　　　程文彬
　　　　　赵耕耘
　　　　　徐建平
纪委书记：陈晓燕
纪委副书记：任地保
人大主席：陈晓燕(9月11日任)
人大副主席：毛和平
镇　长：夏　云(9月11日任)
副镇长：相开玲(女,9月11日免)
　　　　蒋　林
　　　　张百晶
　　　　张　健
政协工作委员会主任：陈晓燕(12月27日任)
工会主席：张诗鹏
综治办主任：周洪平
副镇级干部：简祖新

白马镇
党委书记：陈　鹏(12月27日免)
　　　　　刘人祥(12月27日任)
党委副书记：石年生(12月27日免)

郭　斌(12 月 27 日任)
刘宽福
芮铭清
党委委员:高满军
周德勋
李福生
夏书琴(女)
俞小阳
纪委书记:刘宽福
纪委副书记:李福生
人大主席:陈　鹏
人大副主席:胡　杰
镇　长:石年生
副镇长:高满军
肖　霞(女)
樊　斌
张成林
政协工作委员会主任:刘宽福(12 月 27 日任)
工会主席:傅长春
综治办主任:张亲翔

东屏镇

党委书记:朱　洪(5 月 31 日免)
裴　敬(5 月 31 日任)
党委副书记:裴　敬
相开玲(女,8 月 17 日任)
刘万升(8 月 17 日任)
汤世雷(8 月 17 日免)
党委委员:李世清
周　明
李　萍(女,8 月 17 日免)
毛以禄
张　群(女,8 月 17 日任)
纪委书记:汤世雷(8 月 17 日免)
刘万升(8 月 17 日任)
纪委副书记:刘继成
人大主席:朱　洪(9 月 21 日免)
刘万升(9 月 21 日任)
人大副主席:乐平根
镇　长:裴　敬
副镇长:相开玲(女,9 月 21 日任)
葛存青
赵孝春
潘　超
李　萍(女,9 月 21 日任)
政协工作委员会主任:刘万升(12 月 27 日任)
工会主席:刘善春(12 月 27 日免)
综治办主任:芮香才(12 月 27 日免)

柘塘镇

党委书记:叶福巧(8 月 17 日任)
党委副书记:朱明保
党委委员:邓伟德
王孟仁
赵新生
王　迪
纪委书记:朱明保
纪委副书记:王孟仁
人大主席:朱明保
人大副主席:陈家平
镇　长:空缺
副镇长:邓伟德
陈一鸣(女)
陶维强
工会主席:阚爱民
综治办主任:徐国刚

洪蓝镇

党委书记:刘其龙(9 月 3 日免)
刘昌兵(12 月 27 日任)
党委副书记:刘昌兵
朱贻健
吴志坚(12 月 27 日任)
李贤金
党委委员:陈禄森
周明霞(女)
尹小青
吴春明
丁起清
徐茂友
季　玲(女,8 月 17 日任)
纪委书记:李贤金
纪委副书记:丁起清
人大主席:刘其龙
人大副主席:汤志远
镇　长:刘昌兵

副镇长：陈禄森
周明霞(女)
赵立新
武球发
政协工作委员会副主任：李贤金(12 月 27 日任)
工会主席：丁宗华
综治办主任：胡怀庆

石湫镇

党委书记：范哲庆
党委副书记：赵亲才(12 月 27 日免)
罗　勇(12 月 27 日任)
赵永生
党委委员：陶龙宝
胡　云(女)
徐大联
丁长青
周国强
王超勇(8 月 17 日免)
鲁　风(8 月 17 日任)
纪委书记：赵永生
纪委副书记：周国强
人大主席：赵永生
人大副主席：杨明海
镇　长：赵亲才
副镇长：陶龙宝
傅　强
葛庆松
陶发扬
政协工作委员会主任：赵永生(12 月 27 日任)
工会主席：武中伟
综治办主任：毛绍春

和凤镇

党委书记：刘人祥(12 月 27 日免)
石年生(12 月 27 日任)
党委副书记：林武平
张全玉
党委委员：赵晓明
徐日喜
钱春火
杜建平
戚新华(12 月 27 日免)
纪委书记：张全玉
纪委副书记：钱春火
人大主席：张全玉
人大副主席：王杏保
镇　长：刘人祥
副镇长：林武平
赵晓明
曹　辉
刘晓萍(女)
胡友国
政协工作委员会主任：张全玉(12 月 27 日任)
工会主席：崔传进
综治办主任：刘昌红

晶桥镇

党委书记：夏建国(8 月 17 日免)
王进荣(8 月 17 日任)
党委副书记：刘德波(12 月 27 日免)
唐海清(12 月 27 日任)
司徒荣保
蔡义群
党委委员：陶玉林
程德伟
徐友华
王成龙
葛家兵
周小川(8 月 17 日任，12 月 27 日免)
纪委书记：司徒荣保
纪委副书记：曹智斌
人大主席：夏建国
人大副主席：王金仓
镇　长：刘德波
副镇长：蔡义群
陶玉林
李鸟金
陈桂珍(女)
政协工作委员会副主任：司徒荣保(12 月 27 日任)
工会主席：司徒扣宝(12 月 27 日免)
严荣务(12 月 27 日任)
综治办主任：路友华

(芮　磊)

开发园区建设

KaiFa YuanQu JianShe

成建华 摄

特色园区

· 江苏溧水航空产业园 ·

【概况】 2009年11月23日，省商务厅批准设立江苏溧水航空产业园。2010年5月，江苏溧水航空产业园管委会成立。11月，在中国第六届物流节上，江苏溧水航空产业园国际物流社区获“十佳国际物流社区”称号。全年，江苏溧水航空产业园引进项目53个，总投资70亿元以上(解放军总参谋部第六十研究所无人机项目、金唯度京港国际物流园项目等重大项目签约落户)，完成开发面积133.34公顷，其中完成长安汽车园一期56.67公顷、金唯度物流园一期13.34公顷土地预征工作。滨淮大道、新淮路、安山路、东岗路和福田路5条主干道基本竣工，总长27公里，投资近6亿元。继续实施宁溧公路绿化提升工程，开展柘塘中学至溧水县城段道路绿化建设。完成柘塘污水处理厂的规划、论证以及征地、场地平整等工作，年底进入招投标程序。继续推进江苏天恒包装、南京诚德家居、南京常春蜂业、鼎辉仪器、南京铭利达模具、南京明星机器等项目建设，实施江苏华富电力科技有限公司、南京德豪工艺品有限公司、南京金之鸟金属材料有限公司等企业技改项目。其中，江苏天恒包装项目竣工投产。

江苏溧水航空产业园国际物流社区获“十佳国际物流社区”称号

溧水经济开发区 供稿

【新建京港国际物流中心】 9月3日，北京金唯度投资有限公司与溧水经济开发区签订《投资备忘录》，新建京港国际物流中心。该项目位于江苏溧水航空产业园内，项目用地52.67公顷，总投资16.42亿元，总建筑面积35万平方米，主要为世界500强跨国企业在溧水县的生产基地项目量身定制厂房、物流仓库、研发办公楼和其他配套生活设施。

【江苏天恒包装有限公司竣工投产】 8月28日，江苏天恒包装有限公司投入试生产。该公司2009年7月开工建设，总投资2.42亿元，占地7.34公顷，建设厂房4.7万平方米，设备投资 6000 万元，主要从事纸包装、软包装等系列产品的生产与销售。2010 年实现工业开票销收入 1437 万元，入库税收 18 万元。

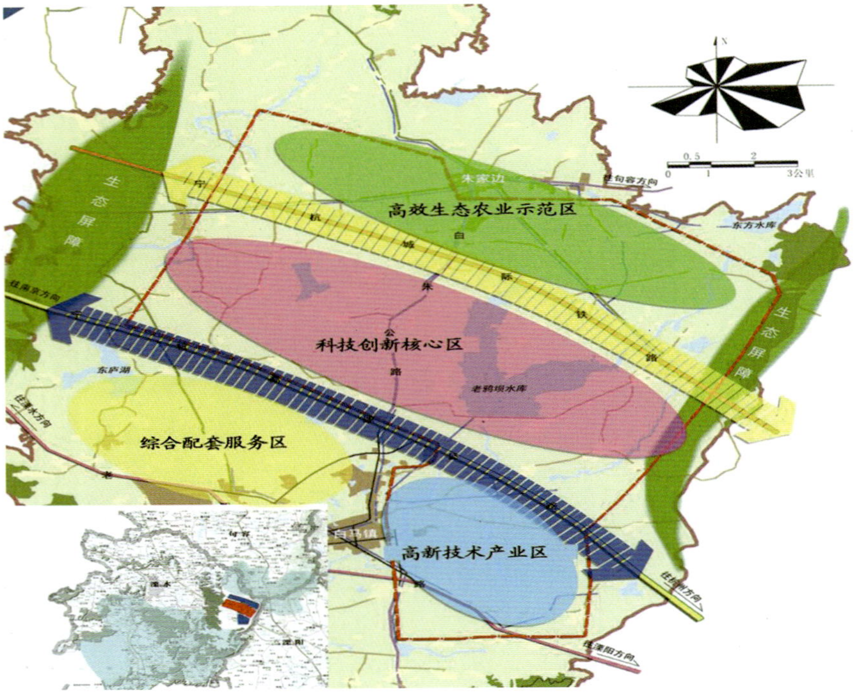

江苏南京白马国家农业科技园区规划　　白马镇 供稿

【溧水航空产业园国际物流社区获 2010 中国“十佳国际物流社区”称号】 11 月 10~12 日，由中国交通运输协会在北京主办的第六届中国国际物流节上，江苏溧水航空产业园国际物流社区获 2010 中国“十佳国际物流社区”称号。江苏溧水航空产业园国际物流社区是南京航空产业园重要的功能组团与支撑性的产业片区，主要发展由航空运输需求带动发展的相关产业或为支援相关主业而设置的其他关联型产业。在 2009 年第五届中国国际物流节上，首次跻身国际物流社区前 20 强。（刘发林）

· 江苏南京白马国家农业科技园区 ·

【概况】 江苏南京白马国家农业科技园区位于宁杭高速公路和宁杭城际铁路之间，南起老明路，北抵革新朱家边路，东沿茅山余脉，西至东庐山，距宁杭城际铁路溧水站 10 公里，距南京主城区 50 公里。园区总面积 40 平方公里，主要由农业科技创新核心区(15 平方公里)、高效生态农业示范区(10 平方公里)、农业高新技术企业集聚区(5 平方公里)和综合配套服务区(10 平方公里)四部分组成。分为农业科技创新、农业科技成果转化、农业科技成果展示和推广、农业科技培育与科普教育、农业休闲和观光功能五个功能区。园区依托南京科教优势和资源优势，优先发展具有良好产业基础的黑莓等优质林果产业、种子种苗产业、林木花卉产业、设施园艺及有机农产品产业，开展产业链中品种、技术、精深加工、农机装备、市场营销及信息化等重大关键技术研究开发、成果转化和模式技术集成创新，形成完整的产业链，开发具有高附加值的新产品，建成规模高效农业基地和出口创汇基地。

园区于 2008 年开始规划建设。2009 年 6 月，被省科技厅认定为省级现代农业科技园区。同年 7 月，经省政府批准成为江苏南京白马现代农业高新技术产业园区，南京市委、市政府将其列为国家科技体制综合改革试点城市建设重点内容之一。2010 年底，科技部批准该园区为国家农业科技产业园，定名“江苏南京白马国家农业科技园区”。

【组建园区管委会】 6 月，南京市委、市政府批复同意组建园区管委会和开发总公司，实行两块牌子、一套班子的管理体制。管委会主任由溧水县县长兼任，副主任由分管副县长兼任，成员为县相关部门和白马镇主要负责人。实行省、市、县共建机制，战略联盟机制，管委会领导的成员单位负责制，政、产、学研相结合机制。至年底，省、市、县各级政府和建设单位投入各类科研和建设经费 10 亿元，相继出台财政扶持和土地、税费、基础设施建设、人才引进等多项优惠政策。

【高效生态农业示范区建设】 2010 年，高效生态农业示范区流转土地 666.7 公顷，总投资 2920 万元。项目区建成高标准农田 400 公顷，建成泵站、防渗渠、砂石路、农田林网等基础设施，形成优质水稻、有机蔬菜、花卉苗木等高效生态农业种植区。

【农业科技创新核心区建设】 农业科技创新核心区，规划于2011年4月底完成一期工程征地拆迁工作，同时启动南农大、南林大等项目开工建设。2010年8月，开工建设38幢1020套(11万平方米)安置房，计划2011年4月底安排首批500户农户入住。9月，农业科技创新核心区启动533.3公顷土地建设工程，拆迁农户597户，总拆迁面积9.2万平方米。

【高校、企业项目落户园区】 至年底，南京农业大学、南京林业大学、农业部南京农业机械化研究所等高等院校和科研院所，部分国家级和省级农业产业化龙头企业项目签约落户园区，总投资30亿元。其中，省农科院溧水植物科学基地于2008年底建成，基地占地81.2公顷，总投资1.1亿元，有8个研究所进驻，是具有科技创新、产业带动、示范培训、观光休闲等多种功能的综合性植物科学基地，是华东地区农业科技创新中心。中国农科院等9家农业高等院校和科研院所的意向性项目正在洽谈，需用地近400公顷。其中，南京中医药大学意向用地133.3公顷，建设中药材试验基地；省林科院意向性用地66.7公顷，建设森林公园博物园。 (王大成)

江苏南京白马国家农业科技园区 县工信局 供稿

·江苏未来影视文化创意产业园·

【概况】 江苏未来影视文化创意产业园，位于石湫集镇西北1公里处的老虎山，北起溧塘水库，西倚西横山脉，南至桑园蒲—塘窦公路，东临塘窦—铜山公路，以横山水库、桃花水库、独山水库和溧塘水库为4个中心点，向周围扩展延伸。该项目是《江苏省“十一五”文化发展规划》中“重点建设十大文化设施”和“重点建设十大文化产业项目”之一，规划总面积666.7公顷。2007年4月，江苏省广播电视集团有限公司、江苏新华日报报业集团有限公司、溧水石湫机场科技工业园开发有限公司共同出资成立江苏广电石湫影视基地有限公司，注册资金1亿元，由江苏广电石湫影视基地有限公司负责开发建设。一期占地140.9公顷，总投资50亿元。2009年12月8日开工建设。产业园规划建设6个功能区，即影视主题乐园，影视文化公司集聚区，影视拍摄外景区，影视制作中心，影视接待中心，会展、演艺、培训中心；8个板块，即民国风情街区、欧洲小镇、演员公寓与摄影棚区、商业文化产业园区、外景拍摄区、文化娱乐区、绿化与农业区、森林游乐区。

2010年底，演员公寓、摄影棚、幸福牧场、创意坊、入园大道等重点工程竣工并投入使用。张艺谋执导的《金陵十三钗》剧组进驻江苏未来影视文化创意产业园，并定于2011年1月10日开机拍摄。

【摄影棚】 10月建成，总建筑面积8677平方米。摄影棚外立面为明城墙风格，内高23米，可搭制多堂大布景以及现代、古代等室内外场景，同时接待2~3个摄制组进棚搭景、拍摄。

【演员公寓】 10月建成，位于摄影棚北侧，总建筑面积约9000平方米。外形设计为民国风格，建筑物为地上3层，地下1层。客房设双标间、3人间、商务套间。装修风格简约、别致。大厅设休息区、总服务台及多间面积为30~60平方米之间的剧组办公室，方便影视剧组工作。配设餐饮部、会议室、小型超市、停车场等。公寓可同时接待300人左右。

【幸福牧场】 11月建成。位于园区东南面，占地13.33公顷。幸福牧场引入台湾精致农业与国际知名的户外卡通乐园等项目，种植成片熏衣草，建有水景木桥、荷兰风车、生态餐厅等，可供游客亲身体验采茶、喂牛、养鸭、养蚕的乐趣。

(焦君琴)

江苏未来影视文化创意产业园摄影棚、幸福牧场、民国教堂、演员公寓工程　　《秦淮源周刊》供稿

·南京傅家边现代农业园·

【概况】 2010年，南京傅家边现代农业园举办第五届中国(南京·溧水)草莓文化节和第十届南京·溧水梅花节，被省政府办公厅确定为首批省级现代农业产业园区，被省旅游局认定为江苏四星级乡村旅游示范点，被中国农学会认定为全国十大农业名园。园区规划面积35.96平方公里(其中经济林果面积13平方公里)，地域涵盖洪蓝镇无想寺村、傅家边村、晶桥镇笪村和永阳镇石巷村，人口5434人。园区依托梅花节、草莓节、采果节等，大力发展旅游观光业，形成“四万五千”特色主导产业布局。“四万”即万亩梅园、万亩梨园、万亩草莓园、万亩竹海；“五千”即千亩葡萄园、千亩桃园、千亩海棠园、千亩茶园和千亩菜园。园区开发有机水果、富硒茶、梅花茶、开心脆梅、青壳鸡蛋、珍禽种苗等12类100多个特色产品。全年实现园区总产值5亿元，利税6000多万元。农民人均纯收入13840元，比上年增长10.5%。推广良种12个、实用新技术5项，培训1万余人次，示范带动农户近7000户。全年接待游客45万人次，日高峰接待游客逾6万人次。实现旅游收入6800万元。

【第十届南京·溧水梅花节】 (参见商贸·旅游类目，第131页)

【第五届中国(南京·溧水)草莓文化节】 3月6日，由中国园艺学会草莓分会、省农业委员会、省科技厅和省农科院主办，县人民政府、市农林局和市科技局承办的第五届中国(南京·溧水)草莓文化节暨2010南京"春之都"休闲农业游开幕式，在傅家边现代农业园梅花广场举行。中国园艺学会草莓分会领导张运涛、赵密珍，市领导朱善璐、陈绍泽、陈维键，县领导项雪龙、姜明以及来自国家、省、市、县及高等院校的领导和专家300多人参加开幕式。开幕式后，举行"相约草莓园"大型专场文化演出，特邀著名原生态歌手阿宝及歌坛才女周艳泓

中国(南京·溧水)草莓文化节　　县委宣传部 供稿

等献演。第五届草莓文化节时间自2月8日~4月30日，主题是"体验生态溧水，彰显特色农业"，期间开展学术交流和草莓评比等活动。2月8日，旅游活动先行启动，游客在莓园内赏莓、采莓、品莓，尽享田间乐趣。第五届草莓文化节接待游客34万人次，带动全县景点、餐饮、农副产品等实现销售收入近2亿元。其中，游客采摘草莓销售收入2600万元，农产品销售收入1600万元，创历届节日旅游之最。

【江苏省第二届乡村旅游节在南京傅家边现代农业园开幕】 10月29日，由省旅游局、市人民政府主办的江苏省第二届乡村旅游节暨南京市百万市民游乡村活动启动仪式，在傅家边现代农业园开幕。副省长张卫国到场宣布乡村旅游节开幕，并为南京市百万市民游乡村活动首发团授旗。江苏省第二届乡村旅游节举办时间为10月1日~11月30日。傅家边现代农业园作为省四星级乡村旅游示范点(2010年2月认定)，开展"小手牵大手，玩转傅家边"乡村体验生态游活动。

【跻身全国十大农业名园】 9月，在第十届中国农业园区论坛上，由中国农学会、中国农业科学院联合评选全国十大农业名园。南京傅家边现代农业园被评为首批全国十大名园，成为江苏唯一获此殊荣的农业科技园区。

【被认定为江苏溧水现代农业产业园区】 7月，经省农委、省科技厅、省海洋与渔业局等部门组织的专家评审，认定南京傅家边现代农业园达到江苏省现代农业产业园区的规划设计科学、产业特色明显、科技含量较高、物质装备先进、运行机制灵活、综合效益明显的建设标准，被省政府批准为23个"江苏省现代农业产业园区"之一，认定名称为"江苏溧水现代农业产业园区"。

【五项重点建设工程竣工】 2010年，投资3910万元的5项重点建设工程顺利竣工。具体为一园(万亩高效农业园)、两路(迎宾路、环湖北路)、两场(梅花主题广场、西大门停车场)。其中，占地5万平方米的梅花主题广场成为集观光旅游、节庆活动、文艺表演、休闲度假为一体的综合性乡村旅游广场。当年，在梅花主题广场成功举办第十届梅花节、第五届中国草莓文化节等大型活动。 (查贵生)

溧水经济开发区

【概况】 溧水经济开发区（简称开发区，含柘塘镇)辖区总面积 118 平方公里，辖 11 个村民委员会、3 个居委会和 1 个果园实验场，总人口 47714 人。5 月，江苏溧水航空产业园管委会成立。全年完成地区生产总值 69.36 亿元。其中，第一产业 2.24 亿元，第二产业 60.66 亿元，第三产业 6.46 亿元。财政收入11.58 亿元，一般预算收入 5.1 亿元，全社会固定资产投资 107.4 亿元，工业投入 100.2 亿元，注册合同外资 1.85 亿美元，实际利用外资 6514 万美元，实际利用内资 71.82 亿元。

工业经济。全区形成以汽车及零部件、食品医药、新材料新能源、电子信息和以航空物流为主的现代服务业五大主导产业。全年工业开票销售收入 166.6 亿元，工业总产值、工业销售收入、开票销售收入、工业利税、工业利润增幅均保持 28%以上。工业开票销售收入有 135 家企业实现比上年增长，其中 59 家企业增幅超过 50%。超亿元企业 18 家，实现工业开票收入 124.5 亿元，占全区开票收入总量的 74.7%。汽车及零部件和食品医药两大支柱产业工业开票销售收入占全区总量 65%。全年开票销售收入 2000 万元以上规模企业 95 家，5000 万元以上规模企业 42 家。南京长安汽车有限公司、南京喜之郎食品有限公司、深圳创维—

RGB电子有限公司、南京云海特种金属股份有限公司等重点企业工业开票销售收入均超过10亿元。全区高新技术企业11家，比上年新增5家。筹建工程技术中心4个，分别为南京飞燕活塞环股份有限公司省级活塞环工程技术中心、江苏迈斯克食品有限公司市级肉类深加工工程技术中心、南京舜天新盈轻工业有限公司市级电泳涂装工程技术中心、江苏嘉庆水务有限公司市级硅藻土水处理工程技术中心。凯宏屠宰设备、名鹰服饰、云海铸造镁合金锭、常力洋槐蜜、西普冷动机是省名牌产品。迈斯克盐水鸭、果果豆制品(非发酵性豆制品)、凯宏屠宰分割设备、控特Y系列三相异步电动机、力源永磁锶铁氧体元件是市名牌产品。常力、和兴品牌是省著名商标。控特、钟星、凯宏、爬山虎是市著名商标。全年申请各类专利91件，其中发明专利16件、实用新型专利15件、外观专利60件；授权专利32件，其中发明专利5件、实用新型专利21件、外观专利6件。

农业经济。全区以农业增效、农民增收为中心，实施“科技兴农”战略，因地制宜发展现代高效设施农业，提高农业综合生产力。夏熟粮油面积2053.33公顷，其中小麦1306.67公顷、油菜746.67公顷。秋季水稻种植面积2364.67公顷。全年粮食总产2.62万吨，油菜总产1703吨。全年新增高效农业176.67公顷，各类设施农业40公顷，高效渔业面积26.67公顷。共和村草莓产业园种植40公顷，各类基础配套完善，形成地域品牌优势，成为带动当地农业增效、农民增收的示范基地。推进留兰香高效种植、设施蔬菜种植、食用菌设施栽培，发展高效特种养殖业、休闲垂钓旅游产业。完成红山茶叶、在水一方渔业、秦淮水产、蜂香语蜂业、丰盛草莓5家农民专业合作社名录建立工作。全年推广商品化育供秧及机插秧面积266.67公顷、秸秆还田面积600公顷、水稻新品种3个、麦新品种2个、油菜新品种2个。开展各类农业实用技术培训13场次，培训人员1350人次。全区实施水稻良种补贴面积3066.67公顷，农资综合补贴面积3153.33公顷。完成塘坝建设5座，土方量4.7万立方米，增加蓄水量12.5万立方米，改善灌溉面积24公顷；完成章西圩撇洪沟消险加固工程、南庄撇洪沟加固工程、乌山农贸市场排水沟工程、工业园区排水沟工程和清淤工程。

投资环境。以开发区西扩区和航空产业园两大载体建设为重点，加快道路建设、场地平整以及基础设施配套建设。完成创维电器产业基地一期、航空产业园模具园、汽车4S园、环保产业园的场地平整、区间道路及基础设施配套建设，新增场地平整约200公顷。完成开发区行政服务中心、机场路居委会社区服务中心、一品骊城四星级酒店建设，开工建设行政服务中心综合楼、前进居委会社区服务中心项目，引进远拓会所、鑫坤商务酒店、中国银行、工商银行等商贸金融服务业项目。

项目建设。重点推进165个工业支撑项目，完成新开工项目95个，技改项目59个，累计完成工业投入100.2亿元。其中，南京创源天地电器有限公司冰箱洗衣机项目、东方国际(香港)股份有限公司食品生产基地项目、江苏东盟风力输配电设备和风力发电机项目、南京东宇汽车车桥项目和座椅项目、南京龙源环保有限公司超滤膜生产线项目、A.O.史密斯净水器项目、南方天合汽车底盘生产项目等重大项目开工建设。3月，县政府、溧水经济开发区管委会与创维集团有限公司签订创维科学城项目框架协议，在开发区新建创维南京中央研究院、高新技术产业基地、高新技术产业孵化基地以及

5月25日，意大利FMA公司考察溧水经济开发区　溧水经济开发区 供稿

高新技术总部基地;在原创维物流园的基础上,建设现代物流基地和现代服务业基地。

社会事业。年内建成机场路田冲村、庙头村、红旗村、马家村、湾塘村及荷花山头村等村庄道路3.5公里,改造危房50户。投资750万元,完成淳溧路、秦淮北路及宁溧路、四号路创维段、五号路银茂电子至云海段15万平方米道路绿化,实施村庄绿化3000平方米,完成河塘清淤23.01万立方米,改造下水管道1200米,新建垃圾屋10座。完成7个行政村15个自然村1463户改厕,消除露天粪坑。投资150万元完成开发区柘塘小学食堂、中小学塑胶跑道维修和幼儿园校园环境改造。年底,全区有幼儿园3所,其中省优质园2所、市优质园1所,幼儿园幼儿人数677人;有中心小学2所、村完小1所,在校学生1619人。新建梅山、富滨村农家书屋,实现村村有农家书屋,免费为群众提供文化信息查询,开展电子图书、影视服务等。全年新增有线电视用户720户,各村放映电影达10场次以上。开展非物质文化遗产"柘塘打社火"保护,方绍益被批准为南京市首批非物质文化传承人。全区有卫生院2所、村级卫生室11个,乡村医生36人。新农合参保3.42万人;新农保参保新增322人,续保人1.19万人,续保率达98.2%。全区有村(居)级计生协会组织机构17个,村村建立标准化服务室和人口分校,建立育龄妇女管理系统,推行优质服务,全年举办计划生育培训67期,培训3200余人。全区计划生育率98%以上,信息统计准确率98%以上,期内综合避孕率98%以上,知识普及率90%以上,群众满意率95%以上。

【超滤膜生产线破土动工】 4月29日,南京龙源环保有限公司超滤膜生产线举行奠基仪式。该项目落户在开发区环保产业园内,投资3.65亿元,征地11公顷,新建PVDF中空超滤膜生产线、电站袋式除尘器生产线和防爆LED节能灯生产线。年底,完成土建工程,进入设备安装阶段。项目建成后,年生产能力达100万平方米中空超滤膜。

【江苏东盟输配电科技股份有限公司生产基地开工建设】 7月24日,江苏东盟输配电科技股份有限公司在开发区举行生产基地开工仪式,该生产基地是国家高新技术企业、中国高低压电器20强、中国机械500强企业——中国东盟电气集团在华东地区投资布局的重要产业基地。该项目占地面积14.4公顷,总投资4.3亿元,主要生产高低

江苏东盟输配电科技股份有限公司生产基地开工　　溧水经济开发区 供稿

国电龙源南京膜技术有限公司项目奠基　　溧水经济开发区 供稿

压输配电设备和风力发电机。建成后，年生产能力为风力发电机200台套、箱式变动站2000台套。

【建立东方国际(香港)股份有限公司食品生产基地】 2月3日，东方国际(香港)股份有限公司与开发区签署合作协议，建立休闲食品生产及物流配送基地。该项目占地11.2公顷，计划投资5500万美元。项目分两期建设，一期建设6.67公顷，于12月1日开工建设；二期建设4.53公顷，主要生产烘焙食品、休闲食品。

【南京东宇汽车集团有限公司入驻溧水】 2月9日，南京东宇汽车集团有限公司与开发区签订合作协议，成立南京宇捷车桥有限公司。4月1日，续订汽车座椅项目。两项目占地9.73公顷，累计投资3.4亿元，主要生产工程机械车桥、汽车车桥和汽车座椅。建成后，年生产能力为1万套汽车车桥、20万套汽车座椅。

【创源战略性新型产业园落户溧水】 7月10日，县人民政府与香港Target Suceess Group(PTC) Limited(简称TS集团)在溧水天生桥山庄签订创源战略性新型产业园合作协议。该项目为创维科学城项目的一部分。TS集团投资100亿元，在开发区建设创源战略性新型产业园，占地66.67公顷，从事家用电器、数码电器、新能源电动车、节能电器、环保家电以及其它高新科技产品的生产，并建设研发和孵化中心、培训基地等。

【高科技生产试验基地落户溧水】 12月13日，开发区与解放军总参谋部第六十研究所签订合作备忘录，在开发区建立高科技产品生产试验基地。该项目占地56.67公顷，计划投资20亿元，主要从事无人机、直升机、轻型飞机等军事用品的生产试验和民用及高科技产品的开发和销售。

【新建钢材物流市场】 9月18日，南京中贸钢材市场管理有限公司与开发区签订合作协议，在溧水建立专业钢材物流市场。该项目总投资4亿元，占地12.4公顷，主要从事钢材的加工、销售、仓储和物流配送，重点辐射以南京为中心200公里半径的长三角地区。该公司同时投资设立中贸担保公司，注册资金1.2亿元。 (刘发林)

【溧水经济开发区南区】 2001年7月，永阳镇创办南京市永阳私营经济园，2004年6月，升格为省级开发区，更名为溧水经济开发区南区，与溧水经济开发区“一块牌子，两套人马，独立核算，错位发展”。规划总面积20平方公里，开发面积15平方公里，功能定位为“南京制造业基地”。配有11万伏电站2座，实现与华东电网双回路供电。接入20万门程控交换机和多媒体宽带网络。2010年，投入6000多万元，新建金龙路和幸源路两条园区道路，平整园区土地47.3公顷，绿化道路和场地2万平方米，建成湖前路、薛李南路、辛庄一号路、晨光厂门前、捷赛泰西围墙等处雨污分流管网。新建村级工业标房1万平方米。完成三期东庐片区工业总体规划方案。全年工业在建项目75个，总投资23.23亿元。区内有机械制造、电子、食品、生物医药、轻工服装5大类产业，产品300多个品种。落户企业700多家，初步形成铁路机车和汽车配件、压力容器、装备制造等特色产业。拥有省高新技术企业4家，省级工程技术中心2个，各项专利300多项，省高新技术产品30多个，省著名商标2家，市著名商标5家，省名牌产品4个，市名牌产品4个。全年实现销售收入60.23亿元，利税13亿元。 (芮强武)

镇工业集中区

【白马镇工业集中区】 白马镇有机械工业和食品工业2个工业集中区。总规划面积8平方公里，入驻企业176家。全镇食品加工、机械加工、轻工制品生产、机电产品生产、金属制品加工类产品形成规模生产。

机械工业区落户企业160家，以机械制造、金属制品加工、机电产品生产、轻工制品生产为主。重点企业有南京亚狮龙体育用品有限公司、南京君凯电力器材有限公司、南京创丰机械制造有限公司、中策电缆集团有限公司、南京秦驰机械制造有限公司等。至年底，机械工业区入区企业总投资8亿元，职工4500人。全年企业总销售收入15亿元，年净利润总额5500万元，上交税收2500万元。机械工业区为企业提供“一站式”服务，并提供金融担保、税收优惠等延伸服务。

3月20日，沃德绿世界（溧水）生物科技有限公司在白马镇举行开工奠基仪式，副市长陈维健、省农科院院长严少华、县领导姜明等出席　　白马镇 供稿

食品工业集中区位于集镇东南面，是省现代农业高新技术产业园的配套区。集中区规划面积2平方公里，落户的食品加工企业和农业科技类企业16家，产品以黑莓加工为主，年消化黑莓4万吨，开发生产以黑莓为原料的系列食品20余种。重点企业有南京新得利食品有限公司、南京百汇食品有限公司、江苏天丰生物科技有限公司、南京沃绿德食品集团有限公司等，入区企业享受省农业高新技术产业园区相关优惠政策。至年底，入区企业总投资2.5亿元，企业职工1500人，企业总收入5亿元，年净利润总额1700万元，上交税金800万元。

（王大成）

【东屏镇工业集中区】 2010年，东屏镇工业集中区有企业110家，职工5600人。全年实现工业总产值12.53亿元，工业营业收入11.83亿元，工业增加值2.86亿元，工业利税1.02亿元，完成固定资产投资10.51亿元。投入800万元建设东岗路、新农路北延道路1600米；投入500万元，铺设集中区自来水管2500米及各类排水管道3000米，绿化3.3万平方米；投入250万元，平整场地40公顷，为企业创造良好的投资环境。

1月，中国移动华东物流中心项目落户工业集中区，该中心主要负责中国移动华东地区上海、浙江、安徽、福建、河南、湖北、江西、江苏七省一市通信及应急储备物资的储存和配送工作。

（王　蕊　何　姗　龚晓军）

【洪蓝镇工业集中区】 2010年，洪蓝镇工业集中区建成面积3平方公里。投资5527万元，新建区内道路1970米；铺设直径160厘米自来水管3.2公里；征地1公顷建设天然气增压站，铺设DE160–DE250的天然气中压管10公里；完成希望路和洪兴路的绿化亮化，新增路灯132盏；新建村级工业标房4.2万平方米，基础设施建设投入1.5亿元。集中区有电光源、汽车配件、装备制造类等企业62家，全年在建工业项目41个，总投资18.75亿元。实现工业总产值19.44亿元、销售收入18.2亿元，分别占全镇工业总产值、销售的收入72%、73.2%。

（班光华　陈　伟）

【石湫镇工业集中区】 石湫镇工业集中区分机场工业集中区与明觉工业集中区两部分。机场工业

石湫镇机场科技工业项目集中区　　石湫镇 供稿

集中区位于石湫集镇以南1公里、老明路两侧，规划面积4平方公里。年内建成面积2平方公里，区内场地平整、给排水、供电、道路、通信、绿化等基础设施配套基本完成。明觉工业集中区位于明觉集镇北侧0.5公里处，紧邻安徽博望镇，是吸纳博望产业的重要载体，规划面积2平方公里，建成面积0.2平方公里。集中区二纵三横道路建设及给排水、供电、通信等基础设施建成。

石湫镇工业集中区形成以刀具、工具、机床制造与加工为主体的特色工业集中区。刀具产品有金属剪切类、林机及林工行业类、塑料橡胶行业类、纸箱行业类、肉类机械(屠宰)5大门类，上千个品种。至年底，区内企业280家。其中，刀具生产企业200多家，从业人数8000多人，供销经纪人2000多人。全年实现工业产值30.4亿元，销售收入28.8亿元，税收3.06亿元。（焦君琴）

【和凤镇工业集中区】 和凤镇工业集中区规划面积8平方公里。开发面积4平方公里。区内基础设施完善，区间2条32米宽集美化、亮化、绿化于一体的主干道(6公里)直接与宁宣高速互通，并与123省道和104省道相连；管径200毫米的自来水管城(日供水0.8万吨)和10千伏高压线路(总负荷3.5万千瓦)实现双回路供电、供水。全年投资900余万元铺设雨水管、污水管5000米，绿化3500平方米，新增路灯60盏，新铺设道路800米，新建10千伏电力线路6公里，大大提高工业集中区的吸纳能力。工业集中区入驻企业42家，其中产值亿元以上企业3家，千万元以上企业26家，成长型企业5家。初步形成有色金属、机械加工、汽车零部件、新型材料、食品加工5大支柱产业。全年协议引资10.4亿元，其中千万元以上项目17个，总投资10.1亿元。全年实现工业总产值37.6亿元，销售收入35.2亿元，税收2亿元。（杨连杰）

【晶桥镇工业集中区】 晶桥镇工业集中区总面积2.9平方公里，其中观山工业集中区面积2平方公里，枫香岭船舶工业集中区面积0.5平方公里，芝山建材工业集中区面积0.4平方公里。至年底，集中区入驻企业107家，实现销售收入52亿元，利税2.5亿元，形成集规模优势、产业优势、质量优势于一体的化工、冶金、机械、建材4大主导产业。4大主导产业占全镇工业比重的95%以上。云海、华晶、汉天、海正、观山5大企业的销售收入占全镇总量的80%。区内千万元以上规模企业27家，其中亿元以上企业7家，高新技术企业7家。（高寿友）

晶桥镇工业集中区建设中的标准厂房　　晶桥镇 供稿

开放型经济

KaiFangXing JingJi

县委办公室 供稿

综 述

【概况】 2010 年，溧水县加快推进招商引资工作，全年实际利用内资 144.9 亿元，实现合同外资 2.94 亿美元，实际利用外资 1.18 亿美元。其中，创源投资、创源新能源、创源建设等外资项目体量达到 9980 万美元、4100 万美元、5800 万美元，创维、含羞草等品牌投资者的相继加入，使利用外资水平得到提升。

提高招商活动效率。组织参加市重大项目洽谈会、金秋洽谈会，开展草莓文化节等大型招商活动，注重开展小型专题活动，提高招商的针对性，全年组织开展 33 场专题招商活动，邀请客商 1000 多人次。

突出产业链招商。围绕主导产业，广泛捕捉投资项目信息，开展产业链招商，着力引进产业龙头项目和上下游配套企业，分产业制作 PPT，把世界 500 强、国内 500 强作为招商目标，按招商区域划分，分解任务，搜索项目信息，落实责任人，推动产业集聚和企业集群。

推动以商引商。结合投资运行等工作，深入走访规模以上（年主营业务收入 500 万元以上）企业，发动企业负责人参与招商，放大政企合作招商功能，把以商引商和产业招商、园区招商有机结合起来，引进产业关联度高、上下游配套项目落户。

注重引进外资项目。实施“走出去”招商策略，在加强服务现有外资企业，积极引导和鼓励企业增资扩股的同时，赴欧洲、澳大利亚、日本、韩国等国家和地区开展境外专题招商活动。 （韦秋明）

【溧水县获 2010 年度中国最具投资潜力特色示范县称号】 12 月 31 日，溧水县入选“2010 年度中国最具投资潜力特色示范县 200 强”。入选示范县不仅受到海内外投资贸易机构的关注，而且成为中外游客主要的旅游目的地。特色示范县由著名华商机构世界品牌组织、美中经贸投资总商会、欧美亚工商界合作联盟、世界 500 强全球合作组织联合主办的“2010 年世界著名品牌大会第七届年会”评出，在马来西亚吉隆坡公布。大会以“让世界著名品牌投资中国，让中国城市和企业走向世界”为宗旨，主题是“创新推动发展、合作促进共赢”。

（刘 智）

【县委、县政府表彰开放型经济有功单位】 2010 年，县委、县政府表彰全县开放型经济成绩突出的党委、政府部门和乡镇。授予溧水经济开发区、永阳镇、石湫镇 3 家单位为“2010 年度开放型经济优胜单位”称号。授予溧水经济开发区、永阳镇、石湫镇、东屏镇、白马镇、晶桥镇、和凤镇、洪蓝镇、县委办、宣传部、政府办、发改局、工信局、商务局、农林局、住建局、财政局、审计局、交通运输局、水务局、县委党校、供销社、文化广电局、工商联、台侨办、国土局、劳保局、体育局、质监局、科技局等 30 家单位为“开放型经济有功单位”称号。

【县投资促进局挂牌】 6 月，撤销县招商局，成立县投资促进局，职能涵盖原县招商局的全部职能、原县商务局利用外资审批及管理职能。县投资促进局在县工业和信息化局挂牌。

（韦秋明）

对外贸易

【概况】 2010年,全县实现进出口总额3.19亿美元。其中,进口4234万美元,比上年增长44%;出口2.77亿美元,增长23.5%。至年底,全县有自营出口实绩的外贸企业71家。

培育出口主体企业。通过开展业务指导,引导实施差异化经营战略,重点培育外贸进出口企业新的增长点。南京云海特种金属股份有限公司、南京金岛服装有限公司、南京西普水泥集团工程有限公司、南京群业五金制品有限公司、南京晶美化学有限公司等5家主体外贸出口企业出口额占全县出口总量的59%。

宣传扶持政策。组织县内12家重点外贸企业高层座谈,邀请市行业专家辅导,帮助企业理解国家扶持政策,合理规避风险,应对汇率问题。

促进出口贸易。年内推荐南京飞燕活塞环股份有限公司、南京荣宝箱包有限公司、三叶金鹰摩托车有限公司、南京万德游乐设备有限公司、南京哈恩达斯体育用品有限公司、江苏虹大服装有限公司等企业,参加广交会、德国汉诺威展、日本大阪服装展、慕尼黑体育用品展、跨国采购会等国内外展博会、交易会,拓展新市场。重点巩固和开拓美国、欧盟、日本等市场,加快开拓东盟、东欧、中东、南亚等新兴市场。利用电子商务、网上交易等现代商务手段,加快拓展潜在出口市场。全年有近30家出口企业,加入阿里巴巴和中国制造网等国内影响力较大的网站。

【白马农产品出口基地】 白马农产品出口基地主导产品是"两莓"(蓝莓、黑莓)。至2010年底,种植面积发展到2490公顷,占当地经济林果面积的八成以上,"两莓"品种也由当初的赫尔、切斯特发展到宁植3号、8号、10号等8个系列。"两莓"的年产量突破1.5万吨,约占全镇果品产量的85%。基地内形成相关产业链企业集聚群。食品工业集中区企业有南京溧峰茶业集团有限公司、南京新得力有限公司、南京宝生源食品有限公司、南京新思维有限公司、南京脆而爽蔬菜食品有限公司、江苏天丰生物科技有限公司、南京民盛生物工程开发有限公司、南京常力蜂业有限公司等;有机农业区有南京春江新迪有机农业有限公司、南京白龙有机农业科技有限公司等。基地主要产品有有机蔬菜、有机大米、茶叶、黑莓、蓝莓果汁、果酒、果酱、罐头、饮料、巧克力、蜂蜜、浓浆、冰淇淋、果汁爽、胶囊等20多个品种。产品外销欧美、东亚、澳洲、非洲等10多个国家和地区,国内主要配送到北京、上海、东北、江苏等地。

黑梅丰收　　白马镇 供稿

【县体育用品出口基地】 体育用品出口基地主体出口企业有南京哈恩达斯体育用品有限公司、南京荣宝箱包有限公司、侨伟体育用品(南京)有限公司、龙马运动器材(南京)有限公司、南京万德游乐设备有限公司、南京莱德沃精英体育用品有限

南京莱德沃精英体育用品有限公司生产的足球
县委宣传部 供稿

公司、南京亚狮龙体育用品有限公司等。2010年，资产总规模超过10亿元。出口主导产品是球类、运动器材、运动包类等，初步形成特色产品群和产业基地。全年实现一般贸易出口额近4000万美元，比上年增长35%。生产羽毛球的南京亚狮龙体育用品有限公司，生产能力达到月产毛片1亿片以上，月产羽毛球50万打以上。南京哈恩达斯体育用品有限公司、南京莱德沃精英体育用品有限公司、侨伟体育用品(南京)有限公司生产的高档球类(足球、篮球、排球)，90%销往欧美等国家和地区。

【南京云海特种金属股份有限公司入选省级公平贸易预警点】 2010年底，省公平贸易局首次在南京市筛选2个公平贸易预警点。县内新型材料代表企业南京云海特种金属股份有限公司因镁合金产量和出口量具有行业代表性，入选江苏省公平贸易预警点。预警点建立行业预警信息收集、分析、发布和反馈机制，提高应对国外贸易摩擦的主动性和有效性。商务部门根据预警情况在第一时间介入反倾销、反补贴调查，并就企业是否应诉、采取哪种应诉方式以及选聘律师等方面给于及时帮助，提升企业风险防范能力，维护国家贸易发展环境和企业正当权益。 (诸培弘)

对外经济技术合作

【概况】 2010年，全县拥有外经权企业2家。其中，对外承包工程企业——南京市西普水泥工程集团有限公司，对外承包工程营业额2695万美元，是上年的8.17倍。该公司先后在意大利、突尼斯、韩国等13个国家承揽业务。瑞宝金属(香港)有限公司由南京云海特种金属有限公司在香港投资设立，全年实现销售额3050万美元。全县服务外包执行额2009万美元，比上年增长14.6%。

【出国劳务人员备案】 2010年底，全县备案外派劳务公司11家，溧水籍在外劳务人员44人次，分布于日本、毛里求斯、尼日利亚、博茨瓦纳、安哥拉及越南等国家，涉及缝纫、建筑和水产加工、汽修、厨师等行业。 (诸培弘)

投资促进

【概况】 2010年，举办梅花节、草莓文化节，组织参加南京市重大项目洽谈会、江苏台湾周等重大招商活动，组织开展赴日本、韩国、新加坡等境外招商活动。组织美国华商投资考察团考察溧水、新加坡中华总商会(南京)合作与发展恳谈会、江苏—印尼企业家溧水恳谈会等18场招商活动，邀请到有明确投资意向的客商500多名。9月16日，在“2010南京金秋经贸洽谈会”溧水经济开发区专场上，金唯度、美国康迈特汽车零部件、创源天地新能源科技3个项目签约，总投资折合人民币28亿元。全年实现合同外资2.94亿美元，实际利用外资1.18亿美元。其中，创源投资、创源新能源、创源建设等外资项目体量较大；创维、含羞草等品牌投资者的相继加入，使得利用外资水平大幅提升。创源天地新能源公司电动汽车项目的落户，标志着外资投向国家重点发展的新兴产业项目在溧水县出现新突破。全年引进内资项目260个，实际利用内资144.9亿元，其中山水金属制造、得瑞电机等亿元以上大项目53个，亿元以上项目个数占全部项目20.4%。 (韦秋明)

【溧水经济开发区招商引资成果显著】 溧水经济开发区全年签约项目75个，总投资118.3亿元，其中外资项目14个，亿元以上项目22个。引进创维电器、创源电动车、长安汽车发动机、解放军总参谋部第六十研究所无人机、金唯度物流、A.O.史密斯净水器、德国瀚乐电子、美国康迈特汽车零部件等大项目。其中，南京创源天地电器有限公司新建冰箱洗衣机和液晶电视生产线，计划总投资18.58亿元；南京创源天地投资有限公司新建电动车项目，计划总投资20亿元。

【明辉创业园“筑巢引凤”】 2010年，溧水经济开发区明辉创业园一期13万平方米标准厂房竣工，二期规划面积15万平方米开工建设。该园占地32公顷，计划总投资4亿元，总建筑面积28万平方米，是明辉建设集团的产业基地。年内有南京天合底盘系统有限公司、A.O.史密斯(中国)投资有限公司项目、德国瀚乐电子机械有限公司(EMZ公司)、德国博世(BOSCH)等欧美企业相继落户，总投资折合人民币6亿元。

【台湾、溧水共建科技产业园推进会在北京举行】

3月29日,溧水经济开发区、台湾强化塑胶协进会、江苏省复合材料学会在北京签订海峡两岸共建南京新材料科技产业园推进协议。南京新材料科技产业园旨在推进台湾新材料行业与大陆新材料行业的合作,促进新型结构材料、功能材料、能源材料、生物医用材料的建设和发展,同时促进区域经济结构调整、区域竞争力提升。

(刘发林)

南京新材料科技产业园签约　　溧水经济开发区 供稿

【各镇招商引资】 2010年,永阳镇加强招商队伍建设、提升招商人员素质,同时建立项目引进考核机制、产业招商特色机制、招商办法创新机制、项目把关机制,确保招商引资工作取得实效。2010年,完成注册合同外资4555万美元,实际利用外资2024万美元,实际利用内资25.13亿元。落户项目18个,总投资19.1亿元。其中,内资17个,总投资17.71亿元;外资1个,总投资1000万美元。总投资超亿元的项目有11个(索纳特机械、百味堂饮品、康力森新能源、国林数控、赛博宁减振器等企业);总投资在5000万元以上的项目有4个(独角戏服饰、佰斯特机械、腾阳机械、金典制冷剂)。

白马镇组织招商引资活动20余次,参加省、市、县各类招商及行业交流会10次,发放《白马投资指南》、"中国农业硅谷"宣传图册和资料600多份。在台州、南京举办2次小型专场招商会。有200多个批次的客商到白马镇考察。新引进项目23个,项目投资12.28亿元,实际利用外资134万美元,合同外资650万美元。其中,工业项目21个,农业项目2个,亿元以上项目4个,5000万元以上项目7个。引进的项目向规模化、产业化集聚,属于投产达效型。

东屏镇利用镇商会平台,促使招商项目与现有企业配套、延伸。围绕打造3大产业园(装备制造业园、新型材料产业园、物流仓储产业园)的重点项目招商,利用中国移动、杰尔曼船舶配件等领军企业的优势效应,提高园区项目质量。全年接待客商80批次,200多人,引进项目44个。其中,外资项目2个,内资项目42个,签约项目17个,办理证照项目27个。总投资18.8亿元,其中亿元项目5个(南京杰尔曼船舶设备制造有限公司、南京曼沃斯汽车减震器有限公司、南京康柏重型工程机械有限公司、南京美加百利国际贸易有限公司、江苏东方房地产有限公司),5000万元以上项目13个,3000万元以上项目11个。

石湫镇引进项目40个,总投资14亿元。其中,成都岸宝纸制品、协众科技、麦涛机械、标准厂房等7个项目投资均超5000万元,2个项目投资超亿元。岸宝、海湫等项目实现当年引进当年开工。外资项目取得新突破,引进南京唐宁文化产业有限公司、江苏华泽医药科技有限公司。完成注册合同外资1200万美元,比上年增长71.4%。实际利用外资300万美元,比上年增长48.5%。

和凤镇招商小组长驻上海、无锡、浙江、南京等地招商,制定招商引资新政策。8月,成立招商部、服务部,为企业提供一条龙服务。全年接待南京客商30批次,浙江客商60批次,其他地区客商20批次。参加省、市、县各类招商及行业交流会15次。

(芮强武　王大成　何　姗　焦君琴　杨连杰)

工 业

GongYe

综 述

【概况】 2010年，全县工业运行保持平稳较快增长，经济效益持续走高，总体呈现高开稳走态势，较好地完成全年工业经济发展的各项目标任务。6月，组建县工业和信息化局，承担统筹协调推进工业经济发展、中小企业发展以及信息化的工作。

主要经济指标超额完成。工业增加值完成132.48亿元，比上年增长26%，其中规模以上(年主营收入500万元以上)工业完成118.09亿元，比上年增长28.1%。工业产值完成518.08亿元，比上年增长26.6%，其中规模以上工业完成464.74亿元，比上年增长27.4%。工业主营业务收入完成502.13亿元，比上年增长28%，其中规模以上工业完成455.02亿元，比上年增长30.3%。工业实现税收总额63.38亿元，比上年增长58.8%，其中，规模以上工业实现63.26亿元，比上年增长70.7%。工业实现利润40.31亿元，比上年增长74%，其中规模以上工业完成40.09亿元，比上年增长83.7%。

经济运行主要特点明显。规模工业企业较快增长。县委、县政府从政策、环境上为规模企业发展创造条件。年底，全县规模以上企业达到534家，比上年净增90家，其中亿元以上企业75家(新增35家)。规模工业企业完成工业产值、销售收入、工业增加值、利税等主要指标增幅均超过25%，占全县工业总量的89%以上。支柱产业加速发展。汽车及零部件、电子信息、机械制造、新型材料、食品轻工五大主导产业发展规模扩大，销售收入比上年分别增长56.9%、2.7%、45.1%、69.9%和38.1%，占全县工业经济总量的80.2%，比上年提高5.4%。南京长安汽车有限公司、南京云海特种金属股份有限公司、南京喜之郎食品有限公司、航天晨光股份有限公司等行业领头企业的增幅均在30%以上。支柱产业中的企业数量和产品质量均有所提升。全县汽车、铁路行业的上下游企业近200家。南京长安汽车有限公司全年实现销售收入53亿元，比上年增长43.52%。云海特种金属股份有限公司技改项目的竣工投产使企业重现强劲发展态势，全年实现开票销售收入36.5亿元，比上年增长44%。工业投入项目相继投产。全年累计竣工工业项目450个，当年销售超1000万元的有30家。鼓励企业节能改造，全县有3家企业成为市循环经济试点单位，其中2家企业完成循环经济试点方案。南京金鑫传动设备有限公司等10家企业通过市清洁生产审核验收。全县实施节能改造项目30多个，投入改造资金近亿元。江苏冠军涂料科技集团有限公司、南京中兴轨道装备有限公司被省中小企业局评为江苏省科技型中小企业，拥有5项发明专利。

大项目建设顺利推进。全年完成工业固定资产投资192亿元，比上年增长37%。列入市新型工业化重点投资项目30个，总投资30.01亿元。至年底，完成投资25.2亿元，其中列入市50个大项目之一的南京长安公司30万台微型车扩产改造项目基本实施完毕。全县重点工业项目662个，其中正式签约项目61个，总投资58.75亿元；筹备拟建项目28个，总投资21.57亿元；开工建设项目425个，总投资251.07亿元。

【3家企业被列为江苏省“两化融合”试点企业】 2010年，南京云海特种金属股份有限公司、江苏

迈斯克食品有限公司、南京金鑫传动设备有限公司等3家企业被省经济和信息化委员会列为江苏省"两化融合"(信息化与工业化融合)试点企业。上述3家企业投入1000多万元建立企业信息化系统，运用信息技术改造、提升传统产业，提高企业管理效率和经济效益，增强企业核心竞争力。南京云海特种金属股份有限公司实现溧水总部与苏州、巢湖、五台等外地子公司之间的信息化即时联通。

【2家企业被评为江苏省科技型中小企业】 2010年，江苏冠军涂料科技集团有限公司、南京中兴轨道装备有限公司被省中小企业局评为江苏省科技型中小企业。江苏冠军涂料科技集团有限公司建有现代化的研发中心，设有恒温恒湿实验室、精密仪器实验室、大型户外耐候试验场等高标准实验场所；拥有国家专利39项、江苏省高新技术产品2个、南京市自主创新产品2个；研发中心被认定为"江苏省天然漆工程技术中心"。南京中兴轨道装备有限公司是一家专业生产铁路配件、高速列车、轨道交通成套设备的股份制企业，自主研发生产的蓄电池箱获南京市科技进步二等奖提名，运用于南京地铁和上海地铁项目；国产化制动系统制动箱，运用于时速200公里高速列车项目。

【3个工业产品被评为江苏省中小企业专利新产品】 5月27日，省经济和信息化委员会与省知识产权局联合公布2009年度江苏中小企业专利新产品。南京金鑫传动设备有限公司生产的棒线材轧机主传动齿轮箱、南京中盛铁路车辆配件有限公司生产的13B型/16型铁路货车锻造钩尾框、江苏冠军涂料科技集团有限公司生产的天然彩色木器漆等3个产品被评为江苏省中小企业专利新产品。 (许荣国)

汽车及零部件

【概况】 2010年，全县汽车及零部件产业完成产值112.94亿元，比上年增长56.9%，占全县工业比重21.8%。汽车产业成为县内第一个超百亿元产业。主营业务收入500万元以上的企业有45家，其中南京长安汽车有限公司产销突破50亿元。全县为南京长安汽车有限公司、中国第一汽车集团公司、上海汽车集团股份有限公司、东风汽车股份有限公司、广州汽车集团股份有限公司、金龙汽车股份有限公司等国内各大汽车整车厂配套的零部件企业达到68家，其中产销超亿元的企业达到10家。 (许荣国)

【南京长安汽车有限公司年销售收入突破50亿元】 南京长安汽车有限公司是中国长安汽车集团在华东地区的第二大生产基地。主导产品有长安牌微型客车、单排货车、双排货车等7个单元、25个产品，年生产能力30万辆微型汽车。市场覆盖上海、四川、云贵、广东、福建、内蒙古、黑龙江等27个省(市)和地区，远销意大利、越南、叙利亚及中东地区。2010年，南京长安汽车有限公司借助宏观经济回暖、小排量汽车车辆购置税减税以及汽车下乡补贴等优惠政策，投入9500万元，实施CM9转产技改项目，年生产能力新增20万辆。全年实现整车销售20.9万辆，比上年增长47%；实现销售收入51.15亿元，增长42%，成为全县第一家销售超50亿元的企业。 (许荣国 刘发林)

【南京飞燕活塞环股份有限公司】 南京飞燕活塞环股份有限公司是专业生产内燃机活塞环的国家高新技术企业。具备与汽车发动机厂家同步设计和开发产品的能力，采用德国、日本等先进加工工艺，将球墨铸铁、高合金、镶嵌镀铬、复合陶瓷、喷钼、FTC等先进材质和工艺广泛应用于生产制造。年产能超亿片活塞环。该公司先后通过ISO 9000、QS 9000、ISO/TS 16949质量管理体系认证和ISO 14001环境管理体系、ISO 18001职业健康安全管理体系认证。飞燕牌活塞环广泛应用于各类汽车、摩托车、农业和工矿机械等，为中国第一汽车集团公司、南京汽车集团有限公司、东风汽车集团有限公司等众多汽车发动机厂家配套，销售网络覆盖全国，并外销到亚洲、欧洲、美洲、非洲等国际市场。2010年实现产值2.7亿元，销售收入2.6亿元，列国内同行业第三名。 (许荣国)

新型材料

【概况】 2010年，全县新型材料产业完成产值

97.41亿元，比上年增长69.9%，占全县工业比重18.8%。全县规模以上企业38家。其中，南京云海特种金属股份有限公司销售额27.27亿元，带动新型材料产业快速发展，形成金属材料、磁性材料、新型建材、光伏材料及膜材料等五大类产品。新型材料产业重视科研投入，全年用于新品开发、自主知识产权研发、工程技术中心建设、高新产品开发、高层次人才引进等方面的投入占营业收入比重达3%。南京航空航天大学、北京大学、北京化工大学、中国材料学会等与新型材料企业有合作开发和研究成果转化关系。以南京云海特种金属股份有限公司为首的一批企业获得江苏省创新、创业人才专项计划补助，引入ISO质量管理体系、环境管理体系、职业卫生管理体系，为企业管理水平提升、进入国际市场奠定基础。至年底，创省级以上著名商标、名牌产品11个。

【南京云海特种金属股份有限公司】 南京云海特种金属股份有限公司是专业从事镁及镁合金、铝合金铸锭及铸棒生产和回收，镁、铝合金压铸件生产，中间合金和金属锶生产、销售的国家级高新技术企业。在江苏、山西、浙江、安徽及内蒙古设有12个子公司，是江苏省科技创新百强企业。设有江苏省镁合金材料工程技术研究中心、江苏省先进金属材料重点实验室、江苏省硕士研究生工作站，拥有16项有自主知识产权的发明专利和实用新型专利。2007年11月，南京云海特种金属股份有限公司在深圳证券交易所上市。产品包括镁合金系列、金属锶系列、中间合金系列、铝合金系列，主要用于航空、电子、公路交通等行业。2010年，实现销售收入27.27亿元，入库税收2700万元。

【南京溧水精诚电工材料有限公司】 南京溧水精诚电工材料有限公司公司总资产2.9亿元。工厂占地面积5.33公顷，建筑面积2.8万平方米。有员工512人，其中享有国务院津贴高级工程师1人，高、中级工程师12人，本科学历以上员工占45%。主导产品有无氧铜杆、电工圆铜线系列、镀锡圆铜线系列和漆包铜圆线、铜包铝聚酯漆包线、高纯聚酯漆包线系列以及磷铜板系列。年生产能力超3万吨。2010年，实现销售收入8亿元。

【南京联塑科技实业有限公司】 广东联塑集团是塑料管道及塑料挤压生产设备制造企业。2005年，被评为“国家火炬计划重点高新技术企业”。2006年12月，投资2.4亿元，在溧水经济开发区兴建南京联塑科技实业有限公司，占地面积18.7公顷，总建筑面积约8万平方米，主要生产PVC、PE、PP-R管件等产品。2010年，实现销售收入3.07亿元，入库税收2100万元。

【南京海拓复合材料有限责任公司】 南京海拓复合材料有限责任公司专业生产高性能纤维纺织品及土木工程FRP新材料。拥有自主的专业技术队伍，依托同重点高校、研究院的紧密合作，形成高技术人才和产品项目的储备，参加多部国家标准和行业规范的编制工作。该公司注册海拓(HICOMA)商标系列高性能纤维纺织品包括各类碳纤维、芳纶纤维、玄武岩纤维、玻璃纤维及混杂编织物，广泛应用于体育用品、风力发电叶片、船舶制造等相关行业。注册力卡(Lica)商标的系列土木工程FRP新材料(纤维布、建筑结构胶、拉挤板材、筋材等)，产品性能通过国家级检测中心测试，广泛应用于各类土木工程结构加固领域。2010年，实现销售收入6500万元。（许荣国）

机械装备

【概况】 2010年，全县机械装备产业完成产值95.84亿元，比上年增长45.1%，占全县工业比重18.5%。全县规模以上企业192家，形成通用机械、数控机床、专用设备、节能环保装备、电力装备等特色产业集群。南京力源强磁股份有限公司、南京飞燕活塞环股份有限公司被省中小企业局评为全省中小企业信息化示范单位。

【南京西普水泥工程集团】 南京西普水泥工程集团是专业开发制造新型干法水泥生产线及其装备的高科技企业，注册资本1亿元。具备整条新型干法水泥生产线总承包能力，拥有以工程设计、装备研发设计、装备制造、工程安装、水泥生产为主导业务的16个独立法人企业和研究中心，员工1700多人(包括博士后、博士、硕士、学士等各类人才)。主要产品有适用新型干法水泥生产的各种规格的旋风预热器、分解炉、回转窑、新型冷却机及煤粉燃烧装置、组合式选粉机,各种生产规模的生料磨、水泥磨、煤磨、立磨、辊压机、破碎机及各种配套设备。2010年,实现销售收入2.88亿元。

【南京金鑫传动设备有限公司】 南京金鑫传动设备有限公司是专业设计、生产、制造工业用高、精、尖齿轮和齿轮箱的民营制造企业。产品指标为传递功率5000千瓦、齿轮精度4级、齿轮最高转速1.3万转/分钟、齿轮箱最大传递扭矩200万牛顿/米。该公司装备德国进口具有国际先进水平的加工设备及进口热处理设备。采用从美国费城齿轮公司引进的齿轮、齿轮箱设计及先进的制造技术。主导产品有Y-NK系列冶金通用齿轮箱,DCY、DBY、ZDY、ZLY、ZSY系列通用齿轮箱,JXQJY、JXQJYX各种吊机,门机用硬齿面主卷齿轮箱,QJR、QJS、QJL、QJT各种吊机,门机用中硬齿面齿轮箱,冶金用棒材线材轧机齿轮箱及转炉倾动减速箱,水泥、建材、钢厂、电厂用磨机齿轮箱及立式磨齿轮箱,各种鼓形齿联轴器及膜片联轴器,各种非标设计的齿轮箱等。2010年,实现销售收入1.7亿元。 (许荣国)

南京金鑫传动设备有限公司 永阳镇 供稿

食品加工

【概况】 2010年,全县食品加工产业完成产值66.31亿元,比上年增长34.6%,占全县工业比重12.8%。南京喜之郎食品有限公司、南京小洋人生物科技发展有限公司等重点骨干企业发展态势好,支撑全县工业经济发展。规模以上食品企业36家。其中,29家为市级以上重点农业产业化龙头企业,6家农业龙头企业产品出口创汇,5家取得进出口自营权,8家通过ISO系列认证,6家通过HACCP认证,7家通过QS认证,1家通过国家有机认证,5家通过国家无公害认证,1家通过国家有机食品认证,2家获国家保健食品证书。食品企业投入资金1000多万元创品牌,开发新产品。喜之郎、小洋人、旺旺、含羞草、蒙牛等产品商标均为中国驰名商标;湫湖牌大米、天骄牌黑莓汁为江苏省名牌产品;迈斯克、溧峰、天骄、金陵花、傅家边、雪松、麦浪、湫湖、老一辈、博士牛等品牌产品为南京市名牌产品。有机产品有溧峰、天骄、普朗克、春江、傅家边、雪松等农产品,绿色农产品有溧峰、老一辈、金陵花、绿宝等品牌。 (许荣国)

【南京喜之郎食品有限公司入库税收增长36.2%】 南京喜之郎食品有限公司隶属于广东喜之郎集团企业,由广东喜之郎集团有限公司与伟力高国际(香港)公司共同出资,在溧水经济开发区投资建厂,总投资4580万美元,占地23.33公顷,为大型果冻、布丁专业生产企业。主导产品有以海藻提取物为主要原料的果冻布丁及海苔两大系列产品,年产20万吨。拥有喜之郎、水晶之恋、CICI、美能多、铁骨美少年等知名品牌,是溧水经济开发区食品产业的重点龙头企业。2010年,完成工业开票销售收入24.7亿元,比上年增长40%;入库税收3.7亿元,比上年增长36.2%。 (许荣国 刘发林)

【南京小洋人生物科技发展有限公司】 南京小洋人生物科技发展有限公司是以乳制品为主业,集科研、生产、销售于一体的现代化民营企业。由加拿大尼格劳瑞国际控股公司与南京小洋人生物乳业有限公司合资成立。在溧水经济开发区投资

小洋人乳品检测　　张映亮 摄

1.2 亿元建厂，占地 7.8 公顷，建有 2.7 万平方米现代化标准厂房，装备先进的全自动生产线和中心化验室。主产品有酸奶、鲜果乳、果奶、乳酸菌饮品、北极冰、鲜酸乳、妙恋饮品、纯净水、茶饮料、果汁饮料、固体饮料等 11 大系列产品。2005 年 6 月，被中国质检总局评为“AAA”级良好企业，小洋人商标被国家工商行政管理总局评为中国驰名商标。2010 年，有员工 600 余人，科技人才 40 多人。全年实现销售收入 4.76 亿元，入库税收 1286.6 万元。

【江苏迈斯克食品有限公司】 江苏迈斯克食品有限公司是以农产品研发和深加工为主的专业食品生产制造企业，总投资近亿元，员工 400 余人。该公司拥有自产牛肉、禽类原料肉供应基地、出口标准生产基地。建有中式酱卤、调理冻品、腌腊制品、西式低温 4 条产品线，年产 1 万吨肉制品、8000 吨米面和蔬菜制品。设有国家级标准的技术研发中心、实验室、科研分析室、品质检验室等。2010 年，实现销售收入 8000 万元。（许荣国）

轻工纺织

【概况】 2010 年，全县轻工纺织产业完成产值 41.96 亿元，比上年增长 27.5%，占全县工业比重 8.1%。县内规模以上企业 64 家，形成纺织服装、文教体育用品、包装印刷等特色产业集群。

【南京名鹰服饰开发有限公司】 南京名鹰服饰开发有限公司是一家集开发、生产、销售为一体的现代化服装企业。主要有西服、休闲单西、茄克、羊绒大衣、风衣、休闲裤、T 恤、衬衫、毛衫、羽绒服等系列产品，主导品牌有名鹰、赛腾。2010 年，名鹰商标被认定为江苏省著名商标、南京市著名商标，名鹰牌服饰被评为江苏省名牌产品。全年实现销售收入 3500 万元。

【南京富木制衣有限公司】 南京富木制衣有限公司系日商独资企业，占地 3.5 公顷，建筑面积 2 万平方米，职工约 1000 人。建有缝纫、裁剪、整烫、检验等 16 条生产流水线，配有水洗、绣花等设备，具有生产加工 200 万件(套)服装的生产能力。产品以全棉、混纺为主，98%销往日本。2010 年实现销售收入 4800 万元。

【南京亚狮龙体育用品有限公司】 南京亚狮龙体育用品有限公司坐落在白马镇朱家边村，占地约 7 公顷，建筑面积 1 万多平方米，由香港大桐利集团公司全额出资建设。拥有自动烘毛流水线，毛片生产设备电动机床 120 台，热水洗毛机 12 台，电脑配毛仪 60 台。RSL(亚狮龙)牌羽毛球产品远销英国、丹麦、日本和马来西亚等国家。2010 年实现销售收入 7650 万元。（许荣国）

溧水县财政局

◇ 局 长　简恩林

2010年，溧水县财政系统按照“保增长、促发展、保民生、促和谐”的总体要求，落实积极财政政策，发挥财政职能作用，圆满完成各项目标任务。全县地方一般预算收入20.02亿元，完成调整预算的104.3%，比上年增长38.8%；全县财政总收入32.14亿元，完成调整预算的103.2%，比上年增长35.9%。全县一般预算支出25.98亿元，比上年增长30.95%；财政总支出完成41.3亿元，比上年增长18.71%。财政总收入及地方一般预算收入增幅在全市13个区县中均列第1位，一般预算收入绝对值列全省第25位，较上年前进2位。

2010年，县财政局被省政府授予财政收入新增贡献先进单位称号；被省财政厅评为2010年度财政预算管理工作先进单位优秀奖；被市财政局授予2007～2010年度全市财政系统先进集体。被市、县有关部门评为住房公积金管理、会计管理、财政监督、部门决算、文明机关创建、平安溧水建设、建议提案办理、信息工作先进单位。

◇ 全县财政系统工作会议

◇ 投入财政支农资金，发展无公害大棚草莓

◇ 投入财政资金，建设小农桥

◇ 安排专项资金支持溧水体育公园等“双十”工程建设

◇ 发挥财政资金引导作用，支持县重点企业加快发展

◇ 上门向农户讲解惠民补贴“一折通”发放政策

南京市溧水质量技术监督局

NAN JING SHI LI SHUI ZHI LIANG JI SHU JIAN DU JU

◇ 局　长　潘学能

◇ 召开“切实履行质监职能，有效服务地方经济发展”会议

2010年，县质量技术监督局围绕服务“三个发展”，重点推进“四个转变”（工作定位、服务模式、监管重点、保障机制），“五个抓”（抓质量促发展、抓安全保民生、抓打假保名牌、抓执法提效能、抓宣传造氛围），“四个力”（凝聚力、执行力、创新力、形象力）工程建设，溧水质监事业再上新台阶。

◇ 市质监局领导走访溧水县名牌企业

◇ 南京岸宝纸制品公司向县质监局赠送锦旗

◇ 市质监局局长杨海宁一行到溧水慰问贫困农户

◇ 与省标准化研究院签署合作备忘录

◇ 进企业宣传食品安全知识

◇ 岗位培训班

◇ 执法人员查处伪劣农资产品

◇ 溧水县涂料行业产品质量监督专项整治会

溧水县人力资源和社会保障局

◇ 市、县领导深入企业进行用工指导，局长王荣英陪同

◇ 开展民主评议政风行风活动

◇ 自由职业者办理社会保险

2010年6月，根据县委、县政府《关于溧水县人民政府机构改革的实施意见》规定，原县人事局、原县劳动和社会保障局合并，成立溧水县人力资源和社会保障局，挂县公务员局牌子，为县政府工作部门，承担人才管理、公务员管理、促进就业、劳动权益维护和完善社会保障体系等工作职责。

◇ 发放老年居民养老补贴现场

◇ 退休职工领取退休存折

◇ 首届大学生村官创业设计大赛

◇ 举办溧水首届职工技能大赛

◇ 老人喜领养老金

新成立的人力资源和社会保障局围绕“转型发展、跨越发展和创新发展”总体部署，结合全县十大重点建设工程和十项民生工程，着力在扩大就业规模、提升保障水平、健全人才队伍、深化人事改革、和谐劳动关系等5个方面定思路、出实招、谋发展，人力资源和社会保障各项工作取得长足进步，被省人力资源和社会保障厅表彰为新农保工作先进集体，溧水县被省人力资源和社会保障厅认定为农村劳动力转移先进县、被市促进就业委员会认定为充分就业县。

◇ 70岁以上老人一次性补贴发放仪式

◇ 宣传贯彻新工伤保险条例

溧水县自来水公司

县自来水公司担负向城区提供卫生合格的自来水，保障供水范围内企事业单位及居民正常用水的职责。

公司紧紧围绕全县经济建设和社会发展目标，以“保障城市供水安全”为第一要务，牢记“服务群众，奉献社会”的宗旨，坚持走科学发展之路。公司狠抓班子建设，不断深化企业内部改革，加强企业管理，加快供水基础设施建设，把挑战当成机遇，克难奋进，各项工作取得显著成效。公司有制水能力达10万吨/日的新水厂1座，取水泵站2座，供水覆盖面积达40平方公里，供水人口10万人，供水管道总长550公里，形成环状供水管网。

◇ 经 理　陈金楼

城市用水普及率和水压合格率100%，水质各项指标均优于国家饮用水卫生标准，水质综合合格率始终保持在99.8%以上，做到让政府放心，让市民满意。公司先后被评为县文明单位、市文明单位、市供水卫生管理先进单位、市四星级供水服务企业、全国优秀县镇供水企业。

◇ 县委书记项雪龙视察水厂

◇ 饮用水源地—东屏湖

◇ 东屏取水站出水管改造

◇ 供水设施建设现场

◇ 西苑小区居民代表送锦旗

◇ 水质化验

◇ 城北增压站

◇ 设施蔬菜

◇ 草莓大棚

◇ 有机蓝莓

溧水县农业局

2010年，县农业局始终坚持以促进“农业增效、农民增收”为已任，紧紧围绕全县发展战略，大力发展现代农业，努力促进强农富民。

一、促进农业产业升级。加强农业基础设施建设，整合土地治理、千亿斤粮食工程、丘陵山区综合开发等涉农项目，增加投入，改善农业生产条件，提升综合生产能力。加强高效设施农业建设，至年底，高效农业占全县耕地面积的38.5%，设施农业占全县耕地面积的14.1%。加强农业园区建设，全年创建国家级农业高新技术产业园1个，建有省级园区3个，市级园区3个，县级园区7个。加强农业资源综合开发，以重点区域为中心，加快高标准农田建设；以重点产业为载体，推进农业产业化经营；以重点项目为平台，创新多元化开发机制。

二、深化为农服务。加强农业科技推广服务，推广应用农业新品种、新技术、新模式，实施农业科技入户、农民培训等活动，提高科学种养水平。加强农业信息服务，不断完善服务“三农”信息平台建设。加强“三防”工作，扎实开展森林防火、动物防疫和植物病虫害防治工作，保障农业安全生产。加强农业综合执法，提高农业行政执法、林政执法、渔政执法质量和水平，保护农业生产经营者的合法权益，保障全县农业环境、森林资源、渔业资源安全。

三、服务保障民生。加强农产品质量安全建设，开展农产品抽检和农业投入品监管，保障居民食用地产农产品质量安全。加强生态农业建设，开展植树造林、村庄绿化活动，至年底，全县森林覆盖率达28.3%。发展规模畜禽养殖场沼气池和户用沼气池，改善农业生产和农村居住环境。落实支农惠农政策，发放良种补贴、农资综合补贴、粮食直补等资金，保障农民取得实惠。

◇ 发展旅游农业

◇ 培育草莓种苗

◇ 农民培训

◇ 设施葡萄

◇ 有机茶园

◇ 地产名牌农产品

◇ 山栀花开香满山

◇ 特禽规模养殖

◇ 三叶苗木基地

◇ 金大象生猪规模养殖场

◇ 农业龙头企业（宰杀生产线）

◇ 农产品检测

◇ 食用菌工厂化培育房

溧水县发展和改革局

LISHUI XIAN FA ZHAN HE GAI GE JU

县发展和改革局承担统筹规划协调全县经济社会发展、推进综合体制改革等职责。在2010年县政府新一轮机构改革中，县物价局整建制并入发改局。2011年成立县金融工作办公室，设在县发改局，负责协调推进全县金融业发展环境和服务体系建设、整合各类资源推动完善中小企业融资服务体系，引导金融和资本市场支持地方经济健康、快速发展。

“十二五”发展时期，是溧水县建成全面小康后向基本现代化迈进的关键时期，也是全县发展的重要战略机遇期。在新一轮大开放、大发展中，该局重点做好以下工作：

一、以目标管理为总揽，建立责任机制，确保“十二五”规划全面实现。一是以“十二五”规划为龙头，完成专项规划编制工作；二是建立目标管理体系，形成以月保季、以季保年、以年保“十二五”的促进机制；三是建立并优化责任考核体系，形成奖优罚劣机制。

二、以项目推进为抓手，全力推进产业项目和社会发展项目建设。一是实行项目动态管理；二是完善跟踪推进机制；三是狠抓“双十工程”。

三、以协调服务为手段，营造良好的发展环境。一是规范项目管理，简化工作程序；二是加强融资平台建设，为经济发展拓宽融资渠道；三是强化调查研究，为领导决策当好参谋。

四、以稳物价保民生为目标，着力加强价格监管。一是运用价费政策，推动经济转型发展；二是以稳价控涨为首要任务，切实加强价格调控；三是以加强监管为工作重点，进一步服务民生；四是增强价格服务功能，提升公共服务水平。

◇ 市发改系统财金工作会议在溧水县召开

◇ 开展民主评议政风行风活动

◇ 开展价格为民下基层活动

◇ 银企对接签约会

◇ “两会”第三届换届选举

◇ 南京通盛投资担保公司开业典礼

◇ 召开季度工作会议

国家电网 STATE GRID

南京溧水县供电公司
NANJING LISHUI POWER SUPPLY COMPANY

溧水县供电公司由江苏省电力公司委托南京供电公司管辖，负责全县电力供应与销售任务，是全国首批“一流县供电企业”之一。公司设5个职能部室和3个二级机构，即办公室、党群工作部（工会办公室）、人力资源部（党委组织部）、发展建设部、安全监察部，电力调度控制中心、客户服务中心(营销部)、配电运检工区。下辖8个农村供电所。有职工546名，其中全民合同制职工246人，农电职工300人。县内分布35千伏及以上变电站22座，总容量98.3万千伏安；35千伏及以上线路50条430.5千米。2010年，完成供电量12.55亿千瓦时、售电量11.55亿千瓦时，比上年分别增长34.73%和34.77%。

◇ 公司领导班子成员

◇ 2010年8月4日，县委书记项雪龙在电力调度控制中心视察

近年来，溧水县供电公司立足于服务党和国家工作大局，服务发电企业，服务电力客户，服务社会发展，致力于“一强三优”（电网坚强、资产优良、服务优质、业绩优秀）现代公司建设，为地方经济和社会发展提供强大的电力支撑。先后获江苏省文明行业、文明单位，全国首批一流县供电企业，全国模范职工之家，江苏省廉政文化示范点等称号。溧水县成为南京地区首个“新农村电气化县”。公司曾先后接待莫桑比克矿能部代表团、日本海外电力调查会以及国内兄弟单位参观考察。

◇ 开展能力素质培训

◇ 人才队伍建设

◇ “红马甲”成为团

◇ 党支部“结对创先”活动

◇ 公司办公大楼

◇ 变电站设备增容改造现场

形象重要载体

◇ 干部职工踊跃参与扶贫帮困捐款捐物活动

◇ 举办职工自编自演春节联欢晚会

南京安能杰电力实业有限公司

南京安能杰电力实业有限公司成立于1992年3月，其前身为溧水县苏源电力实业有限公司，注册资本2024万元，是溧水地区电力安装最高资质单位。公司集生产、经营、电力工程施工安装、设计于一体，下辖物资、信息、汽车经营3个分公司以及溧水中心大酒店、南京电力装饰广告公司等企业。主要经营范围为110kV及以下送变电工程设计、施工安装、电力器材销售供应、自动化装置运营维护、汽车保养和维修等。

公司拥有《电力工程施工总承包三级资质》和《安全生产许可证》；《承装（修、试）电力设施许可证》三级证书；与国际标准接轨的ISO9001、ISO14001、OHSAS8001（即质量、环境、职业健康安全整合管理体系）认证。产值连续9年过亿元，多次荣获上级部门的多项嘉奖。公司2007年被省建设工程质量安全监督调查办公室评为省十佳文明施工企业，2008年被中国工程建设监督管理协会授予全国质量安全管理优秀施工企业荣誉称号，2009年又被该协会评为全国电力工程优秀施工企业、全国重质量保安全守信誉优秀电力建设企业；连续11年被市、县工商部门评为重合同守信用先进单位。

◇ 电力工程施工现场

◇ 变电站设备增容改造现场

◇ 南京飞燕活塞环股份有限公司35kV变电站

在电力建安工程进一步市场化的大环境中，公司不断强化自身建设，努力提高业务水平，电力工程设计水平不断提高，公司被南京电力工程设计有限公司认证为第三设计小组。公司积极开拓创新，拼搏进取，对所有客户的电力工程设备实行24小时抢修服务，以为客户提供优质、快捷的服务为目标，为地方电网建设、经济社会发展、改善民生作贡献。

2010—2011年主要重点电力建设工程

◎ 溧水县广电大楼配变电工程
◎ 南京飞燕活塞环股份有限公司35kV变电站建设工程
◎ 武警江苏省总后勤部营房处配变电工程
◎ 溧水经济开发区行政服务中心大楼配变电工程
◎ 南京云海特种金属股份有限公司配变电工程
◎ 溧水县人民医院配变电工程
◎ 溧水县体育公园配变电工程
◎ 溧水县汇豪商务大酒店配变电工程
◎ 溧水县湫湖泵站更新改造110kV配变电工程
◎ 246省道杆线迁移工程
◎ 溧水宁强创业园配变电工程
◎ 南京溧水百美酒店配变电工程

◇ 南京安能杰电力公司派出的江苏电力抗震救灾车队

◇ 检修汽车

◇ 南京安能杰汽车修理厂

◇ 汽车检修处

◇ 修理厂配件摆放整齐

◇ 中心大酒店

◇ 南京电力装饰广告公司

◇ 颐和美地东大门

◇ 500千伏东善桥变电站控制室

中共溧水县委党校

◇ 市部分区县党校工作会议在溧水县委党校召开

中共溧水县委党校始终以提高基层党员干部素质、服务全县经济社会发展为己任，立足实际，大胆实践，在教学、科研、调研、队伍管理、基础设施建设等方面取得较大成绩。“十一五”期间，举办主体班次77期，培训党员干部1.22万人次，开辟江阴、苏州、张家港、宜兴、丹阳等外地培训基地；函授教育毕业学员550人，其中本科355人，大专195人；教师撰写论文（含调研报告）140多篇，其中在县以上发表（获奖）105篇次。开展溧水县《“四大战略”解读》课题研究，参与编写《溧水改革开放30年》等书籍。

◇ 函授班毕业典礼

◇ 县干部教育培训领导小组工作会议

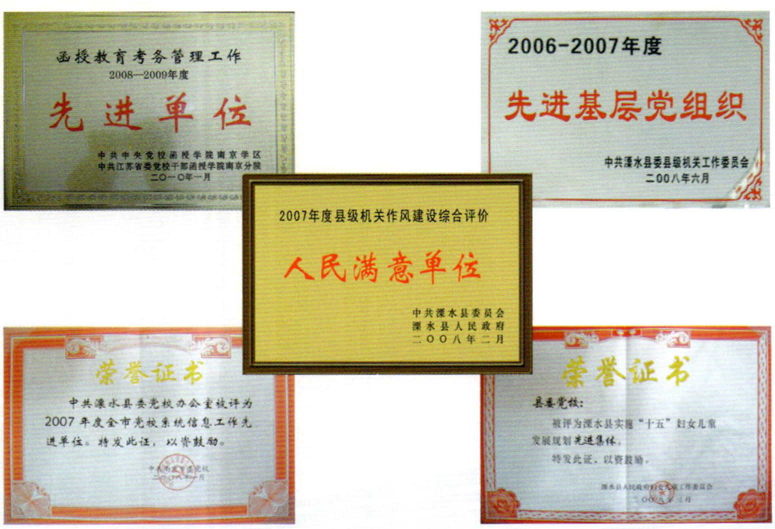

先后获2005～2006年度县老龄工作先进集体，2006年度、2007年度全市党校系统信息工作先进单位，2007年度溧水县人民满意单位，县“十五”妇女儿童发展规划先进集体，2008～2009年度市党校系统函授教育考务工作先进单位称号。获2009年《南京地方政府管理案例》征集编写工作优秀组织奖，并连续5年获县先进基层党组织称号。

1 ◇ 溧水县生态建设专题培训班在江阴市委党校举行

2 ◇ 校领导带领全体教职工赴明觉调研

3 ◇ 2010年9月县管副职领导干部培训班开班

4 ◇ 2010年4月溧水县"四大战略"解读课题评审会

5 ◇ 2007届中青班学员在井冈山举行宣誓仪式

◇ 教职工走进社区参加义务劳动

发挥科技支撑作用，促进溧水三个发展

溧水县科技局

◇ 省长助理徐南平到溧水县调研科技创新工作

◇ 省科技厅厅长朱克江到溧水县考察调研

◇ 市长季建业视察白马“农业谷”展览

县科技局是县政府主管科技工作的职能部门。2010年，该局深入实施“科教强县”战略，突出重点抓好企业技术创新、科教兴农、科技协作、成果转化、科技管理等各项工作，推动全县科技进步与创新，促进全县经济、科技和社会事业协调发展。

一是企业技术创新迈出新步伐。全县新增高新技术企业4家、高新技术产品7个，高新技术企业销售收入达50.27亿元；新认定民营科技企业15家，总数达100家，年实现技工贸总收入58.76亿元，西普、博士牛分别被认定为省创新型企业、省农业科技型企业；新批准组建省、市级工程技术研究中心10个。其中，省级4个，市级6个。省企业院士工作站1个。

二是科教兴农工作取得新成果。抓好农业科技园区建设，白马园区被国家科技部批准为第三批国家农业科技园区，傅家边园区被中国农学会评为首批全国十大名园；做好白马园区市重洽会及紫金山峰会的参展和南京—台湾现代农业洽谈会、北京科技创新推介会；组织实施农业“三项更新”工程，引进推广农林牧渔优良品种10个以上，组织推广应用农业先进实用技术10项以上，开展农业科技培训（咨询）1.5万余人次。

三是科普宣传工作取得新成效。全年组织开展送科技下乡、科普宣传周等大型科普活动8次，产生良好的效果；加强各级各类科普教育基地建设，年接待市民30余万人次。

◇ 市人大常委会副主任金实一行在溧水县考察调研

◇ 市科委主任黄河调研溧水科技工作

四是科技横向协作工作开拓新领域。县政府与南京航空航天大学成功举办科技成果对接活动，全县40家企业的55名企业负责人、技术负责人与南航相关专业的专家教授进行面对面的洽谈；组织企业到中科院兰化所、北京中关村、台湾等地参加科技成果对接活动，不断推动产、学、研的紧密结合，全年形成产、学、研合作项目30多项。

五是科技管理工作跨上新台阶。全年组织实施国家、省、市、县各类科技计划项目66项；全县申请专利557件，其中发明专利165件；新培育有文化、懂技术、善经营、具有带动作用的市星火科技带头人98名，县渔技站站长章忠、东屏镇科委主任谢学模分别被表彰为省优秀科技特派员和特派员创业先进个人。

◇ 溧水县与南京航空航天大学举办科技成果对接会

◇ 外国驻沪使节团到傅家边农业科技园参观考察

◇ 省高校科协到傅家边开展科技咨询

◇ 北京市科委到溧水县考察调研现代农业科技园区

◇ 开展防震减灾知识咨询宣传活动

◇ 科技管理工作会议

◇ 局长沈健陪同县领导到基层视察

◇ 中共溧水县工信局总支部委员会成立大会

溧水县工业和信息化局

溧水县工业和信息化局，挂投资促进局牌子，承担统筹推进工业经济发展、中小企业发展、信息化以及协调全县投资促进工作的责任。主要职责：

一、负责全县工业经济、中小企业发展和信息化的统筹协调工作；

二、负责规划全县工业和信息化、固定资产投资，推进新兴产业发展、技术进步、技术创新和企业技术创新体系建设；

三、负责全县节能减排的综合协调工作；

四、负责全县工业企业淘汰落后产能工作；

五、负责统筹推进全县信息化和软件开发工作；

六、负责外商投资项目核准，外商投资企业设立、变更及解散终止的审核、审批工作；

七、负责对外招商引资项目的包装编制、实施和全县招商引资活动的组织指导工作。

◇ 省、市经济和信息化委员会领导到溧水指导工作

◇ 县政协领导视察调研企业科技创新工作

◇ 县委书记项雪龙视察企业

◇ 局行风评议座谈会

◇ 全县工业经济暨投资促进工作会议

◇ 参加迎春长跑

溧水年鉴 LI SHUI YEAR BOOK 2011

中国供销合作社
CHINA CO-OP

溧水县供销合作总社

“十一五”期间，县供销合作总社认真贯彻落实国务院和省政府关于加快供销合作社改革和发展的意见精神，各项工作取得新的成绩，在省、市同行中诸多指标名列前茅，在市供销合作总社综合业绩考核中连续5年荣获一等奖。五年来，农资、日用品、烟花爆竹、农副产品、再生资源等连锁网络不断巩固，新建各类网点380个，总数达565个，尤其是农资和烟花爆竹的市场占有率连年保持高位水平；新建为农服务社39家，总数达105家；新建各类专业合作社31家，总数达41家，“四有”专业社17家，并在全省率先成立县级农民专业合作社协会；举办农民经纪人培训班11期，1058人次受训；基层社“三位一体”改造工作取得初步成效。开工新建县烟花爆竹仓库、县再生资源交易市场、常力食品工业园等一批项目，与台湾新竹县农会建立友好社团关系，加强海峡两岸农产品交流与合作。

◇ 省供销合作总社主任袁静波、县委书记项雪龙在屏湖供销合作社调研“三位一体”建设工作

◇ 省供销合作总社主任袁静波，县委书记项雪龙，县委常委、副县长张伟等视察永阳高塘社区服务中心

◇ 市供销合作总社主任邵强到溧水调研

◇ 2009年12月，省供销合作总社主任袁静波、县委书记项雪龙为全省首家县级农民专业合作社协会揭牌

◇ 基层网点

主任：周国平　党委书记：王槐义　地址：溧水县交通路176号　邮编：211200

Li Shui Xian Gong Xiao HE Zuo Zong She

◇ 南京溧水秋湖山畜禽生态养殖场产品

◇ 南京黑玉特种家禽养殖专业合作社产品

◇ 南京天娇蜂业专业合作社蜂场

◇ 南京牧乐农副产品开发有限公司产品

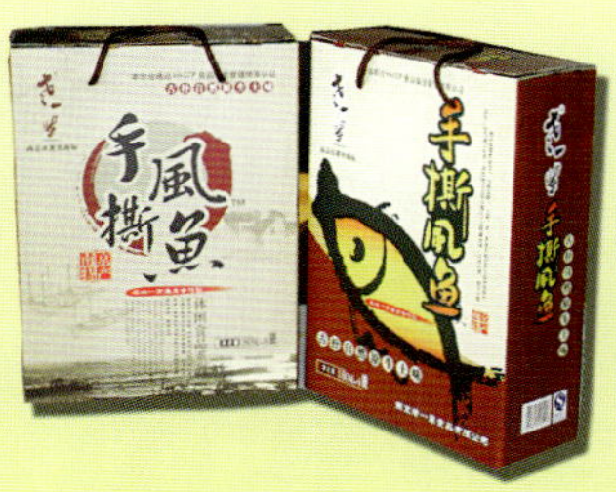

◇ 南京在水一方渔业专业合作社产品

◇ 南京脆而爽产品欧尚、乐购超市专柜

电话：总机57212393、57212963、57212017　传真：57211197　邮箱：lsgxs@163.com

◇ 省司法厅副厅长周建视察县公证处

◇ 市司法局局长孙绵琪视察县公证处、法律援助中心

◇ 县人大代表视察全县大调解工作

◇ "五五"普法考核验收

◇ 县大调解专职调解员聘任仪式

溧水县司法局

2010年，溧水县司法行政工作坚持围绕经济建设中心、服务大局、求真务实、开拓创新，扎实推进社会矛盾化解、社会管理创新、公正廉洁执法3项重点工作，努力开展创先争优、争当司法行政排头兵活动，提升司法行政工作专业化、规范化、法制化、信息化水平。加强县、镇两级大调解中心建设，投入30多万元加强基层基础建设，建立专业调解组织。聘请12名专业调解员充实县大调解队伍。建立规范诉调、公调、劳调、交通事故人民调解工作室以及医患纠纷专业调解组织实体；在全市率先聘请85名大学生村官担任法制教育宣传员，在全市成为特色亮点；投入60多万元，租地3.33公顷，建立集中教育培训、集中公益劳动、管理教育为一体的县级社区矫正基地；投入30多万元，将县公证处、法律援助中心迁至县城大西门临街门面；狠抓队伍建设，业务能力得到提升，司法行政工作得到全面发展。2010年，县司法局获评县级文明机关创建先进单位、平安溧水建设先进单位、法治溧水建设示范单位，并荣立市司法行政系统集体三等功。司法局党总支被市委表彰为先进基层党组织。

◇ 县司法行政系统行风评议动员大会

◇ 司法行政系统创先争优演讲比赛

◇ 南京市司法所岗位竞赛溧水赛场

◇ 溧水帮教志愿者大队成立大会

◇ 政风行风建设述职评议大会

◇ 全县调解员培训班

◇ 大学生村官法制培训班

◇ 纪念“一二·四”法制宣传日10周年法律咨询活动

溧水县商务局

2010年6月，县政府新组建县商务局，原县商贸局、县粮食局和县发改局三产职能并入商务局。县商务局在稳步推进机构改革的同时，坚持抓重点项目建设、抓系统“创卫”工作、抓业态引进提升、抓粮食购销流通、抓“三外”企业发展、抓行业长效管理等工作。全年全县实现社会消费品零售总额70.51亿元，比上年增长20%；服务业增加值64.66亿元，比上年增长18.5%；实现服务业税收9.1亿元，比上年增长52.11%；实现服务业投资额31.9亿元，比上年增长29.7%；外贸出口2.77亿美元，比上年增长23.5%；服务外包合同执行额2000万美元，比上年增长14.1%；对外承包工程营业额2695万美元，比上年增长798%。全年完成招商引资5500万元；夏粮收购1.92万吨，比上年增长44.5%；秋粮收购4.38万吨，是上年的3倍多。

◇ 局长甘年保在首届秦淮源美食节上讲话

◇ 农副产品交易中心开工典礼

◇ 农户在新建的高大平房仓售粮

◇ 召开重点外贸企业座谈会

◇ “创卫”表彰大会

◇ 举办现代服务业发展业务培训

◇ 2010年度行风建设述职评议大会现场

溧水县行政服务中心

Administrative Service Center Of LiShui

便民　高效　廉洁　规范

◇ 县行政服务中心2010年工作总结表彰大会

县行政服务中心于2005年7月1日正式成立，是县政府的派出机构，主要履行有关行政审批和行政服务的组织、协调、监督、管理和服务职能。中心位于县城后巷10号（县政府西大门旁），建筑面积3000平方米。中心窗口为投资者和基层群众提供方便、快捷的服务。中心的服务宗旨是：“便民、高效、廉洁、规范”。运作方式是：“进一个门办成、收规定费办完、按承诺日办结”的一站式、一条龙服务。中心严格实行“六公开”（公开办理事项具体内容、公开办理事项办事程序、公开办理事项审批依据、公开办理事项所需提供的申报材料、公开办理事项承诺时限、公开办理事项收费标准及依据）、“六制”（直接办理制、承诺办理制、联合办理制、申报办理制、补充办理制、退回办理制）办理制度。一楼主要提供便民服务，设公安、永阳派出所、供电、自来水、卫生监督所、信用联社、电信等7个窗口；二楼主要为投资项目服务，设国税、地税、环保、发改、工商、质监、商务、市容、交通、教育、农林等11个窗口；三楼主要为投资项目服务及交易市场服务，设房管、房改、气象、人防、建设、建工、消防、劳动保障、公证、水务、国土、人事、政府采购等13个窗口。2010年，县行政服务中心审批投资项目401个，投资总额28.05亿元，外资1.21亿美元。工商注册企业634家，注册总额25.8亿元，其中生产经营型企业276家，经营服务型企业358家，注册资金100-1000万元企业296家，1000（含）万元以上企业65家。建设工程招投标317项，其中公开招标137项，中标总价6.95亿元；邀请招标61项，中标总价12.1亿元；直接发包119项，发包总价5.89亿元。政府采购149批次，采购预算5016.04万元，实际采购金额4235.45万元，资金节约率15.56%。信用联社窗口办理业务金额2.86亿元。

◇ 服务窗口

◇ 2010年机关文明礼仪竞赛获个人一等奖和团体二等奖(右2，右3)

溧水县行政服务中心工作职责

一、负责组织、指导全县行政许可事项的审批服务工作；会同有关部门拟定有关行政许可制度改革方面的地方规范性文件，督查国家、省、市有关行政审批工作方针、政策的实施情况。

二、牵头组织实施全县软环境建设工作；拟定软环境建设工作意见及有关规章制度并监督实施；负责指导乡镇（县开发区）及部门的软环境建设工作；负责软环境建设宣传及调研工作。

三、负责组织有关部门(单位)进入中心开设服务窗口；指导和协调有关部门(单位)办理行政许可、便民服务等事项；负责督查行政许可项目办理情况督查；组织、协调投资项目行政许可事项的联审和部门(单位)之间的业务衔接。

四、负责各部门(单位)驻中心办事窗口信息数据的采集、统计、分析、上报；会同有关部门实施中心集中收费管理。

五、负责制定中心各项规章制度、管理办法，并组织实施；配合县有关部门对各部门（单位）进驻窗口人员的审核；负责对中心窗口及工作人员的日常管理；受理对中心及窗口工作人员违规违纪投诉的查处。

六、负责管理县政府采购中心、县综合招投标交易服务中心、县投资项目信息中心。

七、组织实施对全县机关软环境建设的社会评估和日常督查工作；管理、监督涉企检查、培训、收费及集中年检等行为；牵头组织开展县级机关社会评议活动。

八、负责受理软环境建设方面的投诉、举报，协调督促各有关部门按规定作出相应的处理或整改措施；负责“绿卡”的发放管理。

九、承办县委、县政府交办的其他事项。

部分荣誉

溧水县审计局

◇ 局长办公会

◇ 县审计局帮扶联系点

◇ 赴工程现场审计

LI SHUI XIAN SHEN JI JU

县审计局内设办公室、法规科、财政科、任期经济责任审计与内部审计指导科、农业与资源环保审计科、固定资产投资审计科6个职能科室，下属1个事业单位即投资项目审计中心。

近年来，县审计局坚持以科学发展观为指导，紧紧围绕县委、县政府发展目标规划，充分发挥审计监督职能作用，加大对预算执行、政府投资项目、民生工程、资源环保、领导干部经济责任等方面的审计监督力度，促进溧水经济又好又快发展。2006～2010年，县审计局开展审计项目235个，查处违纪违规金额13.13亿元，上缴财政5.47亿元，纠正不规范金额88.61亿元，提交各类审计报告235篇。2010年名列全市县审计工作综合考核第一名。

◇ 县审计局领导和业务人员共同探讨加强计算机审计

溧水县民政局

县民政局是县政府组成部门，主要工作有社会救助与社会福利、社会行政事务管理、基层民主政治建设和社区建设、服务军队和国防建设4大类近百小项，涉及社会方方面面，关乎群众切身利益。局机关内设办公室、救灾救济科、优抚科、社会事务科3科1室，下辖殡仪馆、救助管理站、中山烈士陵园、回峰山烈士纪念馆、福利院、军休所、福利生产管理所、殡葬管理所等8个事业单位。2010年，县民政系统以科学发展观为统领，主动融入溧水发展大局，着力“改善民生、落实民权、维护民利”，为全县经济社会又好又快发展做出积极贡献。溧水县成功创建省村民自治模范县，县婚姻登记处升格为国家级婚姻登记规范化单位，老龄、低保、安置、殡改等多项工作在全市民政系统名列前茅，局机关被县政府授予县级文明机关称号。

◇ 社区服务窗口

◇ 镇级社会救助服务中心

◇ 公共养老服务设施建设

◇ 社区公共服务站

◇ 实施草危房改造

◇ 组织退役士兵开展免费职业技能培训

◇ 落实普惠性老年社会福利政策

◇ 县婚姻登记处

◇ 社区养老服务站

◇ 农村敬老院

溧水县安全生产监督管理局

县安全生产监督管理局于2005年8月从县发改局划出独立设置，主要职能是对全县安全生产工作实施综合监管。内设办公室(安全教育培训科)、非煤矿山监督管理科、危险化学品监督管理科、职业安全健康监督管理科4个职能科室和安全生产监察大队1个行政执法机构。

◇ 全县安全生产大排查工作会议

◇ 省安全生产考核组考核溧水县安全生产工作

◇ 局长徐称心陪同县领导到化工企业检查

◇ 联合检查

◇ 局长徐称心陪同县领导检查矿山安全

◇ 消防演练

◇ 行风评议

◇ 慰问联系点村困难党员

◇ 送环保知识下乡

溧水县环境保护局

◇ 局领导班子成员

◇ 省环保厅厅长陈蒙蒙到溧水调研环保工作

◇ 市环保局局长韦昌明实地查看污水处理厂建设

◇ 市、县领导调研环保工作

◇ 县人大视察环境保护工作

县环保局是县政府环境保护工作的行政主管部门，内设机构有办公室、管理科、法规科、生态科。下辖县环境监察大队和环境监测站2个事业单位。

“十一五”期间，全县实施“工业立县、三产兴县、科教强县、环境优先”四大战略，环境保护地位与作用明显提高。以创建生态县建设为载体，实施一批环境保护与生态建设工程，主要污染物排放得到有效控制，生态环境质量有所改善。

一是环境质量综合指数稳步上升。“十一五”期间全县集中式饮用水源水质达标率皆为100%，环境质量综合指数超过全面小康环保指标80分以上，环境空气质量良好天数比例达85%以上，开展建制镇噪声达标区创建工作，创建面积15.93平方公里，建成区噪声环境质量总体控制在国家标准之内。

二是污染治理能力进一步增强。“十一五”以来，全县重点企业实施脱硫改造项目8个，实施COD减排项目65个；全面完成“十一五”主要污染物减排任务。城市污水处理率达到81.9%，加强重点区域的环境污染整治，积极推进太湖流域与“2234”治水工程，实施天生桥河、二干河等流域环境综合整治，保质保量完成全国第一次污染源普查工作。

三是生态环境建设有序推进。自创建生态县以来，新增绿化造林面积5966.67公顷，建设绿色新村380个，森林覆盖率和城市绿化覆盖率分别达28.3%、40.8%。创建7个市级环境优美乡镇，10个省级生态村。2010年底，生态县创建指标22项、27个子项中有19个子项指标达到验收标准，5项基本条件中的4项达标。

◇ “六五”环境宣传日

◇ 环保人员现场监测河流水质

◇ 环保科技夏令营

举报电话：025—57212861、12369　　地址：溧水县永阳镇中山西路
邮政编码：211200

◇ 县委书记项雪龙在全县环保大会上讲话

◇ 生态县创建汇报

四是城镇环境基础设施建设步伐加快。“十一五”期间新建日处理250吨县城垃圾卫生填埋场，建成日处理2万吨城市污水处理厂并投入运行，城市污水收集管网达20公里，基本完成洪蓝、东屏等5个镇综合污水处理厂建设任务。

五是突出环境问题得到有效控制。2006以来，年投入近4000万元专项整治晶桥观山化工园，完成环境问题省级挂牌督办任务。深入开展淘汰县城1吨燃煤锅炉、化工、铸造、铜材、磁性材料、小造纸、集中式饮用水源保护、规模化畜禽养殖等10个环保专项行动，限期治理、停产整治企业93家，关闭小化工、小造纸等污染企业45家。

六是循环经济建设初见成效。开展8个生态功能区划和建设工作，保护区面积占县域面积的26%以上；建设无公害、绿色、有机等“三品”生态种植和养殖基地118个，3.47万公顷；创建清洁生产企业20家，建设畜禽粪便净化沼气池25个，总池容积3000立方米，年处理养殖污水3万余吨；县经济开发区完成生态工业园规划编制工作，生态工业园创建工作稳步推进。

2010年，县环保局被省环保厅授予2010年度全省环境应急管理工作先进单位称号；被市环保局授予2009年度环境保护执法先进单位称号；被县委、县政府授予2008～2009年度文明单位称号。县环境监察大队、环境监测站被市环保局授予2009年度全市环保系统文明示范单位称号。

◇ 廉政教育

◇ 生态文明建设专题培训班

◇ 学习实践科学发展观

中国烟草·江苏
CHINA TOBACCO JIANGSU

与客户共创成功

溧水县烟草专卖局

2010 年，县烟草专卖局（分公司）紧紧围绕“走在行业前面、展现一流水平、全面建设现代烟草”的发展要求，以市烟草专卖局（公司）“效能年”建设为主线，努力推进各项工作“上水平、创一流”。

◇ 省、市烟草专卖局领导检查科研楼基建工程

◇ 局领导春节前慰问贫困户

一、以客户需求为导向，促进卷烟销售平稳增长。以客户需求为导向，不断提高需求预测的准确率，提高把握市场、经营市场的能力和水平。全年销售卷烟 2.19 万箱，比上年增长 2.22%；销售金额 5.04 亿元，比上年增长 12.15%；销售均价 92.18 元／条，比上年增长 9.74%。

二、以标准店建设为抓手，不断提升网络建设服务水平。按照“客户自愿申请、审核批准”的原则，选择全县 77 户遵纪守法好、地理位置佳、配合程度高、经营能力强的零售客户作为标准店客户，同时按照“边建设、边管理”的原则，加强标准店客户培训，学习卷烟陈列办法，利用“商信通”建立标准店客户信息平台，对标准店客户进行月度经营指导。

三、以打假破网为重点，努力提高市场监管效能。以“五五”普法为契机，开展法制宣传，为专卖打假营造良好的执法环境。在专项治理方面，充分发挥联合执法联动机制的作用，全年开展“闪电”5 号、“闪电”6 号、“龙蟠”1 号、打击公开摆卖假烟等多项专项行动，出动打假打私执法人员 595 人次，查处各类案件 395 起，查获涉案卷烟 3690 条，取缔无证经营 39 户，刑事拘留 1 人、行政拘留 1 人、判刑 1 人。

四、以质量管理体系建设为要领，规范协调内部管理。进一步加强基础管理，转变发展方式，提高科技水平、推进流程优化，促进降本增效，强力推进质量管理体系应用。在实践中增强广大干部员工按流程办事的规范意识，把加强质量体系建设作为提升发展水平和运行效率的重要抓手，解放思想、创新思路，积极致力于流程优化和固化，构建又好又快发展、规范有序运行的“高速轨道”。

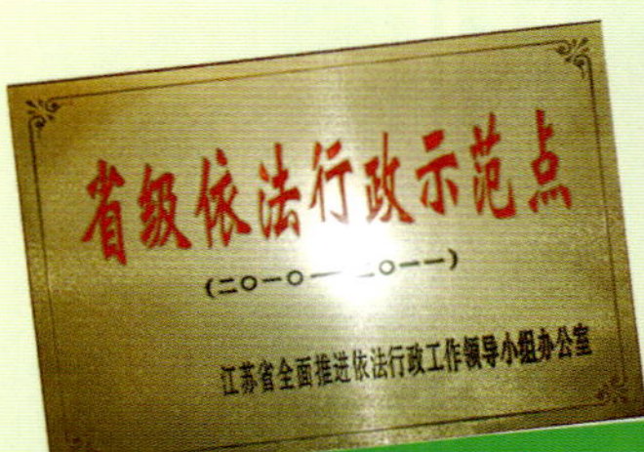

五、以廉洁建设为主题，协调推进三个文明建设。制定全年度党风廉政建设工作计划和实施方案，明确廉政建设目标，层层签定党风廉政建设责任书。认真参与和开展行业内外廉洁主题教育，不断完善内外监督机制，加强对明示承诺制度的执行监督，聘请12名监督员，设立举报电话、举报箱，认真受理群众来信来访，及时处理举报信件并作出回复，信访案件完结率100%。在基建领域廉洁建设中，邀请市烟草专卖局纪检监察处、县检察院领导，与县烟草专卖局（分公司）共同开展溧水烟草大楼基建工程专项沟通座谈会，签订《关于溧水县营销部科研楼项目廉政建设协议书》。

◇ 零售客户标准店

◇ 局领导酷暑高温给一线员工送清凉

◇ 争创市"工人先锋号"接受检查验收

◇ 县烟草专卖局联合工商、公安部门开展夏季整治无证经营、打假维权行动

◇ 组织志愿者上街扫雪

溧水县气象局

◇ 学习实践科学发展观动员会

◇ 市气象局领导到溧水视察气象现代化建设

◇ 市气象局领导到溧水调研气象为农服务工作

县气象局于 1959 年 6 月成立，位于永阳镇分龙岗路 4 号，占地面积 4000 平方米，现有在职职工 22 人，其中高级工程师 1 人，工程师 11 人，助理工程师 6 人，下设办公室、气象台、防雷减灾中心、气象科技服务中心等部门。县气象局的主要工作职能是：组织贯彻落实国家、地方和上级气象部门的法律法规和政策、措施；本县行政区域内地面气象观测、天气预报、灾害性天气警报和其他气象信息的发布；提供政府气象防灾减灾的决策服务，部门的专业专项服务、公众气象服务及气象科技服务；在县人民政府的主导下，组织本县行政区域内气象灾害普查，气象灾害风险评估，划定气象灾害风险区域，编制气象灾害防御规划；管理和组织人工增雨等人工影响局部天气工作；本县气候资源开发、利用和保护的规划，参与重点建设工程、开发项目、城镇建设规划中的气候条件评价、论证；归口管理社会生产、人民生活中与气象有关的安全设施，特别是各类建（构）筑物、场所和设施雷电灾害防御工作的组织管理；完成市气象局下达的工作目标；完成县政府和上级气象部门交办的其他任务。

近年来，县气象局始终将决策服务放在气象服务工作首位，着力提升公共气象服务能力，不断建立健全气象为农服务体系和气象防灾减灾体系建设，各项工作取得明显成效，为全县经济社会发展和人民安全福祉保驾护航。连续 3 次被县委、县政府授予文明单位称号，被县委授予 2008 ～ 2010 年度先进基层党组织称号，连续 2 次被县级机关工委授予先进基层党组织称号，连续 2 次被县安委会评为安全生产先进单位。在市气象局年度考核中多次被表彰为优秀达标单位。2009 年度，被市气象局评为特别优秀达标单位。2010 年，被县委、县政府评为县级文明机关创建工作先进单位，局工会获县总工会先进职工之家称号。

◇ 县政府分管副县长到县气象局指导工作

◇ 县政协领导到县气象局指导工作

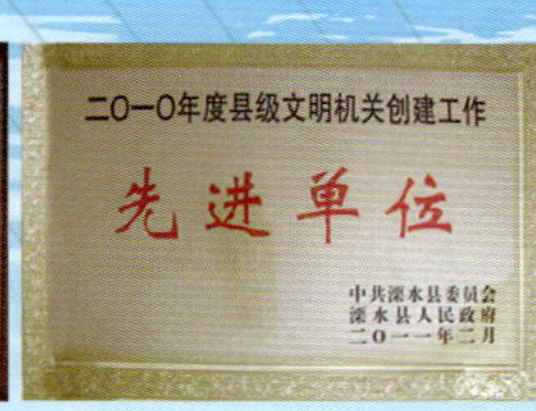

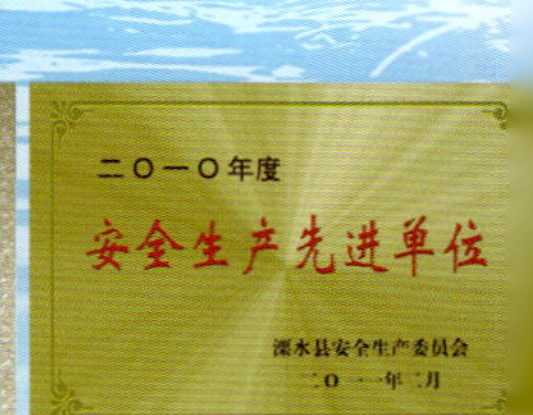

气象现代化服务

◇ 县气象观测站

◇ PCVSAT 地面卫星接收设备

◇ 农业小气候观测站

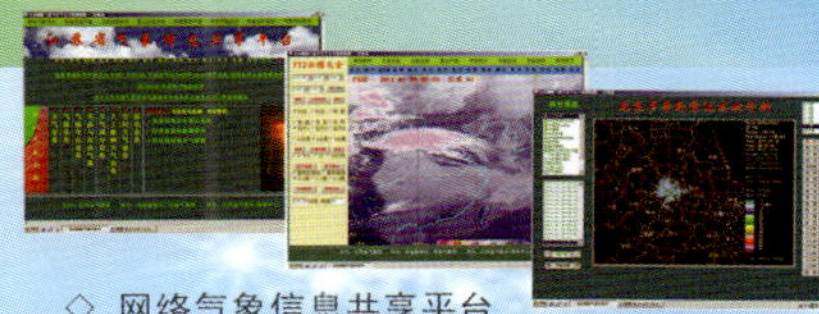

◇ 网络气象信息共享平台

◇ 视频天气会商系统

气象防灾减灾体系建设

◇ 气象网站

◇ 气象信息员培训会

◇ 气象科普知识广场宣传活动

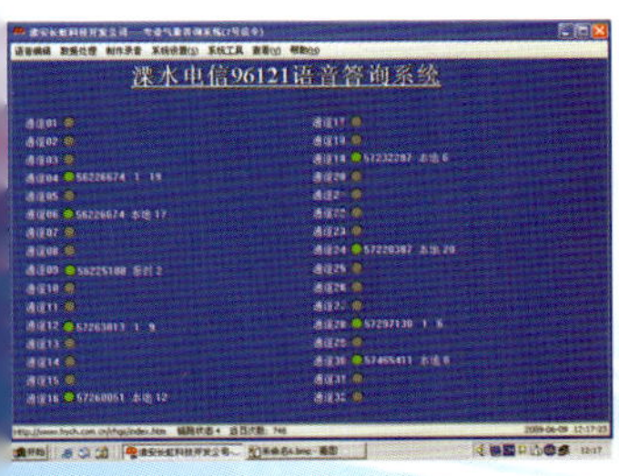

◇ 96121 发布平台

◇ 气象显示屏

◇ 溧水电视天气预报图

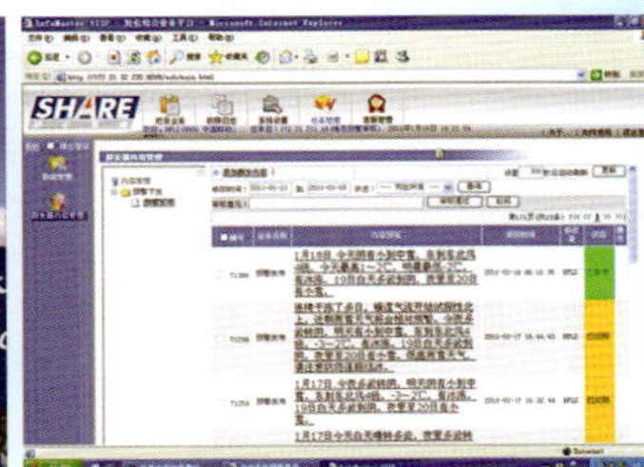

◇ 气象手机短信发布平台

气象保障服务

◇ 安装体育场避雷针

◇ 窗口人员规范受理图审

◇ 气象服务"三农"

◇ 防雷安全检查

◇ 开展抗旱人工增雨作业

◇ 草莓文化节开幕式现场气象保障服务

溧水县信访局

近年来，县信访局按照“工作一流、群众满意”的总要求，坚持“依法、及时、就地解决问题与疏导教育相结合”的原则，广泛宣传国家《信访条例》，贯彻落实中央、省、市信访工作的指示精神，积极开展省级信访工作“三无”县区和“四无”镇街创建活动，开拓创新，从建立健全信访工作机制入手，加大对信访事项化解的督查督办力度，逐步形成一级抓一级，层层抓落实的良好工作局面，为“十一五”期间溧水县经济、社会事业快速发展营造良好氛围。

◇ 研究信访工作

◇ 全县信访工作例会

县信访局紧紧围绕县委、县政府中心工作，始终将为民服务、为党委和政府服务贯穿于工作的全过程，不断提升信访工作服务水平和能力，切实发挥信访工作“桥梁”、“窗口”作用，履职尽责，努力把各种信访问题解决在基层，化解在萌芽状态，各项工作取得明显成效，为全县经济社会发展和和谐溧水建设作出积极贡献。2008～2009年连续被省联席办、信访局授予信访工作“三无”县区荣誉称号。2008年、2009年、2010年被省市联席办、信访局评为北京奥运会、建国60周年、上海世博会期间信访稳定工作先进单位。

◇ 局工作人员网上办信

◇ 县领导接待来访群众

◇ 局领导向来访群众作政策解释疏导

◇ 基层信访工作建设

溧水县统计局

◇ 县长姜明、局长王敏接待国家第二次经济普查督导组一行

◇ 市统计局局长陈刚检查农业普查工作，局长王敏、副局长巢玉军陪同

县统计局是县政府组成部门，现有在编在岗人员15人（含综合调查队4人）。现任领导：局长王敏，副局长巢玉军、任坤祺，调查局局长蔡明。内设办公室、综合统计科、工业能源统计科、服务业统计科4个科室。代管省统计局溧水调查局并合署办公。

“十一五”以来，贯彻实施国家、省、市常规统计制度，承担组织实施全县统计工作。完成溧水县第二次全国农业普查、第二次全国经济普查和第六次全国人口普查3项大型普查的组织实施工作，3项普查县级普查机构均获省级先进集体荣誉。在全县全面小康创建工作中，充分发挥小康指标监测组的牵头作用，为全县全面小康高标准通过省级验收作出积极贡献。

◇ 市统计局副局长王国钧出席县经济普查动员会议

◇ 常务副县长孙绿叶与各镇（区）签订第六次人口普查工作责任状

◇ 局长王敏深入永阳镇工农兵村检查第二次农业普查登记工作

南京中信会计师事务所

南京中信会计师事务所下设南京中信资产评估有限公司和南京中信工程造价有限公司，是专业从事财会审计、资本验证、资产评估、工程造价咨询、工程招标代理等法定业务和会计专业培训、财会管理顾问、税务筹划设计等咨询业务的专业服务机构，实行独立核算，具有独立法人资格。法人代表：陈瑶清。

南京中信会计师事务所及其所属公司内设机构有：综合审计部、资产评估部、工程造价咨询部、工交业务部、商贸业务部、涉外业务部、工程招标代理部、会计咨询培训部、总审室、办公室。现拥有中国注册会计师12人，中国注册资产评估师9人，注册造价工程师6人，从业人员近30人。

南京中信会计师事务所2007～2010年连续4年被评为南京市文明事务所。是溧水县中介机构联合会会长单位。

◇ 法人代表　陈瑶清

事业

◇ 讨论工作

专业

信业

联系电话：025-57207237、57207238、57207239、57207240、57207241、57207242、57207846、57207847、57207243（传真）

办公地址：溧水县永阳镇后巷2号（县政府大院内9号楼）

中共溧水县委农村工作委员会

◇ 召开领导班子工作会议

县委农村工作委员会不断深化对“三农”问题认识，加快推进城乡统筹协调发展，紧紧围绕农业增效、农民增收、农村稳定，推进农民专业合作社、农地股份合作社和社区股份合作社等“三大合作”建设，发展集体经济，带动农户增收，全县农村发展呈现良好的局面。

◇ 县政协调研农民专业合作社

◇ 溧水县宁佳青梅专业合作社二次分配现场会

◇ 外地领导视察溧水县设施农业

◇ 溧水县农民专业合作社财务制度培训班

南京亚力电气有限公司

南京亚力电气有限公司董事长
县石湫镇商会副会长
市机械刀具工具商会副会长
县优秀共产党员
县2010年度优秀企业家
石湫镇2010年度有功个人
裘之建

南京亚力电气有限公司由2002年6月成立的南京溧水亚力机械制造有限公司于2009年6月更名而来，是一家专业生产电力配件、机械配件的民营企业。公司位于石湫镇工业集中区，占地面积3.15万平方米，其中建筑面积1.85万平方米；注册资本2000万元，固定资产1500万元（不含土地资产价值）；职工165人，其中专业技术人员35人，管理人员16人。

公司的发展理念是“质量兴企、效益兴企、人才兴企”，通过近十年的积累和沉淀，拥有一批较高水平的专业技术人才和企业管理人才，生产设备先进，生产工艺成熟，分别于2005年和2009年两次通过ISO9001：2008质量管理体系认证。建立严密的全过程质量管理体系，公司生产的铁接板、铁附件等产品在行业检查评比中始终名列前茅，享有良好的声誉，产品的质量和企业的诚信深受客户好评，被大部分客户评为“优秀供应商”。多年来，公司产品质量、销量和市场占有率一直位列同行业第一方阵。企业先后多次获市县文明单位、重合同守信用企业、优秀民营企业、先进私营企业、安全生产先进企业等荣誉称号。

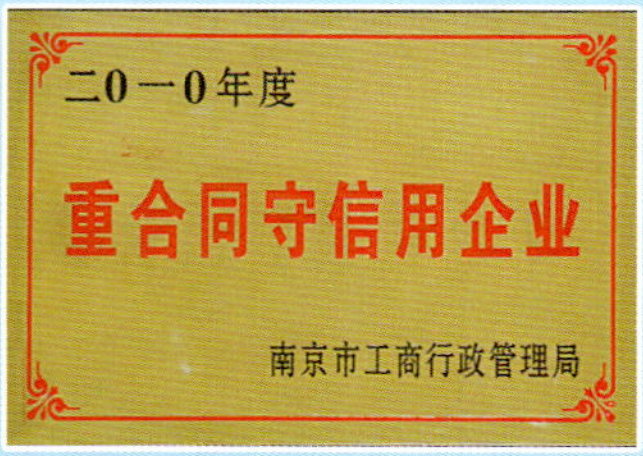

——溧水县优秀民营企业、石湫镇纳税大户

2010年该公司成为全镇第一个销售过亿元的工业企业，实现工业产值1.3亿元，实现销售收入1.26亿元，缴纳税金850万元，同时吸纳当地农村劳动力150人。2008～2010年连续3年被石湫镇党委、政府评为纳税大户，公司法定代表人裴之建被授予2010年度优秀共产党员称号，被县委、县政府授予2010年度优秀企业家，被石湫镇党委、政府表彰为有功个人，在2010年基层商会换届选举中当选为镇商会副会长、南京市机械刀具工具商会副会长。

2010年，公司投资850万元，收购镇工业集中区一家关闭企业，盘活闲置资产，投资550万元，新建一条自动化生产线。组织员工分批次参加政府权威部门组织的各项专业技术培训，高薪聘请5名工程师和经济师到公司进行业务指导。5月向国家工商行政管理总局申请注册亚力牌商标，实施品牌战略。

◇车床

◇滚丝机

◇滚丝机

亚力的企业精神：勇于拼搏，勤于学习，敬业奉献；亚力的企业宗旨：效益最大化，服务最优化；亚力的经营理念：质量、诚信、品牌、服务，是公司永远的追求；亚力的战略目标：建成规模化、现代化、居于国内领先水平的公司。

亚力公司电话：025-57270919　传真：025-57271528

手机：13805198393、13952006786

E-mail：njypzj@sina.com

农业

NongYe

综述

【概况】 2010年,全县农业工作把握社会主义新农村建设和城乡统筹发展机遇,促进农业增效、农民增收,深化农业结构调整,突破设施农业和规模养殖两个关键,深入推进高效农业规模化、农业产业化和农业现代化。全年农林牧渔业总产值38.09亿元。农民人均纯收入1.08万元,比上年增长13.17%,其中农业部分2425元,占22.45%。

*高效设施农业整体推进。*县政府将高效设施农业目标任务列入各镇(区)的千分制考核内容。全年建设完成7个省高效设施农业项目、4个市设施农业重点项目及6个市后补项目、5个国家财政支农项目,争取上级财政资金补助1890万元,其中白马农业高新技术产业园、傅家边现代农业园区争取项目建设资金800万元。全县按照"政府引导、企业主导、市场运作"的发展战略,通过招商项目包装推介、农洽会、网上招商和社会公开招标等方式,吸引规模以上项目投资总额8.1亿元,参与高效农业的开发,改善农业基础设施,提高高效设施产业园区、示范基地建设水平,其中投资高效设施农业1亿元、农产品出口额1000万美元。全年新增高效农业2513公顷、高效渔业506.67公顷、设施农业840公顷、设施渔业280公顷。新增畜禽规模养殖生猪2.12万头、家禽254.61万羽。畜禽规模养殖比重比上年提高5.12%。至年底,全县高效农业总面积达1.74万公顷,占耕地面积的40.5%。其中,设施农业面积达4947公顷,占耕地面积11.6%;高效渔业面积4000公顷,占水产养殖面积的30%,设施渔业面积2317公顷(含三网),有各类规模养殖基地76个。

*"生态溧水"建设取得成效。*按照"绿色南京"建设要求,全年新增造林884.4公顷,完成村庄绿化151个。建成规模畜禽养殖场沼气池14座,组织实施秸秆机械还田1.01万公顷,还田秸秆量约7.45万吨;实施覆草还田3467公顷,处理秸秆1.3万公顷,利用秸秆7.8万吨;实施秸秆固化成型生产3100吨,处理秸秆5100吨;其他综合利用秸秆13.35万吨。实施省级第三期氮磷拦截工程项目1个,建成有机种植基地333.33公顷,新建蓄水沉降池5座、泵站2座、多级沉降水坝5座,开挖生态沟渠6000米,减少氮磷污染物向老鸦坝水库排放,保证老鸦坝水库饮用水源地的安全。

*农产品质量建设得到强化。*全年新组织申报省、市级农业标准化示范区11个,开展有机白茶、无公害加州鲈鱼及南美白对虾3个市级标准化示范区建设的考核验收准备工作,加快推进建设农业标准化示范区。新建农产品质量安全示范基地3个,完成无公害农产品产地复查换证47家,新增无公害农产品产地5家、产品7个,组织申报无公害农产品产地7个、产品39个。新申报绿色食品标志企业1家、绿色产品2个,新申报有机食品标志企业1家。全年组织开展6次农产品质量安全监督综合执法检查活动,重点监督检查"三品"(无公害、绿色、有机)基地、农业投入品市场、饲料加工企业。

*农业信息服务水平进一步提升。*农业信息化工作围绕农业信息"三进"(进村、进园区、进大户),开展信息传输、咨询、服务,重点建设县级农业网站和镇级农业特色网站,明确村级和农业园区兼职信息员,着手开展示范村和重点农业企业

信息员技术培训,筛选20名农业大户和农业企业代表参加市级农业信息技能培训班。提高基层信息人员业务素质,建设农业信息员队伍网络。利用《秦淮源周刊》、县广播电台、电视台等新闻媒体传播农业实用技术,宣传典型经验。全年更新溧水农林信息网信息360条,被省、市网站录用信息180条,各镇及开发区直接向市金陵农网报送并录用信息245条。年底,在新建成的县农产品检测中心大楼五楼会议室安装调试农业视频会议系统设备,视频会议光纤直接接入省农委视频主机,实现全省农业信息资源共享,确保省、市主管部门农业重大决策得到及时贯彻落实。（袁新怀）

【创建"放心农资消费镇"】 3月,县农林局在洪蓝、石湫镇开展"放心农资消费镇"创建活动。两镇60家农资经营单位全部建立监督工作台账,上墙公布"12316"农资打假举报电话,向农户发放农资打假服务卡,推行农资守法经营公开承诺制度,规范农资经营,构建放心消费环境。根据农资市场的季节变化,及时采取不同的措施加以监管。群众满意度达90%。年底,两镇农资连锁经营市场占有率80%以上,农资产品的合格率达95%。

【编写《江苏省溧水县耕地地力评价报告》】 以第二次土壤普查成果资料为基础,利用2007~2009年测土配方施肥补贴项目,运用全球卫星定位系统(GPS)、地理信息系统(GIS)等现代高新技术手段,全面调查全县各类土壤的分布、理化性状、土地利用现状、种植结构、产量水平、施肥状况等,采集土样3459个,化验3.24万项次,采集植株样156个,化验936项次。12月,完成溧水县耕地地力评价工作报告、技术报告、专题报告及相关数字化图件,建成溧水县耕地地力管理信息系统,并通过省级验收。

【农业执法检查】 3月,县农林局贯彻落实农业部种子执法年活动,开展全县春播种子市场执法大检查。检查县城种子企业和各镇主要种子代销经营点58家,检查各类种子品种47个,查获标签标识不合格品种种子11批次3570公斤,责令全部限期退货。5月中旬~6月中旬,县农业执法大队开展蔬菜禁用农药执法检查月活动,检查农药经营单位56家,涉及农药品种19个(除草剂13个),未发现经营违禁农药行为。8月20日~9月8日,农业局组织开展全县秋播油菜种子市场大检查。检查相关单位(经营点)35家,其中县城4家、镇31家,检查种子品种20个,其中杂交油菜品种9个、常规油菜品种11个;查获标签标注不合法品种种子2个150公斤,全部实行暂扣和劝退处理。8月27日,农业局组织开展全县农产品质量安全检查,重点检查县内龙虾养殖基地、畜产品养殖基地、蔬菜生产基地的生产销售记录,当场要求产品生产销售记录不完整的企业实行定期整改,同时抽查部分镇畜产品检疫站、放心菜检测站的制度建设、人员到岗情况及台账记录,并要求相关部门提高检测(检疫)频率,增加检测(检疫)批次,确保上市农产品的质量安全。

【实施农业科技入户工程】 全县组建稻油、果菜、畜禽、水产4个农业技术专家组,按照一村至少一名农技员的标准,从县、镇(区)农技人员中公开选聘技术指导员131人,在全县范围内遴选科技示范户2020户,实施农业科技入户工程。技术指导员进村入户,与科技示范户开展面对面的技术指导,实现农业科技服务产业全覆盖和科技示范户村村全覆盖。全年技术指导员进村入户1.07万次,接受电话咨询7210次,提供信息2800余条,开展技术培训6200人次,赠送农技书籍2500余册,帮助引进新品种17个,推广新技术8项,向科技示范户发放物化技术补贴29.9万元。12月24日,溧水县稻油、果菜、畜禽、水产科技入户工程通过淮安市洪泽县考评组的交叉验收。

【县农产品检测中心竣工】 12月28日,县农产品检测中心竣工。中心大楼位于县城交通路219号,总占地面积1800平方米。其中,主体大楼占地800平方米,共6层,建筑面积4800平方米。新建实验室800平方米,具有畜禽检疫、土壤化验、农药残留检测三大功能,并设置色谱室、前处理室、常规分析室、无菌室、动物生物室、资料室等15个功能室,配置气相色谱仪、液相色谱仪、原子萤光仪、农残速测仪和多功能水质分析仪等95台套。

【开展农民科技培训】 2010年,在全县91个村开展"一村一品"菜单式农业实用技术培训,培训农民1.21万人,其中残疾农民400人。举办高效农业、农产品经纪人暨职业技能鉴定、设施蔬菜暨职业技能鉴定、特种水产、优质畜禽、优质鸡规模养殖、村干部及农民专业合作组织负责人等8期农民创业培训，615人参训。其中，123名学员经资格审查和考试合格，获得相应的职业技能鉴定证书。开展"致福工程"，农民学电脑、学上网培训15期，506人参训。

【农产品展销取得成果】 6月23~26日，溧水县组织南京牧乐农副产品开发有限公司、傅家边科技园集团有限公司、南京新得力食品有限公司、南京白龙有机农业科技开发有限公司等9家农业龙头企业参加中国·江苏名优农副产品展销洽谈会。30多个农产品参展，受到广泛关注，取得良好的经济效益。9月27~29日，第十二届江苏农业国际合作洽谈会在无锡举行。溧水县组织南京宝生源食品有限公司、南京新得力食品有限公司、南京常力蜂业有限公司、南京老一辈食品有限公司等10多家农业龙头企业的黑莓产品、蓝莓产品、蜂制品、风鱼等30多种名特优农产品在农洽会上集中展示，并组织南京牧乐农副产品开发有限公司和南京白龙有机农业有限公司现场销售。新加坡仁恒置业有限公司在晶桥镇投资1000万元的农业综合开发项目，在省重大项目签约仪式上签约。10月16~17日，南京市农业委员会在绿博园举办"第六届(中国·南京)农业嘉年华"活动，溧水县选送的傅家边牌系列产品、洪蓝御带糕、秋湖山两蛋系列产品等30多个特色休闲农业产品倍受南京市民欢迎，尤其是秋湖山两蛋系列产品、洪蓝御带糕出现供不应求的场面。展销产品总销售额达20多万元。10月19~22日，由农业部、河南省人民政府主办的第八届中国国际农产品交易会在郑州市举办。溧水县组织南京常力蜂业有限公司、南京新得力食品有限公司和南京老一辈食品有限公司3家企业，在江苏省展区集中展示特色明显、质量上乘的蜂产品、黑(蓝)莓制品、风鱼制品3个系列近20个品种，吸引众多宾客前来参观、咨询和洽谈。和凤镇台资企业南京欣南食品有限公司组团参加此届农产品交易会，展示的粉丝系列产品深受欢迎。

【实施南京市农业"1115"工程】 3月，南京市开始实施农业"1115"工程。"十二五"期间，在全市重点规划建设100万亩(6.67万公顷)高标准农田、100万亩经济林果、100万亩高效养殖和50万亩(3.33万公顷)标准化菜地。根据市政府下达的任务，溧水县规划建设1.4万公顷高标准粮田、1.67万公顷经济林果、1.13万公顷高效养殖和0.53万公顷标准化菜地，并确定和凤镇作为南京市"1115"工程规划编制示范镇。9月30日，市农业委员会、市农业资源开发局领导会同省兰德土地工程技术有限公司技术人员，赴和凤镇指导南京市农业"1115"工程规划编制试点工作。11月底，完成《和凤镇农业产业规划》及《和凤镇万亩蔬菜产业园区发展规划》。12月，县政府颁发《溧水县农业"1115"工程实施意见》，明确按照"政府引领、市场运作、企业主导、产业兴园"的思路，集中力量建设一批规划布局合理、生产要素集聚、科技和设施装备先进、经营机制完善、经济效益和示范带动效应明显的现代农业园区，使之成为实施农业"1115"工程的典范。年底，召开各镇农业"1115"工程规划编制推进会。各镇计划于2011年2月完成农业"1115"工程规划编制任务。

【现代农业示范园区建设】 1月，县政府启动县级现代农业示范园区建设。6月，县政府办公室印发《溧水县推进现代农业示范园区建设方案（试行)》，明确溧水县现代农业示范园区建设的规划设计、产业特色、连片规模、基础设施、科技水平、运行机制、标准品牌、带动效应等8个标准。同月，经考评认定，首批命名洪蓝镇傅家边现代农业示范园(草莓)、南京春江有机蔬菜科技园、东屏镇金湖现代农业生态示范园、永阳镇东庐山现代农业科技示范园和南京和凤万亩蔬果现代示范园等5个园区为溧水县现代农业示范园区。和凤现代农业产业园、白马现代农业高新技术产业园按照县级园区8个标准，整体推进现代农业示范园区建设。11月，和凤现代农业产业园被省农委、省海洋与渔业局列为全省现代农业园区动态统计监测园区。12月2日，白马现代农业高新技术产业园被科技部认定为江苏南京白马国家农业科技园。溧水大金山休闲农业观光园、溧水金大象现代生猪养殖园、傅家边茶叶良种示范园按照县级园区认定的标准提标升级，达到县级园区8个标准。至年底，全县有10个园区被认定为溧水县现代农业示范园区。 （徐同云　张荣生　程雅梅　袁丹丹）

农业综合开发

【概况】 2010年,全县完成立项的国家、省、市级农业综合开发项目25个。治理面积2660公顷。项目总投资9725.66万元。其中财政资金4636万元。自筹资金5089.66万元。

【国家级土地治理项目】 全年投资2713万元,治理土地1633.33公顷。其中,和凤镇中低产田改造项目533.33公顷,洪蓝镇中低产田改造项目333.33公顷,白马镇高标准农田建设示范工程项目666.67公顷,洪蓝镇土地治理与产业化经营有机结合试点项目100公顷。

【产业化经营项目】 2010年,实施产业化经营项目6个。其中,10万公斤栀子黄色素加工建设项目、100万只獭兔生态养殖基地扩建项目为产业化补助项目,总投资1654.25万元。产业化贴息项目4个,分别为5000吨黑莓加工扩建贴息项目、100万只獭兔产品加工扩建固定资产贷款贴息项目、30万吨大米加工扩建流动资金贷款贴息项目、3000吨黑莓浓缩汁加工扩建贴息项目,财政贴息资金221万元。

【省级丘陵山区开发项目】 2010年,全县总投资4910万元,开发面积866.69公顷。其中,东屏镇和平苗木基地项目133.33公顷,和凤镇新型农业生态园建设项目200公顷,晶桥镇枫香岭苗木基地项目66.67公顷,永阳镇高档葡萄基地项目66.67公顷,洪蓝镇山南村丘陵山区果蔬生态科技园项目66.67公顷,洪蓝镇傅家边经济林果基地项目66.67公顷,永阳镇食用菌基地项目66.67公顷,白马镇浮山茶叶基地项目66.67公顷,洪蓝镇苗木基地项目66.67公顷,白马镇林禽复合经营基地项目66.67公顷。

【市级特色基地建设项目】 全年总投资227.41万元,开发面积160公顷。其中,石湫镇加州鲈鱼水产养殖基地项目66.67公顷,永阳镇山栀基地续建项目40公顷,晶桥镇特色水产基地项目33.33公顷,东屏镇食用菌生产基地项目20公顷。

(陈政梯)

食用菌培植基地　　《秦淮源周刊》供稿

种　植　业

·粮油业·

【概况】 2010年,全县粮食种植面积4.1万公顷,总产量30.17万吨,分别比上年增加2600公顷、1.92万吨。油菜种植面积1.06万公顷,总产量2.31万吨,分别比上年减少1900公顷,减产0.62万吨。全县落实小麦良种补贴面积1.47万公顷,油菜良种补贴面积1.06万公顷,两项合计补贴380.1万元;水稻直补2.42万公顷,补贴725万元;农资综合补贴2.58万公顷,补贴2665.47万元;农业大户贷款1286万元,贴息18.34万元。

【实施水稻商品化育供秧项目】 4~6月,全县推进水稻商品化育供秧项目服务,遏制直播稻盲目发展,解决农村劳动力季节性短缺,提升水稻生产机械化水平。结合万亩示范片建设,启动机插秧商品化育供秧项目,建立3个镇机插秧专业合作社、2

个商品化育供秧示范点，添置高性能插秧机 10 台(套)。露地集中育秧 6.67 公顷,推广机插秧 666.67 公顷。培训机手、种植大户、基层农技员 200 名。

南京绿星农业科技有限公司大棚蔬菜　　县农业局 供稿

【创建部、省级水稻高产示范片】 2010 年,和凤镇承担创建部、省级水稻高产示范片任务,确定和凤镇群英圩的吴村桥、孔镇、乌飞塘 3 村创建部级水稻高产示范片建设区,面积 734.2 公顷;确定联合圩沙塘庵、中杨、骆山 3 村创建为省级水稻高产示范片建设区，面积 866.67 公顷。为此,和凤镇成立领导小组和技术服务指导小组,研究制定和凤镇水稻高产创建工作方案,确定以优质良种“武运粳 23”作为主导品种,实施统一供种、统一育苗。安排技术人员深入田头指导农户进行大田移栽,发放测土配方建议卡,开展病虫害防治工作，确保创建部、省级水稻高产示范片成功实施。10 月11 日,县农业局与和凤镇抽调农业技术人员成立水稻高产创建理论测产小组,按照《江苏省水稻高产增效创建测产验收办法》,进行水稻高产创建理论测产，取得创建水稻高产示范区第一手资料，确保水稻高产创建理论测产所取数据的科学性、准确性。　(陈秋生　陈桂玲　黄红梅)

·蔬菜业·

【概况】 2010 年,全县蔬菜业以发展高效设施蔬菜为重点,巩固春江、环湖、绿星、普朗克和天丰等多个品牌蔬菜基地,发展白马春江、东屏屏湖、永阳普朗克等有机蔬菜基地,拓展新建和凤乌飞塘、永阳沙河、白马石头寨等特色蔬菜基地。通过加大国家政策扶持和财政投入,吸引“三资”投入农业项目,促进高标准设施蔬菜的发展。全年新建设施蔬菜面积 373.33 公顷,其中新建宽体钢架大棚面积 206.67 公顷。累计播种蔬菜 1.3 万公顷,比上年增加 133.33 公顷；实现蔬菜总产量（含菜用瓜）36.9 万吨,比上年增加 2.2 万吨;总产值 5.6 亿元,比上年增 0.5 亿元。全县蔬菜价格普遍上涨,全县蔬菜业呈现“量价齐升”的局面。

【华成大棚蔬菜生产基地建设项目通过验收】 5 月 25 日,由南京润农果蔬专业合作社承担的 2009 年度江苏省高效农业项目“溧水县华成大棚蔬菜生产基地建设项目” 通过验收。项目新建成 34.28 公顷蔬菜钢架大棚,引进示范、推广新品种 10 个,建设自来水及电力线路 610 米,铺设砂石路 845 米。通过该项目的实施,和凤镇乌飞塘钢架大棚蔬菜每公顷纯收益达 7.5 万元以上，带动本地 87 户农户实现增收,提高本地蔬菜的自给率。

【春江有机蔬菜步入健康有序发展轨道】 2010 年，南京春江新迪有机农业有限公司新扩有机蔬菜基地 66.7 公顷,标准化有机蔬菜基地面积达到 400 公顷。建成 500 平方米农产品展示中心及农残检测中心,推广应用生物农药、太阳能杀虫等物理防治和生物防治措施。加强技术培训,提高有机蔬菜生产中农民、技术人员的整体素质和技术水平。实施全程质量控制,确保做稳、做强有机蔬菜。宣传有机蔬菜品牌,建立蔬菜销售渠道,发展休闲旅游,促进有机蔬菜产业可持续发展。　(姜小龙)

林　特　业

【概况】 至年底,全县经济林果面积 1.08 万公顷,其中桑园 333.37 公顷、茶园 1708.26 公顷、果园 4915.67 公顷、花卉苗木 2990 公顷、中药材 747.53 公顷、笋用竹 89.33 公顷。总产值 4.42 亿元,其中果树 2.39 亿元、花卉苗木 1.14 亿元、茶叶 7229 万元、中药材(山栀为主)1157 万元、蚕桑 448.7 万元、其它 42 万元。完成经济林果开发面积 594.8 公顷,其中茶园 29.33 公顷、果园 261.33 公顷、花卉苗木 288.47 公顷、中药材 15.67 公顷。草莓参加全国质量评比获金奖 3 个、银奖 5 个、优胜奖 21 个。茶叶参加省质量评比获金奖 2 个、银奖 1 个,参加市质量评比获金奖 5 个、优胜奖 1 个。全县完成成片造林 884.4 公顷。至年底, 全县森林覆盖率 28.31%,比南京市平均水平高 3.5 个百分点。

【发展特色林果】 2010 年,全县以“绿色南京、生态溧水”建设为契机,大力发展以草莓、蓝莓、黑莓、青梅为主的特色林果,扩大基地规模,优化品种结构,强化生产服务,不断提高园艺产品质量和产业化水平。至年底,“四莓(梅)”面积 3197.07 公顷,产量 2.4 万吨,产值 1.92 亿元。其中,黑莓面积 2090.33 公顷,产量 1.55 万吨,产值 1937.8 万元;草莓面积 352.47 公顷,产量 5485 吨,产值 1.11 亿元;蓝莓面积 400 公顷,产量 1200 吨,产值 4800 万元;青梅面积 354.13 公顷,产量 1828.5 吨,产值 1280 万元。

【发展梅(莓)加工企业】 2010 年,南京宝生源食品有限公司、南京百汇食品有限公司、南京新得力食品有限公司 3 家企业扩建黑莓深加工项目,黑莓加工能力比上年扩大近 1 倍。南京龙力佳农业发展有限公司和傅家边科技园果品加工厂 2 家以青梅为主要加工原料的企业,全年收购果梅 1900 余吨,出口 200 多吨,创汇 50 万美元。南京新得力食品有限公司、南京新思维农业科技开发有限公司、南京脆而爽蔬菜食品有限公司、南京宝生源食品有限公司 4 家企业以黑莓为主要加工原料, 全年收购黑莓鲜果 1.2 万吨,出口黑莓速冻果 6500 吨,创汇 550 万美元。

【“中国优质草莓评比活动”在傅家边举行】 3 月 5 日,中国草莓协会牵头组织的全国草莓评比活动在傅家边举行,全国 108 家单位推荐的 37 个品种,393 份优质鲜果样品参加评比。按照光泽度、里外颜色、香味、甜度、丰产等标准,评出金奖 22 个、银奖 39 个、优胜奖 82 个和“嘉博文杯草莓种植能手”奖 3 名、“最受南京市民喜爱的草莓”奖 5 个。溧水县选送的草莓样品有 3 个获金奖、5 个获银奖、21 个获优胜奖。傅家边草莓种植户韩卫兵获“嘉博文杯草莓种植能手”。南京绿星农业科技有限公司、南京宝生源食品有限公司、南京傅家边草莓合作社和溧水经济开发区共和村丰盛草莓合作社获 “最受南京市民喜爱的草莓” 奖。溧水县是全省最大的设施栽培草莓基地,草莓市场占据南京市三分之一。傅家边草莓园主栽品种为“丰香”和“红颜”两个品种。其中“红颜”为日本引进的新品种,具有浓郁的奶油味,香甜可口,每年吸引上海、苏州、无锡、常州、南京等周边市民前来采摘。种植草莓成为当地农民增收致富的重要途径。

【草莓专家论坛与学术交流会】 3 月 6 日下午,在溧水县天生桥山庄举行草莓专家论坛与学术交流会。来自西班牙、日本等国家及国内各地的草莓专家、学会会员、草莓种植户、企业代表参加交流。西班牙国际园艺学会草莓工作组执行主席何塞和日本草莓专家通过调研, 建议溧水县加大技术投入,发展具有地方特色的草莓品种。中国草莓学会副会长赵密珍指出:“休闲观光要与草莓生产结合

中国优质草莓评比活动　　县委宣传部 供稿

起来，高标准发展草莓产业。”傅家边农业科技园董事长李百健表示，傅家边农业科技园将继续做大做强精品草莓园建设，特别是要在新品种、新模式上寻求新的突破，让游客充分体验到溧水特色农业的韵味。

程流凹封育区新造榉树林　　县林杨 供稿

【实施村庄绿化建设项目】 2010年初，省林业局下达溧水县村庄绿化建设任务。6月，全县建设村庄绿化163个。经省、市验收，151个村庄绿化建设达到省、市合格标准。完成植树90.6万株，其中道路绿化植树25.4万株、水体绿化植树5.3万株、家前屋后植树33.2万株、公共绿地植树26.7万株，自然村道路和水体宜林地绿化率均达到95%以上，绿化覆盖率均达到30%以上，40个省级示范村绿化覆盖率达到35%以上。

【“绿色南京”成片造林通过市级验收】 6月，受南京市“绿色南京”办公室委托，省森林资源监测中心组织林业技术人员组成验收组考核溧水县“绿色南京”成片造林实绩。经考核，验收组认定溧水县完成成片造林884.4公顷，造林面积合格率为94%。其中，完成石臼湖、东屏湖防护林91.4公顷、河道绿化50.93公顷、生态景观林103.53公顷、宁杭高速绿色通道4.87公顷、绿色产业林633.67公顷。成片造林各项工程质量符合要求。

【县林场实施封山育林工程】 3月，县林场实施封山育林工程，封育疏林地、宜林地、灌丛等地块，实施科学管护。项目总投资87.5万元。县林场根据各林区的实际情况确定4个封育区：程流凹封育区153.33公顷，老虎头封育区110.67公顷，观山封育区333.33公顷，东庐山封育区69.33公顷。封山育林工程坚持统一规划、因地制宜、封育结合、封造并管的原则，制定详实可行的技术操作规程，明确造林地类、方式、技术等。工程建设实施公开招标，封育林地实行机械、半机械化作业，因地制宜进行新造或补造，造林和补植树种为冬青、泡桐、榉树、香花槐等。设置封山育林警示牌7处，明确管护责任人、封育范围、封育年限、封育方式等内容。全年实施封育面积667公顷，其中乔木型544.68公顷、乔灌型120.07公顷、灌木型2.25公顷。

【集体林权制度改革】 5月，启动全县集体林权制度改革工作。依据“不分山、不分林”、“均股均利”的原则，将集体林地确权到村(组)、折股到人。按照调查摸底、宣传发动、制定方案、外业勘界、村民票决、张榜公示的工作流程，实施林权制度改革。9月，在晶桥镇召开全县集体林权制度改革推进会。11月底，全面完成集体林权制度改革，面积2.63万公顷，签订合同1970份，改制率为100%。其中，均股均利9933公顷，集体统一经营433.33公顷，其他经营形式1.59公顷。发放林权证2080份，发证率为100%，涉及人数27万人；发放股权证2.8万份，发证面积1.99万公顷，发证率为100%，涉及人数14.2万人。全县投入林改经费140万元，其中县政府拨专款20万元。12月22日，县集体林权制度改革顺利通过省林权制度改革办公室的检查验收。

（何　俊　王忠军　方明保　范双虎）

畜牧业

【概况】 2010年，全县生猪饲养量32.35万头，比上年增长1.44%；生猪出栏21.57万头，比上年增长3.6%；有省级生猪规模养殖场有3户、市级36户、县级142户，规模养殖比重66.74%，比上年提高5.63个百分点。牛饲养量0.72万头、出栏0.21万头。羊饲养量31.96万只、出栏19.91万只。兔饲养量85.46万只、出栏51.46万只。肉类总产量4.29万吨，比上年增长6.16%。家禽饲养量1927.96

万羽，比上年增长5.52%；家禽出栏1471.8万羽，比上年增长6.48%。省级肉禽规模养殖场6户、市级80户、县级308户，规模养殖比重85.27%，比上年提高5.14个百分点。禽蛋产量1.84万吨，比上年增长9.77%。省级蛋禽规模养殖场17户、市级79户、县级31户，规模养殖比重80.56%，比上年提高5.93%。牛奶产量500吨，奶牛规模养殖比重达到100%。

【创建生态健康养殖示范基地】 12月，南京牧乐畜禽养殖专业合作社、南京溧水县洪溪有限责任公司、溧水县洪蓝七一畜牧养殖场、溧水惠民畜禽养殖专业合作社、南京温氏畜禽育种有限公司被市农委认定为2010年度市级畜牧生态健康养殖示范基地。南京牧乐农副产品开发有限公司、溧水惠民畜禽养殖专业合作社天惠林牧养殖场、南京溧水县洪溪有限责任公司、溧水县洪蓝七一畜牧养殖场被省农委认定为2010年度省级畜牧生态健康养殖示范基地。南京温氏畜禽育种有限公司和南京金大象农牧产业有限公司被省农委认定为2010年度省级畜禽良种化示范基地。

南京温氏畜禽育种公司养殖的青脚麻鸡　　县农业局 供稿

【引进台湾红标土鸡】 11月5日，南京新概念农业科技有限公司从法国引进台湾红标土鸡祖代鸡750套(1006只)。红标土鸡原产于中国台湾，经过法国SASSD公司近20年的纯化育种，商品鸡抗病力强，环境适应能力强，饲料换肉类高，生产速度快，是优良的节粮型商用有色鸡种，具有土鸡的高品质肉质，并兼具与白羽肉鸡几乎相等的生产效率，是南京市重点推广的鸡种之一。

【实施重大动物疫病防控行动】 3月10日，溧水县召开全县动物防疫工作会议，正式启动重大动物疫病春季集中防疫行动。各镇(区)成立春季集中防疫行动领导小组，并制定工作方案，镇、村级动物防治员成立突击防疫小分队，逐村逐户进行防疫，逐户进行免疫注射，确保村不漏户、户不漏畜(禽)、畜(禽)不漏针。4月20日，实现防疫总体目标，高致病性禽流感、牲畜口蹄疫、高致病性猪蓝耳病、猪瘟、新城疫等重大动物疫病应免畜禽免疫密度达100%，免疫畜禽群体免疫抗体合格率达80%以上，猪、牛、羊耳标配戴率100%。7月，实施夏季生猪高热病防控和高温突击消毒行动，县、镇(区)两级防疫机构实行24小时值班制度，及时核查和处理群众反映和举报的疫情线索，做到早发现、早报告、早处置、早控制。指导畜禽养殖场(户)建立科学的消毒制度，科学操作，严格按照消毒规程进行消毒。9月中旬，实施高致病性禽流感等重大动物疫病秋季防控行动，全县所有畜禽强制免疫。10月底，实现防疫总体目标，应免疫密度达100%。12月25~28日，县重大动物疫病防治指挥部办公室抽调16名技术人员，分4组考核检查全县镇(区)全年重大动物疫病防控。现场检查规模养殖场167户，其中猪场36户、牛场1户、鸡场39户、鸭场87户、鸽场4户；检查散户940户，其中猪470户1320头、牛144户198头、羊44户482头、鸡362户6664羽、鸭124户1072羽、鹅8户96羽。通过现场查看免疫耳标、免疫证，检查档案资料、免疫台账，牛、羊口蹄疫免疫率100%，家禽禽流感和新城疫免疫率100%，猪口蹄疫、猪瘟免疫率100%，猪蓝耳病免疫率98.5%。免疫率、免疫证发放和耳标佩带达到100%。全年实施家禽禽流感免疫1015万羽(其中鸡免疫681万羽、鸭免疫293万羽、鹅免疫41万羽)，猪瘟免疫13.9万头，牲畜口蹄疫免疫19.44万头(猪免疫13.2万头，牛

傅家边杂交野猪养殖　　县农业局 供稿

免疫 0.9 万头，羊免疫 5.34 万头），高致病性猪蓝耳病免疫13 万头，鸡新城疫免疫 712 万羽，羊痘免疫 2.3 万只，狂犬病免疫 2787 头。检测猪血样 360 份，牛、羊血样 120 份，禽血样 1210 份。送市疫控中心检测血样 320 多份、棉拭子 200 多份。

（王韧辰　徐云翔）

水　产　业

【概况】 2010 年，全县水产养殖面积 1.31 万公顷，其中水面养殖面积 1 万公顷、稻田养殖面积 3093 公顷。大水面围栏面积 2000 公顷。特种水产面积 6710 公顷，其中加州鲈鱼养殖面积 550 公顷、河蟹养殖面积 4168 公顷、青虾养殖面积 870 公顷。水产品总产量 2.67 万吨，其中养殖产量 2.5 万吨、捕捞产量 1700 吨。特种水产品产量 1.06 万吨，其中加州鲈鱼产量 4840 吨、河蟹产量 2104 吨、青虾产量 795 吨、南美白对虾产量 904 吨、克氏螯龙虾产量 465 吨、鳜鱼产量 403 吨、黄桑鱼产量 380 吨。全年新增高效渔业面积 503.3 公顷，高效渔业总面积达 4016.67 公顷；新增设施渔业面积 276.67 公顷，设施渔业总面积 2678 公顷。洪蓝镇陈卞村被省海洋与渔业局授予“江苏省现代渔业示范村”。南京润雨对虾养殖有限公司、晶桥富财圩渔场、和凤战天圩渔场被认定为“农业部水产健康养殖示范场”。

【加强渔政执法】 2010 年，溧水县是石臼湖联合管理委员会值班县。年初，溧水县联合高淳县、当涂县开展石臼湖水域内的捕捞渔船、围网养殖水面、自然捕捞量调查，组织三县渔政站在石臼湖水域进行综合执法检查，营造良好的渔业安全生产氛围和社会治安环境。全年出动执法人员 138 人次，重点查处三无船只和各类违法作业行为，重点打击电力非法捕捞行为，行政处罚 3 起，调解渔事纠纷 24 起，查处渔业污染事件 3 起。全年核(签)发内陆捕捞许可证件 306 张，捕捞渔船持证率达 95%以上；签发渔业船检证书 336 本、持证率超过96%。4 月和 11 月，集中开展渔政执法专项整治活动。6 月，开展以“以人为本、安全第一”为主题的渔业安全生产月活动，开展渔业安全专项检查活动，落实安全生产管理责任制，全县上下层层签订责任书 17 份、渔业安全承诺书 336 份。建立全县渔业安全通讯网络，通过手机通讯，及时为渔民提供气象信息服务。建立渔业生产基地、生产企业渔用药物使用情况台账，从源头上防止水产品药物超标，确保辖区初级水产品的质量安全。全年组织水产品质量及安全检查 4 次、苗种生产企业检查2 次，其中接受部级水产品监督抽检 3 次，均未发现不合格产品。

【引进养殖梭鱼】 2 月，从大丰县水产推广站良种场购进梭鱼种 2680 公斤 （每公斤 30 条左右），主养 3.33 公顷，在河蟹池中套养 20 公顷。同时，从射阳县射阳港张鹏苗种场引进梭鱼夏花 20 万条，在 2 个 0.67 公顷池塘进行育苗试验，主养梭鱼每公顷产量 6750 公斤，每公顷效益 3 万元，套养梭鱼每公顷产量 600 公斤。

（肖盘强　丁　荣　熊美海）

水 务

Shui Wu

《秦淮源周刊》供稿

综 述

【概况】 溧水县发展民生水利、环境水利、资源水利、安全水利，推进防汛防旱、水利建设、工程管理、水资源管理、水行政执法和农机具推广等各项工作，水利事业呈现发展加快、管理加强、民生改善的良好态势。

实施重点水利工程建设。2010 年完成土方 430.25 万立方米。其中，完成 12 条县乡河道疏浚整治，土方 153.22 万立方米；完成村庄河塘疏浚整治 274 座，土方 188.18 万立方米；完成塘坝扩建 110 座，土方 88.85 万立米，新增蓄水量 240 万立方米。更新改造村级小泵站 11 座，完成 6 座中型水库、8 座小型水库除险加固工程，淳东灌区(溧水片)续建配套与节水改造工程通过竣工验收，基本完成湫湖泵站更新改造、二干河整治三期和新桥河治理工程主体工程。

健全防汛防旱体系。汛前，建立由县领导和有关部门组成县防汛防旱领导小组，形成全县防汛防旱组织体系和责任体系。组织开展水利设施大检查，督促各地及时消除重点险工险段等防汛防旱隐患，逐一制定渡汛预案，备足抢险物资。全县建立各级各类防汛抢险队 243 个近 1 万人。7 月，石臼湖水位出现 11 年来首次超 11 米高水位，县、镇防汛抗旱指挥部采取周密防范措施，及时发现险情、快速抢护，确保圩堤和人民群众生命安全。

强化水资源管理。推进节水型社会载体建设，成功创建节水型企业 1 个、节水型小区 1 个和节水型灌区 2 个。完成溧水县水利机械厂和南京明达矿业有限公司节水技改项目。加强水功能区水质监测，设立水质监测断面 21 个，实现水功能区水质监测率 100%，饮用水源地监测率 100%。

提升农机行业管理水平。全年新增适用新型农机具 922 台(件)。执行市以上补助资金 510 万元，带动全县农民投入农机化资金 1200 万元，农机跨区作业创收 1500 万元。完成秸秆还田面积 1.03 万公顷。联合收割机年检 110 台，农机检验率 90%，驾驶员检审率 80%。

2010 年度溧水县水利投入情况一览表

单位：万元

序号	项目名称	总投资	其中		
			中央	省	市
1	方便水库除险加固	3884	1285	1434	583
2	卧龙水库除险加固	2348	780	864	352
3	赭山头水库除险加固	2500	830	920	375
4	6 座小水库除险加固	1750		700	700
5	湫湖灌区续建配套	1200	400	267	267

续表

序号	项目名称	总投资	其中		
			中央	省	市
6	溧湖泵站更新改造	7537	2512	1257	1884
7	石湫九塘小流域治理	400	133	89	89
8	东屏西塘小流域治理	501	166	112	111
9	新桥河整治	3148	944	315	1259
10	二干河整治三期工程	7025		2810	2810
11	中央财政小农水工程	598	300		
12	市水利帮促项目	1044			243
13	抗旱站排灌站改造	584			225
14	丘陵山区水源工程	650			132
15	县乡河道疏竣	789		180	69
16	县乡河塘清淤	705			274
17	水利工程维修养护	562		155	51
合计		35225	7350	9103	9424

（骆照林）

【编制县"十二五"水利规划】 2010年，完成全县"十二五"水利发展规划、区域水利建设规划、农田水利规划、县城城市防洪规划、市级重点河道综合治理规划和《2011~2012年溧水县农村河道疏浚整治规划》等修编。"十二五"水利发展规划主要任务：天生桥河段整理工程，实施加固堤防13公里，改建涵洞7座，堤防灌浆13公里，计划总投资3000万元；一干河段整理工程，建设防汛道路、河道清淤、堤防整治及护坡，计划总投资3000万元；水闸工程，维修加固中山河闸，拆除重建天生桥闸和周家山闸，计划总投资5150万元；32座小水库除险加固工程，翻建涵洞、溢洪道，增设管理设施，计划总投资8950万元；县城污水处理厂扩建、提标，由2万吨/日提高到4万吨/日，计划总投资6000万元；截污管网向南延伸至中山河、南门河，铺设截污管道总长7公里，计划总投资4300万元；改建重点排涝站13座、小泵站71座，改扩建山区水源塘395座，实施万亩以上圩区治理工程5个，实施水土保持小流域综合治理工程7个；城区自来水改造工程，中山、方便水库取水能力提高14万立方米/日~16万立方米/日，并提高供水安全度和保证率。（高文文 葛元见）

【落实中型水库移民扶持政策】 2010年，实施第三批中型水库库区、移民安置区基础设施建设及后期扶持项目53个，投入资金471.49万元。项目内容包括：农村道路、农村安全饮用水和农村广电、卫生设施工程建设。至年底，完成项目42个，占79.25%。续建2008~2009年中型水库后期扶持结余资金建设项目76个，使用中型水库移民后期扶持结余资金1289.49万元。"十一五"期间中型水库农村移民4296人，县财政累计发放直补资金1139.63万元，建设移民项目267个，总投资2857万元。（吴雪虎）

水利工程建设

【概况】 2010年，全县完成冬春水利建设土方430.25万立方米，投资3.52亿元。其中，疏浚整治县级河道3条、乡级河道9条，完成土方153.22万立方米；疏浚整治村庄河塘274座，完成土方188.18万立方米；扩建丘陵山区水源塘坝110座，完成土方88.85万立方米；建成湫湖灌区续建配套与节水改造工程及明觉环山河综合整治等规模大、效益高的重点示范区；完成石湫镇明觉环山河水源工程一期、白马镇白马河集镇段综合整治工程、洪蓝镇洪蓝河集镇段综合整治工程一期、和凤镇联合圩排涝站改建工程等水利帮促项目，投资1043.9万元；完成石湫镇光明村、和凤镇毛公铺村、永阳镇石巷村3个中央财政小型农田水利工程项目，扩建塘坝26座、引水堰闸17座，修建防渗渠7830米，新建渠系配套建筑物177座，改建灌溉站9座；完成石湫镇明觉环山河区域中央财政新增农资综合补贴资金小型农田水利项目以及新农村实事工程11座村级小泵站改造工程；建成洪蓝镇国债节水灌溉示范项目，面积156.07公顷，其中设施农业区53.73公顷、农业节水灌溉区102.33公顷，总投资300万元；完成水土保持生态修复工程项目九塘小流域治理任务。

湫湖泵站　　县水务局 供稿

【续建改造淳东灌区（溧水片）】 6月10日，历时6个多月淳东灌区（溧水片）续建配套与节水改造工程竣工。该工程于2009年被列入省水利重点工程第四批扩大内需中央预算内投资及配套计划投资项目。工程主要内容：渠道护砌长5321米（总干渠护砌长3453米、中山补水线护砌长1868米）；配套建筑物改造22座，中山补水线陈塘进水闸、东干渠节制闸，总干渠5座分水涵洞，中山补水线9座涵洞、1座涵洞及陡坡、1座滚水坝；总干渠东侧新建长3700米的泥结石道路，中山补水线渠道沿线铺设排水涵管等。该工程改善灌溉面积4533.33公顷，渠系水利用系数由0.45提高到0.50。

【更新改造湫湖泵站】 至2010年底，湫湖泵站完成进水渠河道护砌、渡槽槽身、进水涵闸、前池排涝站、前池、进水池、泵室、配电房、出水池等主要建筑物主体施工及泵站主水泵、电机安装、进出水管道安装等。湫湖泵站是溧水县引提石臼湖水补给山丘农业用水规模最大的一座电力提水灌溉站，建于1978年，经过30多年运行，泵站机电设备老化，多数建（构）筑物破损严重，不能正常安全运行。2009年，该泵站更新改造工程列入省水利重点工程。主要建设内容包括：改造翻建湫湖泵站的进水闸、前池、泵室、出水管及出水池，配套建设供电专用线路、变配电站、泵站厂房及控制室、管理用房，姚家水库灌溉渡槽拆建，更新主水泵、主电机及电气设备，增设微机监控系统、视频监视系统等安全自动监测系统。更新改造后，泵站设计流量为15立方米/秒，水泵机组调整为13台套，总装机动力调整为8190千瓦。核定工程总投资7537万元。工程于2009年9月开工建设。

【二干河整治三期工程】 3月28日，溧水县二干河综合整治三期工程开工。二干河全长26公里，流域面积254平方公里，主要承接方便、卧龙两座中型水库及13座小型水库来水。三期工程主要建设内容：堤防达标15.03公里，堤身灌浆6.39公里，新做“五绞格网”护坡3.05公里、香根草护坡6.53公里、填塘固基6.14公顷，修建防汛道路15公里，新建水位站1座，拆建涵洞15座、泵站7座、桥梁3座，南山闸改堰1座。河道防洪标准按20年一遇洪水设计。概算总投资7025万元。至年底，开挖、回填土方71万立方米，石方0.83万立方米，混凝土0.61万立方米，钢筋制安364.5吨。

【新桥河治理工程】 9月18日，新桥河治理工程开工。工程总投资3148万元。至年底，完成土方开挖、回填111.54万立方米，石方6917立方米，混凝土5769立方米，钢筋72吨，防渗土工膜铺设1.45万平方米。新桥河为南部山丘区泄洪河道，干流总长约13.9公里，流域面积为314.6平方公里，主要承泄老鸦坝、姚家、赭山头3座中型水库和23座小型水库的洪水入石臼湖，同时也是湫湖泵站的引水河道。2009年12月10日，新桥河治理工程列入全国重点地区中小河流治理规划项目。该工程主要通过河道疏浚、堤防加固、建筑物改建

新桥河治理工程　　县水务局 供稿

等，提高新桥河防洪标准到20年一遇，同时满足湫湖泵站灌溉设计保证率75%的引水要求。

【小水库除险加固工程】 2010年，全县完成7座小水库除险加固工程，分别是新尤嘴、象山、龙头、神山凹、茨菇塘、丁塘和无想寺水库，总投资3463万元。除险加固后的小水库，落实专人管护。

（胡怀民　胡亚兰　王　屏　顾晓红）

防汛防旱

【概况】 2010年溧水县降水正常偏多，2月、9月降水量分别创1971年以来历史同期新高，6月降水量偏少，是1961年以来历史同期最少纪录。5月，根据县政府部署，储备块石2万吨、“三袋”（麻袋、编织袋、草袋）37.5万条、土工布1万平方米、木材287立方米。7月，连降暴雨和大暴雨，石臼湖水位出现11年来首次超过11米高水位，沿湖堤防先后发生34处渗漏和护坡损坏险情。县、镇防汛抗旱指挥部及沿湖各镇领导及时到岗到位，组织广大干部、群众迅速投入抗洪抢险，实现不破圩、不淹田、不死人既定目标。

【抗御洪水】 7月10~16日，全县遭遇强降雨，累计降雨180毫米~260毫米，受梅雨期当地强降雨、皖南山区暴雨、长江上游来水顶托影响，石臼湖水位持续上涨。7月12~14日，沿湖4镇组织约3000人次，清除石臼湖沿线堤防杂草100多公里，排除巡堤查险障碍。14日下午，石臼湖西大圩发生多处渗漏险情。县、镇防汛抗旱指挥部现场确定“迎水坡挂漏、背水坡做反滤导渗”抢险方案，洪蓝镇组织250人上堤抢险，紧急调运2台长臂挖掘机进行机械打桩，辅之以20台运输车不间断运送土方，人机结合抗洪抢险，奋战10小时，有效控制险情。7月19日，石臼湖水位达到11.56米，超警戒水位1.56米，为1954年以来第八个高水位。县内石臼湖流域27座圩、25公里湖堤、49公里河堤、96公里撇洪沟，出现大、小险34处。沿湖各镇组织防汛村组干部和圩区百姓2000余人，定人、定圩、定点、定时段进行地毯式巡查，重点监控曾经发生过险情的地段，不遗漏一个隐患点，确保圩堤安全渡汛。　（王　平）

水政水资源管理

【实施水资源管理】 2010年，县水务部门完善、更新取水口“四个一”（一个占用证、一张登记表、一张占用现场照片、一张占用位置界限图）管理，做到计划用水。安装取水户远程遥测系统，全县取水口计量安装率达100%。开展全县地下水普查，严格控制取用地下水行为，确保地下水资源可持续利用，杜绝超采区。开征非农取水户水资源费和南水北调基金，两费征收率达100%。8月，秦淮河溧水、江宁、南京城区段暴发蓝藻，水质极度恶化。8月6日~9月5日，及时开启天生桥闸引石臼湖水济秦淮河。8月11日，从中山水库调水15万立方米入中山河、护城河，改善溧水县城及东山、南京城区水环境，避免水污染事件发生。全县严格执行取、退水许可制度和取、退水口论证制度，执行率全部达到100%。

【加强水功能区监测】 2010年，县水务局严格按照水资源管理制度开展水资源管理、节约和保护工作，水功能区监测密度和频率分别达12次和4次以上，监测率达100%。强化镇级水厂水质监测，定期发布水质简报。加强水功能区巡查，制止水功能区内设置新排污口。核定重要水功能区——方便水库饮用水源地纳污能力，积极开展饮用水源地生态保护工作，采取科学措施研究水源地生态修复,改善水生态环境,保障饮水安全。

【实施节水技改项目】 至2010年底,完成溧水县水利机械厂和南京明达矿业有限公司2家企业节水技术示范项目。南京飞燕活塞环股份有限公司成功创建节水型企业。南京八幸公司被列为市级行业节水示范点。创建东方名城节水小区1个,创建石湫镇九塘和洪蓝奉贤圩节水灌区2个。

【规范行政执法】 2010年,县水务部门完善《溧水县水务局行政执法责任制》,规范行政执法行为,实现行政许可无超时、行政征收无违规、行政复议无变更、行政诉讼无败诉“四无”工作目标。全年组织人员80余人次、挖机5台次,清除行洪障碍2200立方米,拆除码头1座、违章建房240平方米、违章垦植0.8公顷。全年查处各类水事违章行为21起,按一般程序立案查处3起,协调水事纠纷11起,全年结案率达100%。

(张启权　曹惠娟　方长凤)

农机行业管理

【概况】 2010年,全县水稻机插技术推广、秸秆机械化全量还田技术推广、特色农机推广、农机跨区作业和农机合作组织发展均取得进展。新增40马力以上拖拉机38台、配套机具63台、高性能插秧机148台、静电喷雾器301台、半喂入联合收割机13台、增氧机和投饵机180台、保鲜库7座。机插秧面积5253.33公顷,机械化秸秆全量还田面积达1.02万公顷,跨区作业收割机126台,分别到江苏南通、安徽淮南及浙江、江西、湖南、湖北小麦水稻产区作业,创收达1500万元。全年检审农业机械1851台,检验率达90%;年检联合收割机110台;审验驾驶员1739人,检查率达80%。

【落实农机补贴政策】 2010年,溧水县实施国家农机购置补贴政策,开展农机购置补贴机具推广应用。利用电视、报刊、宣传彩页、现场会等多种途径广泛宣传农机补贴政策。面向南京傅家边现代农业园、南京绿岛农业园等农业园区以及茶场、食用菌养殖等企业,宣传推广特色农机和补贴政策。全年补贴各类机具922台套,执行市以上农机购机补贴资金510万元,带动农民投入农机化资金1200万元,落实农户和农机专业合作组织财政补贴241户。

【推广水稻机插秧技术】 2010年,县财政、农机部门鼓励发展高性能乘坐式插秧机,农户购置高性能插秧机在获得省、市补贴基础上,县财政补贴1万元/台。全县农户新购大同插秧机107台、久保田插秧机30台(其中高速插秧机1台)、东洋插秧机10台。全年完成机插秧面积5253.33公顷。

【推进秸秆机械化还田工作】 2010年,全县组织大、中型拖拉机和秸秆还田机械120台,小型拖拉机1100余台,开展秸秆机械化还田。机手与农户签订作业合同8.5万份,全年秸秆机械全量还田1.02万公顷,还田率33%。其中,麦秸秆机械化还田面积4907公顷,还田率46%;稻秸秆机械化还田面积5306公顷,还田率26%。有效扼制焚烧现象,减少空气污染,同时达到改良土壤效果。当年,溧水县被评为“江苏省秸秆机械化还田示范县”。

【发展农机合作社】 2010年,全县新增农机合作社5家,累计15家,实现镇镇有农机合作社。农机合作社服务领域从耕、种、收扩展到机插秧、机植保、秸秆机械化还田、果蔬保鲜等领域,固定资产9465万元,其中白马镇白龙农机合作社注册资本达165万元。

(柯耀胜　张庆平　陈水保)

农民喜购高性能乘坐式插秧机　　张荣富 摄

城镇建设·环境保护

ChengZhenJianShe HuanJingBaoHu

武燕飞 摄

城乡规划

【概况】 2010年，县政府完成《溧水县城乡总体规划》(《永阳新城总体规划》）以及2个省整治试点村庄建设规划编制工作，同时组织编制老城区以及白马、东屏、石湫3个省市重点镇控制性详细规划，开展县文化艺术中心、城南新区实验小学规划方案设计，完成铁路站场站前广场规划和铁路站场周边城市设计。

提升规划服务水平。建立规划服务平台，规划审批方便快捷，全年办理建设项目选址意见书49件，选址面积70.27万平方米；办理建设用地规划许可证111件，总用地面积790.77万平方米；办理建设工程规划许可证168件，总建筑面积208.98万平方米，规划公示55件，规划验收79件，总建筑面积109.33万平方米。

强化私人建房管理与服务。每月定期审查受理的私人建房(维修)户资料，有效控制违章违规建房。全年办理村镇建设选址14件，面积19.83公顷；建设用地许可39件，面积512.60公顷；建设工程许可41件，建筑面积35.75万平方米；办理设计要点97件。

加强规划基础性工作。成立测绘公司并完成测绘资质复审换证，实现测管分离。完成洪蓝镇工业集中区、和凤镇龙头水库以及江苏南京白马现代农业高新技术产业园区二期地形图测绘，大面积地形图修、补测面积约5平方公里。加强测量标志管理，及时更新测量标志基本信息。

【溧水县城乡总体规划（2010~2030)】 6月，县政府组织编制溧水县城乡总体规划(2010~2030)。县域规划区面积1067平方公里，中心城区规划区面积195.4平方公里。县域总体功能定位：长三角先进制造业基地、物流中心、生态维育区和文化旅游休闲基地、全国现代农业科技示范基地、南京南部现代化新城。中心城区定位：宁杭轴线上重要增长极，南京都市区南部综合性新城，宜居宜业生态文明新城。 （方纪生　金韦忠）

【老城区控制性详细规划】 6月，启动老城区控制性详细规划编制工作，指导老城区建设管理，促进旧城改建和新区开发协同发展。规划范围：东至秦淮路、南临金蛙路、西至栖凤路、北到中山河，面积10.6平方公里。至年底，完成中间成果编制。 （方纪生　蒋志平）

【城区污水管网专项规划】 9月启动，由南京市市政设计研究院有限责任公司承编。规划范围：北至机场路，西至宁高高速公路，南至外环路，东至中山水库以西、宁杭高速公路，面积51.41平方公里。规划铺设污水管网157.79公里，其中近期污水管网工程量87公里。设计污水总量2015年3.78万立方米/天；2030年10.59万立方米/天。年底，该规划通过市级专家评审。 （方纪生　李　娟）

【县文化艺术中心方案规划设计】 5月启动，县文化艺术中心选址在城南新区秦淮南路西、幸庄二号路南、健康路北、幸福路东，用地面积9.27公顷，规划建筑面积7万平方米左右。主要有博物馆、图书馆、群艺馆、少年宫和大剧院等。 （方纪生　胡瑞明）

【江苏南京白马现代农业高新技术产业园规划】 5月完成编制。白马现代农业高新产业园规划建设成以农业生态绿色开敞空间为主体，以“绿色、生态、科技、人文”为核心，功能区合理，经济效益、生态效益和社会效益“三效合一”生态型“农业硅谷”。规划范围：东至落布山，南至宁杭高速公路、北至朱家边村，西至白马镇区边界，总面积约40平方公里。规划期限：2009~2020年，人口规模6.5万人（含镇区人口），总用地面积3906公顷。其中，农业产业用地2495.61公顷，城镇建设用地1410.39公顷。

【南京溧建测绘有限公司】 4月成立。10月获得新丙级测绘资质证书。当年该公司组织测绘江苏南京白马现代农业高新技术产业园区二期1:1000地形图，洪蓝镇工业集中区以及和凤镇龙头水库1:1000地形图测绘。大面积地形图修、补测面积约770格（1格=0.01平方公里），测绘竣工房屋524栋，道路横断面测量8.3公里。8月29日《测绘法》宣传日，印制《溧水县地图》1万份，向社会免费发放。（方纪生）

城区建设

【概况】 2010年，围绕创建国家卫生县城工作，继续加大城区路网、绿化等城市基础设施建设力度，改善城区环境，提升城市功能，提高县城档次及品位。

城区路网建设。年内完成龙山路、青年路东段、金蛙西路、毓秀路、宁高高速西互通和古塘互通连接线等10个改造类项目以及健康路西延、板桥路等新建项目，总里程7.5公里。

城南新区建设。全年完成3条道路和河道建设改造，总里程2.35公里，总投资3787万元。其中，健康路西延450米；改造幸庄河中段480米，并完成河道、道路绿化、亮化工程；幸庄一号路东延600米，完成路基200米和下水道建设400米。全民健身中心和体育场工程全面完工，体育馆工程基本完成，游泳馆基本封顶。广电大楼、戴家综合楼投入使用，县医院工程基本完工，中国移动溧水分公司、县检察院等办公楼项目落户新城。南方新城、和园、时代景园等中高档小区陆续建成。完成辛庄一号路东延30户居民拆迁以及其他零星地块拆迁；为429户2009年、2010年城南拆迁户安置房屋。

景观工程建设。年内完成城北文化公园、西苑公园扩建，完成金蛙西路、青年路、龙山路、高速互通景观工程以及重点道路、城市节点绿化景观建设，完成幸庄河整治工程（幸庄一号路至幸庄二号路）。新建绿地面积28万余平方米。加大老小区绿化力度，生产各类花卉盆景近26万盆，布置在城市主要道路及广场，保证节假日及重大活动城区绿化美化需要。

【溧水体育公园建设】 溧水体育公园位于城南新区城东干道以东、金蛙路以南、韩辛南路以西、辛庄二号路以北的道路围合地块。该项目是2010年全县十大重点建设工程之一，分体育场、体育馆、全民健身中心以及游泳馆等多个功能区，总用地面积20.8公顷，项目总投资2.5亿元。其中，体育馆建筑面积1.49万平方米，设固定座椅2265座，活动座椅1800座，内场设标准手球场和训练场地。游泳馆投资概算4480万元，建筑面积8660平方米，设50米×25米游泳池和25米×12.5米戏水池。体育场建筑面积1.13万平方米，看台固定座椅7200座，设400米标准跑道。12月31日，县委、县政府举行体育场启用仪式。

溧水体育公园　　县委办公室 供稿

龙山东路　　县住建局 供稿

【新建道路工程】 4月，开工新建板桥路、健康路西延、幸庄一号路东延建设工程。板桥路起于常溧路，止于龙山路东延，长800米，宽34米，车行道宽16.5米，两侧人行道各宽3米，绿化带各宽5.75米；改造雨水管800米，新建污水管800米。总投资400万元，年底基本完工。健康路西延起于珍珠南路，止于新龙南路，道路长450米，宽38米，其中车行道宽12米，两侧人行道各宽3米，绿化带各宽10米；新建雨水管450米、污水管400米。总投资819万元，年底完工。幸庄一号路东延起于秦淮南路，止于薛李路，长600米，宽90米，其中机动车道宽16米，两侧绿化侧分带各宽5米，非机动车道各宽4.5米，人行道各宽2.5米，绿化带各宽25米；新建雨水管道1200米。总投资1900万元，年底因拆迁问题暂停工。10月，开工新建城东干道中段，起于中山东路，止于花园路，道路长520米，宽28米，其中车行道宽12米，两侧人行道各宽3米，绿化带各宽5米；新建雨污合流管520米，新建路基路面6240平方米，新建人行道3120平方米。总投资636万元，年底完成50%左右工程量。

【毓秀路改造工程】 5月实施。该路段起于中山路，止于金蛙路，长1350米，宽32米。其中，车行道宽22米，两侧人行道各宽5米；改造路基、路面2.97万平方米，改造人行道1.2万平方米、路牙2700米，新建污水管道1350米。总投资2122万元，年底基本完工。

【道路环境综合整治】 5~9月，实施金蛙西路、龙山路、青年路工程环境综合整治工程。金蛙西路整治快车道16米，两侧增设绿化隔离带各宽5米，慢车道各宽5米，人行道各宽5米；改造蘑菇石3800米，安装绿岛侧石和绿化带路牙5700米，改造4个公交站台。总投资576万元。龙山路整治工程总投资1480万元，分两段实施，珍珠路至龙山桥段，长750米，宽24米，其中车行道16米，两侧人行道各宽4米；龙山桥至秦淮路段，长550米，总宽34米，其中车行道宽24米，中间绿化带宽2米，两侧人行道各宽4米；改造人行道1.1万平方米，路牙2500米，AB组合蘑菇石900米，树池1680米。青年路改造路段起于青年桥，止于秦淮路，长500米，宽24米，其中车行道16米，两侧人行道各宽4米；改造人行道4200平方米，路牙800米，树池336米。总投资702万元。

【宁高高速互通连接线改造工程】 9月，实施古塘互通、溧水西互通两条宁高高速互通连接线改造工程，11月末完工。古塘互通连接线改造工程起于城西干道，止于宁高高架桥，道路长800米，宽63.5~103.5米。其中，车行道宽23.5米，两侧绿化带各宽20~40米；新建雨水管1600米，安装路牙2000米，改造路基9400平方米，路面出新1.9万平方米。总投资3216万元。溧水西互通连接线改造工程起于宝塔北路，止于宁高高速出入口，道路长430米，宽62米。其中，车行道拓宽至22米，两侧绿化带各宽20米；新安装路牙900米，交叉口新增两个三角绿化岛，路面出新9500平方米，新建雨水管860米。总投资1330万元。

【幸庄河中段建设工程】 6月实施。该段河道起于幸庄一号路，止于幸庄二号路，全长480米，宽50米，两侧绿化各宽15米；新建两侧挡土墙500米，南北河道各建1道拦水坝。总投资492万元，年底完工。该工程全线贯通幸庄河水系，消除上游区域汛期泄洪不畅导致的积涝状况。

（方纪生　刘　永　孙　磊）

村镇建设

【概况】 2010年,县政府加大村镇基础设施建设投入,规范村镇规划管理,增强小城镇综合服务经济发展功能,加快白马镇、东屏镇、石湫镇等3座特色名镇基础设施建设。启动5个农民集中区建设,完善小城镇集中居住区基础设施、公共服务设施等功能配套。完成2个省级环境整治试点示范村建设。初步建成晶桥、石湫、和凤、东屏等4座污水处理厂。

【创建省级综合环境整治示范村】 2010年,洪蓝镇姜家村、石湫镇上方中心村被列为省级环境整治试点示范村。洪蓝镇姜家村全年投入资金100万元,清理乱搭乱建100平方米,清理乱堆乱放150处,清理露天粪坑10座,新修村庄道路500米,铺设污水收集管网2000米,砌筑生活垃圾房3个,增购生活垃圾转运设施1个,新增绿化2500平方米,完成房屋出新1万平方米。石湫上方中心村投入45万元,清理乱搭乱建24处,安装路灯12盏,新建村民健身活动广场1处、绿化广场500平方米、公厕1个,清理乱堆乱放12处。

【建设农民集中居住小区】 年内启动白马镇、溧水经济开发区、东屏镇5个农民集中区建设,完善小城镇集中居住区基础设施、公共服务设施等功能配套,使集中居住区建设成为农村住宅建设主要方式,提高农民建房档次,改善居住条件。至年底,白马镇宁杭城际铁路拆迁安置小区1631.84平方米竣工交付,硅谷新邨项目一期4万平方米主体建筑封顶。溧水经济开发区乌山集镇新淮东岗村新建集中居住区住房75幢,建筑面积1.03万平方米。东屏镇完成王武村新建集中居住区和拆迁安置小区一期住房17幢,建筑面积1.22万平方米。

【推进特色镇基础设施建设】 全年推进白马、东屏、石湫3个市重点特色镇基础设施建设。白马镇投资4690万元,完成康居北路人行道绿化改造工程,总长度2.5公里;完成白马桥西街、回峰路19.78公里人行道改造工程;增加集镇道路绿化面积1万平方米;建设农民集中居住区4.16万平方米。东屏镇投资9350万元,完成东岗路、新农路、西湖路等道路建设2.6公里,铺设常溧路东屏段沥青路面1.3公里;完成环湖路道路两侧2.25公里绿化及配套景观建设工程;金湖小区一期主体工程竣工,建筑面积4805平方米;铁路安置房与建设用地增减挂钩安置房项目主体工程竣工,建筑面积9273平方米;完成大金山国防园茶楼、游泳池、宾馆改造工程以及柳家边河道清淤及护坡建设;安装路灯450盏。石湫镇投资1.18亿元,完成石湫道路综合环境提升改造项目。其中,道路改造550米,污水及下水道改造各1100米;新铺设自来水管网6700米,完成集镇污水管网建设2700米;完成集镇环山河河堤、护坡改造及环境整治工程,建设沿河道路8700米;省级农村示范中学现代化运动场项目竣工启用。

农民集中居住小区　　县住建局 供稿

【建设集镇污水处理设施】 截至年底,全县先后建成溧水县鹏鹞城市污水处理厂及白马镇、洪蓝镇、东屏镇、和凤镇、石湫镇、晶桥镇污水处理厂,完成集镇规划区污水收集管网建设72公里,总投入约8200万元。完成3个村庄污水处理设施建设和1个村庄生活污水接入城镇市政管网项目。其中,永阳镇中山张茅村投入20万元,铺设管网800米,将生活污水接入永阳镇私营经济园市政管网;

白马镇浮山南顶村投入22万元，建成40吨/日生活污水处理设施；洪蓝镇蒲塘村投入30万元，铺设管网1.5公里，完成200吨/日生活污水处理设施建设；和凤镇毛公铺村投入24万元，铺设管网1.2公里，建成24吨/日生活污水处理设施。

（方纪生　蒋轶武　蒋鸿鹄）

市政公用事业

【概况】 2010年，继续实施"惠民工程"。全年新增道路亮化总长14.3公里，新建和改造小区路灯10.3公里。至年底，城区新路灯比率上升到97.3%，城市路灯亮化率达98.4%，路灯道路总长105.5公里。全年新增管道燃气户2661户，新铺设管网24公里。至年底，总开户1.09万户，燃气管网总长57公里。全县瓶装燃气企业8家，全年供气总量7200吨，用气户4.2万户。

【市政管养】 全年累计维修路面2500平方米，改造人行道5000平方米，改造下水道500米，疏通下水道200公里，更换改造雨污水检查井300座。办理市政道路挖掘审批事项30项。实施城区6条道路综合弱电管线下地和管道预埋工程，全长5.8公里。

【路灯建设】 全年道路亮化总长14.3公里，新增路灯297盏，新建和改造老旧小区路灯207盏，10.3公里。新增燕溪小区、南苑小区、水厂等地区路灯31盏，1.5公里。全年排除各类路灯故障1582起。至年底，县城路灯道路总长105.5公里，新路灯比率达97.3%，路灯亮化率达98.4%。

（方纪生）

园林绿化

【概况】 2010年，县城新增绿地面积28万平方米。其中，新增公园绿地4万平方米，道路绿地9.7万平方米，居住区绿地(城区)约8.5万平方米。道路绿化主要有龙山路、青年路、金蛙西路以及宁高高速古塘出口、机场高速溧水西出口绿化改造工程。至年底，城区绿化覆盖率41.76%，城市绿地面

道路绿化　　县住建局 供稿

河滨绿化　　县住建局 供稿

积847万平方米，绿地率40.33%，人均公园绿地面积12.52平方米。溧水县获"国家园林县城"称号。

【创建国家园林县城】 2010年2月4日，国家住房和城乡建设部命名溧水县为"国家园林县城"。5月28日，在苏州召开国际风景园林师联合会第47届世界大会(简称IFLA大会)，为41个国家园林城市、31个国家园林县城、5个国家园林城镇授牌。副县长臧正满参会并接受奖牌。

2008年，溧水县按照"城区园林化、城郊森林化、道路林荫化、庭院花园化"工作思路，以及创建节约型园林城市工作理念，修编《溧水县城区绿地系统规划》、《溧水县城市绿线规划》，建设"青山环抱水穿城，游园绿地星棋布"的园林县城。

至2009年底，城区建成珍珠广场、明珠广场、城东广场、毓秀广场、栖凤广场等街头公园、市民广场30多个。改造提升大金山公园、西苑公园、无想山入口景观。创建县法院、教师进修学校、第二高级中学、江苏省溧水高级中学、县地税局培训中心等5个省级园林单位和广成东方名城省级园林

住宅区。完成8个片区老旧小区改造工程。城区园林绿地总面积747公顷，人均公园绿地达12.42平方米，绿地率达39.52%，绿化覆盖率40.79%，各项指标达到或超过国家园林县城标准。

当年11月，溧水县通过国家住房和城乡建设部国家园林县城综合现场考查和评审。

扩建后的西苑公园一角　　县住建局 供稿

【扩建西苑公园】 2010年4月，西苑公园扩建工程开工建设。扩建后的西苑公园总面积4.4万平方米，由4个功能景区组成：大草坪林带区、入口景区、荷花池景区、滨水及球场活动区。园内地形经设计改建，形成数座蜿蜒起伏的小山坡，林间小道穿插其间，坐凳广场沿路设置，突出空间上层次感。原有水面外部轮廓形状改造为带形河流，木桥横跨三级小瀑布之上，动态连接荷花塘与护城河。沿水面四周遍植各种水生花卉，小块湿地与山坡坡脚相连，堆筑小岛，放养观赏鱼类，形成湿地景观。园内新建茶室、简餐厅、停车场等。该工程于11月全面竣工，免费对外开放。

【扩建宝塔公园】 2010年9月，宝塔公园实施一期扩建工程，12月竣工。工程面积1.3万平方米，投资约400万元。公园广场兴建一座明代风格景亭，与永寿塔相呼应，建设石刻碑、石刻柱、休闲广场、坐凳等配套设施，反映溧水悠久的文化历史。

（方纪生　臧正芳）

环境保护

【概况】 2010年，全县环境保护工作以改善环境质量、保障环境安全、维护群众环境权益为根本，以发展循环经济为核心，以水、空气环境保护、污染防治和减排为重点，加强规划控制，实施综合决策，突出综合整治，强化依法监督，加快建设生态

2010年城区重点绿化工程

工程名称	实施地点	完成绿化面积(万平方米)
西苑公园北扩	西苑公园	2.70
城北宝塔公园一期	城北公园	1.30
宝城名苑游园	宝城名苑	0.43
龙山路改造	龙山路	0.20
幸福路绿化工程	幸福路	0.10
青年路改造	青年路改造	0.10
双塘路绿化工程	双塘路	0.24
城西生活路	城西生活路	0.80
溧水西互通绿化	宁杭高速溧水西出入口	1.85
古塘西互通绿化	宁高高速天生桥出口	5.50
金蛙路西延	珍珠路—毓秀路	1.20

文明，构建资源节约型、环境友好型社会，生态环境得到明显改善，资源利用效率显著提高，可持续发展能力不断增强。全县主要河流水质达到功能区类别标准，石臼湖水质稳定在Ⅲ类水标准，集中式饮用水质达标率100%，环境空气质量优良率86.20%，城区环境噪声符合功能区要求。环境质量综合指数88.2分，达到小康指标要求。

污染控制继续加强。继续规范建设项目环境管理，严格执行建设项目环境影响评价和“三同时”（新建、改建、扩建基本建设项目、技术改造项目、区域或自然资源开发项目，其防治环境污染和生态破坏设施，必须与主体工程同时设计、同时施工、同时投产使用）制度，以控制新污染源产生。全年受理建设项目环保业务咨询192次，审批建设项目环境影响评价文件187件，其中否决、劝退不符合环保要求建设项目5个。建设项目验收31项，污染源限期整改企业验收2家，发放汽车环保标贴2471个。环境影响评价和“三同时”执行率95%。8月10日，县政府制发《关于责令溧水县华鑫化工有限公司等6家企业限期治理污染的决定》。10月29日，关闭华鑫化工、中山机械刀具2家污染严重企业。审核5家省级和9家市重点企业清洁生产工作，确保主要污染物排放总量达标，全年COD（化学需氧量）减排515吨、SO_2减排17吨，完成市政府下达的COD和SO_2减排任务。实施重点危险物网上申报，建立危险物产生、流向台帐，全年受理各类危险废物交换转移申请74件，申请交换转移量1048.17吨。重点建立辐射安全监督网上信息平台，根据辐射安全管理要求，督促22家（射线装置19家、其他源3家）辐射使用单位建立完善管理制度，规范危险废物和辐射管理。全年重点企业危险废物交换转移手续办理率100%，危险废物得到安全处置，一级以上医院医疗废弃物安全处置率100%。

执法力度持续加大。年初，县环保局制定《溧水县2010年整治违法排污企业保障群众健康环保专项行动工作方案》，继续开展“整治违法排污企业保障群众健康”专项行动，集中整治晶桥、白马、洪蓝等重点区域内违法排污企业和集中式饮用水源地。开展环保专项整治，对全县4家挂牌督办企业和8大水库、14个自来水厂开展饮用水源安全大检查。对20家县级、镇级（包括撤并乡镇）和部分村级饮用水源地进行基础环境调查及评估。制定并实施铸造行业专项整治、热镀行业提标改造和化工（含油漆）行业专业整治3个工作方案。开展涉铅生产行业专项整治行动，全县10家涉铅企业列入整治对象。全年开展各类环境监察3972家次，立案50件。整治各类污染企业21家，依法取缔、关闭企业2家，限期治理6家，挂牌督办4家。全年办理各类信访和污染投诉421件（次），回复率和处理率100%。办理人大代表议案4件，政协委员提案4件，办理率和满意率100%，县环保局获市“环境执法先进单位”称号。

环境宣传教育不断深入。全年举办环保教育活动和讲座10余次，参加人数3000余人次；举办“六·五”世界环境纪念日等宣传活动6场次，发放环保袋1600个，《绿色生活》、《低碳小常识》环保书籍等1800余本，发手机短信2000余人。继续推进“环保四进”（进企业、进社区、进村镇、进学校）工作。南京普朗克科贸有限公司有机蔬菜生产基地被评为“省级环境教育基地”，东屏中学被评为“市级绿色学校”。

【空气自动监测系统通过省级验收】 6月23日，县环境监测站环境空气质量自动监测系统通过江苏省环境监测中心组织的验收。该系统采用青岛吉美来科技有限公司生产的API-MODEL,100A、200A,MET·ONE·MODEL,BAM-1020型环境空气质量自动监测系统，可分别对环境空气中二氧化硫（SO_2）、氮氧化物（NO_X）、可吸入颗粒物（PM10）3项指标进行24小时自动连续采样分析，自动定时校正，并实时记录气温、气压、风向、湿度、风速5项气象指标，实施环境空气质量日报制度。

【国家生态县创建工作】 年初，县政府制发《溧水县各镇（开发区）创建国家级生态乡镇（省级生态工业园区）目标责任考核办法》，并与七镇一区签订《2010年度环境保护和生态建设责任状》，加快推进生态县创建工作。全年实施重点生态项目98个。其中，生态农业项目27个，生态工业项目14个，生态环境项目21个，生态旅游项目8个，生态社会建设项目28个。至年底，全县有4项基本条件和18项建设指标符合国家生态县建设标准。

【生态镇、生态村创建活动】 2010年，全县落实《全国生态环境保护纲要》、全面实施《国家环境保护“十一五”计划》，继续组织开展生态镇、生态村创建活动。8月17日，永阳镇国家级生态镇创建通过省环保厅验收。至年底，和风镇张家行政村等3个村通过省级生态村考核，永阳镇高塘行政村等7个村通过市级生态村考核，石湫镇光明行政村等4个村通过省级环境综合整治示范村考核。

【污染减排】 2010年，县环保局围绕环境污染减排目标，实行重点问题现场督办，重要事项及时通报，重点难点全力攻关，确保减排项目按期完成。至年底，化学需氧量消减515吨、二氧化硫消减17吨。

【饮用水源环境质量】 县环境监测站采取每月监测方式，监测县城集中式饮用水源地中山水库和

县城集中式饮用水源地水质主要污染物监测结果统计

点位	项目 指标	PH值	溶解氧(毫克/升)	高锰酸盐指数(毫克/升)	氨氮(毫克/升)	挥发酚(毫克/升)	氰化物(毫克/升)	石油类(毫克/升)	总砷(毫克/升)	氟化物(毫克/升)	粪大肠菌群(个/升)
中山水库	年平均值	7.54	9.8	2.3	0.127	0.001	0.004	0.02	0.0004	0.41	145
东屏湖	年平均值	7.58	9.7	2.3	0.178	0.001	0.004	0.02	0.0004	0.39	196
GB3838-2002II 类水标准		6.0-9.0	≥6.0	≤4.0	≤0.5	≤0.002	≤0.05	≤0.05	≤0.05	≤1.0	≤2000

乡镇饮用水源地水质主要污染物监测结果统计

点位		项目 指标	PH值	溶解氧(毫克/升)	高锰酸盐指数(毫克/升)	氨氮(毫克/升)	挥发酚(毫克/升)	氰化物(毫克/升)	石油类(毫克/升)	总砷(毫克/升)	氟化物(毫克/升)	粪大肠菌群(个/升)
方便水库		年平均值	7.70	9.3	2.4	0.167	0.002	0.004	0.02	0.0004	0.42	785
卧龙水库	柘塘水厂取水口	年平均值	7.89	9.2	2.5	0.147	0.001	0.004	0.02	0.0002	0.48	800
	群力水厂取水口	年平均值	7.92	9.2	2.4	0.146	0.001	0.004	0.02	0.0004	0.48	717
赭山头水库		年平均值	7.92	9.35	3.8	0.267	0.001	0.004	0.02	0.0004	0.40	1157
老鸦坝水库		年平均值	7.73	9.4	2.8	0.201	0.001	0.005	0.02	0.0004	0.44	900
姚家水库		年平均值	7.63	9.2	2.7	0.131	0.001	0.004	0.03	0.0004	0.40	820
无想寺水库		年平均值	7.35	9.2	2.4	0.250	0.001	0.005	0.02	0.004	0.29	886
焦赞石水库		年平均值	7.35	9.3	3.1	0.238	0.001	0.005	0.02	0.0003	0.34	1129
GB3838-2002II 类水标准			6.0-9.0	≥6.0	≤4.0	≤0.5	≤0.002	≤0.05	≤0.05	≤0.05	≤1.0	≤2000

石臼湖区水质主要污染物监测结果表

单位：毫克/升

断面名称	监测项目 指标	溶解氧	化学需氧量	高锰酸盐指数	挥发酚	生化需氧量	石油类	总磷	总氮	氨氮
湖心	年平均值	9.3	18	4.0	0.001	2.4	0.04	0.04	0.65	0.227
GB3838-2002Ⅲ类水标准		≥5	≤20	≤6	≤0.005	≤4.0	≤0.05	≤0.05	≤1.0	≤1.0

东屏湖。乡镇饮用水源地包括无想寺水库、焦赞石水库、姚家水库、老鸦坝水库、赭山头水库、卧龙水库、方便水库，全年监测9次。集中式饮用水源地监测涉及PH值、溶解氧、高锰酸钾指数、氨氮、总磷、氟化物等30个项目，参与评价项目为PH值、溶解氧、高锰酸盐指数、氨氮、总磷、挥发酚、氧化物。乡镇饮用水源地主要评价项目为PH值、溶解氧、高锰酸盐指数、氨氮、挥发酚、氟化物、汞、铅、石油类、粪大肠菌群。监测结果显示，全县集中式饮用水源地及乡镇饮用水源地水质保持良好，年平均值达到《地表水环境质量标准》(GB 3838-2002)II类水标准。

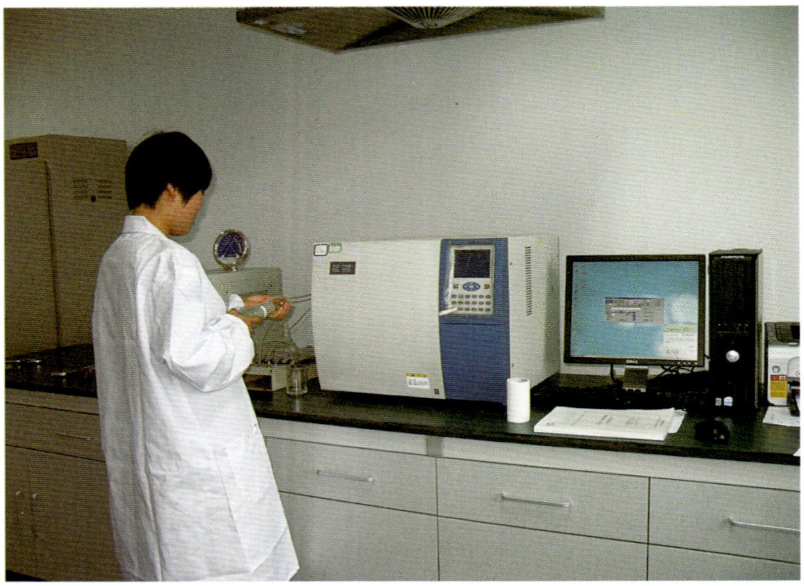

县环境监测站人员在化验室做水样分析　　县环保局 供稿

【空气环境质量检测】 全年县城区空气质量均达国家空气质量二级标准，与上年度相比，可吸入颗粒物浓度下降3.9%，年平均值为0.097毫克/标准立方米；二氧化硫年平均值为0.027毫克/标准立方米，上升0.011毫克/标准立方米；二氧化氮年平均值为0.034毫克/标准立方米，上升0.006毫克/标准立方米，均符合国际二级标准。全县城镇空气状况良好以上天数占比86%以上。

【噪声监测】 2010年，县环境监测站在县城设置区域环境噪声监测点123个，在城区4条主干道布设交通噪声监测点9个。监测结果显示：城区区域环境噪声为57.5分贝(A)，达到2类区标准(60分贝)，达标区面积8.9平方公里；县城区主干道路段交通噪声均值为68.6分贝(A)，达到4类区标准(70分贝)。

（邹厚生）

城市管理

【概况】 2010年，组建县城市管理局，城市管理以创建国家卫生县城为目标，不断加大城市管理和行政执法工作力度，深入开展城乡环境综合整治，城乡环境面貌焕然一新。

开展环境综合整治。全年完成通济街楼体亮化1600余米，整治各类占道摊点4000余处、倚门出摊5000余户，取缔流动摊点1000多个、占道堆放600多处，清除主次干道“牛皮癣”10万余处。规范露天烧烤饮食摊点100余个，设置临时摊点群15个，便民服务点10处，农副产品自产自销点14处，引导300多户占道摊主入室入场入小区经营。与城区临街店面及沿街企事业单位签订《门前三包责任书》3500余份，规范整治45家洗车点、67个废品收购点。全年清理各社区内占道堆放、乱披乱挂1800余处，整治露天菜场6个，老旧小区面貌明显好转，城市秩序得到显著改观。

提升环卫管理水平。全年投资近10万元，改建城区所有露天垃圾池，更换果壳箱、垃圾桶2000余个，购置扫路车1辆、垃圾压缩车1辆、快速捡拾车2辆，机械化作业水平不断提高。城区环卫保洁推行“分时清扫、快速保洁”和道路漂浮垃圾“15分钟保洁”道路清扫保洁方式，重点道路每天保洁时间达18小时。重点加强城中村和老旧小区的环卫保洁力度，做到小区院落垃圾收集不过夜。全年清运垃圾5.2万吨，清运粪便7500吨。县环卫所连续第5年被市城管局评为“金牌环卫所”。

加强渣土源头管理。规定施工企业于建设工程开工前，必须签订《渣土处置管理及环境卫生责任书》，缴纳一定数额污染保证金。采取重点工地、路口设卡检查与机动巡逻相结合方式，查处违章作业渣土车。全年查处违规抛洒滴漏和扬尘污染渣土车30余辆。

创新管理模式。推行市容、城建管理“网格

道路保洁　　县城管局 供稿

化”、环卫作业“精细化”管理模式,组建市容、城建、环卫“网格化”管理队伍。采取定人、定岗、定标、定责“一包四定”管理模式,实行从早6点到晚10点16小时工作制,节假日不休息,实现市容市貌管理点线面网络覆盖。环卫保洁作业精细化实现区域、时间、责任全覆盖。建立“当班考核”制度,确保道路清扫保洁、小区垃圾收集、公厕保洁管理、垃圾中转运输全覆盖。建立违建查处管控网络和联动机制。全年查处违章建筑271起,拆除违建面积9442平方米,违建势头得到有效遏制。

【创建农村环境卫生示范镇、村】

2010年,全县开展创建农村环境卫生示范镇、村活动。争取省级农村垃圾收运体系建设资金260万元,用于农村垃圾收运体系建设。全县设立省级垃圾分类收集、综合处理试点1个,新建农村垃圾中转站3座,改造中转站4座。1月,日处理能力50吨的县粪便处理厂投入使用。全县20个村庄按照亮点示范村庄标准,实施环境整治,组织人力物力清除农贸市场、公共厕所、主次干道两侧积存垃圾、暴露性垃圾、白色污染、河渠沟塘水面漂浮物,以及房前屋后的杂物、杂草、禽畜圈舍。清理村庄乱搭乱建、乱堆乱放、乱贴乱画。落实专人及时打扫公共厕所,定期清理、及时处理粪便外溢乱排现象。洪蓝镇获“南京市农村环境卫生示范镇”称号,永阳镇戴家村、东屏镇定湖村获“南京市农村环境卫生示范村”称号。

【规范通济步行街管理】　2010年,通济街露天饮食摊点全部集中外移,其余93户小商品摊位合理安排在规定地点摆摊,消除摊点脏乱差现象。招聘20余名车辆管理人员,自上午6点至夜晚12点,实行18小时车辆管制。在通济街出入口及护城河两岸设置多处停车场,随时引导非机动车停放在指定位置。建成一批技术含量高、亮化效果好户外广告设施,其中落地滚动灯箱7座、小块LED显示屏4座。

(钱　晖)

通济步行街亮化　　县城管局 供稿

建筑业·房地产业

Jianzhuye·Fangdichanye

县工信局 供稿

建　筑　业

【概况】 2010 年，全县建筑业围绕“扩大县外市场上规模，培养骨干企业上层次”运作模式，推动建筑行业科学发展上水平。全年完成建筑业施工产值 90 亿元，比上年增长 16.4%，施工面积 950 万平方米，增长 22%。完成建筑业税收 2.75 亿元，增长 54.3%。办理合同备案 205 份，发放施工许可证 111 份，办理外地企业注册登记 170 家。4 月，县政府制发《关于深入开展建筑业科技攻关年活动的实施意见》，推进企业资质提档升级。全年新增一级资质企业 1 家，二级资质企业 3 家。至年底，全县有资质建筑施工企业 106 家。其中，一级 8 家（总承包 6 家、专业 2 家），二级 24 家（总承包 16 家，专业 7 家，一体化 1 家），三级 50 家（总承包 19 家，专业 31 家），劳务企业 24 家。实现产值超亿元建筑企业 16 家，其中超 3 亿元 5 家，超 5 亿元 5 家。获市优质工程奖 32 个，创省市级文明工地 35 个，国家级文明工地 2 个。

加大工程质量监督力度。成立由专家组成的施工图设计审查技术小组，从专业设计最高层面促进设计质量提高。重点加强关系民生的住宅工程、保障房工程项目检查验收，确保工程质量。全年建设工程施工图设计文件审查项目 271 件，总建筑面积 271.75 万平方米。全年受监工程 864 项，受监面积 221.7 万平方米。竣工验收 308 项单位工程，竣工面积 81.6 万平方米。备案 280 项单位工程，接受并参与处理用户投诉 7 起。全县建筑企业创省优质工程（扬子杯）1 项，市优质工程（金陵杯）32 项，获市优质结构工程（含市优良工程）近 70 项。

规范建筑市场管理。成立建筑市场执法检查领导小组，建立日巡查与重点检查相结合机制。全年检查新建工程项目 69 个，建筑面积 23.89 万平方米，总造价 21.52 亿元。其中，补办建筑审批手续 52 个，建筑面积 9200 平方米，造价 587 万元。制发停工通知书 15 份，整改通知书 55 份。

规范建设工程招投标行为。引进“e 路阳光”系统，实行网上招投标，实现工程招标、投标、评标、监理、审计全程监控。政府投资规模超过 100 万元的工程，其招标代理选取均采用摇号方式确定。打破工程参建各方与中介机构利益链，规范中介服务活动，推动中介行业健康发展。全年实施政府投资项目网上招投标 37 项。全年备案 317 标段，中标价 24.9 亿元，比上年增长 54.6%。8 月，南京市网上招投标暨远程评标现场推进会在溧水县召开，全市 13 个区县代表现场观摩溧水项目远程评标过程。

【政府投资建设工程招投标管理】 1 月始，政府投资建设工程招投标采用资格后审的资格审查办法。资格审查条件按照《江苏省房屋建筑和市政基础设施工程施工招标投标人资格审查办法》执行，实行政府投资建设工程的投标保证金由县建设工程交易中心代收、代退制度，规定以非现金方式从投标人基本账户汇入投标保证金基本账户。执行工程履约担保制度，履约担保金额为合同总价的 5%~10%，采用最低投标价评审办法的担保金额为合同总价的 10%~15%，规范中标后合同履约。政府投资建设工程设定最低控制价，防止围标、串标等不法行为。

【建筑安全生产专项治理】 2010年，全县监督工程项目197项，建筑面积约280万平方米，全年检测塔机、物料提升机220台次，监督危险性较大工程9项。开展建筑工地环境整治，建筑工地实行围挡封闭施工，主要出入口设置工程概况牌、管理人员名单及监督电话牌、消防保卫(防火责任)牌、安全生产牌、文明施工牌和施工现场平面图，并在大门口设置车辆冲洗台，建筑物立面使用绿色密目网式安全网进行遮护封闭，总体达到“密闭、整齐、少污染”要求。全年创国家3A级文明工地2项，省级文明工地9项，省绿色工地2项，市级文明工地26项。培训企业负责人、项目经理、安全员1700人次，特种作业人员450人次。

【建设领域清欠专项行动】 全年开展多次房地产开发项目工程款和民工工资支付情况专项检查，检查、抽查建筑工地及建筑施工企业35家次。重点监督民工计酬手册执行情况和工资发放情况，督促施工企业及时将工资发放到每个民工手中，维护民工合法利益。受理民工举报投诉32起，及时协调处置和落实支付工资总额208万元，涉及农民工388人。全县115家施工企业缴纳维稳基金2973.5万元。 (晋红军)

房地产业

·房地产开发·

【概况】 2010年，全县有资质房地产开发企业53家，其中一级资质1家、二级资质15家、三级资质36家、四级资质1家。办理新注册房地产开发公司11家，新申报房地产开发企业资质15家，资质核定15家，资质延期10家。办理项目手册备案手续25件。全年综合验收面积30.6万平方米。组织13个居住小区项目综合验收，验收商品房总建筑面积21.6万平方米，县城住宅及住宅小区竣工综合验收合格率100%，公示案例45件。全县房产开发在建项目46个，建筑面积167.7万平方米，新开工面积82.5万平方米。城区普通住宅1~12月份销售均价4326元/平方米，比上年增长31%，创历史新高。乡镇项目住宅销售均价2526元/平方米，休闲度假旅游类项目住宅销售均价9225元/平方米。

全县预售许可面积58.92万平方米，比上年增长53%。商品房预售合同登记备案4616套，比

2010年溧水县城区普通住宅商品房销售价格表

单位：元/平方米

月　份	销售均价	上年同期
1	3507	3071
2	3677	3047
3	3858	3124
4	4190	3000
5	3757	3019
6	3865	3147
7	4076	3189
8	4112	3044
9	4826	3162
10	4841	3500
11	4835	3512
12	4783	3651

注：以上价格不含乡镇、休闲、旅游、度假项目

(戴立新)

上年减少791套，面积55.64万平方米，减少14.94%，合同金额27.84亿元，减少0.08%。其中，住宅房销售4339套，比上年减少841套，面积52.36万平方米，减少17.06%，合同金额26.14亿元，减少2.92%。非住宅房销售277套，比上年增加50套，面积3.28万平方米，增长43.86%，合同金额1.7亿元，增长81.56%。

【商品房供应量超历史水平】 2010年，全县发放商品房预售许可证51件，预售许可面积58.92万平方米，比上年增长53%。其中，住宅55万平方米，增长62.77%，非住宅3.92万平方米，减少16.94%。开盘项目分别是珍珠佳苑、荣昌花园、琴韵华庭、亚东同城印象家园、卧龙湖风情小镇、百美山庄、水岸新都花苑、一品郦城、爱涛天逸园、华洲凤凰小镇度假村、恒大金碧天下国际花园、金东城世家、金湖家园、宏进锦绣家园、万辰广场、学府雅苑、南方新城、中源·阳光城、颐园世家。

2010年溧水县发放商品房预售许可证一览表

开发单位	项目	许可日期
溧水县双辉房地产开发有限公司	珍珠佳苑08、09幢	2010-1-5
南京荣昌房地产开发有限责任公司	荣昌花园36-38幢	2010-1-7
南京新运房地产开发有限公司	琴韵华庭18、19、21、23幢	2010-1-7
溧水亚东置业有限公司	亚东同城印象家园10幢	2010-1-19
南京卧龙湖置业有限公司	卧龙湖风情小镇212、215、216、237、238、308-311、320-323、325幢	2010-1-18
南京元立房地产有限公司	百美山庄8015、8016、8037、8038、8063、8065-8073幢	2010-1-26
南京鸿盛房地产有限公司	水岸新都花苑21-23、25、27-29幢	2010-2-4
南京新今达置业有限公司	一品骊城02、06-08、13、15幢	2010-2-24
南京爱涛置地有限公司	爱涛天逸园01、06幢	2010-3-1
溧水亚东置业有限公司	亚东同城印象家园16幢	2010-3-12
南京华洲置业有限公司	华洲凤凰小镇度假村83、119、127、128、132幢	2010-3-22
南京爱涛置地有限公司	爱涛天逸园02、03幢	2010-3-26
南京卧龙湖置业有限公司	卧龙湖风情小镇292、306、307、312、313、315幢	2010-4-2
南京恒大富丰置业有限公司	恒大金碧天下国际花园湖光苑17-20幢	2010-4-2
南京鸿盛房地产有限公司	水岸新都花苑26、30幢	2010-4-9
溧水亚东置业有限公司	亚东同城印象家园14、15、17幢	2010-4-13
南京卧龙湖置业有限公司	卧龙湖风情小镇250-253、255、278-280、282、283、285、287、326-328幢	2010-4-21
南京金友都房地产开发有限公司	金东城世家1-3号车库	2010-5-7
南京文诚房地产开发有限公司	金湖家园01、06幢	2010-6-11
南京元立房地产有限公司	百美山庄8017、8018、8020、8083幢	2010-6-18
南京宏进房地产开发有限公司	宏进锦绣家园东区16、17、20、21、23-29幢	2010-6-24
南京元立房地产有限公司	百美山庄8023、8027、8030、8031、8086、8087幢	2010-7-2
南京爱涛置地有限公司	爱涛天逸园04、08、09幢	2010-7-8
南京新今达置业有限公司	一品骊城16幢	2010-7-22
南京卧龙湖置业有限公司	卧龙湖风情小镇242、243、245、247、248、270-273、275-277、281、286幢	2010-7-16
南京恒大富丰置业有限公司	恒大金碧天下国际花园湖光苑16幢	2010-7-22
江苏万辰置业投资有限公司	万辰广场1、2、4幢	2010-7-29

续表

开发单位	项　　目	许可日期
南京恒大富丰置业有限公司	恒大金碧天下国际花园湖光苑15幢	2010-8-23
南京元立房地产有限公司	百美山庄8019、8036、8081、8089幢	2010-8-23
南京金友都房地产开发有限公司	金东城世家39、42、45幢	2010-8-24
溧水嘉欣房地产有限公司	学府雅苑01、02、05-15幢	2010-8-25
南京爱涛置地有限公司	爱涛天逸园07幢	2010-9-14
南京元立房地产有限公司	百美山庄8022、8026、8076、8082、8085幢	2010-9-25
江苏万辰置业投资有限公司	万辰广场3、5-8幢	2010-9-20
南京卧龙湖置业有限公司	卧龙湖风情小镇239、240、258、259、261、263、265-268、291、293、295幢	2010-9-29
南京恒大富丰置业有限公司	恒大金碧天下国际花园湖光苑23幢	2010-10-8
南京荣昌房地产开发有限责任公司	荣昌花园29-35幢	2010-10-22
南京元立房地产有限公司	百美山庄8021、8029、8035、8075幢	2010-11-1
南京恒大富丰置业有限公司	恒大金碧天下国际花园湖光苑22幢	2010-11-1
南京卧龙湖置业有限公司	卧龙湖风情小镇241、246、249、256、257、260、262、269、288、289、290、303、305、319幢	2010-11-5
南京明联房地产开发有限公司	南方新城1-7、9-10幢	2010-11-16
南京金友都房地产开发有限公司	金东城世家40、41、46幢	2010-11-24
南京市中源房产开发有限公司	中源·阳光城81-83、86、87幢	2010-11-26
南京恒大富丰置业有限公司	恒大金碧天下国际花园湖光苑21幢	2010-11-26
南京宏进房地产开发有限公司	宏进锦绣家园东区14、15、18、19、22幢	2010-11-30
南京新今达置业有限公司	一品骊城19、20、44、45幢	2010-12-7
南京元立房地产有限公司	百美山庄8028、8032、8033、8088幢	2010-12-20
溧水越商置业发展有限公司	颐园世家1-3、16-17幢	2010-12-29
南京鸿盛房地产有限公司	水岸新都花苑31、33幢	2010-12-28
南京新今达置业有限公司	一品骊城50-56幢	2010-12-31
南京元立房地产有限公司	百美山庄8077-8080幢	2010-12-31

（方纪生　郑生华）

·房地产市场监管·

【概况】 2010年，溧水县贯彻国家、省、市楼市调控政策，加大监督力度，确保全县房地产市场健康平稳发展。8月1日起，启用新《商品房预售方案》，规范县内商品房销售行为，促进开发企业诚信经营、透明交易。严格按照《南京市商品房预售款监管办法》，规定开发企业每月按时上报月报表，动态监督各监管标的预售款收缴、使用。开发企业取得预售许可商品房项目，10日内一次性公开全部准售房源及每套房屋价格，并严格按照物价局备案价格，明码标价对外销售。杜绝各种违法、违规行为发生。县内各开发企业预售情况和全县房地产市场每月成交情况在网站发布，方便市民查看，达到信息公开透明。开发企业与购房户签订合同及时上网公布，一旦发现网上显示换手率过高项目，即进行检查整顿。

（方纪生　郑生华）

【房产测绘管理】 建立全县房产平面图系统，编制统一房屋丘权号，规范房产管理。至年底，初步形成全县房产测绘系统，实现业务分类、业务流程、数据标准和测绘成果数据集中管理，达到“以图管房”科学管理模式。完成测绘信息系统建设，编辑城区房产平面图丘权号25平方公里，录入

1.3万幢房屋信息,建成中心数据库。新建商品房楼盘数据及时入库,实现全覆盖。全年办理个人新建房测绘164件,测绘面积2.58万平方米;工业企业新建房测绘117件,测绘面积87.11万平方米;房改房交易测绘358件,测绘分户面积2.82万平方米;析产30件,面积0.31万平方米。全年办理竣工商品房现场测绘395幢,测绘分户面积38.07万平方米。接受新建商品房预售面积审核269幢,审核建筑面积65.21万平方米;接受商品房预售委托测算建筑面积77.98万平方米。完成任家凹、西肖、五里墩二期、交通路西延、杨家园等拆迁项目测绘,测绘面积1.6万平方米。安全鉴定有关部门、法院等单位和个人委托测绘11件,测绘面积2.03万平方米。收集整理测绘成果档案785份,凭证配图3154份,竣工商品房权证配图1090份。

(方纪生　俞　洋)

·房产管理·

【产权产籍管理】 全年办理商品房预售许可证51件,预售面积58.92万平方米。办理商品房销售合同备案登记3160件,面积46.83万平方米。商品房买卖登记2201件,面积26.04万平方米。房改房交易登记238件,面积1.9万平方米。存量房交易登记1767件,面积23.9万平方米。房屋变更登记185件,面积11.89万平方米。新建房登记868件,面积70.41万平方米。房屋抵押登记4942件,面积299.76万平方米。验换证登记146件,面积18.65万平方米。房屋限制登记354件,面积34.61万平方米。整理产权档案5405卷、抵押档案2549卷、注销抵押档案1235卷。

【直管公房经营管理】 2010年,直管公房住宅203户,面积6781.19平方米,年租金应收11.7万元,收缴率98%。直管非住宅11户,面积1281.94平方米,年租金22.12万元,收缴率100%。综合维修1032平方米,资金投入1.19万元。全县廉租房9户,面积6896.18平方米,年租金应收4.52万元,收缴率98%。大型维修房屋1户,资金投入2000万元。每月3次检查公有房屋,针对雨季和雪季及特殊情况,加强检查力度,增加检查次数,发现问题及时解决。

(方纪生　于海全)

【房屋租赁管理】 2010年,县房管部门与县财政、税务部门合作,加强房屋租赁管理工作。全年办理房屋租赁登记备案239件,代征税收490.33万元。3月,县房管所和县地税局利用《秦淮源周刊》分别发布《南京市房屋租赁管理办法》、《关于加强房屋租赁税收管理的通告》,加强房屋租赁管理。5月,县房管所联合县地税局、永阳财政所在县城弯子口广场举办房屋租赁政策、法规宣传咨询活动;配合县工商局、地税局和永阳财政所在通济街开展房屋租赁集中整治活动。9~11月,县房管所开展城区门面房检查登记,通过查缴、清理、整治,登记租赁信息1180户,发放限期交纳税款通知书50余份,发放税务通告和“致出租户、承租户的一封信”各1180份,发放私房出租备案证明488份。

(方纪生　施庆华)

【房屋拆迁管理】 全年发放拆迁许可证4件,拆迁面积3.78万平方米,拆迁地块分别是小西门休闲广场、新龙路任家凹、五里墩二期、城东干道南延等4个项目。拆迁137户,拆迁安置120户,拆迁工作坚持公开、公正、公平原则,维护被拆迁人根本利益。拆迁补偿实行货币补偿、房屋安置相结合办法,提供不少于两处安置房源,供被拆迁人选择。推行阳光拆迁,现场公示拆迁许可、拆迁政策及补偿安置办法、拆迁实施单位、拆迁评估机构等。认真处理接待来信来访,把维护稳定工作落到实处。

·住房保障·

【概况】 2010年,推进以拆迁安置房、经济适用住房和廉租房为主的保障房项目建设。至年底,全县经济适用住房开工建设6.7万平方米,新开工5.1万平方米,竣工4.8万平方米。按照“政府主导、社会参与、市场运作”原则,完成省下达513套租赁房建设任务,建筑面积1.8万平方米。全年发放租赁补贴58户、142人,补贴面积1700平方米,补贴金额13万元。6月12日起,执行新保障标准,放宽保障型住房申购条件,家庭人均收入从700元/月调至1000元/月;家庭人均住房建筑面积从15平方米调至20平方米。年底,18套经济适用住房分配到户,符合条件的3户家庭入住廉租房。县住房和城乡建设局被省住房和城乡建设厅评为2010年度全省住房改革与发展工作先进单位。

保障房工程——城南新区辛庄佳苑　　县住建局 供稿

【保障房建设】 全年完成经济适用住房(廉租房)建筑面积4.8万平方米,565套,总投资9600万元。其中,城南新区辛庄佳苑二期经济适用住房,总建筑面积1.6万平方米,185套,总投资3200万元,于9月验收交付;12月8日,城南新区辛庄佳苑三期经济适用住房竣工验收,总建筑面积3.2万平方米,380套,总投资6400万元。10月,列为县十大民心工程之一的城东经济适用住房(廉租房)小区一期开工,建筑面积1.9万平方米,200套,投资4320万元。至年底,工程主体封顶。

【低收入住房困难家庭调查】 5月,县建设局会同县民政局、永阳镇街道办以及各居委会,在永阳镇范围内开展低收入住房困难家庭调查,为完善住房保障政策体系和住房建设规划提供依据。调查对象是人均住房面积低于20平方米、人均收入低于1000元/人·月的家庭,经核查,城区有低收入住房困难家庭322户。　(方纪生　孙　华)

·物业管理·

【概况】 2010年,全县有资质的物业服务企业33家(县内注册18家)。其中,一级资质1家,三级资质14家,三级暂定资质3家。有住宅小区物业托管项目40多个,托管建筑面积600多万平方米,物业从业人员近2000人,服务居住人口近8万人。

物业管理结合南京市优秀住宅小区创建和市住宅区考核检查,引导企业增强物业服务意识,提高管理水平。广成东方名城、同城印象被评为"南京市优秀住宅小区"。5月,拟定县物业管理体制创新方案,把物业管理纳入镇、区和社区居委会城市综合管理体系,建立"统一领导、分级负责、条保块管、综合协调"物业管理新体制。发挥镇、区和社区居委会作用,及时协调解决群众反映物业管理方面的各类问题。借鉴南京市物业创新体制经验,指导老旧小区成立小区管理委员会,引导老小区管理与社区管理相结合。同时,通过溧水物业管理网站和《秦淮源周刊》开办物业管理专栏,宣传物业服务好典型、好案例,曝光管理不到位、服务差的物业企业,宣传物业管理法规,营造有利于物业行业健康发展良好氛围,增强广大业主物业消费意识。　(方纪生　许　斌)

【房屋维修基金征收和管理】 2010年,全县18家企事业产权单位提交房屋维修报告,根据维修决算拨付维修基金13.6万元。全年组织收缴商品房房屋维修基金659万元,计1431户。出具房改房维修基金证明284户。　(方纪生)

交通·供电
Jiaotong GongDian

县委宣传部 供稿

交　通

·设施建设·

【概况】 2010年，交通工程建设总规模达6亿元。宁杭(南京至杭州)城际铁路、溧马(溧水至马鞍山)高速公路民房拆迁和土地征用工作有序进行，拆迁房屋3万余平方米。246省道完成一期路基主体工程。5月，实施张溧线(溧水至张家港)溧水段升级改造工程。8月，洪蓝胭脂河大桥开工建设。12月，完成县汽车客运总站建设工程。全年实施62个农村公路建设项目，完成公路里程80公里，总投资3200万元，县内农村公路里程达1460公里。至年底，县境内公路总里程1560.34公里，公路密度146.18公里/百平方公里。其中，高速公路92.38公里，一级公路71.92公里，二级公路158.71公里，三级公路164.91公里，四级公路1042.19公里，等外公路30.23公里。二级客运站1座，乡镇客运站4座。

6月，完成秦淮河航道整治工程。至年底，县境内航道总里程88.47公里，其中等级航道44.47公里，等外级航道44公里。港口3个，码头泊位10个，码头总延长347米。 (薛晨海)

【246省道溧水南段建设】 246省道(南京至郎溪公路江苏段)溧水境内南段全长29.39公里。起于县城北340省道，向南经溧水经济开发区东、中山水库西、东庐、石巷、秋湖，沿晶桥镇东、新山里向北经杭村偏向东南，由金山下村进入高淳，与239省道相交。该路段按四车道一级公路标准设计，设计速度枫香岭以北80公里/小时，以南100公里/小时。一般路基段宽26米，城镇段路基宽43米(不含人行道和绿化)。2009年开工建设，2010年完成投资6.5亿元。其中，征地拆迁2亿元，完成一期(溧水县城至晶桥段19.4公里)路基主体工程，水泥稳定碎石摊铺施工完成30%，开工建设路面工程；二期(晶桥至终点段26公里)路基工程开展清表、河塘处理、路基填筑施工。至年底，完成70%工程量。

(薛晨海　刘文翔)

【溧马高速公路建设】 溧水至马鞍山高速公路是江苏省“五纵、九横、五联”高速公路规划网中溧水至太仓线路的组成部分。起于县境内宁杭、宁常高

建设中的246省道　　县交通运输局 供稿

速公路桂庄枢纽，向西经禄口机场南、铜山北，至江宁横溪镇、小丹阳之间，与安徽省在建的马鞍山长江大桥南接线相接，江苏段全长37.5公里。全线采用六车道高速公路标准建设，设计时速120公里/小时，路基宽34.5米，概算投资约24亿元。2009年12月29日开工建设，至2010年底，累计完成实物投资5000万元，完成投资4亿元。

（薛晨海 刘 莉）

【张溧线溧水段升级改造】 5月，实施张溧线溧水段（十里牌宁杭高速入口处至东屏白鹿岗）升级改造工程，总里程8.1公里。路面由12米拓宽至14.5米，其中东屏集镇段为15米。修复损坏的混凝土路面，加铺沥青层。8月完工，总投资4500万元。

（薛晨海）

【溧水汽车客运总站竣工】 12月底，溧水县汽车客运总站竣工。由南京长客集团有限责任公司投资1亿余元建设。位于城东秦淮北路和常溧路交会处，占地5.93公顷，总建筑面积1.5万平方米。该站分设3个功能区：A区为售票楼、站前广场、社会车辆及出租车停放区；B区为候车楼、发车区及旅客服务中心；C区为修理厂、停车场及加油站，停车场有停车位220个。站内设13个售票窗口、16个检票口，候车大厅设可容纳近400名客流量座椅。日发送旅客容量1.5万人次。该站按交通部一级客运站标准建设，集智能化、高效化、生态化、人文化为一体，售检票、运行调度等各项作业流程全部通过智能信息系统实施全过程自动化运转，满足现代旅客出行需求。工程，进入各作业系统调试和完善阶段，计划2011年春运投用。

（薛晨海 闵劲蓉）

【洪蓝胭脂河大桥】 8月开工建设，概算投资700万元。位于洪蓝镇北工业园区，跨越天生桥河。长105米，宽9米。跨径组合3×35米，上部结构采用35米装配式预应力混凝土组合箱梁，梁高180厘米，连续结构。桥面铺装采用4厘米细粒式沥青砼+6厘米中粒式沥青砼+A米P-100防水粘结层+8厘米C50现浇钢筋砼铺装。桥台处设置80型型钢伸缩缝，桥头设6米搭板。下部结构采用桩柱式墩台，钻孔灌注桩基础。设计通行能力为公路I级。至年底，完成工程量25%，完成投资200万元。

（薛晨海）

【秦淮河戴家岗段航道整治工程】 该工程为2009年航道养护改善项目。2009年6月开工，总投资800万元。原计划当年底完成，后因工程施工给当地居民造成影响未能如期完工。整治河段位于沙河口下游戴家岗段，由两处相隔1.7公里航段组成。采用水下爆破炸礁技术，拓宽水下石质河床，完成设计范围内582米航道土方开挖及石方爆破清渣。其中，疏浚长度149米，石方爆破清渣长度433米，土方量1.18万立方米，石方量2.9万立方米。2010年6月4日，通过省航道局验收，被评为优质工程。因该项目爆破震动造成民房损坏赔、补偿费用由市交通运输局承担。

（薛晨海 姚 尧）

·公路运输·

【概况】 2010年，县内有长途客运班线17条，城乡客运线路55条。拥有客运车辆350辆，货运车辆1600辆，2300吨位。公路客运量920万人次，客运周转量8.69亿人公里。公路货运量1062万吨，货运周转量4.3亿吨公里。全县有车辆维修企业85家。其中，一类维修企业4家，二类维修企业24家，三类维修企业57家。

【推进城乡客运一体化】 11月，由天生、南方、润溧、公路、溧佳5家客运企业投资组建溧盛客运有

村村通达的镇村公交　　县交通运输局 供稿

限公司，负责经营城镇客运、镇村公交和城区公交。开通城区公交线路11条(夜班线2条)，城镇客运线路10条，镇村公交线路45条，其中村村通2条。总里程113.5公里，客运量2.6万人次/天。城区公交和镇村公交票价全程1元，城镇客运由物价部门按里程核价。收购处置原有151辆挂靠经营老旧客车，新投放客运车辆136辆。其中，30辆亚星牌客车营运城区公交线，63辆亚星和健康牌客车营运城镇客运线，43辆友谊牌客车营运镇村公交线。

【实施出租车升级改造】 2010年，按照“行业指导、企业负责、优化结构、循序渐进”原则，升级改造行政许可期满出租车。拟投放车型在县政府网站和溧水114网站公示，经过广泛协商，报县政府核准，上海大众畅达牌汽车因其美观大方、经济实用、乘坐舒适，被选为出租车升级改造投放车型。至年底，按照到期分批投放步骤，先期完成45辆新型出租车投放工作。

【溧水驾校被评为2A级培训质量信誉驾校】 3月14日，溧水县汽车驾驶员培训学校被省交通厅评为“2009年度2A级培训质量信誉驾校”，在南京市40所驾校中率先进入省级优等行列。该校占地面积4.2万平方米，拥有教学车辆50台，教职员工65人，有资质教练员45人，中高级职称专业技术人员6人。年培训驾驶员2600人。 (薛晨海)

·交通管理·

【概况】 6月，溧水县交通局更名为溧水县交通运输局，下设县运输管理所(县汽车维修行业管理所)、县交通运输局运政稽查大队、县公路管理站、县汽车驾驶员培训学校、县地方海事处(县航道管理站、县航运管理所)、县机动车综合性能检测站、运输管理北所、运输管理南所、超限运输稽查大队，负责县境交通运输管理等。

查处非法营运。配合全县创建国家级卫生县城工作，抽调50余名执法人员，全天候参与城区交通秩序整治行动，定点稽查和流动巡逻城区“黑车”聚集区和路段，严厉打击非法营运，查处出租车不使用计价器收费、拒载、随意喊价等违规经营行为，全年查扣非法营运车辆30余辆。

规范海事管理。全年巡航1967公里,上港上航373人次,检查船舶2836艘次(其中游船30艘次),签证船舶1216艘次,其中定期签证38艘次。检查航标401次,检查各类缺陷97项,当场整改74项,限期整改12项。签发安全建议书11份,安检船舶11艘(其中普通货船3艘,游船8艘)。实施行政处罚66起，罚款5.4万元。征收港务费47.7万元,水上施工秩序维护费4万元。全年检验船舶78艘,收费37.48万元。受理船用产品检验98批次,检验船舶舾装件1.84万件,产品检验费35.2万元。

强化公路养护。新组建同泽监理工程有限公司和公鼎检测有限责任公司，业务总量达1亿多元,实现利润100多万元。整修张溧线、老明线路面6.86万平方米,完成宁高线、老明线沥青灌缝1.2公里。修整宁高线、老明线、张溧线路肩、边坡16.28万平方米,开挖、修整边沟、路缘石6.72万平方米,干线道路好路率达95%。

【治理车辆超限超载】 2010年,县交通运输局抽调运政人员充实执法力量，开展治理超限超载专项行动,重点加强干线公路、高速公路出入口等重要节点控制，严查绕行农村公路和长途过境等非法超限超载行为。全年检查和纠正280余辆超限超载车辆。

【车辆检测】 2010年,县机动车辆综合性能检测站开展优质服务,当日送检车辆当日检测完毕,休息时间实行电话预约服务。全年检测车辆1.5万余辆次，收取检测费121.7万元，比上年增长35%。 (薛晨海)

供　　电

【概况】 2010年，县供电公司完成供电量12.55亿千瓦时,售电量11.55亿千瓦时,供、售电量分别比上年增长34.73%、34.77%，创历史新高。其中，工业用电量9.52亿千瓦时，比上年增长41.36%。全县有电力客户18.16万户。全年受理申请6901户,比上年下降23.24%,申请容量24.3万千瓦，比上年下降27.56%。完成用户申请6204户,比上年下降30.08%,其中高压客户206户,比

夜间抢修电力故障　　县供电公司 供稿

上年增长 8.4%。完成用户容量 16.35 万千瓦，比上年下降 23.71%。其中高压客户容量 8.87 万千瓦，比上年下降 21.07%。

加快电网建设。全年完成主变压器增容扩建与开关改造工程 5 个，开工建设变电站升压工程 1 个。至年底，全县拥有35 千伏~220 千伏电压等级变电站 22 座，主变容量96.27 万千伏安。10 千伏~220 千伏电压等级线路 134 条 1991 公里，10 千伏~35 千伏电缆 92 条 95.25 公里。安装配电变压器 3757 台，88.19 万千伏安，其中箱式变总数量 402 台/20 万千伏安，开闭所 5 个。全年城市综合电压合格率 99.94%，农村综合电压合格率 99.76%，其中居民端电压合格率 99.57%；城市供电可靠率 99.93%，农村供电可靠率 99.9%。8 月 3 日，县网供负荷达 21.83 万千瓦时，创历史新高。全年建成 1 个电气化镇、16 个电气化村。

加强安全管理工作。坚持"安全第一、预防为主、综合治理"方针，全面落实"四抓、四保、四清、五全、三控"安全工作要求(抓现场保人身、抓质量保设备、抓服务保一线、抓文化保电网，清晰责任界面、清理作业流程、清通反馈渠道、清楚责任追究，全面、全员、全方位、全过程、全时段，可控、能控、在控)，开展"三个不发生"(不发生大面积停电事故、不发生人身伤亡和恶性误操作事故、不发生特大设备损坏事故)百日安全活动、"安康杯"竞赛、安全生产月、"三查四防"(查责任到位、查隐患整治、查措施落实，防止大面积停电事故、防重特大火灾事故、防群众伤亡事故、防重要用户停电事故)安全大检查等活动，强化现场安全管理，杜绝违章操作。如实填写设备健康档案，及时消除设备缺陷，加强设备全过程管理。坚持"应修必修、修必修好"原则，严把检修质量关，提高设备健康水平。健全和完善警电联手打击涉电犯罪防范机制，开展预防电力设施外力破坏百日安全巡查活动，深化"平安电力"创建工作。至年底，实现连续安全生产 1463 天。

【年工业用电量创新高】 2010 年，全县工业用电量 9.52 亿千瓦时，比上年增长 41.36%。增幅前 3 位镇区分别是晶桥镇、石湫镇、白马镇，增长率依次是 121.82%、40.04%、37.38%，其余各镇工业用电量均正增长。

【电网网供负荷首次突破 20 万千瓦时】 7 月 29 日，溧水电网网供负荷达到 20.02 万千瓦时，首次突破 20 万千瓦时大关。8 月 3 日，网供负荷达到 21.83 万千瓦时，达全年最高值。

【实施集约化经营管理】 2010 年，县供电公司推行"人、财、物"集约化管理。建设绩效考核体系，开展部门业绩考核工作。实行市、县供电公司一体财务管理流程和标准，加强预算控制和执行情况分析，将所有支出纳入财务预算，加强全过程成本控制。建设"中心库——应急库"仓储体系，县供电公司设立中心仓库，生技部、各供电所设立应急仓库，实现应急物资规范化管理。强化工程审计，全年审减施工费 728.98 万元。

【推行业务工作标准化】 2010 年，按照有效提升农村供电所规范化、集约化、精益化管理水平要求，开展标准化示范供电所创建和班组标准化建设工作，成功创建国家级标准化示范供电所 1 个，省级标准化示范供电所 2 个，班组标准化建设获市先进单位称号。8 月，SG-ERP(国家电网-企业资源计划系统)系统正式上线运行。落实 SG 9000 (国家电网公司标准管理体系)建设部署，完成工作标准、管理标准、技术标准制定任务。开展 QC (全面质量管理)工作，在全国第三十二次质量管理小组代表会上，县供电公司 4 个 QC 小组被中华全国总工会、中华全国妇女联合会、共青团中央、中国科学技术协会、中国质量协会联合授予"全国质量优秀管理小组"荣誉称号。　(唐传全)

邮政·通信

Youzheng · Tongxin ·

《秦淮源周刊》供稿

邮　政

【概况】 2010年，溧水邮政抓住宏观经济回升机遇，创新发展保增长，精细管理促转型，实现业务规模快速增长。全年实现邮政业务收入2279万元，比上年增长20%；函件完成581万元，比上年增长7%；包件业务完成12.2万元；报刊发行业务完成162万元；集邮业务完成109.17万元；代理金融业务完成1260.56万元；代理速递快包收入完成25.58万元；代理票务实现收入16.5万元；信息业务完成47.25万元；分销业务完成8.78万元。邮政储蓄余额6.12亿元，比年初净增1.1亿元，增幅22%，定活比31.5%，比上年提高3%。

发展集邮业务。围绕地方经济发展大局，定向开发政务、旅游、校庆、典礼等个性化邮票、形象年册，持续、稳定发展重点业务。制作《天生溧水》宣传册。为劳动保障局制作具有南京文化特色的医疗保险和社会保险账单云锦邮资封；与县供电公司合作制发农电代收宣传贺卡。至年底，新邮预订完成43万元。

合理配置人力资源。上半年，县邮政局对邮路运输进行改革，由自办邮路改为交市邮政局邮车套跑，削减的驾驶员分别充实到投递、营销等一线部门，降低人工成本，提高企业经济效益。

提高员工综合素质。根据市邮政局全员技能标准，组织开展不同层次、不同专业培训，全年培训400余人次。同时组织26名劳务人员参加市局远程大专学历教育。

【打造邮政票务专家品牌】 2010年，县邮政局以代理航空电子客票、火车票、汽车票等业务为重点，综合打造邮政票务专家品牌。通过数据库商函进行定期宣传，派出兼职营销员深入各单位开展营销工作，对外来务工人员较多的企业上门服务，扩大火车票的销售量。节假日期间，开展专项营销活动，开展电话订票、送票上门等服务项目。

【开发农电贺卡】 2010年，县邮政局与县供电公司合作制发农电代收费宣传贺卡，在全县开通邮政代收电费业务，县邮政局在贺卡上加印《致全县广大农村用电客户书》以及电费代收邮政网点一览表等内容，为农电户提供电费缴纳便利。全年实现收入21.6万元。

【开拓新农保催缴单市场】 5月，国家发布新农保政策，县邮政局与劳动保障局合作，开拓新农保催缴单市场。催缴单设计内容包括缴费时间友情提醒，社保、医保个人账户说明，解决部分参保人员缴费不及时以及不了解新农保缴费规定等问题。至年底，发送9000份挂号催缴单，实现收入3.6万元。

【开发云锦邮资封】 2010年，是南京云锦邮资图申报成功之年。县邮政局与劳动保障局联手开发云锦邮资封式医疗保险和社会保险账单，以具有南京文化遗产特色的云锦邮资封取代普通社保账单信封，实现邮政业务收入11.36万元。

（周祥星）

通　信

·中国电信股份有限公司溧水分公司·

【概况】 2010 年，中国电信股份有限公司溧水分公司（简称溧水电信分公司）抓发展、促转型，推动业务、网络、技术与服务质量协调发展，各项工作取得较好成绩。

综合通信能力明显增强。持续推进“光进铜退”（铜缆改光缆）和宽带提速工作，在乌山新春、东屏丰安等 16 个偏远行政村新建室外一体化机房，以三网（电信网、计算机网和有线电视网）融合光纤入户方式下沉宽窄带，取代铜缆接入。完成庆丰小区绿郫、安阳花苑、水岸新都等 14 个小区 3100 余户皮线光缆入户穿放，新建新楼盘三网融合光纤入户 4100 余户。年底，溧水本地网具有三网融合光纤入户接入能力用户数超过 7000 户。全年开通水晶、东璜、东岗、梅家等 9 个宏基站。结合宏基站广域覆盖，加快小范围内提高通话质量 RRU（远端射频单元）和室内分布系统建设，白马怡人山水、马塘坝等 14 个 RRU 安装并开通；建成广电局新大楼和柘塘视觉艺术学院室内分布系统。整治东屏、三星、乌山、金湖和观山等 5 个 C 网基站接地系统。新建龙山桥、花园小区、中孚水岸等 11 个点的 OLT（光线路终端）设备工程。完成现有 SDH（将复接、线路传输及交换功能融为一体、并由统一网管系统操作的综合信息传送网络）环扩容和改造。在开发区、花园小区、东庐、晶桥和云鹤新建 622M 传输设备并纳入现有 622M 环。

电信业务增势强劲。全年净增移动用户 2.35 万户，净增宽带甲种用户 6900 户，“我的 E 家”净增 1.41 万户，E9 业务发展 6120 户，E6 业务发展 1.12 万户，商务领航净增 440 户。全县有 54 个行政村达到“天翼村”三星级标准，其中有 3 个行政村达到“天翼村”四星级标准。

电信大楼　　　　中国电信溧水分公司 供稿

网络运行维护继续加强。通过工程补缺、深度优化、基站整治、传输改造、道路优化等举措，实现深度覆盖基本相当、2G 网络质量重点超越、3G 网络性能保持领先的网络优势。深化防瘫痪、防阻断、防掉电工作，制定应急预案，确保设备性能稳定可靠。推进深度覆盖摸查，摸查点涵盖所有已做、未做分布系统的楼宇、小区、校园，全面掌握网络真实覆盖情况，摸查数据形成样本库。完成天馈调整 18 个扇区，基本参数调整 102 个，邻区调整 705 个，接入 EC/IO（所接收信号强度和邻小区干扰水平比值）指标稳步上升。

电信服务质量全面提升。坚持把服务工作放在首位，组织全体员工（包括外包公司员工）进行服务标准学习和考评。参与市公司各项服务竞赛活动，强化工单管理员责任意识，工单处理及时率每月均在 99% 以上。定期走访客户，了解用户在使用电信业务过程中需求，积极提供帮助和服务。溧水电信与消费者协会、报社、电视台等多家单位携手合作，开展“3·15”放心消费满意服务现场活动。成立客户服务中心，管理全县营业渠道及10000号服务质量、业务受理、业务培训，监督检查服务规范执行情况。在中心营业厅设立VIP/国际漫游台席，加强本地“客服57210000”宣传。全年受理投诉工单473张，疑难工单2065张，万名用户投诉率每月均低于全省平均水平。 (黄长平)

【实施FTTH改造】 11月，完成洪蓝镇天生桥村最偏远3个自然村90余户农户FTTH改造，割接改造率100%。该村是县光纤入户第一村。9~11月，在绿郁为用户安装ONU（光网络接入单元），开展光纤入户改造试点，该小区近100户宽带用户采用FTTH方式接入。南京电信分公司资源调配投资中心转发溧水电信分公司FTTH建设经验。 (黄长平 杨 森)

【举办CSS操作技能大赛】 4月2日，溧水电信公司组织全体客户经理进行CSS操作技能大赛，强化CSS系统在营销工作中的支撑作用。22名客户经理参赛。根据现场操作准确性及操作用时进行评分，评选出一、二、三等奖。

【开展3G应用竞赛活动】 10月29日，县电信分公司举办3G应用操作大赛。22名参赛选手来自各部门新老员工和农村支局长。比赛内容涉及电信最常用增值业务，包括如何使用189邮箱发邮件、“爱音乐”搜索歌曲、天翼Live添加好友、“天翼视讯”看直播节目、号码百事通查询出游信息等。现场评选出一等奖1名、二等奖3名、三等奖4名。 (黄长平)

·中国移动通信集团江苏有限公司溧水分公司·

【概况】 2010年，中国移动通信集团江苏有限公司溧水分公司（简称溧水移动分公司）以构建世界一流通信企业为目标，实施服务与业务领先战略，打造卓越网络，构建信息数字化平台，巩固发展优势，实现运营收入1.7亿元。

加大通信建设投入。全年投入6000万元，新建通信基站20个，全县基站总数达140个；完成传输项目建设62个，布放光缆98公里；完成75公里管道建设和23处分布系统建设，实现网络立体覆盖。

完善社会化营销服务体系。2010年，全县移动用户总数突破25万，占全县通信用户总数的54%。移动营业厅占全县通信运营商渠道份额的70%。继续推进涵盖移动电话、固定电话、政企宽带互联网全业务产品体系发展，满足用户整体通信需求。全业务延伸至机关事业单位、中小学校、大中型企业，产品包括电话交换机、数据专线、视频监控等在内的移动信息化办公，以及ICT通信服务（为政企用户提供多种电信服务）领域信息化应用等。与南京西普水泥集团、南京胜捷电机、南京傅家边科技集团、沙塘庵粮油总公司等知名企事业单位签订合作协议，实现业务全面合作。

加强队伍建设。完善现场管理、制度管理、安全管理、创新管理等制度建设，保证基层班组业务运行标准化、规范化。通过开展常规辅导和专项提升培训，实现员工与企业共同成长。溧水移动分公司大西门营业厅获得南京移动“三星级班组”称号，大东门营业厅获得2010年度南京移动“四星级班组”称号。

【大东门营业厅获南京移动“四星级班组”称号】 2010年，溧水移动分公司大东门营业厅以追求客户满意服务为宗旨，通过开展情景模拟比赛、业务技能培训等方式提高营业员业务技能与服务水平，提升店长现场管理技能；通过不定期回访业务用户，征求用户意见，提升营业厅现场管理水平；通过开展班组活动提升团队凝聚力和战斗力，提升挂钩营业厅、指定专营店、特约代理店服务水平和服务质量。加强后台对前台服务支撑，完善内部服务流程，申诉处理及时率、回访率均达100%，获得2010年度南京移动“四星级班组”称号。

【建设“校讯通”平台】 2010年，溧水移动分公司致力于信息化“校讯通”平台建设。搭建学校与家长互动平台，通过短信、WAP、网站等多种方式，使家长及时了解学生在校表现；发送平安短信，学生到校后刷卡，系统自动给家长发送平安短信；免费拨打亲情电话，学生及时与家长保持联系；建立家长网校，家长通过网站了解孩子日常表现。“校讯通”在教师、家长和学生之间架起信息化沟通桥梁，实现教师管得贴心、家长托得省心、学生用得开心目标。全年新发展用户3000余户，年底用户总数达到 2.1 万户。

【推广“移动之家”】 2010 年，溧水移动分公司定位“数字家庭”，把各家庭产品与业务统一在“移动之家”品牌下整合传播。发挥该公司在移动通信方面领先优势与手机客户规模优势，结合家庭宽带、无线家庭固话等家庭产品，利用家庭账户和家庭套餐实现家庭成员通信融合。全年“移动之家”新发展用户约 5300 户，年底用户总数达到 1.7 万户。同时，公司还举办“关爱劳动者，移动服务进工地”现场服务活动。 (龚晓军)

·中国联合网络通信有限公司溧水县分公司·

【概况】 2010 年，中国联合网络通信有限公司溧水县分公司(简称“联通溧水分公司”)以“聚人心、拓渠道、重集团、抓执行”为经营主线，在营销管理、渠道建设、3G 发展及工程建设等方面取得新进展，全年实现主营业务收入 2000 万元。

整合管理。制定网络化营销措施，进行区域化管理，人员定岗、定编、定责，规范各项工作流程及标准。加强城区及乡镇代理，扶持代理商开设 3G 手机卖场，通过优惠政策和人性化投入调动其销售积极性。在乡镇代理建设基础上拓建并优化村级服务网点。依托中国联通信息化管理平台，将移动通信、固定通信、数据通信和国际互联网等多项业务进行总体整合，改变了原有集团业务单纯发展模式。

主推联通 3G。联通 3G 以网络覆盖好、上网速度快、国际漫游广、语音清晰、终端款式丰富等优势赢得良好市场反应。2010 年，结合推广智能终端合约计划，大力拓展 3G 实体渠道，提升主流社会渠道掌控力。全年推出乐 Phone、iPhone3GS (8GB)及多款 3G 普及型智能手机，推动手机终端与 3G 业务结合发展。根据 3G 应用特点及市场需求，组建“3G 达人”队伍，针对不同客户群，采用多种形式，进行 3G 业务宣传及演示，展示联通 3G 业务优势。“五·一七”世界电信日期间，开展为期 3 天的以“城市生活，精彩在沃”为主题的 3G 大型户外宣传活动，推进联通品牌形象建设。建立“标准+等级+特色”的 3G 服务体系，实施分群、分级、分类一对一专属管家服务，建立“3G 手机俱乐部”、“iPhone 手机家园”、“3GQQ 群”等服务平台。每周举办“WO 的下午茶”(讨论和交流 iPhone 使用技巧专场主题活动)，引导客户认知 3G 业务，培养数据业务使用习惯，改善客户感知。

增强网络支撑。调整互联网结构，优化移动网、传输网，完成宽带提速、网络扁平化改造等，集中开展高速公路、偏远乡村等关键区域专项优化工作，提高用户感知度和网络专业性。至年底，全县网络覆盖率达 99.3%。发挥网管监控功能，加强网络预警、日常巡检、质量分析等，确保管理规范化。

加强综合管理。通过督促、检查营业一线服务工作，强化窗口服务形象；落实投诉服务，投诉回复率和处理及时率达到 100%。加强财务预算管理，按月进行财务分析，细化经营工作。全员开展“争星级嘉奖、增业务发展、提业务收入”活动，把达到评定标准作为评优及职业生涯规划、岗位晋升的前提条件。

【推行长途半价卡】 3 月，联通溧水分公司推出“长途半价卡”，满足外来务工人群对长途通话需求。月功能费 11 元，赠送炫铃，市话 0.18 元/分钟，所有国内长途一律半价优惠，如叠加定向长途，只需 0.075 元/分钟。

【iPhone4 上市】 9 月 17 日，中国联通用户可以通过联通专卖店和苏宁连锁店，选择不同档合约计划预定绑定联通 3G 服务的 iPhone4 手机。9 月 25 日正式办理 iPhone4 合约计划。12 月 1 日，中国联通执行新 iPhone4 合约计划政策，即机卡不分离，绑定使用所购买的通信服务、USIM 卡、用户号码以及 iPhone 终端，可享受中国联通为用户提供的终端补贴优惠政策。至年底，全县 iPhone 手机用户 978 户。

【推出超级市民卡】 11 月，联通溧水分公司针对本地市场需求，推出“超级市民卡”。月功能费 11 元，每月赠送 100 分钟市话和 30 兆流量，其他执行标准资费。 (王　芳)

商贸·旅游

Shangmao·Luyou

唐奇通 摄

商贸流通

【概况】 2010年，全县实现社会消费品零售总额70.51亿元，比上年增长20%；服务业增加值64.66亿元，比上年增长18.5%；实现服务业税收9.1亿元，比上年增长52.11%；实现服务业投资额31.9亿元，比上年增长29.7%。

稳步推进机构改革。6月，撤销县商业贸易局，组建县商务局，原县商贸局、县商务局、县粮食局和县发改局三产职能整合划转至县商务局。新组建的县商务局成立3个小组(深化改革推进组、经济发展组、维护稳定组)，稳步推进机构改革，保障各项工作及时转入正轨。深化改革推进组负责“三定方案”拟定、人员关系梳理及机关日常工作正常运转；经济发展组负责机构改革期间部门经济发展不松懈，内外贸易、夏粮收购等工作同步推进；维护稳定组负责梳理排查合并之后原各部门历史遗留问题，逐一妥善处理。至年底，各项工作实现快速组合到位、谋划到位、安排到位、落实到位，步入有序发展轨道。

拓展城乡消费市场。继续落实“家电下乡”、以旧换新等扩大消费政策和措施，全县销售“家电下乡”商品2.87万件，销售额6791万元，兑付补贴826万元，兑付率达97%。县商务局与县供销合作总社联合开展“万村千乡市场”试点，实施农家店升级改造工程。至年底，新建农家店2个，升级改造20家。8月，广成社区商业示范区通过市级验收。年底，苏果超市、银达医药、金宝市场、昱达集团、五星电器等县商务局重点监测的10家重点商贸企业实现年销售额31.2亿元，比上年增长22%；上缴税收3458.2万元，比上年增长22.47%。年销售额超亿元企业由上年6家增加到8家。其中，昱达集团实现销售额9.7亿元，增长47.8%，上缴税收667.3万元，增幅1.94倍；苏果超市年销售额2.37亿元，比上年增长16%，上缴税收1673万元；五星电器和金宝市场年销售额均突破亿元。

提升安全消费水平。开展社零(社会零售业)企业发展、样本企业市场运行监测工作，及时准确反映消费品市场变化，根据需求组织市场投入，缓解重要商品供需矛盾。社零企业发展和样本企业市场运行监测工作获市一等奖。制订《粮油及重要副食品市场保供稳价应急预案》和《溧水县成品油应急预案》，明确粮油由柘塘粮食购销公司、沙塘庵粮食市场及苏果超市负责日常供应；猪肉由县众鑫食品有限公司、南京洪溪食品有限公司负责日常供应；蔬菜、鸡蛋、水产品等由县农副产品交易中心和珍珠桥农贸市场负责组织货源，保障市场供应不脱销。设立溧水经济开发区果园柴油罐装点，确保重大项目用油。实施“菜篮子放心工程”，创建溧水农副产品交易中心“绿色农贸市场”，县珍珠桥农贸市场经中食恒信(北京)质量认证中心复审，通过国家级绿色市场认证注册。实施“放心早餐”工程，新增放心早餐店3家，并通过市级验收。

拟定《溧水县服务业“十二五”发展规划》。7月，邀请南京大学和南京邮电大学的专家、教授到溧水调研指导，分析研究全县服务业现状，指导编写《溧水县服务业“十二五”发展规划》。《溧水县服务业“十二五”发展规划》按照集中优势、培育特色、产业融合、协调发展、区域统筹、深化合作、完善功能、优化布局的基本原则，优先发展现代物流业、金融服务业、软件和信息服务业、商务服务业、服务外包产业、文化创意产业、农业服务业等生产性服务业，着力提升商贸流通业、休闲旅游业、房地产业、居民服务业等生活性服务业，均衡发展与民生密切相关的文化广电事业、医疗卫生事业、教育事业、体育事业等公共服务业，形成各具特色、优势互补、统筹协调的服务业新体系。

【全年假日消费12亿元】 2010年，七大法定假日及“梅花节”、“美食节”期间，全县实现社会消费品零售总额近12亿元，其中春节、“十一”两大节日消费占全年消费总量三成左右。春节期间，以副食品为主导的生活必需品走俏市场，休闲食品、烟酒饮料、冲调保健、粮油干货等时令节日商品销售比上年增长65%以上。餐饮消费也成为春节市场亮点。“十一”黄金周以家电、餐饮消费为主，五星、苏宁、国美和晨鑫四大卖场8天零售总额超过5000万元，比上年增长27%；全县餐饮消费突破7000万元，比上年增长29%。餐饮消费以“旅游餐饮”、“婚宴餐饮”和“休闲餐饮”为主，具有地方特色的“农家乐”和晚间排档小吃，汇集地方风味。文峰商场、百货大楼两大规模企业以及各大品牌专卖店引领时尚，拉动服装消费增长32个百分点。

【服务业重点项目完成投资8.4亿元】 2010年，再生资源交易市场、江苏未来影视文化创意产业园、中国移动华东物流中心、太阳岛会所及其配套设施、汽车4S园、卧龙湖国际社区、万辰商贸国际广场、沙塘庵粮油物流中心、恒大金碧天下和农业硅谷休闲观光区列为全县服务业十大重点项目，计划投资6.1亿元，实际完成投资8.4亿元，是年计划的1.37倍，比上年增长29.23%。其中，投资超亿元项目有4个，恒大金碧天下五星级酒店完成投资2.5亿元，是年度投资计划12.5倍；江苏未来影视文化创意产业园完成投资1.3亿元，超过年度投资计划30%；农业硅谷休闲观光区和汽车4S园分别完成投资1亿元。完成投资5000万元项目有万辰商贸国际广场和太阳岛会所。

【落实“放心肉”措施】 2010年，全县生猪屠宰量10.94万头，创历史最高记录，比上年增长10.93%。其中，溧水县众鑫食品有限公司屠宰7.2万头，比上年增长16%；南京洪溪食品有限公司屠宰3.73万头，比上年增长2.32%。春节期间，南京洪溪食品有限公司养殖场储备生猪300余头，县众鑫食品有限公司落实生猪猪源1000多头，以应对雨雪灾害天气，确保节日供应。落实生猪产品上市“两证两印”索票索证制度。屠宰场严格落实肉品品质检疫、检验制度，实施病死猪、病害猪无害化处理制度，县农副产品交易中心、农贸市场严格索票索证入市制度。春节前一个月，两大屠宰场肉品品质检验合格数量累计1.49万头，实施病死猪、病害猪无害化处理32头。全年生猪市场未发现私屠滥宰肉、注水肉、病害肉上市销售案例。

【溧水农副产品交易中心建成开业】 溧水农副产品交易中心位于县城西郊，6月18日开业。该交易中心是全县农副产品销售集散中心，集批零经营于一体，主要辐射全县城乡各农贸市场及周边市县农贸市场，占地总面积5.53公顷，总投资8664万元。建成商业面积2万余平方米，设有干货交易区，果品交易区，蔬菜交易区，禽类交易区，水产交易区，肉类交易区，禽蛋、豆制品交易区以及酱菜卤菜区等八大交易区。建有停车场、农残检测站及综合商务区等配套设施。创建绿色专区130平方米。

溧水县农副产品交易中心举行开业典礼　　《秦淮源周刊》供稿

【餐饮业实现零售总额10.8亿元】 2010年，全县餐饮网点1176家，餐饮业社会消费品零售总额10.8亿元，增加值4.5亿元，上缴税收1200万元，从业人员1.2万余人。年营业额200万元以上餐饮企业有37家。其中,汇豪、世纪天成等酒店主攻高端市场;怡人山水、天生桥山庄等酒店依山傍水,环境优雅;冬竹、绿岛等“农家乐”餐馆以农家土菜吸引客户。县内中式正餐店占主导地位,有意思、曼德夫、摩登经典、享尼莱、肯德基等连锁西式快餐店陆续到溧水开设连锁店,名典、红磨坊、迪欧等西餐厅先后落户溧水,永和豆浆、未来永和等中式快餐店以及苗家山寨、江南公社主题餐厅、小尾羊、一尊皇牛等特色火锅店相继进入溧水,形成餐饮业兼收并蓄格局,供消费者进行多样化、个性化选择。

【苏果超市溧水有限公司万辰店】 12月24日,苏果超市溧水有限公司万辰店开业,该超市位于宝塔路万辰国际广场,经营面积2.4万平方米。一楼有化妆品、黄金、服饰、名鞋等专卖;二楼有数码产品、家居用品专卖;三楼有生鲜产品及副食品专卖。肯德基、三商巧福、汤米小岛等知名品牌入驻。开业当天营业额达200多万元。 (诸培弘)

华润苏果溧水新店开业 《秦淮源周刊》供稿

供销合作商业

【概况】 2010年底,县供销合作总社下辖4个中心基层供销社,8个县公司,职工159人。全系统商品销售额21.45亿元,其中社会商品零售总额4.65亿元,实现利润204万元,上交税收681万元。全年农产品销售6.41亿元。组织蜂蜜收购5000余吨。

加快“新网工程”建设。2010年,县供销社开展农村新型现代流通网络(简称“新网工程”)提档升级活动。通过加大项目资金争取力度,增加配送等措施,建立一批区域性连锁企业,全县9家一星级、二星级(县、市级)为农服务社提升为三星级(省级)。按“开放办社”原则,吸纳县内重点龙头企业老一辈食品有限公司、牧乐农副产品有限公司等涉农企业(专业社)入社入股,纳入供销合作社营销网络,全年全系统新增连锁网点120家。

推进农民专业合作社建设。全年成立8个农民专业合作社,农民专业合作社以县内食用菌、菊花、畜禽等优势农产品为主,由屏湖、白马、洪蓝、孔镇中心供销社投入部分股份,按照民办、民管、民收益原则建立。农民专业合作社通过引进、推广良种,统一章程、统一培训、统一服务体系,引导社员组织化生产、规模化管理、市场化销售,实现农业增效农民增收。至年底,全县由县供销合作社领办、联办的专业合作社总数43个,入社农户5234户,实现销售额3.12亿元,增加收入1.21亿元。

发挥农资储备与供应主渠道作用。县供销社下属溧水县兴农农业生产资料有限公司继续发挥全县农资淡储旺供主渠道作用,从河南、山东、安徽等省调集化肥、农药、种子货源,通过设立在各镇140多个“国标放心农资店”,送货到户、到田头,方便农民,降低成本,让利于农。全年销售各种化肥1.5万吨,农药180吨,种子30万公斤。

实施基层社“三位一体”改革。4月,县供销合作总社选择屏湖供销合作社试行三位一体”(三位:供销社、为农服务社、专业合作社,一体:联合体)改革。按照有实体、有载体、有联合体改革方案,建立粮油收购站作为该社实体,形成自己造血机制。以原杨祥、上桥、长乐、石坝、王家山、白鹿等

农民专业合作社特色农产品　县供销合作总社 供稿

供应站为载体建立为农服务社22家，同时领办或参股成立多家专业合作社，组成供销社、为农服务社、专业合作社“三位一体”经营联合体，为农民提供全方位服务。

【组建汇农食用菌专业合作社联合社】 11月19日，由南京博大农业专业合作社、溧水天丰食用菌专业合作社、溧水交河食用菌专业合作社、溧水金湖食用菌专业合作社、溧水金鹿食用菌专业合作社、溧水环湖蔬菜专业合作社、溧水县白马中心供销合作社作为发起人，联合成立“溧水汇农食用菌专业合作社联合社”。该联合社有社员250户，社址设在白马镇。

【苏皖再生资源交易市场开工建设】 苏皖再生资源交易市场位于永阳镇栖凤路。10月开工建设，占地7.37公顷。该项目列入全县重点民生工程，由江苏省物联再生资源利用产业集团有限公司和溧水县供销合作总社共同投资5500万元，分二期建设。一期工程占地4.02公顷，建筑面积4万平方米，设物流区、交易分割区和综合服务区，配置办公楼、业务洽谈室、磅房等设施。此前，县内废旧物资收购行业由多个部门管理，县城居民小区和全县各乡镇，都设有废品收购点，既影响市容市貌，又危害居民身体健康。该市场建成，有利于规范再生资源回收行业经营行为，防止“二次污染”，促进生态环境建设，有利于扩大再生资源回收和利用，促成包括溧水在内的苏皖区域循环经济发展，同时带动社会就业500人。

【开展农产品经纪人培训】 2010年，县供销合作总社举办3期农产品经纪人培训班，220人获得全国供销合作总社、人力资源和社会劳动保障部颁发的初级农产品经纪人资格证书，其中有48位妇女经纪人和10个行政村妇女主任。

【拓展蜂产品国内市场】 省级农业龙头企业常力蜂业有限公司产品以出口为主，出口量占全省蜂产品出口34%。2010年，该公司建立国内市场营销体系，蜂产品打入江苏时代超市、家乐福、大润发、北京华联、沃尔玛等连锁超市和大卖场等800多家销售网点，市场覆盖江苏、安徽、浙江、陕西、宁夏等省市。全年国内市场销售额1737万元，占公司全年销售总额30%。（顾志勇）

粮油经营

【概况】 2010年，全县粮食购销企业实行“储备目标管理、经营放开有序、资金统一监管、用工分配自主、实行绩效考核”改革方案，提升稳定市场价格，保障粮食供应能力。全年核查粮食收购资格95户，其中通过年审75户，变更2户，停业18户。开展粮食市场陈化粮和秋粮收购专项检查5次，不定期抽样检查全县放心粮油店经销粮油质量，防止陈化、劣质、霉变粮油进入市场。

全年收购入库粮食6.3万吨，其中小麦1.92万吨，稻谷4.38万吨。夏粮收购1.92万吨，比上年增长44.5%；秋粮收购4.38万吨，是上年3倍多。其中，本地收购3.08万吨，外采1.3万吨。全县中储粮代储小麦0.6万吨，大豆1.2万吨。省储粮粳稻1万吨，市储粮1.75万吨。县级储备粮1.5万吨，各级储备粮按相关规定轮换，推陈储新。（诸培弘）

烟草专卖

【概况】 2010年，溧水县烟草专卖局（江苏省烟草公司溧水县分公司）按照“全面覆盖、良性互动、注重实效”要求，加强效能建设，降本增效，卷烟销售平稳增长，专卖监管成效显著，实现销量、销售金额同步增长。全年销售卷烟21875箱，比上年增长2.22%；销售重点牌号香烟12877箱，比上年增长 14.15%。销售金额 50410 万元，增长 12.15%，销售均价 92.18 元/条，提高 9.74%。

【建设卷烟零售服务标准店】 2010 年，按照“客户自愿申请、市局（公司）审核批准”原则，开展卷烟零售服务标准店建设。先后组织客户经理、77 户标准店经营户开展培训并进行现场操作，掌握规范经营标准。按照统一规范完成标准店店面改造工程。利用“商信通”建立全县“标准店”客户信息平台，定期和不定期向标准店发布信息，宣传行业政策。每月向所有标准店提供经营分析报告，进行月度经营指导，提升标准店经营业绩和服务水平。

【开展打假专项行动】 2010 年，县烟草专卖局先后开展打击公开摆卖假烟、“闪电”5 号、6 号专项行动和“龙蟠 1 号”行动，联合县公安部门适时开展路查行动，加强对高速公路、交通要道检查频率，扼制“假、私、非”卷烟流入，从源头上切断非法卷烟对市场冲击。加大与县工商部门协作力度，实现联抓共管，共同维护市场经营秩序。全年查获涉案卷烟 73.8 件，案值 3.5 万余元，罚没假烟 43 条，罚没款 1.47 万元，取缔无证经营 39 户。

（芮春华）

盐业专营

【概况】 2010 年，溧水盐业公司（县盐务局）销售收入 1232 万元，比上年增长 85%。其中，各类盐产品销售收入 707 万元，与上年基本持平；非盐产品销售收入 525 万元。全年销售小包装食盐 2000 多吨，新推出沐浴盐、足浴盐等各种生活用盐，受到消费者欢迎。非盐产品主要有酒、味精、料酒、酱油、糖等。全年拓展零售终端 679 家，建立 ERP 信息管理系统，实行小包装食盐免费送货上门服务。至年底，全县食盐零售终端 1958 家，建立配送路线 58 条，完成白马和永阳两个连锁门店选址、租赁、规划等初期工作。

（徐本安）

旅　游

【概况】 县委县政府注重旅游宣传营销，积极开拓旅游市场。2 月，制作1.5 万份旅游明信片发放给周边城市自驾游客。3~5 月，与龙虎网合作建立“溧水县春季旅游网站”，与《秦淮源周刊》合作开辟“溧水春游专栏”。溧水梅花节期间，推出溧水乡村一日游、溧水赏花游、美食游、健身游等系列旅游产品。10~11 月，与南京晨报合作，登载 19 个整版，宣传、介绍溧水旅游，制作 2000 册《溧水旅游》宣传册。承办江苏省第二届乡村旅游节，参加江苏省第二届旅游商品博览会。全年接待游客 183 万人次，比上年增长 22%。旅游总收入 16.2 亿元，比上年增长 23%。

旅游项目有序推进。卧龙湖国际社区休闲度假酒店、太阳岛百美酒店、江苏未来影视城、大金山风景区、傅家边农业科技观光园、白马乡村旅游点等项目建设有序推进。10 月，周园一期建设完成并对外开放。12 月，南京约翰温泉大酒店建成试营业。

行业创建卓有成效。全县加强旅游行业创建，提升旅游景区、饭店、乡村旅游点品质。上半年，傅家边、大金山等两家景区创建成南京市自驾游基地；下半年，傅家边风景区创建成江苏省自驾游基地和江苏省四星级乡村旅游点，大金山风景区会所、怡人山水度假山庄创建成南京市乡村度假酒店，洪蓝镇成功申报特色旅游街镇。12 月，傅家边、天生桥、大金山等 3 家 AAA

外地游客结伴攀登无想山　　《秦淮源周刊》供稿

中心大酒店　　　　县工信局 供稿

级景区通过复核验收；完成中心大酒店、宏泰大酒店两家星级饭店复核，取消新都宾馆二星级饭店资格。

服务质量明显改善。通过开展旅游行业行风评议活动、贯彻落实新《旅行社管理条例》、建立健全旅游安全监管制度等手段，提升行业服务水平。3月，溧水中心大酒店、宏泰大酒店等两家酒店被评为“长三角世博旅游接待推荐酒店”。3~6月，落实主要景区、乡村旅游点交通标识系统建设，增强景区景点可进入性。9月，配合全市“12345活动”，对县内旅游行政执法权限进行梳理，明确执法范围，提高执法水平。

【编制《溧水县“十二五”旅游业发展规划》】 7月，县旅游局完成《溧水县“十二五”旅游业发展规划》(简称《规划》)编制工作。针对旅游业发展趋势和县旅游产业发展现状，定位溧水为长三角地区休闲度假优质旅游目的地。《规划》要求围绕一个目标(建设成长三角地区优质休闲度假旅游必选目的地)，推进两项计划(旅游强镇计划、旅游强基计划)，实施五大工程(质量提升工程、精品工程、乡村旅游富民工程，市场开拓工程、综合配套工程)，打造“一心四区”(“一心”，即以县城为主接待中心，与傅家边、天生桥等次接待中心相配套，形成循环旅游接待网络。“四区”，即古文化旅游区、商务休闲旅游区、乡村旅游集聚区，影视产业旅游区)旅游空间布局，实现溧水旅游可持续发展。

【周园】 (参见溧水概况类目，第44页)

【第十届南京·溧水梅花节】 2010年2~4月，县政府举办第十届南京·溧水梅花节。前九届梅花节体现“旅游搭台、经济唱戏”特点，依托梅花节品牌影响，推进项目招商。第十届南京·溧水梅花节则转型为纯粹旅游活动。以“登高赏梅到溧水、祈福健身揽春光”为主题，举办系列旅游活动，推荐溧水县生态、休闲旅游产品，吸引更多的游客到溧水旅游观光、休闲度假。

2月8日，溧水县委宣传部、旅游局、农林局等部门在南京汉府饭店举办“2010年草莓节、梅花节新闻发布会”，发布梅花节系列活动概况、景区票价及优惠政策等旅游信息。《中国旅游报》、

第十届南京·溧水梅花节　　　　县旅游局 供稿

江苏第二届乡村旅游节暨南京百万市民游乡村启动仪式　　《秦淮源周刊》供稿

《南京日报》、《扬子晚报》、腾讯旅游、龙虎网、江苏电视台、南京电视台等近百家媒体参与报道。

2月27日上午，梅花节开幕式在傅家边梅花广场举行，开幕式上举行“秦淮源头最美乡村”自驾游启动仪式。苏友自驾俱乐部100多辆自驾游车和近万名游客参加当天“万名游客溧水祈福启新”活动。

3月27日，在南京玄武湖翠虹堤，举行“美滋美味”溧水梅(莓)产品展，全县近30家涉旅企业参加。溧水的青梅、草莓、黑莓、蓝莓等系列梅(莓)产品及洪蓝御带糕、蜂产品、有机蔬菜等特色旅游产品和特色旅游线路、优惠活动受到游客欢迎。旅游局联合团县委、县妇联推出“我在溧水有一棵果树”旅游公益助学活动，受到众多游客和媒体关注。

4月11日，在溧水天生桥公园，举行“千棵樱花树园”落成典礼，开展中日民间友好樱花园第五次植树活动及日本宫廷和服表演。活动吸引日本工商、文教、社会等各界人士近40人参加。

系列旅游活动主要有：“春花烂漫”溧水赏花游活动，在傅家边、溧水果园、牡丹园举行观赏溧水梅花、桃花、梨花、油菜花、牡丹花、樱花等；“拍美景写游记、游溧水获大奖”活动，在龙虎网上开通互动论坛，实时报道活动进展；“乐在傅家边”农业体验活动，组织游客开展草莓采摘、制茶、挖竹笋、自制香包等；“健在大金山”体育休闲游，推出马术、自行车、军事体育对抗等系列体育休闲活动；“秦淮源头最美乡村”自驾游有无想山农家乐—傅家边十里农家乐—东屏湖（大金山）鱼宴美食游以及天生桥—无想山—傅家边—东庐山—马占寺—农业硅谷—杨树山美景游两条线路。活动期间，全县各景点旅游人次达50.6万人，实现旅游收入4.5亿元。

【江苏省第二届乡村旅游节】 10月29日，江苏省旅游局、南京市人民政府主办的江苏第二届乡村旅游节暨南京市百万市民游乡村活动启动仪式，在傅家边现代农业园举行。副省长张卫国出席开幕式并为南京市百万市民游乡村活动首发团授旗。13个省辖市旅行社代表和全省13家乡村旅游区(点)代表签订合作协议，全省首批19个精品乡村旅游区(点)精彩亮相。此次乡村旅游节推出系列乡村旅游节庆活动，吸引百万市民到乡村旅游。

【参展江苏省第二届旅游商品博览会】 10月，全县有7家旅游企业的商品参展江苏省第二届旅游商品博览会。黑莓果汁、宁韵青梅酒、老一辈风鱼、小籽花生、小银鱼、乌骨鸡蛋、蜂王浆片、紫薯和蓝莓汁等特色农副产品参展受到好评。其中，中山兔毫毛笔获旅游纪念品类优质产品奖，老一辈手撕风鱼获旅游土特产品类优质产品奖，绿岛圣女果和青壳鸡蛋、傅家边系列产品、新得力食品、宁韵青梅酒和骆山湖银鱼丝获特色产品奖。（陶巧良）

财政·税务·审计

Caizheng · Shuiwu · Shengji

《秦淮源周刊》供稿

财　　政

【概况】　2010年，溧水县财政部门按照“保增长、促发展、保民生、促和谐”总体要求，落实积极财政政策，圆满完成各项目标任务。全县地方一般预算收入20.02亿元，完成调整预算104.3%，增长38.8%；财政总收入完成32.14亿元，完成调整预算103.2%，比上年增长35.9%；一般预算支出25.98亿元，增长30.95%；财政总支出完成41.3亿元，增长18.71%。财政总收入及地方一般预算收入增幅均列全市13个区县第1位，一般预算收入绝对值列全省第25位，排名较上年前进2位，被省政府授予“财政收入新增贡献先进单位”称号，被省财政厅授予“全省预算管理先进单位优秀奖”。

服务经济建设。全年拨付2.6亿元(含政府融资及专户拨款)，支持土地整理、耕地“占补平衡”及城乡建设用地增减挂钩等项目实施，推动全县工业企业创新转型和产业升级，支持产业集中区、产业集群和社会服务体系等载体建设；拨付800多万元，支持傅家边现代农业园、大金山景区、石湫影视基地建设，以及创维物流、白马如意艺术中心等现代服务业发展；拨付2250万元，用于粮食储备及沙塘庵粮油市场建设；拨付587万元，支持县中小企业担保公司等地方金融企业发展。落实家电下乡和以旧换新刺激消费政策，带动家电下乡及以旧换新产品销售5.95万台，销售额1.7亿多元，全年兑付补贴资金4558万元。

服务“三农”发展。全年安排支农支出4.3亿元。其中，统筹拨付资金1.26亿元(含省市财政拨款3000万元)，用于支持白马现代农业高新技术产业园区总体规划、基础设施建设及征地拆迁工作；拨付1000多万元，用于傅家边现代农业园高效实施农业项目建设，提升园区现代农业科技水平。争取省市专项资金1690万元，集中扶持草莓、蓝莓、蔬菜等优势特色农业主导产业。落实专项整合资金600万元，重点支持立体高效农业生态园区和示范园建设，促进农业稳定发展和农民持续增收。安排1.24亿元，支持水利基础设施建设。其中，拨付5310万元，用于新桥河整治及二干河三期工程建设；安排2390万元，支持老鸦坝、方便、卧龙3座中型水库及无想寺等7座小型水库除险加固工程；拨付4012万元，支持防汛消险、泵站改造、生态小流域治理及县乡河道疏浚整治工程建设；安排720万元，完成52座小农桥建设；拨付4300多万元，支持农民专业合作社、优势农产品精深加工及村级标房建设。完善补贴“一折通”发放办法和方式，全年完成发放补贴项目36项，资金1.31亿元，受惠农户72.51万户次。

服务民生保障。安排再就业资金930万元，鼓励企业吸纳就业，支持自主创业。整合完善救助体系，发放低保资金1555.7万元，发放五保供养金484万元。累计发放临时生活补贴233万元。筹集资金7027万元，支持新农合提高筹资标准，支持“低保”、“五保”及优抚人员无障碍参加新型农村合作医疗，参合率达98%。完善新型农村养老保险制度及养老补贴制度，参保率达99%，全年累计发放养老补贴5017.9万元。安排225万元，扶持468户农村无自救能力困难户进行危房改造。支持教育优先发展，全年预算内教育支出3.72亿元，提高义务教育公用经费保障水平，建立健全校园安全机制，支持实施中小学校舍安全工程。安排9980多万元，支持县、镇、村三级医疗卫生服务网络建设，加强基层医疗卫生机构基础设施建设和卫生人才培养。拨付800万元，按照“核定任务、核定收支、绩效考核补助”原则，对核定基层医疗卫生机构经常性收支给予补助，支持基本药物制度改革稳步实施。统筹安排3500万元，支持城市基础设施建设和环境保护工作，推进国家卫生县城和生态县创建工作。

提升管理水平。全面实行“单位开票、银行代收、财政统管”非税收缴新模式，提高规范化水平。扩大国库集中支付直接支付范围，纳入财政直接支付单位比上年增加1倍，支付专项资金比上年增长102%。加强集中采购机构监督管理，强化采购预算编制和执行，服务政府重点工程建设。规范国有土地出让收支管理，强化城乡建设用地增减挂钩和万顷良田建设资金监管。启用资产管理信息系统，加强国有资产监管，全年国有资产收益收缴入库5400万元。深化“小金库”专项治理工作，完成全县57个社会团体和25个国有企业自查自纠，对10个社会团体和5个国有企业开展重点检查。对县人民医院、县垃圾填埋场、县人防工程等重大投资项目实施全程跟踪审查及成本控制，保证财政资金有效使用。

【整合支农项目资金】 2010年，县财政部门通过主导产业和重点项目实施支农资金整合，把现代农业生产发展资金、市级支农整合资金、设施高效农业、丘陵山区开发、土地治理等项目资金进行整合，向重点领域、重点产品、重点项目倾斜。通过部门整合、资源整合和项目整合，形成协调配合、良性互动工作机制。获得中央财政支农资金整合奖励500万元。全年整合投入支农资金3.9亿元，重点打造和凤镇立体高效农业生态园区和洪蓝镇东大圩高效农业示范园。和凤镇立体高效农业生态园区核心区项目实施总投资2088万元，其中财政整合资金补助960万元。洪蓝镇东大圩高效农业示范园建设东大圩设施农业园核心区项目总投资1150万元，其中财政整合资金补助600万元。

【规范政府性投资项目管理】 2010年，县财政局围绕政府“双十工程”(十大重点建设工程和十大民生工程)，实施全方位、全过程跟踪监管。全年审核70个政府投资基本建设项目，其中66个通过立项申报，预算金额达21.59亿元。委托中介机构审核县城南三期经济适用房、县游泳馆、中山东屏泵站改造、城北文化公园改造等9个建设项目初步概算方案，累计核减金额3.6亿元，核减率48.85%。建立项目建设资金专户，坚持“按计划、按预算、按基本建设程序、按工程进度”拨款原则，由基建专户直接支付至用款单位，减少中间环节。动态掌握重点工程各项目资金运转情况，资金筹集与工程推进同步进行，避免资金短缺或资金沉积现象，增强资金拨付时效性。

【发放一次性老年慰问金】 2010年1月，首次向70周岁以上非财政供养农村老年居民增发一次性养老补贴。发放对象为年满70周岁及以上，具有溧水县户籍5年以上，未享受机关离退休待遇、企事业单位基本养老金待遇的老年人。发放标准是70~79周岁每人300元，80周岁以上每人500元。全县享受老年慰问金26342名，发放慰问金946.66万元。除集中供养五保户老年慰问金由敬老院负责发放外，其余对象均由各镇(区)财政所通过“一折通”发放。

【实施村级公益事业财政奖补政策】 2010年起，全县逐步建立自筹和县财政补助结合、多方投入村级公益事业建设新机制。奖补对象是按规定程序通过民主决策，由农民筹资筹劳投入建设村级公益事业项目。全年核定申请立项财政奖补项目48个，占当年“一事一议”建设项目89%。其中，小型水利设施34个，村级道路11条，自来水管网改造3个。项目投资概算616万元。其中，村级筹资455万元(筹资标准限额20元/人)，其他村级公益事业建设资金投入15万元，财政拨付奖补资金146万元。

(王昌然)

国家税务

【概况】 2010年，溧水县国家税务局坚持服务经济社会发展大局，全面落实各项税收优惠政策，各项税收收入再创新高。全年累计完成各项收入15.21亿元，比上年增长28.73%。其中，增值税

11.28亿元，创历史新高。

夯实税收征管基础。继续推进金税工程(增值税专用发票防伪税控系统)，实施科学化、精细化管理，增值税专用发票存根联采集率和抵扣联核查准确率达到100%。强化增值税一般纳税人行业税负管理，重点监管汽车零部件及配件制造业，通过纳税提醒、纳税评估和实地检查等手段，提高该行业整体税负，全县48户企业整体税负提高到2.81%，较上年同期增长30.09%；全年一般纳税人增值税税负2.72%，列南京市国税系统17家收入核算单位第二名。2009年度企业所得税汇算清缴亏损面、零申报面和微利申报面合计39.93%；查账征收面60.36%，汇缴申报率100%，电子申报面100%，预缴率98.5%，风险数据审核面100%。开展企业所得税汇算清缴工作，清理查账征收且长期申报不达起征点个体户，查账征收个体征税面由年初37%上升到60%。清理企业陈欠税款57.4万元。

提升税收风险应对管理水平。突出重点企业控管，及时掌握和分析21户重点税源企业生产经营和税收情况，依托重点税源红色预警体系，应用纳税提醒、实地核查等手段进行风险应对，全年查补入库税款849万元。强化行业性纳税评估，全县分11个行业，采用项目化评估模式，进行各类指标综合配比分析，全年开展纳税评估166户，入库及调减留抵增值税1340万元，入库企业所得税及调减亏损1894万元，入库滞纳金74.6万元。加强农产品企业增值税税收监管，通过筛选，跟踪监管全县24户农产品加工、经营重点户，整体增值税税负达到2.98%。开展所得税专业化审核，累计评审35户，查出有问题企业24户，补缴企业所得税40.5万元，调增应纳税所得额447.4万元。强化进料深加工贸易免税管理，进行进料深加工贸易企业补税或纳税调整，涉及进料深加工收入449.8万元，累计调增进项税额转出16.4万元。比对和清理全县生产型出口企业2008~2010年5月申报“运保佣”(出口企业运费、保险和佣金)信息数据，查补税款金额76万元。对外函调68户出口企业，涉及发票85份，暂缓有问题企业退税额57.8万元。

落实税收优惠政策。坚持主动对接、服务经济社会发展，力求发挥税收政策最佳效应。全年一般纳税人企业购进固定资产累计抵扣增值税6022万元，比上年增长86%。落实出口企业“先退税、后核销”政策，全年及时办理出口退税1.11亿元，比上年增长49%。落实促进和保障民生、促进企业技术创新、环境保护等税收优惠政策，全年办理减免退税9500万元。

加强税收法制建设。建立“复评复查”机制，按一定比例复评和复查完结评估和稽查案例，持续跟踪监督和考核考评税收执法行为。实行“一案双查”(针对查处纳税人、扣缴义务人税收违法案件，调查涉案税务机关或税务人员违法违纪行为)，通过事前双向协调、事中联合办案、事后双向报告，促进查、管、廉三位一体良性互动，全年未发生税务人员执法违法案件。依法加大税务稽查力度，采取行业检查与行业整治双管齐下方式，检查房地产、废旧物资等重点风险行业，全年累计查补入库各类税款、罚款和滞纳金3727万元，比上年增加1664万元。其中，解剖式检查5户建筑企业、5户混凝土企业，查出各类违章普通发票63份，涉税金额1000余万元，补税、加收滞纳金和罚款合计114万元。

“大企业涉税风险”讲座　　县国税局 供稿

监察员代表视察县国税局办税服务大厅　　县国税局 供稿

【打击发票违法犯罪活动】 2010年，县国税局持续开展打击发票违法犯罪活动，实行企业发票使用情况检查、行业税收专项检查以及区域税收专项整治相结合，做到“查账必查票”,“查案必查票”。全年查处发票违法行为17起，查补入库税款、滞纳金及罚款182.2万元，并向公安机关移送3起接受虚开增值税专用发票案件。同时，协助公安机关端掉1个出售假发票“窝点”，收缴各类假发票3025份，犯罪嫌疑人被批捕判刑。（严　栋）

【推行“一窗通办”】 2010年9月，县国税局办税厅设立大综合受理窗口，推行“一窗通办”，方便纳税人办理涉税事项。将22项由各业务科室负责税源管理事项审核审批权转移至纳税服务科前台受理审批，前移部分税源管理核查事项到纳税服务科，整合九大类受理事项，优化工作流程，节约涉税事项办理时间70%以上。

【牵头编写《江苏省农产品加工行业税收管理指南》】 2008年始，县国税局通过监测初级农产品加工行业物耗、电耗和工资等三项指标及其变动率异常情况，采用税收异常提醒、实地核查库存、纳税评估等方法，加强监管。至2009年，该行业整体税负上升45%，基本消除恶意利用农产品收购发票抵扣税款案件，得到省、市国税局认可。4月，南京市国税局委托县国税局牵头，承担编写《江苏省农产品加工行业税收管理指南》。该《指南》借鉴县国税局监管模式，参照总局和其他省、市国税局以及行业协会有关指标参数进行编写，安排六合、建邺等区国税局配合。8月17日，通过市国税局组织会审。10月，由江苏省国税局下发全省实施。

地方税务

【概况】 2010年，县地税局围绕服务“三个发展”（转型发展、创新发展、跨越发展），实现“三个一流”（一流干部队伍、一流服务水平、一流工作业绩）年度工作主题，坚持争先引导、创新驱动、创优提升，连续第三年被评为“南京市地税系统先进单位”。

组织收入再上新台阶。通过加强县内经济部门数据交换、建设重点项目档案库、突出经济要素分析、探索建立和运行税源监控机制，整合各类征管手段作用，组织收入质量和规模均取得突破。全

“纳税人之家”税收宣讲会　　县地税局 供稿

年组织县级税收10.03亿元，比上年增长45%；省级税收实现2865万元，增长47%。全年累计征收社保费4.37亿元，增长8.17%，其中自由职业者社保费征收首次突破亿元。全年累计征收各项基金费1481万元，超额完成年度任务。

依法治税取得新进展。加强货运自开票纳税人管理，自开票货运企业年审实行交叉互审，提高货运数据上传及时性和准确性。清理全县房地产开发项目，摸清土地增值税税源，全年清算面达到100%。整顿和规范税收秩序，全年分级分类稽查户10户，查处大要案4件，举报案件6件。开展房地产业、制造业、石油石化、建筑业、交通运输业等5个行业专项检查，查补入库税款863万元，全年查补税款1459万元，查补收入入库率位居南京市地税系统前列。

征管质效得到新提升。实施餐饮业、住宿业、娱乐业、广告业、美容美发业5个行业核定征收，并设置警戒线，核定税款比上年增长10%。落实所得税专业化管理要求，2009年度企业所得税汇缴率、正期申报率、入库率均为100%，累计组织入库企业所得税3562万元，比上年增收85.5%。个人所得税汇缴补税189万元，年薪制清算521万元。规范个人和外地建筑业委托代征管理，加强检查、监督个体代征点，个体入库税款1811万元。采取联合清查、重点突破方式，清理重点街道个人租赁房屋，房屋租赁税收实现420万元，比上年增长35%。自4月1日起，县财政局耕地占用税和契税征管职能划转县地税局。县地税局与县财政、国土、房管等部门密切协作、梳理流程，按期完成耕地占用税及契税各项资料及征管网络交接，确保正常划转。

信息管税显现新成效。充分利用信息比对强化税户、税种和重点行业税收征管，全年新办税务登记率98%以上，非正常户清理24%。推进建筑业信息管理平台建设，项目登记率100%，清算率95%以上。全年新办户房产税、土地使用税登记率99%，组织入库9654万元，房产税比上年增长31%，土地使用税比上年增长20%。开展数据审计80多次，维护相关数据2000多条。利用市地税局综合信息平台疑点分析模块，引入国税、财政、国土、药监等多部门外部数据，评估和核查835户疑点案源，入库税款1122万元，疑点案源应用率13.42%。全年累计评估1160户，入库税款5916万元，评估贡献率5.74%。

纳税服务开创新起点。利用"纳税人学堂"开展新办纳税户基础培训。推行全功能"一窗式服务"，纳税人警戒线电子台账、发票发售新模式等窗口服务举措。利用腾讯通外联、短信平台等，面向纳税人推进网开发票和税控装置推广工作。实施"阳光稽查"，进行查前预告、查中服务、查后讲评。推广CA（数字证书）应用，逾4000户纳税人实现网上实时办税，占企业总户数98%。全年受理各类减免税户153户，减免税款220万元。组织开展街头宣传维权活动、"维权360°"知识竞赛、"青年税法宣传队"进军营、进农户等系列活动。建立涵盖"12366"服务热线、科室业务岗位、大厅咨询窗口及税管员咨询网络，定期发送提醒短信和最新政策。设置"局长信箱"、"廉政行风投诉箱"、"涉税案件举报箱"，设立"纳税人维权服务中心"，与县工商联合作，设立16个"纳税人之家"，涉及全县各镇区、主要行业协会、重点企业、特殊群体等。建立具有溧水特色维权服务平台，全年开展各类讲座、报告等活动30余次。 （潘小保）

【推行新办纳税户"三辅导"】 2010年，县地税局推行新办纳税户"三辅导"。辅导项目登记：结合新

辅导纳税人正确填写纳税项目登记信息 县地税局 供稿

税务人员服务重点企业　　县地税局 供稿

办纳税户信息核查，辅导纳税人正确填写土地、房屋、营业税、资源税等项目登记信息，帮助其正确理解各项指标，准确记录数据及鉴定所得税征管范围，确保相关税务登记和项目信息录入真实性和准确性；辅导账册健全：要求管理员仔细核对纳税人账务账目设置情况，辅导纳税人“资产负债表”项目填写准确，符合财务税收制度规定，做到帐目平衡，尤其做好各涉税项目填写真实性和准确性辅导，确保报表科目真实、准确；辅导纳税申报：辅导纳税人熟练运用网上申报系统，审核纳税人第一次申报详细数据，辅导其正确选择申报表类型，规范填写申报数据，解答各税种申报期限和滞纳金加收、税务处罚等政策规定，帮助纳税人全面了解和准确把握有关涉税政策，避免不必要损失。（彭聿新）

【12 万元以上个税申报突破 500 人次】 年初，围绕重点行业、重点人群，利用征管信息系统提取高收入纳税人信息，开展税源摸排，梳理扣缴单位全员全额明细申报数据，加大对高收入个人监控范围。利用电话、宣传资料、上门辅导等形式开展宣传，提高纳税人遵从度。辅导纳税人填写申报表，严格遵守保密规定，为纳税人建立“一户式”档案。全年实际完成年所得 12 万元以上个人所得税自行申报 532 人次，完成市局计划 102.3%。（彭聿新）

【推进核定征收】 2010 年，县地税局利用“单位纳税人核定征收典型调查表”、“单位纳税人核定征收三类系数调查表”和确定行业警戒线管理方法，结合纳税人上年度发票开具金额和申报税款，综合确定营业额，全面推进核定征收。上半年核定征收企业 41 户，核定月营业额 289.11 万元，入库税款比上年增长 10%。县地税局根据基层分局典型调查结果确定行业主要成本费用组成系数、地段系数、经营能力系数、经营产品（服务）档次系数等，确定每户纳税人警戒线标准，实际核定营业额保持警戒线标准 20%左右。

【强化企业零申报户管理】 2010 年，县地税局采取“三清三比一核定”措施，强化企业零申报户管理。“三清”：清税户，逐户核实连续 3 个月零申报户，按招商引资空挂户、正常户、暂不经营户等分类，按规定处理空挂户；清优惠政策执行，调查核实执行期限已满未恢复正常申报，或申报明显异常，发现问题及时纠正；清税种鉴定，发现与经营情况不符，及时调整。“三比”：比国地税纳税数据，搜索国税已纳税但无地税税款记录；比是否领购地税发票，搜索已领票但未缴税记录；比工资薪金税前扣除和个税申报，搜索个税零申报但工资薪金税前扣除高于费用扣除标准记录，及时做好相关税款催缴入库。“一核定”：单独及会同县国税局核定正常经营而长期零申报纯管户、共管户，加强征收管理。（陈　岚）

【规范房产中介税收征管】 2010 年，县地税局与房管部门协作，紧扣二手房交易产权过户环节，实施“两票审验”制度，规范全县房产中介行业税收征管。依据实际经营情况及规模大小调高行业个体经营户定额，有税核定面从 10%提高到 100%。推行行业有限公司户核定征收，核定月营业额，计算月应纳税款。规定房产中介经营二手房交易产权过户登记时，必须向房管部门出具此笔业务开具服务通用发票和中介机构上月缴税完税凭证，由房管部门审验发票付款方名称是否与卖方或买方一致，发票开具金额是否与中介服务合同约定中介费比例和不动产销售发票计算中介费一致，不能出具“两票”或“两票”审核有问题，暂不予以

办理产权过户手续。（陈　岚）

【推行建筑业项目一体化管理】 2010年，县地税局从建筑企业、建设单位和县内重点工程三方面入手，实施建筑业项目一体化管理。与县招标办协作，按月交换全县范围内招投标建筑项目，强化项目源头管理，全年登记招投标工程项目197个。与县住建局协作，按月交换施工许可证发放信息，强化建设单位及外地施工企业管理，全年发放建设单位施工许可证93个。从县发改局等部门获取全县范围内重点工程项目信息，重点工程项目与招投标信息、施工许可证信息三者有机结合，盘清县内应登记工程项目信息，构建重点工程项目跟踪管理与招投标即时登记、施工许可证后续管理建筑业项目一体化管理体系，全年实际登记规模以上工程项目249个，登记率100%，建筑项目清算入库税款421万元，清算率95%以上。（潘小保）

【采用“四点法”甄别案源】 2010年，县地税局采用“四点法”科学甄别案源。弱点选择法：把支柱产业管理薄弱环节、税负明显偏弱行业以及税负不正常特定纳税人作为主要信息源，确定稽查范围。重点选择法：把有严重违法嫌疑及近三年来未实施检查或近两年检查中屡查屡犯纳税人作为重点稽查对象。异点选择法：把通过内外部数据采集税种数据进行比对从中发现涉税差异信息，把财务数据经济税收分析平台中发现异常情况等作为主要案源信息，进而确定稽查疑点。同点选择法：把日常征管反馈的稽查案源与国税等经济职能部门、乡镇政府、社会中介机构交换稽查案源中反映共性问题作为主要案源信息，从而确定稽查内容。“四点法”实施，有效提高选案准确性和科学性，提升税务稽查效能，全年查补入库税款1459万元。（周和英）

【推行发票发售新模式】 2010年10月1日起，推行“一人保管、两人把关”发票新模式。专门开设发票出件窗口，所有发票由专人领取专人保管，各窗口人员办理完发票发售手续后，把相关信息传给发票保管人，发票保管人根据收到信息进行数量和品种核对，确认无误后将发票发放给纳税人。新模式实行发票集中专人保管，保证发票发售准确性，减少发票保险柜配置，节约税收成本，节省纳税人二次排队时间。（严碧青）

【建立民意代表制度】 2010年，县地税局建立民意代表制度，由各科室、分局选举1名一般干部作为民意代表，负责收集基层干部工作意见和建议，监督部门中层干部贯彻执行县局决策、廉洁自律情况，参与部门中层干部评议等。民意代表原则上每季度召开一次例会，通报上季度民意代表意见建议处理和落实情况，反映季度意见建议；通报本季度部分重点工作及要求；就重大工作事项或与干部切身利益密切相关工作事项征求意见或通报决策意图。此制度推出，有效增强工作透明度，提高干部工作热情和满意率。（张显美）

审　计

【概况】 2010年，县审计机关完成审计项目34个（不包括固定资产投资审计项目），查出违规金额5.86亿元，损失浪费金额408万元，管理不规范金额46.42亿元。其中，应调账处理金额2.96亿元，应归还原资金渠道2347万元。审计工程项目131个，审计总金额3.33亿元，核减高估冒算5176万元，平均核减率达15.5%。移送司法机关案件3件，涉案人员71人，涉案金额39万元，追究刑事责任8人。提出审计建议131条，被审单位采纳27条。

加强预算执行审计。调整审计思路，特别关注县级固有资本占控股投融资平台融资贷款效益、存在风险，以及预算执行和调整、非税收入管理、专项经费拨付实效性、征地拆迁安置资金发放管理等方面情况。年内重点审计县教育局、县卫生局、县环保局、县财政局等部门预算执行情况。针对预算编制不细，准确性、科学性有待提高等问题，提出相关审计建议。

强化领导干部经济责任审计。通过审计，加大源头治腐力度，促进领导干部依法履行职责。全年完成审计项目12个，查出违规资金3039万元。其中，主管责任741万元，直接责任2298万元。查出管理不规范金额5.7亿元。其中，主管责任2.64亿元，直接责任3.07亿元。查出领导干部涉嫌个人经济问题2人，涉案金额39万元。

开展政府投资审计。全年审计完成工程项目131个，审计总金额3.33亿元，核减高估冒算5176

万元,平均核减率15.5%。其中主要项目有:城镇建设投资有限责任公司及县住建局项目25个,送审金额7724万元;溧水经济开发区项目46个,送审金额8676万元;清源水务投资发展有限公司及自来水建设工程5个,送审金额3208万元;教育系统建筑工程10个,送审金额2476万元;县商贸局项目2个,送审金额3825万元。

开创内审工作新局面。年内全县设立专兼职内审机构72个,配备专兼职内审人员169人。县内审协会举办内部审计人员培训班2期,参加培训学员69人次。至年底,全县完成内部审计项目207个。其中,审计单位领导人47个,查出违规金额和损失浪费6700万元,促进增收节支3100万元,提出审计建议并被采纳73条。县内审协会获市"内部审计指导工作先进单位"称号。

现场审计　　县审计局 供稿

【推行"三责联审"制度】 2010年,县审计机关推行"三责联审"制度。"三责联审"是按照干部管理权限和部门职能分工,由组织部门会同编制、审计等部门联动,实施党政领导干部选人用人责任审查、机构编制责任审核和任期经济责任审计。年内,县审计局协同县委组织部、县编制办公室"三责联审"溧水县交通局局长、江苏省溧水高级中学校长,审计结果及时上报县委组织部、县纪委、县监察局,作为联审对象考核、评优、表彰、奖励和实施责任追究重要依据。通过任中"三责联审",前移干部监督关口,及早发现、提醒和纠正不良倾向,促使干部秉公用权、正确履职。

【开展民生工程审计】 2010年,县审计局先后组织审计城西自来水增压站、老城区南门河、秦淮河、中山河污水截流、通济街改造、体育公园体育场及运动场地新建,城南新区拆迁安置房二期、农副产品交易中心等6个政府投资民生工程项目,重点审计工程造价、资金使用、工程管理和工程效益等情况。针对政府投资民生工程中带有普遍性、倾向性问题,如工程未实行公开招投标、投资超概算等,及时提出整改意见和建议,并分析民生工程经济效益和社会效益,为县政府规范项目建设程序、提高投资效益、加强监督管理提供决策依据。

【开展住房维修基金绩效审计】 12月,县审计局组织开展住房维修基金绩效情况专项审计。该项审计采集房改、房管等部门与住房维修基金相关业务数据,运用AO系统(现场审计实施系统)数据分析功能进行绩效分析,做到"三个查清、三个关注"(查清全县住房维修基金归集总体规模,关注业主是否及时按规定比例缴交基金;查清住房维修基金是否专款专用,关注有无违规占用、出借基金问题;查清住房维修基金管理制度是否得到执行,关注政策执行过程有无管理漏洞)。通过审计,揭示出基金在归集、管理中存在问题和漏洞,提出将资金利息收入核算到户,核算到每个业主,限期收回维修基金借款等方面建议,促进维修基金安全运转、管理规范和增值有效。

【"生态溧水"项目专项资金审计】 9~11月,县审计局组织开展"生态溧水"项目专项资金审计,重点审计调查南京市主管部门安排"生态溧水"建设资金以及县财政部门2007~2010年10月期间安排生态配套补助资金投入、使用、管理、绩效情况。"生态溧水"项目累计争取到市级建设资金6107.04万元。通过审计,发现县有关部门违规收取工程监理费、建设项目没有明确建设主体、绿色产业林品种优势不明显、养护资金未能列入各级财政项目预算等问题,提出相应审计建议。

(徐名松)

金　融

Jingrong

县工信局 供稿

银　行

【概况】 2010年，中国人民银行溧水县支行(简称人行溧水县支行)围绕"保增长、调结构"目标任务，突出抓好货币政策传导、金融生态县创建、人民币流通满意工程建设等重点工作，促进全县经济金融快速发展。至年底，全县金融机构各项存款余额143.83亿元，比上年增长20.64%；各项贷款余额100亿元，比上年增长33.07%。

贯彻执行适度宽松的货币政策。加强货币政策分析宣传，引导金融机构准确把握适度宽松的货币政策，合理安排信贷总量和投放进度。结合县域经济及小城镇发展要求，开展"中小企业金融服务年活动"，引导金融机构加大向中小企业信贷投放力度。继续推进银企对接活动，全年举办2场银企对接会，有315家企业与金融机构签订贷款协议，贷款金额89.32亿元。

推进金融生态环境建设。开展信用村镇创建活动，金融生态环境建设拓展到农村、农户和企业，全县信用村占行政村总数73%，信用镇占乡镇总数74%。加强人民币收付业务监管，现场检查溧水辖区6家金融机构10个营业网点人民币现金收付业务、国库经收业务及银行结算账户，约见有违规事项单位谈话，落实整改措施，优化人民币流通环境。全县城乡信用环境明显改善，金融运行质量显著提高。年内，溧水县获省"金融生态达标县"称号。

提升金融服务水平。打造支付结算服务平台，组织辖内金融机构加强支付系统基础设施建设，推动大小额支付系统、支票影像系统向乡镇延伸，推进农村支付结算快通工程建设，提升农村地区支付结算服务效率和质量。打造外汇服务平台，促进开放型经济发展，实行进出口收付汇远程核销，引导金融机构开展外汇产品和服务创新。开设电话预约服务，简化贸易登记流程，提高办事效率。打造人民币宣传服务平台，开展人民币流通满意工程及反假宣传，组织辖内金融机构开展反假货币业务培训，并组织反假上岗资格考试，提高一线人员反假技能。开展"法制央行建设月"活动，完善内控制度186项。其中，管理制度104项，应急预案8项，操作规程27项，岗位职责47项。

【举办溧水县银企对接签约会】 1月4日，县人民政府、人行南京分行营管部和市发改委联合主办2010年溧水县银企对接签约会。民生银行、中

中小企业金融产品推介暨银企对接会　　县政府办公室 供稿

信银行、华夏银行、广发银行、浦发银行、江苏银行、南京银行、宁波银行和市工行、农行、中行、建行、农发行、溧水县农村信用联社等14家金融机构与县内208家企业签订贷款合作协议，贷款金额68.23亿元。

【实施人民币流通满意工程】 2月，启动人民币流通满意工程。人行溧水县支行组织辖区金融机构建立完善银行柜面大额现金取款、小面额货币兑换预约制度和银行业机构ATM机配款管理制度，严格执行残缺污损人民币兑换首问负责制，提高人民币回笼券整点及清分处理比例。开展银行业机构现金收付管理岗位练兵和业务竞赛活动，建立和完善溧水县银行业机构现金服务监督机制等多项措施，优化人民币流通环境，规范银行现金收付业务。

【举办首届"工行杯"识假点钞技能竞赛】 10月22日，人行溧水县支行与县总工会联合举办溧水县首届银行业金融机构"工行杯"识假点钞技能竞赛，竞赛设置手工识假点钞和机器识假挑错2个项目。全县6家银行业金融机构18名选手参加竞赛。农行溧水支行、工行溧水支行、中行溧水支行选手分获手工识假点钞个人单项和机器识假挑错个人单项一、二、三等奖；工行溧水支行、农行溧水支行、中行溧水支行分获团体一、二、三等奖。

【江苏银行溧水支行开业】 12月28日，江苏银行溧水支行开业。该行是第一家落户溧水县的地方性股份制商业银行，主要办理人民币存款、贷款、结算、票据贴现业务，代理发行、兑付、承销政府债券，代理收付款项及保险业务。江苏银行重点支持地方中小企业、民营经济发展，同时参与地方重大项目、重点企业建设和发展。 （黄　伟）

县领导项雪龙、姜明出席江苏银行溧水支行开业典礼
县政府办公室 供稿

·中国农业发展银行溧水县支行·

【概况】 2010年，中国农业发展银行溧水县支行（简称农发行溧水县支行）发挥农业政策性银行优势，加大业务拓展力度，强化经营管理措施，全面提升经营质效。全年累计投放各类贷款3.88亿元。至年底，各项贷款余额9.31亿元，较上年增长17%；各类存款余额5737万元，较上年减少56%。

发挥粮食收购资金供应主渠道作用。夏粮收购期间，农发行溧水县支行及时发放夏粮收购贷款4500万元，比上年增加4100万元，支持企业收购小麦2324万公斤，比上年增9.38倍。秋粮收购开始后，依托沙塘庵粮食加工市场米价行情，倒推粮食收购价格，合理确定收储企业收购价格，保证国有粮食企业地方储备粮及时、足额收购入库。对于明显高出市场价格行为及时予以风险提示，有效防范价格风险。至年底，累计发放秋粮收购贷款1.33亿元，比上年增长52%。支持企业收购稻谷4797万公斤，比上年增长59%。

提供优质服务。对照省行《文明服务窗口创建标准》，着力提高柜面服务质量和服务效率。加快硬件建设，增添业务宣传标识、雨伞架、绿化盆景等，做到营业场所内外环境干净整洁，各类物品摆放整齐，着力改善营业办公环境。利用每天晨会进行文明礼仪、服务规范知识培训和点评，提倡微笑服务、站立服务、"三声服务"（来有迎声，问有答声，去有送声）。完善制度、强化考核，把服务礼仪作为工作质量考核重要内容，提升专业服务能力和柜面服务质量。

【开拓国际结算业务】 9月，农发行溧水县支行成功促成南京常力蜂业有限公司国际结算业务，结束农发行溧水县支行客户无国际业务历史。农发行溧水县支行安排专人负责该公司国际业务单据上门收取和回单返还，与该公司达成长期开展国际业务意向。至年底，累计完成国际业务172万美元。

【牵头清理地方政府融资平台】 2010年，省银监局指定农发行溧水县支行牵头清理地方政府融资平台。先后2次召开各参贷行及地方政府有关部门参加的协调会，针对超额融资问题，与各参贷行和企业及政府有关部门反复协商，确定整改方案，落实整改措施。牵头制订新发放贷款项目规范，着重从项目的合法性、项目融资主体风险承受能力、项目资金有无超额融资及项目资金使用等方面制订详细规范，确保新发放项目贷款及项目资金使用合规、合理、合法。 （卢贤智）

·中国工商银行溧水县支行·

【概况】 2010年，中国工商银行溧水县支行（简称工行溧水支行）围绕“转型发展、创新发展、跨越发展”工作要求，加快转型升级，强化经营管理，全面完成各项核心经营指标。至年底，各项人民币存款余额26.4亿元，比上年增加5.2亿元；各项贷款余额20.87亿元，比上年增加6.5亿元；外汇存款余额334万美元，净增143万美元。全年实现中间业务收入3359万元，实现利润总额1.04亿元，人均利润122万元。获江苏省工行“精品县支行”、“十佳县支行”称号。

树立存款立行基础地位。从行长室层面加强支行存量大户重点营销，公司业务部牵头做好千万元客户高位稳定增长，营业网点重点维护百万元及以下客户，形成层层联动营销体系，存量客户实现有效维护和增长。推进“增户扩面”工程，竞争优质客户和项目。开拓“三农”（农业、农村、农民）市场，营销人员“出门、下乡、找市场、找盲点”，各经营部门每周排出并锁定各自目标客户，有效拓展区域重点新开户，实现网点平均存款增量1.73亿元。

拓展优质法人客户市场。完成溧水经济开发区“西扩”二期项目贷款授信，并实现贷款投放8000万元。做好优质法人项目储备和前期准备工作，拓展小企业市场。至年底，小企业贷款82户，余额8.63亿元；全年实现新开户25户，较年初净增3.58亿元，成为省工行营业部小企业信贷业务成长最快、发展最稳定支行。拓展个贷市场，全年实现个人贷款净增1.79亿元。

重点发展个人金融业务。至年底，储蓄存款净增1.58亿元，实现个人金融中间业务收入531万元。推出银商通产品，拓展客户115户。培育私人银行客户，全年新增百万元以上中高端客户45户，新签私人银行客户6户。

【创建省行级文明单位】 2010年，工行溧水支行抓经营业务发展和精神文明建设，解放思想，加快转型，成为溧水地区首家利润突破亿元国有商业银行。同时强化内部管理，利用展板、墙报等形式，弘扬先进人物和事迹，评选支行服务明星和中年岗位标兵，营造良好企业文化氛围，为客户提供高效、优质服务。被江苏省工行授予省行级“文明单位”称号。

【小企业信贷业务稳健发展】 2010年底，工行溧水支行小企业贷款客户由2005年5户增至82户，小企业贷款余额由2582万元增至8.63亿元，均列省工行营业部前列。工行溧水支行开办小企业贷款业务后，每年通过加强与规模和优质成长性企业合作，加快发展业务。推广便利性和高效性网络循环贷款，提升市场占有率。拓展贸易融资产品，办理国内保理业务、打包贷款、出口押汇等贸易融资业务，增强企业融资灵活性与实效性，实现小企业信贷业务快速健康发展。

（徒位敏）

开展个人金融业务咨询服务　　工行溧水支行 供稿

·中国农业银行股份有限公司溧水县支行·

【概况】 2010年,中国农业银行股份有限公司溧水县支行(简称农行溧水县支行)不断转变增长方式,推动业务快速发展,超额完成全年目标任务。人民币两项存款余额34.8亿元,比年初增加6.81亿元。其中,人民币储蓄存款余额21.15亿元,比年初增加3.67亿元;人民币对公存款余额13.61亿元,比年初增加3.14亿元。各项贷款余额16.8亿元,比年初增加7.17亿元。

信贷投向结构优化。全年累计投放各项贷款12.07亿元。其中,投放法人客户贷款7.91亿元,个人住房按揭贷款3.33亿元。新拓展AA级以上优良客户12户,全行法人优良客户贷款余额9.66亿元,优良客户贷款占比100%。累计清收不良贷款359.15万元。

开办掉期业务。1月22日,经国家外汇管理局溧水县支局批准,农行溧水县支行对外办理人民币与外币掉期业务。货币掉期是在约定期限内交换约定数量人民币与外币本金,同时定期交换两种货币利息交易协议。开办掉期业务,有力支撑县域招商引资工作。

盈利能力稳步增强。全年实现拨备前利润6288万元,比上年增加3067万元,完成年度目标任务1.12倍。其中,网点、人均创利分别为571.64万元和37.43万元,分别比上年同期增加278.18万元和17.04万元。

【存款突破30亿元】 农行溧水县支行通过走进社区、加强宣传、代客理财、提供优质服务等措施,促进人民币储蓄和对公存款业务快速发展。2010年2月20日,两项存款余额达到30.37亿元,较上年净增2.43亿元。

【中间业务快速发展】 2010年,完成国际结算量4451.78万美元,新开账户6户。其中,资本金账户3户,结算账户3户,累计到账资本金2816.93万美元。个人结售汇58.13万美元,西联汇款81笔,计21.98万美元。贷记卡新增发卡2879张;电子银行注册客户新增3万户,其中网银注册客户新增6922户,电话银行客户新增1.9万户。业务离柜率65.6%,自助设备正常运转率98.3%。全年实现电子银行业务收入279万元,实现投资银行业务收入688万元,比上年增加365万元,代理保险收入104万元,基金国债收入31万元。(叶龙生)

·中国建设银行股份有限公司溧水支行·

【概况】 2010年,中国建设银行股份有限公司溧水支行(简称建行溧水支行)强化管理、统筹发展,各项业务发展取得历史性进展,管理水平不断提升。至年底,一般性存款余额15.21亿元,较上年增加2.86亿元;贷款余额10.33亿元,较上年增加2.97亿元。

拓展各项存款业务。通过加大客户经理考核、加强营销团队营销力度等渠道,促进存款增长。至年底,企业存款余额7.41亿元,比上年增加2.02亿元;储蓄存款余额7.81亿元,比上年增加8393万元。

拓展信贷市场。通过加强市场营销和信贷投放,形成政府融资平台、建筑、铁路配件、教育、卫生、新农村建设、优质制造业小企业客户等信贷群体,支持地方经济建设。借助总行政府融资平台贷款政策,发放贷款1亿元;加大对建筑业客户信贷投入,全年给予8家建筑企业授信2.17亿元;给予多家铁路车辆配件企业授信3000万元,办理船舶抵押贷款5000万元;强化教育市场,予以部分学校5200万元授信;支持新农村建设,给予江苏南京白马现代农业高新技术产业园有限公司2亿元授信;加大对优质小企业营销力度,发放小企业贷款32户,金额2.39亿元左右。

【个人信贷业务持续增长】 2010年,建行溧水支行把发展个人住房贷款和消费贷款等业务作为扩大资产业务重要途径。通过梳理贷款操作流程,简化贷款操作程序,减轻客户贷款成本,促进个贷业务快速发展。全年累计发放商业性个人贷款1.97亿元,贷款余额新增1.1亿元。

【中间业务收入创历史新高】 2010年,建行溧水支行把公司理财顾问费、贷款承诺费等作为快速增加中间业务收入突破口,并通过开展电子银行业务营销、贷记卡及借记卡营销、代发工资业务及销售理财产品等,增加中间业务收入,全年实现中间业务收入1287.48万元。

【电子银行业务快速发展】 2010年，建行溧水支行电子银行业务得到快速发展，全年个人网银新增2790户，个人手机银行新增2982户，个人短信银行新增6909户；企业网银新增61户，企业短信新增124户。电子银行账务性交易占比32%，交易量比提高值18.41%。

【建行溧水支行获“平安金融创建工作先进集体”称号】 2010年，建行溧水支行加强案件防控并落实案件防控责任制，开展打击非法高息融资案件，全面清理和整治小金库，整治违规代客办理业务联系、违规发放贷款，防范现金柜员岗位风险，防治商业贿赂案件等活动，实现“零案件”目标，被人行溧水县支行授予“平安金融创建工作先进集体”称号。（王 竑）

·中国银行股份有限公司溧水支行·

【概况】 2010年，中国银行股份有限公司溧水支行（简称中行溧水支行）按照中国银行股份有限公司江苏省分行“效益提升年”要求，突出“核心竞争力、软实力、可持续发展能力”提升，各项工作有序开展。至年底，本外币存款余额18.62亿元，较年初增加3.95亿元；人民币贷款余额15.58亿元，其中零售贷款余额6.64亿元，较年初增加9483万元；国际结算量1.02亿美元；中间业务收入965万元。在南京地区首次跨省争揽北京梅泰诺通信科技有限公司4562万元上市募集资金。

拓展负债业务。通过“有效激励、专业指导、持续推进”等手段做实“搜户”行动，有效提升基础客户数量。成功营销创维集团部分关联公司、北京梅泰诺通信科技有限公司、艾欧史密斯（上海）水处理有限公司南京公司等客户。至年底，人民币公司存款新增8474万元（不含公司理财约2亿元）。注重客户分层服务，加强公私联动，以公司业务带动借记卡、贷记卡、个人网银、储蓄存款等个人金融业务快速增长。至年底，人民币储蓄存款新增1.09亿元。

推进资产业务。通过“安融易”、“货押贷款”、“企贷保”等特色产品推广，提升中行溧水支行在中小企业授信领域竞争力。至年底，中小企业客户达到53户，新发放中小企业贷款1.55亿元。其中，新客户发放1.37亿元，存量客户发放1807万元。

【国际结算业务量超历史水平】 2010年，中行溧水支行充分利用远期结售汇、出口商业发票贴现、开立信用证、融信达等产品，巩固云海金属、群业五金、晶美化学、哈恩达斯、纵横生物、金泽金属等县级重点国际结算客户。同时与新成立的南京创源天地投资有限公司、南京创源天地新能源科技有限公司、康迈（南京）机械有限公司、佰泛新材料（南京）有限公司、瀚乐电子机械（南京）有限公司等外商投资企业建立战略合作关系。全年国际结算业务量1.02亿美元，首次超1亿美元大关。

【状元坊支行网点标准化改造】 9月，中行溧水状元坊支行实施扩建改造，12月重新开业。营业面积扩至400余平方米，功能区域划分清晰，设有依附式自助银行，配设自动存取款机1台、取款机1台、自助终端2台，增添电子回单箱、便民设施等硬件服务设施，服务水平和网点竞争力全面提升。（端伟巍）

中行溧水状元坊支行　　中行溧水支行 供稿

·溧水县农村信用合作联社·

【概况】 2010年，溧水县农村信用合作联社(简称溧水信用联社)开拓经营、强化管理，取得较好业绩。至年底，各项存款余额36亿元，较年初增加6.63亿元。各项贷款余额26亿元，较年初增加6.24亿元。

坚持支农定位。坚持“面向三农、面向社区、面向中小企业、面向地方经济发展”定位，全方位支持县域经济发展。推广阳光信贷，全年评定村镇信用户7.2万户，实施“阳光授信”2200户，总额1.69亿元。支持中小企业发展，满足城镇居民、个体工商户资金需求，全年累计发放中小企业贷款22.75亿元。用好用活支农贷款，累计投放农业贷款5.53亿元，重点投放特色种养业贷款466户，金额4931万元；农产品加工贷款156户，金额9801万元；支持农业合作社贷款15户，金额7763万元。累计投放大学生村官创业贷款及小额扶贫贷款385万元。全年为260户农村青年办理贷款9059万元，累计发放妇女创业贷款441万元。

保障存款稳升。利用网点门前展牌、电子宣传牌等多种形式宣传业务品种、网点服务、存贷款政策。投资330万元，分批改造装修城区所有网点和部分乡镇网点，提升网点竞争力。组织全员常年开展“优质文明服务”活动，提高服务水平。合理制定激励措施，提高员工揽储积极性、主动性。拓展代收代付业务，全年代发农村低保5040万元，代发粮食补贴2933万元；发放圆鼎卡3.97万张，至年底累计发卡19.52万张，卡内存款余额3.45亿元，占存款总额9.57%。

严防各类案件发生。设立监督防线，通过监控中心每日进行适时非现场安全检查。营业网点及自助银行、自助设备建立远程监控110报警联动，形成与当地派出所巡防、联防相结合的联防新格局。开展金融高管及其近亲属贷款“三自一承诺”(自报、自查、自纠、承诺)专项行动，预防职务犯罪。严格执行“四单”(提示单、跟踪单、警告单、处罚单)会计制度，建立防范案件风险长效机制。

【清收不良贷款】 2010年，溧水信用联社把清收不良贷款任务分解到社，细化落实到片到人。全年依法起诉45件，金额1704万元，收回贷款本息1078万元；借助县经侦队收回贷款23笔，本息23万元。回收党政机关及其工作人员拖欠贷款175笔，本息490.41万元。全年四级分类不良贷款下降3599万元。

【实施阳光授信】 2010年，溧水信用联社实施阳光授信工程。阳光授信工程是农信社通过“阳光操作”，一次性评定能守信用农户及法人客户授信额度，在有效期和授信额度内，农户及法人客户因创业、消费、流通、生产经营等有合理信贷资金需求时，便可到农信社各基层网点办理贷款。溧水信用联社先后印发《“阳光授信、道德信贷”工程实施方案》及推进考核办法，开展推进情况检查，全年评定信用户7.2万户，全部建立纸质档案。完成全辖阳光授信1207户，金额1.3亿元。

(于志薇)

保　险

·中国人民财产保险股份有限公司溧水支公司·

【概况】 2010年，中国人民财产保险股份有限公司溧水支公司(简称人保财险溧水支公司)从自身实际出发，严格执行保监会及行业协会各项规定和要求，规范经营、理性发展、着力优化和调整业务结构，提高经营效益。同时不断外拓市场、内强管理，各项业务稳步推进。至年底，保费收入3573万元，赔款支出2119万元。

【赔偿苏州云海镁业重大火灾损失】 6月9日凌晨，南京云海特种金属股份有限公司下属苏州云海镁业有限公司材料仓库发生火灾，造成重大损失。人保财险溧水支公司接到报案后，派遣理赔人员赶赴出险地，了解情况，清点损失物资，邀请相关专家，调查出险原因以及企业损失情况。确认事故属于保险责任后，迅速赔付苏州云海镁业有限公司295万元。

(陈　斌)

·中国人寿保险股份有限公司溧水支公司·

【概况】 2010年，中国人寿保险股份有限公司溧水支公司(简称中国人寿溧水支公司)完成新单总保费 8600 万元。其中,团体保险渠道短险比上年增长48%,银行保险渠道期交业务比上年增长3.7倍,增长率居市人寿保险系统首位。

强化执行和创新。促进个人期交(个险缴费方式为分期交纳)保险业务发展,二季度实现 5 年期交达成率居于市人寿保险系统首位,全年实现个人期交保险 1413 万元。扩大银行保险业务规模,提升网点产能、网均开单率和百万网点达成,完成保费收入 5790 万元。开拓团体短险业务,新拓展客户单位 83 家。寻找和挖掘新市场需求,开辟紧急救援卡业务、民政优抚业务、信用联社和农行小额贷款业务,连续 2 年实现短险业务正增长。

诚信合规经营。组织各部门开展“第三届诚信我为先”、“中介业务自查自纠”、“防范经营风险”等主题教育,开展“小金库”和中介业务自查自纠、集资诈骗专项治理等。修正《中国人寿保险股份有限公司溧水支公司制度汇编》,着重落实单证管理、印章管理、员工违规违纪处理、案件责任追究等系列工作制度以及案件防范工作责任制、党风廉政建设责任制等,有效防范各类风险发生。

【开辟银行合作网点】 2010 年,中国人寿溧水支公司扩展银行保险业务。通过加强与各银行沟通协调,组织系列共建活动、训练营活动,促进银行保险业务上规模、调结构、出效益,提高内含价值,提升网点产能、网均开单率。至年底,巩固和开辟银行保险业务网点 34 个,实现保费收入千万元银行合作网点 3 个,实现保费收入百万元银行合作网点 14 个。达成率、举绩率、网点开单率等各项指标均列市人寿保险系统第一位。

【开展平安金融创建活动】 2010 年,中国人寿溧水支公司推进平安金融建设,对照创建“平安金融”评审标准,组织员工学习相关法规、规章制度和业务操作规程,掌握安全常识,提高员工安全意识;排查公司消防、保卫等方面存在的安全隐患和问题,责成相关部门和人员限期整改,构建人防、技防、物防“三位一体”立体防范体系,实现良好金融生态环境创建目标,被人行溧水县支行评为创建先进单位。 (张幼敏)

证　　券

【国泰君安证券股份有限公司溧水中大街证券营业部】 2010 年,国泰君安证券股份有限公司溧水中大街证券服务部升级为营业部。营业部位于城区中大街 77 号,营业面积 400 平方米,设有散户交易大厅、中户室、大户室。经营范围包括证券经纪、证券承销与保荐、证券投资咨询、融资融券业务以及中国证监会批准的其他业务。为客户提供股票、基金、债券、期货等金融理财产品。交易方式有现场委托、电话委托、网上交易等,为客户提供投资咨询及理财服务。全年成交金额 47.7 亿元,客户资产 1.99 亿元,新增客户 786 户,营业部净收入 506 万元,经纪利润 256 万元。

国泰君安证券溧水中大街营业部　　国泰君安证券公司 供稿

经济管理
Jingji Guanli

县工商局 供稿

宏观经济管理

【概况】 2010年，全县上下坚持以科学发展观为统领，紧紧围绕奋斗目标，集中精力抓发展、促转型，全县经济社会继续保持良好发展势头。全年实现地区生产总值243.60亿元，同比增长23.7%；财政总收入32.14亿元，同比增长35.9%；地方一般预算收入20.02亿元，同比增长38.8%；全社会固定资产投资224.53亿元，同比增长35.3%；工业固定资产投资192.10亿元，同比增长37.1%；农民人均纯收入10804元，同比增长13.2%；城镇居民人均可支配收入24468元，同比增长11.1%。

“四个一批”项目(信息在谈项目、正式签约项目、筹措动工项目、正在开工建设项目)扎实推进。全县累计“四个一批”项目709个、总投资536.9亿元，其中新开工项目399个、总投资196.5亿元；全年在建项目451个，其中亿元以上项目72个，在建工业项目竣工率75%以上。重点项目投资占工业投资60%以上，企业技改投资占工业投资31.3%。县经济开发区和各镇工业集中区完成基础设施投资11亿元，其中县经济开发区完成6亿元，开工建设标准厂房30万平方米。

城乡建设力度进一步加大。健康路西延、板桥路建成通车；通济街、龙山路、青年路东段、金蛙西路、毓秀路等景观提升改造；薛李路、交通西路、幸庄一号路东延、城西生活路和城北生活路建设加快推进。县经济开发区完成滨淮大道、新淮路等道路路基建设。城北文化公园、城西西苑公园扩建工程全面完成；改造城区老旧片区2000平方米；新增城市绿化28万平方米；新建路灯14公里。白马镇完成神农东路、美玉南路、白珠路等集镇道路建设，东屏镇完成环湖路景观建设和群力集镇基础设施改造。晶桥变升压工程主变增容部分竣工投运，完成47公里配网高压、60公里低压改造。加快推进溧马高速征地拆迁等开工前期工作，完成宁杭城际铁路征地拆迁配套服务工作。完成246省道路基工程，建成县道202戴山线、203淳溧线和305白明线，建成农村公路80公里。

社会事业发展水平进一步提升。溧水县获“2010年省教育现代化建设先进县”称号。县第二高中通过四星级验收，白马小学综合楼基本竣工，全县完成11片塑胶运动场建设。初中教育普及率100%，初中毕业生升学率96%以上，中、高考继续保持全市先进水平。7月15日起，全县公立基层医疗卫生机构全部配备使用零差率销售基本药物，覆盖率100%。全年实现基本药物零差率销售1468万余元，让利于民近910万元，农民群众就医用药负担大幅降低。加大基本公共卫生服务项目经费投入，人均20元项目专项经费全部到位，新一轮10类27项基本公共卫生服务项目全面落实。县医院新址迁建工程进入装饰装潢阶段；县中医院通过省级中医院管理年考核，并被确定为国家农村医疗机构针灸理疗康复特色专科建设单位。全县人口出生率9.46‰左右，人口增长率3.06‰左右；计划生育率98%以上；顺利通过省“十一五”人口和计划生育目标管理责任制终期评估及人口协调发展先进县验收。已婚育龄妇女避孕节育和生殖保健服务率90%以上，出生人口素质得到全社会共同关注，人口健康水平不断提高。投资4500万元，建筑面积1.27万平方米的广电演播制作中心完工并投入使用。全年新增有线电视 7580 户，数字电视 6300 户。完成县体育公园全民健身广场和游泳馆基础工程。成功创建国家卫生县城。全年新增造林 900 公顷，绿化村庄 151 个。完成农村改厕 1.12 万户、河塘清淤 422 个。开工建设各镇污水管网 33 公里。全面推行排污许可证制度，有序推进生态镇、村创建，全县环境质量综合指数达 87.1 分。

服务业重点项目建设快速发展。2010 年度，全县 10 个重点服务业项目完成投资 10 亿元，全县服务业完成投资 31.90 亿元，同比增长 29.7%。

（俞祚俊　盛　林）

【编制县"十二五"发展规划】 7 月底，县发改局完成全县"十二五"发展总体规划初稿，督促各专项规划部门和镇（区）同步完成初稿；9 月底，再次调研县内 3 个镇（区）重点园区"十二五"期间规划建设情况，充实、完善总体规划。11 月初，县政府召集规划专题讨论会，形成定稿，于 2011 年 1 月 6 日经县十四届人大四次会议通过，以县委 2011 年 8 号文件印发。（盛　林）

【调整县农业产业项目】 2010 年，争取省级重点农业产业化龙头企业项目补助资金 240 万元，分别落实到南京市溧水县常力蜂业有限公司、南京傅家边科技园集团有限公司、南京东润食品有限公司、南京老一辈食品有限公司、南京白马黑莓集团等 5 家企业。争取市级农业产业化龙头企业直补资金 135 万元，落实到宝生源食品有限公司和南京东润食品有限公司两家企业。争取市级龙头企业贷款贴息补助资金 75 万元，落实到南京市溧水县常力蜂业有限公司等 6 家市级龙头企业。启动新增千亿斤粮食产能规划田间工程及农技服务体系建设项目。该项目由国家发改委批复立项实施，有大中型灌区末级渠系建设、高标准良田建设、农业机械化体系建设 3 个子项目，总投资 2315 万元，其中中央补助资金 1850 万元。6 月，开展 2011 年国家预算内投资农林水项目申报工作，全县申报农业和水利两大类 8 个子项目，总投资 9601.48 万元（申请中央投资 3288 万元，自筹 6313.48 万元）。其中，4 个水土保持工程投资 2000.12 万元，3 个节水灌溉示范工程投资 7200 万元，一个农村沼气工程投资 400 万元。组织开展外向型农业工作，每个季度组织召开农业项目推进会，督查列入考核的十大重点农业项目。十大农业重点项目总投资 12.25 亿元，年内全部开工建设。省农洽会上，由新加坡仁恒置地有限公司投资的现代农业项目签约，该项目集旅游、休闲于一体，投资额 1000 万美元，9 月在晶桥镇开工建设。全年水稻保险面积 1.93 万公顷、小麦 1.08 万公顷、油菜 1.14 万公顷，申请小麦、油菜理赔 149.95 万元。至年底，全县完成改水 2.3 万人。

【拓宽融资渠道】 1 月 4 日，县政府、市发改委、人民银行南京分行营管部组织召开溧水县银企对接签约会，签约企业 208 家，协议贷款 68.23 亿元；8 月 17 日，县发改局与人行溧水县支行再次联合组织召开中小企业金融产品推介及银企对接签约会，签约企业 107 家，协议贷款 21.08 亿元。3 月 31 日，南京通盛投资担保有限公司获省经济和信息化委员会批准，设立融资性担保机构正式营业，注册资本 5000 万元人民币，开展中小企业贷款担保、实业投资、经济信息咨询服务，经认证，县中小企业担保有限公司信用等级为 A-；南京通盛投资担保有限公司信用等级为 BBB。县恒大小贷公司完成股东变更登记注册工作，并从国家开发银行江苏分行融资 5000 万元。县发改局加强融资性担保机构监管、服务工作，设立重大事项应急措施，及时报告担保机构重大决议，不定期检查监督担保公司内部管理和风险控制，提升县内融资平台服务能力。

【加快城乡统筹发展】 2010 年 5 月 13 日，召开全县统筹城乡发展暨洪蓝镇挂钩帮促工作现场推进会，市委常委、常务副市长沈健率市 70 个相关部门负责人参会。会议突出帮扶重点，增强薄弱镇发展后劲，落实帮促洪蓝镇项目 15 个，到位帮扶资金 685 万元，落实帮促白马镇项目 24 个，到位资金 700 余万元。县发改局统筹协调各帮促单位结合自身优势，以各种方式帮助全县发展城乡社会事业，先后开展法律援助咨询、医疗健康义诊、送岗位下乡、文艺演出等活动。（俞祚俊）

国土资源管理

【概况】 2010 年，全县国土资源管理工作以"保增长保红线”为主线，规范管理，主动服务。严格矿产资源管理和土地执法，确保全县耕地总量动态平衡，促进全县国土资源管理规范化。

做好规划修编工作。2010年，按照土地利用规划各项控制指标，开展《溧水县土地利用总体规划(2011~2020)(大纲)》修编工作，通过省级验收。根据规划，全县2020年耕地保有量4.37万公顷，基本农田面积3.68万公顷，城乡建设用地规模1.2万公顷，新增建设用地总量2156.8公顷。开展各镇农田保护专项规划编制工作，全年规划基本农田3.73万公顷，其中耕地2.96万公顷，耕地占基本农田比例79.2%。

制定经营性用地计划。全县总面积96.86公顷，其中县城(含溧水经济开发区)72.73公顷。严格按照土地利用总体规划和年度用地计划，突出重点项目、做好配套服务，保障重点项目用地。省下达全县土地利用新增建设用地36.2公顷、农用地转用计划23公顷、耕地转用计划19.47公顷。根据计划，组装上报城镇建设项目用地3个批次，面积29.17公顷。争取到农用地转用计划20公顷。全面筛查历年来批而未供土地，调整盘活指标80公顷。加上2010年度实施“增减挂钩”项目新增的54.8公顷挂钩指标，全年争取实际用地指标177.33公顷，主要安排城镇建设和创维物流、东方食品等溧水经济开发区重点工业项目用地。

坚持供地保障有保有压。实施土地供应量调控，促进产业调整和升级，保障民生类项目、重大基础设施项目和重点产业投资项目。全年办理各类建设项目供地107宗，土地供应总面积202.63公顷，出让金总额20.53亿元。其中，土地招拍挂出让87宗，出让面积12.37公顷，出让金总额20.52亿元(其中经营性用地17宗，出让面积77.18公顷，成交金额18.95亿元；工业用地70宗，出让面积108.65公顷，出让金额1.56亿元)。年内完成土地登记入库80公顷。

保持占补平衡，处理闲置土地。完成目标任务，年内入库12个土地开发整理项目，总规模157.98公顷，顺利通过省厅、市局验收，实现新增耕地116.35公顷。全年申报市投自补土地整理项目9个，整理规模1133.33公顷，总投资额2900万元，新增耕地43.33公顷。在实施土地开发整理工作中，开展项目区范围内“U”型渠统一制作以及肥田耕作层剥离试点工作，得到业务主管部门认可和推广。根据全市闲置土地处置工作要求，排查、清理全县七镇一区闲置土地，认定31宗，闲置面积86.11公顷。建立存量闲置土地分析制度，对该31宗闲置土地逐宗建立台账，实行动态管理，会同各镇(区)领导约谈每宗闲置土地企业负责人。全年6宗开工建设，面积23.25公顷；收回3宗，面积14.43公顷；4宗进入收回程序，面积10.66公顷；1宗办理转让手续；2宗因涉及开发区规划调整，县政府同意调整原规划用途；其余15宗签订补充协议，重新约定开工时间。

实施“增减挂钩”，推进“万顷良田”工程。全县立项并经省厅备案挂钩项目30个，建设规模56.35公顷，新增农用地55.98公顷，耕地54.81公顷。县政府制定《关于扎实推进城乡建设用地增减挂钩工作的通知》，县国土资源管理局拟定实施意见，并与县财政联合制发《溧水县城乡建设用地增减挂钩工作实施细则(试行)》，规范全县农村居民点用地和管理。年内，所有项目通过市级验收，实现新增挂钩指标53.33公顷，缓解用地供需矛盾。白马镇实施“万顷良田建设工程”，项目区总面积973.36公顷，涉及农户1087户，人口3038人，搬迁房屋建筑面积18万平方米。县国土局成立“万顷良田工作协调领导小组”，负责协调解决工程推进过程中各种矛盾和问题，协调相关部门落实各项配套政策措施，并做好技术服务；召开“万顷良

农田整治　　县国土局 供稿

田建设工程”试点规划论证会，就工程特点、房屋搬迁置换、土地流转、资金平衡等进行全方位介绍和听取意见，完成该项目一期工程拆迁补偿调查摸底工作。

严格执法监察，确保征地补偿足额到位。2010年度卫星遥感影像图片涉及全县87块图斑(41宗地块)，监测面积222.39公顷，耕地面积8.24公顷。其中，伪图斑14宗，面积20.39公顷；新增建设用地项目27宗，面积202公顷，其中确认合法用地项目26宗，面积201.09公顷，涉及耕地117.26公顷，均取得合法用地手续。违法用地项目1宗，不涉及耕地。符合省、市对卫片执法检查规定要求，实现全年卫星遥感影像图位检查“双零”(零约谈、零问责)目标。

开展征地拆迁专项治理工作，维护社会稳定。认真排查县域范围内正在实施的征地拆迁项目，并分类建档，2010年全县实施49个征地拆迁项目(征地面积98.25公顷)，征地程序合法，征地行为规范，补偿安置到位，保障政策落实，稳控工作扎实；梳理省、市信访及自办征地拆迁信访案件，有效掌握重点问题、重点人头及隐患苗头，防范拆迁不稳定因素。全年受理来信27封，办结率96.3%；接待来访65起141人次，办结率96.9%，违法用地、土地权属等矛盾纠纷均得到妥善处理。

落实《溧水县征地拆迁补偿安置办法补充意见》要求，严格执行“两公告一登记”制度。全年184名失地农民进入基本生活保障，兑付被征地农民土地拆迁补偿安置费4.64亿元；为1992年以来742名失地农民，发放养老生活补助费161.24万元。

抓好地质灾害防治工作，强化矿产资源管理。编制《2010年度溧水县地质灾害防治方案》，报请县政府批准实施。重视汛期地质灾害隐患点监测和巡查工作，重点防治省市专家认定的11处地质灾害隐患点，建立监测预报网、设立警示牌并发放地质灾害防灾工作明白卡。在全县安全生产大排查期间，启动《汛期地质灾害隐患再排查紧急行动实施方案》，重点排查锶矿、锗矿、金矿、铀矿等采矿区，以及丘陵山区切坡建房、冲沟沟口等地区，落实地灾隐患点责任人、监测员和预警方式，建立巡查制度，实现全县地质灾害“零伤亡”。

加大查处非法开采力度。全年联合巡查违法采石55次，发放停工通知书8份，取缔非法采矿点27个，暂扣处理非法采矿机械3台；年检全县17个企业采矿许可证；摸底调查无证砖瓦厂，查明全县11个无证砖瓦生产企业，涉及工矿用地(或建设用地)69.41公顷，提出关闭迁建过渡性管理意见。全年催缴采矿权价款973万元，征收矿山环境恢复治理保证金32万元。征收矿产资源补偿费173万元，财政入库25万元。

推进市、县两级地籍信息管理统一平台建设。强化土地权属确定和基础数据采集功能；坚持个人商品房、二手房发证立等可取，土地登记发证严格程序，权属、界址、面积各个环节严格把关。全年发放国有建设用地使用权证4963本、集体土地使用权证3本、集体土地所有权证17本、他项权利证155本。完成测绘756宗，测绘面积1516公顷，测绘出图1.11万幅。

【开展城乡建设用地增减挂钩工作】 2010年，按照省国土资源厅要求，溧水县制定《关于城乡建设用地增减挂钩规划及项目管理的实施意见》，并建立“县局指导、镇所主抓、村委会具体组织实施”联动工作机制，层层签订拆迁、复垦责任状，明确各自职责。实施过程中，全程把好前期准备、开工、施工、监管、竣工、审计等各个环节，编发“增减挂钩”简报，每10天通报各镇(区)项目推进情况，主动

白马镇土地复垦　　县国土局 供稿

强化服务指导、综合调控和工作监管。全年完成30个省厅备案项目，建设规模56.35公顷，新增农用地55.98公顷，耕地54.81公顷。

【经营性用地、工业用地实行招拍挂】 2010年，全县工业、商业、旅游娱乐和商品住宅等经营性用地，以及同一宗地有两个以上意向用地者，一律采取招拍挂方式公开出让。全年公开出让土地87宗，面积185.83公顷，出让金总额20.52亿元。其中，经营性用地17宗，出让面积77.19公顷，成交金额18.96亿元；工业用地70宗，出让面积108.65公顷，成交金额1.56亿元。

【县国土资源服务大厅综合楼动工】 7月28日，县国土资源服务大厅综合楼正式动工建设。该项目占地面积975.3平方米，建筑面积1237平方米，总投资280万元，预计2011年5月交付使用。

【溧水县获省"土地执法模范县"称号】 2010年，全县坚持依法依规用地，采取多种形式广泛宣传国土资源法律法规，剖析典型违法案件，达到警示效果。提升全民法制观念和创建意识；加大教育培训和工作考核力度，提高执法人员素质，严管市场，依法规范土地资源管理配置，提升国土资源保障能力和水平。年底，省国土资源厅授予溧水县2010年度江苏省"土地执法模范县创建工作先进县"称号，奖励农用地转用指标10公顷。

拆除违法用地现场　　县国土局 供稿

2010年度南京市溧水县土地利用现状变更调查二级类(新地类)汇总表

单位：公顷

变更后地类 / 变更前地类		耕地	园地	林地	草地	城镇村及工矿用地	交通运输用地	水域及水利设施用地	其他土地	合计
地类代码		01	02	03	04	20	10	11	12	
年初面积		42628.31	2274.60	14752.97	1577.38	12949.96	2382.98	27686.28	2114.32	106366.80
年内减少面积		295.56	47.50	78.50	29.86	81.12	3.51	87.60	19.70	816.90
年内增加面积		63.36	0.00	0.00	16.88	320.79	241.83	0.49	0.00	816.90
年底面积		42396.11	2227.10	14674.47	1564.40	13189.63	2621.30	27599.17	2094.62	106366.80
耕地	01	0	0	0	0	147.60	147.96	0	0	295.56
园地	02	0	0	0	0	44.76	2.74	0	0	47.50
林地	03	0.62	0		16.88	48.56	12.44	0	0	78.50
草地	04	0.56	0	0		23.46	5.84	0	0	29.86
城镇村及工矿用地	20	60.86	0	0	0	0	19.77	0.49	0	81.12
交通运输用地	10	0	0	0	0	3.51	0	0	0	3.51
水域及水利设施用地	11	1.20	0	0	0	42.83	43.57	0	0	87.60
其他土地	12	0.12	0	0	0	10.07	9.51	0	0	19.70

【全县土地变更调查工作】 根据《国土资源部关于开展2010年度全国土地变更调查与遥感监测工作的通知》精神，2010年，溧水县开展土地变更调查工作，查清全县土地利用现状，完成年度土地变更调查工作。经此次调查，确认全县土地总面积10.64万公顷，其中农用地7.63万公顷，建设用地1.82万公顷，未利用土地1.18万公顷。

(沈玉珍)

国有资产监督管理

【概况】 2010年，县人民政府国有资产监督管理办公室(简称“县国资办”)强化国有资产监管，深化行政事业单位国有资产管理，推进投融资体系建设，取得显著成效。

推进投融资体系建设。全年通过城镇投资公司、交通投资公司、土地储备中心、中小企业担保公司等平台，融资20多亿元，支持城市基础设施建设和全县经济社会发展。

加强国有资产监管。根据《溧水县行政事业单位国有资产处置管理暂行办法》，先后认真审核县广电局、县检察院、县医院、县商贸局、县交通局、县政府办公室等单位资产报损。严格规范国有资产出售程序，制定县审计局办公楼、县环保局办公楼、县商贸局原物资大厦门面房对外出售方案，委托中介机构开展资产评估并核准，组织实施公开竞拍。启用资产管理信息系统，加强国有资产动态管理，确保国有资产不流失。贯彻实施《江苏省行政事业单位国有资产管理办法》，全面加强行政事业单位资产收益管理；组织开展行政事业单位“非转经”(非经营性资产转为经营性资产)资产情况调查，掌握行政事业单位资产出租、出借及对外投资情况，规范行政事业单位“非转经”资产管理行为，提高“非转经”资产使用效益。先后核实县广电网络公司2006~2009年经营、利润分配情况及南京飞燕活塞环有限公司1998~2009年经营、利润情况，加强国有及国有参股企业监管。加强国有资产收益收缴，全年累计收缴入库5400万元。

【启用资产管理信息系统】 9月，县行政事业单位建立资产管理信息系统，利用资产信息平台，加强国有资产动态管理。先后分3批组织县级机关、事业单位以及各镇区财政所、镇属单位资产管理相关人员进行业务培训，确保上报数据及时、真实、完整。至年底，全县65%以上单位启用统一的资产管理信息系统。

(王昌然)

工商行政管理

【概况】 2010年，溧水县工商局把握“四个只有”(只有依法加强市场监管，工商行政管理才能树立公平公正的执法权威；只有全力服务科学发展，工商行政管理才有充分发挥职能作用的地位；只有切实维护消费者合法权益，工商行政管理才有群众支持的根基；只有建设高素质的队伍，工商行政管理改革发展才有坚强的组织保障)，坚持依法行政、科学管理、提升效能，竭力服务地方经济社会发展。

加强窗口建设，服务民营经济发展。规范窗口登记行为，实施“五导”服务，即“政策宣导”、“信息引导”、“准入助导”、“创业辅导”、“融资帮导”。积极推动农民专业合作社发展，把促进农民专业合作社发展作为民营经济新增长点。制定《溧水县工商局“千企成长”工程36条实施意见》，以60家成长型民营企业为基础开展帮促工作。

实施商标品牌全程服务。制订《2010-2015年溧水县商标战略发展规划》，推动全县品牌战略实施。以扶持农产品商标发展为重点，加大涉农商标注册指导力度，全年创省著名商标4件，市著名商标10件，县知名商标20件。至年底，全县有中国驰名商标2件，江苏省著名商标15件，南京市著名商标53件，溧水县知名商标62件。

拓展帮促企业融资服务。通过开展抵押和质押登记管理帮助企业融通资金、盘活资产，加快发展步伐，全年办理动产抵押175件，登记数量位列全市第一。创新登记办法，将登记程序、资料、方法、表格拷贝给金融机构，方便当事人快速办理。积极引导外地金融机构为县企业融资，商请“江苏鑫信投资担保集团有限公司”为有贷款需求企业提供贷款担保，为企业开辟融资渠道。

营造放心消费环境。坚持以人为本，执法为民理念，注重解决热点、难点问题。将12315申投诉举报中心由局机关搬到永阳分局，方便群众，提高

局领导走进"政风热线",通过电波与消费者交流　　县工商局 供稿

分局服务发展和监管效能。在各知名景点、"农家乐"旅游景点设立"12315"联络站和消费者维权服务站,畅通旅游消费者维权渠道,净化旅游消费市场。全年受理各类咨询、申(投)诉、举报等537件,其中申(投)诉214件,咨询285件,举报34件,检举2件,建议2件,办结率100%,为消费者挽回经济损失11.01万元。

营造公平竞争环境。组织开展"地沟油"、水产品、酒类、问题奶粉回查等专项检查。开展危险化学品生产、经营主体安全生产大检查,对违法违规企业发出责令改正通知书30份,取缔4户无证照经营户。全年查处各类经济违法案件173件,其中注册登记违法案件56件,商标侵权案件17件,产品质量案件16件,广告违法案件5件,不正当竞争案件1件,其他案件78件。开展行政指导,组织编写《关于企业经营中有关法律问题的若干提示》法律法规汇编免费发给企业。

强化班子和队伍建设。全年认真落实党风廉政责任制,深入推进权力阳光运行机制,开展领导班子述职述廉、"消费维权开放日"、"群众评议机关"、走进"政风热线"直播室等活动。2010年,县工商局被省工商局评为"全省民营经济关心下一代工作先进单位";被市工商局评为"机关作风建设先进单位"、"法制条线岗位实战练兵竞赛"特别奖,白马分局荣获"省级文明工商所"称号,孔镇分局荣获"市级文明工商所"称号、团市委2010年度市级"青年文明号"称号。

(凌　瑶　杨支援　李卫群　邱巧珍)

【成立基层合同指导站】 2010年,县工商局在永阳、城郊、孔镇、明觉4个工商分局成立"合同指导站",主要职责是培训、宣传、普及合同法律、法规知识,涉农合同行政指导;指导、监督涉农合同当事人依法签约、依法履约;制定、推广农业合同示范文本;指导涉农企业和农户开展"重合同守信用"活动;受理合同纠纷、投诉,承担合同纠纷调解;依法处理、打击涉农合同欺诈行为等。

(王　辉　杨支援)

【支持民营经济发展】 2010年,县工商局领导和相关科室深入南京忠信交通设施集团、江苏大厚食品集团、江苏冠军涂料科技集团、南京巨力达机械集团等民营企业现场办公,协助开展集团组建工作。全年新发展私营企业759户、个体工商户1171户,新增注册资本22亿元。

(邱巧珍　杨支援)

【促进农民专业合作社发展】 2010年,县工商局制定农民专业合作社发展计划,在县行政服务中心工商登记窗口开设登记绿色通道,设置"农民专业合作社办理登记服务窗口"标志牌。执行"一字工作法"(窗口一站式、服务一条龙、示范一文本、告之一口清)、"三公示"(优惠政策、登记条件、审批程序公示)、"三优先"(优先受理、优先审核、优先发照)。全年新发展农民专业合作社158户,出资总额8.29亿元,其中种植业95户,养殖业52户,相关技术、信息服务业9户,其他2户。

(邱巧珍　杨支援)

【"鲸海"被认定为中国驰名商标】 (参见溧水概况类目,第49页)

【南京首家外商投资合伙企业成立】 6月,在"南京白马如意文化艺术中心"登记过程中,县工商局多次与省市局相关处室联系,邀请外资处领导赴企业调研指导,帮助企业准备材料,使企业顺利办理执照,成为南京市第一家外商投资合伙企业。该企业合伙人分别是英籍华人周贺桐和南京亚狮龙

县内第一家外商投资合伙企业成立，左为投资商英籍华人周贺桐 县工商局 供稿

体育用品有限公司，认缴出资额分别为95万元和5万元，主要从事文化旅游设施开发利用和服务、农副产品和日用百货销售。 （邱巧珍 杨支援）

【维护流通领域食品安全】 2010年，县工商局开展流通领域食品安全专项整治工作，做到“四查”（查重点区域、查重点企业、查重点食品、查薄弱环节）。利用经济户口管理系统，按照人员分工和属地管理实行网格化监管，做到“四定一包”（定人、定户、定目标、定责任，包片监管），确保巡查监管到位。严把食品流通许可证登记准入关，下放个体经营户食品流通许可证发放权限至各分局，提高基层分局监管效能，减少办事环节，方便基层群众。全年核发食品流通许可证776份。建立健全食品市场巡查长效机制，做到“三清两定一个承诺”（“三清”即“食品经营户”、“辖区内乳制品经营户”、“食用油经营户” 底数清；“两定”即“县局与各业务科室、基层分局”、“基层分局与各食品经营户” 签定食品安全责任书；“一承诺”即全县乳品和含乳经营户均向社会和消费者作出书面承诺，不存、不销问题乳品，严格执行“两项制度”），这一做法在市局《工商简报》刊发。

（赵孝明 杨支援）

【开展执法练兵竞赛】 11月，县工商局举行执法综合技能练兵竞赛。南京市工商局、县政法委、县人大、市中级人民法院、县人民法院、县人民政府法制办等部门领导到场观摩，此项练兵竞赛连续开展3年。《中国工商报》将竞赛活动作为创新事例报道。 （李卫群 杨支援）

价格管理

【概况】 2010年，溧水县物价局围绕“服务结构调整促转型、服务消费扩大促增长、服务民生改善促和谐”工作主线，加强物价监测、监督检查和调控工作。6月，县政府部门机构改革，县物价局并入县发展和改革局。

稳定基本物价，加强价格管理。2010年，县物价局认真贯彻国家发改委及省、市政府关于稳定物价，保障群众基本生活的各项政策措施。11月4日，以溧价管发［2010］第218号文件批复华燊燃气公司管道液化天然气（LNG）的销售价格（居民生活用气：3.65元/立方米；非居民生活用气：4.35元/立方米）。同时根据《南京市公益性公墓价格管理试行办法》，会同县民政局调查全县各镇（区）公益性公墓基本情况，制发《关于切实加强我县公益性公墓销售价格管理的通知》，明确公益性公墓销售价格管理形式、价格构成，增强公益性公墓定价透明度，进一步规范全县公益性公墓价格行为。10月26日，县发改局会同县住建局组织实施商品住宅明码标价审核（联系单）工作，规范商品住房标价执行行为。至年底，全县19家房地产开发企业24次申请办理明码标价手续，商品住宅(含乡镇、休闲、旅游、度假项目)销售面积52.36万平方米，同比减少17.06%；成交均价4992元/平方米，同比增长17.05%。其中，县区域普通商品住宅均价4326元/平方米，同比增长30.81%，县主城区楼盘均价4783元/平方米；全县新建保障性住房面积3.2万平方米，均价2000元/平方米。

核批各项收费标准，规范收费行为。按照《溧水县普通住宅物业服务等级和收费标准》和《南京市停车服务收费管理规定》要求，核批金庭国际花园、锦绣家园、恒大金碧天下、一品骊城、昱达花苑、辛庄佳苑、水岸新都、金东城世家等8个住宅小区前期物业管理服务收费标准；会同县教育局、财政局调整全县幼儿园收费标准，制发《关于调整溧水县幼儿园收费标准的通知》；针对南京溧水广电网络有限公司申报新建商品住宅有线电视网络工程配套收费标准进行成本认证后予以核准批复；核批县公安局申报的城区禁区范围内道路停车服务收费标准；审核报转县中医院新增床位收费标准以及县供电系统带电作业费、用电客户服

务项目收费标准。审验全县行政、事业单位收费许可证118个,涉及收费项目105个,收费总额4.23亿元,取消或停止收费项目11个,涉及金额1049万元,年审率100%。

开展专项检查,严格价格监督。组织开展涉农价格和收费、行业协会收费、质量监督检验检疫收费、教育收费等专项检查。上海世博会期间,检查经营单位120家,规范明码标价行为,分10个行业发放价格提醒函800多份。全年开展检查18次,重点检查粮、油及副食品价格,遏制各类价格违法行为,防止价格异动。按规定程序查处举报和投诉,全年受理和立案查处价格举报案件1起,接受价格咨询39次,并及时将调查情况和处理结果反馈举报人。

开展"三信三优"活动(价格、质量、计量信得过,优质服务、优美环境、优良管理)。组织和指导经营单位参加"三信三优"竞赛活动,11家单位获市"三信三优"单位称号,20家单位获县"三信三优"单位称号。

开展价格监测服务。重点围绕城乡居民生活必需品价格开展监测和分析预测工作。11月29日起,启动稳定物价应急监测预案。县政府成立由县委常委、常务副县长为组长,县农工委、发改局、商务局、工商局、财政局等8部门为组员的县稳定物价工作领导小组,选择2个农贸市场和县苏果超市作为监测点,跟踪监测64种主副食品价格,"日测日报"农贸市场消费量较大的46种主副食品;要求苏果超市调整被监测商品价格时报县发改局备案,同时保证上述信息每日发布在县政府网站。根据市物价局对民生商品价格监管工作要求,开展重要民生商品"价比三家"工作,涵括11种药品和2家农贸市场36种商品,主要以粮食、食用油、猪肉类、禽蛋类、水产品和蔬菜等主副食品为主,提供价格信息,引导市民理性消费。全年上报市局各类信息报表550份,撰写分析材料76篇,其中13篇被《南京价格监测》刊物转载,县价格监测工作获市先进集体称号。

【开展价格认证服务】 根据《中华人民共和国价格法》,县价格认证中心接受司法机关、行政执法机关和仲裁机构委托,鉴定刑事、民事、行政、经济等案件中涉及的各类标的价格;接受当事人委托调解价格纠纷,并认证诉讼案件中涉及的各类标的价格。全年开展价格认证762件,总金额4951万元,其中行政执法机关涉案价格认证3件、房地产价格认证2件、道路交通事故车(物)损失价格鉴定716件、公安涉案价格鉴定41件。2010年5月,县物价局设立价格争议调解办公室,作为常设机构开展价格争议调解工作。

【实施"价格调控和治乱减负目标"责任制】 年初,南京市物价局、发改委联合制发《关于组织实施2010年价格调控和治乱减负目标责任制的通知》,明确各区(县)"价格调控和治乱减负"工作目标。3月份,县政府制定《2010年价格调控和治乱减负目标责任制的意见》,分别与七镇一区、5个价格调控部门、14个治乱减负部门签定责任书,明确责任主体单位。在《意见》实施过程中,开展年中责任单位自查、年底专项考核检查,县物价局被评为市"价格调控和治乱减负优秀单位"。

【开展农业成本调查】 2010年,县物价局开展农产品成本常规调查3项(农户存粮、售粮和农资购买情况调查)、专项调查2项(种植意向、土地成本调查)、直报调查3项(粳稻、油菜籽和桑蚕茧种植成本及收益调查)、预测调查2项(粳稻、油菜籽)以及种粮大户成本收益调查3项(油菜籽、小麦、粳稻的成本、收益调查)和特色产品调查1项(螃蟹养殖),为政府制定农村农业经济发展政策提供参考。围绕农民增收开展比较优势调查,通过记录被调查户生产经营活动,资金投入分析和生产成本收益核算,了解掌握各地区优势,服务当地农业发展。调查分析和预测农产品收益状况,实时反映本地农业生产实情;调查分析新品种收益空间,帮助和引领农民寻找适合品种和技术,改善种养结构。发布调查成本信息引导农户种植意向,提高农民经济收入。全年按时按质超额完成省、市下达各项农产品成本调查,并被南京市物价局评为全市"农产品成本调查工作先进单位"。

(俞祚俊)

2009~2010年溧水县粳稻成本收益调查统计表

核算单位(亩)	计量单位	2009年	2010年
主产品产量	公斤	527.44	540.67
产值合计	元	1074.57	1488.38
主产品产值	元	1023.24	1436.38
副产品产值	元	51.33	52.00
总成本	元	594.97	799.81
生产成本	元	498.80	503.81
物质与服务费用	元	403.25	400.21
人工成本	元	95.55	103.60
土地成本	元	96.17	296.00
净利润	元	479.60	688.57
成本利润率	%	80.61	86.09
平均出售价格	元	97.00	132.83
生产成本	元	45.03	44.96
净利润	元	43.29	61.45

2010年溧水县油菜籽成本收益调查统计表

核算单位(亩)	计量单位	2009年	2010年
主产品产量	公斤	140.89	133.11
产值合计	元	486.59	553.15
主产品产值	元	470.20	523.48
副产品产值	元	16.39	29.67
总成本	元	458.61	776.17
生产成本	元	362.44	480.17
物质与服务费用	元	196.91	249.17
人工成本	元	165.53	231.00
土地成本	元	96.17	296.00
净利润	元	27.98	−223.02
成本利润率	%	6.10	−28.73
平均出售价格	元	166.87	196.63
生产成本	元	124.29	170.69
净利润	元	9.60	−79.28

质量技术监督

【概况】 2010年，县质监部门紧扣综合管理、行政执法、安全监察三大职能，创新执法、管理、服务"三位一体"工作机制，扎实有效地推进品牌创建、两大安全、打假治劣等各项工作，推进质量技术监督工作上台阶、上水平。

实施名牌战略。创建品牌纳入县政府目标责任制考核，建立和健全名牌培育发展机制，以主导产业和特色产业为重点，发挥特色优势，加大质监部门与企业和政府互动。全年新增省名牌企业5家，市名牌企业17家，获省市质量管理奖企业各1家。

实施标准化战略。与省标准化研究院签署"加快实施标准化战略，助推溧水三个发展"合作备忘录，建立"溧水标准信息服务站"，省标准化研究院无偿为全县企业提供数字化标准阅览、标准水平评估、国内外技术法规查询、WTO/TBT-SPS通报等全方位技术服务；指导江苏冠军涂料科技集团起草《室内装饰装修用天然树脂木器涂料》国家标准，通过最终审查；加强农业标准化示范区长效管理，做好跟踪服务工作，省级无公害茶叶标准化示范区顺利通过省级验收。

开展"计量惠民"活动。依托乡镇卫生院，免费检定全县七镇一区79家村医疗机构167台在用医用计量器具，检定率100%；免费检定4家集贸市场电子秤556台；检定出租车计价器283台。

强化食品安全监管。按"三分监管"(分类分级分等)要求，监管全县155家食品生产企业。重点监督检查原辅料进口、产品出厂检验及高风险食品生产加工环节质量安全隐患，建立巡查工作记录，发现问题限期整改。全年监督检查企业340家次，查处食品案件13起，下达整改通知书81份，回访企业80家次。

强化特种设备安全管理。建立特种设备长效管理机制，做到事前介入、事中监管、事后整改。加强与技术机构、镇(区)企业服务中心、县安监、消防等部门合作，重点分区域、分行业监管全县3599台(件)特种设备，737家使用单位，及时完善和更新电子监管网络平台信息。派出监察人员635人次，现场监察使用单位210家，下达告知书34份，发出指令整改通知书103份，隐患整改109条，培训特种设备操作人员643人，受理投诉举报5起，立案2起。

加大打假治劣力度。以打造法治质监、服务质监、和谐质监为目标，联合公安等相关部门、名牌企业、重点骨干企业，加大打击涉及人身、财产安全和影响国计民生产品。重点开展农资、涉及"两大安全"(食品和特种设备)及建筑用材等产品专项整治，强化"12365"投诉举报中心快速反应、处置能力，切实维护企业和人民群众合法权益。全年组织开展各类检查65次，出动执法人员300人次，检查生产销售单位150余家，查获假冒伪劣商品货值500余万元，查办案件16件，接待投诉举报来信、来访28人次。

加强队伍建设。以"素质提升年"为契机，扎实开展"三帮五服务"活动。修订完善内部管理制度，实行政务公开，建立质监服务联络员工作制度，与县内25家重点企业建立"点对点"联系，依托设在七镇一区的3个质监工作站，服务企业相关质监业务。严格执行市局"六项禁令"，严肃查处执行不严人员。邀请行风监督员、督导员及社会各界监督力量监督、反馈质监工作人员在政风、行风、党风廉政建设方面存在的问题和意见，主动接受社会监督。

【开展技术标准跟踪研究】 6月23日，县质量技术监督局与江苏省标准化院就加快实施标准化战略，助推溧水"三个发展"签署合作备忘录。省标准

县质监局与省标准化研究院签署合作备忘录　　县质监局 供稿

化研究院围绕溧水五大支柱产业、五大新兴产业和现代农业、现代服务业重点园区、重点项目，开展前沿性技术标准专题跟踪研究，提供国际标准、应对技术性贸易壁垒、标准信息服务平台建设、WTO/TBT-SPS 通报以及区域内标准化战略发展规划等全方位技术服务。同时，围绕加快溧水产业转型升级，加快发展现代农业和推进服务业提档升级，支持企业建设产学研技术标准战略联盟，研制自主知识产权核心技术标准，承担循环经济、自主创新、高新技术、知识产权管理、专利标准化等标准化项目，开展农业和服务业标准化试点示范。省质监局副局长张前、市质监局局长杨海宁、县政府副县长部伦浩等领导应邀出席启动仪式。

执法人员现场查封假化肥　　县质监局 供稿

【查获假冒洋河蓝色经典酒】 1月，县质量技术监督局根据群众举报，组织执法人员与公安联手检查永阳镇等街道商店，当场从3家零售商店查获涉嫌假冒42%海之蓝洋河蓝色经典酒41箱，经江苏洋河酒厂股份有限公司打假人员鉴定，246瓶均为假冒产品。

【查获假冒测土配方肥】 2月，县质量技术监督局根据群众举报，突击检查“禾苗”牌测土配方肥溧水地区总经销(南京红太阳种业有限公司溧水分公司)，对其从南京远航肥业有限公司进货的3批300吨测土配方肥抽样取证，送南京市质量技术监督局检测，判定属于劣质品，且假冒“徐州耀德化工有限公司”产品，涉案货值52万元。8月，县法院判处南京远航肥业有限公司罚金25万元，涉案当事人被罚金额25万元，并追究刑事责任。根据《江苏省惩治生产销售假冒伪劣商品行为条例》有关规定，处以24万元罚款，并没收测土配方肥225吨。此案被列为全国“春季农资打假十大典型案件”之首，年底被省质监局评为优秀案件，并获奖励9万元。

【捣毁生产销售假冒电动机窝点】 11月，县质量技术监督局与省名牌企业南京控特电机有限公司，跨省会同河南焦作质监、公安部门联手，一举捣毁一生产、销售假冒南京控特电机有限公司电动机窝点，涉案货值900余万元。执法人员现场扣押和封存244台假冒南京控特电机有限公司Y系列三项异步电动机，数百台已安装在成品消防设备中的假冒电机及山东籍货车，批捕涉案人员4名。

【无公害茶叶标准化示范区通过省级验收】 4月11日，县政府承担“省级无公害茶叶标准化示范区项目”通过专家验收。溧水省级无公害茶叶标准化示范区项目经过3年实施，建成示范核心区333公顷，辐射带动全县茶园面积1333公顷。通过无公害茶叶栽培技术标准化生产实施，核心区茶园单产提高15公斤，中高档茶叶比重提高2个百分

省级无公害茶叶标准化示范区验收会　　县质监局 供稿

点，产值增长2倍，年增加利润50万元。同时增加劳动就业人员200多人，解决农村季节性就业7000多人次。（王　群）

统计管理

【概况】 2010年，全县统计工作围绕“提高统计调查能力、提高统计数据质量、提高政府统计公信力”目标，认真贯彻国家、省、市（农村统计、工业、能源统计、批发零售与住宿餐饮业、服务业、建筑业、房地产业、固定资产投资、劳动工资、国民经济核算等）统计制度，开展（农产量、畜牧业、城镇和农村住户、人口和劳动力、物价、妇儿发展规划统计监测等）经常性抽样调查，维护更新全县基本单位名录库，承担社情民意类临时性统计调查等，为常规统计工作提供信息。围绕2010年全县国民经济和社会发展计划，对经济运行和计划执行情况开展统计监测和统计服务。在全面小康创建中履行统计指标监测职能。牵头组织全县第六次全国人口普查工作。开展全县统计执法大检查，不断加强统计基础建设，努力提高统计数据质量，提升统计工作整体水平。年底，县统计局被市统计局、调查队评为统计工作先进单位，并获农村统计调查工作三等奖、统计法制工作三等奖。

【全面小康创建达标】 县统计局会同县小康创建办公室两次邀请省局领导、社情民意调查中心领导调研指导溧水县小康达标验收工作。6月，民意调查结果得到认可，全县全面小康25个指标全部达标，通过省级验收。溧水县步入以县为单位全面小康社会行列。

【统计执法大检查】 6月初，县统计局、监察局、司法局联合成立溧水县统计执法大检查工作领导小组，县统计局成立自查自纠工作办公室，下设工业能源组、投资组、贸易组、抽样调查一组、抽样调查二组、综合业务组、组织协调组。组织626家企业（工业472家，批零住餐业48家，建筑业70家，房地产业36家）、813个固定资产投资项目进行自查自纠，发放自查报告书1439份。8月初，抽查永阳镇、开发区32家企业自查自纠工作，对统计资料、原始记录和统计台账不健全，统计数据缺乏有效支撑企业提出整改要求，对无统计从业资格证人员从事统计工作的4家单位，下发处罚决定书。8月，通过省市统计执法大检查领导小组抽查，形成统计执法大检查工作总结。

【法人单位名录库维护】 7月和12月，维护全县基本单位（3851家法人单位）名录库，清查登记全年新增808家法人单位，将单位基本信息录入全国数据库，比对三上（规模以上、资质以上、限额以上）单位字典库信息，确保各专业字典库与名录库信息衔接，为各类抽样调查编制抽样框以及科学推算评估总体提供基础信息。

【城乡住户调查样本轮换】 8月，县统计局组织开展城乡住户样本轮换工作。成立住户调查样本轮换工作小组，制定住户调查大样本轮换工作方案，落实工作经费，为轮换工作顺利开展提供保障。核对和调查住户调查样本框数据，特别关注新旧网点数据衔接，保障新一轮样本户代表性。组织做好新样本开户和试记账工作，加强访户和培训，确保城乡住户调查新网点按期规范运转。

【统计教育】 2010年，全县通过专题培训、以会代训形式培训“三上”企业统计人员、人口普查指导员、普查员4000多人次，组织142人参加全国统计从业资格培训考试，其中108人取得统计从业资格证书。组织226名持证统计人员参加统计继续教育，提升统计业务能力，为各项统计工作顺利开展提供人力智力保障。

【第六次全国人口普查】 6月，溧水县成立县第六次全国人口普查领导小组，县委常委、县政府常务副县长孙绿叶任组长，县统计局局长任普查办主任。县人普办有工作人员18人。全县选调培训“两员”（普查指导员、普查员）2000多名，指导员培训由县普查办组织，普查员培训由镇各镇区组织，县普查办组织讲师团授课。选择永阳镇工农兵村进行人口普查综合试点。9月起，全县组织2000多名普查员、普查指导员清查全县114个普查区、1773个普查小区户籍人口、外出外来人口、出生死亡人口和境外人员，并上门调查核对人口信息，初步掌握全县人口基本情况。11月1~15日，全县普查登记工作正式开展，县公安局与县人普办联合清查建筑工地、娱乐场所、各类市场等居无定所人员；县卫生局与县人普办联合清点新生儿。通过全县各级普查机构、普查人员共同努力，登记工作顺利完成，通过大量比对、核查、补登、纠错以及质量抽查和验收，为光电录入和数据处理作准备。至年底，全县第六次人口普查数据处理阶段启动工作全面完成。(印书勤)

食品药品安全监管

【概况】 2010年，全县高度重视食品药品安全工作，把食品药品三网建设纳入政府十大民生工程加以推进。制定了《关于强化食品药品三网建设、保障公众饮食用药安全的实施意见》，加强基层食品药品安全责任网、流通网及监督网建设，落实地方政府、部门工作责任，全力保障食品药品安全。

【食品安全协调】 2010年，溧水以创建国家卫生县城工作为抓手，按照国家卫生县城标准整治城区食品行业。通过综合整治，城区667家食杂店和645家小餐馆基本达到创建标准。做好元旦、春节、“草莓节”、“五一”、国庆、中秋、“乡村旅游节”及世博会期间、中小学食堂、托管中心食品安全监督检查和保障工作。开展“地沟油”、一次性筷子、违法添加非食用物质和滥用食品添加剂、保健食品生产企业、乳粉及含乳食品专项整治行动，有效规范全县食品生产经营秩序。严格执行节日值班、信息通报等制度，保证24小时通讯畅通，确保人民群众饮食安全。(程　燕)

【药械稽查】 2010年，组织开展涉外抗肿瘤药专项检查、打击非法药品广告专项整治行动、药品经营企业药品购进票据专项检查、隐形眼镜专项检查、医用氧专项检查、打击非药品冒充药品专项行动6项专项行动，立案20件，当场行政处罚6件、其中涉及药品案件23件(从非法渠道购药5件、劣药7件、假药4件。非药品添加药品成分1件、未按处方销售必须凭处方销售5件、移送外地药监部门1件)，医疗器械案件3件；结案18件，罚没款7.92万元。发出责令改正通知书12份、协查函9份，外出核查8次，向外地药监部门移送案件5件。

【药品抽验】 全年，完成针对性抽样243批次，不合格药品报告9份，抽样合格率96.29%。其中，完成省食品药品监督管理局统一部署基本药物抽样50件，全部合格。全县药品生产企业抽验品种全部合格，未发生源头性药品质量问题。(王兆伟　邢光珍)

安全生产监督管理

【概况】 2010年，县安全生产监督管理局以深入开展“安全生产年”和“三项建设”活动为主线，以排查整治安全生产隐患为核心，以有效防范、坚决遏制重特大事故为目标，切实落实“一岗双责”责任制。在专项整治非煤矿山、危险化学品、烟花爆竹、冶金行业、道路交通安全以及打击非法违法生产经营建设行为。全县发生安全生产死亡事故2起，死亡3人，死亡事故起数与上年持平；发生各类火灾事故23起，比上年下降72.9%；发生各类交通事故151起，比上年下降0.07%；死亡28人，与上年持平。全县安全生产工作在市安全生产委员会考核中获一等奖。

【安全生产管理】 2010年，县安全生产监督管理局严把企业安全生产准入关、安全生产许可发证关、安全生产许可证制度检查关，严格新、改、扩建项目“三同时”(必须与主体工程同时设计、同时施工、同时投入生产和使用)审查，全县高危行业以

江苏冠军涂料科技集团有限公司开展应急预案演练

县安监局 供稿

及投资3000万元以上项目"三同时"审查率100%。加强应急救援能力建设，完善各类预案和制度，加强应急培训、演练和宣教。全年组织化工企业、学校等重点单位消防演练50次。依托县公安消防大队，组建溧水县综合应急救援大队，投入500万元专门购置灭火攻尖组器材和抢险救援消防车、消防云梯车等应急救援装备器材。6个镇配备微型消防车。全年投入安全隐患专项整治资金1200万元。推进企业安全费用提取使用，全县化工企业缴纳安全生产风险抵押金150万元，商业责任保险保费35万元，提取安全生产费用900多万元。全年举办各类培训班10期，培训企业主要负责人和安全管理人员2122人、特种作业人员443人。举办县安委会成员、七镇一区分管负责人和安监站站长、高危行业法人代表培训班1期。

副县长邰伦浩检查矿山安全　　县安监局 供稿

【重点行业安全专项整治】 2010年，全县危险化学品企业实行专人监测、监控重大危险源，实施专家组检查制度，县内48家危化品企业排查隐患92处，发出整改通知书30份，责令4家企业停产整改，处罚4家；检查烟花爆竹批发企业和325家零售网点，并换发营业许可证。审核办理非煤矿山企业许可证延期手续，评价企业安全现状，11家采矿企业、12家砖瓦生产企业分别有8家和3家办理证延期手续，重新颁发非煤矿山安全生产许可证；责令2家非煤矿山企业停止开采，1家延期办理，9家砖瓦企业列入非煤矿山企业监管。检查非煤矿山企业86家次，排查隐患85条，限期整改63条，整改率74.11%，发出整改指令4份，经济处罚1家。9家采石企业完成安全标准化工作。全面清理无牌无证农用车、拖拉机和报废车，坚决取缔货运农用车、农用三轮车等非客运车辆载客交通违章行为。加强道路安全保障，完成张溧线大修工程、老明线中修和宁高线大修，增设警示桩、标志400处，处置标志遮挡101处，清除沿路广告旗、牌、箱1000处。深入开展生产经营单位、人员密集场所、易燃易爆危险化学品生产、经营、使用、储运单位火灾隐患治理。全年检查1721家(次)，查处消防违法行为299起。加强全县所有在建工程日常监管和检查，重点检查脚手架搭设、施工用电、物料提升等方面安全，发出隐患整改指令书28份，局部停工整改通知书7份，严格执行建筑施工"三同时"、工程项目安全资质审查备案。为全县所有中小学、幼儿园配备专职保安，建立健全由学校负责人带队值班安全整治制度。开展旅游景区(景点)、食品卫生、森林防火等方面安全专项整治。

【安全生产大排查、大整改】 2010年，南京"七二八"爆燃事故发生后，按照县委、县政府统一部署，立即开展多轮安全生产大排查和大整改。检查规模以上工矿企业1062家、源头391处、生命线(主要包括市政管线、光纤光缆、供电管道、燃气管道等)2176.37公里、公共娱乐等人员密集场所944处、重点车辆1340台、施工工地90处，排查频次4986家(次)，发现各类安全隐患6570个，立即落实整改6390个，整改率97%。8月，组织安全生产大排查"回头看"，认真梳理大排查期间未立即整改到位的180处安全隐患，县安委会挂牌督办132处隐患，整改率98%。

【"打非治违"行动】 2010年，重点打击和查处非法烟花爆竹销售和危化品企业、施工企业、私挖矿产资源以及安全生产条件严重不达标企业，全年没收非法烟花炮竹产品500余箱，关闭2家未经安全审查化工企业，查处3家非法施工单位，取缔非法生产、非法开采和非法经营企业11家，暂停安全工作不达标生产经营企业14家，处罚违规和隐患整改不到位企业12家。 (陈发仁)

教　育

Jiao Yu

县教育局 供稿

综　述

【概况】 2010年，全县教育以科学发展观为指导，加强学校内部管理，各项工作或指标均居全省全市前列，并成功创建“江苏省教育现代化建设先进县”。

立足优质均衡，提升教育发展水平。2010年，溧水县通过省教育现代化建设水平评估。按照全县教育“四个一流”奋斗目标(一流教育观念、一流教师队伍、一流办学条件、一流教育质量)，完成教育布局调整规划和全县教育事业“十二五”规划编制。江苏省溧水高级中学(简称“省溧中”)通过“四星”复评，溧水县第二高级中学(简称“二高中”)创“四星”，接受现场考察，县职业教育中心校晋级江苏省四星级中等职业学校。白马小学综合楼、和凤中学学生食堂主体工程、和凤小学等11片塑胶运动场全部竣工。继续实施“中小学校舍安全工程”，开展中小学校舍抗震鉴定。“江苏省语言文字工作达标县”通过评估；东庐中学、石湫中学被市教育局确认为首批“南京市推进素质教育示范初中”；和凤沙塘庵小学、白马共和小学被增补为南京市小班化教育“精品小学”；开发区小学、白马中心小学被授予首批“江苏省平安校园”称号；溧水经济开发区中心幼儿园被确认为“南京市优质幼儿园”；省溧中、东庐中学、实验小学被评为市基础教育课程改革先进集体，“东庐教学模式”获首届南京市基础教育教学成果奖评比特等奖。和凤镇社区教育中心创建为省级镇社区教育中心，东屏成人教育中心创建为省级农科教结合示范基地，永阳镇成人教育中心创建为市级高水平现代化成教中心。

深化素质教育，提高教育教学质量。2010年，加强和改进学校德育工作。组织中小学生开展“读书节”活动，开展“我爱祖国的蓝天”读书知识竞赛和征文、演讲比赛。切实抓好学生日常行为养成教育，做好留守儿童等特殊群体学生思想道德和心理健康教育工作。加强教学研究指导，加大毕业年级教学和管理监控力度，分学段召开教学工作会议和高三学情调研会。全县3804人参加高考，本科达线率继续位居全省前列，二本以上达线总人数1143人。中考优分率和生均总分在全市继续领先，4561人参加中考文化考试，人均总分541.2分，超市均分3.8分。开展县第十届中小学生艺术月活动，省溧中合唱团获2010年南京市合唱节比赛一等奖，洪蓝小学获“南京市古诗文诵读”一等奖。全面实行大课间体育活动制度，开展“阳光体育”“迎接青奥”主题体育活动，举行溧水县第47届中小学生运动会。组织市、县级中小学生球类比赛。

坚持人才强教，加强师资队伍建设。认真贯彻《中小学教师职业道德规范》，坚持把师德教育作为中小学教师日常培训和业务学习首要任务和重点内容。宣传师德典型，坚持引导和规范并举，提高师德建设针对性、实效性。开展在职教师全员培训。选派4名小学校长参加省级校长培训、11名教师参加出国培训，开办中层干部培训班、幼儿园骨干教师培训班。推进校本研修，鼓励教师参与教育科研活动，提升教师教书育人能力和水平。注重骨干教师培养，发挥好示范和辐射作用。做好特级教师、市县“师德标兵”、“师德先进个人”和市“陶行知奖”评选推荐工作。全县2名教师通过第11批省特级教师评选，4名教师被评为第六届南京

市“学科教学带头人”，县第一初级中学张爱玉被评为市教育系统第七届“师德先进个人”，县第二高级中学高虎英获市“陶行知奖”，东庐中学陈康金获市第二届“基础教育专家”称号，县特殊教育学校葛华钦被评为“市新世纪教书育人楷模”。组织第七届市、县“优秀青年教师”评选，确定候选人80名，推荐35名候选人参加市“优秀青年教师”评选。开展城乡骨干教师对口交流工作。全年组织36位骨干教师进行城乡对口交流，其中下乡交流10人、进城交流20人，涉及全县所有学校（园）。坚持和完善“凡进必考”制度，开展2010年招录新教师相关工作，公开向社会招录新教师37人。

【溧水县通过省三类城市语言文字规范化工作评估】 1月11~12日，省语言文字工作评估组考察和评估溧水县语言文字工作。评估组实地考察党政机关、学校、新闻媒体和公共服务行业等4个重点领域16家单位。通过听取情况介绍、召开座谈会、查阅档案资料、进行个别交谈和对话、查看多档电视广播节目、抽查内部刊物、深入课堂等方式，考察规定项目内容。评估组认定溧水县符合省三类城市语言文字规范化工作评估标准。

【推广使用网络备课平台】 2010年，县教育系统完善电子备课系统。进一步调研、论证，组织系统开发商完善电子备课系统，并整合到学校OA办公系统中。组织专业技术人员到基层学校进行电子备课的操作培训，使教师熟悉具体操作流程。结合试运行疑难问题，组织部分信息技术骨干教师开设专题讲座。召开电子备课平台使用推进会，全面推广OA电子备课工作，充分利用网络进行资源共享和网上教研，倡导学校间网络备课平台互联互通，教师利用电子备课平台集体备课，相互学习，共同提高。

【校外教育】 县青少年校外活动中心开设教育机器人、钢琴、古筝、拉丁舞、围棋、乒乓球、儿童画等15个科目，培训学员2300多人次。6月，青少年校外活动中心被市科技局评为“科普教育示范基地”；11月，获省“校外公益教育先进集体”称号；12月，获全国少年儿童“心中有祖国、心中有他人”主题教育活动先进集体奖、市“十佳社区服务项目单位”称号。 （曾　保　葛庆海）

教育教学管理

【概况】 2010年，全县教育进一步规范教育教学管理，按照“规范管理、提升内涵、确保质量”工作方针，推进素质教育，强化学校常规管理，优化教师队伍建设，建立教科研激励机制，全县教育系统评选出教科研先进个人46人。

实施素质教育。建立健全学校、社会和家庭三位一体联动机制，继续加强指导县青少年活动中心、乡村少年宫和特校基地，丰富中小学生社会实践活动形式和内容。促进体卫艺教育发展，坚持“健康第一”思想，建立学生体质健康监测制度，保证学生每天锻炼一小时。加强规范办学督查工作，宣传贯彻省教育厅“五严”[严格禁止下达高（中）考升学指标、严格学生在校集中教学活动时间、严格执行国家课程计划、严格规范考试和招生管理、严格制止义务教育办学中的违法行为]规定，开展执行情况专项督查，作为办学水平评估考核重点，严格规范全县中小学高中课程设置、课程实施和课程开发等办学行为。组织实施“三提升”（教师专业素质提升年、课堂管理水平提升年、基础教育质量提升年）工程，从9月起，计划用3个学年时间实施，督促各校（园）制定活动方案，抓好贯彻落实，务求活动取得实效。

优化教育管理。落实教育惠民政策，做好“助学券”减免、职业教育助学金发放、生源地信用助学贷款、特殊教育学生免费教育和低保家庭低收入纯农户家庭在校小学生免费乘坐学生班车等工作。妥善安排外来务工子女入学享受县学生同等待遇工作。加强财务资产管理工作，严格执行教育收费政策，坚持教育收费公示和检查制度。加强机关效能和作风建设，精简会议，注重实效，多办实事，进一步简化办事程序，提高工作效率和服务水平。强化安全稳定工作，各校（园）实行“一把手”负责制，做到定人、定岗、定责，落实措施，建立健全安全隐患排查长效机制，落实门卫、宿舍24小时值班制度和校园安全巡查制度，做到“人防”和“技防”并举，加强食品卫生管理，贯彻实施《溧水县校（园）食堂经营管理实施意见》。

【督查中小学暑期执行“五严”情况】 2010年，县教育局督查全县中小学执行暑期“五严”情况，督查内容包括所有学校不得以任何名义举办任何形式培训班、复习班和补习班,不得进行有关中考、高考成绩宣传,严禁学校和个人举办或与社会办学机构合作举办收费兴趣班、特长班、竞赛提高班等,义务教育阶段严禁以任何形式分快慢班、重点班和实验班。

【举办全县教育系统负责干部培训班】 8月23~24日,全县教育系统负责干部培训班在县教师进修学校举行,各镇(区)教育助理、中小学校(园)长、成教校长、幼教辅导员、局直属单位主要负责人及局务会议成员参加学习培训。邀请专家就学校教育教学管理、安全管理进行辅导讲座。8位校长介绍各自学校管理实践成绩、体会以及从事教育管理策略和思考。 (曾　保　葛庆海)

幼儿教育

【概况】 至年末,全县有幼儿园30所,其中教育部门和集体办园19所(县镇16所,农村3所);社会力量办园11所(县镇10所,农村1所)。班级278个,在园(班)幼儿9653人;教职工702人,其中专任教师483人(本科52人,大专195人,高中215人,其他21人;中高1人,小高39人,小一68人,其他375人),行政和教辅人员等219人。

【县人大调研幼儿教育工作】 3月16~17日,县人大调研组调研全县幼儿教育工作。听取教育局关于全县幼儿教育工作情况汇报,召开园长、镇分管教育镇长及幼教辅导员座谈会,实地考察4所幼儿园。调查组通过察看校园环境、听取情况介绍等方式,了解幼儿园基本情况,就加强和改进全县幼儿教育工作提出意见和建议。

【清理整顿无证幼儿园】 8月,县教育局等9部门联合开展无证幼儿园清理整顿工作。各镇(区)会同相关部门开展无证办园机构拉网式排查,对无证幼儿园或超经营范围举办幼儿园培训机构下发整改告知书,提出具体整改意见及整改期限,未按时整改或整改后仍达不到办园标准,按行政执法程序进行强制查封。

【农村中心幼儿园提升工程】 8月,县教育局召集各镇(区)分管领导外出观摩中心园提升工程现场会,借鉴经验。两次专题召开镇(区)幼教辅导员会议,布置具体工作。多次深入中心园现场,具体指导建设项目、资料台账、场地布局等工作,帮助解决困难。全年投入资金1435万元,用于新建改建园舍、添置更新设施设备等。

(曾　保　葛庆海)

小学教育

【概况】 2010年,全县有小学25所,教学点(不完全小学)2个。班级474个,在校生18408人;教职工1477人,其中专任教师1258人(研究生1人,本科506人,大专483人,其他268人;中高45人,小高979人,其他234人),行政、教辅等219人。

【县第十届中小学艺术月】 11月5日,县第十届中小学艺术月文艺汇演在永阳镇新区小学举行。艺术月活动主题是"用艺术丰富生活,让文化浸润心灵"。全县各校(园)组队参加,初选后,16所学校(园)参加决赛,评出特等奖1个,一等奖7个。

第十届中小学艺术月文艺汇演　　县教育局 供稿

【举办溧水县第47届中小学生体育运动会】 (参见体育类目,第188页)

【参加市第16届中小学生科技创新大赛】 2010

年，县教育局筹备参加由市科协、市科委、市教育局、市关心下一代工作委员会联合主办的南京市第16届中小学生科技创新大赛，此次比赛主题是“体验创新发展”。县教育局组织3650人参加活动，上交作品242件，评选出县级一等奖29个、二等奖51个、三等奖75个。推荐38件作品参加市级评比。

【开展《我爱祖国的蓝天》读书演讲比赛】 2月，县教育局、团县委、县文化局、县教育关工委联合组织开展“我爱祖国的蓝天，争做‘四个好少年’”读书教育活动，全县中小学校参赛，活动形式有读书征文、演讲会、知识竞赛、摄影比赛、参观访问、团队活动等。各中小学校组织校级征文评比和演讲比赛，推荐上报县级参评征文1200多篇，经过评委评审，评出一等奖62篇，二等奖131篇；推选27名演讲比赛选手参加县级演讲比赛活动，5名学生获一等奖，9名学生获二等奖。

（曾　保　葛庆海）

中学教育

【概况】 全县有中学17所，其中高中3所，初中14所，班级447个，其中高中170个，初中277个；在校生19467人，其中高中8688人，初中10779人；教职工2010人，其中专任教师1617人（高中577人，初中1040人；研究生31人，本科1360人，大专200人，其他26人；中高464人，中一629人，其他524人），行政、教辅等385人。

【组织中、高考试题解题大赛】 4月10日，县教育局分别在第一初级中学、省溧中举行“解中、高考试题大赛”活动，全县235名高中教师、435名初中教师参加比赛。

【督导考核江苏省溧水高级中学高中素质教育】

10月9日，县教育局组织人员，按照《江苏省高中素质教育督导评价标准》，督导考核省溧中高中素质教育。督导组成员随机听取8位教师讲课，听取学校自查报告，查阅相关材料，召开教师和学生座谈会，进行问卷调查，现场考察实验室、食堂、宿舍、办公室等。

（曾　保　葛庆海）

【江苏省溧水高级中学通过省四星级高中复审】

11月3日，江苏省教育评估院专家组到江苏省溧水高级中学进行四星级高中现场复评。专家组听取该校专题汇报、随机听课、现场考察、查阅相关资料，肯定该校办学水平和办学成果。专家组一致认为，省溧中实施素质教育，严格执行“五严”规定，优化学校内部管理，树立全面育人观，以质量立校，走内涵发展道路，办学特色鲜明，办学成果显著，符合四星级高中标准，现场通过复审。

【“飞行学员优秀生源基地”在江苏省溧水高级中学挂牌】 2010年12月25日，南京航空航天大学在省溧中举行“南京航空航天大学飞行学员优秀生源基地”挂牌仪式。校长严必友介绍省溧中相关学生培养和教育规划，希望与南航等高校共同培养建设祖国高素质人才。近几年省溧中考取飞行员25名，其中多数为空军飞行员。

飞行学员优秀生源基地授牌　　《秦淮源周刊》供稿

【吴蓓蓓获省青年数学教师基本功大赛一等奖】

8月，江苏省溧水高级中学教师吴蓓蓓等4名教师代表南京市参加江苏省青年数学教师基本功大赛，吴蓓蓓获一等奖，被溧水电视台《周末人物》专栏作专门报道。

（陈春生　蒋建平）

【溧水县第二高级中学创建省四星级普通高中】

11月25~27日，省教育评估院组织6名专家现场考察溧水县第二高级中学创建省四星级普通高中。专家组采取听汇报、察看校园、观摩升旗仪式和广播操、查阅资料、随堂听课、师生个别访谈和学科剖析等活动，及参加教育论坛、学生研究性学习汇报会等形式，评估该校办学条件、队伍建设、管理水平、素质教育和办学绩效等五方面。专家组认为县二高中整体布局合理，校园环境优美；重视

江苏省教育评估院“四星级”评估专家组在县第二高级中学现场考察　　县教育局 供稿

基础建设，教学基本设施基本配套；师生员工精神饱满，积极向上；学校办学思想端正，认真贯彻教育方针，积极推进素质教育，努力提高教学质量，学校面貌变化深刻。希望学校按发展规划新建“图文信息中心”，以适应新课程改革要求；进一步强化内部管理，做到更加精细。经省教育评估院专家委员会审议，该校晋星评估审定结果为“有条件通过”。（骆秀华）

特殊教育

【概况】 县特殊教育学校集听障教育、智障教育、康复教育和职业教育为一体，是13年寄宿制学校。校园占地面积0.7公顷，建筑面积4508平方米。有班级19个，在校生184人，其中听力残疾9个班82人、智力残疾10个班100人、其他残疾2人；教职工48人，其中专任教师47人(研究生3人，本科22人，大专15人，中专高中7人；中高2人，小高24人，其他21人)，工勤人员1人。

【省级规划课题结题】 2010年，是县特殊教育学校省级规划重点课题《农村特殊教育学校“教育—培训—就业”一体化办学模式的研究》研究工作最后一年，学校课题组成员严格按照课题实施方案全面投入实验、研究和管理工作，及时总结、反思，顺利完成中期论证工作。5月13日，该课题结题。

【举办南京·溧水第六届牡丹节】 4月9日，县特殊教育学校主办的“南京·溧水第六届牡丹节”在学校基地开幕。省、市、县各级领导出席。牡丹节期间，学校“基地”接待市县中小学生、市民2万多人次进行实践和参观。（王银萍）

中等教育

【概况】 2010年，全县职、成教事业以省溧水职业教育中心校暨南京广播电视大学溧水分校为龙头，下设溧水县永阳镇成人教育中心校和溧水县特殊教育学校2个办学点。职业教育中心校全日制在校生3509人、成人教育学员1697人、全年培训4000人次。至年末，实训实验设备总投入2507万元，有省级示范专业3个(机电技术应用、电子技术应用、计算机技术应用)，省级课改实验点2个(电子技术应用、机电技术应用)。专业教师中高级工以上“双师型”比例71%以上。方四清、吴伯顺获南京市“学科带头人”称号。2月，县职教中心校被评为江苏省四星级中等职业学校，并更名为“江苏省溧水中等专业学校”。

【县职教中心校更名为“江苏省溧水中等专业学校”】 2月，经学校申报，市教育局推荐，省教育评估院评估，省教育厅四星级中等职业学校答辩评审，省中等职业学校星级评估专家委员会审议，县职教中心校通过江苏省四星级中等职业学校的评估，同时被认定为江苏省高水平示范性中等职业学校，学校更名为“江苏省溧水中等专业学校”。

【开设现代农艺班】 8月，省溧水中等专业学校与省农科院溧水植物基地合作，开设现代农艺班。首批招收40余名农学专业学生，按规定获得每人每年1500元国家助学金，同时享受涉农专业学费全免优惠政策。10月19日，农学专业校外实习实训教学基地签约仪式在江苏省农业科学院溧水植物基地举行。农学专业校外实习实训教学基地是该校联手省农科院合作办学，培养新型农民和服务“三农”人才的平台。

【江苏省溧水中等专业学校被评为“市园林式校园”】 11月12日，由市教育局、市绿化委员会、市园林局等部门组成专家验收组到省溧水中等专业学校，现场评估该校市“园林式校园”创建工作。

专家们一致认为学校以九大景点为核心，以路名、楼名为辅助，布局合理、环境幽雅、文化气息浓郁，能较好体现职业学校特色。12 月 1 日，该校被南京市教育局、市绿化委员会授予“南京市园林式校园”称号。

【江苏省溧水中等专业学校建立省级汽车专业实训基地】 12 月 7 日，溧水中等专业学校接受汽车专业省级实训基地专项视导。该项目是 2009 年省级财政专项。专家组听汇报、查资料、看现场，与学校负责人和基地管理负责人进行广泛交流。专家组认为该基地管理机构健全、管理制度完善、运行规范有序，有效提高教学质量，改革教学模式，实现理实一体化教学。专家组同意溧水中等专业学校建立省级汽车专业实训基地。 （杨仁平）

成人教育

【概况】 2010 年，全县有镇成教中心校 8 所，教学班 32 个，注册学生 1429 人；教职工 98 人，其中专任教师 37 人，聘请校外教师 60 人。其他培训机构（含社会培训机构）8 个，教学班 119 个，注册学生4928 人；教职工 92 人，其中专任教师 56 人，聘请校外教师 29 人。

【构建成人教育网络】 2010 年，全县先后创建 1 个省级镇社区教育中心(和凤)、1 个省级农科教示范基地(屏湖食用菌和有机蔬菜农科教示范基地)、1 个市级高水平现代化镇成人中心校 (永阳)、1 个市级镇社区教育示范镇(石湫)、3 个市级社区教育中心(东屏、晶桥、洪蓝)。社区（成人）教育基地得到不断巩固，各类教育水平得到有效提升。全县有 3 个省级社区教育中心（永阳、石湫、和凤）、3 个市级社区教育中心（东屏、洪蓝、晶桥）、2 个市级示范成人教育中心校（白马、开发区），4 个省级农科教学示范基地。形成全覆盖的全县农村成人教育网络体系。

【社会教育培训】 2010 年，县教育局超额完成市教育局下达各类培训任务，7.75 万人接受各类培训，其中市讲师团送教下乡 16 次，近千名农民接受培训和现场指导。中高级班在册学员 170 人，短期班 40 人；成人学历教育在籍学员 1700 多人。

（靳玉斌）

教师进修学校

【概况】 县教师进修学校占地 2.29 公顷，建筑面积 1.15 万平方米，绿地面积 1.04 万平方米、绿化面积 1.12 万平方米，绿地率、绿化率分别达到 45%、49%。全校在编教职工 40 人，其中教育硕士 1 人，具有本科学历教师 22 人，中高级职称教师 25 人。

2010 年，教育进修学校获市“2007-2009 年度文明单位”、市“2010 年度内保先进集体”称号。1 人被评为市 “教育系统优秀共产党员”，2 人被评为市“教师（校长）继续教育工作先进个人”，2 人被评为县 “教育局优秀共产党员”，1 人被评为县“师德标兵”。

【培训工作】 12 月 1 日，县教师进修学校通过市教育局“十一五”师干训终期检查评估，获市“‘十一五’教师（校长）继续教育先进集体”称号。2010 年，县教师进修学校坚持“发展教师、服务教育”宗旨，开展教师学历进修、师训干训等工作。开展名师、音乐教师、幼儿教师、初中科技辅导员、新教师、省级初中新课程、中小学校（园）长、中层干部等各类培训，启动幼儿教师全员培训，培训中小学校（园）长、中层干部 102 人，中小学、幼儿园教师近 1.2 万多人次。

【联合办学】 县教师进修学校与陕西师范大学网络教育学院继续合作，开展现代远程学历教育，课程申报、学习管理、统考安排、毕业答辩、社会实践等各项工作有序进行，陕西师范大学网络教育学院溧水学习中心在籍学员 243 人，毕业 549 人。县教师进修学校与东北师范大学合作，开办硕士研究生班（面授），学员 75 名，35 名学员当年通过全国统考。

（李红明）

科学技术

Kexue Jishu

综　　述

【概况】 2010年，溧水县实施“科教强县”战略，重点开展企业技术创新、科教兴农、科技协作、成果转化、结对帮扶、科普宣传、科技管理等各项工作，推动科技进步与创新，促进全县经济社会协调发展。

企业技术创新步伐加快。大力发展高新技术产业，培育新兴产业，推进传统产业技术创新和转型升级。扶持发展民营科技型企业，民营科技企业成为全县新经济增长点和科技创新生力军。建设企业技术创新服务平台，增强企业自主创新能力，推进全县经济增长方式转变。至年末，全县有高新技术企业32家、高新技术产品60个、民营科技企业100家。有各类科技创新服务平台30家，其中省级工程技术研究中心9家、省级产业公共技术服务中心2家、市级工程技术研究中心5家、县级企业技术创新中心9家、傅家边农业科技园金陵海外学子创业园1家。

科教兴农工作成效显著。实施“科教兴农”战略，重点加强江苏南京白马现代农业高新技术产业园区、南京傅家边农业科技园建设。组织实施农业“三项更新”工程，全年引进农林牧渔优良品种10个以上，组织推广农业实用技术10项以上，培训(咨询)农村党员、干部和科技示范户1.5万人次以上。推进农产品精深加工建设，帮助20多家农业科技企业引进项目、资金、技术、人才，争取上级科技部门补助经费500多万元。新认定1家省农业科技型企业和3家省科技型农业专业合作社，加快农业产业化进程。实施白马镇、洪蓝镇和石湫镇3个市科技帮扶项目，促进永阳镇城郊村新农村科技示范村建设，推动城乡统筹一体化发展。

横向科技协作成果丰硕。加强与高等院校和科研单位横向科技协作，吸纳转化其最新科技成果，促进产学研紧密结合。参加南京重大项目投资洽谈会、海峡两岸紫金峰会、科技成果对接会等活动，举办农业招商会，先后邀请在宁高校、科研单位的专家、教授300多人到溧水县开展科技协作交流，洽谈科技合作项目，全年形成产学研合作项目30多项。

科技人才队伍日益壮大。至年底，全县有专业技术人员2.05万人，其中高级技术职称1364人、中级职称6992人、初级职称1.21万人，专业技术人员比上年增长3.49%。新认定市“星火科技带头人”98人，选派第三批江苏省“送科技下乡、促农民增收”活动科技特派员47人。

【组建江苏省企业院士工作站】 11月1日，省科技厅批复同意南京新思维农业科技开发有限公司与中国科学院江苏省植物研究所合作，组建溧水县第一个江苏省企业院士工作站。12月，建成果品加工实验室、分子生物学实验室、组织培养实验室、中试车间、产品检测检验中心、黑莓品种资源圃、黑莓种苗繁殖圃、黑莓科技示范园，并投入使用。工作站有固定人员14人，兼职人员9人，其中高级职称8人，具有博士学位7人。承担黑莓新品种及其高效栽培技术推广、黑莓新品种选育与示范推广、江苏省溧水县黑莓产业公共技术服务中心(省级)等11个科研项目，优选出黑莓新品种(品系)3个，其中“宁植1号”通过江苏省农作物品种审定委员会鉴定。　　(李　玮)

工业科技

【概况】 全年,新认定高新技术企业4家、高新技术产品7个,高新技术产业产值达50.27亿元,占全县规模工业15%以上。新认定民营科技企业15家,其中南京西普机电工程有限公司被认定为省创新型企业,民营科技企业实现技工贸总收入58.76亿元以上。新组建省、市工程技术研究中心10个,其中省级4个、市级6个。

【新认定高新技术企业】 12月13日,省高新技术企业认定管理工作协调小组公布一批高新技术企业名单,溧水县新认定高新技术企业有4家,分别是南京甬博数控科技有限公司、南京中盛铁路车辆配件有限公司、德昌电机(南京)有限公司、南京联众机电制造有限公司。12月21日,南京飞燕活塞环股份有限公司列入国家火炬计划重点高新技术企业名单。

【新认定高新技术产品】 6月,南京银茂微电子制造有限公司生产的T1型IGBT功率模块、南京创捷和信汽车零部件有限公司生产的大型客车专用后驱动桥总成、中型客车专用后桥总成被省科技厅认定为高新技术产品。8月,南京银茂微电子制造有限公司生产的T2型IGBT功率模块被省科技厅认定为高新技术产品。12月,南京甬博数控科技有限公司生产的DC数控雕铣机、生合生物科技(南京)有限公司生产的高浓缩克菲尔乳酸菌发酵原液、南京金鑫传动设备有限公司生产的矿渣再利用碾磨装备主传动齿轮箱被省科技厅认定为高新技术产品。

【新认定15家民营科技企业】 7月,南京环力重工机械有限公司、南京华腾汽配有限公司、南京秦川汽车电器有限公司、江苏快达消防设备有限公司、南京甬博数控科技有限公司、江苏嘉泰蒸发结晶设备有限公司、南京丰翊纺织品有限公司、南京创丰机械制造有限公司8家企业被县科技局认定为民营科技企业。11月,南京林恒机械制造有限公司、南京盛鹏炉料厂、南京新核复合材料有限公司、江苏万德游乐设备有限公司、南京秦驰机械制造有限公司、南京富朗汽车零部件有限公司、溧水绿宝果蔬专业合作社7家企业被县科技局认定为民营科技企业。

(李 玮)

农业科技

【概况】 12月2日,江苏南京白马现代农业高新技术产业园区被科技部认定为江苏南京白马国家农业科技园区。9月,傅家边农业科技园被中国农学会评为全国十大名园。傅家边农业科技园新建草莓、海棠、蓝莓、葡萄等林果基地200公顷、连栋温室大棚5万平方米。推广红颜草莓133公顷,草莓基地产量1.88万公斤/公顷。南京新世纪园艺研究所建成江苏省特色经济林果产业公共技术服务中心,为全县及周边经济林果产业发展提供技术支撑。实施农业“三项更新”工程,引进推广金霞油蟠桃、XNB7-12蟠桃、园蓝蓝莓、宁玉草莓、山栀、红豆杉、梭鱼、海棠等农林牧渔优良品种10多个。组织推广水产大规格养殖集成、生物菌肥应用、机插秧、葡萄H型整形、高效生态健康养殖、精确定量栽培等农业先进实用技术10项以上。推广水稻 +草莓、水稻+土豆、水稻+西瓜、水稻+南

落户江苏南京白马国家农业科技园区的省农科院植物科研基地

白马镇 供稿

瓜、水稻+西红柿和水产养殖+蔬菜新模式6项。培训（咨询）农村党员、干部和科技示范户1.5万人次以上。南京白龙有机农业科技开发有限公司等农业科技企业获省、市科技部门补助经费500多万元，用于企业新产品开发、新工艺研究应用、新设备添置，提高企业的科技创新能力。扶持科技型农业专业合作社发展，推进草莓、黑莓、蓝莓等特色果品以及茶叶、有机蔬菜、特种水产、獭兔、中华绿黑鸡等特色农产品基地建设。南京博士牛生态农业有限公司被认定为省农业科技型企业，南京傅家边林果专业合作社、南京神牛栀子专业合作社和南京黑玉特种家禽养殖专业合作社被认定为省科技型农业专业合作社。完成白马镇石头寨村、东屏镇方边村和石湫镇上方村3个市级新农村科技示范项目，为农村清洁能源、水源和垃圾、污水处理等社会事业发展提供技术支撑。永阳镇启动“太阳能LED节能路灯在城郊村的应用”项目。市科委帮促白马镇、洪蓝镇和石湫镇实施“黑莓胶囊生产线建设”“设施草莓栽培智能精准气肥技术示范与推广”和“新型BX218D型削片机研究与开发”3个科技帮扶项目，安排科技帮扶资金120万元。

【江苏南京白马现代农业高新技术产业园区被批准为国家农业科技园区】 12月2日，科技部公布第三批国家农业科技园区名单，江苏南京白马现代农业高新技术产业园区被认定为江苏南京白马国家农业科技园区。该园区建设起步于2006年，2009年6月被省科技厅认定为省级现代农业科技园区；同年7月，经省政府批准建立江苏南京白马现代农业高新技术产业园区。被市委、市政府列为国家科技体制综合改革试点城市建设重点内容之一。园区位于白马镇，规划总面积40平方公里，由科技创新核心区、农业高新技术产业区和辐射带动区三部分组成。至2010年底，江苏省农科院入园建立81.2公顷植物科学基地。

【海棠园落户傅家边科技园】 1月28日，南京大观园植物科技有限公司与洪蓝镇签定农业科技园海棠园合作开发协议。公司依托南京林业大学引进乔化型观赏海棠品种30多个，建立良种采穗圃，筛选出优良观花品种、优良观果品种和优良垂枝、彩叶品种，提高花卉苗木多样性，实现优良乔化型观赏海棠品种创新利用。至年底，公司拥有苗木生产基地266.67公顷，其中海棠专业园基地建设66.67公顷，建立优质苗木繁育和示范基地6.67公顷。该项目被江苏省科技厅列为农业科技支撑项目。

（李　玮）

科技管理

【概况】 2010年，全年组织实施各级各类科技计划项目67项，其中国家、省、市级各类科技计划项目35项，获上级科技部门科技经费1101万元；县级科技计划项目22项，县工业企业技术创新基金

2010年溧水县列入国家、省、市科技计划项目情况表

项目名称	计划类别	项目级别	承担单位	项目补助经费（万元）
蓝莓和黑莓标准化有机栽培技术集成与示范	农业科技成果转化	国家	南京白龙有机农业科技开发有限公司	100
生物硅藻水处理剂	国家重点新产品计划	国家	江苏省嘉庆水务发展有限公司	
硅藻精土强化+硅藻土深度处理工艺处理城镇生活污水	科技型中小企业技术创新基金	国家	江苏省嘉庆水务发展有限公司	90
设施草莓工厂化种苗开发与科技创业平台建设	星火计划	国家	南京傅家边林果专业合作社	
小型一体化高效滤池系统处理农村生活污水	星火计划	国家	江苏省嘉庆水务发展有限公司	
黑莓等浆果复合果蔬汁加工关键技术研究与新品开发	政策引导类新产品计划	国家	南京新得力食品有限公司	17.5

续表

项目名称	计划类别	项目级别	承担单位	项目补助经费(万元)
江苏省特色经济林果产业化公共技术服务中心	科技服务平台	省级	南京新世纪园艺研究所	30
江苏省企业院士工作站	科技服务平台	省级	南京新思维农业科技开发有限公司	100
CRT 玻璃资源化、产业化关键技术的研究和应用	社会发展科学支撑	省级	南京环务资源再生科技有限公司	30
食用菌微波真空干燥和真空油炸关键技术研究与新产品开发	农业科技支撑	省级	江苏天丰生物科技有限公司	30
金霞油蟠桃等新品种高效栽培配套技术集成创新与示范	农业科技支撑	省级	江苏苏园农业科技有限公司	30
冷冻粉碎-超临界 CO2 流体萃取黑莓籽油及其微胶囊化关键技术研究与产业化	农业科技支撑	省级	南京宝生源食品有限公司	30
新型泡菜加工关键技术集成研究及产业化开发	重大农业科技支撑	省级	南京脆而爽蔬菜食品有限公司	30
1200V 以上大功率 IGBT 模块	重大科技支撑与自主创新	省级	南京银茂微电子制造有限公司	60
栀子深加工废渣处理利用与饲料产品开发	农产品深加工、农业投入品开发和产业化	市级	南京博士牛农业科技开发有限公司	50
獭兔高效生态健康养殖新技术研究与示范推广	新农村科技示范行动-科技进社	市级	溧水县润阳獭兔养殖专业合作社	20
优质高效加工型蔬菜标准化示范基地建设	新农村科技示范行动-科技进社	市级	溧水惠民蔬菜专业合作社	20
黑莓胶囊生产线建设	城乡统筹帮扶	市级	南京宝生源食品有限公司	50
设施草莓栽培智能精准气肥技术示范与推广	城乡统筹帮扶	市级	南京绿岛农业园有限公司	50
运用知识产权促进企业发展	企业知识产权战略推进	市级	南京飞燕活塞环股份公司	20
生物-硅藻土复合絮凝剂的制备和应用关键技术与工程示范	新材料和新能源	市级	江苏省嘉庆水务发展有限公司 南京农业大学	50
优质草莓新品种引进及快繁技术	现代农业	市级	南京现代农业园管理委员会	35
ω-3 脂肪酸对 ICU 危重病人炎症反应的影响多中心临床研究	人口卫生与健康	市级	溧水县人民医院	
南京市第六批科普示范基地	科普教育	市级	溧水县校外活动中心	3.5
萝卜泡菜制作与贮藏过程中亚硝酸盐等有害物质控制关键技术及应用研究	创新基金	市级	南京脆而爽蔬菜食品有限公司	30
黑莓果全利用关键技术研究与产品开发	创新基金	市级	南京纳瑞仕生物科技有限公司	30
青梅酒生产关键技术研究及其质量安全控制体系建立	创新基金	市级	南京龙力佳农业发展有限公司	30
牲猪屠宰蒸汽烫毛自动化机械装备	创新基金	市级	南京市宏伟屠宰机械制造有限公司	30
珍珠鸡的引繁与推广	科技人才创新创业专项	市级	溧水牧乐畜禽养殖专业合作社	15
优质肉制品传统加工及应用	科技人才创新创业专项	市级	南京洪溪食品有限公司	20
太阳能 LED 节能路灯在城郊村的应用	新农村科技示范行动-科技示范村建设	市级	溧水县永阳镇城郊行政村村民	10
江苏南京白马现代农业高新技术产业园区规划编制	现代农业	市级	溧水县科学技术局	40
新型 BX218D 型削片机研究与开发	现代农业	市级	溧水石湫机场科技工业园开发有限公司	20

续表

项目名称	计划类别	项目级别	承担单位	项目补助经费（万元）
科技兴农培训	现代农业	市级	溧水县科技局	10
溧水县农业科技信息服务平台建设	市财政	市级	溧水县科技局	20

项目10项，县财政安排科技经费180万元。重点组织实施“新一代大型水泥干法烧成系统关键技术装备开发及产业化”、“蓝莓和黑莓标准化有机栽培技术集成与示范”、“江苏省企业院士工作站”等国家、省级重大项目。采取强化科技计划项目集成、配套、联动管理措施，确保科技项目顺利实施。鼓励科技创新，调动科技工作者积极性和创造性，评选出溧水县科技进步奖项目12项。举办科技成果对接会，加强与高等院校、科研单位横向科技协作，促进产、学、研紧密结合。先后邀请在宁高校、科研单位专家教授300多人到溧水县开展科技交流，洽谈科技合作项目。全年形成产学研合作项目30多项，其中企业委托高校科研院所研发项目20多项。加强专利申请、知识产权保护等方面宣传、奖励和扶持力度，组织专利工作现场咨询、培训宣传活动6次，培训(咨询)1000人次以上。全年申请专利557件，比上年增长24.6%，其中发明专利165件，增长1.46倍；发放专利补助专项资金和奖励资金28万元，奖励全县各部门、镇和企业相关技术人员或发明人。（李　玮）

【科技成果】 2010年，全县申报溧水县科技进步奖项目12项，经县科技进步奖评审委员会评审，评出县科技进步一等奖1项、二等奖3项、三等奖8项。南京飞燕活塞环股份有限公司完成“全自动高压造型技术引进与合作研发”项目，获一等奖。该项目利用液压与气动相结合的高压压实缸技术和气电混合技术铸造活塞环，其技术研究处于国内领先水平。项目实施后，新增年销售收入5000万元以上。

2010年溧水县获县科技进步奖项目汇总表

项目名称	主要完成单位	奖项
全自动高压造型技术引进与合作研发	南京飞燕活塞环股份有限公司	一等奖
142系列永磁交流伺服电动机研发	南京科博磁电有限公司	二等奖
黑莓(覆盆子)果酒加工技术研究及其产业化	南京覆盆子酒业开发有限公司	二等奖
YK系列数控弧齿锥齿轮铣齿机	南京思索数控弧齿机床有限公司	二等奖
栀子精深加工技术研究和新产品开发	南京博士牛生态农业有限公司	三等奖
葡萄设施栽培技术创新研究与应用	南京科技园集团有限公司	三等奖
特禽深加工技术研究与新产品开发	南京牧乐农副产品开发有限公司	三等奖
现代化多功能景观温室配套技术集成与示范	南京新世纪园艺研究所	三等奖
溧水县“四大战略”解读	中共溧水县委党校	三等奖
血必净注射液治疗急性呼吸窘迫综合征的临床研究	溧水县人民医院	三等奖
宫腔镜检查的临床应用	溧水县人民医院	三等奖
辨皮损论治寻常痤疮的临床研究	溧水县中医院	三等奖

【溧水县与南京航空航天大学成果对接会】 5月29日，溧水县政府与南京航空航天大学举行科技成果对接会。县内40家企业55名企业负责人、技术负责人参加对接会，南航9名教授与企业负责人进行面对面洽谈。针对南航科研优势，26家企业、50多项技术需求与南航开展成果对接。机电学院教授考察南京思索数控弧齿机床有限公司、南京环力重工机械有限公司等企业，双方就进一步合作进行深入洽谈。

开展科技咨询活动　　县科技局 供稿

【山栀开发产学研合作】 12月20~22日，南京博士牛公司与中科院兰化所就山栀开发达成产学研合作意向。南京博士牛公司依托中科院兰化所植物资源化学重点实验室，引进相关技术和人才，共同研究开发山栀天然色素及保健品。中科院兰化所把南京博士牛公司作为中试基地，其科研成果优先在南京博士牛公司应用和转化。

科普工作

【概况】 2010年，县科普工作联席会议办公室牵头，先后8次组织开展送科技下乡、科普宣传周、“4·26”知识产权日、防震减灾、科技咨询、科教进社区等科普活动。利用城市会展开展科普宣传工作，组织参加南京市2010海峡两岸企业家紫金山峰会、中国南京重大项目投资洽谈会展览，集中展示江苏南京白马现代农业高新技术产业园的区位优势、资源特点、创新成果、建设重点和投资环境等内容，充分利用声、光、电、实物、模型、图片和光碟等现代手段宣传介绍白马农业园区。开展送科技下乡活动，赠送蔬菜、水稻等新品种3000余袋、有机肥10吨；发放各类科技书籍、资料15000余份，接待咨询群众近1万人次。溧水县青少年校外活动中心被命名为市第六批“科普教育示范基地”。至年末，全县有国家级科普教育示范基地1个、省级1个、市级4个、县级8个、县级青少年科技教育基地3个，年接待市民30余万人次。

【开展送科技下乡活动】 12月30日，市科委到白马镇开展送科技下乡活动，赠送10吨有机肥和部分蔬菜种子，特邀市蔬菜所专家唐懋华作“蔬菜栽培与病虫害防治”专题讲座，培训人员近100人。

【农业科技溧水行活动】 5月25~26日，江苏省教育厅、江苏省科协和江苏省高校科协组织有关专家到溧水县开展江苏省第二十二届“科普宣传周—农业科技溧水行”活动，主题是“坚持科学发展，走进低碳生活”。25日，南京农业大学张阿凤博士为溧水县白马中学师生作《农业应对气候变化—低碳农业》科普专题讲座。26日，咨询团在农业科技园广场开展现场咨询活动，围绕粮食、园艺作物新品种新技术、食品加工、生物肥料、节能环保等方面进行咨询，发放宣传资料1000余份，现场免费赠送黄瓜新品种和生物有机肥1000余袋，展示科技展板20余块。 （李　玮）

防震减灾

【概况】 2010年，溧水县推进地震监测、地震防御和地震应急三大体系建设。完成《溧水县防震减灾“十二五”规划》编制，防震减灾工作纳入全县经济与社会发展计划。抗震设防管理审批工作纳入县政府行政审批中心，实现全县重大建设工程防震减灾审批规范化、公开化。新建数字化测震系统，地震监测预报水平得到提高。先后查明东庐山观音寺泉水发浑、永阳镇五里牌附近震动异常、方塘巷居民家中地下冒水等异常原因，排除地震异常可能性。11月，县综合应急救援大队成立，配备应急救援车辆和抢险救援器材装备。完成地震疏散场所(县体育场新址)建设方案，建成后可容纳4.4万人地震应急疏散，地震应急救援能力明显提升。全年检测到县域及周边地区发生地震11次，均为ML2.0级以下。

【建立数字化地震监测系统】 年初，县地震台数字化测震系统完成试运行，纳入南京地区测报网络。一旦地震发生，5分钟内，该系统将自动测定地震三要素(发震时刻、震中位置和震级)。10月，开展地震前兆手段“钻孔应变项目”前期考察与设计工作。前兆台站位置定在白马镇，观测茅山断裂带附近地区地壳应变，捕捉前兆异常，提高辖区和周边地区地震前兆异常监测能力。12月，完成强震台试运行，保障全县减轻大震影响范围和破坏程度，提升反应能力。 (朱　亮)

气　象

【概况】 2010年，全县气象工作以地面测报业务为基础，以决策服务为核心，以农业服务为重点，开展气象服务工作。全年发布决策专报43期、各类预警信号24次、气象短信31.8万人次。气象地面业务全年出站错情率为1.2‰，通过南京市气象局“百班无错情”检查验收。县气象局获江苏省重大气象服务三等奖。

保障重大社会活动气象服务。第五届中国(南京·溧水) 草莓文化节和第十届南京·溧水县梅花节期间，正逢春季连阴雨，县气象局提前谋划，制定气象服务保障方案，开展10天趋势预报，滚动订正预报，补充短时临近天气预报预警。3月6日，第五届中国(南京·溧水)草莓文化节开幕当天，请调省移动气象应急车增援现场。庆典当日雨雪交加，但由于气象服务精细，组织者应急措施充分，开幕活动有序进行。

构建防灾减灾体系。推进手机短信气象服务，全年发送气象短信31.8万人次。各镇政府、企事业单位、农业科技园安装气象电子显示屏20块，扩大气象信息覆盖面。聘用大学生村官、镇农技干部、镇民政干部38人，组成气象信息员队伍，协助开展气象信息服务、防灾减灾科普宣传等工作。利用“3·23”世界气象日、“5·12”防灾减灾日、安全生产月咨询日开展广场活动，通过展板、有奖问卷、发放宣传册、现场答询等形式，宣传气象法律法规及气象防灾减灾知识。9月，开展“全国科普日”宣传活动，送气象科普进农村、进社区、进学校、进企业，联合县机关工委、司法局举办“气象杯”中小学生法制知识竞赛，通过溧水电视台和《秦淮源周刊》，开设气象科普电视专题和报刊专栏。初步建成“政府主导、部门联动、社会参与”的气象防灾减灾体系。

【为农气象服务】 7月，开始发布农业气象月报。秋播、秋种期间，发布旱情监测预报。11月，开展草莓气象服务，建成大棚小气候观测站、远程实景监控系统，为草莓生长物候观测及小气候预测服务，验证草莓生长气象灾害指标。年底，在农业科技园建设南京市首个“气象为农服务示范基地”，点对点开展现代农业精细化气象服务。

【专项气象服务】 7月，全县进入汛期，上游地区连降暴雨，石臼湖水位多日维持在警戒水位之上，县气象局增设上游地区雨情实况和天气趋势预报服务，加强对上游水系监测。10月，全县降水持续偏少，森林火险气象等级日趋偏高，县气象局及时开展森林火险气象等级预报专题服务。进入12月，大雾、强降雨、大雪以及道路结冰等灾害性天气严重影响交通安全运营，县气象局主动与县公安局对接，为300多名公安、交巡警开通免费气象预警信息，加强交通安全气象保障服务。

(许　祥　周　静)

文 化
Wen Hua

县委办公室 供稿

综 述

【概况】 2010年，全县文化工作围绕中心工作，组织开展各类文化活动，文化宣传、艺术创作与生产、公共文化服务、文化遗产保护、文化产业发展、市场管理等方面取得长足进步。

机构改革顺利完成。6月，按照县委、县政府机构改革要求，撤销县文化局、广电局、旅游局，组建溧水县文化广电局(旅游局)，作为县政府主管全县文化、广电、旅游事业的工作部门。7月，文广局制定《溧水县文化广电局(旅游局)主要职责、内设机构和人员编制(草案)》，调整有关科职能室，内设办公室、财务科、社会文化科、文化遗产科、文化市场科、产业促进科、广电管理科、旅游管理科8个职能科室，核定人员编制和领导职数。

文化设施不断升级。2010年，曹旺、骆山和王母塘等8个村建立农家书屋，按要求明确专人管理，配送图书3500册，书柜14个。全县成功申报省三星级农家书屋1家，市五星级文化站1家，市村级文化活动室示范点2家。县图书馆建成文化共享工程县级支中心，七镇一区建成文化共享工程基层服务点。

文化遗产保护工作逐步加强。2010年，维修省市级文物保护单位蒲塘桥、永寿寺塔、洪蓝镇芮氏祠堂，晶桥魏家土墩墓群、洪蓝塘西汉墓群等4处文物点申报第七批省级文物保护单位，协助市博物馆考古发掘溧马高速公路溧水境内5处古遗址和古墓葬，完成馆藏4件一级文物、26件二级文物、187件三级文物数据库建立工作。和凤镇骆山村成功申报省首批非物质文化遗产保护生态区；“打社火”、“跳当当”、“蒲塘桥庙会”成为省级非遗保护项目；杨木海等5人被认定为省市级非遗保护项目传承人。

群众文化活动丰富多彩。全年以梅花节、广场文化宣传和社区(农村)艺术节为主线，组织开展大型群众文化活动，全县举办2010南京·溧水梅花节、第五届中国(南京·溧水)草莓文化节暨南京“春之都”休闲农业游开幕式、江苏省第二届乡村旅游节暨“百万市民游乡村”启动仪式等各类演出135场次(其中农村演出65场次)。县图书馆与部队、学校、社区等分馆交流图书1.6万册。县影剧管理站完成“2131”工程(21世纪为每个村每月放映一场电影)，放映电影1100场次，观众达16.5万人次；完成革命老区(白马镇、晶桥镇、东屏镇)“三送工程”(送电影、送图书、送演出)放映电影456场次，观众达4.6万人次；完成城区各中小学校爱国主义影片放映47场，观看学生达4.23万人；完成第十届广场文化宣传活动电影放映工作，组织电影放映专场3场，观众达3000人次。7月，市文化广电新闻出版局举办南京市文化馆干部业务技能大赛，溧水管仁红的声乐《报答》、庄婷婷的现代舞《也许是要飞翔》获一等奖。在南京市戏剧票友大赛中，李素琴的锡剧《拔兰花》、陈涛的京剧《红娘》获二等奖，欧阳菊凤的锡剧《红色的种子》、虞月华的京剧《打龙袍》获三等奖。 (何明武)

文化市场管理

【概况】 2010年，全县文化市场经营单位199家，其中网吧经营场所23家、游戏厅12家、歌舞厅 13 家、影剧院 2 家、音像制品零售点 38 家、书报刊零售点 39 家、印刷企业 50 家、打字复印点 22 家。开展文化市场专项整治行动,控制未成年人进入网吧和净化校园周边地区文化环境,净化全县文化市场。

检查音像制品　　县文广局 供稿

【文化市场专项整治】 2010 年,全县着重开展暑期网吧、游戏机市场专项整治行动,“4·26 保护知识产权”专项整治行动,校园周边地区文化市场环境专项整治行动,“平安世博”文化市场专项整治行动,“扫黄打非”集中行动及查处违法卡拉 OK 歌曲专项行动。检查各类文化市场经营单位 1421 家次,出动执法人员 354 人次,立案 17 起,行政处罚违规经营单位 17 家次,发整改通知书 4 家次,取缔无证经营歌舞厅 2 家,取缔无证经营游戏厅 4 家,黑网吧 6 家,取缔无证经营地摊、游商 16 家次,取缔非法演出 6 场次,收缴非法音像制品 8800 余张(盘)。

(何明武)

图　书　馆

【概况】 2010 年,县图书馆和县儿童图书馆加强规范化管理,坚持每天向读者开放。县图书馆和县儿童图书馆全年接待读者 30.78 万人次,外借图书 25.2 万册次,解答咨询 820 条,代检索课题 16 项。编辑《农村科技》12 期、《论点论谈摘编》6 期,举办讲座 34 场,开展各类读书活动 38 次。5 月,县图书馆成立“中山读书社”。县图书馆和县儿童图书馆顺利通过评估,再次被评为“江苏省文明图书馆”。

【中山读书社】 2010 年 5 月 27 日,溧水县图书馆召开中山读书社成立大会。该社由民间自发组织,有会员 30 多名,旨在响应“倡导全民读书,建设学习型社会”要求,营造读书氛围,引导社会风气,提升市民素质,促进社会文明与进步。该书社成立后,组织开展读书沙龙、读书交友、读书讲座和外出采风等活动。年底,该社组织首届读书明星和新人新作奖评比表彰活动。

【建成文化共享工程县级支中心】 2010 年 1 月,县图书馆筹集资金 40 多万元,建成拥有标准机房、标准文化共享工程配置的全国文化共享工程县级支中心,4 月通过省文化厅验收。

【建成文化共享工程基层服务点】 2010 年,县文广局在全县七镇一区建成全国文化共享工程基层点 8 个,其中 2 个增强型,6 个基本型。文化共享工程县级支中心与基层服务点之间建立虚拟专用网,基层服务点计算机与支中心文化共享工程专用服务器之间建立 VPN 通道,构建覆盖全县文化信息资源专用局域网。11 月文化共享工程基层服务点顺利通过省文化厅和市文化广电新闻出版局检查验收。

(何明武)

文化遗产保护

【概况】 2010 年,县博物馆重新进行 200 余件馆藏国家一、二、三级文物拍照、数据测量,使用专门软件,建立馆藏文物数据库系统,并上报国家、省市文物部门,完成备案。1 月,精选一批各时代代表性文物,举办“溧水出土文物精粹展”,向广大市民介绍溧水历史文化人文风情。县博物馆参加市

“国际博物馆日”相关活动，举办“文博夏令营”，组织县城地区留守儿童到南京梅园新村、渡江胜利纪念馆等博物馆、纪念馆参观。上半年，维修省级文物保护单位蒲塘桥和永寿寺塔。9月，两处维修工程通过省市专家组验收。溧水经济开发区和石湫镇5处古遗址、古墓葬，于9月正式开始发掘。

【维修蒲塘桥】 2009年12月，县文广局与有关部门配合，维修始建于明代正德年间省级文物保护单位——蒲塘桥。维修内容包括四部分：拆除原有桥面钢筋混凝土，清空桥身填土，重新填装三合土，做好桥面防水，用溧水本地产火山凝灰岩石铺设桥面，保证与原有材质一致；复制并安装桥身龙头；拆除桥侧墙、拱券、分水尖等处风化石块，进行修复；两边桥头设置台阶，阻止大型车辆通行。工程于2010年7月完工。9月27日通过省文物局验收。

维修后的蒲塘桥　　县文广局 供稿

【非物质文化遗产保护】 2010年，全县继续进行非物质文化遗产项目调查。和凤镇骆山村成功申报为江苏省首批非遗保护生态区；“打社火”、“跳当当”、“蒲塘桥庙会” 成为省级非遗保护项目；杨木海、杨兆军、方绍益、陈平、舒照兴等5人被认定为省市级非遗保护项目传承人。

【骆山村成为省首批非遗生态保护区】 和凤镇骆山村濒临石臼湖，村民擅长剪纸、刺绣、纺织和印染，部分老者至今能够演唱当地民歌小调，是非物质文化遗产保存和传承较多地区之一。2010年4月，经江苏省文化厅批准，骆山村成为江苏省首批非遗生态保护区。

（何明武）

广播电视

【概况】 2010年，全县广播电视系统大力推进新闻宣传、行业管理和新技术应用等工作，较好地完成全年工作任务。

新闻宣传不断出新。年初开辟《两会直击》总栏目，下设“两会数字”、“两会声音”、“两会花絮”、“市民看两会”等子栏目，分组报道人大和政协会议主要内容，以及和往年“两会”不同点，重点突出有关民生会议决议、议案、提案等。《喜看梅花节》专栏，全面报道梅花节筹备、举办情况和主会日盛况。《喜办第五届中国草莓文化节》专栏，从不同侧面、不同角度报道全县草莓产业发展情况。《实践科学发展观，推动溧水新跨越》栏目全面报道开发区、各镇和部分重点企业，克服金融危机影响，实现转型发展、创新发展、跨越发展经验做法。围绕全面达小康验收，精心策划30多篇有关报道，并重播《全面认知小康，充分感受小康》系列访谈（共10档）节目，营造全县全面达小康顺利通过验收良好舆论氛围。《创建国家卫生城，推动溧水新跨越》栏目，强化宣传力度，子栏目《创建曝光台》、《街头找茬》，曝光一批脏乱差现象，促进一些创卫老大难问题解决。《看世博、看世界》专栏，全面报道溧水群众踊跃参加“世博游”情况，同时邀请县旅游、交通、卫生、教育界人士走进演播室，畅谈“世博游”感受；子栏目《世博小常识》摘编播发历届世博会知识。电视台专门派出两名记者到现场体验式报道世博会盛况。新辟《喜看2009》、《打拼2010》、《人大代表风采》、《比学赶超、创新跨越》、《情系玉树献爱心》等栏目，提升《溧水新闻》整体质量。

行业管理不断加强。立足巩固省“无‘小耳朵’县”创建成果，建立由县综治办组织、广电局（6月份以后为文广局）牵头、公安局工商局协助管理长效机制。严厉打击各类违法、违规经营行为，及时发现、及时查处，保持“小耳朵”动态零局面。全年出动执法车辆86车次，执法人员517人次，拆除违规卫星地面接收设施488座。同时，配合市文化广电新闻出版局做好年检换证工作，监管合法地面卫星广播电视接收设施，与各使用单位签订安全接收责任书，利用重要播出期、重点时段，及时以书面或电话通知各使用单位，做好防插播、防破坏工作，确保广播电视安全传输播出。

有线电视发展迅速。全年新架光缆110公里，电缆干线86.8公里，自立杆路20.7公里，立杆414根，小区管道10公里，开通光节点62个；新增有线电视用户7580户，占年度目标任务(6000户)122%，全县有线电视用户数达10.45万户，入户率94%；网改5000户；整转数字电视用户6500户，占年度整转目标任务144%，销售第二台机顶盒3350台。

【广播电视制作演播中心建成并投入使用】 广播电视制作演播中心位于县珍珠南路111号，总投资4500万元，建筑面积达1.27万平方米。2010年投入1000万元，更新和升级播控机房、传输机房、演播室设备。12月，县文化广电局、溧水县广播电视台、南京市溧水广电网络公司迁入新址办公。

【舆论监督有力有效】 电视新闻栏目《新闻110》、《特别关注》，广播节目栏目《白湖杂谈》和《听众信箱》，集中反映群众生产、生活方面热点、焦点、难点问题。《茶农要正确应对春茶上市迟》、《农业技术员进村入户指导》、《给新农合进一言》、《“世博游”要讲文明》等节目引起群众共鸣，有关职能部门、单位高度重视电视报道问题，及时采取措施，改进工作方法，媒体关注问题大多得到及时有效解决。广播《政风热线》采取多种手段，征求听众对相关部门、单位意见，并与节目参与单位及时沟通，通过节目告知听众解决办法，赢得群众认可。《创建曝光台》、《街头找茬》栏目曝光一批脏乱差现象和有关部门、单位“创卫”工作不到位情况，促进解决一些老大难问题，推动全县创卫工作深入开展。

【新闻宣传获成果】 2010年，全县广播电视宣传坚持创新创优创牌，坚持“民生报道”和“三农报道”优先原则，加大新闻宣传力度，《特别关注》、《农民之友》、《社区万花筒》等栏目深受群众欢迎。广播《农民之友》和电视《周末人物》分获南京市第五届十大名优栏目。电视宣传片《东庐——乡村教育的执着领路人》获全省教育系统评比特等奖。广播录音——《胭脂河·天生桥》获2009~2010年度江苏省广播金鹿奖评比一等奖。《工资协商：让职工也能“争”薪水》、《石湫湖畔天鹅舞》、《一个七旬老人的绿色之梦》等节目获南京市区县好稿评比二等奖，《我县发现南京首座完整的西周古村落遗址》等十余篇节目获三等奖，广电新闻宣传再获省级先进单位。

【制作播出设备更新升级】 2010年4月，县广播电视台投入50万元，新添VS-VSS-2两频道视频播出服务器2台，新添3台主备切换器VS-AVS-A84，用于新闻综合频道及影视娱乐频道主、备播出。改造审片工作站、编单工作站老设备；新添1套卫星校时器VS-GPS，用于校准两个自办频道播出时间，使之与中央台时间同步；新增7套无卡工作站，用于制作电视节目。

【推进数字电视整体转换】 2010年，城区有线电视网络实施数字双向化改造，采用光纤到楼、xPON传输、光机直带用户、同轴电缆入户、一级1550nm环型光链路等新技术，系统稳定性和节目质量进一步提高。用户可收看到60多套公共电视频道，节目清晰度和声音质量大大改善。全年实现网改5000户，整转数字电视用户6500户。至年底，全县数字电视用户总数达3.13万户。

广电网络公司服务大厅　　县文广局 供稿

【拓展互动、宽带业务】 2010年，数字电视整体转换后，用户频道数量大大增加，节目容量由原来几十套增加到几百套；用户可自主申请开通几十甚至上百个专业付费频道，安装高清机顶盒更可收看十几套高清电视节目，画面质量达到DVD播放效果；用户可自主选择申请安装互动功能，点播电视节目，变“你播我看”为“我点我看”，变看电视为用电视；用户还可申请开通广电个人宽带数据业务，除正常上网外还能享受东方新天地、BigTV等精彩在线视频点播业务。广电数据专网业务成功应用于全县企事业单位。2010年，溧水广电网络公司抢抓三网融合契机，发展互动电视用户1078户，宽带用户550户，办理各类套餐252份。

（朱显全）

档案工作

【概况】 2010年，全县档案工作围绕服务中心、服务大局、服务民生，加强档案资源建设、信息化建设、基础设施建设，推动档案事业与全县“三个文明”建设协调发展。12家县属改制企业3.48万卷档案规范化整理并进县档案馆寄存，11家涉及机构改革机关单位档案完成规范整理并进馆；县电信公司、永阳镇等单位示范档案室分别通过省档案工作四星级和三星级测评。整理各类档案3.58万卷、9671件；接待档案利用者1604人次，查阅档案1396卷(册)。

【规范整理改制企业档案】 2010年，县档案局(馆)与县发改局协作，着手开展县属改制企业档案规范整理工作。至年底，完成原县服装厂、控制电机厂、金石机械公司、钢铁总厂等12家企业各类档案3.49万卷(册、件、袋)整理工作。其中，文书档案3071卷、1055件，会计档案3.15万册，职工档案105卷，基本建设档案39卷，照片档案28册，并全部进馆寄存。

【机构改革档案管理】 2010年4月初，县档案局下发《关于加强机构改革中档案工作的通知》，要求机构改革单位做好文件材料收集、整理、归档和交接，明确涉档有关规定，强调任何部门和个人不得私自带走、留存、转移和销毁档案。深入11家机构变动单位进行实地调查摸底，掌握档案管理现状，按改革类型拟定档案流向和处理意见，撤销、合并单位全部档案向县档案馆移交。至年底，完成原县物价局等3个单位374卷、2947件档案进馆工作。

【镇(区)规范化建档】 2010年，县档案局(馆)把镇(区)规范建档工作作为重点，在东屏镇创省一级示范镇档案室基础上，扩大试点范围至永阳、白马镇，其中永阳镇于12月中旬顺利通过江苏省档案工作三星级测评。指导、帮助各镇(区)编制新农村建档文件材料归档范围和保管期限表，指导档案收集、分类、鉴定和整理推进示范镇(区)等级创建工作。

【推广“文档一体化”管理软件】 2010年初，鉴于县电子政务平台中“文档一体化”软件功能不够完善状况，县档案局(馆)筹资委托珥仁科技公司开发一套网络版档案管理软件，为全县66家立档单位免费配置。6月，举办软件操作专题培训班，全县80余名档案员参训，基本实现电子文件网上流转和归档文件目录网上录入。

【档案信息网站建设】 2010年，县档案局(馆)进一步加强档案信息网站建设，增设主栏目6个、子栏目25个，上传信息257条12万字。根据局(馆)职能开设网上预约查档、业务咨询等服务性栏目，方便各机关和公众利用档案信息。

整理上架的改制企业档案　　县档案局 供稿

网络版电子档案管理系统操作培训班　　县档案局 供稿

【县电信公司通过省档案管理四星级单位测评】 2010年，县电信分公司开展档案管理星级达标工作，建立完善自公司领导至各科室、部门档案工作管理网络，建立健全档案管理制度。新添置档案密集架6联30组以及空调、除湿机、扫描仪、数码相机等档案保护设施设备。按照业务规范整理各门类档案23486卷(件)，建成档案信息数据库，实现电脑检索。全年开发利用档案信息120余人次，为工程建设、业务管理提供参考依据。11月11日，南京市档案局评审组现场评审，认定溧水电信分公司为江苏省档案管理工作四星级单位。 (黄长平)

【档案专题数据库建设】 2010年，县档案局(馆)开展民生档案数字化转换工作，组织5人，投入1万多元花3个月时间补充数据信息，完成馆藏知青、户粮、职称、土改等6个专题数据库、22万余条文件级目录录入工作，快捷、高效地为社会利用服务。

【馆库基础设施建设】 2010年10月初，县档案局(馆)筹措资金，完成档案新库房33组5联36列密集架安装配置工作，有效缓解现有馆库涨库状况，确保全县涉改单位和改制企业档案按期进馆和安全保管，为下一步档案正常进馆创造条件。

【编制《溧水县档案事业发展“十二五”规划》】 2010年，县档案局结合实际，编制全县档案事业发展“十二五”规划。规划突出新馆建设、档案资源建设、信息化建设、拓展档案教育、服务功能等五个方面，其中新馆建设、创建国家二级馆等重点项目，列入《全县国民经济和社会发展“十二五”规划》。

【档案法制宣传活动】 2010年，县档案局以《南京市档案条例》颁布5周年为契机，组织开展档案法制宣传活动。向全县各机关事业单位、社区、行政村分发《南京市档案条例》宣传材料300余份；向全县各立档单位档案员发放《南京市档案系统依法行政工作手册》40多册；组织全县档案人员参加纪念《南京市档案条例》颁布施行5周年全市档案法制知识竞赛，50余家单位、60人次参加；在溧水档案网站政策法规栏目公布《南京市档案条例》及其实施细则全文，增强机关事业单位及全社会档案法制意识。 (朱　芸)

地方志工作

【概况】 2010年，县地方志办公室认真贯彻《地方志工作条例》和《江苏省实施〈地方志工作条例〉办法》，切实履行职能，开展续修《溧水县志》工作，不断拓展工作新领域，配合省地方志办公室完成《江苏省志·溧水概况》编写任务。

【县志篇目通过市级评审】 2010年5月14日，南京市地方志办公室组织省、市修志专家到溧水召开《溧水县志》(1986~2005)总纂篇目评审会。省市专家一致认为，《溧水县志》(1986~2005)总纂篇目分类科学、结构完整、层次分明、排列有序，充分体现时代特征和地方特色，同意通过市级评审，同时提出具体修改意见。

【县志续修工作】 2010年，根据《溧水县志》(1986~2005)编纂工作实施方案，科学安排季度工作计划，定期召开续志工作例会，总结研究布置阶段工作，做到有条不紊、稳步推进。结合实际修订完善《溧水县志》编纂篇目(第六稿)，通过市志办专家组审定。根据调整篇目，修改初稿，补充资料，增加特色内容。实行主编审读制，内容做到横不缺要项、纵不断主线；实行主编“一支笔”统稿制，把好政治关、体量关、体例关。至年底，审读完成8个篇章(土地管理、农业、水利电力、政党群团、人大政府政协、交通邮电、商贸服务业、苗木花卉业)，总纂完成4个篇章(教育、城乡建设、人口、自然环境)。 (朱　芸)

溧水县住房和城乡建设局

县住建局是县政府主要职能部门，负有承担统筹全县住房保障、城乡建设、人民防空事业的责任，内设22个科室，下辖3个单位。职工中本科以上文化程度占76%，具有专业技术职称人员占68%。

近年来，该局按照县委“五年翻两番、全面达小康、建设新溧水”的总体要求，加快推进溧水新城建设，开创住建工作新局面。县城建成区面积迅速扩大，新的商业中心逐渐形成，以开发区、新城区为核心的道路框架迅速拉开，房地产事业健康发展，“一城四区五景”的城市新格局初步形成。该局先后被省建设厅表彰为全省住房保障工作先进单位、全省建设工程管理工作先进单位、全省村镇建设先进单位及多项市级先进称号，并连续3年被市委、市政府表彰为南京市城市建设立功竞赛先进单位。2010年溧水县城成功迈入国家园林县城行列。

至2010年底，县城建成区面积25.4平方公里，比“十五”期末扩大近10平方公里；县城框架面积31平方公里，城区人口14万人；建成区绿化覆盖面积7.77平方公里，园林绿地面积7.47平方公里，城区绿地率39.55%，城区绿化覆盖率40.08%，人均公园绿地面积12.2平方米；市政道路养护总长70公里、面积170万平方米，下水道100公里，大小井5000余座，城镇人均道路面积27.5平方米；城镇人均住房面积42.8平方米；城市路灯亮化率98.4%，城市化率45.1%。建筑业施工产值90亿元，施工面积950万平方米，完成税收2.75亿元；创省、市级文明工地33个，国家级文明工地2个；建筑企业施工产值实现超亿元16家，超3亿元5家，超5亿元5家。人防工作主动适应现代战争和社会公共安全需要，加快人防工程建设，完成“民防家园”、人防地下指挥所等人防工程及双塘路改造工程。

◇ 体育公园景观

◇ 望京广场

◇ 西苑公园景观

◇ 改造后的通济街

◇ 城南拆迁安置房

◇ 城东经济适用房

◇ 南门口新貌

中国电信 CHINA TELECOM 世界触手可及

溧水电信分公司

◇ 公司领导班子成员

2010年，溧水电信分公司坚持以科学发展观为统领，集中精力抓发展，全力以赴促转型，推动业务、网络、技术与服务质量的协调发展，保持持续、快速、健康发展的态势。

综合通信能力明显增强。全面加快通信发展步伐，紧抓传统网络建设不放松，持续推进“光进铜退”和宽带提速工作，有力增强企业综合通信能力。加快天翼村建设，全县有54个行政村达天翼村三星级标准，其中有3个行政村达天翼村四星级标准。网络运行维护不断加强。围绕提升网络运行质量、服务水平和客户感知，实现网络质量与标杆公司水平可比和在重要区域超越的目标，为C网业务发展做好支撑。电信服务质量全面提升。坚持把服务工作放在首位，定期走访客户，了解用户需求，积极为其提供帮助和服务。主要电信业务增势强劲。在“腾飞行动”中，位于全市第三、五区县第一，获市公司“腾飞行动”最佳成果奖；在“超越行动”中，名列五区县第一，受到市公司的奖励；在“崛起行动”中，名列全市第五名。

◇ 电信通信楼

天翼 surfing

用户至上 用心服务 Customer First Service Foremost

◇ 中国电信移动基站

◇ 程控机房

◇ 电信营业厅

◇ 多功能手机卖场

◇ 局领导班子成员

◇ 廉洁从税承诺

溧水县地方税务局

◇ 行风建设述职评议

县地方税务局于1994年9月16日挂牌成立，现有人员85人，其中本科学历63人，占总人数的74%；取得注册税务师资格28人，占总人数的33%。全局设6个机关科室、1个征收税务分局、1个直属稽查局和4个属地管理分局，负责全县七镇一区税收征管和基金、费代征工作。2010年，组织入库各项收入16.53亿元（含契税和耕地占用税），比上年增长31.62%。

◇ 岗位技能竞赛

◇ 登山比赛

◇ 优化服务举措

◇ 讲解权利和义务

◇ 家电下乡政策宣传

◇ 税法宣传进军营

◇ 关爱春蕾女童

◇ 义务植树

溧水县人民法院

县人民法院2010年在编政法干警74名，其中院党组成员7名，专委1名；高级法官12名，一级法官26名，二级法官7名；法警10名，书记员11名；研究生以上学历10人。内设机构16个，包括9个审判执行部门和7个综合保障部门，下设1个派出法庭。

党组书记、院长
中国法学会会员　周　迅
三级高级法官

◇ 法院领导班子成员

“十一五”期间，县人民法院紧紧围绕“发展优先、民生优先、特色优先、调解优先、人才优先”的工作思路，结合实际，从根本性、源头性、基础性工作抓起，为大局服务，为人民司法。2008年以来，年均审结、执结各类纠纷5000件以上，综合审判绩效指标连续多年位居全市法院前列。

◇ 干警参观“法治与责任”廉政教育展览

◇ 向新任人民陪审员发放证书

◇ “司法成本与司法效率”改革研讨

◇ 当事人向交通审判庭法官赠送锦旗

◇ 洪蓝法庭巡回审判进农家

2008年以来，县人民法院先后被省高级人民法院荣记集体二等功，授予全省优秀法院、全省法院审判管理工作先进集体、全省法院信息化工作先进单位、全省法院司法警察示范等级先进集体等荣誉称号；涌现出全省法院个人二等功、全省优秀法官、全省法院涉诉信访矛盾纠纷化解先进个人、全省法院调研工作先进个人、全省法院新闻宣传工作先进个人、市劳动模范、市十佳政法干警、市十佳法官等一批立功受奖的优秀法官。

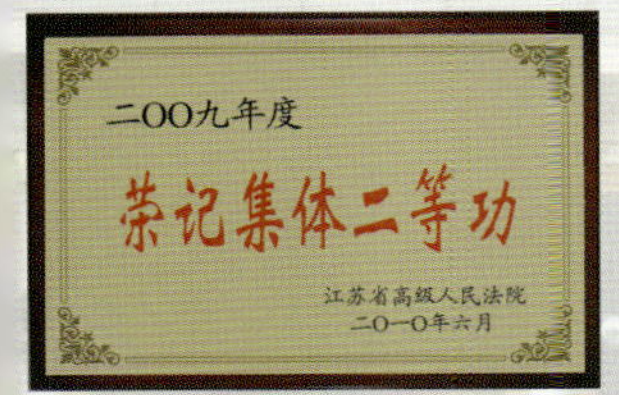

溧水县人民检察院

县人民检察院2010年在编政法干警60名，其中院党组成员6名，专委1名；高级检察官15名，一级检察官14名，二级检察官3名，三级检察官3名，四级检察官3名，五级检察官1名，法警5名；书记员6名；研究生以上学历2人，本科学历42人，大专16人。内设机构13个，下设派出检察室1个。

◇ 省人民检察院党组书记、检察长徐安到溧水县人民检察院视察工作

2006年以来，县人民检察院被最高人民检察院授予二级规范化检察室；被省有关部门授予省级青年文明号、省级文明接待室、江苏省档案工作特一级单位；被市有关部门授予南京市先进团支部、平安南京建设先进集体、优秀老干部党支部、南京市关心下一代工作先进集体、2008～2009年度南京市政法系统关心下一代工作四好单位等荣誉称号，并荣记集体三等功。涌现出全省严格规范执法先进个人、省检察院个人二等功、市十佳政法干警、市优秀共产党员、市优秀青少年维权工作者、市检察院个人三等功等一批立功受奖的优秀检察官。

◇ 检察长带领全体干警深入重点企业调研

“十一五”期间，县人民检察院以“强化法律监督，维护公平正义”为主题，围绕全县实现“三个发展”目标任务，依法履行法律监督职能，严厉打击严重刑事犯罪。拓展领域，依法查办职务犯罪案件。强化诉讼监督，维护司法公正。突出重点，强化社会矛盾排查化解。受理侦查机关提请批捕案件988件1426人，经审查批准逮捕845件1159人。受理侦查机关移送起诉案件1201件1928人，经审查向法院提起公诉1104件1761人。查办职务犯罪案件44件46人，大案率达100%，终结起诉率达100%，为国家和集体挽回经济损失2000余万元。

◇ 检察工作向基层延伸

◇ 镇（区）建立检察工作联系站

◇ 在孔镇小学建立全市检察系统首个“留守学生检察关爱基地”

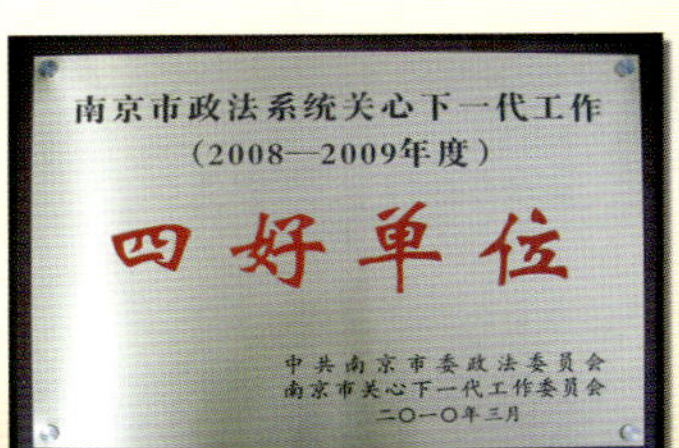

溧水县水务局

2010年，县水务部门紧紧抓住国家扩大内需、加大对水利基础设施建设投入的重要机遇，积极向上争取水利建设项目及资金，先后组织实施一批重点水利工程。主要有中、小型水库除险加固工程，二干河综合整治一、二、三期工程，湫湖泵站更新改造工程，淳东灌区（溧水片）续建配套与节水改造工程，新桥河治理工程，天生桥河整治工程等。大大提高全县水利建设标准和综合抗灾能力，防洪、除涝、灌溉、降渍、供水能力得到增强，为推动地区经济持续健康发展、保护和改善生态环境、提高水利综合效益创造良好的外部环境。

◇ 省水利厅厅长吕振霖检查指导溧水县抗旱工作，局长朱洪陪同

◇ 市人大主任陈家宝视察环山河水库群项目

◇ 县委书记项雪龙检查全县抗旱工作

◇ 县水务局机关干部到联系点村开展创卫活动

◇ 3月22日世界水日，水务部门在街头举办宣传活动

◇ 除险加固后的中山水库

◇ 除险加固后的老鸦坝水库

◇ 更新改造后的湫湖泵站

◇ 除险加固后的方便水库

◇ 除险加固后的姚家水库

溧水县文化广电局（旅游局）

县文化广电局组建于2010年6月，内设办公室、财务科、社会文化科、文化遗产科、文化市场科、广电管理科、旅游管理科、产业促进科等8个科室，下辖县广播电视台、县文化馆、县图书馆、县儿童图书馆、县博物馆等企事业单位13个，有各类工作人员近400人。县文广局组建以来，承办江苏省第二届乡村旅游节、激情跨越·辉煌“十一五”大型焰火晚会等重大活动，取得令人瞩目的成绩。

◇ 新落成的广播电视制作中心

◇ 广电网络公司有线机房

◇ 文化市场稽查人员与公安人员联合检查非法音像制品

◇ 维修后的蒲塘桥

◇ 中国共产党溧水县文广局第二次代表大会

◇ 南京市暨溧水县“三下乡”启动仪式

◇ 第二届乡村旅游节启动仪式

◇ 广场文化宣传活动现场

◇ 省级非物质文化遗产保护基地——骆山村孩子们舞龙前盛妆打扮

中国邮政 CHINA POST 溧水县邮政局

县邮政局下辖15个邮政支局，近100家邮政加盟点，提供金融、邮递、报刊、广告、集邮、票务等全方位服务。公益服务突出，为全县居民提供新农保、代缴电费、代卖机票、汽车票、火车票等服务。企业人文特色彰显，坚持“发展现代邮政，满足社会需要”的方针，为客户提供“优质、高效、便捷、周到”的服务。2010年业务收入2200万元，金融、报刊业务规模得到较大提升。

◇ 售票处

◇ 苏邮惠民超市

◇ 秦淮路支局

◇ 邮递员送报

溧水县房管所

LISHUI XIAN FANG GUAN SUO

县房地产管理所主要职责：负责全县房地产市场管理、房屋产权产籍管理、房屋租赁管理、房地产中介管理、房屋安全管理、房屋白蚁防治、直管公房经营管理、商品房预售许可管理、物业管理、房产测绘等工作。房管所始终坚持以服务地方经济建设、服务百姓、服务企业为宗旨，不断探索房产管理新机制，以群众是否满意为标准，努力打造新时期的服务型管理部门。

◇ 市委书记朱善璐视察房管所

◇ 房地产交易中心

◇ 老干部座谈会

◇ 年度表彰大会

◇ 干部职工集体学习

◇ 开展房产政策咨询活动

LISHUIXIANCANJIRENLIANHEHUI

溧水县残疾人联合会

2010年，县残联认真履行“代表、服务、管理”职能，坚持为残疾人服务，维护残疾人合法利益，积极宣传残疾人事业，推进残疾人保障体系和服务体系建设。全年完成贫困白内障患者免费复明手术45例，贫困精神病患者施行免费服药总数达202名，14名0～6岁残疾儿童分别送至南京市残疾人康复指导中心、雨花台区婷婷幼儿园、永阳镇卫生院等康复机构进行免费康复训练；培训残疾人262人，安置126名残疾人就业。全国助残日期间，向贫困残疾人家庭免费发放彩电200台、轮椅180辆。溧水县获南京市残疾人工作先进县称号。

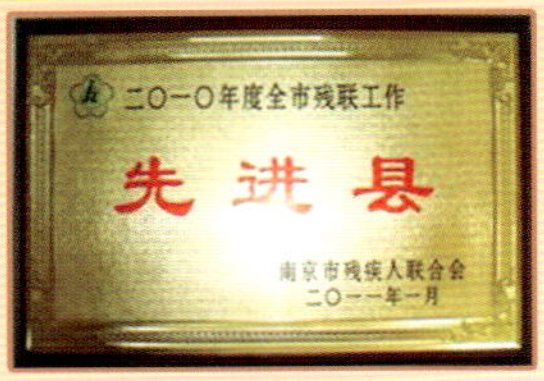

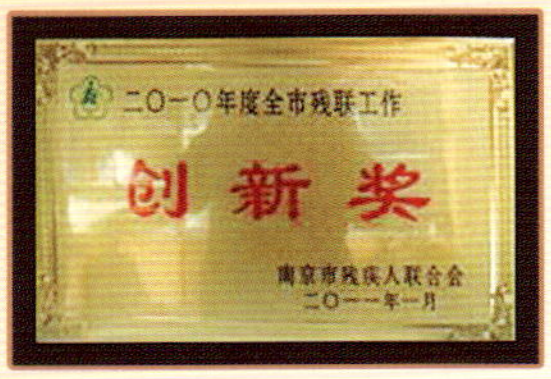

◇ 县人大调研残联工作

◇ 参加市残疾人运动会

◇ 办理残疾人证

南京润溧汽车客运有限公司

◇ 总经理　唐　杰

溧水汽车客运总站，是江苏南京长途汽车客运集团有限责任公司出资1亿余元，由南京润溧汽车客运有限公司兴建。地处溧水交通路与秦淮路交汇处，与宁杭高速、宁高高速、沿江高速、常溧公路紧密相连。客运总站占地5.33公顷，按照交通部一级客运站标准规划，以现代化、智能化、园林化、人性化的要求设计和建设，建筑面积1.3万平方米，是集售票大厅、候车大厅、车站办公楼、维修车间、加油站及附属设施停车场、发车区、站前广场、河道绿化为一体的高规格、高起点、高智能的综合客运枢纽站，可承载日流量万余人次，最高单日运送旅客3万余人次，极大缓解南京主城区的交通压力。

◇ 新客运总站开工奠基仪式

客运总站开通江苏省内和浙江、安徽等省、市长途班线25条，日发车达200余班次，随着溧水城乡客运一体化改造工作的完成，乡镇农公车全部进入新站发车，旅客实现零距离换乘，届时日发班车可达600余班次。

◇ 总服务台

◇ 实时监控

◇ 公交车停车场

南京飞燕活塞环股份有限公司

NANJING FAYN PISTON RING CO.,LTD.

南京飞燕活塞环股份有限公司是生产活塞环的专业企业，始建于1958年，60年代末开始生产活塞环，厂区占地面积26万平方米，有员工1200余人，其中各类专业技术人员300多人。多年来，公司主要经济指标始终位居国内同行业前三位，2010年生产各类汽车、摩托车、农业机械、工矿机械等活塞环1.34亿片，产值3.29亿元，利润3229万元，税金2184万元。

飞燕牌活塞环是中国驰名商标、民族企业第一品牌，飞燕公司是国内活塞环行业中最具影响力和竞争力的企业之一，是国家高新技术企业、全国百家优秀汽车零部件供应商、全国车用柴油机配件销售联合体常务理事单位、江苏省唯一的活塞环工程技术研究中心，多次获江苏省质量管理奖等荣誉称号。

公司市场营销网络覆盖全国，是国内一流发动机厂家的核心供应商，长期为一汽锡柴、广西玉柴、东风朝柴、南汽、上柴、潍柴、云内、一拖、常柴、扬柴等国内主流发动机厂配套，国内市场占有率20%以上。在国外市场，公司与德国、俄罗斯等高端OEM客户以及全球汽车零部件供应商合作，产品远销全球五大洲。

◇ 省委书记罗志军一行在车间参观，总经理周正纲陪同

◇ 上海通用公司代表到公司考察

飞燕牌活塞环配套的产品

◇ 北厂区35KV变电站

FAYN 飞燕

◇ 活塞环

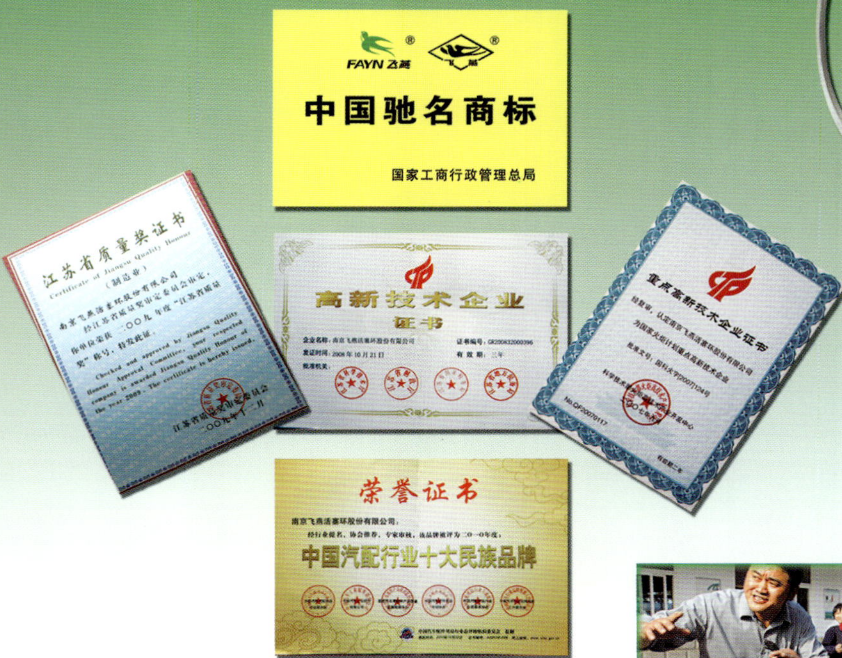

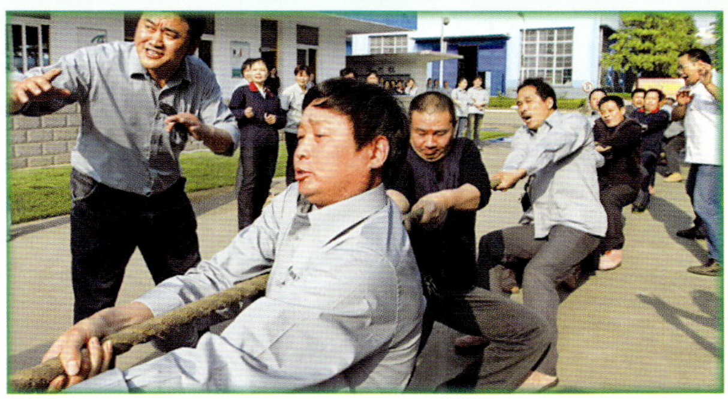

◇ 职工运动会拔河比赛

◇ 生产车间一角

南京市第八建筑安装工程有限公司

◇ 总经理　夏木生

南京市第八建筑安装工程有限公司创建于1958年，1999年被建设部批准为房屋建筑工程施工总承包一级企业。具有建筑装修装饰、地基与基础工程专业承包一级资质，市政公用工程总承包、消防设施、防腐保温、金属门窗工程专业承包二级资质。

公司组织机构健全，通过质量、环境和职业健康安全管理体系认证；拥有各类专业技术人员389人。有注册在职一级、二级建造师68人，并拥有一批技术精湛、管理水平高、作风顽强的施工队伍。公司先后承建南京估衣廊33层商住楼、南京锦湖大厦、21世纪国际公寓等一批高层建筑以及南京晨光机械厂等跨度超过30米的厂房工程，完成南京方山熙园等多个超过30万平方米住宅小区工程的施工；完成南京长江二桥江北引桥桩基和柱工程以及南京金陵石化5000吨双层码头工程施工。承建工程获得江苏省“扬子杯”优质工程奖、上海“浦江杯”奖、西藏“雪莲杯”奖等178项。

公司坚持“顾客信赖、社会满意”的宗旨，努力为业主提供最优质的服务。自2005年起被省人民政府确认为“重合同守信用企业”，并连年被授予省、市“最佳企业”和“优秀企业”等荣誉称号。近年来公司致力于进行产业结构调整，走多元化经营发展路子，出资参与总建筑面积28万平方米的星级酒店、品质住宅小区“一品骊城”开发建设；投资兴建溧水宁强创业园5.3万平方米厂房。

公司秉承“以人为本、追求卓越”的企业文化和“重信守约、用户至上”的服务宗旨，不断提高服务质量，努力创精品特色工程。公司愿与国内外各界仁人志士广泛合作、携手共进，共建人类美好家园！

获奖证书

南京市第八建筑安装工程有限公司：

你公司承建的“溧水植物科学基地综合实验楼”荣获2009年度江苏省“扬子杯”优质工程奖。

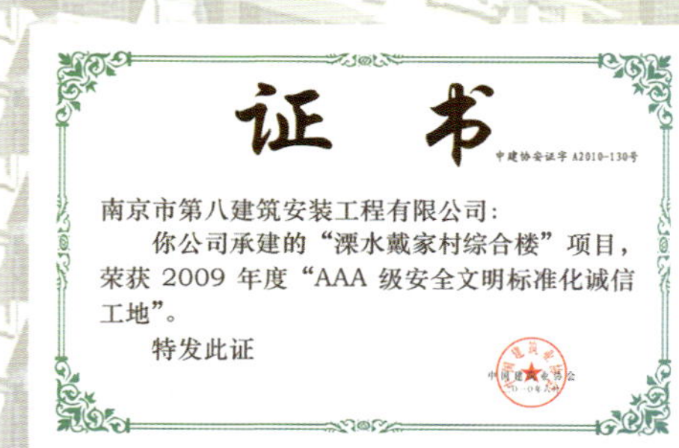

证　书

中建协安证字A2010-130号

南京市第八建筑安装工程有限公司：

你公司承建的“溧水戴家村综合楼”项目，荣获2009年度“AAA级安全文明标准化诚信工地”。

特发此证

获奖证书

南京市第八建筑安装工程有限公司：

你公司承建的“亚东同城印象家园01、02幢”荣获2010年度江苏省“扬子杯”优质工程奖。

二〇一一年一月二十六日

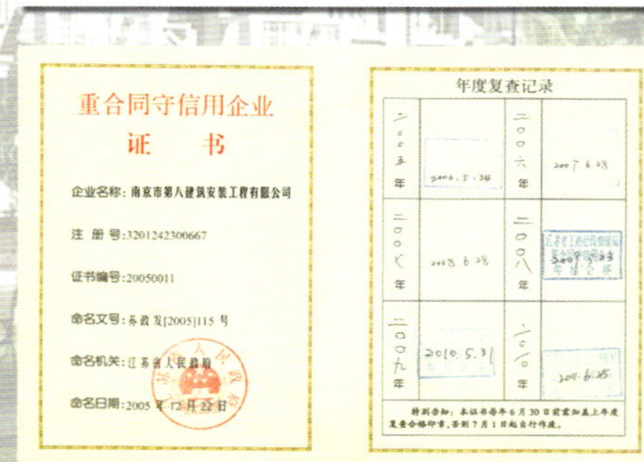

重合同守信用企业

证　书

企业名称：南京市第八建筑安装工程有限公司

注 册 号：3201242300667

证书编号：20050011

命名文号：苏政发[2005]115号

命名机关：江苏省人民政府

命名日期：2005年12月22日

年度复查记录

◇ 公司承建的戴家村综合楼工程，被评为国家级文明工地，获“金陵杯”奖

◇ 公司承建的南京21世纪现代城国际公寓工程，获“金陵杯”奖

◇ 公司承建的南京21世纪现代城国际公寓楼56、57幢工程，被评为江苏省文明工地

南京宏泰大酒店有限责任公司简介

宏泰大酒店位于县城中大街与小西门街交汇处，与通济街商业广场仅一路之隔，建筑面积6000多平方米，可接待豪华型、标准型、经济型团队。

酒店的餐饮以广东粤菜为主，极品菜肴有：宏祥大鲍鱼、宏祥泰国沙锅翅；精品菜肴有：金牌乳鸽、海鲜粉丝煲、豉油皇咸肉、正宗盱眙龙虾等；本地名菜有：川味辣仔鸡、红烧老鹅、狮子头、蟹皇豆腐等。有野味菜宴、农副精品宴、素食宴等各种菜肴，同时擅长淮扬菜、本邦菜，可同时接纳680人就餐。

酒店设有138张床位，其中豪华套间3间，拥有180人大型会议厅。

酒店服务项目齐全，中央空调、有线电视、宽带网，监控保安系统完善，24小时热水供应，并及时提供送餐服务。会议、接待、洽谈、棋牌、停车场一应俱全。

酒店先后被公安、旅游、卫生等部门评定为旅游定点酒店、南京市旅店业安全文明单位和卫生A级单位，并被指定为南京十运会接待酒店。

美食热线：025-57229777

025-57229788

◇ 大厅

◇ 宴会厅

◇ 套房

◇ 包间

江苏华富电力科技有限公司

江苏华富电力科技有限公司

Jiangsu HuaFu Electric Power Technology Co.,Ltd.

江苏华富电力科技有限公司成立于1988年，位于溧水经济开发区航空产业园区，距南京主城区30公里。

公司有先进的数控生产加工设备和检测设备，完善的管理机制；有精良的设计、生产、服务队伍和良好的业绩。是溧水县第一家专业生产高、低压电器成套设备的专业厂家。公司通过ISO9001:2000质量管理体系认证，是溧水县第一家取得“CCC”认证证书的电器成套设备厂家。公司以南京地区高科技人才为依托，从全国各地引进一批资深技术和管理人才，在供电部门指导下，大力开发市场需求产品。

公司以“提供优质产品，永保顾客满意”为宗旨；以“质量第一、科技优先”为根本；以诚信经营、客户至上以及优良的售后服务赢得广大用户和客商的信任与支持，在同行业及市场上赢得良好的声誉。

公司主要产品有：SF6环网柜、KYN28中置柜、XGN24、XGN15负荷开关柜、XGW高压带开关分支箱、GW高压分支箱、欧式箱变、美式箱变、GGD交流低压配电柜、MHS低压抽出式开关柜、XDF电缆分支箱、CFW母线槽、PZ30模数化终端箱、FQX计量表箱系列，JXL交流低压配电箱（非标控制箱）和XQJ电缆桥架等系列产品。

地址：南京市溧水经济开发区航空产业园区
电话：025—57443777
传真：025—57441304
网址：www.jshfdl.com
邮箱：HFDQ304@163.com

◇ GCS型抽出式低压开关柜

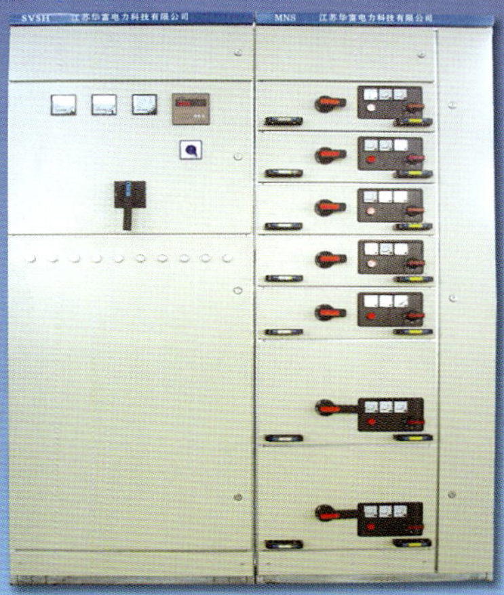

◇ SVSH无功功率补偿装置

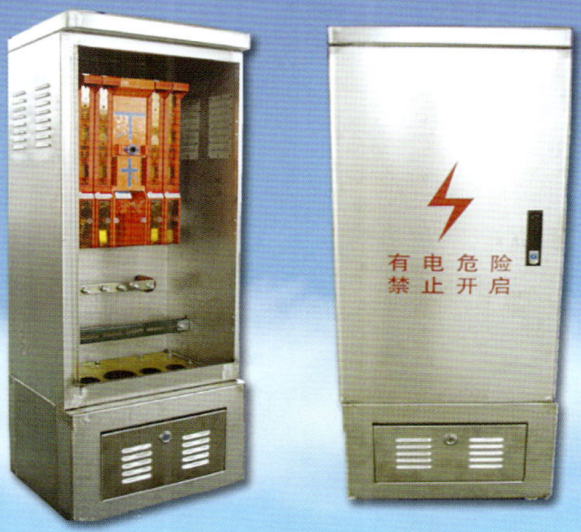

◇ XDF型低压电缆分线箱

◇ KYN28A-12型金属铠装式开关设备

◇ YBW□-12/0.4箱式变电站

◇ 推进城乡客运一体化

◇ 一级公路243省道

溧水县交通运输局

Lishui Xian Jiao Tong Yun Shu Ju

2010年6月，溧水县交通局更名为溧水县交通运输局，内设办公室、计划财务科、工程技术管理科、安全和战备科。下辖县运输管理所（县汽车维修行业管理所）、县交通运输局运政稽查大队、县公路管理站、县汽车驾驶员培训学校、县地方海事处（县航道管理站、县航运管理所）、县机动车辆综合性能检测站、运输管理北片所、运输管理南片所、超限运输稽查大队。

2010年，交通工程建设强势推进，建设总规模达6亿元。公路建设有序推进。开展宁杭（南京至杭州）城际铁路、溧马（溧水至马鞍山）高速公路民房拆迁和土地征用工作，拆迁房屋3万余平方米。246省道投资3.5亿元，完成一期工程（19.4公里）路基工程，开工建设路面工程；二期工程（26公里）路基填筑完成72%。投资3200万元，新建农村公路80公里，全县农村公路里程达到1460公里。投资7500万元，完成县汽车客运总站建设工程。8月，洪蓝胭脂河大桥开工建设。至年末，县境内公路总里程1560.34公里，其中高速公路92.38公里，一级公路71.92公里、二级公路158.71公里、三级公路164.91公里、四级公路1042.19公里、等外公路30.23公里；公路密度达146.18公里/百平方公里。建成一级客运站1座，二级客运站1座，乡镇客运站4座。

◇ 副省长史和平在溧马高速公路开工奠基仪式上讲话

◇ 镇村公交

◇ 路政执法检查

2010年6月，完成秦淮河航道整治工程，总投资800万元。至年末，县境内航道总里程88.47公里，其中等级航道44.47公里，等外级航道44公里。港口3个，码头泊位10个，码头总延长347米。

2010年末，长途客运班线17条，车辆107辆，座位2265个；城乡客运线路55条，车辆243辆。公路客运量920万人次，客运周转量8.69亿人/公里。公路货运车辆1600辆、2300个吨位，货运量1062万吨，货运周转量4.3亿吨/公里。车辆维修企业1类4家，2类24家，3类57家。水路货运量545.67万吨，货运周转量19.36万吨/公里；港口货物吞吐量184万吨。

◇ 建设中的一级公路省道246

◇ 新汽车客运总站（一级站标准）

溧水县公路管理站

LI SHUI XIAN GONG LU GUAN LI ZHAN

县公路管理站成立于1956年，主要承担县内3条省道干线公路（S123宁高线、S340张溧线、S341老明线）100.64公里，14条县道公路134.33公里养护管理任务。其中，一级公路20公里，二级公路80.68公里，省级文明样板路33.65公里。

“十一五”期间，县公路管理站紧紧围绕中心任务，突出为民，努力完善交通安全设施，强化行政技术管理，规范公路用地，改善公路通行品质；突出创新，探索并形成“政府牵头、交通主管、公路主办、社会参与”的路政管理新机制；突出服务，探索并形成公路养护管理适应经济建设要求，满足社会发展需要，与百姓生产生活相结合的新思路；突出生态，结合溧水生态、旅游、人文特色，打造一批极具溧水特色的公路文化宣传长廊。

县公路管理站较好地完成“十一五”公路工作规划，实现溧水公路养护管理新的跨越。溧水县成功创建江苏省路政管理示范县，县公路管理站先后获得江苏省交通系统文明示范窗口、AAA级文明公路站、优胜公路站、创建国家园林城市先进单位等荣誉称号。

◇ 全省路政业务工作座谈会在溧水召开

◇ 全省公路系统考察溧水道路施工现场

◇ 全县路政管理及农村公路管理养护示范县建设动员大会

◇ 省交通运输厅领导视察县公路管理站工作

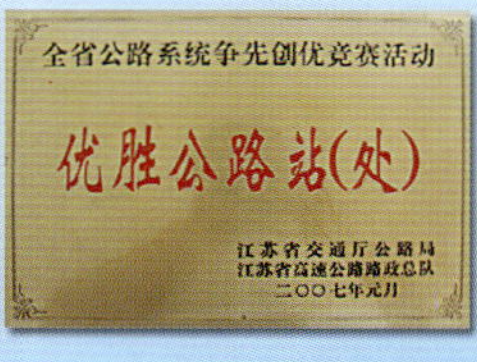

◇ 开展路政管理及农村公路管养宣传活动

◇ 整治公路乱堆乱放

◇ 公路管理队伍

◇ 养护路边绿化带

◇ 养护管理示意图

江苏公路
JIANGSU HIGHWAY

溧水县公路管理站
LI SHUI XIAN GONG LU GUAN LI ZHAN

南京苏通路桥工程有限公司成立于1997年5月，是由县公路管理站和县交通建设投资有限公司合股组建的新型工程施工企业。设6个职能部门及4个施工项目部，有各种机械设备69台(套)，价值1684万元。公司拥有路基、路面二级专业施工资质及三级市政总承包资质。注册资金1700万元。

公司经营宗旨为“诚信务实，开拓创优”。经营方针为“立足南京，面向江苏”。公司先后参与南京市境内国省干线公路的改造工程，特别是在宁高高速一期K7标，省道高望公路B4标，205国道A5标，104国道A4标，312国道A1标，南京绕城公路A4标，省道宁高公路B3标，省道123双牌石至狸桥A1标，省补农村公路改造工程A1、A2标，省道243A4标，省道246改造工程A2标、A5标以及石湫影视城等各项工程建设中，强化工程施工基础管理，工程质量达到优良等级，受到上级业务主管部门的充分肯定。

新添设备：投入400万元，购置水稳拌合楼、推土机、挖掘机、路拌机、压路机、破碎锤。

◇ 省道S123A1标公路段

◇ 省道S243A2标公路段

◇ 省道S243A4标公路段

◇ 新购置的水稳拌合楼

◇ 省道S246建设工程A2标项目部

◇ 新购置的压路机

代表工程：123省道双牌石至狸桥段省干线公路工程
省补农村道路改造工程
243省道镇江至禄口机场段扩建工程A4标段
243省道南京段建设工程A2标段
246省道溧水至苏皖省界公路工程A2标段
246省道溧水至苏皖省界公路工程A5标段
石湫影视城主干路工程

◇ 施工现场

南京公鼎建设工程质量检测有限公司是县公路管理站独资成立的检验技术服务单位。公司于2010年6月7日取得工商营业执照，具备独立法人资格。

公司现有人员22名，其中工程师8名，助理工程师5名，技术员1名，会计师1名。持有试验检测工程师证书5人，试验检测员证书13人。

公司现有试验仪器设备103台套，资产约43万元，试验室用房面积335平方米。

公司下设3个科室．14个分室．3个科室为检测一科、检测二科、综合办公室。检测一科有土工室、集料室、水泥室、水泥混凝土室、力学室、标养室、化学分析室；检测二科有沥青室、沥青混合料室、现场检测室；综合办公室有收样室、留样室、档案室、办公室。公司检测环境条件满足检测标准要求。

公司承诺：按照国家有关行业规范和公司组织形式，以经济效益为中心，以现代管理为依托，以科技进步为动力，对社会出具公证性数据。

◇ 专业检测

◇ 专业检测

南京同泽工程监理有限公司成立于2007年4月，注册资金50万元，由县公路管理站全额投资，主要经营项目为建筑工程造价咨询、招投标代理；道路、桥梁设计，工程施工监理。公司执行董事叶立进，总经理李晓方，总工程师曹广武。公司现有人员42人，高级工程师3人，工程师18人，经济师、会计师各2人，其中有监理专业资格的11人。

公司确立“立足本县，走向全市，稳建发展，诚信创优”的发展理念，坚持“优质服务，质量第一，信誉第一”的服务承诺，按照“严格监理，热情服务，秉公办事，一丝不苟”的原则完成每一项监理任务。

溧水县体育局

县体育局是县人民政府主管全县体育工作的职能部门，内设办公室、群体竞赛科、体育彩票管理中心3个职能部门，下辖少体校、业余体育运动学校、体育场3个事业单位，在编人员14人。

自1956年5月成立县体育运动委员会（现为县体育局）以来，全县群众体育、竞技体育、体育产业等各项体育工作取得长足发展。

近年来，县体育局深入贯彻落实《体育法》、《全民健身计划纲要》和《全民健身条例》，成功举办县第二届运动会、首届农民运动会、第四届“老有所乐”运动会等大型综合性赛事。参加南京市第十九届运动会青少年部比赛，团体总分历史性地进入前八名。在新农村体育健身工程、镇体育健身中心、社区健身点建设、农民体育幸福工程等活动中建设大量的公共体育健身设施，举办各级各类丰富多彩的群众性体育活动。溧水体育公园现代化的体育场、全民健身中心、体育馆建成并交付使用。2010年溧水县被命名为江苏省体育强县。

◇ 由县体育局牵头组织的国民体质监测

◇ 公园健身路径

◇ 溧水体育公园

形式多样 丰富多彩的群众体育

◇ 承办全国象棋甲级联赛

溧水县国土资源局

◇ 全县国土资源系统工作会议

◇ 县领导视察地质灾害隐患点

主要职责：

一、承担保护与合理利用全县土地资源、矿产资源等自然资源的责任。

二、承担规范全县国土资源管理秩序的责任。

三、承担优化配置全县国土资源的责任。

四、负责规范全县国土资源权属管理。

五、承担全县耕地保护的责任，确保规划确定的耕地保有量和基本农田面积不减少。

六、承担节约集约利用土地资源的责任。

七、承担规范全县国土资源市场秩序的责任。

八、负责全县矿产资源开发的管理。

九、负责管理全县矿产资源储量。

十、承担地质环境保护的责任。

十一、负责地质灾害防治的组织、协调、指导和监督。

十二、依法征收土地、矿产资源收益，规范、监督资金使用，拟定土地、矿产资源参与经济调控的政策措施。

十三、按规定负责系统干部管理和队伍建设及党群工作。

十四、承办县委、县政府交办的其他事项。

◇ 土地储备—石板桥地块

◇ 农田整治

◇ 发布征用土地和征地补偿安置方案公告

◇ 查处违法用地现场

◇ 土地整理宣传石碑

◇ 现场扣押非法开采机械

◇ 白马镇朱家边村天一砖瓦厂复垦前后

中山铸造 ZHONGSHAN FOUNDRY

南京市溧水中山铸造有限公司

NANJING LISHUI ZHONGSHAN FOUNDRY CO., LTD.

◇ 董事长　汤志贤

南京市溧水中山铸造有限公司位于永阳镇风景秀丽的中山水库南侧，紧邻314省道，距禄口机场20余公里。公司是中国铸造协会成员，南京市铸造协会理事单位，南京市“AAA级重合同守信誉单位”，南京市最大的铸造企业之一。

公司占地6万平方米，固定资产近亿元，有员工450余人，其中高级工程师及工程技术人员88名。

公司主要生产各种类型机床铸件、电机机座、高精齿轮箱体、汽车配件、空压机部件、水泵泵体、各类阀体等各种灰铸铁和各种牌号的球墨铸铁产品。产品远销美国、欧盟、日本、巴西、韩国、台湾等国家和地区。2003年通过ISO9001：2000质量管理体系认证，2010年获14000环境管理体系和职业健康安全管理体系认证证书。

公司拥有60T/h粘土砂处理生产线；10T/h、20T/h树脂砂再生生产线；7T/H冲天炉，10T/H水冷薄衬环保冲天炉；0.75T中频感应电炉，8T中频感应电炉；大型通过式清理抛丸室，80吨退火炉等大型设备。物理、化学检测设备齐全，具有生产单件重量几公两至35吨以内铸件的能力，年生产能力3万吨。

公司致力于新技术的推广和应用，力争做到：产品精益求精，服务尽善尽美。以一流的技术，一流的质量，一流的服务，与您携手共创未来。

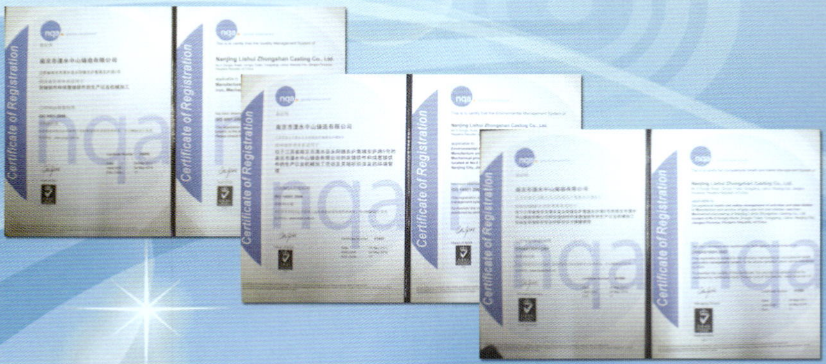

地址：南京市溧水永阳东庐
电话：025—57480020
传真：025—57481442
网址：www.njzz.com
邮箱：njtxcn@126.com

机床系列
电机系列
◇ 500电机机座
◇ 560电机机座
◇ Yb2系列防爆电机
◇ 电机端盖系列
水泵配件系列
南京市溧水中山铸造有限公司

南京市溧水吴村桥严景万茶场

NANJING SHI LISHUI WUCUNQIAO YANJINGWAN CHA CHANG

吴村桥严景万茶场专业从事茶叶种植、加工、销售一条龙生产经营，是溧水县茶叶产业的龙头之一。

1983年严景万承包吴村桥林场，把一个原本只有6.47公顷的荒芜小茶园，发展到233公顷的现代化茶场，其中无性系良种茶园93.33公顷，富硒生态茶园86.67公顷。建有白茶专业合作社，是南京地区目前综合规模最大的民营茶场。茶叶品种除本地常规品种外，有安吉白茶、黄山小叶种、龙井长叶。20世纪90年代初，严景万投入20多万元，添置机械设备，建起制茶厂。进入新世纪，投入200多万元，新建1000多平方米的标准化制茶厂房，添置30多台套先进的制茶设备，建成初具规模的现代化制茶厂，拥有无公害茶、有机茶等茶叶生产线5条，干茶年加工能力达60万公斤。

◇ 市委书记朱善璐视察严景万茶场

◇ 县委书记项雪龙到严景万茶场视察

◇ 县纪委书记林建乐陪同省经贸委领导视察严景万茶场

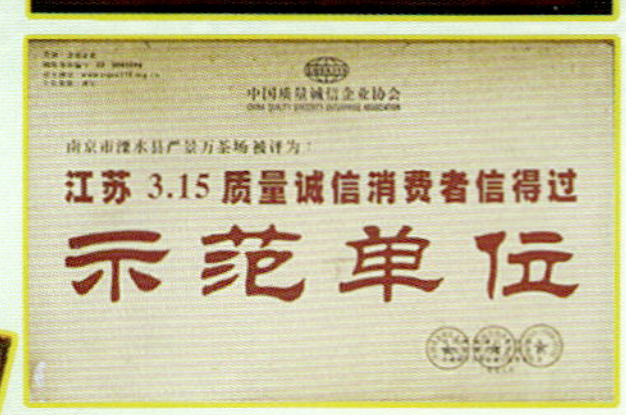

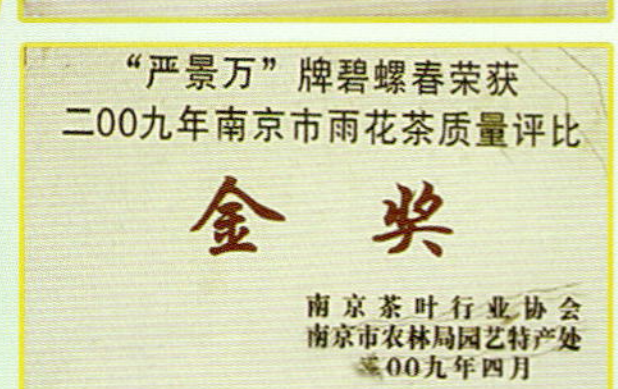

◇ 有机茶园

◇ 无公害大棚茶园

溧水县卫生局

◇ 局长汤世春陪同县委书记项雪龙视察县人民医院新址工程

截至2010年底，溧水县有各级各类医疗卫生机构16个，其中县级医疗机构2个，局属单位4个，镇卫生院10个（中心卫生院3家）。县、镇两级医疗卫生机构人员总数1489人。

2010年，县卫生局紧紧围绕“人人享有基本医疗卫生服务”的奋斗目标，坚持从实际情况出发，把握医药卫生体制改革方向，抢抓发展机遇，稳步深化改革，全县卫生事业发展成绩明显。基本药物制度改革取得初步成效，全年实现基本药物零差率销售1541万元，让利于民955万元，门诊次均费用和住院次均费用分别较上年同期下降6.34%和19.06%；新型农村合作医疗制度得到加强，全县新农合人均筹资标准230元，筹集新农合资金7027.44万元，全年补偿97万人次，补偿总金额7196万元；基本公共卫生服务均等化逐步显现，全面启动新一轮10类27项基本公共卫生服务项目、孕产妇补服叶酸等重大卫生服务项目；医疗卫生服务体系建设巩固发展，县人民医院新址迁建工程建设进展顺利，县人民医院顺利通过二级甲等医院复核评审，和凤中心卫生院门诊楼、晶桥中心卫生院病房楼工程启动建设，洪蓝姜家、晶桥枫香岭、和凤乌飞塘等一批新建或改建卫生室投入使用。以“创先争优”活动为抓手，以“加强医德医风建设、规范医疗行为、全面改善医疗服务”专项行动为主线，深入开展人文精神、医学伦理、窗口规范服务示范等活动，全力打造卫生行业新形象。

◇ 卫生部督导溧水县农村癫痫管理项目

◇ 市人大常委会副主任金实、市卫生局局长胡万进调研溧水县基层医疗卫生机构，局长汤世春陪同

◇ 2010年全县卫生系统"三好一满意"活动动员暨庆祝"五·一二"国际护士节大会

◇ 医务工作者积极参加无偿献血

◇ 医务专家现场为群众义诊

◇ 城区公共卫生服务中心

◇ 新建成的溧水县人民医院

溧水县人口和计划生育局

2010年，全县人口和计划生育工作坚持以人为本，继续稳定低生育水平，提高出生人口素质，改善人口结构，促进人口合理分布，全面推进“新农村新家庭计划”项目和人口计生信息化建设，加快“世代服务”机构体系全覆盖，深化人口计生综合改革，探索并逐步把握全县人口与经济社会资源环境协调发展和可持续发展的规律，为全县加快转型发展、创新发展、跨越发展创造良好的人口环境。

◇ 省人口计生委主任孙燕丽、市人口计生委主任姬桂玲等领导视察溧水县人口计生工作

◇ 开展人口计生系统民主评议政风行风工作

◇ 人口计生信息化建设

◇ 开展《流动人口计划生育工作条例》宣传，推动流动人口计生公共服务均等化

◇ 企业持独生子女父母光荣证退休职工获一次性奖励

◇ 县、镇、村三级“世代服务”机构体系全覆盖

◇ 石湫镇计划生育服务站被国家人口计生委命名为“全国计划生育优质服务乡级示范站”

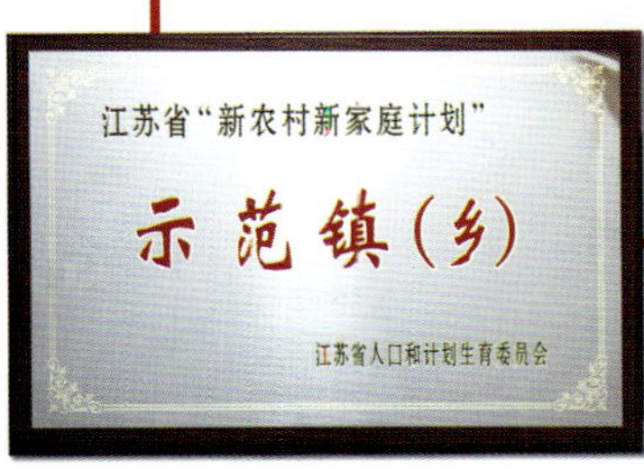

◇ 永阳镇被省人口计生委表彰为“全省第二批新农村新家庭计划示范镇”

◇ 开发区富滨村被国家人口计生委、中国计划生育协会联合表彰为“人口和计划生育基层群众自治示范村居”

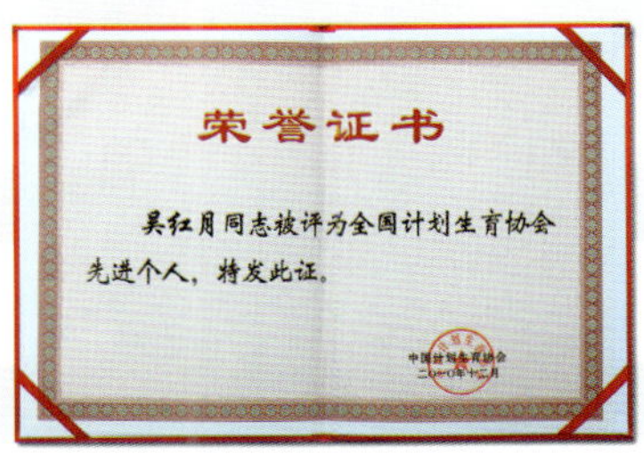

◇ 县人口计生局局长吴红月被中国计划生育协会表彰为“全国计划生育协会先进个人”

ICBC 中国工商银行 溧水支行

中国工商银行溧水支行隶属南京分行，支行本部位于县城珍珠南路15号，下设营业部、中大街支行、交通路支行、开发区支行、柘塘支行（筹建）5个网点及通济街自助区。现有员工近百人，对外办理的业务有：本外币个人储蓄、本外币对公结算、贷款业务、贸易融资业务、各项代理业务、理财业务、电子银行业务、贵金属业务等。

近年来，全行上下紧紧围绕分行“转型发展、创新发展、跨越发展”的工作要求，各项业务实现快速均衡增长，各项工作平稳有序运行，全行经营风险总体控制较好。先后获工行江苏省分行精品县支行、十佳县支行、文明建设先进单位称号，被评为工行江苏省分行营业部先进集体和溧水县2010年度服务业先进单位。

中国工商银行溧水支行以工总行“工于至诚、行以致远”的企业文化为指引，心系客户，着眼共赢，力争成为县域内最优秀、最受尊重的现代金融企业，为溧水经济快速腾飞添砖加瓦。

支行服务地址及热线

支行客服热线
溧水县珍珠南路15号　57212250（行长室）　57213216（办公室）

支行营业部
溧水县珍珠南路15号　57217442　57218388

中大街支行
溧水县中大街58号　57212854　57212894

交通路支行
溧水县通济广场13-1046号　57213215

开发区支行
溧水县开发区团山西路1号（开发区管委会新址）　56212183

柘塘支行（筹建中）
溧水县柘塘柘宁东路128号

通济街自助区
溧水县通济街华帝商城9号

公司客户业务　57215002　57200102
个人客户融资　57213912　57212216
个人客户理财　57211354

电话银行：95588
网站：www.icbc.com.cn
手机银行（WAP）：wap.icbc.com.cn

ABC 中国农业银行

溧水县支行

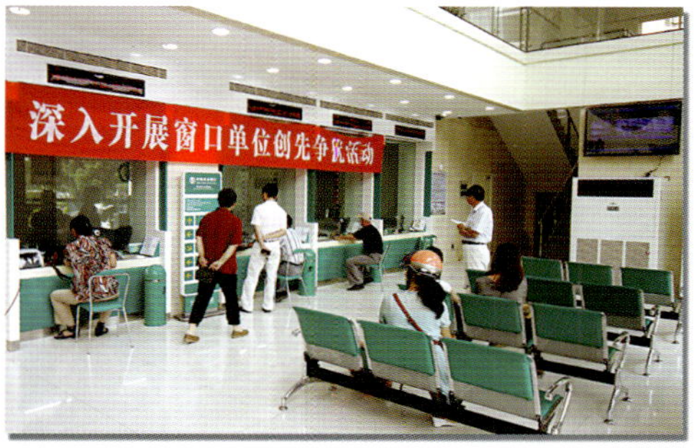

◇ 现金业务区

2010年，中国农业银行股份有限公司溧水县支行围绕发展、转型、提质、增效主线，不断转变增长方式，加快业务有效发展，各项工作健康快速发展。

人民币两项存款余额34.76亿元，比年初增加6.82亿元。各项贷款余额16.8亿元，比年初增加7.17亿元。存贷款增量均列全县同业之首。全年实现拨备前利润6288万元，比上年增加3067万元。

◇ 非现金业务区

◇ 自助服务区

中国建设银行股份有限公司溧水支行

◇ 党支部书记、行长　甘宗伟

2010年，中国建设银行股份有限公司溧水支行围绕“转型发展、稳健发展、创新发展、和谐发展”总体工作要求，强化管理，统筹发展，各项业务发展取得历史性进展，管理水平得到不断提升。至年末，一般性存款余额15.21亿元，较上年末新增2.86亿元；贷款余额10.33亿元，较上年新增2.97亿元。实现利润3229.43万元，比上年增加653.93万元。

◇ 营业大厅

◇ 领导班子成员

◇ 中山路营业厅

◇ 大东门街营业厅

◇ 通济街营业厅

溧水县国税局

——LI SHUI XIAN GUO SHUI JU

县国税局坚持服务经济社会发展大局，以积极组织收入、强化税源管理、优化纳税服务和提升干部素质为主线，全面发挥税收职能作用，2010年完成各项收入15.21亿元，比上年增长28.73%。

一、夯实税收征管基础。强化增值税一般纳税人行业税负管理，全年一般纳税人增值税税负2.72%，在南京市国税系统17家收入核算单位中排名第四。汇算清缴亏损面、零申报面和微利申报面全面下降，预缴率98.5%。查账征收个体征税面由年初的37%上升到60%。清理企业陈欠税款57.4万元，全年无新欠税。

二、提升税收风险应对管理水平。及时掌握和分析21户重点税源企业的生产经营和税收情况，应用纳税提醒、实地核查等手段开展服务性调研，补缴入库税款849万元。开展纳税评估166户，入库及调减留抵增值税1340万元，入库企业所得税及调减亏损1894万元，加收滞纳金74.6万元。审核有问题企业24户，补缴企业所得税40.5万元，调增应纳税所得额447.4万元。

◇ 局领导班子成员

◇ 局长王拥军在局核心价值观评选活动上讲话

◇ 省国税局副局长徐火财视察县国税局办税服务厅叫号系统

三、加强税收法制建设。充分发挥税收执法考核信息系统的监督作用，将税收执法考核和岗位责任制考核相结合，确保税务人员执法规范到位。依法加大税务稽查力度，强化对房地产、废旧物资等重点风险行业检查力度，全年查补入库各类税款、罚款和滞纳金3727万元，比上年增加1664万元。

◇ 办税服务厅工作人员向纳税人提供满意服务

四、提高纳税人满意度。成立“纳税人之家”，规范纳税咨询管理。建立纳税辅导中心，开展业务培训和最新政策解读。创新基础管理运行方式，办税服务厅设立大综合受理窗口，简化办税程序，办税效率和服务质量显著提升。

◇ 办税服务厅

五、加强队伍建设。通过举办国税文化讲坛、管理论坛，举行核心价值理念评选等活动，提高干部文化素养。组织“岗位培训、技能达标、能手竞赛”活动，促进干部业务技能整体提升。聘请10名纪检、监察、检察机关等县级机关人员为县国税局特约监察员，聘请县各行各业30名纳税人代表，建立外部监察员队伍，开展“勤廉双述双评”活动，提高勤政廉政外部监督力。县国税局在2010年度全县政风行风“万人评议”和文明指数测评中名列前茅，获县级文明机关创建工作先进单位称号。

溧水县农村信用合作联社

◇ 理事长　肖 桦

◇ 溧水信用联社科学发展观第三阶段转段及主任工作会议

溧水县农村信用合作联社是由自然人和法人入股组成、经省银监局批准成立的具有独立法人资格的地方性农村合作金融组织。注册资本1.5亿元，下辖1个营业部、18个信用社、3个信用分社，内设办公室、人力资源部、业务拓展部、风险控制部、财务会计部、资产保全部、科技信息部、监察保卫部、稽核审计部、合规部等职能部门。在职员工271名，其中大专以上学历232人，具有初级以上职称者195人，党员103人。

县农村信用合作联社立足服务“三农”不动摇，坚持以发展为第一要务，以控险为第一责任，以服务为第一手段，不断强化约束激励机制，各项业务得到快速发展。县联社先后被授予2003～2005年度省文明单位、2005～2007年度省文明单位、2007～2009年度省文明单位、2007～2009年度市文明单位、2008～2009年度县机关党建工作先进单位、2009年度县平安金融建设先进单位、2009年省小企业金融服务工作先进单位等称号。截至2011年5月末，各项存款余额达40亿元，各项贷款余额超30亿元，是全县市场份额最大、网点优势最强、服务层面最广的金融机构。

LI SHUI XIAN NONG CUN XIN YONG HE ZUO LIAN SHE

◇ 溧水信用联社系统工作会议

中国人民财产保险股份有限公司溧水支公司

近年来，中国人民财产保险股份有限公司溧水支公司（简称人保财险溧水支公司）不断增强忧患意识，转变思维方式，更新发展观念，强化内部管理，提升服务质量，以效益为中心，以市场为导向，走理性经营之路，走科学发展之路。人保财险溧水支公司从自身实际出发，一方面规范经营，严格执行保监会及行业协会的各项规定和要求，在经营中不打价格战，不搞其他无序竞争手段；另一方面理性发展，着力优化和调整业务结构，努力提高经营效益。通过外拓市场、内强管理，公司业务得到稳步推进，内部各项精细化管理水平逐步提升。

◇ 总经理　丁　良

◇ 培训农村协保员

人保财险溧水支公司始终坚持“笃守信誉、忠诚服务”的经营宗旨，充分发挥中国人保财险的人才、信息、网络、资金、管理等优势，忠实履行“人民保险为人民”的庄严承诺，以优质的服务和良好的信誉致力于全县的经济发展和社会稳定，得到社会各界的支持和关怀，赢得良好的声誉。

◇ 保险理赔款送到农户家中

◇ 营业大厅

◇ 参加市分公司举行的职工运动会

◇ 爱心捐款

◇ 参加市分公司职工文艺汇演

溧水县教育局 LI SHUI XIAN JIAO YU JU

县政协副主席 教育局局长 全国优秀教师 省特级教师 严必友

县教育局是县政府主管全县教育的职能部门。下辖各级各类学校（园）83所，在校（园）学生5.26万人，教职工4590人，专任教师3651人。2010年，全县教育事业发展取得显著成绩。

一是教育发展水平进一步提升。高质量通过省教育现代化建设水平评估，易地新建实验小学进入规划设计阶段，继续推进“校安工程”，获市校舍修建与管理工作检查评比一等奖。江苏省溧水高级中学通过“四星”复评，东庐中学、石湫中学被确认为首批市推进素质教育示范初中，江苏省溧水高级中学、东庐中学、县实验小学获市基础教育课程改革先进集体称号，“东庐教学模式”获首届市基础教育教学成果奖评比特等奖。通过“江苏省语言文字工作达标县”评估，职业教育中心校成功晋级省四星级中等职业学校。

◇ 局领导班子成员

二是教育教学管理进一步规范。接受省对县政府教育工作督导评估考核。首次进行办园水平评估，规范民办学校管理。加大学校安全人防、物防、技防建设力度，严格学校门卫制度，成立校园保安大队。

三是教育教学质量进一步提高。开展县第十届中小学生艺术月活动，江苏省溧水高级中学合唱团获市合唱节比赛一等奖，洪蓝小学获市古诗文诵读一等奖。高考万人本科达线率继续位居全省前列，二本以上达线1143人，中考优分率和生均总分在全市继续领先。

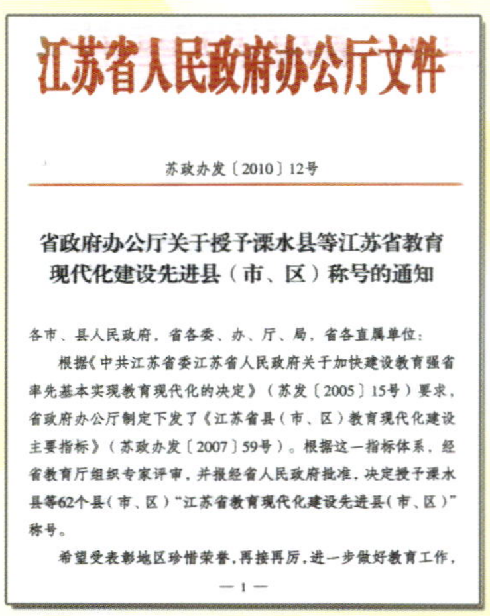

江苏省人民政府办公厅文件

苏政办发〔2010〕12号

省政府办公厅关于授予溧水县等江苏省教育现代化建设先进县（市、区）称号的通知

各市、县人民政府，省各委、办、厅、局，省各直属单位：

根据《中共江苏省委江苏省人民政府关于加快建设教育强省率先基本实现教育现代化的决定》（苏发〔2005〕15号）要求，省政府办公厅制定下发了《江苏省县（市、区）教育现代化建设主要指标》（苏政办发〔2007〕59号）。根据这一指标体系，经省教育厅组织专家评审，并报经省人民政府批准，决定授予溧水县等62个县（市、区）“江苏省教育现代化建设先进县（市、区）”称号。

希望受表彰地区珍惜荣誉，再接再厉，进一步做好教育工作，

— 1 —

四是师资队伍建设进一步加强。加强领导班子队伍建设和师德师风建设，2名教师被评为省第11批特级教师，4名教师被评为市第六届学科教学带头人。充实教师队伍，公开向社会招录新教师37人。

◇ 特级教师

五是教育自身形象进一步优化。与基层学校（园）负责人签订党风廉政责任书，继续推进政务、校务公开，开展对离任校长经济责任审计工作。议案办理的满意率和基本满意率为100%。落实教育惠民政策，建立完善从幼儿教育到高等教育全覆盖助学体系，全年发放助学券147.1万元，发放职教助学金367.35万元，继续做好特殊教育全免费、低收入纯农户家庭子女免收校车费工作。开展“万名党员进万家”活动，全年走访慰问困难群众364户。

溧水县教师进修学校

县教师进修学校始建于1955年，2003年搬迁至县城毓秀路54号。学校占地2.29万平方米，建筑面积1.15万平方米，绿地面积1.04万平方米、绿化面积1.12万平方米，绿地率、绿化率分别达到45%、49%。全校在编教职工40人，其中教育硕士1人，具有本科学历教师22人，中高级职称教师25人。

◇ 校　长　周旭东

◇ “十一五”师干训总结表彰暨“十二五”师干训动员会

◇ 陕师大网院溧水学习中心本科学员毕业典礼

◇ 引智培训

2010年获江苏省平安校园称号；
2010年被评为市2007～2009年度文明单位；
2010年获市“十一五”教师（校长）继续教育工作先进集体；
2010年青少年校外活动中心获市科普教育示范基地称号。

◇ 机器人进校园

溧水县第二高级中学
LI SHUI NO.2 HIGH SCHOOL

◇ 2008年6月5日，副省长何权视察学校

◇ 2010年11月27日，创建四星级高中现场考察意见通报会

◇ 校运动会

◇ 在建的图文信息中心效果图

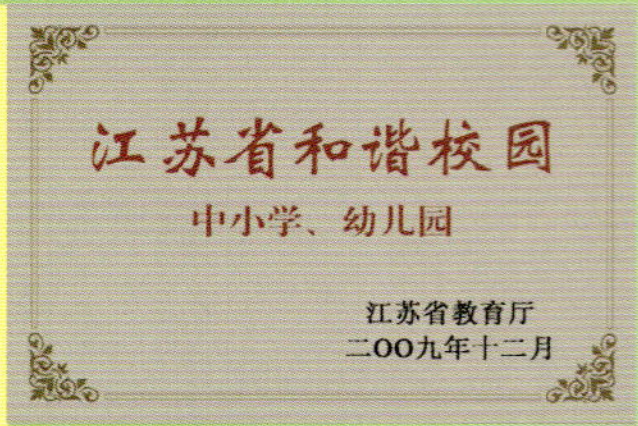

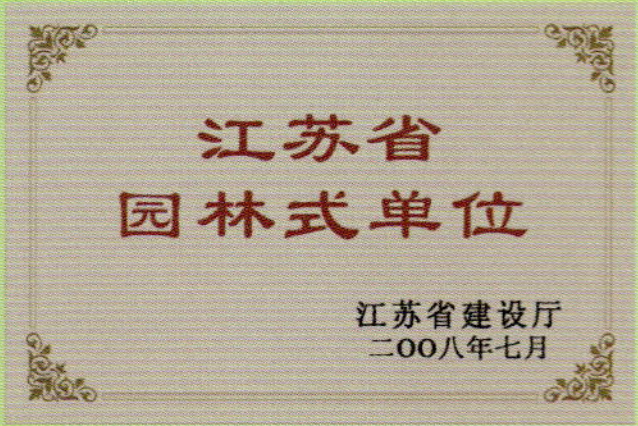

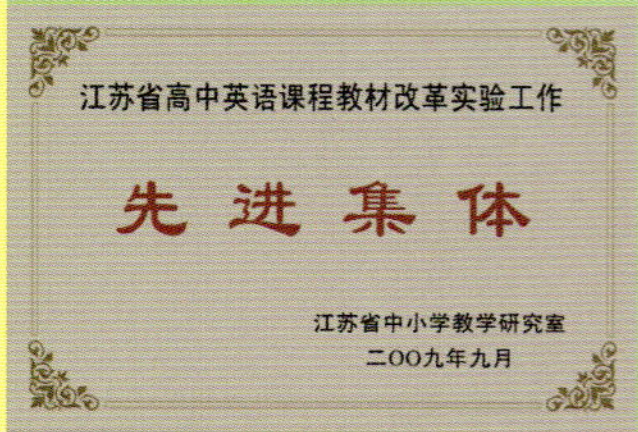

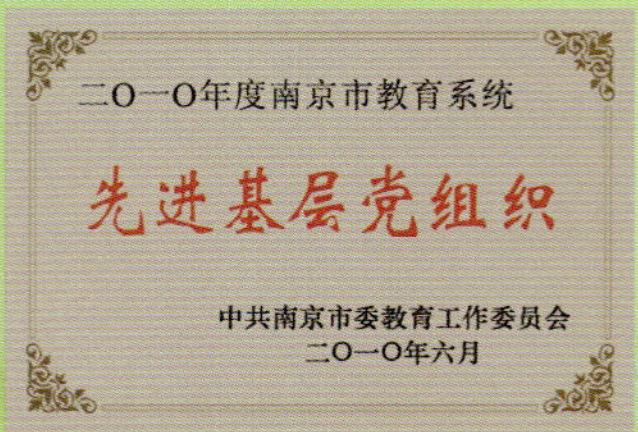

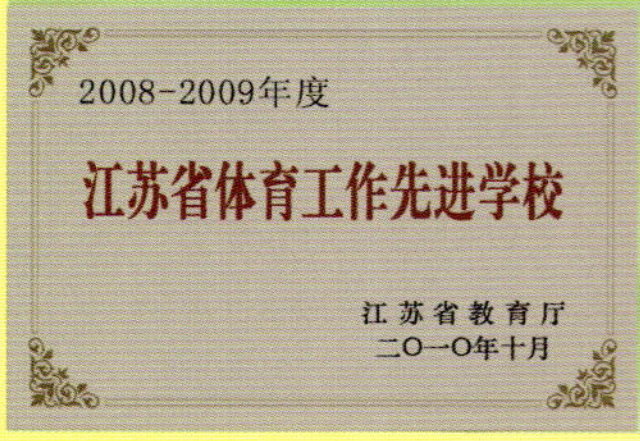

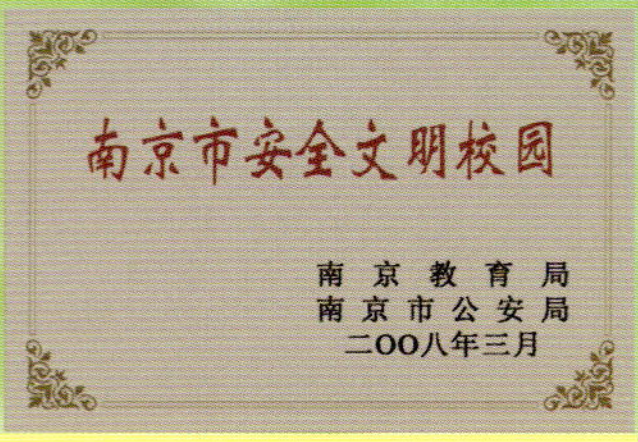

◇ 校园

溧水县第二高级中学位于永阳镇毓秀路5号。创办于1981年，原名溧水县第二中学，1997年被确认为南京市重点中学。2004年6月初、高中分设，成立溧水县第二高级中学，2005年1月被省教育厅命名为省三星级普通高中。2010年11月，通过省四星级普通高中现场评估。

学校现有专职教师194人，其中硕士研究生6名，在职教育硕士30人，中学高级教师57人，中学一级教师63人。省中学特级教师1人，省优秀教育工作者2人，省学科优秀青年教师5人，市第二届陶行知奖1人，市级优秀教师56人次，县级骨干教师84人次，校教坛新秀35人。

学校积极推进素质教育，努力提高教学质量。把美术教育作为素质教育的重要方面和突破口，坚持文化与艺术教育、审美与综合素质、合格与特长培养并进，在高中课程改革深入推进中，坚持优质发展、特色发展、错位发展、多元发展，体现学校的办学优势。

学校坚持走内涵发展之路，取得显著的办学绩效，先后获全国“十一五”教育科研先进集体、首批省和谐校园、省高中英语课程改革实验工作先进集体、省体育工作先进单位等26项省级及以上荣誉称号，获市教育系统先进基层党组织、市普通高中发展性评估综合奖和绩效评估优秀奖等36项市级奖励和荣誉称号。

◇ 组织学生到南京农业大学社会实践

◇ 数字化地理实验室

溧水县第三高级中学

学校现为江苏省三星级高中。占地面积6.42万平方米，建筑面积2.66万平方米，绿化面积1.15万平方米。学校拥有教学楼2幢、图书楼1幢、科技楼1幢、艺术楼2幢、学生宿舍楼2幢、学生食堂2个、教工食堂1个、篮球场4个、足球场1个、塑胶运动场1个。学校所有教室和功能室都安装多媒体教学设备和空调。校园环境全部达到硬化、绿化、美化、净化的标准。

学校现有47个班级，近3000名学生。教职工230人，专任教师177人，其中中高级职称占70%以上。2010年，有市学科带头人、市优秀青年教师8人，县学科带头人、县优秀青年教师32人；拥有一支以省师德模范、市师德标兵、市劳动模范和优秀教育工作者为代表的优良教师队伍。

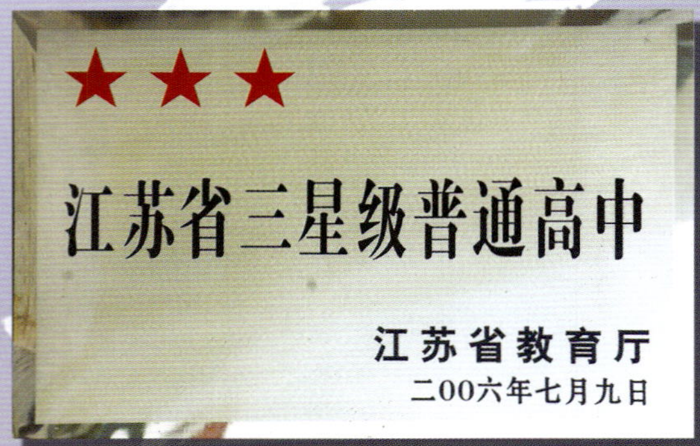

◇ 学校夜景

◇ 学校宣传片封面

励志笃行

学校秉承“励志笃行”的校训，不断创新，培育特色，艺术教育成效显著，先后有多位同学被中央音乐学院、中央美术学院、中国美术学院等艺术名校录取，有近600名学生被艺术类本科院校录取，连年高考受到市、县教育局的表彰奖励，社会美誉度日渐提升。学校先后被评为省法制宣传先进单位，市德育先进学校，市民主法治单位，市、县先进基层党组织，县文明单位，县安全稳定工作先进单位，县中小学校园管理先进单位等。

◇ 艺术教育

◇ 学校新貌

办学理念：

行业、企业、专业　成人、成功、成才

江苏省溧水中等专业学校

Jiangsu Lishui Secondary Specialized School

南京广播电视大学溧水分校

Lishui Branch Of Nanjing Raido and TV University

江苏省溧水中等专业学校暨南京广播电视大学溧水分校是一所集中职、高职、成人教育和职前职后培训于一体的多门类、多层次、多功能、现代化综合型中等专业学校。1999年8月，通过国家级重点职业学校的评估验收。2000年，全县教育布局调整，与南京电大溧水分校合并。学校占地13.33公顷，建筑面积5.1万平方米。实验实训面积8500平方米。全日制在校生3500余人，成人学历教育学员1800人，各类培训4000人次/年。学校现有机电工程部、电子工程部、信息工程部3个专业教学部和综合高中部，机电技术应用、电子技术应用、计算机及应用3个省级示范专业。学校是省数控专业技能紧缺型人才培养培训基地、县高技能人才公共实训基地、县农村劳动力转移培训基地。

2009年获省职业教育和社会教育先进单位称号。2010年2月被省教育厅授予江苏省四星级中等职业学校称号。

◇ 全国人大常务委员会副委员长何鲁丽到校视察工作

◇ 劳动部副部长张小健视察实训基地

◇ 中央电大校长葛道凯教授到校视察工作

◇ 县委书记项雪龙和原市教育局局长徐传德到校视察

学校座落在环境优美、交通便利的溧水经济开发区内。“十一五”期间，学校顺利完成省四星级中等职业学校创建，2010年12月，学校被授予南京市园林式校园称号。学校紧紧围绕地方支柱产业，加强机电、电子、计算机、建筑、财经、旅游、农学7大专业建设，大力推进校企合作，助推县域经济和社会事业发展。

多彩校园

溧水县第一初级中学

LISHUIXIAN DIYI CHUJIZHONGXUE

◇ 融洽的师生关系

◇ 文艺演出

◇ 插竹亭

◇ 方成院士讲学

◇ 科学家顾为东讲学

◇ 著名作家曹文轩讲学

县第一初级中学坚持“规范管理，提升内涵，确保质量”的方针，大力推进校园文化建设，各项工作取得骄人成绩。该校现有教职工180名，本科以上学历达95%，48名教师被确定为县以上名特优骨干教师。在校学生2300名，学校坚持推进素质教育，不断提高教育教学质量，每年向重点中学输送400多名优秀学生。先后获省文明单位、市首批园林式校园等荣誉称号。

溧水县东庐中学

LI SHUI XIAN DONG LU ZHONG XUE

2010 年，东庐中学秉承“合融”教育理念，与时俱进，开拓创新，获首届南京市基础教育教学成果特等奖、首届江苏省基础教育教学成果特等奖、江苏省基础教育课程改革先进集体、全国基础教育课程改革教学研究成果三等奖、全国初中教育改革创新示范校等荣誉。

至年底，全国已有千余所学校在使用或借鉴“东庐模式”，到东庐中学考察的领导、专家、教师达 20 万人次，到学校挂职学习的领导、教师达 800 人次；东庐中学领导、教师应邀赴省内外兄弟学校交流、研讨达 600 人次。

◇ 市教育工委书记徐传德视察学校工作

◇ 华东师范大学陈玉琨教授为学校教师作报告

◇ 市教育局局长吴晓茅视察学校工作

◇ 与江西部分学校开展交流活动

◇ 县长姜明到学校视察指导

◇ 史正红老师为教师上示范课

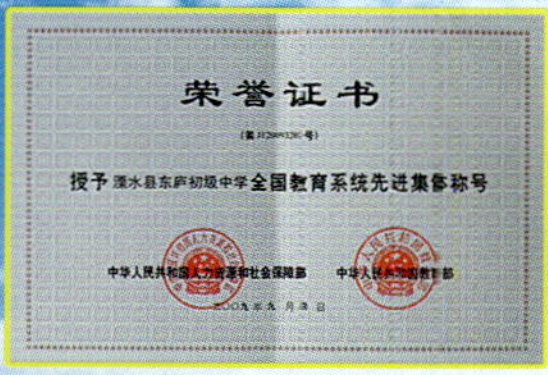

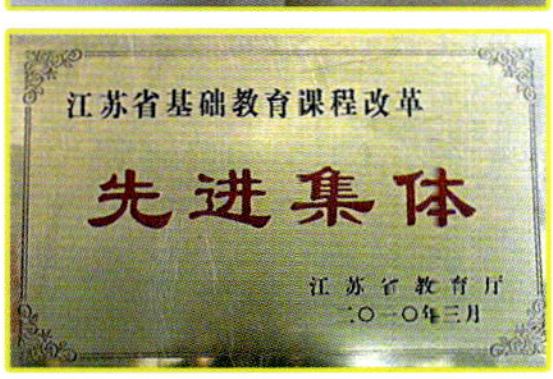

◇ 2010 年 4 月，市教研室主任左坤在东庐中学给参加培训教师作报告

◇ 东庐中学教师在“全国讲学稿研究会”二届一次会议上进行示范教学

◇ 2010 年溧水县初中教学工作会议在东庐中学召开

◇ 学生元旦海报设计比赛现场

◇ 元旦文艺联欢会

◇ 元旦冬季趣味运动会

溧水县白马中学

LI SHUI XIAN BAI MA ZHONG XUE

白马中学创办于1958年，学校总面积7.94万平方米，其中校舍建筑面积1.12万平方米，绿化面积2.43万平方米。学校现有20个班级，中学高级教师26人，中学一级教师58人；县师德标兵2名，县师德先进个人2名；市学科带头人2名，县学科带头人7名；市优秀青年教师1名，县优秀青年教师4名，县教坛新秀1名。

学校确定“向德育要质量”的工作总目标，对教师提出“自我加压、提升素养，聚焦课堂、提升质量”的要求，逐步打造出一支“具有强烈事业心，具有较高业务素质和管理组织能力，深受学生和家长爱戴，被学校、家庭和社会广泛认可”的教师队伍；让学生通过3年学习生活，逐步成长为“具有健康体魄、具有强烈责任感和爱心、具有终身学习的基本能力、具有一定艺术素养”的“白中学生”。

近年来，学校落实《教师职业道德规范》、省教育厅“五严”规定和市、县师德要求，在全校教职工中开展“做阳光教师”为主题的系列师德建设活动。学校致力于课程改革，深入推进县教育局“一优二促”和“三提升”工程，省级课题《问题索引、四步导学》立项并按计划实施。学校以“聚焦课堂、关注细节”为教学管理重心，开展“课堂教学研究年”活动，努力构建科学、实用、民主、高效并具有白马中学特色的课堂学与教实施模式；在学生中开展“播种文明、养成习惯”主题教育活动，力求使“认真成为品格，规范成为习惯”。注重制度化、规范化管理，学校各项工作都取得可喜成绩。2009年获县第二届“师德先进群体”称号和县“一优二促”工程总结性评估先进单位；2007～2010年，连续4年获溧水县普通教育办学水平评估“优秀”；2009年获溧水县中考质量二等奖，2010年获溧水县中考质量一等奖。

学校各项工作得到社会的认可和各级领导的充分肯定，曾多次被评为县、镇先进集体；获得全国创建绿色学校活动先进学校、省德育先进学校、省青少年科技教育特色学校。因科技教育和绿色环保教育成绩突出，学校连年被评为省青少年科技教育先进集体，并被省少工委授予优秀少年科学院称号和青少年科技教育四星级先进集体，在溧水县历届中小学生科技创新大赛上均获优胜单位。

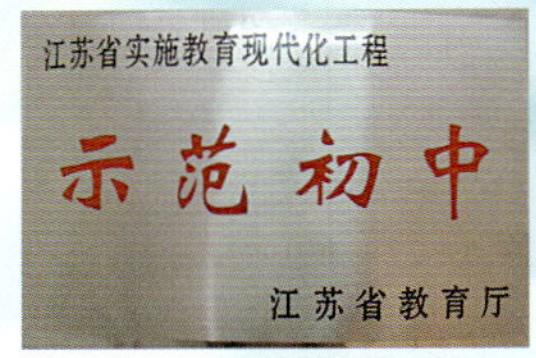

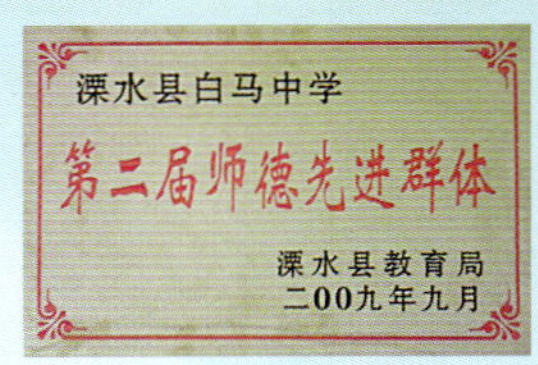

办学理念：以德立校、以人为本、民主管理

校　　训：人要精神、物要整洁

校　　风：团结勤奋、求实创新

教　　风：敬业精业、爱岗爱生

学　　风：勤学苦练、博学善思

◇ 市教科所主任刘永和在白马中学指导课题研究

◇ “课堂教学研究年”赛课活动

◇ 省级课题开题仪式

◇ 阅览室

◇ 技能创新室

◇ 美术室

◇ 体育场一角

◇ 舞蹈室

◇ 音乐室

◇ 校史室

◇ 心理咨询室——放松室

溧水县实验小学

LI SHUI XIAN SHI YAN XIAO XUE

溧水县实验小学位于永阳镇通济街实验巷15号。学校创办于1905年，前身是高平书院（后改为县立高等小学堂），1956年更名为溧水县实验小学，1978年被省、地（市）教育部门确定为重点小学，1997年9月，通过省教育厅复审验收，被重新确认为省级实验小学。

学校现有52个教学班，2812名学生，在编教职工127人，专任教师110人。专任教师中本科学历65人，大专学历36人，中学高级教师14人，小学高级教师87人，市学科带头人3人，市优秀青年教师12人，县学科带头人、优秀青年教师和教坛新秀35人，省、市优秀教育工作者、优秀班主任（辅导员）12人。

◇ 校领导班子研讨会

◇ 校园一角

近年来，学校坚持走内涵发展之路，狠抓教师队伍建设，积极推进素质教育，力求使教师做到“师德高尚，学识渊博，业务精湛，言行儒雅”，使学生成长为“性格良好，体魄健康，兴趣广泛，成绩优良”的一代新人。学校先后获第十一、十二届全国中小学生绘画、书法作品比赛优秀组织奖，第三届“好娃娃杯”全国少儿书画大赛和全国青少年“中国骄傲”、“奥运精神伴我成长”读书教育活动优秀组织指导奖。获江苏省首届和谐校园、省模范职工之家、省小学数学课程教材改革实验先进集体、省网上家长学校教育实验基地、市教育系统先进基层党组织、市第六届先进师德群体和市关心下一代先进集体、市工人先锋号、市教育科学研究基地等近20个市级以上荣誉称号。

◇ 主题班会

◇ 吴义明、王祥连工作室命名大会

◇ 班主任（辅导员）培训会议

◇ 迎新年拔河比赛

◇ 欢度“六一”

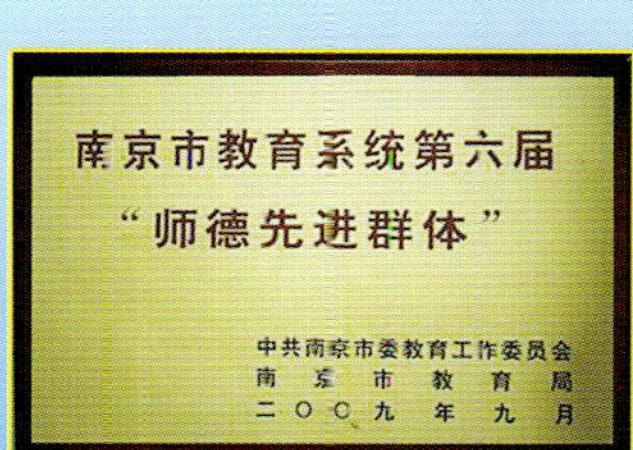

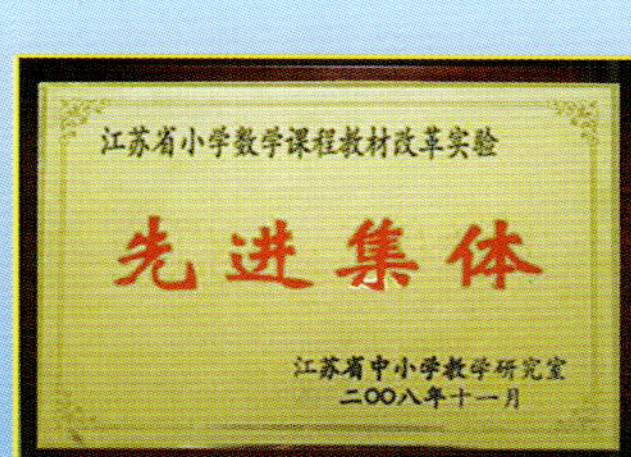

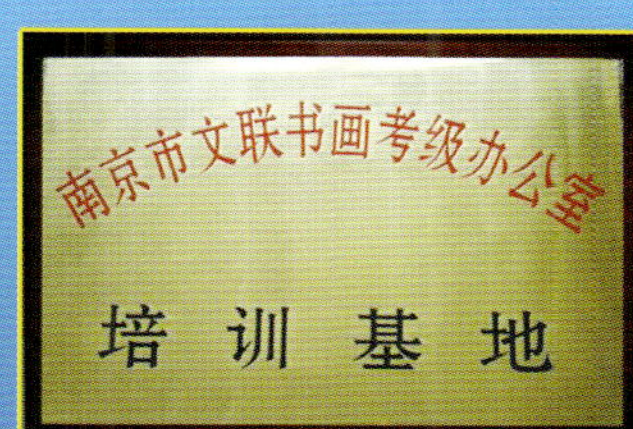

溧水县第三小学

学校位于永阳镇珍珠南路，校园面积1.9万平方米，建筑面积7782平方米，现有教学班42个，学生2379名，教职工136名。下辖东庐、新区、石家山和沙河4所完小。

办学目标：到2015年成为省内有影响的一流农村中心小学。学生的座右铭：今天我以三小为荣，明天三小以我为荣。

学校秉承“以人为本，丰富内涵，共同成长”的办学理念，全面推进素质教育，认真学习贯彻《江苏省中小学管理规范》，以促进师生发展为根本，坚持以“规范、质量、内涵、服务”为工作重点，扎实工作，先后获省实验小学、省绿色学校、市百家优美校园、市德育先进学校、市课改实验基地、科学认读先进实验单位、市首届金陵书香校园、县“十一五”教科研先进集体等荣誉称号。

学校大力开展读书教育活动，读书教育经验在省级刊物《江苏教育》、《小学语文研究》等杂志上刊载交流，读书教育凸显为学校的主要特色。学校加强与交警大队、市容局、特殊教育学校等共建单位的联系，积极组建小交警和市容小卫士队伍，进行社会实践活动。体验式德育彰显出学校的特色。

全校师生正以科学发展观为指导，以促进全体学生的发展为中心，发扬苦干争先精神，高举素质教育的大旗，朝着既定的目标迈进！

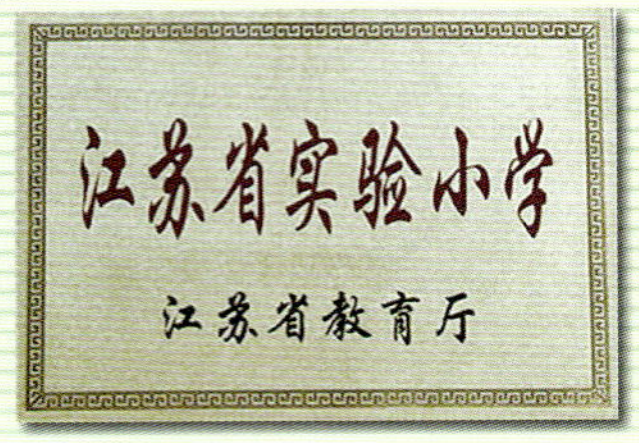

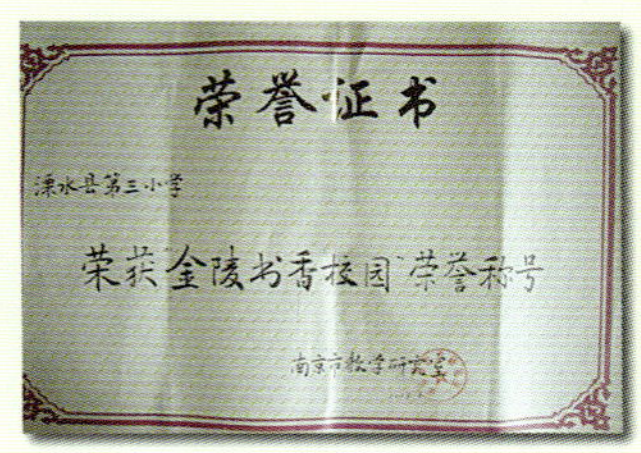

◇ 做早操

◇ 自主阅读

◇ 读书节

◇ 小交警执勤

◇ 小卫士上岗

◇ 跳蚤市场

◇ 欢度“六一”

溧水县第二实验小学

溧水县第二实验小学创办于1980年3月，是省级实验小学。学校围绕“优化素质教育，创建特色学校”的办学思路，发扬“团结、勤奋、务实、奉献”的办学风格，实中求活，实中求新，实中创特，取得丰硕的办学成果，赢得社会和家长的好评。

学校教师立足本职，敬业奉献，以课堂为阵地，视质量为生命，努力践行“教师为本，课堂为主，学生至上”的办学理念，构成全方位、多角度的教育网络，开拓有利于发展学生个性、潜能的创造空间。学校、教师、学生在国家、省、市、县组织的各类比赛中，连年获奖。学校成为江苏省文明学校。

2004年8月，学校在南京市郊县中率先进行小班化教育试点，在一年级中开设2个小班，每班26人，进行小班化教育教学改革探索研究。2010年，学校44个班级全面实行小班化教育，成为南京郊县首个全面开展小班化教育的小学。

剪纸、民乐、古诗词赏析等民族文化艺术教育成为学校的又一特色，教育科学研究也有明显突破和进展。

◇ 南京市依法治校示范学校检查验收

◇ 开展小班化教学研究

◇ 校园一角

◇ 小班化教育课堂

◇ 学生排演节目

◇ 学校“哆咪咪”童声合唱队在首都表演

溧水县经济技术开发区小学

LISHUI XIAN JING JI JI SHU KAI FA QU XIAO XUE

溧水县经济技术开发区小学地处县城珍珠北路，是一所城乡结合部的小学。其前身是庙头小学。2002年9月，新校舍落成，庙头、荷花、前进、胜水4所村小合并，并被命名为溧水县经济技术开发区小学。2006年7月，开发区扩容，乌山小学、秦淮办学点整体划入，开发区小学列为中心小学建制。近年来，由于开发区管委会高度重视和县教育局坚强领导，学校取得跨越式发展。筹集资金500万元，先后完成食堂、综合楼、文化广场、塑胶跑道、校园绿化等项目建设，并装配微机房、音乐室、美术室、科学实验室等15个功能教室。学校现有22个教学班，714名学生，59名教职工。一、二、三、四年级开始进行小班化实验。一所环境优美、条件优越、队伍优良、质量优异的现代化学校初步形成。2006年12月被评为市示范小学，2007年10月顺利通过市实验小学评估验收。2008年被评为市中小学合格学校和“五室”建设先进集体、县先进基层党组织。2009年度，学校被评为县优秀教科室、县小学教学质量优胜单位。2009、2010年获县小学办学水平评估一等奖。2010年被评为市民主法治单位、市乡村少年宫、省平安校园、第十五届全国中小学生绘画书法作品比赛优秀组织奖单位。

◇ 全国教育装备工作会议与会领导到校考察

◇ 美国富勤集团总裁率领美国、墨西哥友人到校考察

◇ 承办南京市小班化教育工作研讨会

◇ 市、县教育局长考察校园，校长章丽平陪同

◇ 丰富多彩的校园生活

◇ 副县长蒋晓芬及县教育局领导到校调研

溧水县东屏中心小学

汇屏小成为教师快乐的家园

汇屏小成为学生学习的乐园

◇ 校长　冯　生

东屏中心小学前身系方边私塾，创办于1927年，1999年异地重建。学校占地1.73公顷，科学实验室、网络学习室等功能室俱全。现有班级38个，学生1400多名，在职教师140名，其中专科及以上学历占74%。

学校坚持“校以育人为本，师以敬业为乐，生以创新为志”的办学方向，努力实现“教育思想创新化，办学条件现代化，学校管理科学化，学生素质全面化”。经过不懈努力，先后获市科技特色学校、德育先进学校、省绿色学校、县教学质量考核优胜单位和办学水平评估先进集体等荣誉。

学校以“提升教师专业素质，提升学生学习品质，提升教学管理水平”为抓手，以队伍建设为重点，大力开展单元集体备课研究，走“科研促进、科研兴校、科研强师”之路，办学质量不断提升，队伍建设不断加强，先后培养市、县学科带头人和优秀青年教师10多名。

学校围绕“面向全体学生，促进全面发展，培养合格加特长人才，为学生终身发展奠基”的办学理念，立足新高度，强化新机遇，谋求新发展，求真务实，开拓进取，努力把学校办成教师快乐的家园，学生学习的乐园。

少先队活动

教学与科研活动

社会实践活动

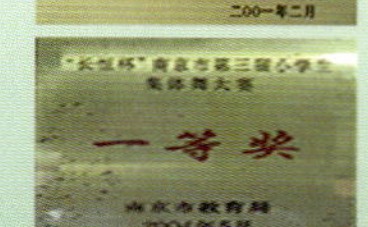

溧水县白马中心小学

◇ 校长　陈文平

白马中心小学始建于1949年9月，占地3.58万平方米，校舍建筑面积6860平方米。学校现有24个班级，在校学生1000多人，教职工83人。学校先后获省、市模范学校，省、市实验小学，省示范家长学校，省平安校园，省交通安全示范学校，省红旗大队，市文明单位，市先进集体，市德育先进学校，市标兵红旗大队，市百家优美校园，市科技活动特色学校，市实施素质教育先进集体，市安全文明校园等荣誉称号。形成“文明、严格、务实、奋进”的校风，“严谨、公正、博取、创新”的教风和“勤奋、好学、守纪、活泼”的学风。全校师生以饱满的工作热情，力争把学校建设成让“家长放心、学生开心、社会倾心”的市级示范性农村中心小学。

三市三校教学研讨

名师送教

网络教学

探索与发现

我爱舞蹈

红领巾电视台

社会实践

◇ 校园

溧水县洪蓝中心小学

LI SHUI XIAN HONG LAN ZHONG XIN XIAO XUE

◇ 校长、党支部书记　许秋生

洪蓝中心小学创建于1910年。现有教学班26个，学生近1200名。学校积极倡导“为学生的全面发展服务，为教师的专业成长服务”理念，坚持不懈抓常规，发扬长处创特色，千方百计求发展。先后获市实验小学、市德育先进学校、市示范学校、市示范军校、省优秀家长学校等称号。

学校以队伍建设为重点，以课改为突破口，全面推进素质教育，取得喜人的成绩。连续7年获县教学质量考核优胜单位；连续4年获县办学水平评估优秀单位；舞蹈队节目连续7届获县艺术月汇演一等奖；获市小学生校园集体舞比赛二等奖、市古诗文演唱比赛二等奖、市红歌合唱比赛二等奖。

学校领导班子精诚团结、开拓进取、奋发向上，积极引领全体教职工走内涵发展之路，努力让学校成为教师实现人生理想、贡献聪明才智、成就学生未来的天地，让校园成为学生塑造健全人格、锻炼强健体魄、学习知识技能的乐园，为百年洪小谱写新的华章。

◇ 电教室

◇ 学校自编舞蹈校本教材

◇ 参加县第八届艺术月一等奖节目

◇ 学校少年军校参加市级检阅仪式

◇ 南京老园丁艺术团到校与学生共庆“六一”

晶桥中心小学

晶桥中心小学是省、市实验小学和市小班化教育精品学校，位于晶桥集镇，现有教学班 43 个，学生 1263 名，教职工 144 名。学校人文传统深厚，办学业绩丰硕。近年来，学校坚持“读书明礼、做人成才”的办学理念，提升标杆、扎实工作。先后被评为市科技教育普及型特色学校、市优秀家长学校、市体育工作先进集体、县教学质量优胜学校、县先进教工之家等，2010 年荣获县教育教学成果考核优秀奖。

◇ 校 长　朱宁冰

◇ 小班化教学

◇ 微机室

◇ 荣誉室

◇ 美术室

◇ 学生参加义务劳动

溧水县和凤中心小学

LI SHUI XIAN HE FENG ZHONG XIN XIAO XUE

◇ 校 长 孔长征

和凤中心小学位于溧水县最南端，与高淳县毗邻。学校下辖孔镇小学、沙塘庵小学2所完小。现有教学班41个，在校学生1600余名。

学校于2003年提出创建“读书型学校”目标，长期坚持营造读书氛围，开展读书活动，举办诵读节，形成学校特色。

学校的“海天论坛”为教师搭建锻炼和展示平台，为教科研营造良好氛围，推动教科研开展，促进教师综合素养提升。

学校秉承“快乐生活，和谐发展”的办学理念，努力彰显和丰富以“和”为核心的校园文化，提升学校品位。

学校先后被命名为市实验小学、市第二届金陵书香校园、市绿色学校；获市教育科学规划“个人课题”研究先进学校、县第二届师德先进群体、县“十一五”教科研先进集体、县“十一五”继续教育先进集体等荣誉称号。

◇ 学校举办“海天论坛”

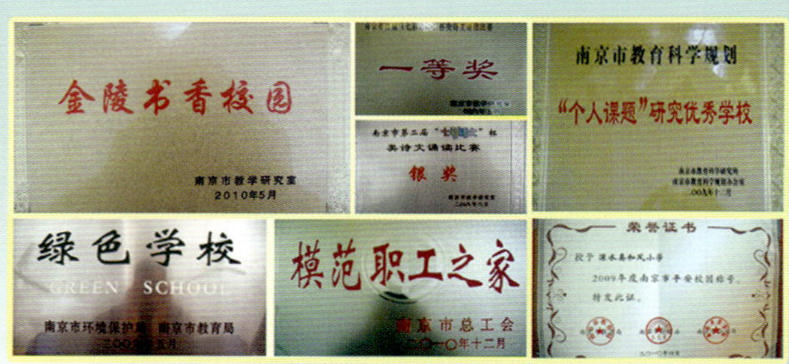

◇ 庆祝“六一”暨诵读节活动

◇ 美丽的校园

溧水县石湫中心小学

◇ 校长 余明华

石湫中心小学位于逶迤连绵的西横山脚下，占地面积1.53万平方米，建筑面积5050平方米，绿化面积5886平方米，布局合理，功能室齐全，设施先进，环境优美。学校扎实工作，开拓进取，锐意创新，坚持把加强素质教育、强化课程改革、提高学生综合素质作为重中之重。以质量意识、人本意识为引导，以课堂教学为核心，以完善学校管理制度为保证，认真实施素质教育，努力提高办学整体水平。近年来，学校先后被命名为市实验小学、省实验小学、市艺术（美术）特色学校、市首批特色型（美育特色）基础教育改革实验基地、省级儿童画教育研究基地，被表彰为市优秀绿化景观学校、市德育工作先进学校、市示范实验室、市优秀卫生室、市合格心理咨询室、市绿色学校、市平安校园等。

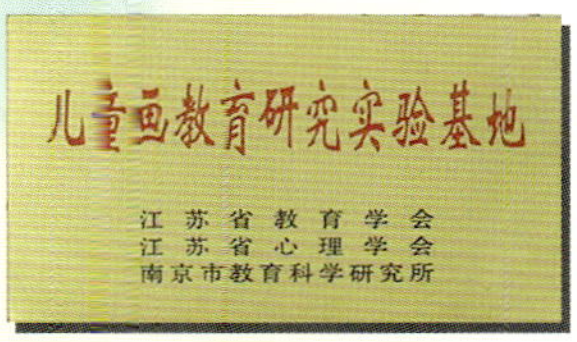

◇ 小学生深入菜场实地调查

◇ 校读本

◇ 做早操

溧水县
柘塘中心小学

柘塘中心小学始建于1910年，是一所具有百年办学历史、环境优美的农村小学。学校位于柘塘集镇，占地面积2.18万平方米，各类场地设施指标达市农村小学办学条件二级标准，现有18个教学班，500多名学生，47名教职工。

◇ “四好”少年主题队会

◇ 广播操比赛

多年来，学校秉承“和谐、发展、创优”的办学理念，以努力打造“环境优美、条件优越、管理优良、质量优异”的学校为目标，通过全体师生的共同努力，取得令人欣慰的业绩。学校先后获县首届师德先进群体、县“十一五”教科研先进集体、市实验小学、市优秀家长学校、市体育与健康特色学校、市篮球项目传统学校、市绿色学校、市科技星光基地学校、省科技教育先进集体、省平安校园、全国青少年读书育人活动特色学校等荣誉称号，并多次获评县教学质量优胜单位。

◇ 小小园艺显身手

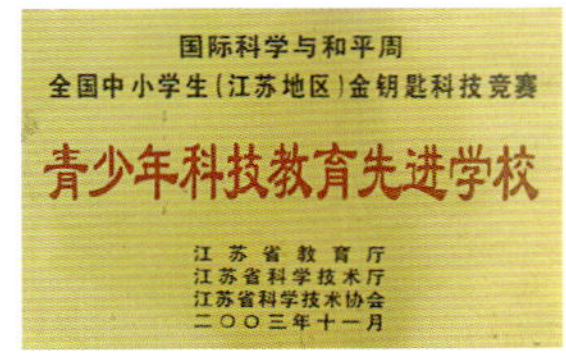

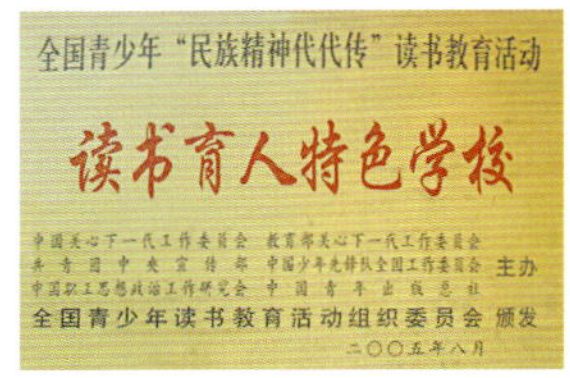

学校的校风：勤奋、严谨、文明、向上；

学校的教风：乐学、求精、善诱、爱生；

学校的学风：尊师、守纪、勤学、进取。

溧水县安民农副产品有限公司

◇开业典礼

◇市、县领导参加开业典礼

溧水县安民农副产品有限公司位于永阳镇栖凤中路28号，从事农副产品销售、市场设施租赁、市场管理服务。下辖溧水县最大的综合性农贸市场——珍珠桥、澳华农贸市场，以及最大的农副产品交易中心。

珍珠桥、澳华农贸市场占地面积1.3万平方米，实用面积7000平方米，其中珍珠桥农贸市场4000平方米，澳华农贸市场3000平方米。市场内有店铺120间，摊位772个，拥有经营户693户。

溧水县农副产品交易中心规划占地总面积5.53公顷，总投资8500万元，建成商业面积2万余平方米。设有蔬菜、果品、肉类、活禽、水产品、干货、卤菜、豆制品等8大交易区，配有停车场、农残检测站及综合商务区等配套设施，年交易总额突破5亿元。

卫　生

Wei Sheng

县卫生局 供稿

综　述

【概况】 2010年，全县各级各类卫生机构19个，其中县级医疗机构2个（县医院、县中医院），局属单位4个（县疾病预防控制中心、县卫生监督所、县妇幼保健所、县卫生进修学校），乡镇卫生院10家（中心卫生院3家），民营医院3家。全县总病床位1090张，其中县级医疗单位700张，乡镇卫生院330张，民营医院60张。县、镇两级医疗卫生机构人员总数1489人，其中卫技人员1011人，含高级职称69人（正高级18人，副高级51人），占总数6.8%，中级职称518人，占总数51.2%，

基本药物制度改革取得初步成效，7月15日起，全县公立基层医疗卫生机构全部配备使用零差率销售基本药物；新型农村合作医疗制度得到加强，筹资标准、覆盖面、受益面进一步提升，保障水平明显增强；基本公共卫生服务均等化逐步显现，全面启动新一轮10类27项基本公共卫生服务项目、孕产妇补服叶酸等重大卫生服务项目；医疗卫生服务体系建设巩固发展，县医院新址迁建工程建设进展顺利，县人民医院通过二级甲等医院复核评审，和凤中心卫生院门诊楼、晶桥中心卫生院病房楼工程建设正式启动，洪蓝姜家、晶桥枫香岭、和凤乌飞塘等新建或改建卫生室投入使用。

2010年，县政府下发《关于成立溧水县深化医药卫生体制改革领导小组的通知》，成立常务副县长为组长改革领导小组，制订《溧水县实施国家基本药物制度工作方案》《溧水县基本药物集中采购配送使用管理实施细则》和《基本药物目录选定办法》，研究确定《溧水县基层医疗机构基本药物目录》。全县基本药物目录有各种剂型、规格782种。同时，根据慢性疾病治疗需要及相关规定，暂定继续使用药品品种95个，一并纳入目录，全县目录877种。遴选江苏九州通医药公司和安徽华源医药公司作为全县基本药物配送企业，全县16家公办卫生院（社区卫生服务中心）、分中心和社区卫生服务站自7月15日起全面实施基本药物制度。

【新型农村合作医疗管理】 2010年，溧水县新农合人均筹资标准230元，其中个人交纳62元，市、县、镇财政补助分别为76元、52元、40元。个人交纳和市县镇三级财政补助共筹集资金6346万元，中央财政补助149万元，省级财政补助508万元，利息收入7万元，基金总额7010万元。参合人数27.59万人，基本实现全覆盖，其中1375名五保人员、1.14万名低保人员和965名优抚对象全部无障碍进入。全年新农合补偿97万人次、补偿金额7196万元，最高住院补偿12万元。县镇两级住院政策补偿比61%，住院实际补偿比45%，基金使用率102%。　（章熙龙　谢英顺　王兆伟）

【医政管理】 2010年，全县各级医院落实《处方管理办法》和《病历书写规范》要求，开展处方、病历以及各类申请单医疗文书评价工作，全县住院病历轻度缺陷率（甲级率）90.5%，门诊病历合格率92.3%，处方书写合格率96.1%，各类医疗申请单合格率95%。发挥江苏省中医院、江苏省口腔医院、南京市鼓楼医院、南京市第一医院等省、市三级医院指导县二级医院，县二级医院支持乡镇卫生院专科建设，探索医院之间、科室之间有效

合作模式，提升社会效益和经济效益。先后组织医院感染管理控制知识、《侵权责任法》、麻醉与精神药品管理和使用、计划生育与助产技术、慢性乙型肝炎规范化诊疗、抗菌药物合理使用以及基本药物使用指南和《处方集》等各类培训，参训约500人次。县人民医院组织住院医师体格检查操作竞赛，提升年轻医生基本技能；骨科、神经内科2个病区，开展“优质护理示范工程”，提升护理服务水平。县中医院争创“二甲”中医院，加强中医特色专科建设，成为国家中医药管理局2010年农村医疗机构针灸理疗康复特色专科建设项目单位。白马医院争创江苏省示范乡镇卫生院。全年有2项(县医院、中医院各1项)科研项目通过县级验收。继续推行医疗责任保险工作，建立医疗责任保险和医患纠纷人民调解快速反应机制。各医疗机构建立并落实医疗安全事件报告制度，加强医疗安全教育，接待医疗投诉和医疗纠纷，积极调解，有效化解矛盾，全年接待并妥善处理各类医疗纠纷26起，申请医疗事故鉴定4起。

【社区卫生】 2010年，全县镇村两级医疗卫生服务机构新增医疗设备投入281万元。和凤中心卫生院门诊楼、晶桥中心卫生院病房楼启动建设，洪蓝姜家、晶桥枫香岭、和凤乌飞塘等新建或改扩建卫生室投入使用。全年各基层医疗卫生机构，实行由以医疗为主，向社区预防、保健、医疗、康复、健康教育及计划生育技术指导等六位一体拓展，实施农村基本公共卫生服务项目，开展健康教育活动。采取制定分级诊疗标准、增强服务能力、降低收费和提高报销比例等措施，引导一般诊疗到基层，实现社区首诊和双向转诊。居民在农村社区急、门诊比例40%以上，门诊均次费用比三级医院降低50%。继续开展乡村医生中专学历补偿教育，从法律法规、患者安全、公共卫生服务以及中医技术等方面，培训全县乡村医生253名。组织40名乡镇医生参加南京市社区全科医生公益性培训，推荐2名乡镇卫生院副院长参加全市基层卫生机构管理人员培训班，组织乡镇卫生院院长参加3期全市社区卫生管理干部培训。白马医院争创江苏省示范乡镇卫生院，通过验收。

【中医中药】 2010年，县卫生系统推行镇村一体化卫生改革，推进中医药工作，逐步建立新型农村卫生服务体系。县中医院发挥全县中医工作龙头作用，通过强化5个中医专科、15个专病、30个优势病种建设，中药饮片使用量大幅上升，饮片门诊使用率60%以上，非手术科室使用率85%以上，病区手术科室使用率50%左右，优势病种中医药治疗率95%。推进针灸推拿科、骨伤科、眼科、皮肤科、肛肠科建设。80名学员完成“西学中”培训。将中医专科专病建设、中治率、参与率指标列入科室综合考核。建立完善各科中医护理常规及中医护理技术操作规程，推广耳穴埋豆、拔罐等6项中医护理技术，向住院病人宣传中医食疗与保健等知识。全县9个社区卫生服务中心和2家民营医院开设中医科，有中医药人员29人，其中从事中医18人，中药11人；设立中药房，配备200种以上中药，中成药品种50种左右。柘塘中心卫生院发挥中医科特色，中医业务约占医院总收入50%以上，毛公埠梁氏医院利用高淳名中医“梁氏中医骨科”品牌，年门诊量1万多人次。全县7家村卫生室有7名医务人员从事中医诊疗业务，拥有近300种中药饮片，其余品种近百个。

【医疗技术】 2010年，乡镇医院主要通过增加设备推广相应医疗技术，其中柘塘卫生院添置CR(计算机X线摄影)、和凤中心卫生院和晶桥卫生院购置电子胃镜。县人民医院通过外出培训、进修、上级医院指导开发新技术、新项目38项，其中骨外科陈优民、李群、顾翔等人引进“关节镜下逆行髓内钉内固定治疗股骨远端骨折”技术获2010年南京市卫生局医学新技术二等奖。泌尿外科开展全膀胱切除、前列腺电切、经皮肾镜气压弹道碎石、腹腔镜下肾癌根治、肾上腺切除等腔内手术，全年手术量约400台，其中腔内手术占总手术60%；病理科开展免疫组织化学病理细胞检查317例，术中冰冻快速病理学检查236例，17项特殊染色病理学检查23例；麻醉科开展各年龄段各种手术麻醉，如静脉全麻、静吸复合全麻、小儿麻醉、椎管内麻醉及颈丛臂丛神经阻滞等麻醉方法。县中医院开发新技术、新项目15项，主要加强无痛技术临床应用，开展无痛胃镜、无痛人流检查。

【医学科研】 2010年，县人民医院新开展3项临床科研，分别为《ω-3脂肪酸对ICU危重病人炎症反应的影响多中心临床研究》《依托咪酯脂肪乳复合瑞芬太尼用于麻醉维持的临床观察》《白细胞介素27/35对乙型肝炎疫苗应答的影响与机制研究》。《宫腔镜检查的临床应用》通过县级验收。县中医院有4项科研项目处于临床资料收集阶段，分别是《针灸配合治疗脂肪肝的临床研究》、《尿激酶治疗椎动脉供血不足临床观察》、《髓核化学溶解治疗腰椎间盘突出症》、《推拿配合针刺治疗颈性眩晕的临床研究》。其中《推拿配合针刺治疗颈性眩晕的临床研究》项目列为市级科研指导项目，其余为县级科研项目。《辨皮损论治寻常痤疮的临床研究》获2010年县科技进步奖三等奖。

(耿　霞　王兆伟)

卫生监督

【概况】 2010年，全县贯彻《食品安全法》等法律法规，加强食品、公共场所卫生安全监督保障工作，以创建国家卫生县城为载体，开展“六小行业”(小餐饮、理发店、旅馆、浴室、网吧、歌舞厅)专项整治、饮用水监督、职业卫生监督等活动，全县食品、公共场所卫生水平提高明显。

【开展“六小”行业整治】 2010年，全县区域内“六小行业”有1018户(其中小餐饮669户，其他349户)。整治期间采用分工包干制方法(餐饮消费环节责任到科室，其他环节责任落实到人)，做到户户有人监管，不留死角。8月14日通过国家爱卫办国家卫生县城暗访验收。

【专项整治】 2010年，县卫生监督所专项整治学校卫生、粉尘与高危害治理、放射卫生、游泳池水质和集中式空调、小龙虾、一次性餐饮具、食用油、问题奶粉、塑料餐盒、化学火锅底料、劣质葡萄酒等。整治检查时发现问题，及时销毁危害群众健康物品。

【饮用水监督】 2010年，县卫生监督所开展业务培训，全县14家乡镇水厂负责人和水质负责人参加。在县疾控中心配合下，就镇、村水厂水质卫生质量分别进行丰水期和枯水期水质抽样检测，并把检测结果以情况分析形式及时报送相关部门，加大监督指导水厂力度，确保农村饮用水安全卫生。

【学校食堂监督】 2010年春、秋两季，县卫生监督所检查全县81所学校食堂食品卫生状况，监督检查情况由县食品安全办公室给予通报，就存在问题提出整改意见。

【职业卫生监督】 2010年，县卫生监督所开展职业健康监护工作，监督全县接触职业危害因素从业人员进行健康检查情况。与县安监局等部门联合，抽查13家企业职工健康检查工作情况，就不规范行为及时下达卫生监督意见书，提出整改意见，责令限期改正。

【行政处罚】 2010年，县卫生监督所受理举报案件20起，查实查处20起，并及时给举报人满意答复，结案率100%。依法处罚违法行为，处罚案件12起，其中餐饮单位2起，生活饮用水单位8起，消毒产品单位2起，罚款4.6万元。

(王　红　王兆伟)

妇幼保健

【概况】 2010年，县妇幼保健所做好妇幼卫生项目督察工作(孕妇的叶酸增补、农村孕产妇住院分娩补助)，规范妇幼系统管理工作，提高保健服务质量。妇女病普查率69%，婚检应检7482人，实检53人，婚检率0.71%，疾病检出率13.2%。

【孕产妇保健】 2010年，县妇幼保健所强化孕产妇保健卡(手册)建立和规范工作，实施助产技术服务培训、考核，完成三年一次助产技术换证工作。全县妇女分娩数4363人，活产儿数4383人，新生儿筛查人数3995人，筛查率91.2%，高危孕妇管理率100%，高危孕妇住院分娩率100%，孕产妇数4457人，建卡率93.67%，管理率78.24%(包括临时来溧水分娩产妇数)，无孕产妇死亡事故。围产儿死亡率7.59‰，出生缺陷发生率5.14‰。

【儿童保健】 2010年，全县0~6岁儿童2.40万人，保健覆盖率为 99.3%，系统管理率 84.3%，较上年上升 4.2%。婴儿死亡率 5.36‰，5 岁以下儿童死亡率 7.59‰，体弱儿管理率达 100%，母乳喂养率 85%。全县幼儿园有 7677 名儿童，其中 7272 名儿童参加“六一”儿童体检，体检率 94.7%。

【托幼机构卫生保健】 2010 年，县妇幼保健所受县卫生局委托，配合县托幼办验收全县 14 家幼儿园卫生保健工作。通过检查，12 家达到合格标准，合格率 86%。

【农村妇女增补叶酸预防神经管缺陷项目】 2010 年，全县实施《溧水县农村妇女增补叶酸预防神经管缺陷项目》。以加强出生缺陷干预工作，降低全县神经管缺陷发生率，提高出生人口素质。

【农村孕产妇住院分娩补助项目】 2010 年，县妇幼保健所贯彻省医改实施方案，实现公共卫生均等化目标，降低农村孕产妇和婴儿死亡率。7 月，实施农村孕产妇住院分娩补助项目。

（万忠武　王兆伟）

疾病预防控制

【概况】 2010 年，全县推进疾病预防控制工作绩效考核，重点加强肺结核病、血吸虫病、艾滋病等传染病防治，提高突发性公共卫生事件应急处置能力。

【计划免疫】 2010 年，全县计划免疫接种 9.12 万人次，总接种率 99.20%，各单苗接种率均在 96% 以上。用 PPS 抽样调查(按规模大小成比例概率抽样)法调查全县“五苗”（卡介苗、脊髓灰质炎疫苗、百白破疫苗、麻疹疫苗、乙肝疫苗）覆盖率 100%；督导全县 9 个计划免疫门诊 36 门诊次，覆盖率 100%，合格率 100%。

【传染病报告】 2010 年，全县报告法定甲乙类传染病 8 种 556 例，发病率 141.14/10 万，比上年上升 0.53%，无传染病漏报现象。加强夏季肠道传染病防治工作，报告肠道传染病 622 例，“02”(霍乱弧菌)检索 461 例，全部阴性，粪检率 74.12%，检索率 1.11‰。

【重大传染病防治】 2010 年，定诊肺结核 249 例，涂阳肺结核 136 例(其中新发涂阳 125 例，复治涂阳 11 例)。开展艾滋病防治工作，发现艾滋病感染者 4 例(其中本地 2 例)，随访全县现有 4 例艾滋病感染者和 2 例艾滋病病人，加强重点人群 HIV 抗体检测和干预工作。巩固血吸虫病、地方病、寄生虫病防治成果，组织开展晶桥镇原有有螺环境及石臼湖沿岸草滩查螺 200 万平方米，未发现钉螺。3 月新发现结核样麻风病 1 例。

【慢性病防治】 2010 年，继续推进慢性病防治工作，完成全县居民健康档案建档 20.67 万份，建档率 50.01%，其中 60 岁以上居民健康档案建档 5.39 万人，建档率 88.94%；5 种慢性病建档 1.58 万人，建档率 37.79%，管理率 67.81%。

【卫生检测】 县疾病预防控制中心实验室完成餐具、食品、生活饮用水、车间空气等各类样品检测 3300 余份，完成食品及公共场所从业人员、厂矿企业工人、学生等各类人员体检4.8 万人次。3 月，县疾病预防控制中心实验室顺利通过市质量技术监督管理局资质认定监督评审。10 月，县疾病预防控制中心实验室通过省卫生厅“职业卫生服务资质”复评审。

（肖振华　王兆伟）

爱国卫生运动

【概况】 2010 年，全县爱卫工作依托创建国家卫生县城工作平台，健全组织网络，完善工作机制，健康教育、农村卫生户厕改造、除四害等工作有序开展。全年完成无害化改厕 1.12 万座，全县农村无害化改厕普及率 45%。溧水县通过全国爱卫会考核验收，被命名为“国家卫生县城”。

【除四害】 2010 年，全县除四害工作完善网络组织，抓环境整治，促部门协调，突出重点单位、重点行业，全面促进任务落实。全年投放灭鼠药 600 千克，粘鼠板一箱，灭蟑药 5000 包，灭蟑药膏 300 支，灭蟑液 100 千克，灭蚊蝇液 100 千克及粘蝇纸、粘蝇条各 2000 条。通过市爱卫办专项考核检查。

【健康教育】 2010年，全县新建与维修宣传橱窗、宣传栏35个，定期更换健康教育内容。加强健康教育师资队伍建设，举办健康教育讲课比赛，开展健康教育"进社区、进学校、进企业"活动。利用"防治结核病日"、"计免宣传日"、"世界艾滋病日"等宣传日开展咨询活动11次，展出展板66块，发放宣传材料及宣传物品1.39万余份，接受咨询4万余人。编印卫生科普宣传材料11种14万份，分发到各社区卫生服务中心，用于健康教育入户宣传资料。利用报刊、广播等媒体宣传卫生防病科普知识。同时，开展卫生系统禁烟活动，县卫生局、县人民医院、县中医院、县疾病预防控制中心及柘塘、东屏、白马、永阳、洪兰、石湫、和凤、晶桥等12个单位，通过市爱卫办考核验收，达到卫生部2010年卫生系统60%单位实现全面禁烟的目标要求。（谷晓明　肖振华）

【创建国家卫生县城】 2008年10月，县委、县政府提出创建国家卫生县城。创建工作得到各级政府、部门、单位和广大市民积极响应和支持，市容市貌、环境卫生、社会秩序、市政基础建设和城市管理等方面明显改善，整体卫生水平达到《国家卫生镇(县城)标准》。2010年11月，通过全国爱卫办综合审定，12月获得"国家卫生县城"称号。（谷晓明）

创建国家卫生县城动员大会　县卫生局 供稿

主要医疗机构

【溧水县人民医院】 2010年，县人民医院有职工2860人，其中高级职称70人，中级职称231人。开放床位661张。全院设有25个临床科室，泌尿外科、麻醉科、病理科是南京市临床重点专科。拥有核磁共振、16排螺旋CT、CR、DR、DSA、乳腺钼靶机、数字胃肠机、全自动生化分析仪等大中型医疗设备260余台(套)，总价值7000万元。全年门、急诊52.46万人次；住院2.33万人次；手术4896人次，急诊抢救5412人次；实际床位使用率116.6%，业务收入2.26亿元。全院固定资产2.25亿元，患者综合满意度92.4%，通过二甲医院评审。"关节镜下逆行髓内钉内固定治疗股骨远端骨折"技术获二等奖。该院是国家级"爱婴医院"、南京红十字急救中心分站、卫生部国际紧急救援中心网络医院，是江苏大学、皖南医学院和南京医科大学康达学院教学医院。（章碧君　王兆伟）

【溧水县中医院】 国家级"爱婴医院"、江苏省创建"白内障无障碍省"扶贫定点医院、南京市白内障复明定点医院、南京中医药大学实习医院。2010年，县中医院开放床位200张。有职工236人，其中南京市名中医4人，高级职称11人，中级职称78人。医院设有临床、医技科室22个，其中骨伤科为市级中医重点专科。该院拥有数字胃肠机、CT、CR、电子胃镜、大型彩超、超声乳化治疗仪、全自动生化仪、电视腹腔镜等万元以上大型医疗设备70多台。设有内科、妇产科、骨伤科、外科、眼耳鼻喉科等5个病区。病房配备中心吸引、中心供氧、中心传呼、层流净化手术室，设置空调、电视、单独洗漱间等人性化住院环境。医院引进8名中医人才，饮片门诊使用率25%以上，非手术科室使用率40%以上，病区手术科室使用率20%左右，优势病种中医药治疗率30%。全年投入160万元购置加快专科建设医疗设备，开展新技术、新疗法14项，在核心期刊上发表医学论文15篇，1项县级科研课题结题，2项被列为市级科技发展指导性计划。（唐　洁　赵新霞　王兆伟）

体　育

Ti Yu

县体育局 供稿

竞技体育

【概况】 2010 年，全县以县少体校、各体育传统项目学校、各中小学校业训网络为依托，借助单项体协力量，与俱乐部共建运动队，将有关项目分散布局到相关学校，接受体校和布局学校双重管理，形成新的训练机制。溧水籍运动员参加国家级竞赛，获冠军 4 个、亚军 1 个，其中 1 名获得体育道德风尚奖。溧水县代表队在江苏省县级田径比赛中获第一赛区第 34 名，2 人 2 项达国家二级运动员标准。县少体校教练员印八零和陈忠分别担任江苏省第八届残运会田径裁判长和裁判。全年组队参加市级田径、乒乓球、篮球、排球、射击、柔道、摔跤、散打、拳击、跆拳道、体育舞蹈等 11 个项目比赛，获奖牌 91 枚，其中金牌 33 枚，银牌 28 枚，铜牌 30 枚。

【方衍彪获全国少年古典式摔跤冠军】 7 月 28 日，全国少年古典式摔跤锦标赛在江西鹰潭举行。县少年业余体育学校输送到南京市清凉山体育学校运动员方衍彪代表江苏参赛，获得 46 公斤级冠军，并获得"体育道德风尚奖运动员"称号。

【宋方涛参加亚洲、全国青年男子拳击赛】 3 月 11 日，亚洲拳击锦标赛在南京举行。县少体校向市体校输送的溧水籍运动员宋方涛代表中国参赛，获 60 公斤级第五名。6 月 21~27 日，全国青年男子拳击锦标赛在河南许昌市举行。宋方涛代表江苏参加比赛，获得 50 公斤级亚军。

【葛宏伟获全国青年跆拳道冠军】 8 月 6 日，全国跆拳道青年锦标赛在福州举行。县少体校向市体校输送的溧水籍运动员葛宏伟代表江苏参赛，获 73 公斤级冠军。

【参加全国拉丁舞赛摘金】 8 月 26 日，第四届中国优秀特长生艺术节、盛世中华中国青少年艺术人才选拔全国总决赛在北京举行。由溧水县小博士文化艺术培训中心选送、代表江苏参赛的芮启航、赵雨航 2 名小学员夺得拉丁舞项目决赛金奖。10 月 3 日，全国第十三届"金池杯"摩登舞拉丁舞大赛在南京举行。江苏、安徽、上海、山东、河南等地近千名选手参加比赛，李氏少儿艺校的 15 名学生组成溧水代表队参赛，获少儿团体冠军。

【参加江苏省青少年俱乐部跆拳道比赛】 8 月 26~30 日，江苏省青少年俱乐部跆拳道比赛在六合举行。溧水跆搏精英馆派出 14 名运动员参加此次比赛，共获得 5 个第一名，3 个第二名。

【参加南京市少儿田径赛获 35 枚奖牌】 4 月 10~11 日，南京市少儿田径赛在南京市体育运动学校举行。溧水县派出 54 名运动员参加比赛，获奖牌 35 枚，其中金牌 11 枚，银牌 12 枚，铜牌 12 枚，以 271.5 分的成绩获得团体总分第四名。

【参加南京市少儿射击比赛获佳绩】 5 月 28~29 日，南京市少儿射击比赛在南京市重竞技运动学校举行。晶桥小学、晶桥中学代表溧水县参加比赛。晶桥小学获得少年男子组小口径步枪第二名，气步枪组第二名；少年女子组小口径步枪第三名。晶桥中学获得少年男子组小口径步枪第一名，气步枪组第一名；少年女子组小口径步枪第二名，气步枪组第四名。

【参加南京市少儿体育舞蹈比赛成绩优异】 7月3日，南京市少儿体育舞蹈比赛在南京中华中学体育馆举行。南京市12个区县近百所学校的400名选手参加标准舞和拉丁舞10个舞种以及集体排舞比赛。溧水县青少年活动中心54位选手参加比赛，获得小学生女子创编斗牛第一名，小学生女子排舞斗牛第一名；获单项比赛一等奖14人次，二等奖19人次，三等奖42人次。

【举办溧水县第47届中小学生运动会】 3月21日~10月30日，县体育局、县教育局联合举办溧水县第47届中小学生运动会。全县39支中小学代表队、600多名运动员参加，设篮球、排球、乒乓球、健美操、田径等比赛项目。其中，田径、健美操等项目在县职业教育中心校举行；篮球、排球等项目在各个学校举行。经过角逐，晶桥小学、县第三小学、县实验小学获小学组前三名；县第一初级中学、东屏中学、县第二初级中学获中学组前三名；县第二高级中学、县职业教育中心校获高中组前两名。县实验小学等8所学校获体育道德风尚奖。

（邰振华）

群众体育

【概况】 2010年，溧水县举办县首届农民运动会和第四届老年人运动会，组织开展乒乓球、象棋、游泳、篮球、足球、羽毛球等19次全县性单项比赛。县体育局协助县教育局、县卫生局、县供电公司等单位举办乒乓球、象棋等赛事活动；协助东屏、洪蓝、白马、石湫等镇举办镇运动会，开展扑克牌、自行车慢骑等群体项目竞赛活动。5~6月，县体育局在全县4个国家级监测点开展体质测试。970多人按照农民、老年人、幼儿等人群分类参加身高、体重、单脚站立、肺活量、握力、往返跑等项目测试。

【首届农民运动会】 6~10月，县体育局和县委农村工作委员会联合举办溧水县首届农民运动会。6月2日上午，开幕式在县老年大学举行，南京市体育局副局长费加伟和各区县体育局相关领导，县委常委、宣传部部长杭韬，副县长蒋晓芬，县委农村工作委员会负责人以及全县七镇一区各代表队运动员和教练员200多人参加开幕式。此次运动会设拔河、运球投篮、乒乓球、负重接力、扑克牌、原地抛秧、象棋、趣味体育等8个项目，400多名农民运动员参赛。石湫镇夺得总团体奖第一名和趣味体育团体奖第一名，并获优秀组织奖。

首届农民运动会开幕　　县体育局 供稿

【第四届老有所乐运动会】 8~11月，县体育局、老干部局、民政局、文明办联合举办溧水县老年节暨第四届老有所乐运动会，设象棋、乒乓球、运球投篮、扑克牌、自行车慢骑等比赛项目，举行老年人骑游百日万人看溧水活动。400多名老年人参加。永阳镇、白马镇、石湫镇分获团体前三名。

第四届"老有所乐"运动会闭幕　　县体育局 供稿

【首届"国胜汽车杯"象棋比赛】 4月16~18日，县体育局、体育总会在县体育馆举办首届"国胜汽车杯"象棋比赛。全县七镇一区近100名象棋爱好者参赛，经过3天9轮角逐，白马镇代表队夺得团

体赛第一名，选手张旗南以15分的比分位居青年组个人第一名，选手秦元龙以11分的总分夺得老年组个人第一名。（郜振华）

【"金鹿杯"溧水县老年人乒乓球比赛】 4月24日，县体育局、体育总会在县体育馆举办"金鹿杯"溧水县老年人乒乓球比赛。60多名老年人参赛。其中，年龄最小的55岁，年龄最大的74岁，张友礼和程健分别获得男子组和女子组冠军。

【2010年溧水县"洋河·梦之蓝杯"乒乓球大赛】 5月21~23日，县体育局、体育总会在县体育馆举办溧水县"洋河·梦之蓝杯"乒乓球大赛。大赛设县管以上干部组和机关、企事业组两个组别。县管以上干部组设男、女单打比赛，机关、企事业组设男、女单打比赛和男女混合团体比赛。县反贪局施彪、和凤镇刘晓萍分别获得县管以上干部组男、女单打冠军。县国土局代表队郜振华和星银药业代表队李博雅分别获得机关、企事业组男、女单打冠军。石湫影视基地获得机关、企事业组男、女混合团体冠军。

"洋河·梦之蓝杯"乒乓球大赛　　县体育局 供稿

【溧水县"大金山国防杯"游泳友谊赛】 8月29日，在大金山国防园举行"大金山杯"游泳友谊赛。此次比赛由县游泳协会和南京大金山有限公司联办，不分名次，没有奖项。来自全县30多名选手参赛，并进行从东屏湖西岸到湖中央桃花岛的"屏湖拉练"。

【卧龙湖国际社区城市山水间骑行日活动】 10月1日，溧水县卧龙湖国际社区举办"卧龙湖国际社区首届城市山水间骑行日"活动。160余名高水平自行车车手从新街口出发，出中华门经江宁区至终点站溧水县卧龙湖，往返行程近120余公里。

【溧水县"宏马杯"羽毛球赛】 11月30日~12月1日，县体育局、体育总会在县第二高级中学体育馆举办溧水县"宏马杯"羽毛球比赛。全县各机关、企事业单位以及七镇一区60名羽毛球爱好者参赛。比赛设男、女单打，混合和团体3个项目。开发区代表队盛言龙和地税局代表队范娟分别夺得男单和女单冠军。县经济开发区代表队获团体第一名，机关工委代表队获团体第二名。

【体育公园田径场启用仪式暨第三十二届迎春健身长跑运动会】 12月31日，体育公园田径场启用仪式暨第三十二届迎春健身长跑运动会在新建成的溧水体育公园体育场举行。县各机关、企事业单位、学校7000余人参加活动。县长姜明致辞，县委书记项雪龙发枪，县四套班子全体成员排在队伍最前列。长跑队伍分四路纵队从溧水体育公园出发，沿辛庄2号路—幸福路—辛庄1号路—珍珠南路—辛庄2号路，最后返回体育公园，全程约5公里。（郜振华）

体育设施

【概况】 2010年，完成3个镇"城中村"健身路径建设任务，开展全县健身器材、健身路径维护，出新改造各镇和县经济开发区辖区内2004年前的健身器材，经费配比市县1:1。经实地考察研究，制订并申报12条老旧健身路径更新计划。年底，溧水体育公园主体工程体育场竣工，由县住建局交付县体育局使用。

【"城中村"健身路径建设】 3月下旬，省、市体育局布置"城中村"健身路径建设工作。至年底，分配到溧水县10套（包括太空漫步机、单杠、扭腰机等）健身器材安装完毕，其中县经济开发区3套、永阳镇6套、洪蓝镇1套。

【溧水体育公园建设】 参见"城镇建设·环境保护"类目　第103页（郜振华）

中国共产党溧水县委员会

Zhongguo Gongchandang Lishuixian Weiyuanhui

县纪委 供稿

重要会议

【中共溧水县委十一届十八次全体(扩大)会议】 2010年7月8日,县委常委会主持召开十一届十八次全体(扩大)会议,县委委员、候补委员,县纪委委员,县四套班子全体领导,溧水经济开发区、各镇县管副职以上领导干部,各村(居委会)书记,县各部委办局主要负责人,经济综合部门副局级以上干部,县各直属单位党政主要负责人,省市驻溧各单位主要负责人,县直属党委企业党委书记,部分骨干企业主要负责人,部分党代会代表参加会议。会议听取并审议县委书记项雪龙所作的《奋战下半年,决胜"十一五",为溧水新一轮跨越发展奠定坚实基础》工作报告。县委副书记、县长姜明作会议总结,并部署下半年工作。

【中共溧水县委十一届十九次全体(扩大)会议】 2010年12月16日,县委常委会主持召开十一届十九次全体(扩大)会议,参会人员与第十八次会议相同。会议传达中共十七届五中全会和省委全会精神,听取并审议县委书记项雪龙所作的《坚定不移走科学发展之路,为建设基本现代化的新溧水而努力奋斗》工作报告,审议并通过《中国共产党溧水县第十一届委员会第十九次全体(扩大)会议决议》,听取县委副书记、县长姜明作的《关于制定溧水县国民经济和社会发展第十二个五年规划建议的说明》,审议并通过《中共溧水县委关于制定溧水县国民经济和社会发展第十二个五年规划的建议》,听取创维集团创始人、南京长安汽车有限公司总经理及解放军总参谋部六十研究所负责人的交流发言。县长姜明作会议总结,并部署工作。

【建设全面小康社会总结表彰大会】 2010年2月21日,县委、县政府召开全县2009年度建设全面小康社会总结表彰大会。大会宣读《中共溧水县委、溧水县人民政府关于命名表彰2008~2009年度文明行业、文明单位、文明村镇、文明社区的决定》和《中共溧水县委、溧水县人民政府关于表彰溧水县2009年度建设全面小康社会先进单位和先进个人的决定》。县委书记项雪龙作题为《再吃一年苦,辉煌十一五》的讲话。

【县机关作风建设大会】 2010年2月25日,县委、县政府召开全县软环境建设暨机关作风建设大会,县四套班子全体领导,溧水经济开发区、各镇,县各部委办局、各直属单位、省市驻溧各单位副局级以上领导参加会议。县委常委、纪委书记林建乐总结2009年全县软环境建设和机关作风建设情况,部署2010年工作任务。会上宣读《溧水县机关作风和行业建设工作领导小组关于表彰2009年"县级机关作风建设先进科室"的决定》。县委书记项雪龙作题为《深化作风建设,争创文明机关,保障"三个发展"》的讲话。

【全县城乡统筹工作会议】 2010年7月16日,县委、县政府召开全县城乡统筹工作会议,会议贯彻落实市委、市政府统筹城乡发展推进大会精神,全面部署城乡统筹发展各项工作任务。县长姜明介绍近5年来全县社会经济发展情况。县委书记项雪龙就做好全县城乡统筹协调发展工作提出要求。

(周苏雅)

重要决策

【确立“十二五”发展规划指导思想与奋斗目标】 2010年12月16日，县委十一届十九次全体(扩大)会议提出“十二五”期间全县工作总的指导思想：以科学发展观为统领，以基本现代化为目标，以转型发展为主线，以创新发展为动力，以跨越发展为主题，在更高水平上实施环境优先、工业立县、三产兴县、科教强县“四大战略”，着力推动经济科技化、环境生态化、农民市民化、城乡一体化、社会文明化，团结带领全县人民，开拓创新，真抓实干，锐意进取，为建设经济更加发达、环境更加优美、人民更加幸福、城乡更加协调、社会更加和谐的现代化新溧水而努力奋斗。确立“十二五”溧水发展的两大奋斗目标：与苏南地区同步率先基本实现现代化，进入苏南强县行列。确立“十二五”期间溧水经济社会发展的总体目标：地区生产总值确保达到650亿元，力争突破750亿元，主要经济指标实现翻两番。基本形成以先进制造业为主体、现代服务业为支撑、现代农业为基础的现代产业体系。创建国家生态县和省级文明城市。率先实现基本现代化，经济社会发展全面进入苏南先进县市行列，融入南京主城。同时提出，“十二五”期间，正确处理好发展速度与发展质量、投入拉动与创新驱动、经济发展与环境资源、先进制造业与三次产业、发展经济与改善民生、城镇化与新农村建设、物质文明与精神文明、加强管理与优质服务、自身建设与担负使命之间的关系，促进经济、政治、文化和社会建设同步发展，经济效益、社会效益、生态效益和群众利益共同提升。

【推进城乡统筹协调发展】 2010年9月20日，县委、县政府制定《关于加快推进城乡统筹协调发展的实施意见》。结合“十二五”发展规划，明确“四个有”阶段性目标：(1)经济发展有新跨越。全县主要经济指标继续保持快速增长，发展质量和水平同步提高。到2012年，财政一般预算收入达到34亿元，力争达到40亿元，比2010年翻一番；工业固定资产投资达到280亿元以上。到2015年，财政一般预算收入达到66亿元，力争达到80亿元，比2012年再翻一番；工业固定资产投资达到530亿元以上。各镇（开发区）发展再上新台阶。到2012年，县七镇一区财政一般预算收入占全县比重超过80%，到2015年占比超过85%，同步实现“十二五”财政一般预算收入再翻两番的目标。(2)社会建设有新突破。加大城乡建设力度，规划、建设、管理水平不断提高，高等级公路、轻轨、县镇村道路以及电力、燃气、供水等重大基础设施建设加速推进，小城镇、中心村建设取得突破性进展，基本实现城乡基础设施均衡化。科、教、文、卫加速发展，满足群众需求的社会事业公共设施，达到苏南地区先进水平。人居环境更加优良，建成国家生态县。社会文明程度普遍提高，建成省级文明县城，争创全国文明县城。(3)人民生活有新提升。群众实现充分就业，城乡居民收入保持较快增长，增幅高于全市平均水平。到2012年，城镇居民人均可支配收入达到30293元，农民人均纯收入达到13040元。到2015年，城镇居民人均可支配收入达到41430元，农民人均纯收入达到17834元，力争达到20000元。城乡就业、低保、养老保险、医疗保障、住房保障等制度并轨覆盖到全县所有镇村。弱势群体得到有效救助。(4)区域发展有新形象。财政一般预算收入等主要经济指标增幅在全市区县持续领先，绝对值总量在全市区县和全省县市中的位次不断前移，人均财政一般预算收入基本保持在全省前10名，真正融入苏南板块，进入江苏经济第一方阵。县经济开发区进入全省省级开发区前二十强，一批镇跻身全市乡镇（街道）双十强，更多的村进入全市百强村，做到经济快速发展，社会全面进步，各项工作勇争一流，充分展示溧水充满活力、文明进步、团结和谐、富有希望的全新形象。 (周苏雅)

纪检监察工作

【概况】 2010年，全县各级纪检监察组织以推进惩防腐败体系建设为主线，以制约监督权力运行为重点，标本兼治、综合治理、惩防并举、注重预防，扎实推进反腐倡廉建设，为溧水转型发展、创新发展、跨越发展提供坚强保证。

加强监督检查。2月，县纪委开展国家级卫生县城创建工作督查。6月，成立江苏南京白马现代农业高新技术产业园区、秋湖灌区工程建设督查组，开展征地拆迁补偿、工程建设、工程资金拨付

"学习廉政准则,构建幸福家园"家庭助廉座谈会　　县纪委 供稿

等全程跟踪督查。督查2009年度社会评议机关作风活动整改情况,下发督查通报4期。开展"百企走访"活动,督促相关职能部门改善服务。推进县行政服务中心建设,完善公开办事、岗位责任制、过错责任追究等制度,强化督查和考评,提高工作效率。7月,开展扩大内需项目督查,确保项目规划和立项科学合理,审批和建设程序合规,资金投向正确,使用规范透明。成立2个专项督查组,深入防汛一线,强化监督检查,确保安全度汛。强化"三项排查"(排查调处各类社会矛盾纠纷、排查整治治安重点地区及突出治安问题、排查治理安全生产隐患活动)督查,启动建设缓慢的重点市政工程问责调查,严肃查处拆迁领域违法违纪案件和10起企业安全生产事故,严格责任追究。

加强党风廉政教育。1月,县委召开全县领导干部警示教育大会,通报并剖析2009年查办的6起党员领导干部违纪违法案件。组织全县400多名村干部就年度工作目标和廉洁自律等作出书面承诺,接受群众监督。开展勤廉双述评议活动182场次。3月,县委办制定下发《溧水县2010年惩防腐败体系建设和反腐倡廉工作目标及责任分工的意见》,并逐一分解到20个牵头部门和38个责任部门。5月,量化考核农村基层党组织党风廉政建设责任制。7月,调研农村"三资"(农村集体资金、资产、资源)管理,在石湫镇进行农村"三资"规范化处置试点,重点把好"三资"管理"四大关口"(处置决策关、公示关、监管关、责任追究关),探索农村集体资产、资源处置规范化运作模式,受到市纪委肯定。11月,召开主要领导干部家属"学习廉政准则,构建幸福家园"助廉座谈会,开展廉政廉洁文化进社区活动,组织上报廉政文化书画作品11件。开展反腐倡廉宣传报道工作,全年在《中国纪检监察报》、《党的生活》等省级以上媒体报道十余篇,人民网等网站发表评论逾百条。元旦、春节期间开展领导干部廉洁自律情况检查。认真落实阳光工资改革政策。推进农村基层党风廉政建设。加强村务公开电子信息平台建设,全年办理网上投诉、咨询、督查事项70多件。

治理乱收费。3月,县纠风办开展教育收费专项检查;开展"加强医德医风建设、规范医疗服务行为、全面改善医疗服务"专项行动;开展新型农村合作医疗资金检查,确保新农合资金征缴使用在阳光下进行。5月,开展"小金库"治理,检查24个国有、国有控股企业和59个在册社会团体及公募基金会。

查办各类案件。2010年,全县纪检监察组织立案查处各类违法违纪人员59人,其中开除党籍11人(同时开除公职1人)。撤销党内职务1人,严重警告5人,党内警告13人。县纪委获市纪委办案工作一等奖。农村纪检监察工作室办理信访初核22件,查办案件28件。基层纪委开展腐败现象易发多发领域调查分析和专项治理,发挥查办案件的治本功能。深化信访举报工作,采取信访谈话、函询、监督卡、警示牌和质询等方式开展信访监督。受理实名举报65件,占信访问题的56%,比上年增长12.3%,办结率89.2%。健全矛盾纠纷排查化解长效机制,确保"两会"(人代会、政协会)和上海世博会期间和谐稳定。全年县纪委受理群众信访122件,办结112件。

深化制度建设。2010年1月,县政府制定《溧水县工程建设领域突出问题专项治理工作具体方案》。开展46个政府投资项目,268个3000万元以上非政府投资项目排查,就2个政府投资项目问题和433个非政府投资项目问题,及时督促相关单位进行整改。全县158个招标项目全部实行公开招标。加强行政效能监察,整合县行政服务中心、县政府网站与权力阳光电子政务系统,全县31个行政执法部门和七镇一区行政权力,全部实行网上运行。

加强干部队伍建设。3月,以“模范履职、文明执纪”集中学习教育活动为契机,在全县纪检监察系统开展学习教育、查摆问题、落实整改等系列活动,提升纪检监察干部队伍综合素质。贯彻中纪委《关于加强地方县级纪检监察机关建设的若干意见》精神,落实县纪委常委会议事决策规则和加强自身建设意见,严格执行民主集中制。推进基层纪检监察资源重组工作,成立基层纪检监察工作室。加强作风建设,完善内部管理制度,强化对纪检监察干部的教育、管理和监督。深化“做党的忠诚卫士,当群众的贴心人”主题实践和向四川省巴中市南江县委常委、县纪委书记王瑛学习活动。

【贯彻实施《中国共产党党员领导干部廉洁从政若干准则》】 2010年2月,《中国共产党党员领导干部廉洁从政若干准则》颁布后,县委随即组织学习,广泛宣传。6月,县纪委、县委组织部、县委宣传部联合在全县党员干部中开展“学习廉政准则,争做勤廉表率”教育活动,发放《廉政准则学习读本》600册。县委组织440名县管以上党员领导干部开展《廉政准则》专题培训和测试。7月,在县电视台开辟《廉政准则解读》专栏,举办《廉政准则》专题辅导16场次,接受辅导1000多人。召开专题民主生活会,对照检查,查纠整改。组织党员干部、职工代表、离退休干部和社会服务对象召开座谈会,广泛征求各方意见和建议。建立和完善廉政教育机制、权力监督机制、纠风长效机制,提高组织程度,确保各项学习贯彻措施落实到位。以促进党员领导干部廉洁从政为目标,边学边查、边查边纠,加强领导、强化监督,确保《廉政准则》学习贯彻与落实取得实效。

【领导干部警示教育大会】 2010年1月25日,召开全县领导干部警示教育大会,县委常委、县纪委书记林建乐通报2009年溧水县查办党员干部违纪违法案件情况,剖析6起党员领导干部重大违纪违法案件发生的主要原因,并对全县领导干部提出“加强党性修养,保持清正廉洁”的要求。县委书记项雪龙就加强反腐倡廉工作提出五方面要求,即:各级领导干部要从查办的案件中吸取教训,充分认识存在问题的严重性和反腐败斗争的艰巨性;从发生在身边的案件中,认清腐败的危害性,增强反腐倡廉的坚定性;狠抓制度建设这个根本,增强执行制度的严肃性;各级党员干部要始终保持自觉性,增强纪律性;各级领导干部要发挥示范性,体现责任性。

【推行党代表大会代表监督工作】 2010年3月,县纪委制定《关于推行镇(开发区)党代表大会代表监督工作的意见》,在全县推行党代表大会代表监督工作,明确镇(区)党代表为监督主体,并重视发挥未担任公职党代表的监督作用。监督对象确定为溧水经济开发区、各镇党(工)委、纪委领导班子及其成员。监督重点放在决策过程、执行过程和执行结果等关键环节上。明确在镇(区)党代表大会召开期间,党代表依据党内有关规定享有监督权利,履行职责。

【村负责人经济责任审计】 2010年10月,县委下发《溧水县村级主要负责人经济责任审计暂行办法》,对任期届满或任期内调任、转任、晋升、辞职、退休及免职、辞职和开除的村干部进行经济责任审计。根据需要,进行村干部在任期间经济责任审计。审计对象为村党组织书记、村委会主任或具体主管村级集体经济工作的负责人。办法实施后,县纪委会同县审计局和县农工委重点审计10个村。各镇进行每个村经济责任审计。

【家庭助廉活动】 2010年11月11日,县纪委、县委组织部、县妇联联合举行“学习廉政准则,构建幸福家园”家庭助廉活动,全县各镇(区)、县直各部门主要负责人的配偶40多人参加。活动期间,县纪委组织观看《廉政准则》动漫教育片,开展《廉政准则》知识互动有奖竞答,负责人干部配偶代表谈体会等。县委常委、县纪委书记林建乐希望每一位领导干部家属都能从自己家庭监督做起,从监督自己身边人做起,自觉抵制社会不正之风,当好领导干部的党风监督员,自觉筑牢家庭防腐墙,争做推动领导干部事业成功、家庭幸福的“廉内助”。

(赵土生)

组织工作

【概况】 2010年,全县组织工作紧紧围绕推进转型发展、创新发展、跨越发展这一中心，主动为大局服务，加强领导班子、干部队伍和人才队伍建设，提高各级党组织和党员干部在复杂严峻形势下推动科学发展、促进社会和谐的能力，为促进全县经济社会健康平稳较快发展提供组织保证。

开展创先争优活动。4月，按照中央和省市委统一部署，县委在全县开展创先争优活动。围绕“五创五争”(创跨越发展之先，争科学发展之优；创改善民生之先，争为民服务之优；创苦干实干之先，争岗位奉献之优；创弘扬正气之先，争文明和谐之优；创善于学习之先，争自身建设之优)实践活动，加强组织领导，强化分类指导，有序推进创先争优活动开展。建立县级党员领导干部创先争优活动联系点85个，基层党(工)委联系点310多个。农村基层党组织开展“双强双带”工程，按照“战斗堡垒作用强，科学发展能力强”和“带头创业致富，带领群众致富”要求，围绕发展村级经济、带领群众致富、建设公益事业、维护农村稳定等方面作出承诺；社区党组织开展“和谐共建”工程，结合开展国家卫生县城和省级文明城市创建工作，围绕完善社区服务体系、提高社区服务水平、建设文明和谐社区作出承诺；事业单位党组织开展“服务提升”工程；“两新”(新经济组织、新社会组织)基层党组织开展“示范创建”工程，按照促进发展和加强党群共建工作要求，围绕扩大党组织和党的工作覆盖面、团结职工群众、维护各方合法权益作出承诺。县电视台开办“深入开展创先争优活动”专栏，宣传先进基层党组织和优秀党员66个。全县编发工作简报45期，市委创先争优活动简报及南京党建网工作动态刊用溧水县稿件30多篇次。

深化干部人事制度改革。5月，推进乡镇党政正职“一肩挑”工作方法；选拔3名年富力强的同志担任乡镇正职，破格选拔4名30岁以下干部充实到镇级领导班子，选拔16名工作实绩明显的干部充实县级机关部门领导班子。考核及民主测评全县62个县级机关(部门)党政领导班子及261名班子成员。完成全县445名县管领导干部(不含检查员)年度考核等次确定及党群系统32家单位450名工作人员年度等次确定及考核材料汇总上报工作。

强化干部监督管理。推行“一报告两评议”(地方党委常委会向全委会报告工作时，专题报告年度干部选拔任用工作情况，并在全委会委员中进行干部选拔任用工作民主评议，开展全委会委员对本级党委新提拔的党政主要领导干部进行民主测评)工作。执行领导干部各项报告制度，78家单位506名领导干部（含检查员）报告个人有关事项。审批出国(境)手续29批77人次。实行186人次外出情况登记备案管理。会同县编制委员会办公室、县审计局，开展28名领导干部任期经济责任审计。开通“12380”干部选拔任用工作举报电话，拓宽干部监督渠道。

加强干部教育培训。全年选调20多名县级领导和30多名县管正职干部到省、市委党校学习。3月，组织全县大学生村官举办法制专题培训。5月，在宜兴市举办一期生态文明建设专题培训班，七镇一区和生态文明建设成员单位分管领导及工作人员45人参加培训。9月，举办第二期1980年后出生的青年干部能力拓展暨2010届大学生村官岗前培训。全年，全县举办各类主体班次(含专题班次)28个，培训各级干部2700余人次。

注重人才队伍建设。全年培训企业经营管理人员2000多人次；开展各类专业技术人员继续教育培训4000余人次；组织劳动力转移、中高级技能人才培训5000多人次；开展农业实用技术培训和现代农民、农业大户、农技人员和农村科技带头人培训1.2万人次。注重高层次人才引进、培养，选送人才参加第七期省高层次人才创新创业研修班，推荐省“双创引进计划”，培养对象乔晓玲等参加省人才办组织的中国人民大学高研班进修。

【公推直选村党组织领导班子】 2010年4月下旬至5月底，全县开展91个村和3个涉农社区党组织公推直选换届选举工作。县委组织部制定《关于采取公推直选方式做好村党组织换届工作的实施方案》等指导性文件，下发《换届选举资料汇编》，组织业务骨干培训，保证公推直选工作顺利开展。全县有26名县、镇机关干部参与报名并通过资格审查，其中15人参加村书记竞选。召开镇(区)党委票决会时，邀请部分党员群众代表列席旁听，严格工作程序。开展通过资格审查的报名人选进行驻点调研，镇(区)安排报名者参加见面会、座谈会、入户走访调查，营造公平、公正的竞争环境。全县参加选举大会党员7632人，参选率92.7%，选举产生党组织领导班子成员409名。当

晶桥镇各村公推直选村党总支领导班子　　　《秦淮源周刊》供稿

选的 91 名村书记候选人平均支持率 82.1%。至 5 月底，七镇一区党(工)委 91 个行政村和 3 个涉农社区党组织领导班子公推直换届选举工作顺利完成。

【乡镇党政正职“一肩挑”】 2010 年 5 月，在全市率先开展镇党政正职“一肩挑”试点工作，为全市镇党委建设探索途径。县委确定和凤镇为试点镇，试点成功后再逐步稳妥地在其他各镇推行。采取“一推、一考、双票”的方式操作。“一推”即召开民主推荐大会，由全体机关干部、下属单位负责人、各村和社区党组织负责人、人大代表、党代表、政协委员和部分普通党员代表参与推荐，充分体现民意。“一考”即全面考察民主推荐的“一肩挑”人选。“双票”即党政主要负责人交叉任职，经过群众满意度测评票和人代会选举票“两票”表决通过才能任职。至年底，和凤、东屏、柘塘 3 镇实行党政正职“一肩挑”。

【党员群众就业创业】 2010 年，县委组织部着力提升农村党员群众就业创业技能，推动群众增收致富。全县建立 12 个农村实用人才培训基地，通过培养教育，农民经纪人队伍壮大到 3000 多人，农村实用人才发展到 2.1 万人。全县组建各类合作社、专业协会等农民专业合作组织 58 个，其中农民专业合作社 50 个、专业协会 8 个；建立党组织 24 个，从业党员 7600 多人，辐射带动农户 2.3 万户。深化“双带”(党员带头致富、带领群众致富)工程，开展帮贫助困。全年全县 91 个村 7600 多名农村党员参加“设岗定责”活动，为群众解决信息、技术、资金、销售等方面难题 5200 多件，帮扶困难群众 1.3 万人次。

【大学生“村官”创业】 2010 年，县委组织部鼓励引导大学生“村官”创业，和县人力资源与社会保障局、团县委等部门联合举办大学生“村官”创业培训班，邀请市、县创业典型现身说法，激发大学生“村官”创业热情和积极性。9 月，由县委组织部牵头，与县人社局等单位联合组织开展大学生“村官”创业设计大赛，围绕当地产业发展、社会事务、公共管理等方面开展创业设计，征集设计方案 22 份。全年组织大学生“村官”开展各类培训 32 场，培训 500 多人次。洪蓝镇傅家边大学生“村官”草莓创业园得到中央有关领导肯定，新华日报、南京日报、江苏电视台、南京电视台等多家媒体进行跟踪报道。利用大学生“村官”创业培训和成果展，推广介绍大学生“村官”创业项目，加强与省市高校合作对接。2010 年，石湫镇横山村大学生“村官”创办杭白菊创业项目，种植面积达 23.45 公顷，助推群众增收 100 万元，发挥出较好的示范效应。年内全县创业大学生“村官”有 29 人，涉及山栀、食用菌、草莓、葡萄、杭白菊等项目，总投资 693 万元，吸纳就业 245 人，带动农户 800 多户，增收 300 多万元。　(方明军)

宣传工作

【概况】 2010 年，全县宣传思想工作突出“三个重点”(提高干群政治理论素质、扩大溧水区域发展影响力、提升公共文明程度)，着力做好四个方面工作(理论武装、舆论宣传、文明创建、文化产业发展)，为加快全县发展提供思想、舆论、精神和文化保障。

加强思想理论武装。县委中心组以学习实践科学发展观为主线，采取专题辅导、集中研读、交流研讨等形式，集中学习中纪委十七届五次全会、《中国共产党党员领导干部廉洁从政若干准则》、中共十七届五中全会精神等。以推进基层党委中心组学习规范化、制度化为重点，全年组织旁听8个基层党委中心组集中学习活动，评选出10个中心组理论学习先进集体。10月，抓住全省舆情信息工作培训班在溧水县举办之机，县委宣传部组织宣传系统干部参加培训，零距离接受中宣部专家指导。开展“创新思想政治工作，促进溧水‘三个发展’”论文征集活动，12篇作品在《金陵瞭望》上刊登，其中1篇获市二等奖。全年在市级以上媒体刊登各类新闻稿件近600篇次。

提升市民文明素质。4月，县委宣传部制定全县公共文明指数测评体系，细化标准，分解落实责任。开展县级文明机关创建工作。按照“增强十种意识，争做十种人”(增强政治意识，争做执行政策的坚定者；增强宗旨意识，争做服务基层、服务企业、服务群众、服务项目、服务人才的示范者；增强争先意识，争做转型发展、创新发展、跨越发展的推动者；增强实干意识，争做求真务实的践行者；增强创新意识，争做各项事业的开拓者；增强规则意识，争做法制建设的先行者；增强荣辱意识，争做社会新风的传播者；增强和谐意识，争做团结协调的促进者；增强廉政意识，争做两袖清风的崇高者；增强学习意识，争做终身学习的引领者)要求，制定实施意见，编印礼仪手册，开展文明礼仪竞赛活动。创新未成年人思想道德教育，建成8家“乡村少年宫”。开展群众文化活动，举办第十届广场文化宣传、“溧高印象”摄影比赛、第二届魅力歌手大赛等活动，丰富了群众文化生活。本土歌曲《梅乡情歌》获得南京市第六届精神文明建设“五个一工程”奖。深化文明结对共建活动，积极推进第三轮“城乡携手、共建文明”活动，为结对村争取帮扶资金近百万元。

【农村党员干部冬训】 2010年12月冬训期间，宣传部组织宣讲团成员深入全县各行政村（居委会），在县广播电台、电视台、溧水党建网等媒体统一设置“每日一问”栏目，宣传中共十七届五中全会和县委十一届十八次、十九次全体(扩大)会议精神和全面小康知识。全县开展理论宣讲105场次，受教育党员干部13000多人次。推动科学发展观理论和实践的知识普及。采用文艺演出、免费发放宣传手册、有奖竞答等形式，深入开展全面达小康教育，提高全县干部群众对全面小康的认可度。冬训期间，全县累计开展小康文艺演出16场、发放小康宣传手册14万册。冬训工作与“三下乡”活动有机结合，形成冬训的一大特色。12月29日，市文化局、市科技局、市卫生局、市文联等18个部门在洪蓝镇举行2010年南京市暨溧水县“三下乡”活动启动仪式，为2000多名群众送上丰富的精神“大餐”。各镇(开发区)利用网络开展教育，将冬训辅导材料上传至政府网站，党员干部随时可以进行学习，接受教育。

【扩大新闻宣传】 2010年1月，《新华日报》在头版头条宣传报道溧水县在加快经济发展同时，积极改善民生的经验做法，南京电视台在《南京新闻》栏目重要时段播报县老年慰问金发放仪式。《南京日报》利用头版3篇综合报道以及3篇连续报道宣传溧水县“十一五”以来经济社会发展取得的新成效。2月初，在南京举办第五届中国(南京·溧水)草莓文化节暨第十届南京溧水梅花节新闻发布会，邀请海内外近20家媒体现场采访报道；分别与江苏电视台、南京电视台、《扬子晚报》、《金陵晚报》、香港有线电视台等多家媒体合作，通过开辟专栏、专题等方式，全方位、立体式宣传草莓文化节、梅花节。两节期间在市级以上媒体刊用各类新闻稿100多篇次。《光明日报》在头版推出《溧水草莓熟了》的大篇幅新闻报道。同时借助县牡丹节、五一劳动节、国庆节、采摘节等节庆，积极推广介绍县优质农林、生态、旅游、文化等丰富资源，展示溧水投资环境。7月，围绕防汛工作，在《南京日报》、南京电视台等媒体刊登各类宣传稿件10多篇次。8月，通过邀请媒体召开新闻通报会、编印宣传手册、发放致出租车驾驶员一封信、组织策划电视宣传等多种方式，开展城乡客运市场一体化改造宣传；围绕国家卫生县城创建活动，进行广告牌、橱窗、标语等环境布置及电视有关新闻宣传，引导群众支持参与国家卫生县城创建活动。同时围绕对接世博会、迎接青奥会，开展环境与新闻宣传活动，营造良好的社会氛围。

【推进全县文化产业发展】 2010年，县委宣传部会同有关部门制发《文化产业发展三年倍增计划》，重点做好江苏未来影视文化创意产业园、白马周园等重点项目跟踪服务工作。江苏未来影视文化创意产业园大型摄影棚建设工程竣工，演员公寓进入内部装修阶段。张艺谋执导的《金陵十三钗》拍摄景区各项建设进入尾声，民国时期教堂等主要建筑物建成。10 月 29 日，占地 7 公顷的周园建成对外开放，省、市、县领导出席开园仪式。建立全县文化产业重点企业项目库。通过电话沟通、电子邮箱、上门服务等方式，帮助有关镇区及文化企业做好市文化产业项目申报工作。全年争取市级文化产业专项资金 218 万元。按照《2010 年南京文化发展蓝皮书》编撰要求，编撰上报全县文化事业和文化企业发展综述报告。

【小康宣传】 2010 年，县委宣传部开辟小康新闻专栏，及时报道全面小康建设有关情况。印发小康知识宣传手册 14 万册，加强基层群体的宣传。开展公益、环境形象宣传和网络宣传，扩大宣传覆盖面。全面总结整理小康宣传工作资料，专题督查小康宣传，做好迎查准备工作。年底，全县全面小康社会建设通过省组织的实地考察验收。

（尤象红）

文明创建工作

【公民思想道德建设】 2010 年，县委宣传部把加强爱国主义教育工作作为实践社会主义核心价值体系重要工作载体，围绕庆祝建国 61 周年，引导各单位通过规范升挂国旗、布置环境宣传、举办主题活动等形式，开展爱国主义教育活动。9 月，启动“溧高印象”摄影比赛等活动。《着眼于农民的需求点，增强建设农村全面小康社会的源动力》一文获南京市思想政治工作征文二等奖。重视发掘宣传素材，以故事形式传播社会主义核心价值体系，扩大核心价值体系传播的渗透力和影响力。会同市委宣传部、南京日报报业集团、南京广播电视集团举办“道德力量、用心传递”、“感动南京·故事会”。全市典型晶桥镇敬老院院长邱莲娣和偏远农村小学教师魏和根，成为该节目的感动人物，江苏电视台、江苏教育电视台、南京电视台、南京日报、扬子晚报等 9 家省、市新闻媒体进行现场专题采访报道。年底，县消防大队马兵被评为第二届南京市道德模范，张长远、曹孚顺、翟景、代庆 4 人被评为第八届南京好市民。

【精神文明建设】 2010 年 4 月，县精神文明建设指导委员会制定下发《溧水县 2010 年公共文明指数测评体系》，建立和完善公共文明指数测评中实地考察测评点责任体系，进一步细化标准，分解落实责任，促进公共文明指数测评排名在全市稳步提升。5 月，与县电视台联合拍摄市民日常行为规范公益广告，在电视台滚动播放。6 月，组织调研全县市民文明素质状况，制定《市民文明素质提升行动计划》。7 月，会同县公安局开展“十万家庭共创交通文明”系列活动，开展家庭学法竞赛，组织志愿者上街劝阻违反交通法规行为，在县电视台设立交通曝光台。

开展文明机关创建工作。县文明办将文明创建与机关作风建设相结合，3 月，县委宣传部、县文明办、县级机关工委制定《关于在全县县级机关开展文明机关创建活动的实施意见》和考评细则，营造创建氛围。5 月，编印《溧水县机关干部文明礼仪手册》2000 册发放给机关干部。9 月，开展机关文明礼仪知识竞赛活动，以赛促学。

深化行业文明创建工作。2 月，县文明委评选表彰 2008–2009 年度县级文明行业 10 个、文明单位 28 个、文明镇 2 个、文明村 8 个、文明社区 2 个。推选 2007–2009 年度市文明单位 8 个、文明镇 1 个、文明村 8 个、文明社区 1 个。3 月，县委宣传部、县文明办、县妇联联合开展“争十星、创三户”（十星：五爱星、致富星、义务星、法制星、新风星、育才星、幸福星、和睦星、科技星、卫生星；三户：新风户、五好户、文明户）活动，全县新风户挂牌 8 万多户。4 月，开展“讲文明、除陋习，从我家做起”为主题的净化家园文明行动。5 月，组织绿色行动、卫生之家、文明村民评选等活动，以家庭卫生促进村容整洁。7 月，开展家庭读书、青少年读书、妇女读书和“科技文化法律知识进家庭”活动，建设农家书屋等，提高家庭成员的思想道德和科学文化素质。

开展群众文化活动。7~10 月，县委宣传部、县文明办举办第十届广场文化宣传活动，展示全县城乡建设成就，讴歌新人新事新风尚。放映数字电影 5 场，文艺演出 9 场，观众达 2.3 万人次。

开展“倡导文明新风，我参与我奉献”志愿服务活动。3月,县委宣传部、县文明办、团县委开展“保护母亲河”、“熄灯一小时”等活动。3月5日学雷锋日、“六一”儿童节、“重阳节”等节日期间,组织志愿者深入敬老院、社区、农村,为孤残群众等提供生活照料、医疗保健、文化娱乐等服务,到居民集中区开展家电维修、普法宣传、网络培训等服务。4月,社区青年志愿者服务站创建工作在交通路居委会试点。

深化城乡共建。2月,县委宣传部、县文明办积极推进第三轮“城乡携手,共建文明”活动,确立“优势互补,资源共享,互利双赢”的城乡共建目标,通过组织协调、上下联动,为三里亭、孙家巷等村争取扶持资金近百万元,形成城市反哺农村、城乡共同发展的良好局面。（尤象红）

统战工作

【概况】 2010年,全县统战工作贯彻落实上级统战工作会议精神和县委工作部署,联系党外人士、侨台、民族宗教界人士,开展各项活动,做好服务工作。

加强统战理论学习宣传。通过橱窗专栏、学习座谈、电视报道、报刊宣传等多种形式,宣传统一战线理论和政策,指导社区设立宣传角,组织党外人士、宗教界人士、三胞眷属等学习多党合作理论、《宗教事务条例》、“一国两制”方针和《归侨侨眷保护法》。为党外代表人士订阅《中国统一战线》杂志和《图说统一战线》等学习书籍。利用各类媒体宣传统战工作动态,全年被市级以上刊物录用稿件13条。

抓好党外人士培养教育和推荐使用。推荐2名党外领导干部参加市无党派人士培训班。2名党外领导干部担任政府职能部门主要负责人,2名党外干部获县第七届“十佳杰出青年”和“新长征突击手”称号。组织党外人士观看电影《袁隆平》,学习老一辈无党派人士与中国共产党肝胆相照、荣辱与共的崇高风范。

开展调查研究和建言献策活动。县委统战部组织无党派人士、非公有制经济人士围绕社会热点难点问题进行调查研究,开展“贯彻党的十七届五中全会、为‘十二五’发展建言献策”活动,撰写提案、建议和调研文章等60余件(篇),其中3篇调研文章在县政协例会上作参政议政发言,4件提案获县政协优秀提案表彰。邀请12批150多人次境外人士和客商到溧水考察。开展溧水籍在外成功人士调查摸底,建立近300人在外代表人士信息库,编印通讯录300本赠送给各镇、各部门和91个行政村。

【帮促白马镇】 7月,市委常委、市委统战部部长钱继红带领市委统战部、市投促委、市工商联等29个部门,考察白马镇,制定《白马镇2010~2012年帮扶工作规划》,明确帮促工作目标和工作重点。全年落实帮扶资金1465万元,完成帮扶项目24个,10个投资项目签订协议或意向协议,涉及农业开发、生态旅游、机械工业科技园建设等,总投资20多亿元。

【培养党外人士】 2010年,县委统战部贯彻落实《南京市2007~2011年培养选拔党外领导干部工作规划》,加强党外人士队伍建设。4~5月,走访农业、教育、卫生、检察院等11个部门,调研党外人士工作开展情况,与部分党外人士谈心。开展党外后备干部推荐工作,向各部门发放《党外青年干部(知识分子)推荐表》,推荐党外后备干部40人。10

党外干部理论培训班　　县委统战部 供稿

月 21~26 日，在江苏省社会主义学院举办党外干部理论培训班，县管以上党外领导干部及无党派知识分子联谊会全体理事 23 人参加培训，学习《社会主义核心价值体系》、《统一战线基本理论》、《沟通与协调艺术》等课程，并赴福建侨乡考察学习。6 月，召开无党派知识分子联谊会一届四次理事扩大会议，补选秘书长 1 名，表决通过 4 名新会员，创办编印《知联会简报》3 期，报道知联会动态，宣传统战方针政策，宣传会员先进事迹和工作业绩。

苏台两地高性能复合材料交流洽谈会　　县委统战部 供稿

【结对帮扶捐助活动】 2010 年，县委统战部配合市委统战部开展“光彩惠民感恩行动”，推荐县内6 名参加过抗日战争或解放战争并荣立二等功以上在乡“老革命”与南京雨润集团等 6 家企业结对，接受慰问资金 4 万元。12 月，市委统战部召开推进会，白马镇白马村黄元照作为“老革命”代表参加会议并发言。引荐市台协会、台湾一品极商贸有限公司向永阳镇、石湫镇敬老院和幼儿园等捐赠价值 8 万元的台湾食品。2008~2010 年连续 3 年争取市委统战部暑期爱心助学资金，累计帮助130 名贫困应届大学生，资助金额 71 万元。

【推进村级统战工作】 2010 年，县委统战部在上年度实行村级统战工作试点基础上，在全县 91 个村推开，编印下发《村级统战工作手册》，先后 2 次召开现场会交流经验。各镇村基本达到“五有”标准，即有组织网络、有专职干部、有基础台账、有活动记录、有工作成效。各村围绕社会主义新农村建设，发挥统战成员智慧力量，引导各方力量帮助村民增收致富、整治村容村貌、开展敬老助学等。

（王　慧）

对台工作

【概况】 2010 年，全县对台工作贯彻落实中央对台工作方针政策，开展对台宣传，促进合作，邀请台湾代表人士、客商到溧水参观交流，做好县赴台经贸考察各项工作，为在溧水台胞台属和台资企业服务。年内，县台办被县委、县政府评为“2009 年度开放型经济先进集体”。

加强两岸交流交往。县台办全年 3 次协助做好赴台宣传和招商。接待台湾宝石建设开发有限公司董事长陈汪全、台湾联发生物科技有限公司董事长刘健谊一行到溧水县考察生物有机肥生产项目，引荐台湾复合材料工业公会考察团等 13 家台资企业，到溧水经济开发区考察两岸新材料科技产业园项目。接待台湾中华书道学会书画艺术家与南京国阳书画院开展书画交流活动。

开展为台服务。县台办联系绿化办帮助台胞辜胜昭开办的宝星农场打开苗木销路。3 月，组织 3 名台商参加“部分在宁涉农台商座谈会”。12 月，组织 2 名台商参加市台办举办的“ECFA 背景下在宁台资企业法律风险知识互动讲座”。妥善处理市政府批转至溧水的台资企业南京汇丰农业科技公司与附近村民的矛盾纠纷。

【赴台招商活动】 2010 年 3 月 10~16 日，县委常委、县政府副县长张伟带队，赴台湾地区招商，拜访 14 家台资企业和行业公会，举行 2 场交流洽谈会，实地考察高新园区，推进一批在谈项目进程。5 月，协助县农业考察团赴台宣传推介溧水县农业资源及产品，洽谈合作项目。11 月，协助溧水经济开发区组团赴台参加两岸高新材料论坛暨招商参展活动。

【接待台北县参观访问团】 2010 年 12 月 3 日，

台北县副县长率台北县经发局、农业局、观光局、城乡局、文化局等政府官员一行33人到溧水考察交流，访问团考察溧水新城区、开发区和天生桥公园。县政府在天生桥山庄举行欢迎会，县长姜明到会致辞并介绍溧水县情。此次活动是县首次与台湾地区行政部门开展交流。（王　慧）

侨务工作

【概况】 2010年，全县侨务工作坚持为侨服务，立足溧水，增强同华侨、华人联系，宣传推介溧水，加强合作交流。以"四有"(政治上有地位、经济上有实力、学术上有造诣、事业上有成就)人物为重点对象，开展海外联谊交友活动。先后接待以美国江苏商会会长孙俊为团长的美国华商考察团13人和大纽约华商总商会会长、江苏省海外交流协会副会长刘其达等美国华商一行14人。推荐南京合兴包装印刷有限公司等3家侨资企业加入南京侨商联合会。8月，由省侨办原主任韩健民引荐带队，组织江苏省知名侨商26人开展"知名侨商溧水行"活动。10月，参加"2009海外江苏之友"活动的14位海外侨商到溧水举行"海外江苏之友溧水行"推介会。县侨办登门拜访重点侨资企业8家、侨眷20户，走访慰问2名困难归侨。全年办理侨胞侨眷来访信件10件，提供涉侨咨询服务11人次，帮助解决家庭困难、海外疑难信件投递、户口迁移等4人次。永阳镇庆丰居委会被市侨办评为"侨法宣传角"先进单位。

【侨情调查】 2010年，县侨办开展侨情调查。调查结果显示，全县有侨港资企业61个，其中独资36个，合资21个，合作4个，注册资本2.2亿美元，合同侨资2.8亿美元，员工近万人。1979年以后出境新移民留学生224人，其中硕士84人，博士、博士后45人。

【中日民间友好樱花园植树活动】 2010年4月11日，(日本)千棵樱花树实行委员会委员长、南京市海外交流协会副会长、旅日华人韩金龙率植树使节团一行32人，在天生桥公园举行中日民间友好樱花园第五次植树活动和和服表演，并组织16位日本企业界客商参加开发区推介会，考察秦川汽配、云海特种金属、星能传动等5家企业。（王　慧）

中日民间友好樱花园第五次植树活动

县政府办公室 供稿

农村工作

【概况】 2010年，全县农村工作继续加大农业投入，大力推行产业化经营，加大农业龙头企业建设力度，扎实开展新农村建设，深化农村改革，发展农民专业合作经济组织，实现农业增效、农民增收，确保农村社会和谐稳定。

推进城乡统筹协调发展。县委、县政府制定《关于加快推进城乡统筹协调发展的实施意见》，围绕"一年启动点上突破、三年见效差距减小、五年基本实现"目标，强化土地综合整治工作，推进"三个集中"(工业向园区集中、居住向社区集中、农业向规模经营集中)，统筹城乡经济社会发展。实施"三个置换"(土地承包经营权置换城镇社会保障，分散的农村宅基地和农民住房置换城镇产权住房，集体资产所有权置换股份合作社股权)，转变农业生产方式、农民生活方式和农民身份，促进城乡统筹发展。启动38个经济薄弱村每村不低于5000平方米工业标房项目建设，市政府补助每村标房建设100万元，县财政给予1:1的资金配套。至年底，白马、东屏、洪蓝、石湫4个镇23个村标房全部封顶，建筑面积12.04万平方米。12月下旬，和凤镇、永阳镇、县经济开发区、晶桥镇15个村标房建设全部开工。

加大农民增收力度。继续组织实施高效规模农业、农村劳动力转移、农业龙头企业及农产品加工、农产品营销、农村合作组织建设等十项工程，带动农民增收人均1064元。实施低收入农户增收工程，确定全县20个低收入农户增收整村推进项目，主要有钢架大棚草莓、有机蔬菜种植、温氏鸡养殖、特种水产基地建设等，项目区总面积达到1600公顷，其中新增面积333.3公顷。有9个项目被市委农村工作委员会认定为低收入农户增收市级支持项目，补助资金330万元，确保全县低收入农户增收市级支持项目做实做优。根据市委农工委要求，实施农民创业主体培育工程，鼓励和引导更多农民走上创业之路。确定和凤镇毛公铺村、永阳镇工农兵村为农民创业主体培育工程实施单位。举办创业农民培训，邀请南京农业大学教授、业务技术人员现场授课，建立创业农民电子和书面台账，给农民创业提供政策、资金支持。各村充分发挥自身区位、资源等优势，大力发展特色产业，出现一批有活力、有特色、有潜力的专业村和产业带。永阳镇以高塘村为中心形成以铁路配件、铸造业为特色的块状经济，现有企业30余家；石湫镇以明觉刀具工业园为纽带，形成以刀具产业为特色的锻造产业链，现有企业100余家。

发展农民专业合作经济组织。建设农民专业合作社、土地股份合作社、集体资产股份合作社三大农村合作组织，提高农民生产经营组织化程度，提升农业产业化水平，增加农民财产性收入。安排财政资金扶持农民专业合作社，落实税收优惠和金融支持等优惠政策，充分调动农业龙头企业、种养殖大户、农村经纪人的积极性，加快发展速度，带动农民增收。符合条件的村组实施土地股份合作，扩大土地规模经营，提高规模经营效益。加大村级集体经济股份制改革，让更多的村民享受村集体经济发展带来的效益。

规范村级财务管理。县委农工委配合部分镇(区)经管站组织开展村级财务人员培训，提高村组会计业务水平。同时建设村务公开电子信息平台，实行阳光操作。每月15日前，各村账目生成相应报表，上传至县信息中心，分门别类发送至互联网站、有线电视、移动通信和电信部门，在电子信息平台上公开，确保财务公开数据及时、真实、可靠，积极化解村级不良债务。

【发展农民专业合作社】 2010年，新发展农民专业合作社67家，新增社员12352人。至年底，全县农民专业合作组织达225家，社员总数31352人，销售收入9.9亿元。全县创省“四有”(有组织制度、有合作手段、有较大规模、有明显效益)合作社4家，其中2家获省“四有”示范合作社称号；创市“五有”(有制度、有场所、有服务、有渠道、有品牌)合作社17家。全年有24家合作社获省、市财政扶持，扶持金额达289万元。年底，合作社贷款余额近9000万元，比上年净增5500多万元；合作社贴息金额674.22万元，占全市总额的55%以上。

县农村专业合作社培训班　　县委农工委 供稿

【农村实事工程】 2010年是溧水县实施第三轮农村实事工程的第二年。第三轮农村实事工程自2009年起实施，内容包括农村人才、农民健康、农村社区服务、农村文化、农村环境、帮促攻坚、农村基础设施建设、农村社会保障等8项工程。

农村人才工程。全县91个村开展农业实用技术培训，12014人参训；先后举办特种水产、高效农业、优质家禽、农产品经纪人、特禽养殖等创业培训班5期，培训615人；组织县、镇(区)农牧、水产等农业技术人员102人，参加省、市各类农技推广人员培训班；培训农村劳动力9400人。全县新增转移农村劳动力18000人，8家乡镇企业高管参加省职业经理人培训，40名企业财务、销售高管参加全省中小企业高级管理培训班，180名企业管理人员参加中小企业信息化培训。146名农村退役士兵免费参加职业技能及岗前培训，选聘13名大学生村干部，资助和培育75名农业科技带头人，155名涉农专业中专学生获得农村中等职业免费教育。

农民健康工程。全县参加新型农村合作医疗人数275932人，年人均筹资230元，其中市补76元、县补52元、镇补40元、个人交62元。全年报销医药费金额7007万元，累计报销92.8万人次。年初，按10元/人标准，建立400万元的农村基本公共卫生服务项目经费。完成2个镇17个村计划生育中心服务站建设，县、镇、村三级世代服务室增添设备，优化服务设施，改造覆盖率达100%。全年完成改水人口23.6万人。

农村社区服务工程。全年新建或改造村级综合服务室21个，"三星级"为农服务社9家。

农村文化工程。赠送交流图书4000册、送电影20场、送戏52场。全县91个村全部建成村农家书屋，完成8个自然村农家书屋建设。全年新增有线电视用户7019户。至年底，全县有线电视用户数达104028户。

农村环境工程。全年投入资金595.6万元，疏浚县级河道2条，乡级河道9条，总长66.57公里，土方135.2万立方米。投资708.45万元，整治当家塘274座，土方188.18万立方米，并全部通过市级验收。建成县垃圾填埋场并投入使用，村庄环境整治21个，完成永阳镇张茅村、白马镇浮山南顶村、洪蓝村蒲塘村及和凤镇毛公铺村生活污水设施建设，建成中型沼气工程14处。农村改厕11218座。完成151个自然村村庄绿化，植树90.6万株，其中道路绿化植树25.4万株、水体绿化植树5.3万株、家前屋后植树33.2万株、公共绿地地植树26.7万株，自然村道路和水体宜林地绿化率均达95%。

帮促攻坚工程。落实南京市帮促白马、洪蓝两个经济欠发达镇27个帮扶项目，到位帮扶资金1385万元，其中白马镇700万元、洪蓝镇685万元。建设增收项目9个，人均增收1200元。

农村基础设施建设工程。建设农村公路80公里，完成52座农村小型桥梁建设，改造农村泵站11座。

农村社会保障工程。全县最低生活保障农村居民5562户，10150人，做到应保尽保，全年发放最低生活保障金1311.万元。自10月起，农村低保标准提高到每人240元/月。全县农村五保对象1450人，其中集中供养624人，标准为每人270元/月；分散供养826人，标准每人198元/月。全县新型农村社会保险参保12.99万人。发放老年居民养老补贴6.42万人、4434万元。新征地农民全部纳入基本生活保障，全县被征地农民2931人，领取困难补助736人。

【组建农村土地股份合作社】 2010年，全县新成立农村土地股份合作社20家，新增入股农户3073户，新增入股面积1133.33公顷。5月，县委农工委帮助新成立的16家农村土地股份合作社申请市级补助资金160万元，推进农村土地股份合作社发展。至年底，全县累计成立农村土地股份合作社38家，入股农户6778户，入股面积2080公顷。

【农村集体经济股份合作制改革】 2010年1月，县政府下发《关于下达溧水县2010年国民经济和社会发展奋斗目标一级分解目标的通知》，明确全年农村集体经济股份合作制改制目标，把改制目标任务分解落实到镇。县委农工委会同各镇(区)经管站，指导制定村合作社章程和股改实施意见，发放股权证书。全县有32个村完成股份合作改制任务，入股股民105935人，量化集体资产4296.46万元。

【新农村典型示范村】 2010年，县委农工委组织开展南京市典型示范村创建活动，突出新规划、新机制、新能源、新水源、新田园、新家园"六新"建设。全年实施5个建设项目。6月，和凤镇乌飞塘村和洪蓝镇傅家边村申报的新田园、永阳镇东山村申报的新家园建设项目，经市委农工委批准实施，共获得市级补助资金70万元。11月，东屏镇方边村、洪蓝镇天生桥村申报的新家园建设项目，经市委农工委批准实施，并获得市级补助资金15万元。5个建设项目均于当年建成并通过验收。

（沈久福 杨孟程）

党史工作

【概况】 2010年，全县党史工作围绕中心，服务大局，以革命遗址普查工作为重点，认真履行党史征编研究和资政育人职能。《全国革命遗址普查成果南京市溧水分卷》获南京市2006~2010年全市党史系统优秀成果"特别奖"。

【革命遗址普查工作】 根据省市党史工办统一部署，2010年4月初，县委党史办全面启动革命遗址普查工作。成立工作班子，制定工作方案，开展业务培训，上门指导服务，通过实际拍摄、走访座谈等，取得了大量的图片和文字资料，历经4个月，至7月末，完成县内45个革命遗址和2个其他遗址普查工作，其中现存遗址27个、损毁遗址18个，形成了详细的普查报告，并顺利通过验收。

革命遗址普查　　县委党史办公室 供稿

【启动党史三卷本编纂工作】 按照省、市党史工办统一部署，2010年6月中旬始，开展《中共溧水县改革开放新时期地方史（1978~2008）》（简称党史三卷本）资料整理、图片征集等前期准备工作，成立中共溧水县改革开放新时期地方党史编审指导委员会，拟定《中共溧水县改革开放新时期地方史（1978~2008）编写实施方案》。

【编制溧水县党史工作"十二五"规划】 2010年，县委党史办开展"十二五"规划编制工作。认真总结全县"十一五"党史工作，开展改革开放和社会主义现代化建设新时期党史研究，拟定了"十二五"规划。规划内容主要突出《中共溧水改革开放新时期地方史（1978~2008）》等党史基本著作的编纂、党史资料征集，利用纪念建党90周年等重要节庆和纪念日开展党史宣传教育，加强党史遗址保护和利用等工作。（朱　芸）

信访工作

【概况】 2010年，县信访工作遵循国家《信访条例》和省市信访工作要求，畅通信访渠道，推动信访问题解决，充分发挥综合协调职能，多策并举解决疑难复杂信访和初信初访，确保信访形势平稳可控。县信访局全年接待群众来访373批，1975人次，分别比上年下降29%、27%，受理群众来信158件，下降25%。

化解信访积案，压减信访存量。 2010年是信访积案化解年，信访部门认真排查梳理全县信访积案，根据不同情况，采取"一案一策"、因人施策方法，协调各方力量成功化解一批长达数十年的信访积案，促进社会稳定。

加强信息预警，超前化解矛盾。 进一步健全信息汇集体系，做到早发现、早处理，及时控制、化解和钝化因道路建设、稻种质量、山林承包等问题引发的多起集体上访苗头性事件，在全国、省市"两会"等重要时期，认真贯彻上级各项要求，实现溧水县进京上访"零"登记。2010年，县信访局被南京市处理信访突出问题及群体性事件联席会议办公室（以下简称"联席办"）、市信访局评为"上海世博会"期间信访稳定先进单位。

【信访建设】 2010年，县信访局指导各镇区、部门加强信访队伍和信访场所、制度建设。全县各镇区及县有关部门均设有信访接待场所，有工作人员专门接待。初步构建信访工作组织、信息、责任网络。按照"横向到边、纵向到底"要求，各镇区、各部门坚持每月一次、村（居）委会每半月一次拉网式排查辖区内存在的矛盾纠纷，发现问题及时分析和研究判断，并按照"五包一"（责任单位、事发单位、稳控单位、责任人、包案领导)责任制要求，迅速落实包案领导和化解稳控责任，及时组织开展矛盾纠纷化解工作，努力做到“大事不出镇、小事不出村”，主动超前介入突出信访问题，强化指导，跟踪督办，多策并举推动问题解决，联合接待、联合调研、联合对话、联合会商、联合答复群体上访事件。

【信访处理】 2010年，溧水县坚持周一、周三县领导信访接待制度。全年县信访局接待群众来访373批、1975人次(其中集体上访78批、1492人次)；县四套班子领导接待群众来访278批、979人次。交办信访事项252件，办结247件；办理网上信访交办13件，办结13件；受理来信158件，办结155件；对突出疑难及省、市交办的信访事项落实县领导包案23件，包案率、办结率均为100%。二季度，晶桥镇云鹤山村一队、二队村民因山林地租赁权属问题多次集体上访，并越级到省、市上访，县信访局多次组织相关部门协同会办，主动下乡接访，使事态得到平息。8月，陆续有石湫镇、溧水经济开发区、东屏镇、白马镇、洪蓝镇、晶桥镇等地农户到县反映稻种质量问题，县信访局会同县农业局进行调查，聘请省市专家鉴定，确定该批稻种确实存在纯度不足的质量问题。为此与县农业局多次组织农户与生产厂家、销售商进行对话和调解，并积极与司法部门联系，依法取证农民受损情况，同时引导农户走法律途径依法维权，避免了农户大规模集体上访。

【化解信访积案】 2010年，县信访局综合运用政治、经济、行政、法律等多种手段，上下联动，齐抓共管，一案一策，一人一策，积极化解信访积案。信访户张某，自2000年以来，一直为其工伤认定不实、公安对其处罚不公及再就业问题没有解决而常年上访。县信访局组织县政府办公室、发展和改革局、财政局、人力资源和社会保障局、永阳镇政府等部门协商会办，妥善处理张某信访事项，使长达10多年的信访事项得到化解。同时，全年还牵头组织化解王某、潘某、史某等信访老户的信访事项，在消减信访积案，破解信访难题上取得重大突破。

【“三项排查”工作】 2010年，省市“三项排查”(排查信访热点难点问题、排查安全事故隐患、排查基层基础薄弱环节)工作会议后，县信访局将省市交办的26个热点难点信访问题(其中集体上访4个，个访22个，涉及征地拆迁22个，民生类4个)，分解落实县包案领导，将自查自排的205件热点难点信访问题，分解落实到稳定责任单位。根据“三项排查”要求，会同县政法委，组织公、检、法、司等部门全面排查涉法涉诉类案件。针对排查出的不稳定因素，落实领导包案责任制，明确工作职责，因案施策推动涉法涉诉类信访问题的解决。探索组织政法部门开展联合接访新举措，由县公、检、法、司等部门抽调人员，组成涉法涉诉信访事项联合接待组，县信访局联合接待涉法涉诉上访群众，做好接待、分析研判、现场调解、交办会办工作，减少信访增量，避免矛盾激化和重信重访。

(王　震)

保密工作

【概况】 2010年，全县开展学习宣传新修订的《保密法》活动，举行保密承诺书签订人员保密知识考试，提高干部群众保密意识。6月，做好全县高考、中考等重要考试活动的保密监管。加强涉密载体销毁管理，确定纸介质、电子载体定点回收销毁单位。开展以计算机信息系统安全保密为重点的检查，梳理管理工作漏洞，教育警醒干部职工，督促完善管理防范措施。开展以禁止涉密信息、涉密计算机系统上互联网为重点的保密检查，督促政府网站、部门网站做好信息公开保密审查，并实施重点检查。

【学习宣传《保密法》】 2010年6月21~28日，县保密局举办党政机关和涉密单位人员保密知识考试，全县党政机关和涉密单位签订保密承诺书的领导干部和涉密人员57人参加统一考试。考试内容以新修订的《保密法》、《保密技术防范常识(图文本)》、《信息系统和信息设备使用保密管理规定》和信息化条件下的保密技术防范知识为主。7月25日~9月25日，县委保密工作委员会办公室、县保密局根据中共中央宣传部等部门联合下发的《关于开展〈中华人民共和国保守国家秘密法〉学习宣传活动的通知》要求，采取印发宣传提纲、党委中心组学习、法制展览、学习研讨、新闻报道等多种形式,在全县开展《保密法》学习宣传活动,提高依法履行责任的自觉性和主动性,使涉密人员牢记保密行为规范,熟悉掌握保密法律知识和各项要求,自觉履行保密义务。同时,开展“法律六进”(进机关、进乡村、进社区、进学校、进企业、进单位)等活动,使广大公民牢固树立国家安全和利益高于一切,保守国家秘密人人有责的观念。

【涉密载体检查】 2010年4月26日~5月25日,根据市委保密工作委员会办公室《关于组织开展涉密载体清理情况检查的通知》精神,县委保密委办公室、县保密局按照“不漏一岗、不漏一机、不漏一人、不漏一项”要求,采取自查与抽查相结合、机关单位检查与旧货市场检查相结合方式,检查全县涉密单位涉密载体清退、留存、收回和销毁情况,摸清各类涉密载体基本情况,对属于销毁范围的各种文件资料,定期交定点销毁单位统一销毁,做到行有规章,做有依据,查有准则。重视加强保密制度建设,促进各部门、各单位健全管理制度和重点防范措施,杜绝泄密隐患;促进各部门、各单位规范管理涉密载体,认真执行涉密移动存储介质保密管理的相关规定,严格涉密U盘、移动硬盘等载体管理使用,统一标识,明确专人管理。

【涉密载体回收销毁工作】 2010年11月15日,县委保密委办公室、县保密局发出通知,在全县规范机关部门、企事业单位涉密载体回收销毁工作。回收销毁的涉密载体范围是:(1)电子类。使用与处理涉密信息和用于机关内部办公的计算机、移动存储介质、传真机、复印机等通信和办公设备。(2)纸质类。凡标有密级的文件、资料、图纸、报表、档案、书刊及国家秘密载体定点复制单位产生的废残次品;不宜向社会公开的各种文件、资料、内参、内部刊物、票证及按有关规定须实行保密管理的纸质载体;无保存价值和按规定须销毁的文件纸、文件制作过程中形成的中间材料和残次品(草稿、修改稿、签发稿、清样、废品等);机关内部办公过程中随时产生的各类废纸及未经分捡的报刊杂志等。对回收销毁涉密载体实行统一管理、定点回收、集中销毁。 (许青华)

党校工作

【概况】 2010年,县委党校服从服务于县委、县政府建设全面小康社会工作大局,依托主体班次培训,拓展干部培训渠道,提升教科研水平。

加强干部培训工作。全年县委党校举办主体班次15期,培训干部2735人次;作校外宣讲报告117场次,听课人数11460人次,办班数量和受训人次比上年略有增加。突出重点,扩充干部培训新内容。主体班次教学内容包括十七届四中全会精神、2010年中央一号文件(《中共中央、国务院关于加大统筹城乡发展力度,进一步夯实农业农村发展基础的若干意见》)精神、科学发展观、当今国际国内形势、如何确保权力正确行使、领导者(管理者)如何抓落实、转变经济发展方式、关注“三农”、建设和谐社会等15个课题。专题培训,注意内容的针对性。开设国际国内形势、党的十七届四中和五中全会精神、生态文明建设、优化经济结构、廉政准则、文明机关创建、能力训练、青年创业政策等若干专题。坚持异地办班,拓宽干部培训新平台。5月,在宜兴举办溧水县生态文明建设专题培训班;9月,股级干部培训班到丹阳实施现场教学;9月27~28日、10月14~16日,分别在苏州举办2期县管副职领导干部轮训班。坚持联合办学,开辟党校培训新领域。为县第二初级中学教师开设培训班,帮助教师进一步认清发展形势和任务。选派骨干教师,应邀到机关、企业、学校、镇、村讲课,促进党校课堂外的延伸。跟踪服务,做好全县公务员培训学分登记审核和管理等。

提升教学科研水平。2010年县委党校承担“四大战略”(环境优先、工业立县、三产兴县、科教强县)解读课题。围绕课题开展调研,先后完成“关于全县生育情况的调查”、“关于永阳镇铸造业转型升级的调查”等6个调研课题,并形成调研报告。组织全体教师到开发区调研县工业发展情况。11月,组织全体教师就“贯彻党的十七届五中全会精神,为南京‘十二五’规划发展建言献策”展开讨论。12月,听取省委党校教授所作的《学习贯彻十七届五中全会精神》专题报告和《后危机阶段中国宏观经济》讲座,听取南京市科技局负责人所做的《南京市科技创新与经济发展》及县政协举办的溧水县首次科技创新专题讲座。全年撰写论文19篇,其中1篇在南京市纪委读书征文中获优秀论文。

【编印《溧水党政干部论坛》】 2010年，由县委组织部、县委党校主办，县检察院、东屏镇、洪蓝镇、县发改局协办的《溧水党政干部论坛》期刊全年发行4期。期刊围绕县委、县政府中心工作，设置工作探讨、党建纵横、法制经纬、理论探讨、调查研究等栏目。全年刊登全县党员干部理论文章和调研报告近80篇。

【函授学历教育收官】 2010年，县委党校认真贯彻落实省、市党校关于党校函授教育收尾阶段各项要求，继续抓好函授教学、学籍、班级、考务管理，确保党校函授教育平稳收官。至年底，全校开设函授班3个(大专班1个、本科班2个)，学员157人(大专学员85人，本科学员72人)。上半年举行市委党校半脱产2007级经管、法律本科班毕业典礼，54名学员取得毕业文凭。下半年举行市委党校半脱产2007级经管、法律大专班毕业典礼，77名学员毕业。2008级经管、法律本科72名学员全部通过论文答辩。（李玉兵）

老干部工作

【概况】 2010年，全县有离休干部203人(包括代管省、市驻溧单位，外省安置本县的离休干部)。其中男180人、女23人；抗日战争时期参加革命工作45人，解放战争时期参加革命工作158人；享受厅局级政治生活待遇1人，享受厅局级医疗、交通两项待遇10人，享受司(厅)局级医疗待遇35人，县处级或享受县处级政治、生活待遇128人。县级退休干部16人(不含县人大、县政协不驻会的县领导)。

落实老干部政治待遇。县委老干部局做好文件送阅工作，定期将《溧水信息》、《情况通报》等文件材料、会议讲话材料送到县级离退休老干部家中，让离退休干部们了解县委、县政府工作部署和各镇、区、部门工作动态，更好地为溧水建设建言献策。全年送阅《溧水信息》98期，《情况通报》15期，文件材料8份。坚持情况通报制度，县委、县政府举办1次全县离退休干部情况通报会，2次县级离退休老干部座谈会，通报溧水社会和经济发展情况，并听取老干部的意见和建议。组织县级离退休干部视察白马农业硅谷农民拆迁安置新区(硅谷新村)建设现场，参观白马如意文化中心(周园)；11月，视察县第二高级中学四星级创建工作。8月，向离退休干部赠送楷模老干部传略《厚德为民》一书；11月，为离退休干部订阅《新华日报》或《南京日报》、《老年周报》和《银潮》杂志，确保离退休干部人手“两报一刊”。开展走访慰问活动，春节前，县委老干部局会同组织、人事部门慰问全县离退休干部及遗属；9月初，走访慰问全县抗战时期参加革命的47名离休干部，慰问金1500元/人；全年看望住院离退休干部230人次。

落实老干部生活待遇。5月，县委老干部局组织全县200多名离休干部和县级退休干部集中健康体检并做好后续体检报告送达与情况反馈、专家咨询答疑等服务工作。全年举办健康保健讲座44场，2500多人次参加。10月，依据全县调整住房补贴(提租)标准，协调县人社局、财政局等单位，确保全县59名企业离休干部住房提租补贴及时发放到位。

发挥老干部作用。注重发挥老干部优势，在关心下一代、社区服务、青少年教育、网吧监督、行风监督等方面奉献余力。7月，为配合全县创建国家卫生县城，迎接国家和省市考核验收，向老干部发放倡议信，老干部们纷纷响应，争做创建宣传者、创建带头人、创建监督员。12月，在中国老区建设促进会成立20周年总结表彰大会上，县离休干部、原县人大主任、县老促会会长杨木金被评为全国优秀老区工作者。

【离退休老干部党组织建设】 2010年11月，县委老干部局会同县委组织部下发《关于在离退休干部党组织和党员中深入开展创先争优活动的通知》，按照“五好”(支部班子好、党员队伍好、组织设置好、活动开展好、群众反映好)离退休干部党支部标准进行指导督促。11月，选派2名新上任的老干部党支部书记参加全市老干部党支部书记培训学习班。县委离退休干部局党支部被县级机关工委授予2008-2009年度“先进基层党组织”称号。

【老干部活动阵地建设】 2010年，老干部活动中心为老年协会、社区老年活动等提供服务，举办各类协会会议、学习、排练、比赛等活动28场，1200多人(次)参加。5月，分别召开老干部局离退休老干部、8个老年协会(老年大学)、县级退休老干部及离休干部代表3个层面的征求意见会，听取和征求老同志对加强活动中心建设、改进服务管理的意见和建议。7月，调整县老干部活动中心功能布局，配置10台电脑，开通宽带上网，建立电子阅览室。8月，向经常到活动中心活动的老干部发放服务质量调查表，民意测评考核活动中心工勤人员，完善活动中心管理制度。

【业务知识学习竞赛】 2010年，县委老干部局组织局机关工作人员，开展老干部工作政策业务知识学习竞赛活动。学习活动实行"三挂钩"，做到"三明确"。"三挂钩"即：与年终工作考核挂钩，与先进评选挂钩，考试成绩与职务调整挂钩。"三个明确"即：考试成绩比较差的，在各类评先时原则上不予考虑；考试成绩很差的，实行一票否决制，不得参加任何评先；考试成绩优秀的，重点推荐，优先考虑。9月，在全市全员统考中，平均成绩列第一。

【信息和调研工作】 2010年，县委老干部局完成8篇调研文章，报送省老干部工作者协会2篇，参与全国老干部工作征文活动6篇，其中《关于老干部活动安全保障工作的思考》、《重视临终关怀诠尽幸福安宁有自尊》两篇调研文章，分别在5月和12月的江浙皖三省毗邻十一县(市、区)老干部工作研讨会上交流；《注重活动引导，增强工作活力，努力把老干部思想政治工作做实做出成效》一文被省老干部工作者协会评为三等奖。7月，在各社区开展社区服务老干部情况摸底调查工作。在县电视台、报纸上播放或刊登老干部工作情况、活动动态，全年在《都市文化报〈秦淮源周刊〉》上刊登5篇新闻稿，《溧水信息》采用7条。《南京老干部工作》杂志采用信息、文章15篇(条)。12月，筹建老干部工作网站，为全县老干部展示风采、发挥作用以及各部门沟通交流提供平台。 (梁 军)

机关党建工作

【概况】 2010年，县级机关工委以服务发展、改善民生为主题，深入贯彻落实县委十一届六次全体(扩大)会议精神，紧扣党的执政能力和先进建设这条主线，牢牢把握服务中心、建设队伍两大任务，大力推进机关党的建设，着力深化机关作风建设，扎实开展"县级文明机关"创建活动和"万名党员进万家"主题实践活动，充分发挥机关各级党组织和机关广大党员干部在推动发展、改善民生、服务群众、凝聚人心、构建和谐社会等方面的积极作用；为全县经济社会又好又快发展提供坚强有力的思想政治保障。

增强党员干部队伍素质。县级机关工委在县级机关中贯彻中共十七届四中、五中全会精神，以理想信念教育为重点，深入开展社会主义核心价值体系学习教育，引导党员干部进一步增强党的意识、宗旨意识、执政意识、大局意识和责任意识。组织开展创建学习型党组织、学习型机关活动，引导机关党员干部积极投身到创建学习型党组织的实践中来，争做学习型党员、学习型干部。完善领导班子中心组学习制度和党员干部定期学习制度，组织开展读书征文、体会交流、演讲比赛等活动。

提高党建工作水平。7月，县级机关工委制定《关于深化机关党建先锋工程的意见》，发挥机关党建服务"三个发展"(转型发展、创新发展、跨越发展)作用。在县级机关党组织和广大党员中开展创先争优活动，加强党的执政能力建设和先进性建设，充分发挥机关党组织战斗堡垒和党员先锋模范作用。9月，及时做好县政府机构调整后有关部门党组织设置和任期届满基层党组织换届改选工作，把好党组织领导班子人选的推荐、考察和审批关，加强基层党组织班子建设。

强化机关作风建设。县级机关工委在机关开展"五服务深化年"(服务企业、服务群众、服务基层、服务项目、服务人才)活动，提升为企业、群众、基层、项目和人才服务的水平和能力，改善全县经济社会发展软环境。7月，会同县文明办、县软环境建设办公室赴江阴学习考察机关作风建设和文明机关创建工作。8月，制定《关于在全县县级机关开展文明机关创建活动的实施意见》《溧水县县级文明机关创建综合评价方案》，做好县级文明机关创建考评工作，推进机关作风建设。

发挥服务保障作用。2月，机关工委会同县软环境办、县委办做好全县软环境建设暨机关作风建设大会筹备工作，会后督促检查机关各部门单位贯彻落实大会精神情况。下发《关于在周末认真组织机关干部职工进社区开展创卫工作的通知》,组织县级机关各部门单位干部职工周末进社区开展创卫工作。9月,与县软环境办聘请32人担任县软环境建设和机关作风建设监督员,监督全县软环境建设和机关作风建设,并召开专题会议,对监督员提出工作要求。加强机关党建调研,编印“县级机关科学发展论文集”,发至县级机关各基层党组织,作为加强机关党建工作参考资料。

做好组织发展工作。6月,机关工委举办入党积极分子和预备党员培训班,来自机关工委、系统部门党委(总支)和永阳镇党委220名入党积极分子和预备党员参加培训。10月,举办县级机关各部门党组织负责人参加党务干部培训班。县级机关根据“坚持标准、保证质量、改善结构、慎重发展”的十六字方针,严格按照发展党员的工作程序和原则,做好机关新党员发展工作。机关工委全年发展新党员16人,其中女党员6人,占新党员数37.5%;大专以上文化15人,占94%。

【县级文明机关创建活动】 2010年,县委决定在县级机关中开展文明机关创建活动。成立由县委分管领导任组长的县创建文明机关工作领导小组。3月,县级机关工委会同县文明办、县软环境办等部门研究制定文明机关创建活动实施意见和考评方案。此次文明机关创建活动,以“认真履行行政职责,大力提高行政效能”为主题,以切实改进机关作风,不断提高机关效能,努力打造务实高效、清正廉洁、人民满意的文明机关为目的,为创建省级文明城市打好基础。创建标准包括领导班子坚强有力,干部素质整体优良,业务工作成绩显著,依法办事公正公开,服务质量群众满意,道德风尚健康向上,环境优美整洁有序,创建活动常抓不懈等8个方面。县级文明机关创建活动在全县县级机关各部门、各单位和省市驻溧各单位中开展。文明机关创建活动的开展,推进了机关作风建设,增强了机关为企业、群众、基层、项目、人才服务的水平和能力。

【“万名党员进万家”主题实践活动】 在“七一”、“元旦”和春节前夕,会同县委组织研究制定并下发《关于组织县镇机关党组织到结对帮促村或结对共建社区开展一次“万名党员进万家”为主题党日活动的通知》,组织机关各级党组织和机关党员干部到村(社区)开展党日活动、走访慰问困难党员和结对贫困户、资助留守少年、春蕾女童的“爱心驿站”等活动。2010年,全县县镇机关各单位和党员干部共捐赠帮扶慰问资金160多万元。

【“创先争优”活动表彰大会】 2010年7月6日,县级机关工委召开庆祝建党89周年和“创先争优”活动表彰大会。总结2008年以来机关党建工作,部署下一步工作。宣读《关于表彰2008-2009年度机关党建工作先进单位、先进基层党组织、优秀共产党员和优秀党务工作者的决定》。授予县发改局党委等15个单位“机关党建工作先进单位”称号,县地税局党总支等20个基层党组织获“先进基层党组织”称号,吴生沐等83人获“优秀共产党员”称号,朱道俊等18人获“优秀党务工作者”称号。县级机关部分新党员进行入党宣誓仪式。

【机关文明礼仪知识竞赛】 2010年5月,县级机关工委联合县纪委、县委宣传部、县委党校、县人防办,共同举办“人防杯”机关文明礼仪知识竞赛活动,全县46个代表队参赛。县住建局获一等奖,县行政服务中心、县发改局获二等奖,县人社局、晶桥镇、永阳镇获三等奖。 (熊春涛)

关心下一代工作

【概况】 2010年,县关心下一代工作学习贯彻中共中央、国务院《关于进一步加强和改进未成年人思想道德建设的若干意见》精神,充分发挥“五老”(离退休老干部、老党员、老教师、老政法、老科技工作者)作用,配合有关部门,深入开展青少年“五教一帮”(思想道德教育、法制教育、科技教育、幼儿教育、家庭教育和帮困助学)活动,为全面提高全县青少年整体素质,为构建和谐、现代化溧水作贡献。

加强青少年思想道德教育。5月,县关工委会同教育关工委调整充实全县思想道德教育讲师团队伍,组织“庆世博,学‘双百’,做一个有道德的人”主题宣讲活动,全年,为中小学生作宣讲报告116场,听众2.19万余人次。与有关部门配合,组织学生到公共场所清除杂草,打扫卫生,开展“倡导绿色文明，共建美好家园”打造学校门前卫生文明一条街活动；到敬老院、孤寡老人家中开展敬老、助老活动；县关工委副主任赵明才应邀到省内外作学雷锋报告13场，听众2万余人次；展出将军、名人学雷锋书画作品11场次，观众2万余人次；在第二初级中学、孔镇中学举办“感恩的心”家校联合式主题班队活动。基层关工委组织学生参观革命烈士陵园、江东门侵华日军南京大屠杀纪念馆，举行18岁成人仪式，组织参加“2014，我为南京加油”绘画大赛和“我与青奥共成长——南京市少儿书画展”，参赛作品获一等奖1名、二等奖2名、三等奖3名。

*加强法制教育，做好帮教工作。*县关工委与县司法、教育等部门共同组织“万名青少年读法律书籍知识竞赛”、“迎青奥、促和谐”法制书法比赛；组织部分学生到少管所接受警示教育。组织老年法制文艺宣传队到常州监狱面对面帮教溧水籍劳教人员。白马中学教师曹桂兰一家被评为江苏省“五五”学法用法好家庭。法制副校长关爱工作团成员全年到中小学作法制报告90场，听众7.57万余人次，大大增强青少年的法制意识和自我保护意识。县关工委组织关爱工作团和“五老”志愿者积极参与零犯罪社区（村）创建活动，并纳入创建“六好”（班子配备好、队伍建设好、开展活动好、教育效果好、活动阵地好、保障机制好）社区（村）关工委考核范围。永阳镇关工委配合有关部门开办法制教育及“零犯罪”社区（村）创建业务培训班，参与者860人次。县实验小学退休教师戴作新被中国关工委评为全国关心下一代工作先进个人。县关工委会同文化、工商等部门调整充实网吧义务监督员队伍，从54名增加到72名，义务监督全县22个经营性网吧和11个游戏厅。

*加强青少年的科普教育。*县关工委配合教育、科技等部门组织第十六届中小学师生科技创新大赛，5人获一等奖，9人获二等奖，16人获三等奖，12名教师获优秀辅导教师奖；参加市街道社区中小学生科幻画比赛，获一等奖1名，二等奖2名，三等奖3名；与县实验小学联合举办第25届小小智力竞赛。7月，会同教育、科技、共青团等部门组织“南京市革命老区中小学生科技夏令营”、“绿色世博，低碳生活”、“留守儿童消防自护”等科技夏令营18期，营员1200余人次。永阳中心小学、东庐小学、和凤中心校开展市级课题《野生马齿苋人工规模栽培可行性研究》及《春秋两季马铃薯高产栽培与管理》取得阶段性成果。聘请南京航空航天大学等高校专家为溧水经济开发区小学学生作《飞向太空》及《低碳生活与生物多样性保护》讲座；县农林部门关工委经常组织科技辅导员为学生作科普报告，听众2000余人次。

*加强家庭、幼儿教育，为青少年办实事。*促进家长学校健康、有序发展。县关工委向市关工委争取资金20万元，帮助部分幼儿园解决实际困难，推进优质幼儿园建设；关爱“留守儿童”、外来务工人员子女、孤残儿童、特困家庭学生，建立关爱长效机制。充分发挥“爱心驿站”、“关爱基地”、“假日学校”、“校外辅导站”作用，组织丰富多彩的关爱活动。组织县老年象棋、乒乓球协会与县第三小学学生开展“老少同乐”象棋、乒乓球比赛。晶桥镇关工委组织28名老教师与32名困难学生（其中留守儿童26名）结对帮扶。镇、区、部门关工委多方吸纳资金，通过办“春蕾班”、爱心捐助等形式，关爱和资助困难女童和特困、残疾学生。县教育关工委组织离退休教师捐款5万余元，资助贫困学生200多人，引进爱心助学金20万元，资助全县162名中小学生、特校学生。2010年，全县关工委系统

南京航空航天大学教授戚成海、韦力生为溧水经济开发区小学学生作《飞向太空》、《低碳生活与生物多样性保护》科普讲座　　县关工委 供稿

参与帮困助学活动，捐款88.1万余元，资助贫困学生1560人。

加强关工委队伍建设。县关工委协调溧水经济开发区、东屏镇及有关部门调整、充实关工委领导班子。县机关工委关工委先后调整、充实16个二级关工组织领导班子。在下属单位建立36个关工委组织，成员156人。至年底，全县有85个社区（村）关工委通过县关工委评估验收，63个社区（村）关工委通过市关工委评估验收，分别被评为县、市“六好”社区（村）关工委，占社区（村）关工委总数的81%和60%。全县建立民企关工委212家，占建立党组织的规模以上民营企业总数的88.3%。参加关心下一代工作的退离休教职工占全县退离休教职工总数的87%。

【校外教育辅导站】 2010年，县关工委、县文明办、县教育局在永阳镇板桥社区召开全县校外教育辅导站工作现场交流会，校外教育辅导站建设在全县各镇（区）推开。至年底，全县建辅导站、点114个，覆盖全县七镇一区主要社区（村）；参与辅导的“五老”志愿者254人，辅导学生1.6万人次。大部分辅导站达到“五有”标准，即有健全组织、有辅导员队伍、有活动场所、有必要的教育设施、有规章制度和活动台帐。办学形式多元化，有家庭办、社区办、村办、村校联办等，逐渐增加贴近学生实际寓教于乐的思想道德教育、法制教育、科技教育等内容。板桥社区辅导站、东庐村假日辅导站在辅导学生文化课同时，增加书法、器乐演奏及科技制作等特长课。

【建立民营企业关工委】 2010年，县关工委加大民营企业关工委建设力度，会同溧水经济开发区、永阳镇关工委采取典型引路，重点突破办法，指导并帮助中盛铁路配件有限公司、南京云海特种金属股份有限公司、溧水航空产业园商会建立民营企业关工委。7月，云海特种金属股份有限公司成立关心下一代工作委员会。航空产业园商会20家会长、副会长企业分别成立二级关心下一代工作委员会。至年底，全县建立民企关工委212家。县民营企业关工委全年募集助学资金34万元，开展关爱活动654人次，资助特困学生750余人次。

【举行“和基爱心助学金”首发仪式】 2010年3月15日，县教育关工委在县高考补习学校举行“和基爱心助学金”首发仪式。“和基爱心助学金”由苏州和基投资有限公司董事长张和清为全县贫困学生设立。该助学金从2010年起连续3年，每年资助20万元人民币，分春秋两个学期发放。此次资助活动惠及全县162名学生，按照高中生每学期1000元/人，初中生每学期500元/人，小学生每学期400元/人的标准发放，计99800元。 （周炳荣）

溧水县人民代表大会及其常务委员会

Lishuixian Renmin Daibiao Dahui Jiqi Changwu Weiyuanhui

县人大 供稿

重要会议

【溧水县第十四届人民代表大会第三次会议】

2010年1月6~8日，县十四届人大三次会议在县级机关礼堂召开。大会应到代表200人，实到193人。大会听取并审议县政府常务副县长孙绿叶受县长姜明委托作的《溧水县人民政府工作报告》、县人大常委会副主任沈银保作的《县十四届人大常委会工作报告》、县人民法院院长周迅作的《溧水县人民法院工作报告》、县人民检察院检察长倪一斌作的《溧水县人民检察院工作报告》。听取预算审查委员会主任委员邱训成作的预算审查报告、议案审查委员会主任委员张三青作的议案审查报告。会议审议县发展和改革局局长吴国荣作的《溧水县2009年国民经济和社会发展计划执行情况及2010年国民经济计划安排(草案)的报告》、县财政局局长简恩林作的《溧水县2009年财政预算执行情况和2010年财政预算(草案)的报告》。会议通过上述报告。县委书记、县人大常委会主任项雪龙在会上讲话。会议通过投票选举，补选经地生为县第十四届人大常委会副主任。此次大会收到县人大代表10人以上联名议案119件，收到部分代表建议、批评和意见16件。

【人大常委会会议】 2010年，县人大常委会依法召开7次常委会会议。

2月26日，第十四次常委会会议召开，会议审议并通过《县人大常委会2010年工作要点及议题安排》(草案)、《规范性文件备案审查工作暂行办法》(草案)。

4月27日，召开常委会第十五次会议。会议通过有关人事任免事项，听取县大调解工作领导小组办公室主任周静作的《全县大调解工作情况汇报》和县人大常委会内司委主任迟长年作的《关于我县社会矛盾纠纷大调解工作的调查报告》。任命县人民检察院检察委员会委员1人、检察员2人。

6月1日，召开常委会第十六次会议。会议听取并审议县政府机构改革方案备案报告，任命县政府组成人员10人，免职9人。任命县人大常委会工作委员会工作人员2人，免职2人。

6月29日，召开常委会第十七次会议。会议听取并审议县食品药品安全委员会办公室主任袁修华作的《关于〈中华人民共和国食品安全法〉贯彻执行情况的报告》、县人大常委会副主任邱训成作的《关于〈中华人民共和国食品安全法〉贯彻实施情况的执法检查报告》、县水务局党委副书记杨忠林作的《关于我县重点水利工程建设情况的报告》、县人大常委会农经委主任周麟作的《关于我县重点水利工程建设情况的调研报告》。

7月27日，召开常委会第十八次会议。会议听取和审议县发展和改革局局长吴国荣作的《溧水县2010年上半年国民经济和社会发展奋斗目标执行情况汇报》、县财政局局长简恩林作的《关于溧水县2009年财政决算(草案)情况的报告》、《关于2010年1~6月全县财政预算执行情况的报告》、县审计局局长赵定海作的《关于溧水县2009年度财政预算执行情况和其他财政收支情况的审计工作报告》、县人大常委会财经委主任王地根作的《关于2010年上半年全县国民经济和社会发展计划、财政预算执行情况的调研报告》、《关于〈溧水县2009年财政决算(草案)的报告〉和〈溧水县2009年度财政预算执行情况和其他财政收支情况的审计工作报告〉的调研报告》。表决通过《溧水县人民代表大会常务委员会关于批准溧水县2009年县本级财政决算的决议(草案)》。会议还听取和审议县政府法制办主任沈宏作的《溧水县十四届人大三次会议代表建议办理情况报告》和县人大常委会人事代表联络委主任陈千云作的《关于县十四届人大三次会议代表建议办理情况的调查汇报》。

10月29日,召开常委会第十九次会议。会议听取和审议县环保局局长何存茂作的《生态县创建工作情况工作汇报》和县人大常委会社会事业工作委员会主任王春芳作的《关于我县创建国家级生态县情况的调查报告》。任命县政府组成人员3人,免职3人,任命县人民法院副院长、庭长、审判员10人,免职6人。任命县人民检察院检察委员会委员1人,免职2人。

12月21日,召开常委会第二十次会议。会议补选范哲庆、刘人祥为市人大代表。听取县发改局局长吴国荣作的《溧水县国民经济和社会发展第十二个五年规划纲要(草案)编制情况的汇报》和《2010年全县国民经济和社会发展计划预算执行情况与2011年计划安排(草案)的汇报》;听取县财政局局长简恩林作的《关于溧水县2010年1~11月财政预算执行情况和2010年财政预算调整方案(草案)的报告》和《关于溧水县2010年财政预算执行情况(预计)及2011年财政预算(草案)安排情况的汇报》;听取县人大常委会财经委主任王地根作的《关于<溧水县2010年国民经济和社会发展计划、财政预算执行情况,2011年国民经济和社会发展计划、财政预算安排>情况的调研汇报》。会议表决通过《溧水县人民代表大会常务委员会关于召开溧水县第十四届人民代表大会第四次会议的决定》(草案)和《溧水县人民代表大会常务委员会关于批准溧水县2010年财政预算调整方案的决议》(草案)。会议还讨论召开县第十四届人民代表大会第四次会议有关事项。

【人大常委会主任会议】 2010年,县人大常委会召开10次主任会议。

1月26日,召开第一次主任会议,会议讨论县人大常委会2010年议题安排,讨论《县人大常委会规范性文件备案审查工作暂行办法》。

3月29日,召开第二次主任会议,听取县教育局副局长韦仁健作的《溧水县幼儿教育工作情况汇报》、县人大常委会社会事务委主任陈千云作的《关于我县幼儿教育发展情况的调查报告》。会后形成《关于我县幼儿教育工作情况的会议纪要》。

4月20日,召开第三次主任会议,听取县人大常委会内司委主任迟长年作的《关于我县矛盾纠纷大调解工作的调查报告》。

5月26日,召开第四次主任会议,听取县劳保局局长石明生作的《溧水县社会保险基金征缴使用情况汇报》和县人大常委会财经委副主任薛昌国作的《关于我县社保基金征收使用情况的调查报告》。会议听取和审议县人口与计划生育局局长吴红月作的《溧水县争创省人口协调发展先进县情况汇报》和县人大常委会社会事务委主任陈千云作的《关于我县争创省人口协调发展先进县情况的调研报告》。

6月23日,召开第五次主任会议,听取和审议关于《中华人民共和国食品安全法》贯彻实施情况的执法检查报告和《关于我县重点水利工程建设情况的调研报告》。

7月19日,召开第六次主任会议,听取县人大常委会财经委主任王地根作的《关于2010年上半年全县国民经济和社会发展计划、财政预算执行情况的调查报告》、《关于〈溧水县2009年财政决算(草案)的报告〉和〈溧水县2009年度财政预算执行情况和其他财政收支情况的审计工作报告〉的调查报告》、县人大常委会人事代表联络委员会主任陈千云作的《关于县十四届人大三次会议代表建议办理情况的调查汇报》。

8月30日,召开第七次主任会议,听取和审议县人大常委会农经委主任周麟作的《关于我县村级经济发展情况的调研报告》。

9月29日,召开第八次主任会议,听取县法院负责人作《关于审判监督工作的情况的汇报》,县检察院负责人作《关于诉讼监督工作情况的报告》,县人大常委会内司委主任迟长年作《关于全县审判监督、诉讼监督工作情况的调研报告》。

10月21日,召开第九次主任会议,听取和审议县环保局局长何存茂作的《生态县创建工作情况汇报》。

11月26日,召开第十次主任会议,听取并审议县委农工委主任薛万春作的《我县2010年农村实事工程情况报告》。 (谷玲玲)

重要活动

【调研社会矛盾纠纷大调解工作】 2010年3月下旬，县人大常委会调研全县社会矛盾纠纷大调解工作，先后深入和凤、晶桥、白马、永阳镇大调解中心和县公安局交通事故人民调解工作室视察，听取情况汇报，召集县司法局、政法委、公安局、检察院、法院、劳保局、卫生局、信访局及溧水经济开发区、洪蓝、石湫、东屏等部门和镇(区)负责人进行座谈，听取各方面工作情况和意见，形成《关于溧水县社会矛盾纠纷大调解工作的调查报告》。

【调研争创省人口协调发展先进县工作】 2010年4月，县人大常委会分管领导带领专题调研组，开展全县争创省人口协调发展先进县工作情况调研。听取县人口与计生局关于全县争创工作汇报，县公安局、发改局、卫生局、财政局、劳保局、人事局、民政局等有关部门围绕争创进展情况进行交流，分别在洪篮镇和永阳镇召开西南片及东北片各镇(区)分管领导和计生办主任、部分人大代表座谈会。

【视察创建国家卫生县城工作】 2010年5月，县人大常委会组织部分市、县人大代表专题视察创建国家卫生县城工作。先后视察县小西门、宝城名苑、双龙路环城河段、分龙岗居民区、园村小区、秦淮路城乡结合部等街巷、小区，并听取创卫工作情况汇报。视察发现卫生死角、交通秩序不规范、"六小行业"整治不到位、居民区乱搭乱建等问题，县政府进一步加大创卫工作力度，落实责任单位，限期整改到位。

【《食品安全法》执法检查】 2010年5月，县人大常委会组织开展全县《中华人民共和国食品安全法》(以下简称《食品安全法》)贯彻实施情况执法检查。听取县食品药品安全委员会办公室、卫生局、质监局、工商局、商贸局、农林局等部门贯彻实施《食品安全法》情况汇报；召开部分涉及食品生产加工、流通等企业负责人座谈会，围绕《食品安全法》贯彻实施听取意见和建议。执法检查组现场检查农副产品种养殖、食品生产加工、餐饮服务、食品流通等20个点。

【调研县重点水利工程建设情况】 2010年6月中旬，县人大常委会开展县重点水利工程建设情况专题调研，先后视察湫湖泵站、淳东灌区(溧水片)、中山水库、方便水库等工程现场，详细了解工程建设情况，听取县水务局工作汇报，并进行讨论。

【调研村级经济发展情况】 2010年8月中旬，县人大常委会调研村级经济发展情况，先后视察天生桥、三里亭、上港、笪村、枫香岭、芝山等行政村果蔬大棚、标准厂房、黄沙市场建设情况，听取县委农工委情况汇报，并与9个村负责人进行座谈。调研组就加强村级经济发展提出建议。

【调研农村公路建设管理情况】 2010年8月，县人大常委会调研县农村公路建设管理情况，先后视察许和线、丰安线、白鹿线、方朱线、白袁线、蒲杜线、云晶线公路等，听取县交通局关于全县农村公路建设管理情况汇报，走访镇农路办，查阅有关台账，并审议建设管理情况。

【调研创建国家级生态县工作情况】 2010年9月27日，县人大常委会调研全县创建国家级生态县进展情况，视察石湫镇、晶桥镇、和凤镇污水处理厂，听取县环保局、住建局、交通局、城管局、发改局、水务局等11个部门情况汇报，并就生态县建设提出建议。

【督办县人大代表议案】 2010年，县十四届人民代表大会第三次会议期间，代表提出建议、批评和意见135件。涉及办理部门和单位25个。会后，县人大常委会会同县委、县政府召开专题交办会议，部署办理工作，明确各承办部门办理任务、要求和时限。8件建议列为重点建议，由常委会负责人牵头督办，提高代表建议办成率。至7月27日，除县委组织部涉及政策5条建议正在调研、办理外，县委、县政府及有关承办部门就130件建议分别作出答复。从代表反馈意见看，建议办理工作满意和基本满意率98%。

(谷玲玲)

溧水县人民政府

Lishuixian Renmin Zhengfu

县政府信息中心 供稿

重要会议

【政府组成人员会议】 2010年3月26日，县政府召开溧水县政府全体（扩大）会议暨县人大代表、政协委员建议提案交办会。会议全面部署2010年政府工作和县人大代表、政协委员建议提案交办工作，落实承办单位。

【政府常务会议】 2010年，县政府召开6次政府常务会议。主要内容是：讨论通过2010年度政府工作报告、2011年国民经济和社会发展奋斗目标、全社会固定资产投资支撑项目、十项重点建设工程和十项民生工程、农民增收十项工程及财政预算安排；研究村级工业标准厂房建设、校园安全管理、村级经济责任审计、开放型经济考核、新一轮城区教育布局调整、基本药物制度改革、省人口计生协调发展先进县创建、社会保障、民生改善等各项工作；确定水利水务、城镇污水处理系统等基础设施建设；讨论主要工作安排。

【县长办公会议】 2010年，县人民政府召开22次县长办公会议，研究处理县政府日常工作重要事项，协调解决问题。会议主要议题有：国家卫生县城创建，垃圾填埋场污水处理，农村中小学生交通安全，通济街改造管理，加快推进江苏南京白马现代农业高新技术产业园区建设、万顷良田建设和县体育场馆等基础设施建设、宁杭客运专线溧水段建设等。 （魏　莉）

重要施政

【增加经济建设有效投入】 2010年，县政府把有效投入作为加快经济发展重要抓手，通过增量扩张提升产业层次，带动结构调整，促进产业转型。强化招商引资、招大引强理念，实施产业链招商，围绕主导产业和战略性新兴产业，着力引进科技含量高、产业关联度大、经济效益好、资源消耗少项目，着力引进龙头企业、核心项目及其配套企业。全年新引进亿元以上项目40个，创维科学城、长安汽车园、总参六十所高科技产品生产试验基地等重大项目相继落户。落实项目推进责任制，健全大项目推进领导联系制度，分级分类指导，及时化解矛盾和问题。创维集团冰箱、洗衣机和长安汽车有限公司30万辆整车技改扩能等项目相继开工建设，梅泰诺通讯、天恒包装等项目相继建成投产。加大载体建设力度，开发区、各镇工业集中区项目承载和集聚能力不断增强。通过实施城乡建设用地增减挂钩和万顷良田试点工作，新增建设用地指标737公顷。

【加快工业经济转型升级】 2010年，县政府突出科技创新提升产业层次，引领经济快速发展。坚持用高新技术改造提升传统产业，引导企业走创新发展、内涵发展之路。支持实力企业兼并重组，为企业提供融资服务，促进优势规模企业加快发展。全年新增销售500万元以上规模企业80家，总数达550家，新增销售亿元以上企业30家，总数达

90家。鼓励支持企业加强与大专院校、科研院所合作，加快搭建产学研平台，增强企业自主创新能力。全年组织实施科技计划项目64项，形成产、学、研合作项目30项，新增高新技术企业4家、民营科技企业15家、省市工程技术研究中心8家、高新技术产品6个，申请专利505件。实施品牌战略。全年新增省名牌产品5个、市名牌产品8个，新增中国驰名商标1件、省市著名商标12件。加快淘汰落后产能。整治低产出、低效益、高消耗、重污染的产业和企业，限期治理9家排污不达标企业，依法关闭无法达标排放企业4家。

【发展现代农业】 2010年，县政府以高效农业、科技农业、生态农业、旅游农业为目标，以市场化、产业化、园区化、合作化、标准化为路径，以农业园区为载体，加强规划引领、资源整合、龙头培育、要素投入，进一步转变农业发展方式，推进农业现代化进程。加快培育现代农业示范园区，打造现代农业发展载体。江苏南京白马现代农业高新技术产业园建设全面展开，完成国家级农业科技园区申报工作；傅家边现代农业园基础设施进一步完善；开展10个县级农业园区创建工作。推行合作社领建、政府投资兴建、龙头企业创建模式，发展高效设施农业，全年新增高效农业面积2.53万公顷、设施农业面积840公顷，实现农业增加值22.4亿元。加快农业产业化进程。29家县级以上农业龙头企业销售收入比上年增长20%，加快发展农民专业合作社等各类合作经济组织，覆盖50%农户。

【推动服务业提档升级】 2010年，县政府把发展现代服务业放在突出位置，推动现代服务业与先进制造业同步发展，实行“双轮驱动”。以航空产业园为重点，加快发展现代物流、现代营销、工业设计等生产性服务业。创维物流园年营运收入突破10亿元，沙塘庵粮食市场年交易额达9.8亿元，中国移动华东物流中心开工建设。江苏银行溧水县支行落户营运。改造提升商贸服务业，引进品牌商业企业，推进名街、名店、名品、名企建设。年内，昱达商贸等10家重点商贸企业实现销售收入35.9亿元，比上年增长20.5%。建成县农副产品交易中心，启动再生资源交易市场建设，年交易额超亿元专业市场达7家。挖掘和整合文化资源，加快推进江苏未来文化影视创意产业园建设，白马如意文化艺术中心建成开园。拓展旅游市场，国家AAA级旅游景区发展到3家。承办省第二届乡村旅游节，全年接待游客183万人次，旅游收入13.2亿元。

【发展壮大建筑业】 2010年，县政府着力提升建筑企业资质等级、财政贡献率和吸纳农村劳动力能力。全县完成建筑业施工产值90亿元，比上年增长22%；施工面积920万平方米，比上年增长21%；入库税收2.7亿元，比上年增长20%。1家建筑企业晋升一级资质企业、3家企业晋升二级资质，施工产值超亿元企业20家。

【加快基础设施建设】 2010年，县政府按照城乡一体化要求，加快城乡建设，推动城乡融合互动，共同发展。完成新一轮土地利用总体规划修编，开展溧水县城乡总体规划、永阳新城总体规划修编工作，加快推进县经济开发区航空产业园和白马、东屏、石湫等3个市级特色镇控制性详规及各类专业规划编制工作。“十大建设工程”全面推进。健康西路、板桥路建成通车，毓秀路、龙山路、青年路、金蛙西路改造工程顺利完工；县体育场馆建成投入使用；加快推进县人民医院新址建设工程、游泳馆、汽车客运总站等城建项目和宁杭城际铁路、溧马高速、246省道等基础设施项目。完成宁高高速开发区和天生桥互通道路景观改造工程，实施一批城市道路绿化、景观改造和城西西苑公园、城北文化公园扩建工程，新增城市绿化面积28万平方米。完成湫湖灌区一期建设工程，完成3座中型水库和7座小型水库除险加固工程，完成10条县镇河道疏浚、422个村庄河塘清淤、63座农村泵站改造工程，实施21个村庄环境整治，完成农村改厕1.12万户，新增绿色新村151个，新增造林904.5公顷。新建农村公路80公里，新建小农桥52座。

【完善劳动就业和社会保障体系】 2010年，全县新增就业岗位2.19万个，开展各类职业技能培训1.49万人次，新增城镇失业人员再就业3579人，转移农村劳动力1.82万人。建立创业指导中心，鼓励群众创业，新发展私营企业782家、个体工商户1301户，新增民营注册资本21.9亿元。新增企业职工参加各类社会保险9.95万人，5.63万名企

业职工保险实行“五险”同征。新型农村社会养老保险、新型农村合作医疗参保率分别达99%和98%。进一步提高城乡低保、农村五保、困难户大重病救助、无固定收入重度残疾人员以及重点优抚对象遗属生活救助金标准，建立精神障碍人员保障基金。加大保障性住房建设力度，完成3.3万平方米拆迁安置房、200套经济适用住房和廉租房建设；完成153户无自救能力农村危房改造。

（魏 莉）

【办理代表建议提案】 2010年，县政府承办人大代表、政协委员建议提案247件。其中，人大代表建议127件，政协委员提案120件，涉及经济建设、社会建设、文化建设、人民生活等诸多方面。所有建议提案中，得到解决或基本解决157件，占63.6%；正在解决或列入计划逐步解决85件，占34.4%；由于政策等其他方面原因，近期内难以解决并给予解释说明5件，占2%。办理过程中，严格坚持县领导批办、“三级联审”、全程督查指导和与代表联系沟通制度，推动建议提案办理落实。

（魏 莉 舒胜军）

【电子政务建设】 2010年，政府上网工程进展迅速，全县各部门基本建成部门网站。加强县政府门户网站建设，推进政府信息公开，严格信息发布审核，做到“涉密信息不上网，上网信息不涉密”。县政府网站成为全县发布信息、公开政务、提供便民服务总平台。单位内部局域网得到迅速应用，办公电脑普及率100%，一批专业应用系统和政务信息数据库相继建成。不断加快应用系统开发，构建权力阳光运行机制，实现行政权力公开、透明运行。政府办公自动化系统建设得到加强，实现政府公文网上收发、无纸化办公。（杨兆飞）

行政审批服务

【概况】 2010年，溧水县行政服务中心审批投资项目401个，投资总额28.05亿元，外资1.21亿美元。工商注册企业634家，注册资本总额25.8亿元，其中生产经营型企业276家，经营服务型企业358家；注册资金100万元~1000万元企业296家，1000(含)万元以上企业65家。建设工程招投标317项，其中公开招标137项，中标总价6.95亿元；邀请招标61项，中标总价12.1亿元；直接发包119项，发包总价5.89亿元。政府采购149批次，采购预算5016.04万元，实际采购金额4235.45万元，资金节约率15.56%。

*加大软环境建设力度。*制订“绿卡”发放管理使用办法，规范“绿卡”管理工作，为外来投资者提供子女就学、就医、交通、治安等方面优质服务，创造宽松环境，全年新办“绿卡”4张。至年底，有98位县外投资业主持有“绿卡”，享受“绿卡”服务。实行涉企检查、收费、培训审核备案。全年审核备案17个部门58个涉企检查项目及10个部门34个涉企培训项目，并通过行政服务中心网站和新闻媒体向社会公布。同时，就部门涉企检查、涉企培训开展绩效评估，作为部门工作目标考核评价以及创建文明机关重要参考依据。开展社会评议，完成2010年度千人评议机关工作，确定被评议部门(单位)70个，发出评议表3010份，收回2846份，回收率94.55%。至年底，完成信息采集统计，汇总涉及34个部门(单位)146条意见建议。

*提高行政应诉能力。*2010年，行政效能投诉中心全年受理群众来信来访13件，网站受理30件，全部按时办结。受理群众来信来访投诉件，承诺“有诉必查、有查必果、有果必复、有责必究”，做到“五不放过”(疑点未核实不放过、政策把握不准不放过、定性缺乏依据不放过、事实未查清不放过、群众不接受不放过)。来访和电话投诉，县行政服务中心与相关部门沟通，及时予以解决。网上投诉，待调查核实后，网上反馈处理结果。投诉件留有电子信箱，处理结果反馈到投诉人信箱。经济110投诉中心全年受理企业求助事项4件，均妥善协调解决。

*完善考评机制。*推行窗口工作人员年度考核制度。凡在县行政服务中心窗口工作半年以上、年底在岗公务员、事业编制窗口工作人员，由县行政服务中心分别按照国家公务员和事业单位工作人员年度考核办法开展年度考核工作。年度考核与平时考核评议有机结合，年终综合评定、考核结果反馈窗口工作人员行政关系所在单位，作为年度考核结果。2010年，评出窗口优秀公务员2名、优秀事业单位人员4名。完善窗口日常考核。继续开展“流动红旗窗口”、“先进个人”和“服务标兵”活动，并根据工作职能特点，结合窗口工作特色，把

县行政服务中心　　县行政服务中心 供稿

各窗口办事效率、服务质量、服务态度、执法水平、工作作风等列入全年目标考核，从制度上提升服务水平。2010 年，评出年度“文明标兵”6 人，年度“红旗窗口”6 个。

【实施行政审批制度改革】 8 月，县行政服务中心提出“两集中、两到位”行政审批制度改革实施方案，完善行政审批服务链条。“两集中”即部门行政事项集中到行政许可科，部门行政许可科集中到行政服务中心。根据县政府各部门实际，农业、水务、民政、人事社保、交通运输等部门设立行政服务中心分中心，财政、统计、商务等部门内部挂行政许可科牌子，由行政服务中心综合窗口受理，交部门办理。“两到位”即进驻行政服务中心的行政许可部门机构人员到位，充分授权到位。同时，完善方便群众生产、生活公共便民服务项目，提高行政效能，真正实现一条龙办结、一站式服务目标。

【推行联审会办制度】 5 月起，县行政服务中心推行联审会办制度，建立项目审批快速通道。凡县级审批权限内涉及企业注册登记、外商投资项目、基本建设项目、企业技术改造项目、政府投资项目需要 3 个以上部门审批的，均列入联审会办范围(含上报项目)。联审会办由县行政服务中心负责组织，行政服务中心业务科(综合窗口)统一扎口登记，分送相关审批部门受理、审查；项目受理后，行政服务中心组织各有关部门、项目申报人召开联审会办会议，各部门提出各环节审批意见和现场踏勘终审意见；报批材料及联审意见书报县行政服务中心备案，重大项目联审会办意见形成会议纪要，由县行政服务中心签发；审查通过事项，有关部门在规定承诺时限内，核发有关文件和证照。至年底，联审会办 3 个投资项目。

【开通“12345”政府服务呼叫中心】 12 月 28 日，溧水县“12345”政府服务呼叫中心正式运行，并与南京市“12345”政府服务呼叫中心连接，同步为社会服务。“12345”呼叫中心是市委、市政府公开电话综合服务平台，按照“统一受理、分类处理、限时办结、过错问责”和“谁主管、谁负责，谁办理、谁答复”以及“首接负责制”原则，办理群众诉求事项、政风、行风媒体监督单位意见和建议，实现群众拨打“12345”一个电话、使用“12345”一个信箱，即可得到及时、规范回应和服务。至年底，县“12345”政府服务呼叫中心受理 191 件电子工单，办结 134 件，满意率 80.17%。

【政府采购高效运行】 2010 年，县政府采购中心组织涉及办公设备、家具、电器、空气调节设备、医疗设备、办公用纸、公务用车购置、公务用车定点维修等政府采购 149 批次。其中，公开招标 12 次，竞争性谈判采购 11 次，询价采购 87 次，协议供货 39 次。分别为 287 家次单位采购 3675 件产品，采购预算资金 5016.04 万元，实际采购金额 4235.45 万元，资金节约率 15.56%。

【开展权力阳光运行专项督查】 8 月，县行政服务中心会同县监察局、县法制办公室等部门，专项督查政府各部门行政许可及准行政许可事项网上运行情况，重点是政府机构改革中合并调整有关部门。督查审批运行程序是否规范、出具手续是否完备、权力阳光系统运行是否及时以及办完项目审批手续资料归档等工作。9 月下旬，组织县计生局等 15 个进驻县行政服务中心综合窗口部门，举办网上权力阳光运行操作培训班，提高操作人员技能。

(方道华)

机构编制管理

【政府机构改革】 2010年6月1日，县政府启动新一轮机构改革。实施方案是：组建县工业和信息化局，将县发展和改革局企业发展（中小企业发展）、县商务局外资管理、县招商局职责，整合划入县工业和信息化局，挂县投资促进局牌子，承担统筹推进工业经济发展、中小企业发展、信息化以及协调全县投资促进工作责任，不再保留县乡镇企业管理局(县中小企业局)、县招商局。组建县住房和城乡建设局，将县建设局、县建筑工程局、县人民防空办公室职责，整合划入县住房和城乡建设局，挂县建筑工程局、县人民防空办公室牌子，承担推进城乡基础设施建设、住房保障和建筑业发展责任，不再保留县建设局、县建筑工程局。组建县人力资源和社会保障局，将县人事局、县劳动和社会保障局职责，整合划入县人力资源和社会保障局，挂县公务员局牌子，承担人才管理、公务员管理、促进就业、劳动权益保护和完善社会保障体系责任，不再保留县人事局、县劳动和社会保障局。县机构编制委员会办公室单独设置，列县委机构序列，既是县委工作机构，又是县政府工作机构。组建县城市管理局，将县市容管理局、县建设局部分城市管理职责，整合划入县城市管理局，挂县城市管理行政执法局牌子，不再保留县市容管理局。县交通局更名为“县交通运输局”。组建县农业局，将县农林局、县农业资源开发局职责整合划入县农业局，挂县林业局、县水产局、县农业资源开发局、县政府农村集体资产管理办公室牌子，承担统筹协调农业和农村经济发展责任，不再保留县农林局、县农业资源开发局。县委农村工作办公室更名为“县委农村工作委员会”。组建县商务局，将原县商务局外经外贸、县商业贸易局、县粮食局，以及县发展和改革局有关第三产业、现代服务业职责，整合划入县商务局，挂县粮食局牌子，承担推进内外贸融合、粮食以及现代服务业发展责任，不再保留县商业贸易局、县粮食局。组建县文化广电局，将县文化局、县广播电视局、县旅游局职责，整合划入县文化广电局，挂县旅游局牌子，不再保留县文化局、县广播电视局、县旅游局。按照食品药品监督管理机构由省以下垂直管理改为由地方政府分级管理要求，将南京市溧水食品药品监督管理局职责划入县卫生局，县卫生局挂溧水县食品药品监督管理局牌子，不再保留南京市溧水食品药品监督管理局。将县政府法制办公室由与县政府办公室合署改为在县政府办公室挂牌，县政府办公室同时挂县政府外事办公室牌子。将县物价局职责划入县发展和改革局，县发展和改革局挂县物价局牌子。县科学技术局挂县知识产权局牌子。组建江苏南京白马现代农业高新技术产业园区管委会，为县政府派出机构，不计入机构个数。

县政府机构改革后，设置工作部门24个，另有直属事业单位2个。具体设置：县政府办公室(挂县政府法制办公室、县政府外事办公室牌子)、县发展和改革局(挂县物价局牌子)、县工业和信息化局(挂县投资促进局牌子)、县住房和城乡建设局(挂县建筑工程局、县人民防空办公室牌子)、县科学技术局(挂县知识产权局牌子)、县公安局、县教育局、县监察局(与县纪律检查委员会合署，列入政府工作部门序列，不计政府机构个数)、县民政局、县司法局、县财政局(挂县政府国有资产监督管理办公室牌子)、县人力资源和社会保障局(挂县公务员局牌子)、县国土资源局、县审计局、县统计局、县安全生产监督管理局、县环境保护局、县城市管理局（挂县城市管理行政执法局牌子)、县交通运输局、县农业局(挂县林业局、县水产局、县农业资源开发局、县政府农村集体资产管理办公室牌子)、县水务局、县商务局(挂县粮食局牌子)、县文化广电局(挂县旅游局牌子)、县卫生局(挂县食品药品监督管理局牌子)、县人口和计划生育局、县民族宗教事务局(列入政府工作部门序列，与县委统战部实行两块牌子、一套班子，不计政府机构个数)。

直属事业单位2个：县体育局、县档案局(馆)。

县政府机构改革涉及20个部门、193名行政和578名事业在编人员，85个事业单位机构编制划转、移交工作。明确24个工作部门职能，设置169个内设机构，核定行政编制433名，其中领导职数部门正职35名、副职104名，科室领导职数169名、副职77名。

【机构编制管理】 2010年，经溧水县机构编制委员会批准成立县红十字会、江苏溧水航空产业园、县维稳领导小组办公室，增设县法院交通审判庭。

核定镇卫生院事业编制总量 615 名，下达 2011 年县机关、事业单位进人计划，教育系统 47 名，卫生系统 55 名，其他事业单位 15 名。 （范海霞）

法制工作

【概况】 2010 年，县政府贯彻国务院《全面推进依法行政实施纲要》、《关于加强市县政府依法行政的决定》，推进依法行政工作，建设法治政府，加强制度建设，深化行政管理体制改革，建立健全科学民主决策机制，完善行政监督机制，提高行政机关工作人员依法行政能力，保障和促进全县经济社会发展。

加强组织领导。根据《南京市全面推进依法行政五年规划》要求，结合《溧水县全面推进依法行政五年规划(2008~2012)》，4 月，县依法行政领导小组办公室制订《溧水县 2010 年推进依法行政工作要点》，从转变政府职能、提高行政决策水平、提高制度建设质量、规范行政执法行为、建立有效防范和化解社会矛盾机制、加强行政监督、提高依法行政能力等方面，明确任务和要求。10 月，调整县依法行政工作领导小组，县长任组长，副县长、县长助理、公安局局长任副组长，县政府有关部门主要负责人为成员。

完善决策机制和制度。2010 年，进一步完善向县人大及其常委会报告工作制度和向人民政协、民主党派和人民团体通报情况制度。邀请专家为政府重大行政、经济等事务决策提供咨询论证，广泛听取群众意见，并实行集体研究决策。县法制办围绕县委、县政府经济及社会各项事业发展目标，做好规范性文件制定前置审查；建立健全规范性文件公开征求意见、听证、专家认证制度和人大代表、政协委员咨询制度；所有规范性文件均由法制机构进行合法性审查，未经审查或审查未通过，不得发布实施。以县政府名义颁布规范性文件在报备市政府同时报备县人大常委会，接受人大监督。全年审查发布规范性文件 8 件。

强化行政执法监督和行政权力制约。县法制办全年受理行政复议案件 26 件。代理县政府参加行政复议案件 2 件，维持 2 件，发挥行政复议层级监督作用。8~9 月，开展规范性文件清理。10 月，组织行政执法人员培训，换发行政执法证，同时开展行政许可及行政处罚案卷质量评查工作，规范行政处罚和行政许可案卷管理，加强行政执法行为监督。县法制办联合县工商联，重新调整全县 20 家企业行政执法监督联系单位，定期上门征求意见，年底组织 20 家联系单位考评行政执法部门，考核结果与行政执法责任制挂钩，提高行政执法水平，改善全县执法环境。

【梳理行政权力事项】 2010 年 7 月，县法制办根据机构改革后各行政执法机关职能，重新梳理行政权力事项。此次梳理增加垂直直管部门行政权力事项，做到信息公开透明。通过梳理，全县 30 个行政执法单位行政权力统一按照省政府要求在网上运行，行政权力类型由上年 5 类拆分成 12 类。行政权力事项由上年 1377 项调整为 2219 项。其中，行政许可 126 项，行政处罚 1760 项，行政征收 72 项，行政强制 89 项，非行政审批 47 项，行政确认 18 项，其他 104 项，代受理 3 项。所有行政权力事项按照要求统一在南京市政务大厅向社会公开。

【行政许可及行政处罚案卷质量评查】 2010 年 8 月，县政府办下发《关于规范使用行政许可法律文书的通知》，规范使用行政许可法律文书，提高行政执法水平。10 月，评查全县 34 个行政执法机关 100 份行政许可案卷、240 份行政处罚案卷。针对存在问题，县法制办专门发函，要求单位查找问题根源，积极整改，努力提高办案质量和执法水平。

【规范性文件清理】 2010 年 8 月，县政府法制办按照“谁制定、谁清理，谁负责”原则，清理 4 月 30 日前由县政府发布的现行 121 件规范性文件，经过审核，予以保留规范性文件 66 件，废止 42 件，修改 5 件，失效 8 件。针对重点、热点问题，充分了解部门对规范性文件清理意见和建议，组织专题讨论，并通过报纸、网络、召开座谈会、实地调查、问卷调查等多种形式，征求基层、企业及行政相关人员意见。全年组织召开部门协调会 4 次，法律专家论证会 1 次。 （舒胜军）

政协溧水县委员会

Zhengxie Lishuixian Weiyuanhui

重要会议

【县政协八届三次全委会议】 2010年1月5~7日举行。县政协主席尹昭伦代表县政协八届常委会作工作报告。与会人员听取和讨论县委书记项雪龙开幕式重要讲话、常务副县长孙绿叶政府工作报告，审议通过县八届政协常委会工作报告和提案审议报告，组织委员参政议政发言，举行政情通报会，召开企业界委员座谈会，审议通过八届三次会议决议，表彰2009年度政协委员履职先进集体和优秀政协委员、优秀提案、优秀社情民意信息。大会收到提案148件，立案126件。

【县八届政协常委会会议】 2010年1月6日，召开县八届政协常委会第十六次会议，讨论通过县政协八届三次会议提案审查情况报告(草案)和八届三次全会决议(草案)。酝酿委员学习、考察、调研和民主监督等工作。

1月28日，召开第十七次政协常委会议，走访慰问结对村困难群众，围绕建设更高水平小康社会、帮扶保障农村弱势群体建言献策。

3月26日，召开第十八次政协常委会议，围绕推动科技创新、促进中小企业转型升级，开展专题视察调研，议政发言。

5月12日，召开第十九次政协常委会议，参观考察高淳桠溪生态园，视察调研傅家边及无想山休闲度假区规划建设情况，围绕推动傅家边、无想山旅游度假区建设建言献策。

7月13日，召开第二十次政协常委会议，听取全县上半年国民经济和社会发展奋斗目标执行情况通报、县政协八届三次会议期间政协委员提案办理情况通报，围绕实现全年国民经济和社会发展总目标、提高委员提案办理工作成效等问题提出意见和建议。

9月29日，召开第二十一次政协常委会议，传达贯彻全市政协工作会议精神，视察调研城南新区、卧龙湖国际社区规划建设情况，就进一步完善卧龙湖国际社区和城南新区规划，建设提出意见和建议。

11月29日，召开第二十二次政协常委会议，听取全县“十二五”规划编制情况、工业大项目推进情况通报，围绕科学制定全县“十二五”发展规划、促进经济发展方式转变、确保工业大项目顺利推进等方面提出意见和建议。

【县八届政协主席会议】 2010年6月24日，召开八届政协第十六次主席会议，视察都乐制冷设备、甬博数控科技、蓝天座椅等重点项目建设情况，听取永阳镇负责人相关情况介绍；集中审议《关于进一步优化教育布局、促进教育可持续发展的建议案》。

8月27日，召开八届政协第十七次主席会议，传达全市政协工作会议精神，部署9月及四季度重点工作。

(杨孝林)

重要工作

【省政协主席张连珍到溧水视察】 2010年11月23日，省政协主席张连珍、副主席孙颔、周珉等带领200余名省政协委员，在市政协主席缪合林、市委副书记陈绍泽等陪同下，到溧水县开展“政协委员活动日”活动。张连珍等先后视察南京喜之郎食品有限公司、南京联塑科技实业有限公司、南京长安汽车有限公司等部分重点企业和白马镇江苏省农业科技园。

【《名家名人咏溧水》编印发行】 2010年2月，县政协文史委牵头编纂、发行溧水古今第25辑《名家名人咏溧水》。该书选录清代及以前作者在溧水地域写成或吟咏溧水人、事、物诗词100余篇。

【政协文史研究会、理论与实践研究会成立】 2010年2月26日，县政协文史研究会、理论与实践研究会成立。分别选举产生2个研究会会长、副会长、秘书长，确定当年主要研究课题。完成编印《县级政协民主监督初探》、《溧水寺观资料》、《溧水古今精选》3本书。

【创办政协委员学习论坛】 2010年初，县政协创办委员学习论坛，就委员关注热点、难点问题开展研讨讲座。3月23日，邀请南京市科技局副局长郑加强作“科技创新”专题讲座。9月14日，邀请清华大学、北京大学客座教授、香港东方智慧开发研究所所长、中国古代经典学术应用于商业智慧倡导人南柏为全县企业家作“国学与商业智慧”讲座。

县政协学习论坛　　县政协 供稿

【征集社情民意】 2010年，县政协完善政协委员、信息员、联系点、政协网站等社情民意信息汇集网络体系，采用反馈、考核激励机制，多层面、多渠道汇集反映民意。全年收到社情民意信息100多条，整理编印《社情民意》专刊48期。《基本药物制度在乡镇卫生院实施过程中遇到新问题》信息，受到省、市领导重视，并作出专门批示；《石臼湖上建大桥应关注对生态环境的影响》信息，引起市政府、市政协重视；《控减我市郊县直播水稻当重视》信息，引起副市长陈维健重视，并批示市农委组织专题调研；《县城通往殡仪馆的道路损坏严重急需改造》、《城南康居苑拆迁安置小区环境及配套设施差引发住户不满》、《市民对新体育公园的几点建议》、《重视快速交通节点和道口环境提升的建议》、《我县30余座中型农桥成“改造盲区”存在隐患》、《交通问题依旧严重影响和谐》等信息，引起县委、县政府及相关部门重视，并逐步得到解决。

【提案办理】 2010年，县政协八届三次会议期间，经提案审查委员会审查立案126件，交由35个部门、单位办理。其中，县建设局19件、交通局18件、财政局14件、发改局11件。县政协确定将《关于新一轮教育布局调整》、《关于规划改造南京长安公司所在地沿线路段，提升县城南大门形象》、《关于做大我县慈善事业》、《关于将原消防大队用地划拨给三小作为教学用地》等4件提案，作为主席、副主席领衔督办重点提案。县政协做好协调服务、催办督办和汇总反馈等工作。对办理提案集中部门，组织专场委员见面答复会。全年提案办复率100%，落实率75%以上。

【调研视察】 2010年，县政协通过常委会、主席会、资政会、政情通报会等形式深入开展调查研究。围绕促进产业转型升级，推动企业科技创新，组织委员深入县内重点企业，相关部门座谈调研，赴常州武进等地学习考察外地经验，形成《关于科技创新转型发展的调研报告》。组织委员参观考察冠军涂料、飞燕公司等科技创新业绩突出企业，就加快企业科技创新建言献策。围绕"三园三区"规划建设，视察研究傅家边、无想山休闲旅游度假区及卧龙湖国际社区，提出把"三园三区"作为全县"十二五"迈向基本现代化战略支点，抢抓机遇，创新机制，用规划理念现代化、规划设计特色化和精细化引领溧水城市化发展；把旅游业作为战略型新兴产业，做好总体规划修订和招商引资工作，走有溧水特色旅游发展之路等建议。围绕"十二五"规划编制建言资政，开展"我为'十二五'规划建一言献一策"主题活动；召开政协常委会专题会议，听取县发改局关于"十二五"规划编制情况通报；就"十二五"现代服务业发展规划和民生规划先后组织2场专题资政会，就完善"十二五"规划提出建设性意见和建议。政协常委会会同县总工会等部门，举行破产改制企业困难职工代表座谈会，调研老企业职工就业、收入、医保、住房等问题，呼吁社会重视关爱老职工群体。按照县委要求，牵头组织为期3个月的教育布局专题调研，形成《关于进一步优化县城地区教育布局的建议案》，报送县委、县政府。

县政协委员深入工地调研　　县政协 供稿

【调整规范专委会设置】 2010年12月27日，县委常委会研究决定调整县政协专门委员会设置，调整后的政协专委会为：提案委员会、经济科技委员会、人口资源环境和城乡建设委员会、教卫文体委员会、社会法制和民族宗教委员会、委员工作委员会，不再保留学习文史委员会、联络委员会。

（杨孝林）

人民团体

Renmin Tuanti

团县委 供稿

溧水县总工会

【概况】 2010年，溧水县总工会紧紧围绕县委、县政府中心工作，坚持“推动发展、改善民生、促进和谐”工作理念，以党组织“创先争优”为契机，团结带领全县各级工会组织和广大职工，为加快全县转型发展、创新发展、跨越发展，发挥党联系职工群众纽带桥梁作用，为溧水实现“十一五”规划做贡献。中华全国总工会授予县总工会“五五”普法先进单位称号，市总工会授予2009-2010年度工会工作优胜单位称号。

创建和谐劳动关系企业。2010年4月，县委、县政府成立县创建劳动关系和谐工业园区和企业工作领导小组，下设办公室(设在总工会)，负责日常工作。各级工会坚持完善职代会、厂务公开、职工董事监事制度，全面落实企事业职代会和厂务公开运行规程。全县有680多家企事业单位建立职代会(职工大会)和厂务公开制度，占企业总数80%以上。6月，南京飞燕活塞环股份有限公司获“省厂务公开、民主管理先进单位”称号。下半年，各级工会加强安全生产管理，消除隐患，保障职工生命健康权益。各级工会开展送清凉活动，慰问建筑工人和环卫工人，开展“同舟共济保增长，建功立业促发展”劳动竞赛和合理化建议活动。

实施“党工共建”工程，加快工会组建。2010年，全县各级工会坚持“党建带工建、工建促党建”制度。以农民工和中小型非公有制企业、外资企业为重点，深化新经济组织和新社会组织工会组建形式，初步形成“条块结合、相互衔接、优势互补、全面覆盖”的工会组织网络体系。县总工会把组建工会和职工入会任务分解到基层，实行目标管理。至年底，全县基层工会组织855个，涵盖法人单位2475个，会员97704人。新建工会173家，新增会员7600人。永阳镇工会被省总工会命名为“江苏省工会工作模范镇”，和凤镇工会被省总工会授予“江苏省模范乡镇(街道)职工之家”称号。

【职工立功竞赛活动】 2010年，全县各级工会开展“同舟共济保增长，建功立业促发展”劳动竞赛和合理化建议活动。至年底，全县370多家企业、2.3万名职工参加竞赛活动。以创建“工人先锋号”为载体，深化重点企业、重点窗口、重点工程劳动竞赛活动，全县职工小改革、小革新项目230多个，增加经济效益7100多万元。3月，举办女职工周末学校，引导女职工学技能，争创巾帼标兵岗。“三八”妇女节期间，各级女工委开展“走进基层、关爱女性”走访活动，举办健康、禁毒、防毒、计划生育法规等知识竞赛活动，普及科技、法律知识。4月，开展“共同约定行动”，全县340多家小型非公有制企业开展“增工资、稳队伍、增效益”活动，覆盖职工2.5万人。5月，在女职工中开展争创“五一巾帼标兵岗”、“五一巾帼标兵”活动，引导女职工树形象、争奉献，倡导文明新风。南京长安汽车制造有限公司被授予南京市“五一劳动奖状”，南京群力运动器材有限公司职工谢荣、南京金鑫传动有限公司总经理杨孟云获南京市“五一劳动奖章”。

【实施职工素质提升工程】 2010年，各级工会开展社会主义核心价值体系教育。3月，在全县职工中开展“两争一树”(争创学习型组织，争当知识型职工，树新时期职工主人翁新形象)、“四观四德”

(世界观、人生观、价值观、荣辱观,职业道德、社会公德、个人品德、家庭美德)教育,开展“创先争优”和争创文明机关活动。各级工会利用晨会、黑板报、橱窗、报刊、广播、电视等形式,宣传先进人物典型事迹,提高职工队伍整体素质。基层工会通过举办报告会等形式宣传“十一五”取得的辉煌成就,学习中共十七届五中会会精神,鼓励职工以饱满的精神状态做好本职工作。至年底,全县建成各类“职工书屋”170多家,藏书117万余册。全县拥有省级“职工书屋”示范点3个,市级“职工书屋”示范点6个。

【维权工作】 2010年,县总工会加强县工会法律援助中心和镇职工维权服务站建设,全县七镇一区(开发区)维权服务站建设覆盖率100%。重点企业和困难企业建立劳动关系监测和预警信息员制度,工会积极参与职工群体性事件处置,代表和引导职工有序协商,维护社会稳定。坚持“预防为主、基层为主、调解为主”原则,发挥各级劳动争议调解组织作用,及时调解劳动争议和基层矛盾纠纷,无偿为困难职工提供政策咨询、仲裁、诉讼等法律援助。全县工会调解职工矛盾纠纷300多件,为20多位职工提供法律援助。

【扶贫帮困活动】 2010年元旦、春节期间开展“真情送温暖、助困进万家”走访慰问,各级工会筹措送温暖资金344.6万元,慰问困难职工、困难劳模3098人。3月,县总工会与县妇联、人力资源和社会保障局联合在县城举办“庆三八,春风送岗位”用工招聘会,97家企业进场招聘,提供就业岗位3200多个,现场达成用工协议860多份。部分镇(开发区)邀请市、县、镇企业举办用工招聘洽谈会。开展为创业职工提供小额贷款担保。做好就业再就业服务帮扶工作,至年底,县总工会联合市总工会为176名创业人员提供752万元小额贷款担保,推动失业人员及农民工自主创业,以创业带动职工就业。开展“金秋助学”行动,县总工会筹资15万元,为184名困难家庭职工子女发放助学金。

【关爱农民工】 2010年,全县各级工会优化农民工创业培训、创业指导扶持制度,实施农民工培训行动计划,举办各类培训160多场次,培训农民工1.2万人次。在生产型企业开展安全生产零点目标和“安康杯”竞赛,推行“一法三卡”(事故隐患和职业危害监控法,有毒有害物质信息卡、危险源点警示卡、安全检查提示卡)劳动保护制度,不断完善以职工群防、群控、群治为特色的工会安全生产保障机制。工会督促企业为外地到县境内就业的农民工做好劳动合同签订和交纳养老、医疗等各类保险,开展职工医疗互助互济保障工作,缓解参保职工医疗费负担。有条件的企业为外地农民工提供住宿、廉租房,为其解决子女入园、入学后顾之忧。年底,县总工会与县人力资源和社会保障局等部门联合组成清欠农民工工资小组,为160多名农民工讨回拖欠工资80多万元。 (朱福生)

共青团溧水县委员会

【概况】 2010年,中国共产主义青年团溧水县委员会(以下简称团县委)按照“两个全体青年”(团的基层组织网络覆盖全体青年,团的各项工作和活动影响全体青年)的总体目标,围绕全县中心工作和青年成长成才需求,团结带领全县团员青年积极投身“四个文明”建设,推动全县团工作实现新发展。

*加强青少年思想教育。*2010年,全县各级团组织以专题培训班、学习会、报告会、团员骨干座谈会、团课等形式,组织基层团员青年学习中共十七届四中、五中全会精神和团的十六大精神,加强团员青年理想信念教育。2~6月,开展“我爱祖国的蓝天、争当四好少年”演讲比赛;开展“铭记殷切希望、争当四好少年”手抄报和童谣创作大赛,开展雏鹰假日小队活动。10月,组织“红领巾寻访溧水发展”等主题教育活动,让青少年见证改革开放以来的伟大成就,在全县开展未成年人零犯罪村(社区)创建工作。

*深入开展青年文明号创建活动。*引导青年职工诚实劳动,文明从业,倡导职业道德和职业文明,塑造行业和企事业单位的良好形象,在全社会展现当代青年的精神风貌。开展“青年文明号献爱心”等系列活动。成功创建市级青年文明号5家,县级青年文明号7家。

*大力加强基层组织建设。*2010年,根据县政府机构改革后实际情况及时调整机关团组织设置。安排大学生村官兼任村团干部,开展各类培

4 月 29 日,志愿者为玉树灾区人民募集捐款　　团县委 供稿

训,举办大学生村官论坛,实施“一村官一团建项目”工程,夯实村级团建工作基础。重点加强“两新”(新经济组织、新社会组织)团组织建设,新建“两新”团组织 62 家;创新团建方式,采取行业建团、产业链建团、驻地建团等方式力争实现对团员青年的全覆盖。至年底,全县有 40 个直属团委(总支)、647 个团支部、15861 名团员,其中年内新发展团员 3452 人。

广泛开展志愿服务工作。组织青年志愿者服务全县重大活动。在 2010 年第五届中国·溧水草莓节、第九届梅花节、第二届乡村旅游节、“辉煌十一五,共创新明天”音乐焰火晚会上做好人员引导与疏散、现场讲解等全方位服务。参与国家卫生县城创建,安排志愿者做好交通秩序维持、健康知识宣传、义检义诊服务。组织返乡大学生暑期开展为期 30 天的“文明停车”专项行动,发动第一初级中学学生开展“小小啄木鸟”纠正不规范店招行动。宣传环保低碳生活,开展水污染整治、无想山清除白色垃圾、通济街“熄灯一小时”活动,开展“四二二”世界地球日广场宣传与“6·5”环保宣传周活动,倡导低碳生活,保护生态环境。勇担社会道义,团县委募集资金 13.5 万元捐助甘肃舟曲受灾群众和县罹患重大疾病青少年,中秋节慰问和凤镇困难群众,宣传无偿献血政策与献血常识,组织志愿者义务献血 2 万毫升,被县红十字会、县无偿献血领导小组评为无偿献血工作先进集体。维护溧水平安,成立治安反扒志愿者服务队,在中小学、幼儿园门口义务巡逻、执勤,在汛期成立青年防汛突击队,做好巡查、物资运送等应急工作。12 月,县委组织部、县委宣传部、县文明办、团县委、县志愿者协会,联合举行评选首届溧水优秀志愿服务集体和十佳优秀志愿者活动,授予县消防大队志愿者服务大队、县卫生局健康卫士志愿者服务队、江苏省溧水中等专业学校志愿者服务队、县烟草志愿者服务队等 4 个集体为溧水县“优秀志愿服务集体”,授予县卫生局吴茜默、县老年大学王香云、退休教师戴作新、县供电公司李红、第二高级中学秦明江、县人民医院冷静、永阳成教中心校葛传荣、和凤镇孔镇村陈亮、县经济开发区张勤、自由职业者郁海华等 10 人为优秀志愿者。

发挥青年商会作用。2010 年 7 月,召开青年商会二届二次全体会员大会,开展“青商联保贷款”活动,在江宁民生银行落实可贷资金 5000 万元;举办高层次培训班,提升青年企业家综合素质,并引导企业支持党的青年工作。引导青年商会会员关爱社会,为青海玉树灾区群众捐款 3 万元。

积极推动青年就业创业。2010 年,团县委借助南京农机所、中国药科大学专业优势,联合县人力资源和社会保障局、县农广校,开展“订单式培训”,全年各级团组织开展技能培训 16 场,750 人受训;开展创业 SYB(意为“创办你的企业”)培训讲座 6 场,帮助青年找准创业方向,掌握创业技能;9~12 月,联合县委组织部、人力资源和社会保障局等部门举办首届大学生村官创业大赛,营造创新创业氛围。借助南京日报、风流一代、扬子晚报等媒体,宣传洪蓝镇大学生村官开发草莓大棚项目的先进事迹,推选溧水青年创业典型、洪蓝镇特禽养殖大户、牧乐农副产品开发有限公司董事长陈培绕走进央视财经频道《创意中国星》栏目,并现场赢得 300 万元投资基金。11 月,选送石湫镇杭白菊项目参加全省青年创业大赛,获优胜奖。12 月,团省委授予和凤镇路晓华、石湫镇陈腊生“江苏省农村青年致富带头人”称号。

开展希望工程捐助活动。通过大学生圆梦行动、共青团银达药业专项助学基金、“我在溧水有棵果树”专项助学活动、留守儿童结对等多种渠道,争取资金 20 万元,图书 6000 余册,资助贫困学生 120 余人,建立希望图书室 1 所。通过市青年商会,联系 11 家会员企业,为白马中心小学争取

资金22万元。组织全县共青团员、少先队员为云南特大干旱灾区儿童捐款7.2万元，为青海玉树地震灾区儿童捐款1.2万元并捐赠棉服和学习、体育用品。

开展少先队活动。年内在全县开展“童眼看溧水、小手促文明”少儿贺卡绘画书信大赛，举行“2014，我为南京加油”现场绘画大赛，以世博、青奥、科技为主题，举办多场主题夏令营。发动少先队员参与青奥主题活动。开展“我是青奥小小东道主”文化交流活动，感受世博魅力，了解青奥知识。举办首届溧水辅导员技能大赛。

【团县委十九届三次全体(扩大)会议】 2010年2月9日，召开团县委十九届三次全体(扩大)会议。团县委副书记代吉上作《凝聚青年力量，服务中心工作，为溧水转型发展、创新发展、跨越发展贡献力量》工作报告。会上表彰永阳镇团委等3家2009年度溧水县标兵五四红旗团委，晶桥镇团委等9家五四红旗团委，永阳镇中山村团支部等60家先进团支部，陈小林等83名县优秀团干部，耿云云等63名县优秀团员，群力中学团委等8家信息报送先进单位。

【评选第七届溧水十大杰出青年】 2010年4~5月，县委组织部、县委宣传部、团县委、县人武部、县广电局和县青年联合会在全县开展“信合杯”第七届溧水十大杰出青年评选活动。经过组织推荐、资格审查、现场演讲、评委及社会投票等环节，10位优秀青年获溧水县“十大杰出青年”称号。分别是：县旅游局办公室主任陶巧良，县第三高级中学美术教师李明，南京群安投资有限公司总经理高勇，县人民医院骨科主治医师顾翔，县天舟蛋业合作社理事长兼溧水天湖蛋业合作社联合社总经理周型虎，县公安局治安大队民警章熙康，县气象局气象台台长章祥玲，县建设局测量队队长兼规划科副科长董群，南京云海特种金属股份有限公司项目主要实施负责人强立峰，县经济开发区管委会招商中心副主任、招商二局局长徒位国。王海波、王小荣、管仁红、张鑫、李玲、赵玲、张忠禄、葛晓宝、黄伟、李刚10人获溧水县“新长征突击手”称号。

第七届溧水十大杰出青年　　团县委 供稿

【县少先队第五次代表大会】 2010年12月8日，在县级机关礼堂召开中国少年先锋队溧水县第五次代表大会。来自全县202名少先队员、少先队辅导员和少年儿童工作者代表出席会议。此次少代会以“红领巾与溧水共成长”为主题，大会全面总结第四次县少代会以来全县少先队工作情况，部署今后5年工作任务。团县委副书记代吉上作《高擎红色旗帜，坚定理想信念，为建设和谐新溧水做好全面准备》工作报告。大会表彰全县首届十佳大队辅导员、第二届百名“少年之星”，并选举14人组成中国少年先锋队溧水县第五届工作委员会，代吉上、胡新春为少工委主任，胡爱国、张德清、毛亮为副主任。县委书记项雪龙、县长姜明被聘为县红领巾理事会名誉主席。会议期间，进行“红领巾与溧水共成长”文艺汇演。

【县首届少先队辅导员技能大赛】 2010年9月27日，团县委在全县开展“溧水县首届少先队辅导员技能大赛”。比赛内容包括少先队辅导员综合素质测试、技能展示、主题演讲及风采展示，按照抽签顺序参加比赛。经过学校推荐、组织选拔，全县千名中队辅导员中有28名骨干辅导员进入初赛，12名进入决赛。9月29日，“少先队辅导员技能大赛”结果揭晓，实验小学端云瑶、特殊教育学校张小钦、洪蓝小学朱

传澜获“溧水县首届少先队技能标兵”称号，其他9位选手分别获二、三等奖。（李兰平）

溧水县妇女联合会

【概况】 2010年，溧水县妇女联合会（简称县妇联）按照胡锦涛总书记建设“坚强阵地”和“温暖之家”要求，突出百年“三八”主题，抓住“妇女创业就业深化年”主线，实现妇女儿童实事项目、妇联阵地建设等工作创新突破。

*以促进妇女发展为目标，激发城乡妇女创业、创新、创优活力。*全县各级妇联紧紧围绕溧水产业升级、科技创新战略，全年举办各类农业科技培训230场次，培训农村妇女6492名，举办农产品女经纪人培训班，举办7期初、中级家政服务员培训班，563名农村妇女参加培训并取得就业资格证书。组队参加“宁工杯”家政服务员技能大赛，提高家政服务员操作技能水平。开展妇女信息技术培训。各镇（区）妇联先后联合镇劳保所开展妇女初级、中级计算机操作员培训班，285人参加培训。与县农信社协调，争取妇女示范大户贷款410万元。提前并超额完成市妇联下达县150万元妇女小额贴息贷款任务，为妇女创业提供平台，帮助30名妇女走上创业致富之路。联合县、镇农林部门开展妇女科技结对工作，牵手结对80名女能手。发挥市、县级“巾帼创业示范基地”示范辐射作用，依托县人社局就业援助中心和县女企业家商会，组织成功创业女性、专家及有关职能部门负责人指导城乡女性创业。举办首届大学生村官创业设计大赛，48篇参赛作品中有18篇分别获一、二、三等奖。“三八”期间，县妇联举办“庆‘三八’、架金桥、春风送岗位”女性用工专场推介会，为妇女提供就业平台，拓展农村妇女发展空间。召开女企业家商会换届大会，总结“十一五”期间工作，选举产生新一届商会领导班子。举办财税、理财等各类专题培训，提高女企业家素质。加强与政府部门合作交流，及时反映并协助解决会员企业的困难和问题。

*以推动实事项目为着力点，彰显妇联组织在社会建设中的独特优势。*召开全县“十一五”妇女儿童发展规划成员单位工作会议，全面落实规划指标，全县列入市级考核的16项重点指标有10项提前达标。完成编制《溧水县“十二五”妇女发展规划》（草案）《溧水县“十二五”儿童发展规划》（草案），并纳入全县经济社会发展总体规划。为特困家庭妇女免费妇科疾病检查，开展“巾帼助困”送温暖活动，开办春蕾班2个。

*党群共建，发挥妇联组织在群众工作中的作用。*2010年，全县村妇代会和社区妇联组建率达100%，57个县机关女性较多的部门设立妇委会和女工委，124个非公经济组织成立妇代会。加强基层妇女组织阵地建设，按照建设“学习型、创新型、服务型”组织要求，依托党群共建，开展服务妇女群众的各类活动。在全县各级巾帼文明岗中发起“巾帼创新功、岗位争优秀”主题活动，先后有26个省、市、县级文明岗参与此项活动。

2010年，县妇联被省妇女“双学双比”竞赛活动领导小组评为省农村妇女“双学双比”竞赛活动先进集体。

【举办百年“三八”系列活动】 县妇联举行以“百年奋进、巾帼辉煌”为主题的纪念表彰大会暨文艺汇演，来自全县各行各业妇女代表参加，县四套班子主要领导应邀出席大会，县委书记项雪龙作重要讲话。联合县政协，组织全体女政协委员开展“同庆百年‘三八’，弘扬‘三创’精神，共建和谐溧水”庆祝纪念活动，60多名女委员参观德昌电机等女委员经营的企业，为企业发展建言献策，制作庆百年“三八”、话妇女发展专题访谈节目。邀请县妇联老领导、老同志结合自身经历谈全县改革开放以来妇女运动和妇女发展所取得的成绩。

【创建平安家庭】 2010年，深化“争十星、创三户”（“十星”指义务星、致富星、科技星、守法星、新风星、计生星、卫生星、文化星、和睦星、家教星；“三户”指新风户、五好户、文明户）创建工作，新增1024户，涉及23个村。加强村庄绿化工程建设，在全县154个自然村发动妇女和家庭共同植树22万株，参与妇女2万多人。举办第七届家庭学法知识竞赛。全县各镇、村建立妇女维权站，发放法制宣传资料，接待群众咨询。开展“品味书香，悦读人生”为主题的家庭读书和征文活动，征集读书心得30多篇，其中黄秀兰获得市征文比赛一等奖，张燕、陈金美等5户家庭被评为市学习型家庭。全年开设“母亲学堂”讲座10场，受益妇女1200多人。举办“‘庆世博、迎青奥’平安、文明、和谐、低碳生活伴我行”广场文艺演出活动，通过小品、相声、知识竞赛等宣传方式，让低碳生活常识融入家庭。召开“学习廉政准则，构建幸福家园”家庭助廉座谈会，深化家庭助廉工作。

【“巾帼助困”行动】 2010年，开展“巾帼助困”送温暖活动，全县筹集资金12万元慰问困难妇女180名，向身处困境的妇女送去温暖和关怀。开办“小博士春蕾班”和“维利康春蕾班”。至年底，全县有26个“春蕾班”，受助女童1400多名。为1200多名流动留守儿童建立“儿童快乐家园”，开展“爱心妈妈”、“代理家长”等活动。开展“我在溧水有一棵果树”公益助学活动，为困难女童入学提供帮助。继续办好省溧水高级中学“春蕾圆梦”班。联合县卫生、民政等部门争取经费13万元，为千名特困家庭妇女免费妇科疾病检查。全年县妇联接待上访76人次，结案率达98%。

【女性就业援助行动】 2010年，“三八”节期间，县妇联联合县人力资源与社会保障局、总工会，以“送政策、送岗位、送法律、送健康”为主题，为失业妇女举办“庆‘三八’、架金桥、春风送岗位”女性用工专场推介会。省、市、县等40多家用人单位现场招聘，为女性提供就业岗位2000多个，吸引近万名妇女前去应聘，帮助800多名妇女达成就业意向。各镇(区)妇联相继开展各类劳动力招聘活动，全年举办妇女劳动力招聘会9场次。

女性用工专场招聘会　　县妇联 供稿

【创建“家庭驿站”】 2010年，县妇联在全县镇、社区开展创建“家庭驿站”活动。成立县“家庭驿站”创建活动领导小组，制订下发《关于在全县创建“家庭驿站”实施意见》。观摩学习雨花台区尹西社区和花神庙社区“家庭驿站”创建工作，打造具有自身特色的“家庭驿站”。开展家庭关系调处、家庭就业创业指导、家庭教育指导和家庭文化建设，推动家庭文明建设上新台阶。至年底，全县“家庭驿站”进村进社区组建率达100%。　　（胡　芸）

溧水县工商业联合会

【概况】 2010年，县工商联(商会)贯彻“充分尊重、广泛联系、加强团结、热情帮助、积极引导”二十字方针，坚持“统战性”、突出“经济性”、注重“民间性”，充分发挥“五大”职能作用(即在非公有制经济人士参与政治和社会事务中的主渠道作用，在非公有制经济人士思想政治工作中的重要作用，在政府管理非公有制经济方面的助手作用，在构建和谐劳动关系过程中的协调作用，在行业协会、商会改革中的积极作用)，促进全县非公有制经济健康发展。

开展调查研究。2010年，工商联(商会)先后完成27家上规模民营企业、61家民营企业履行社会责任情况、11家2009年纳税千万元民营企业、7家就业500人民营企业情况调查及统计工作，形成各类调研文章12篇。其中，县工商联撰写的《加大扶持力度，推动民营经济快速发展》、《抓住机遇，不断创新，推进行业商会又好又快发展》调研报告分别在县政协八届三次会议、全省县级工商联工作会议上作交流。

服务民营企业。开展为企业融资服务，为全县125家各类中小企业争取融资贷款3.9亿元。溧水浙江商会与南京民生银行江宁分行合作，推行融资授信和商贷通工作，为30多家会员企业融资2亿多元。5月27日，组织观山精细化工有限公司、足雅鞋业有限公司、南京金鑫投资集团等会员企业参加中国·南京第七届城市友好商会会长和2010年中国民营企业家峰会。

8月，两次组织青年商会以及服装、铜材商会，东屏、晶桥、永阳、石湫、白马等镇商会工作人员参加市工商联基层商会专题培训班。商会组织南京胜田电子有限公司参加市第六届中国机床数控展览会。组织3家服装企业，参加由省中小企业局和苏州市政府在苏州国际博览中心举办的“2010中国(苏州)国际中小企业交易会”。9月10~12日，组织产业集群参加第十二届江苏服装节。9月16日，组织南京大地冷冻食品有限公司、县洪溪有限责任公司、南京东润食品有限公司等会员企业在南京国际展览中心参加宁台名品交易会。10月，组织部分服装企业参加“2010中国(盛泽)流行面料交易会”。组织工商联常执委企业会员(南京安鑫铜业有限公司、南京金辰实业有限公司、南京巨力达集团有限公司、溧水服装商会等)参加宁夏银川行暨宁夏江苏商会庆典大会。组织工商联常执委、商会秘书长去广西南宁、北海考察学习。汇同服装商会赴四川自贡等地调研劳务市场。组织南京联强机械制造有限公司等企业赴南宁参加东盟六国国际博览会。组织南京足雅鞋业有限公司、南京巨力达集团有限公司等企业参加第十一届中国西部博览会，通过活动，扩大企业视野，提高知名度。县工商联(商会)与县人力资源和社会劳动保障局、县总工会多次举办“民营企业招聘周”活动。全年新增就业岗位1800多个，推荐城镇失业人员就业100多人，新增农村劳动力转移1700多人。编发《民营经济参考》资料，为会员企业提供学习平台。建立行政执法监督联系点制度，与县法制办合作，在全县民营企业中遴选20家会员单位作为行政执法监督联系点单位。努力打造企业投资软环境建设。

加强基层组织建设。全年发展企业会员95家。成立溧水县房产经纪人商会。石湫镇商会顺利通过市工商联优秀五星级基层商会验收。东屏镇商会、矿业商会顺利通过市工商联五星、四星级基层商会验收。洪蓝镇商会积极引导会员企业奉献爱心，出资10万元资助14名贫困高中、大学新生，并为167名贫困家庭中小学生每人每学期发放200元伙食补助。家装商会与县文广局成功举办第三届家装文化节。矿业商会不断教育引导会员企业遵纪守法，诚信经营，建立与矿区老百姓的和谐关系。

【县工商联（商会）常委会会议】 2010年4月2日，县工商联(商会)召开七届八次常委会会议，会上，常委们认真学习全国“两会”期间胡锦涛总书记在民建、工商联联组讨论时的重要讲话精神，学习全国“两会”主要精神和省政协主席张连珍《中国人民政治协商会议第十一届全国委员会第三次会议精神传达提纲》等。会议讨论修改并完善2010年全县基层商会工作意见。

6月25日，县工商联(商会)召开七届九次常委会会议，会议传达市工商联工作会议精神，贯彻国务院“新36条”文件精神，部署工商联(商会)工作，并号召全县民营企业在“参政、自爱、发展、内联、公益”等方面作出更大努力。会议选举李明富为县工商联(商会)副主席。

【县工商联(商会)执委会会议】 2010年1月24日，县工商联(商会)在溧水中心大酒店召开七届五次执委会议。总结2009年度工作，部署2010年工作任务。会议通报2009年度会费收支情况。增补罗火木、潘兰亭、徐强、薛和清4位会员为县工商联七届执行委员。

12月28日，县工商联(商会)召开七届六次执委会议，会议组织与会常委、执委认真学习中共中央、国务院《关于加强和改进新形势下工商联工作的意见》，县商会会长梅小明作《关于2010年工商联工作情况和2011年工作思路》工作报告。会议表决通过县工商联党组书记、副主席李明富作《关于2010年会费收取使用情况》工作报告。

【全县基层商会工作会议】 2010年1月13日，县工商联(商会)在溧水宾馆召开2009年度基层商会工作总结会议，来自全县21个基层商会会长、镇区统战委员、商会秘书长参加。商会副主席曹斌就2009年工商联工作情况进行全面总结，秘书长郤正荣就2009年基层商会工作目标责任书考核情况作说明。

4月16日，县工商联(商会)召开全县基层商会工作会议。会议交流一季度基层商会工作情况；制定全县基层工商联(商会)工作意见，对全县基层商会工作提出“制度建会、服务立会、活动兴会、创新强会”的工作要求。

12月30~31日，县工商联(商会)召开全县基层商会2010年度工作总结暨表彰会议，授予石湫镇商会等8家单位为一等奖、东屏镇商会等8家

单位为二等奖、永阳镇商会等3家单位为三等奖，表彰王有明等9名先进个人。

【参政议政】 2010年，县工商联组织市、县政协委员在县政协八届三次会议期间，提出加快溧水县民营经济转型升级的各类提案、议案和建议30多件。其中，委员李晓柏《关于建立企业家健康档案》的提案，被列为县政协八届三次会议议案。政协会议期间，工商联作《关于推进我县中小企业加快“三个发展”的建议》参政议政发言。工商联常执委单位南京飞燕活塞环有限公司、大地冷冻食品有限公司、江苏冠军涂料科技集团有限公司等在政协企业界委员座谈会上，围绕引导民营经济发展方针政策和加快转变经济发展方式要求、促进全县民营经济加快转型升级、实现又好又快发展等方面，作专题发言。

【建立友好商会】 2010年3月22日，县家装商会与常熟家居行业协会建立友好商会。9月10日，县工商联与南宁市青秀区工商联缔结友好商会。11月17日，县工商联与扬州市广陵区工商联缔结友好商会。11月22日，与安徽利辛县工商联建立友好商会。建立友好商会，旨在加强信息沟通，扩大对外交流联络，增强商会工作辐射力，为促进两地经济发展服务。

【参加第十二届江苏国际服装节】 2010年9月10~12日，第十二届江苏国际服装节在南京国际展览中心举行，溧水县作为“江苏服装名城”，县工商联组织产业集群参加此次活动。“名鹰”、“富木”品牌系列服装参展，14家规模以上服装企业以展板形式在展厅内外进行宣传。10日开幕当天，省委副书记、省长罗志军，南京市副市长罗群，在副县长郃伦浩陪同下巡视溧水县展厅，听取产品介绍。罗志军省长希望溧水县进一步加大服装品牌的建设力度，扩大品牌影响力，努力加快服装企业转型步伐，为江苏服装业发展作出新贡献。

（郃正荣）

县文学艺术界联合会

【概况】 2010年，县文学艺术界联合会（简称县文联），加大创作研讨力度，组织开展“金陵五月风”2010年第四届南京文学艺术节，举办“迎接青奥会”溧·高书画行笔会、南京市街道文联原创节目展演、溧水摄影艺术作品与市场研讨会。全年出版《秦淮源》杂志6期。11月，与宜兴市文联、高淳县文联共同举办美术交流活动。12月，与安徽省泾县、江苏丹阳市开展书法交流活动。

文艺活动和文艺交流丰富多彩。县作家协会诸荣会的散文集《风景旧曾谙—江南人文笔记》、《秋水蒹葭》、《生怕情多》出版发行。徐宜珏在《短小说》杂志上发表《结婚变奏曲》、《悬崖边》，在《微型小说选刊》上发表《洗脑》、《时光逆转机》等。方述怀、陈春生、陈白生、赵勇等会员在《金陵晚报》、《金陵嘹望》、《扬子晚报》、《长江文艺》、《当代文学》、《知音》等报刊上发表大量文学作品。1月29日，县书法家协会与美术家协会参与在洪蓝镇举办的2010年南京市暨溧水县“三下乡”义务写春联活动，书写春联1000余幅。4月3日，在大东门街澄一堂画廊举行第三届书画义卖活动，义卖所得3000元，全部捐助给柘塘小学10名贫困学生。5月29日，县摄影家协会配合“金陵五月风”活动，在南京视觉艺术学院举办“摄影艺术作品与市场研讨会”。8月，县摄影家协会启动溧水印象“荣宝杯”摄影比赛。县音乐舞蹈家协会积极配合政府、部门、企业、单位做好服务与宣传，在县第二届魅力歌手比赛中，音乐舞蹈家协会理事管仁红获金奖，协会会员陈祖庆获优秀奖。戏曲家协会主席李素琴代表江苏省国际文化交流中心，参加第三届国际戏剧节在德国东茨多夫市大剧院首场演出。县文联获“江苏省市、县(市、区)、行业(产业)文联先进单位”称号。

【举办“金陵五月风”文学艺术节】 由南京市文联、市文广新局主办，市各文艺家协会、各区县企业文联以及有关文艺单位和团体承办的“金陵五月风”2010年第四届南京文学艺术节，于4月24日~5月31日举行。此届艺术节以“相聚世博、喜迎青奥”为主题，举办“迎接青奥会”溧·高书画行笔会。5月15日，在高淳望玉岛度假山庄进行首场笔会，溧·高文联组织书协、美协各5名会员同台书法展示、作画几十余幅作品。5月20日，在溧水县第二高级中学举行书法活动。南京市文联副主席陶琪、张俊，市文联秘书长杨康乐，溧水及高淳文联负责人和艺术家参加。5 月 21 日，溧水县成立的第一个乡镇文联——洪蓝镇文联举办“风行五月·生活如歌”首届街道文联原创节目展演活动，洪蓝镇文联以地道的方言表演“我家女儿一枝花”赢得大家好评。5 月 29 日，溧水摄影艺术作品与市场研讨会，在南京视觉艺术学院举行。新华社高级编辑、著名摄影评论家陈小波，著名摄影艺术家、中国摄影最高奖“金像奖”获得者王征等 5 名摄影艺术家及江宁、高淳、溧水摄影界朋友应邀参加研讨会。

“摄影艺术创作与市场”研讨会　　县文联 供稿

【摄影作品成果】 2010 年 6 月，县摄影家协会王平的作品《两岸亮起来》获庆祝中华人民共和国成立 60 周年全国摄影大赛银奖；作品《欺霜傲雪》获第二届梵净山国际摄影大赛风光佳作奖和优秀摄影师称号。姜明灯的作品《梦乡》获 2010 年全国摄影艺术展览优秀奖，作品《回首》获第一届浪漫武进全国摄影大赛优秀奖，《庭院深深》获中国南京国际梅花节摄影大赛优秀奖，《收回》获梵净山国际摄影大赛优秀奖。刘东的作品《山姑》获第七届荷兰国际摄影巡回展入选奖，《驼影》获第 43 届国际摄影沙龙大赛入选奖，《迷魂》获“美加东部假日杯”全国摄影大赛二等奖。张荣富的作品《牧童》、《沙海驼影》、《生生不息》获阿尔塔尼国际摄影大奖赛入选奖，《守望变迁》、《志存高远》获上海第十届国际摄影艺术展览入选奖，《居延海秋韵》获“中国秘境阿拉善”全国摄影大展优秀奖。　（杨连宝）

《两岸亮起来》获全国摄影大赛银奖　　王　平 摄

《梦乡》获全国摄影艺术展览优秀奖　　姜明灯 摄

《生生不息》获阿尔塔尼国际摄影大奖赛入选奖　　张荣富 摄

溧水县科学技术协会

【概况】 2010年,县科学技术协会(简称县科协)以开展学习实践科学发展观活动为动力,团结、动员全县广大科技工作者,积极开展多种形式的群众性科技创新和科学普及活动。年内,县科协下辖15个直属学会(协会、研究会),有会员2600人;七镇一区科学技术协会有会员2900人。

【开展送科技下乡活动】 2010年,县科协结合实施国务院颁布的《全民科学素质行动计划纲要》,积极组织县有关部门开展送科技下乡活动,捐赠科技图书,免费发放各类实用技术资料。全年开展送科技下乡活动5次,向示范户送农村科技知识一百问、主导品种技术手册等科普资料5000多份,免费为核心示范户征订全年《江苏科技报》。结合农村春耕、秋播和大型活动,先后在全县50多个村举办棚室草莓、蔬菜新品种栽培、螃蟹养殖等多种实用技术培训。建立涉农专家联乡、包村、定户制度,多次召开专家和项目负责人座谈会。23名帮扶专家与13个村13个项目结对,通过电话和现场讲座、咨询等方式为项目村服务70次,推广应用新品种、新技术10多项。

【实施"双百工程"项目】 2010年,县科协按照市科协、市委组织部、市科技局、财政局、农林局、人事局六部门的统一部署,实施"百名专家进百村,农民增收迈小康"工程,充分发挥省、市、县各类涉农专业人才作用。组织省、市、县20多名具有中、高级职称的专家(即科技特派员)深入全县12个村,采用专家与村挂钩、专家与大户结对的方式,帮助制订村级经济发展规划,调整产业结构,提供农业新品种、新技术、研究解决农副产品深加工等技术难题。全年举办各类科技素质培训28期,受训农民2800人次,引进推广新品种8个,培育种养植(殖)示范户辐射带动农户2000户,农民增加收入3010万元。12月,市科协、市委组织部、市科技局等部门表彰"双百工程"先进集体和个人,县科协被评为优秀组织单位,县农业局马红娟被评为市农村优秀科技特派员。

【举办科普宣传周活动】 2010年5月15~21日,县科协以"创新促发展,科普惠及民生"为主题,举办"全国科技活动周暨溧水县第二十二届科普宣传周"活动。为确保活动务实开展,县成立科普宣传周活动领导小组,县科协印发《关于举办2010年全国科技活动周暨溧水县第二十二届科普宣传周的实施意见》。科普宣传周期间,开展大型送科技下乡,组织农民、学生进行科普知识竞赛,送科技进军营等12项活动;县级学会(协会)、各镇科协以及县有关部门开展科普活动80余项,受益公众达8万人次。5月17日,县科协、科技局牵头,联合农林、卫生、环保、计生等部门,组织30名科技人员在县城大东门街开展科技咨询,向市民展示科普图板100多块,发放科普图书资料5000余份(册),免费提供优良蔬菜种子500多袋、医务人员义诊500人次,受益市民达5000多人。(俞 宏)

国防建设

Guofang Jianshe

国防动员和民兵预备役建设

【概况】 2010年,县人武部深入学习实践科学发展观,扎实推进军事斗争常态化准备,加大国防动员和民兵预备役建设力度,努力把县人武部建设成为让上级党委首长放心,县委、县政府满意,能圆满完成各项任务的战斗集体。

开展军事训练活动。2月,县人武部组织开展为期一周的"学、训、整"活动,通过认真学习条令法规,严格落实训练考勤、讲评、考核制度,建立正规的训练秩序。3月,组织全县专(兼)职武装部长和民兵营长共80余人进行封闭式集训,有8名基层武装部长参加南京警备区组织的军事技能和业务集训考核,取得团体第三名。4~5月,组织专业应急分队分批次集中训练,形成迅即能动的应急救援能力。全年与地方联合组织抗洪抢险、防化救援、森林灭火等4次应急救援行动演练,军地参演人员250余人。6月,组织80名民兵应急分队干部骨干集中训练一周,选出28名参加警备区组织的比武考核,获团体第四名。10月,强化训练7名现役干部,并组织参加南京警备区组织的年度岗位练兵和军事训练考核。

加强民兵预备役工作。结合国防潜力和辖区特点,精心编组民兵队伍,县人武部建立80人应急大队,各镇(区)县人武部建立30人的应急分队。根据自然灾害多发特点,新建合成化应急救援连。年底,全县建立各类作战应急队伍27支。根据武器装备种类、数量,编组82迫击炮连6个,107火箭炮连1个。依据国防潜力调查数据,开展各类企事业单位技术人才和军兵种岗位预编人员登记储备。5月,组织开展镇(区)民兵应急分队和民兵合成化应急救援连拉动点验活动,各项指标均达到标准。

完成兵员征集工作。利用各种新闻媒体开展形式多样、生动活泼的征兵宣传活动,广泛宣传征兵政策和兵役法规。严把征集对象预选关、严把体检关、严把政治审查关,做到"谁政审、谁签字、谁负责"。8月,3名应届毕业大学生被直招为士官入伍。10月9日,溧水县召开全县征兵工作会议。12月10日,完成征兵工作任务,征集兵员180人。

推进全民国防教育。县人武部采取过"军事日"形式,举办国家安全形势报告会,增强地方各级党政领导支持国防后备力量建设的责任感、使命感。在各类学校开设国防教育课程,强化青少年国防意识。并将国防教育向居委会、企业和流动人口延伸,9月,利用"国防教育日",在全县各镇(区)开展宣传、签名、法规咨询等活动,营造全社会关心支持国防建设的氛围。

开展拥政爱民工作。2010年,县人武部出动民兵2300余人次,参加抗洪抢险、森林防火。在全县创建国家卫生县城、江苏省第二届乡村旅游节开幕式、南京·梅花节开幕式、溧水县体育场音乐焰火晚会等重大活动中,动用民兵1100余人次,协助公安部门处理突发事件,维护社会稳定。参与地方经济建设,全年为联系点晶桥镇陶村提供帮扶资金2万元。

【成立民兵合成化应急救援连】 2010年3月,溧水县组建民兵合成化应急救援连。连队按照有稳定的队伍、固定的场所、合成的装备、稳定的经费、统一的服装、配套的制度、完备的资料"七有"标准建设，连部建在溧水县林场，编有防化救援排、应急维稳排、森林防火排。5月7日，警备区工作组点验民兵合成化应急救援连，重点演练反恐维稳、抗洪抢险、防火防化救援，提高连队处置各类突发事件能力。

【民兵应急分队拉动演练】 2010年3~6月，县人武部分别开展各镇（区）民兵应急分队检验性拉动演练，累计点验360人次。通过拉动点验，提升各镇（区）维稳应急分队、森林防火分队、抗洪分队的应急应变能力和抢险救灾能力。

民兵拉动演练　　县人武部 供稿

【开展学生军训工作】 2010年8月，组织全县6所学校5672名学生参加军训。县人武部挑选41名综合素质过硬的优秀民兵干部施教，邀请南京陆军指挥学院王志军教授上国防教育课。结合美韩军事演习事件，分析判断国际战略形势和中国的安全环境，提高广大师生的国防意识和组织纪律观念。

【武器库管理整治】 2010年，县人武部严格落实“双人双锁”、“同进同出”、“三铁一器”、“双人双岗”、干部住库值班和昼夜巡查等制度，加强武器弹药保管。建立健全武器装备登记、统计、动用与使用制度，加强出入库管理。定期检查保养武器弹药及安全设备设施，重点加强训练和执勤等动态枪弹的管控。完善闭路电视监控系统，实施全方位、全天候、不间断监控，提高事故预防和处置能力。

【战备库室规范化建设】 2010年，县人武部实施战备库室规范化建设。按照战备、训练、工作、生活四个秩序，修订完善战备预案，设立作战值班室、作战室、战备数据资料室和战备图库、战备（物资）器材库，配备战备设施、器材，确保战备方案切实可行，物资器材满足需要，日常管理严格正规。

（王继东　刘　犇）

武装警察

【概况】 2010年，武警溧水县中队（简称县中队）加强人民武装警察部队建设，履行维护国家安全和社会稳定、保障人民安居乐业的职责使命，在创建法制溧水、平安溧水、和谐溧水中作出贡献，被江苏省武警总队评为“基层建设先进中队”。全年出动兵力220余人次，完成处置县人民医院医疗事故纠纷事件和武装押解等临时性执勤任务30余次。在中国(南京·溧水)草莓文化节活动中，先后出动兵力40余人次，出色完成现场安全保卫、疏导人群、机动备勤等任务。

【执勤设施建设】 2010年，县中队逐项落实执勤设施“五大系统”（外围封闭系统、照明配套系统、报警系统、指挥联络系统、监控系统）建设标准，完成执勤网络监控系统改造建设，完善联动报警装置，重新划定警戒线。加强执勤设施检查保养，防止因天气变化、线路老化等隐性因素导致设施失效，确保设备始终处于良好状态。

【开展主题教育】 2010年，组织开展“培育当代革命军人核心价值观，永远做党和人民的忠诚卫士”主题教育，组织县中队官兵参加与公安消防大队联合举办的“培育当代革命军人核心价值观”演讲比赛。采取个人发言提议，分组讨论、自我总结、个人演讲等形式，引导官兵统一思想、坚定信心，增强当代革命军人核心价值观的自觉性。

（王继东　刘　犇）

消　防

【概况】 2010年，溧水县消防大队（简称县消防大队）全年接警出动133余次，成功扑救火灾100余起，抢险救援33次，出动车辆269车次，出动警力1434人次，抢救被困人员29人，疏散被困人员65

永阳幼儿园举行"小小消防兵阅兵表演"　　《秦淮源周刊》供稿

人,抢救财产价值 225.4 万元。溧水县中队被评为 2010 年度南京市消防支队先进中队，在南京市消防支队执勤岗位练兵业务技能竞赛中获得第三名。

【构筑社会消防安全防火墙】 2010 年,县政府安排专项资金 100 余万元，为相对偏远镇配备微型消防车 6 辆，实行 110 指挥中心与消防大队同步接警,实现小火不出镇的防火目标。

【溧水县综合救援大队】 2010 年 11 月 9 日溧水县综合救援大队正式挂牌成立。救援大队是隶属于县委、县政府以及县应急办的救援机构。主要担负灭火和抢险救援的任务。

【火灾隐患排查整治】 2010 年,县消防大队开展消防监督检查 3618 人次,检查单位 1795 个,发现

县综合应急救援大队挂牌　　《秦淮源周刊》供稿

和消除火灾隐患 1552 个,制发消防法律文书 1201 份。办理消防行政处罚案件 296 起,责令停止营业、停止使用、停止施工 13 家,临时查封 6 家,警告 119 人,罚款 88.04 万元,形成严格执法高压态势,威慑消防违法行为。

【消防宣传教育活动】 2010 年，县消防大队在人员密集场所，开展检查消除火灾隐患、组织扑救初起火灾、组织人员疏散逃生等消防知识宣传教育活动 2800 余次,组织消防控制室值班操作人员、特种作业人员培训和社会单位消防安全教育培训 3 批次。先后制作 6 档消防专项整治和展示队伍精神风貌专题片,在溧水电视台《溧水新视线》栏目播出,在《秦淮源周刊》、溧水政府网站和《溧水 114 网》设置固定栏目,及时宣传消防动态和火灾预防小贴士,招募注册消防志愿者 1000 余人，进农村、学校、社区、家庭开展消防宣传互动,提高群众消防安全意识和自防自救能力。　　（王继东　刘　犇）

人民防空

【概况】 2010 年 6 月，根据县政府机构改革方案，县人民防空办公室职能整合划入县住房和城乡建设局,挂县人民防空办公室牌子。全县人民防空建设坚持"长期准备,重点建设,平战结合"的工作方针,推进"防空防灾一体化"建设,加强和平时期防灾演练,组建训练有素、保障有力的防化专业队伍,各项工作实现新的发展,全县警报器网覆盖率、完好率、试鸣成功率均达 100%。

推进人防工程建设。"民防家园"地下人防工程和双塘路改造工程竣工,人防地下指挥所工程内部装修有序进行,全年办理行政许可事项 51 件（结合民用建筑修建防空地下室 9 件,易地建设防空地下室 42 件）。

开展人防工程安全大检查。7~9 月,开展在建和结建人防工程拉网式安全检查。检查内容包括在建人防工程安

全施工情况，完善人防工程安全管理制度，领导责任制度和日常安全管理人员配备情况。协助被检查单位建立人防工程安全检查台账和应急预案，消除安全隐患5处，培训安全管理责任人3场次，参训人员12人。

建设高标准人防专业队伍。组建治安、消防、通信、运输、抢险抢修、防化防疫、人口疏散、医疗救护8支人防专业队伍，计322人。针对各专业队职责分工，按照“快、准、细、严、实”的标准合理安排训练时间、内容，开展现场检查指导，建设业务水平精、工作能力强、思想作风硬的人防队伍。11月，在晶桥镇举行防化事故应急救援演练，提高专业队人员处理突发事件和协同作战能力。全年专业队伍岗位训练、实战演练率100%。

【建设人防地下指挥所】 3月，开工建设人民防空地下指挥所。该工程占地1800平方米，配置集指挥、情报、预警、控制、通信于一体的应急指挥自动化系统，并与南京市人防办连网对接。平时抢险救灾，战时应急指挥。

【举行人口应急疏散演习】 11月8日，县人防办和白下区人防办联合举行人口应急疏散演习。该演习在晶桥镇举行，包括“危重病人”抢救、群众疏散转移、学生在当地学校复课。白下区下属街道群众60名，中学生30名，县人防办干部职工10人、晶桥镇人武部14人参加演练。参演人员紧急接收安置疏散人员，“危重病人”快速送到晶桥镇卫生院进行紧急抢救，白下区群众紧急疏散到附近农户家中，孤寡老人安置到当地敬老院，疏散学生及时安置到晶桥中学复课。通过演习，有效提升人防指挥人员整体协作、综合保障和谋划运筹能力，增强市民防空防灾意识。

【举行防化事故应急救援演练】 2010年11月22日，县人防办在晶桥镇晶鑫化工园举行防化事故应急救援演练，模拟发生苯泄露突发事件。防化事故警戒人员首先进入现场，隔离事故发生地，防化专业分队抢险救援人员携带各种器材进入场地，应急处理事发现场。随后防化专业设备抢修人员紧急抢修损坏设备，环境监测人员检测事故现场水源和空气。通过演练，达到第一时间正确处理事故现场，有效防御各种次生灾害，提升专业队伍实战能力的效果。

（张　磊）

人口应急疏散演习　　县人防办 供稿

政　法

Zheng Fa

县司法局 供稿

综　述

【概况】 2010年，全县政法工作围绕社会矛盾化解、社会管理创新、公正廉洁执法"三项工作"重点，开展平安溧水和法治溧水创建工作，有效保障全县经济转型发展、创新发展、跨越发展。溧水县连续六年获得省、市"社会治安安全县"称号，被市委市政府评为"法治南京建设先进县"。

深化平安创建工作。县、镇两级按规定建立专职巡防大队和专职巡防中队，主要街面路面实行24小时巡逻，进一步严密街面、社区、卡口、阵地、单位内部五大防控网络，建立时空化巡防机制，增强防控实效。大力推进群众性义务巡防"红袖标工程"建设，有效整合群防群治力量。全面推进技防城暨技防入户工程建设，打击严重影响人民群众生命财产安全的暴力犯罪、重大经济犯罪和多发性侵财犯罪，组织开展专项治理行动，有效解决突出治安问题。加强治安重点地区的排查整治工作，检查各类场所单位269家次，处罚各类场所单位32家次，下发整改通知书22份。破获各类刑事案件13起，抓获犯罪嫌疑人15名。在全县实施"一镇一品"工程，打造一批综治品牌特色工作。建立镇流动人口服务管理中心，配备专职协管员73名，通过流动人口管理和信息比对，破获各类刑事治安案件106起，抓获各类违法犯罪嫌疑人员168名，网上"三逃"7名。深入推进矛盾纠纷排查化解，加强特殊人群管控工作，建立技能培训基地、公益性劳动基地、帮教安置基地和社区矫正管理教育服务中心。调整充实县精神卫生领导小组，形成县、镇、村三级管理网络。建立精神病防治专项基金，根据全县常住人口数，按每人每年0.5元的标准安排财政专项经费。

推进"法治县"创建活动。举办县管领导干部《廉政准则》专题培训班，在全县党员干部中开展"学习廉政准则、争做勤廉表率"主题教育活动，提高党委依法执政水平。提高依法行政管理水平，梳理机构改革后的行政权力事项，全县28个行政执法单位行政权力由原来的1377项调整为2219项。取消不合理的行政收费项目，清除各种名目的连带收费、搭车收费，办理行政复议案件22起，结案18起，审查阶段4起。办理行政诉讼案件20件，审结17件，其中裁定不予受理13件，驳回诉讼请求3件，维持1件，无一起发回改判案件，行政机关负责人出庭应诉率达100%。提升社会管理创新水平，刑释解教人员的安置率在80%以上，帮教率在90%以上，重新犯罪率控制在3%以内。开展"送法下乡"、百村万户"家庭学法考试"、农民工法律咨询服务活动，公务员学习法律知识每年不少于40学时。在全省率先建立以大学生村官为主体的农村普法队伍，举办法制培训班，开辟"溧水县大学生村官法制讲坛"栏目，开展大学生村官"十佳法制宣传能手"、"十佳依法调解能手"的"双十佳"竞赛活动。实施环境保护、交通秩序、食品安全、诚信建设、社会保障、医疗卫生、司法公正为民、社会稳定八项法治实事工程，推动各项实事工作落实到位。9月，制定《2010年法治绩效考核工作计划》、《2010年法治溧水绩效考核项目》，形成法治绩效考评体系。全县91个村建立村务公开电子信息平台，提升基层民主自治水平。顺利完成第九届村民委员会换届选举工作，选民参选率达92.6%，未发生一起贿选事件。全县96%的村(社

区)达到省、市、县级"民主法治村(社区)"标准,其中10个村、2个社区获得省级"民主法治村(社区)"称号,75个村、13个社区获得市级称号,87个村、15个社区获得县级称号。

【领导干部述法】 2010年11月,溧水县依法治县领导小组办公室与县委组织部联合下发《关于县管党政领导干部述法考核工作的通知》,开展县管党政领导干部述法工作,强化各级党政领导干部社会主义法治理念,全面提升各级领导班子和领导干部依法执政的能力和水平。11月10日,溧水县依法治县领导小组办公室与县委组织部共同组织召开县管党政领导干部集中述法考评会议,县法院、县检察院、县公安局、县司法局、县人社局、县国土局、永阳镇等7个单位领导从学习法律、宣传法律、依法决策、依法办事、公正司法、遵纪守法等方面进行述法报告,测评人员填写述法考评民主测评表,对述法报告进行民主测评。

【"公正廉洁执法"主题实践活动】 6月起,县委政法委员会强化执法为民思想,加强执法规范化建设,监督制约执法权力行使,在全县政法机关组织开展"公正廉洁执法"主题实践活动。政法各部门分别组织开展"江苏公安精神"暨"南京公安精神"大讨论、恪守"检察职业道德、促进公正廉洁执法"、"反特权思想、反霸道作风"、"人民法官为人民"、"文明机关"和"业务规范建设年"等公正廉洁主题实践活动,提高干警执法能力、执法水平和执法公信力,整体推进政法队伍建设。主题实践活动分为动员部署、组织学习、查找问题、整改提高、检查总结等五个阶段。9月,在公安局召开全县政法系统"公正廉洁执法"主题实践活动推进会,县法院、司法局、检察院侦查科、公安局白马派出所和县公安局孙权分别结合各自工作特点做经验介绍。年底,主题实践活动进入检查总结阶段。

【化解社会矛盾纠纷】 2010年5月,溧水县社会治安综合治理委员会办公室和社会矛盾纠纷调解工作领导小组办公室在全县范围内组织开展"大调解机制建设提升年"活动。以化解各类社会矛盾纠纷为主线,以源头预防为重点,进一步完善社会矛盾纠纷大调解机制建设,提高重大矛盾纠纷的处置能力。6月,成立以县委常委、政法委书记为组长,政法各部门一把手为副组长,分管领导为成员的清理涉法涉诉信访积案和案件评查工作领导小组,开展集中清理涉法涉诉信访积案活动,全力化解涉法涉诉信访积案,维护人民群众的合法权益,促进社会和谐稳定。县委政法委在信访局设立溧水县涉法涉诉联合接访室,办理、接待涉法涉诉群众来访,为来访群众提供法律咨询服务,交办、转办、督办涉法涉诉信访案件,协调处理重大、复杂、疑难上访案件。政法各部门每天必须安排一人参与联合接访,减少信访群众成本,提高信访办事效率。集中开展县、镇、村矛盾纠纷排查活动,主动发现、及时化解社会矛盾纠纷,最大限度地把各种不和谐、不稳定因素消除在萌芽状态。至年底,集中开展县、镇、村矛盾纠纷排查315次,排出矛盾纠纷数300件,接待群众1009批5400人。县、镇两级调处中心参与或直接调处疑难复杂纠纷1369起,成功调处1363起,调解成功率99.6%;村居各类调解组织调处纠纷1782件,调解成功1751件,调解成功率98.3%。

【技防城暨技防入户工程】 2010年10月,溧水县开展技防城工程道路监控网建设,建立高清视频监控系统、高清卡口及卡口型电子警察。加强"技防社区(村)"、"技防小区"、"技防一条街"和"技防单位"建设,推广安装具有主动或被动报警功能的"平安E家"、警铃和断线报警器等报警系统。11月2日,溧水县召开技防城暨技防入户工程建设推进会,介绍工程建设工作方案,通报工程建设情况,明确工作目标和任务。至年底,溧水县建设各类监控系统1000余套,监控点位6000多个,新建高清卡口及卡口型电子警察23套,卡口型测速点21个。安装报警系统的单位、住宅3000多家,全县所有中小学、幼儿园全部安装监控探头。

【综合治理"一镇一品"工程】 2010年5月,溧水县社会治安综合治理委员会针对新形势下农村基层社会治安管理问题中出现的新矛盾、新问题,实施综合治理"一镇一品"工程,推动综合治理、平安创建工作。白马镇和石湫镇分别以白马农业硅谷征地拆迁、江苏石湫影视基地建设为重点,提供法律服务,宣传大项目建设中涉及的法律、法规、政策,排查调处矛盾纠纷。和凤镇与高淳县古柏镇、漆桥镇实施治安联防,信息互通,共同排查,联合调处。永阳镇针对辖区内矫正对象和精神病人较多的情况，强化矫正对象的服刑身份意识，重视集中教育和监督改造，强化考核，宽严相济，奖惩并举，全面开展社区矫正"零"犯罪社区创建活动。晶桥镇在新桥村成立由社区民警、村组干部、老干部、老教师、老党员等20人为成员，辖区企业单位为会员单位的"平安共建会"，推进村企平安建设，协助公安机关等部门开展巡逻、矛盾纠纷排查和调解、法制宣传教育等工作。柘塘镇基层调委会坚持"五个统一"(统一称谓、统一徽记、统一制度、统一文书格式、统一操作程序)和"五个到位"(规划到位、人员到位、经费到位、督查到位、落实到位)，突出素质训练、责任监督、为民理念，加强规范化建设。洪蓝镇建立巡防大队，建设治安岗亭，安装视频监控，组建治安"红袖章"协管员队伍，村企平安共建，协助公安机关等部门开展巡逻、矛盾纠纷排查和调解、法制宣传教育等工作，治安防控立体化。

(陈和明)

公　安

【概况】 2010年，溧水县公安局全面加强社会治安防控，强化公安队伍建设，深化"三基工程"(抓基层、打基础、苦练基本功)，推进"三项建设"(公安信息化建设、执法规范化建设、和谐警民关系)，落实社会管理创新工作，有效维护全县社会治安持续稳定。

维护社会政治稳定。围绕上海世博会、广州亚运会，层层落实维护社会政治稳定工作责任制，有针对性、分层次落实重点对象和重要阵地的防控措施，提前做好防范准备。圆满完成重要节庆、重大活动期间的安全保卫任务。针对因企业改制和征地拆迁等问题而引起的群体上访事件，落实维护稳定的预案机制和信息上报机制，协助有关部门做好政策宣传、问题协调等矛盾化解工作。坚持信访接待日工作制度，化解各类社会矛盾，全年排查各类社会矛盾纠纷119余件，上报各类涉稳信息1438条，接待群众来访459人次。

严厉打击刑事犯罪。围绕"打击犯罪，保障民生，维护稳定，构建和谐"的目标，推进"打黑除恶"、命案侦破、"打盗抢抓逃犯"工作，组织开展"冬季行动"、"反盗抢一〇行动"、"严打整治行动"及重点地区治安整治等专项斗争和专项行动。成功侦破"2·05"杀人案、"3·10"抢劫案等一批大案、要案。全年破获各类案件1095起，破案率35.78%。其中"八类"(杀人、抢劫、强奸、放火、绑架、爆炸、投毒、故意伤害)案件破获57起，破案率达95%；经济案件立案10起，查结6起，查结率60%，挽回经济损失1189.7万元，挽回率92.1%；抓获刑事作案人员831人，其中逮捕244人，直诉127人，劳动教养16人。

深化基层基础建设。推进技防城和"3·20工程"建设，全年安装电子监控设施超过4000个，其中公安自建292个，采集各类信息4万余条，全程网上办案700余件。推进网上刑事和行政执法办案，实行网上抽卷、网上考评、网上建立法制档案，执行案件责任倒查制度，全年举办公安民警集中培训7次，分批次组织分类培训9批次，参训率达100%。开展公安民警"大走访"爱民实践、行风评议及警民恳谈日活动，深入基层调研宣传，倾听群众呼声，关心慰问困难群众，和谐警民关系。全年为群众提供法律咨询服务1500余人次，解决实际问题1180项。在各类媒体上刊登各类新闻稿件155篇，播出电视专题节目7期。为生活困难群众捐赠慰问金5万余元，捐赠生活资料100余件，帮助贫困学生15人，帮扶孤寡老人、孤儿33人。

加强社会面管控。开展重点地区整治、治爆缉枪专项行动、电子游艺场所管控、旅馆行业管控、犬患整治"五项会战"专项行动，全年查处行政案件5211起，处罚各类违法人员1343人次，其中拘留298人次。全面落实预防道路交通事故长效管理措施，全年发生交通事故151起，未发生死亡3人以上的重特大交通事故。开展"三项排查"(排查信访热点难点、排查安全事故隐患、排查基层基础薄弱环节)、"五进校园"(保安进校园、监控进教室、报警进门厅、联网进所队、稳控进社区)活动，强化对重点场所和行业的不安全隐患和不稳定因素排查，共排查出安全隐患1043处(次)。

加强公安队伍建设。开展"江苏公安精神"大讨论活动，打牢全体民警执法为民的思想基础。实施督察积分制考核，全方位督察公安干警工作，涌现出一批先进单位和先进个人。国保大队荣立集体三等功一次，交警大队等3个党支部获先进党支部称号，36名民警获优秀共产党员称号，永阳派出所等3个单位受到集体嘉奖，59名民警受到

个人嘉奖，8名民警荣立“三等功”。

【开展“江苏公安精神”大讨论活动】 3月，县公安局党委开展为期半年的“江苏公安精神”大讨论活动，征集和提炼出“六个一”公安精神，即“一身正气的人格魅力、一以贯之的优良传统、一往无前的精神气概、一心一意的工作作风、一丝不苟的精细手法、一尘不染的廉洁警风”。

【实施“3·20”工程建设】 5月起，县公安局在全县范围内实施“3·20”工程建设。通过梳理全县所有道路、出入口，制定《溧水县关于开展3·20工程建设的实施方案》，计划在全县道路新建前端智能监控点65个、治安卡口8个、出省卡点1个、高清电子警察4套，确保所有经过车辆必留痕迹。至年底，建成前端智能监控点8个。

【改革警务机制】 2010年，县公安局按照“三项重点工作”(社会矛盾化解、社会管理创新、公正廉洁执法)要求，在全县公安机关部署实行警务机制改革暨社会管理创新工作，调整各部门、各警种的职能，在永阳派出所建立“社区警队、刑侦、治安专业警队、警务调度室”工作模式，在各镇(区)派出所建立“打处警组+社区警组+内勤”工作模式，在刑警大队、治安大队建立专业打处队伍，全时空、全方位打击各类违法犯罪活动，保障群众生命财产安全。

【开展“两车”专项治理】 2010年2~11月，县公安局在全县范围开展警车和涉案车辆违规问题专项治理(简称“两车”专项整治)。采取关口前移，变事后调查处理为事前监督预防，县公安局各单位签订《溧水县公安局落实“五条禁令”责任状》《溧水县公安局警车管理责任书》，并制定《溧水县公安局警用车辆管理制度》，规范警用车辆的使用管理，保障警用车辆安全。至年底，强制报废超期服役警车24辆，所有警车及涉案车辆建立“一车一档”，确保警车外观标识和“三证”齐全，全面落实民警驾驶警车必须“着警服、带三证、亮警灯、遵交规”的管理规定。

【破获“11·11”泄愤杀人案】 11月11日深夜，有人报案称东屏镇定湖村丁家边村民小组水泥路旁看鱼简易房内的熊某被人打死。案件发生后，县公安局围绕与熊某有矛盾的人员开展排查，通过走访，确定高某有重大作案嫌疑，经过5小时侦查，查明犯罪嫌疑人高某因怀疑其妻刘某与熊某存在不正当关系，遂伙同王某用篾刀、棒槌殴打熊某致死。11月12日5时，高某、王某被抓捕归案。

【不安全隐患、不稳定因素排查整治专项行动】 2010年8月6日起，县公安局在全县开展为期1个月的不安全隐患、不稳定因素排查整治专项行动。期间，出动警力684人次，检查各类场所1650处，发现不安全隐患、不稳定因素336条，全部监督整改到位。 (邓 静)

检 察

【概况】 2010年，县人民检察院强化法律监督，维护公平正义，围绕全县实现“转型发展、创新发展、跨越发展”目标任务，全面履行各项检察职能，深化检察改革，加强队伍建设，各项工作取得新成绩。

*严厉打击严重刑事犯罪。*正确运用刑事政策，稳、准、狠打击各类严重犯罪，保障经济平稳发展，维护社会和谐稳定。全年受理侦查机关提请批捕案件163件247人，经审查批准逮捕137件191人。受理侦查机关移送起诉案件198件323人，经审查向法院提起公诉187件283人。

*依法查办职务犯罪案件。*落实中共中央关于深入开展反腐败斗争部署，运行南京市检察机关侦查一体化及全院侦、捕、诉联动工作机制，推动职务犯罪案件查办工作。全年查办职务犯罪案件5件6人，(其中涉嫌受贿4件5人，贪污1件1人)，大案率100%，终结起诉率达100%，为国家和集体挽回经济损失180万元。坚持“系统查、查系统”，深挖细查行业和系统职务犯罪，侦破江苏省邮政管理局基建处江某等2人受贿窝串案。坚持摸底排查，将潜逃外地近10年的原县粮食局晶桥镇粮管所会计陈某追捕归案。查处江苏省经济贸易委员会民爆船舶处副处长庄某受贿等案件。参加重大责任事故联合调查10次，挖掘渎职侵权犯罪线索15件，查办溧水县永阳镇村建办施某在征地拆迁中滥用职权案。

*加大诉讼监督力度。*加大刑事、民事、行政诉讼和刑罚执行活动监督力度，全年要求公安机关说明不立案理由4人次，纠正漏捕2人，追诉10笔漏罪事实，追诉1人，建议公安机关撤回案件4件10人。向侦查机关发出书面违法通知书21份，作出不批准逮捕决定52人、不起诉决定4人。全年受理民事申诉案件34件，对确有错误的民事行政判决，裁定提请抗诉被市检察院采纳1件，建议上级检察院提请抗诉1件，支持起诉14件。成功办理息诉案件7件，和解3件。加强监管场所改造活动及刑事判决、裁定执行监督力度，检查监管场所40次，与在押人员谈话300余人(次)，为在押人员上法制课4次。开展"自侦案件清理"专项活动，规范自侦案件适用强制措施，涉案款物扣押处理不当的，做到有错必纠，扣押处理正确的，做好解释息诉，达到"案结事了、息诉罢访"。

*排查化解社会矛盾。*加强控告申诉、检察长接待、巡访、下访、查结案件和署名举报反馈答复工作，全年接待来信来访61件(次)。"两会"召开前夕和上海世博会期间，严格执行突发事件处置预案，妥善处理3名可能赴京进沪涉检重点人员。稳妥办理2起非法吸收公众存款案，及时走访受害群众，做好释法说理工作，预防发生群体事件。

*加强检察官队伍专业化建设。*开展第五轮"竞岗双选"，任命18名干警为新一届中层领导干部，完成普通干警在全院范围内各部门之间轮岗交流。开展全员岗位练兵，邀请省、市院专家作专题讲座、素能培训，旁听上级和兄弟院庭审活动，组织书记员参加全国统一司法考试培训。全院干警文字写作能力、办公办案能力、司法调研能力显著增强。全年与南京电视台合作拍摄《重案检察》5档，发表在国家级刊物调研文章2篇，省级6篇、市级7篇。全年有10个集体、14人(次)获县级以上表彰。

【推进"三项重点"工作】 2010年，县人民检察院开展"发扬传统、坚定信念、执法为民"主题教育实践活动，制定《溧水县人民检察院关于推进三项重点工作的指导意见》，推进社会矛盾化解，维护社会和谐稳定。参与社会管理创新，提高社会管理水平。保障公正廉洁执法，提高执法公信力。开展"民事行政检察宣传月"、"举报宣传周"、"三进一访"(走进社区、走进企业、走进农村、走访当事人)专题活动，掌握社情民意，现场受理群众举报10余件，接受法律咨询40余人(次)，发放法律法规宣传资料700余份，扩大服务群众、服务企业的范围和效果，提高干警做群众工作的能力。

【健全"侦防一体化"工作机制】 2010年，县人民检察院组织制定全县《2010年预防职务犯罪警示教育计划》，完善全县职务犯罪惩防体系。专题预防县人民医院新址工程、县农产品质量安全检验检测中心工程、县广播电视制作演播中心工程、县烟草公司经营业务大楼工程等总投资3亿余元的四大重点工程，开展预防咨询127次，帮助有关部门和单位建立健全和完善相关制度300余项，确保政府投资安全。会同县行政服务中心、国土资源局等六部门联合制定《关于共同做好行贿犯罪档案查询工作实施办法》，拓宽行贿犯罪档案查询应用范围。至年底，全县建筑工程招投标查询应用行贿犯罪档案查询528家377次。 (杭化璋)

【"壮根热线"正式开通】 2010年5月10日，县人民检察院"壮根热线(57212000)"正式开通。该服务热线以"释法明理难不倒，缠访闹访缠不倒，颈椎增生吓不倒"的控告申诉科接待员章壮根名

农民工维权热线——"壮根热线" 鲍利剑 摄

字命名，针对拖欠农民工工资和侵害农民工合法权益等社会问题，围绕轻微刑事案件和解、民事申诉执行和解、不起诉刑事被害人救助，以及涉检的法律咨询和法律援助等，提供农民工维权服务。至年底，解决涉法涉诉问题200余个，调解各类社会纠纷32起，受理农民工维权申诉46起，成功处理39起。从南京市检察院争取救助资金3万余元，救助刑事被害人10余名。（鲍利剑）

【追捕潜逃10年贪污犯】 原溧水县粮食购销公司晶桥分公司出纳会计陈某，于2000年10月，利用职务便利，私自携带任职单位公款20.55万元，逃往重庆市隐匿。2009年12月13日，被告人陈某在钱款挥霍一空后，向重庆市长寿区公安局投案自首，因涉嫌贪污罪被刑事拘留。同年12月30日，被溧水县人民检察院批准逮捕；2010年1月，向溧水县人民法院提起公诉。2月5日，县人民法院以贪污罪判处陈某有期徒刑8年，没收财产5万元，收缴其用赃款购买的位于重庆市长寿区创业街16号2幢4–4号的房屋。

【查办非法吸收公众存款案】 2007~2009年，被告人赵某与其妹以其经营南京百汇食品有限公司需要资金周转为由，采用还本付高额利息方式，先后向多人借款4707.89万元，其中赵某指使其妹向他人借款498.25万元，其行为严重扰乱金融管理秩序，构成非法吸收公众存款罪。两被告人涉嫌非法吸收公众存款罪，分别于2010年2月10日、3月4日被县人民检察院批准逮捕，5月24日，县检察院向县人民法院提起公诉。7月2日，县人民法院以非法吸收公众存款罪判处赵某有期徒刑5年零6个月，罚金40万元；判处其妹有期徒刑1年，罚金5万元。（杭化璋）

审　判

【概况】 2010年，县人民法院着力发挥审判职能，切实加强队伍建设，执法办案质量、队伍整体素质明显提高。全年受理各类案件5277件，审结5230件，结案率99.1%，未结案件数比上年下降22.9%。

依法打击严重刑事犯罪。全年受理刑事案件202件，审结率100%。刑事案件数明显减少，比上年下降13.7%。重点打击严重暴力犯罪、多发性侵财犯罪等严重危害人民群众生命财产安全的犯罪，提升人民群众安全感。依法审结飞车抢劫案和非法吸收公众存款案等在全县有重大影响的刑事犯罪案件，判处10年以上有期徒刑10人，3年以上10年以下有期徒刑60人。审结交通肇事案件27件，判处实刑13人，判处非监禁刑131人。

促进社会和谐。全年受理各类民商事案件3442件，审结3409件。审结金融、房地产开发、建筑工程等各类合同纠纷案件916件，受理民间借贷案件603件，解决诉争标的7851万元。审结因交通事故、雇工伤害等引发的各类人身损害赔偿纠纷案件836件，受理医疗损害赔偿纠纷12件，审结劳动争议案件95件，解决涉及劳动者工资、加班费、经济补偿、保险待遇等标的160.7万元。审结土地承包流转及征用补偿农村土地纠纷案件65件，比上年增长22.6%。

强化协调职能。妥善解决行政机关在行政执法过程中产生的各类矛盾纠纷，全年受理行政诉讼及赔偿案件11件，比上年下降50%。审查非诉行政执行案件20件，其中裁定准予执行10件。促成行政机关与行政相对人之间的沟通、协调，原告主动撤诉4件，有效平衡行政管理关系中的各方权益，防止矛盾升级。发挥行政首长出庭应诉的示范作用，促进各行政管理机关规范执法行为、提高执法水平，全年行政首长出庭应诉率达100%。加强涉及安全生产监督、环境保护、劳动行政监察等重要行政管理事项的非诉行政执行案件的审查执行工作，为行政机关依法行政提供司法支持，全年审查非诉行政案件20件，裁定准予执行10件。

加强审判监督。完善审判监督考核和审判业绩评价机制，合理确定各类案件的平均审理期限，突出案件质量，加大调解率、上诉率等重点指标考核力度，办案质量明显提高，人民来信投诉率为零。落实庭长审判管理责任，结合定案、法律文书签发以及独任审判员监督管理等制度，通过专项评查、抽查台账等形式，严格落实庭长审判管理责任，实现审判管理压力逐级传递，提升审判管理制度在一线的执行力，案件改判发回率比上年降低7%。

【创新案件执行方式】 2010年，县法院推行执行快速反应、公开曝光、财产调查等措施，提高执行威慑力。全年依法对被执行人采取拘留措施86人次，采取查封、扣押、拍卖等强制措施703件次。及时采取法院和政府联动、审计执行等方法，妥善处置部分企业主因投资不到位或经营不善而弃企逃债的执行案件。有效解决涉及和风绿美植物开发公司、白马达因制膜公司等群体性执行矛盾。开展集中清理执行积案活动，有效清理执行积案537件，重点信访案件17件，委托执行案件11件。全年受理执行案件1609件，结案1597件，执行到位标的额2.4亿元。

【推行司法公开】 2010年，县法院落实最高人民法院《关于司法公开的六项规定》，自觉接受人大监督和政协民主监督，重点工作专题向县人大常委会汇报。邀请市、县人大代表和政协委员视察法院、旁听评议庭审96人次。实行审务公开，推进“阳光审判”，除涉及国家机密、商业秘密或者当事人隐私外，所有开庭案件一律面向社会群众开放，90%以上的案件实行公开开庭审理，并将所有的裁判文书上网公示。以“走进法院、了解审判”为主题，开展“审务开放月”活动，6~8月，接待登门群众83人次，带领到访群众到各部门庭室实地参观和了解法院的工作实务和流程，以开放的姿态为人民群众接触、认识、了解法院工作提供便利条件。

【开展“涉诉矛盾化解年”活动】 县人民法院开展“涉诉矛盾化解年”活动，通过院长接待、领导包案、联动协调等方式，化解涉诉信访案件，全年一审息诉服判率接近90%。4月，建立诉讼服务中心，启用电子触摸屏和“12368”审判信息声讯查询系统，指导群众诉讼5745人次，判后答疑1031人次，免费发放诉讼指导和风险提示小册子526本。5月，设立溧水县人民调解委员会驻法院工作室，选任2名退休干警担任人民调解员，专职开展诉前调解工作，减少诉讼总量，年内成功调解181起民事纠纷。6月，设立交通审判庭，专门审理涉及交通事故的民事纠纷，4名审判人员全年审结案件768件，平均结案周期29天，调撤率达75%，超出全省法院平均调解水平6%，道路赔偿案件审判成为县法院工作品牌。

法制宣传活动　　县司法局 供稿

【落实惠民举措】 县人民法院实行“先执行后收费”和“劳动争议案件免收诉讼费”，加大经济困难群体救助力度，全年办理诉讼费缓、减、免手续144人次，缓、减、免诉讼费36.7万元，发放执行救助基金18.8万元，确保经济困难群众打得起官司。推行巡回审理、就地办案、预约开庭等便民措施，全年开展巡回办案200件次。

【处置南京百汇食品公司破产案件】 6月4日，县法院受理徐某申请南京百汇食品有限公司破产案件。该案涉及上千农户，债权申报额超过1300万元。县人民法院及时与县政府形成联动机制，按照清算程序，采取措施及时保全资产，保障债权人利益。稳定莓农思想情绪，维护特色产业种植经营秩序。（李　侠　高　云）

司法行政

【概况】 2010年，县司法局扎实推进社会矛盾化解、社会管理创新、公正廉洁执法三项重点工作，提升司法行政工作专业化、规范化、法制化、信息化水平。

推进“五五”普法宣传。组织“全县万名青少年学法竞赛”和以“迎青奥、促和谐”为主题的小学生法制书法竞赛，开展“百村万户”家庭学法考试、领导干部和公务员学法考试，举办农民工大型法律咨询服务、法律“六进”(进机关、进企业、进校园、进乡村、进社区、进家庭)、“18”(每月18日)法律咨询广场等活动。并加大对流动人口法制宣传教育。11月18日~12月18日，组织开展以“弘扬法治精神，促进社会和谐”为主题的“12·4”法制宣传月活动，营造全县学法、用法、守法氛围。市级以上各类媒体录用溧水县普法宣传新闻稿件364篇。继续发挥大学生村官农村法制教育宣传员作用，建立村级法律咨询室，创办村级小报、法制漫画长廊、法制宣传大道等，推进新农村民主法制建设和平安创建。3月13日，《法制日报》头版报道溧水县聘请85名大学生村官担任农村法制教育宣传员，在农村法制宣传教育中发挥生力军作用的经验。南京市委组织部、市法制宣传教育工作领导小组办公室、市司法局三部门联合发文在全市推广。

服务经济发展。开展服务企业发展的“双促双助”(促转型、促升级，助稳定、助发展)活动，全年组织法律服务人员和机关干部走访企业263家，排查涉及法律政策服务事项120多件，矛盾隐患40多条，调处纠纷23起，提供法律意见书50多份，帮助指导企业依法防范、化解金融风险影响、提供法律服务。组织送法、送文艺进企业11场次，印制法律服务联系卡2000张，法律援助服务卡1500张，发放到各社区、企业，为基层、群众提供法律服务。律师、基层法律服务工作者担任行政机关、企事业单位法律顾问346家，代理各类案件1406件，解答法律咨询1332人次。

加强基层调解工作。聘请12名专业调解员充实到县大调解队伍。建立人民调解工作室及县医患纠纷人民调解委员会，规范公调(人民调解与公安民警接处警对接共同化解民间矛盾纠纷)对接、交调(人民调解与交通事故纠纷处理)对接、诉调(人民调解与法院受理的民事纠纷)对接。县、镇两级调处中心全年参与或直接调处疑难复杂纠纷1369起，调解成功率100%。村民(居民)委员会各类调解组织调处纠纷1782件，调解成功1751件，调解成功率98.3%。劝阻群体性上访187批次2772人次，防止矛盾激化122件425人。

加大特殊人群教育矫治力度。结合重大节日、重要活动，在辖区所有刑释解教人员和社区服刑人员中开展摸排管控活动4次，建立个人档案，做到底数清、情况明。明确专人负责重点人员，增加谈话次数，落实管控措施。扩大社区矫正对象手机定位范围，探索建立外出务工、求学社区矫正对象流动管理站。投入60多万元，筹建县级集技能培训、公益性劳动、社区矫正管理教育服务中心为一体的社区矫正基地。通过临时救助、临时安置等多种形式，解决“三无人员”(无家可归、无亲可投、无业可就人员)、暂时就业困难的矫正人员生活之忧。对外出务工的刑解人员和矫正对象每周联系两次以上，掌握其思想动态和精神状态，有针对性地帮教。吸纳“五老”(老党员、老干部、老教师、老村长、老模范)人员进入安置帮教队伍，开展帮学、帮教、帮困活动，利用送法进社区(村)，进一步做好对流动人口的法制宣传。

【大学生村官成为普法生力军】 大学生村官农村法制教育宣传员通过建立村级法律咨询室、法制讲堂、村级小报和创建法制漫画长廊、法制宣传大道，以案释法宣传法律知识，增强广大村民学习法律兴趣，提高依法办事和依法维权能力。县司法局在县广播电台开辟“大学生法制讲坛”栏目，全年播出10档，16名大学生村官结合广大村民生产生活中遇到的法律问题进行法律宣传和讲解，提高广大听众特别是农民听众法律知识水平。县司法局组织16名大学生村官组成法制报告团，到村、企业、农民集中区开展法制巡回报告和演讲40多场次。组织全县大学生村官开展村法制教育调研报告、农村法制讲课稿评比、大学生村官法律授课竞赛评比、法制讲坛讲稿评比等，通过各类竞赛，提高大学生村官的法制理论水平和授课能力。组织开展大学生村官“十佳法制宣传能手”和“十佳依法调解能手”竞赛评选活动，并在新闻媒体上宣传“十佳依法调解能手”大学生村官先进事迹，鼓励大学生村官创造农村法制教育新局面。

【公证处、法律援助中心迁址】 8月，县公证处、法律援助中心迁至县城大西门街4号临街门面房，办公面积400多平方米，大厅安装LED显示屏，滚动播出办证事项、服务内容、法律援助须知、便民承诺等多项内容，方便前来咨询的群众，体现人性化服务特色。

【成立法律援助工作站】 8月，县司法局成立老年大学法律援助工作站，同时在永阳镇庆丰路居委会、中山东路居委会等11个社区设立联络站，之后又陆续在全县七镇一区成立了村级法律援助联络点，基本形成与以县法律援助中心为龙头、镇(区)法律援助工作站为骨干、村(社区)法律援助联络点为补充的三级法律援助网络。2010年，县法律援助中心全年解答各类法律咨询近4000人次，代写法律文书150余份，受理各类法律援助案件594件。其中，民事案件576件，刑事案件18件，发放各类宣传资料3500余份。

【建立联动信息网络】 2010年，县司法局在全县经济开发园区等重大建设项目、矛盾多发单位和县、镇、村(居)、社区(组)聘用纠纷信息员2309名，县、镇调处中心及村(居)民调委会建立信息员名册、联络电话、传真、网络联系通讯录，纠纷信息员通过联动信息网络将社会动态、民间纠纷和群众反映的热点问题，及时上报到村调委会。镇调处中心、县调处中心在获取纠纷信息后，第一时间积极主动介入，迅速开展稳控和调停化解工作，将纠纷控制在萌芽状态，化解在基层。

【评选首届法律服务行业双“十佳”】 2010年，县司法局开展首届法律服务行业双“十佳”评选活动，在全县律师和基层法律服务者队伍中，评选业务素质强、执业水平高、职业道德好的法律服务人员10人；评选办理难度较大、社会影响较大、社会效果较好、较典型的案例10件。通过个人自荐、单位推荐、县司法局组织评选等程序，王正顺、周敦福、雍溧、刘莉、胡谦峰、王贤伟、刘冬英、臧首云、陶木康、刘青梅获“十佳法律服务工作者”称号，方胜律师事务所王正顺承办的“吕某某保险合同纠纷案”、同心园律师事务所胡谦峰承办的“丁某某医疗产品质量损害赔偿案”、恒山律师事务所王贤伟承办的“股权转让纠纷案”、同心园律师事务所王玉新承办的“刘某某、严某某诉某公司劳动争议案”、秦源律师事务所张兆康承办的“刘某某医患纠纷案”、县公证处刘莉、张明明承办的“汉天水泥公司办理亿元贷款公证”、和凤法律服务所任明社承办的“后某某诉某公司合同纠纷案”、石湫法律服务所陶木康承办的“尹某某诉某公司供货合同纠纷案”、公正法律服务所章洲颖承办的“××镇××村土地承包纠纷案”、公正法律服务所刘青梅承办的“××镇××村土地纠纷案”被评为“十佳案例”。其中永阳法律服务所李开龙办理的“为34名民工讨薪案”被评为2010年江苏省法律援助十大好案例。

【组织万名青少年学生学法竞赛】 2010年3月28日，溧水县法制宣传教育领导小组办公室与县教育局共同举办全县万名青少年学法竞赛，组织全县初一、初二年级和高一、高二年级在校学生参与。竞赛分初赛和决赛，主要考核《宪法》《道路交通安全法》《治安管理处罚法》《未成年人管理法》《人防法》《气象法》等六个法律法规知识。通过学法竞赛扩大青少年学生的法律知识面，提高学生的法律意识和法律素质。100名学生分别获得一、二、三等奖和鼓励奖。

【拓展公证证源】 2010年，县公证处公证项目由赡养、房屋买卖、财产继承等传统业务拓展到征地、拆迁、工程招投标、重点项目、房地产开发、金融、民商事行为等领域。全年办理各类公证2140件，其中民事类1531件，经济类609件。

(徐永华　班银花)

人力资源和社会保障

Renli Ziyuan He Shehui Baozhang

溧水经济开发区 供稿

人力资源管理

【推进人事管理工作】 2010年，县人社局按照“能不进人就不进人，暂可不进人就暂不进人”原则，审核教育、卫生、法院、文化等部门进人计划，经过严格程序、严格考核，招考工作人员97人。按用人所长、充分发挥作用要求，负责安置军队转业干部8人。规范调整工资管理、机关事业单位工作人员住房公积金和住房(提租)补贴缴存基数，审核校对全县7035名事业单位工作人员工资卡片和124家单位工资统发。

【培育各类发展人才】 2010年，县人社局推进各类人才队伍建设，突出培养创新型科技人才、重点领域紧缺人才。5月，举办溧水县应届高校毕业生就业服务百日网上招聘会。6月，举办大中专生人才招聘会，接受大学生和用人单位申请，专设县高校毕业生就业服务窗口。全年为用人单位推荐人才140余名。累计向开发区等10个单位派遣55名、为县医院办理人事代理332名。8月，开办“551工程”——特色农业产业与品牌发展战略研修班，全县160余人参加培训。11月中旬，1700余名公务员开展“5+X”能力培训。全年受理职称申报、咨询700多人次，为各类专业技术人员发证1030本，为事业单位420人办理聘任手续。组织全县37名高级工参加省技师选拔考核，11人通过。培训各类专业技术人员520人次，其中公共课培训228人，大学生岗前培训91人、职称计算机培训201人。 (张亚军)

社会保障

【概况】 2010年6月，根据县委、县政府《关于溧水县人民政府机构改革的实施意见》，县人事局、县劳动和社会保障局合并，成立溧水县人力资源和社会保障局(简称人社局)，挂县公务员局牌子，为政府工作部门，承担人才管理、公务员管理、促进就业、劳动权益维护和完善社会保障体系等职责。

2010年，全县人力资源和社会保障工作围绕“转型发展、跨越发展和创新发展”总体部署，紧扣民生“五有目标”(学有所教、劳有所得、病有所医、老有所养、住有所居)，结合全县十大重点建设工程和十项民生工程，着力在扩大就业规模、提升保障水平、健全人才队伍、深化人事改革、和谐劳动关系等五个方面定思路、出实招、谋发展。举办各类招聘会54场，新增就业岗位2.01万个，实现城镇再就业3248人，帮扶困难人员就业203人，农村劳动力转移就业1.70万人次，培育自主创业331人，创业带动就业2352人。各类职业技能培训1.49万人次，其中农村劳动力培训9260人，再就业培训978人，创业培训859人，在职培训1786人。开展各项技能鉴定118场次，参加鉴定人员8216人，考核取得国家职业资格证书6211人。全县新增企业职工参加各类社会保险8.78万人，征收社会保险基金4.17亿元，清理往年保险欠费395万元。新型农村社会养老保险参保人数12.99万人，居民养老补贴发放6.42万人，发放补贴4087万元。

当年，溧水县被江苏省人力资源和社会保障

厅表彰为“农村劳动力转移先进县”，被市促进就业委员会认定为“充分就业县”。

【提升公共就业服务水平】 2010年，县人社局及时收集、发布当地工业园区、优势骨干企业岗位信息，推动劳动力实现就地岗位对接。坚持周五招聘会制度，开展以春风行动、就业援助、民营企业招聘周为主体的三大活动，全年举办各类招聘会54场，其中大型招聘会6场，3865家单位进场，提供就业岗位2.7万个，达成意向性录用1.24万人。落实各项优惠政策，重点促进困难人员就业，全年发放各类补贴资金103.84万元，帮助96名就业困难对象实现稳定就业，动态消除“零就业”家庭。

【鼓励创业带动就业】 2010年11月，县人社局制发《关于进一步做好创业小额担保贷款工作的通知》和《关于进一步鼓励创业促进就业工作的通知》，制定自主创业、创业场地租金补贴办法，扶持就业困难人员、高校毕业生自主创业，鼓励进园创业，推进创业型城市建设。12月，启动首届大学生村官创业设计大赛，围绕产业发展、公共管理、社会事务、民俗文化等项目进行创业设计，提升他们了解村情、谋划发展、解决问题的综合能力。

【创新技能培训鉴定工作】 2010年，县人社局加大校企、校镇合作力度，围绕规模企业和县内重点建设项目，开展定向、预约和菜单式培训，为企业发展培养实用人才。培训鉴定中做到“三个对接”，即培训机构与镇劳保所对接，培训机构与企业对接，培训机构与鉴定项目对接。针对企业用工需求，加强高技能、新工种人才培训鉴定，做到“四个首次”，即首次在全县开展残疾人（聋哑人）焊工培训鉴定工作，首次在洪蓝镇举办家政服务中级工实验性培训鉴定工作，首次在企业（南京活塞环厂）开展5个工种鉴定工作，首次在县内开展焊工、维修电工高级工、汽车驾驶员高级工培训工作。

【完善社会保障制度】 2010年3月，县政府颁发《关于进一步加强新型农村社会养老保险工作的通知》，县人社局印制13万份续保须知发到每个参保人手中。4月，新增参保任务和续保任务分解到各镇（开发区），实行负担挂钩机制，续保率达到98%的乡镇，给予2元/人经费补助。年底，县新农保续保率达98.38%。全年办理县外保险关系转出393人、转入193人。12月起，参加生育保险的846家企业、293家机关事业单位近3万人，县政府统一征收，实现生育保险全覆盖。

【提高社会保障水平】 2010年，全县发放养老金2.02亿元，其中企业养老金1.28亿元。根据市人社局《关于2010年调整企业退休人员基本养老金的通知》、《关于调整我市2010年上半年企业退休人员基本养老金的通知》精神，增加全县9678名企业退休人员养老金待遇，月增资131.28万元。启动企业退休人员独生子女一次性奖励统计工作，全县2497人参加2010年度退休人员健康体检。

【指导企业规范合法用工】 2010年8月，县人社局分片上门监督企业用工情况，保护劳动者合法权益，避免或减少劳动纠纷。先后开展“整治非法用工打击违法犯罪专项行动”、“维护职工合法权益促进企业稳定发展专项行动”和“拖欠农民工工资重点企业违法行为监察执法活动”，规范县内用工市场。推进劳动保障诚信制度建设，以现有典型为示范，组织实地交流，营造诚实守信、依法用工的良好氛围。

（张亚军）

社会生活

Shehui Shenghuo

县计生局 供稿

人民生活

【概况】 2010年，溧水县城镇居民家庭人均总收入26270.22元，同比增长12%；全年人均可支配收入24467.67元，同比增长11.1%。其中，全年人均工资收入1.58万元，增长10.5%；人均经营性收入5660.68元，增长12.9%；人均财产性收入304.62元，增长15%；人均转移性收入4563.29元，增长16.6%；养老金或离退休金3730.89元，增长15.7%。全年人均消费支出1.38万元，增长10%。其中，人均食品支出4675.09元，增长9%；人均衣着支出1936.49元，增长31.5%；人均医疗保健支出817.22元，增长69.7%；人均交通和通讯支出1742.73元，同比增长2.1%；人均教育文化娱乐服务支出2771.49元，增长16.9%；人均其他商品和服务支出362.75元，增长0.1%。全年恩格尔系数（农村居民食品支出占生活费支出的比重33.8%；教育文化娱乐服务占消费支出比重）20%。百户城镇居民家庭人口数272人，人均住房总建筑面积38.79平方米(含偶尔居住房),每百户城镇居民拥有摩托车44辆、家用汽车14辆、彩电161台、家用电脑62台、电话数260部。

2010年，全县农民人均纯收入10804元，同比增长13.2%；人均生活消费支出8307元，增长12.8%。农民人均工资性纯收入5949元，增长15.4%，占农民人均纯收入的55%，工资性收入的增长对纯收入增长的贡献率达63%。农民人均家庭经营纯收入4190元，比上年增加349元，增幅9%，占纯收入39%。农民人均财产性收入和转移性收入664元，比上年增加115元，增长20.9%。这两项收入的增长对纯收入的贡献率达9%。其中，农民人均财产性纯收入161元，增长21.3%；农民人均转移性纯收入503元，增长20.8%。其中，农民人均月退休金、养老金74元，增长21%；土地征用补偿收入、转让承包收入和转让承包土地经营权收入增长较快，人均53元，增长20.9%；来自村集体经济和股份合作社股息、红利以及利息的收入人均60元，增长18.2%。全县农民生活消费人均支出在农村居民生活费“八大项”支出中，食品消费支出人均2526元，增加235元，增长10.3%，衣着支出599元，增长12.9%；居住支出748元，增长12.2%；设备用品及服务支出526元，增长22.6%；交通及通讯支出1195元，增长22%；文教娱乐用品及服务支出1509元，增长7.9%；医疗保健支出702元，增长16.8%；其他商品及服务支出188元，增长108%。恩格尔系数由上年33%下降到30.4%，文教娱乐用品及服务、居住、家庭设备及用品、医疗保健消费占生活费的比重有不同程度上升，分别为18.2%、12.2%、22.6%和16.7%。农民人均谷物年消费量196公斤，下降10.8%；人均菌类、肉禽及其制品、蛋类及蛋制品消费量分别为0.2公斤，35公斤、6.5公斤，分别增长25%、5.9%、7.4%。在外饮食支出人均300元，增长14.5%。年底，全县农民人均钢筋混凝土和砖木结构住房面积达55平方米。每百户拥有电动自行车58辆，较上年增加8辆；生活用小汽车开始步入寻常农户家，每百户拥有小汽车3辆。农村居民家庭每百户拥有固定电话99部、移动电话210部。

(栾克为　曹长龙)

人口和计划生育

【概况】 2010年，全县人口和计划生育工作坚持"以人为本，继续稳定低生育水平，提高出生人口素质，改善人口结构，促进人口合理分布"的基本方针，全面推进"新农村新家庭计划"项目和人口计生信息化建设，加快"世代服务"机构体系全覆盖，为全县加快转型发展、创新发展、跨越发展创造良好的人口环境。全县人口数41.5万人，育龄妇女11.21万人，已婚育龄妇女8.73万人，全年人口出生总数2012人（其中一孩1541人、二孩462人、多孩9人），出生率4.85‰，自然增长率-1.53‰，计划生育率98.66%。

基层基础工作。组织开展纪念《关于控制我国人口增长问题致全体共产党员、共青团员的公开信》发表30周年系列宣传活动。深入开展"婚育新风万家"活动和"关爱女孩行动"。组织实施"新农村新家庭计划"，结合计划生育"和谐家园"工程建设，组织开展"百镇千村万户"示范创建活动。依托政府电子政务外网，指导督促各村开通政务外网"村村通"，实现市、县、镇、村（居）四级联网。加强计划生育协会工作，召开县计生协会六届二次常务理事会议；深入推进"生育关怀"，帮助省"生育关怀"基地永阳镇石巷村计生困难家庭脱贫致富；开展生育关怀志愿服务体系建设，深入开展"世代服务，协会同行"、"生育关怀三代人行动"及人口计生"四进五送"活动。推进人口计生干部职业化建设，举办全县人口计生干部培训班，组织镇计生工作人员参加全国社会工作师培训考试。在县人口计生系统，开展民主评议政风行风工作和争做人口和计划生育"双十佳"活动。

依法行政工作。2010年，全县再生育审批推行"权力阳光"网上运行；开通便民服务政策咨询和技术服务热线，简化办事程序，提高办事效率。全力开展社会抚养费专项整治工作，有效遏制违法生育行为。

优质服务工作。2010年，全县实现县、镇、村三级"世代服务"体系全覆盖。依托"世代服务"品牌体系，认真做好出生缺陷一级预防和优生促进工作。进一步规范孕前保健筛查和保健指导工作，初步形成孕前—围孕期保健三级监测网络。全年5家基层计生站通过优质服务示范站创建验收。其中，石湫镇计划生育服务站被国家人口计生委命名为"全国计划生育优质服务示范站"，县计划生育指导站和永阳、洪蓝镇计划生育中心服务站以及晶桥镇计划生育服务站被省人口计生委命名为"全省人口和计划生育优质服务示范站"。12月，溧水经济开发区富滨村被国家人口计生委、中国计生协授予"全国人口和计划生育村民自治示范村"称号。

建立利益导向机制。年初，开展向农村计划生育贫困家庭"送温暖、献爱心"活动，慰问8类计划生育贫困家庭405人次，价值20.2万元。继续实施"农村部分计划生育家庭奖励制度"和"独生子女伤残死亡家庭扶助制度"，全年奖扶对象1997人，发放资金147.40万元；特扶对象208人，发放资金23.78万元。6月，持独生子女父母光荣证退休的企业职工实行一次性奖励。

政风行风评议工作。县计生局多次召开政风行风评议员和行风监督员会议，听取社会各界意见建议；12月3日召开人口计生系统行风建设述职评议大会，邀请基层服务对象、计生行风监督员和县人口计生领导小组成员40余人进行现场打分，满意和基本满意率达100%。

村级计划生育"世代服务"室　　县计生局 供稿

【新农村新家庭计划】 2010年,结合人口和计划生育“和谐家园”工程,融入“生产发展、生活宽裕、乡风文明、村容整洁、管理民主”社会主义新农村建设要求。全县开展“百镇千村万户”新农村、新家庭示范创建活动,至年底,实现全县1个示范镇(永阳镇)、10个示范村、100个示范户的年度创建目标,受到省人口计生委表彰。

【人口计生信息化建设】 2010年,县计生局加强全县人口计生综合信息平台建设,依托县政府电子政务外网,指导督促各村开通政务外网“村村通”,实现市、县、镇、村(居)四级联网,为全县所有村配置专用电脑;开展2000年以来出生人口信息核查工作,完成育龄妇女信息综合平台和全员(流动)人口管理信息系统三大数据库合并工作;配合相关部门完成了第六次全国人口普查任务,与公安、劳保、卫生、民政、统计等部门合作,实现信息资源共享,初步实现人口计生服务、管理、决策信息化。

【持《独生子女父母光荣证》企业退休职工一次性奖励政策】 2010年,县政府制定《溧水县对持独生子女父母光荣证退休的企业职工实行一次性奖励工作实施方案》,6月正式启动审核确认,全县1768人符合此政策。年底,按照3600元/每人奖励标准,第一批兑现1632人,奖励总金额587.52万元。

持《独生子女父母光荣证》企业退休职工领取一次性奖励金

县计生局 供稿

【社会抚养费征收专项治理活动】 9月7日开始,开展《人口与计划生育法》实施以来社会抚养费征收专项整治。组织召开全县社会抚养费征收专项治理工作会议,成立工作领导小组,明确征收主体、严格征收程序、统一征收标准,依法及时征收、规范征缴管理。在实际操作中,各镇(区)按照法定程序和征收标准进行征收,统一规范票据使用。年底,征收社会抚养费3252.78万元,有效抑制违法生育,稳定低生育水平,维护社会公平原则。

【流动人口计生公共服务均等化】 2010年,深入推进避孕节育、生殖健康、家庭保健促进计划,提高综合避孕率和避孕有效率;重点将流动人口计划生育管理服务纳入经常性工作范围,推进社区人口计生管理网格化,创建流动人口管理示范社区;遵循“属地化管理、市民化服务”的原则,创新服务管理体制,搭建公共服务均等化平台,让流动人口在溧水享受到便捷的计生服务。探索流出人口管理服务方法,完善管理服务网络,加强协调配合,促进流动人口计生服务管理区域一体化,向上海、广州、深圳、苏州、无锡、常州等地发出溧水籍流动人口计生服务管理双向协议书150余份,推广使用流动人口信息交换平台开展信息查询,流动人口计生服务管理各项绩效指标达90%以上。 (刘 容)

2010年度溧水县全员流动人口情况统计表

单位:人

流入人口					流出人口				
总数	其中男性	流动原因			总数	其中男性	流动原因		
		务工经商	随同流动	其他			务工经商	随同流动	其他
42779	27314	41046	1274	459	13704	7921	13184	383	137

民　　政

【概况】 2010年，全县民政工作坚持“以民为本、为民解困、为民服务”宗旨，充分发挥民政职能作用，促进民政事业协调健康发展。

完善社会救助体系。全年发放最低生活保障金1555.7万元，人均补差115.2元。10月，城乡低保标准分别由270元、210元提高至300元、240元。投入266.15万元，完成危房改造382户。实施大病救助597人次、119.16万元。发放重度残疾人生活补助6673人次、149.1万元。依据县CPI指数连续3个月超过3%，启动物价上涨与困难家庭临时生活补贴联动机制，发放低保、五保、边缘户物价补贴260万元。走访慰问优抚对象、困难户2万人次，慰问钱物约合300多万元；结对帮助困难户2000多户，帮扶钱物约合100万元。各镇发放临时救助金180万元，救助6140人次。开展“慈善一日捐”活动，募集慈善救助资金55万元。

落实优待抚恤政策。重点优抚对象抚恤金、农村义务兵家庭优待金、义务兵立功受奖奖励金、烈士遗属补助金等标准实现自然增长，全年发放各类优待抚恤金1800余人次，近1400万元。接收2009年冬季退役士兵186人，安置57人，自谋职业129人，发放自谋职业补助金177.6万元。开展退役士兵免费职业技能培训，参训率94%。4月，县政府制定《溧水县优抚对象医疗保障实施办法(试行)》，实施重点优抚对象参保参合缴费适当补助、门诊定额补助、住院比例补助相结合的办法。加强重点优抚对象联系制度，及时解决涉军群体实际困难，耐心细致接待涉军信访，及时化解矛盾，稳控重点对象，有效维护社会稳定。

加强基层民主建设。依法开展第九届村委会换届选举工作，直选51个，占56%。选举产生村委会班子成员398人，其中主任91人、书记主任“一肩挑”17人。推进村务公开、民主管理，健全民主管理制度，完善村务公开电子信息平台，强化“一点(全民健身点)、两栏(政策和科技宣传栏、村务公开栏)、三站(社区服务和社会保障站、社区卫生服务站、社区计生服务站)、五室(图书阅览室、教育培训室、治安民调室、老年活动室、警务室)、两超市（苏果便民超市和苏农生产资料供应联锁超市)”建设，统一设置服务机构标识。

提高公共服务水平。全县登记在册社会组织92个，备案274家，年参检93.4%，合格率100%。全县福利企业14家，销售收入10.1亿元，利税3320元，安排残疾职工823人。接受各类流浪乞讨人员192人。全年办理结婚登记3884件，离婚登记892件，收养登记20件，登记合格率均达100%。

【提高优抚标准】 重点优抚对象优待抚恤金标准比上年增长10%，实行按季打卡发放，全年发放939.72万元。农村义务兵家庭优待金按城镇居民可支配收入的30%自然增长，年发放标准6000元/人，全年发放188.1万元。义务兵立功受奖奖励金标准提高，三等功奖励标准1200元/人次，士官、军官三等功奖励标准不低于600元/人次，优秀士兵奖励标准不低于100元/人次。1954年10月31日前入伍的复员军人(残疾军人）无固定收入的遗属补助金标准提高至270元/月，全年发放50.35万元。

老年慰问金集中发放　　县委宣传部 供稿

【维护涉军群体稳定】 县民政部门在“两节”期间走访慰问重点优抚对象1574人次、78.75万元，救助生活困难和下岗失业志愿兵300人、10万元，慰问享受抚恤金的烈士父母、配偶、子女63人次，计5.14万元。普发春联2500幅、慰问信、挂历1.7万余张。每季度定期入户走访，了解其实际困难，及时给予帮助解决。接待涉军信访，做好教育疏导，满足合理诉求，化解各种矛盾，稳控重点，县内涉军群体没有集中上访和越级上访，有效维护社会稳定。

【建设社会福利机构】 报批建设县社会福利院，预设床位500张。投入120万元，改扩建晶桥、洪蓝敬老院，新增床位212张。依托社区投入240多万元，建成“小型分散、就近就便、服务多样”的居家养老服务站16家，其中居委会6家、村委会10家。年底，全县城乡养老服务机构9家，床位1522张，其中社会机构1家，床位88张。

【住房救助融入城乡安居工程】 投入266.15万元，完成危房改造382户。按县8000元/户、镇5000元/户配比改造资金，扶持153户无自救能力户。配合住建、房改部门开展经济适用住房申请户的收入核定工作，入户走访210户，严格按照收入测算办法核定收入，确保低收入家庭和住房困难户能享受到购房优惠政策。

【完善医疗救助体系】 建立以社会医疗保险为依托，就医优惠政策为补充，专项救助为特色的救助机制。全县所有低保户、五保户无障碍纳入新型农村合作医疗，参保费由财政承担。全年累计救助390人次、67.94万元。推行大病救助与新型农村合作医疗同步结算，保障城乡弱势群体能够享受到高效便捷的医疗救助。

【建立县精神病防治专项基金】 年内，建立县精神病防治专项基金，筹集基金45万元，其中财政10万元、卫生10万元、民政15万元、残联10万元，用于解决低保户、无监护、严重肇事、需强制入院的精神病人医疗费用。

【加强民间组织管理】 全年依法登记社团1件，民办非企业单位4件，注销登记8件，登记合格率100%。年底，全县实有社会组织92个，其中民政注册登记社团58个、民办非企业单位34个，备案274家。4月，会同各主管单位，依法开展社会团体年检工作，实际参检85家，参检率93.4%，合格率100%。年底，全县有民政类社会组织13家，主要提供养老、医疗、婚姻、福利生产等公共服务，促进民政服务职能有效转移，提高民政事业社会参与度。

【创建和谐社区】 全县开展创建和谐社区活动。采取整合服务、增添设施、以奖代补等措施，加强社区办公和服务用房建设，庆丰路、中大街、宝塔路、中山东路和状元坊5个社区的办公服务用房达300平方米以上，石湫镇桑园蒲等20个社区居委会办公服务用房达600平方米以上，社区工作条件和服务水平得到改善提高。宝塔路、状元坊和洪蓝集镇完成和谐示范社区创建工作。推广“南京特色”农村社区建设，将城市社区管理与服务理念引入农村。

【募集福彩公益金】 2010年，县民政局将福彩发行量作为民生发展的重要指标，通过多种形式推广销售，利用南京·溧水梅花节、中国草莓文化节和五一劳动节、国庆节等，开展现场福彩销售活动。全年新增彩票投注站4个。至年底，全县有彩票投注站55个，刮刮乐中心站1个，累计销售彩票2055.9万元。其中，电脑彩票1429万元，即开型彩票626.9万元。募集福彩公益金140万元，为敬老院老人送棉袄、资助特校贫困生、为地震灾区捐款等，累计支出100多万元。

【规范殡葬管理】 2010年初，巩固殡葬改革成果列入各镇民政办公室年度考核，明确责任，健全和完善殡改工作网络。4月，结合“殡改宣传月”活动，通过现场咨询、张贴标语、悬挂横幅，宣传殡改。联合县工商局、县城市管理局整治全县殡仪市场，破除迷信，移风易俗。全年死亡2901人，火化率和骨灰正确处理率皆继续保持100%。县殡仪馆开展“优质服务月”活动，完善各项规章制度，提供优质殡仪服务。按市级标准建设维护公益性公墓，实施规范管理。

（俞云月）

残疾人事业

【概况】 2010年，溧水县残疾人联合会（简称县残联），认真履行“代表、服务、管理”职能，推进残疾人服务体系和保障体系建设，维护残疾人合法利益，宣传残疾人事业。全县持证残疾人1.03万人，占县总人口2.51%。

推进残疾人康复工作。3月，全县14名0~6岁残疾儿童分别被送至南京市残疾人康复指导中心、雨花台区婷婷幼儿园、永阳镇卫生院等康复机构，进行免费康复训练。8月，县政府制定《关于建立溧水县精神病防治专项基金的实施意见》，每年安排经费50万元，救治和管控精神病患者。全县免费服药精神病人总数202名，比上年增加26例。10月，在县特殊教育学校基地建立集教育、安养、护理、康复和培训为一体的公益性集中托养机构，14名智残人员在托养中心得到生活照料、特别护理、康复训练和教育培训。全年完成贫困白内障患者免费复明手术45例。

促进残疾人就业。全年指导镇(区)残联举办7期养殖种植、电焊和缝纫技术培训，培训残疾人262人，其中255人取得相关部门颁发的培训证书。安置126名残疾人就业，其中城镇24名，农村102名。16名残疾人通过承包鱼塘、创办企业，实现自主就业。为26名自主创业残疾人发放奖励金2.6万元。

开展扶贫助残活动。年初，慰问城镇农村残疾困难户330户，发放慰问金9.9万元。向县精神病防治医院和县特殊教育学校发放慰问金各3万元，向永阳卫生院康复中心发放康复补助金1万元。5月，市残联、市残疾人福利基金会在县南门广场举行第20次“全国助残日”捐赠活动。溧水县受赠彩电200台、轮椅180辆，当日，全部发放到农村贫困残疾人家中。全年向6名高中、5名大学残疾学生发放教育专项补贴1.35万元，向9名2009年度考入大中专院校的残疾学生发放助学金3.06万元。

【丰富残疾人文化生活】 4月，组建由14名残疾人组成的运动队，参加南京市第二届残疾人运动会，获得金牌7枚、银牌2枚、铜牌4枚。其中，徐含、刘传明获得智障组羽毛球男子双打金牌，杨廉洁获得男子T37-100米、200米2块金牌，后际力获得男子组F60跳远、F60-100米2块金牌，经金明获得男子T35-200米金牌。7~8月，组织326名残疾人观看安徽省宣城、河北省石家庄残疾人艺术团到溧水的文艺演出，满足残疾人精神文化需要。

【选聘基层残疾人专职委员】 3月，县残联组织镇(区)残联、村(居)委会残协专职委员招聘工作，全县七镇一区、91个村委会、15个居委会选聘残疾人专职委员114人。主要职责：密切联系辖区内的残疾人，宣传残疾人工作方针、政策和法律法规；掌握辖区内残疾人及其家庭基本情况，及时反映残疾人需求；配合镇(区)残联、村(居委会)残协做好残疾人生活保障、康复、教育、就业、维权、文体等方面工作。残疾人工作专职委员工资待遇实行补贴制，镇(区)专职委员每人每月500元，村(居)委会专职委员每人每月50元。

【发放重残人员护理补贴】 9月6日，县残联与县财政局联合制定《溧水县生活不能自理贫困残疾人护理补贴发放暂行办法》。凡年龄在16~60周岁，等级为一级，类别为肢体残疾、智力残疾、精神残疾、盲视力残疾，生活明显不能自理、本人无业、无固定收入、家庭经济困难的人，均可领取护理补贴。补贴标准为：农村残疾人每人每月补贴50元，城镇残疾人每人每月补贴100元。全县有309名贫困残疾人获得护理补贴。 (赵　军　罗　勇)

老龄工作

【概况】 2010年，溧水县老龄工作围绕“老有所养、老有所医、老有所教、老有所学、老有所为、老有所乐”目标，开展为老年人办实事、做好事、解难事活动。年底，全县60岁以上老人有7.19万人，占总人口的17.41%，其中90~99周岁的老人1156人，100周岁(含)以上老人有6人。

加强基层老龄工作。加强农村老年协会活动阵地建设，重点推进社区、村级居家养老服务中心(站)建设。投资近100万元，建设16个居家养老服务站，其中两个城区服务站达到省3A级标准。全县355名特困独居老人已享受居家养老服务，服务费由每人每月60元提高到100元，全年发放服务费34万元。

提高老龄福利水平。发放高龄老人长寿补助金，百岁老人补助标准为每人每月300元；90~99周岁老人营养补贴由每人每年600元提高到1200元，全年为700多名老人发放88万余元营养补贴；80~89周岁老人首次纳入高龄营养补贴

发放范围，标准为每人每年600元，为近8000人发放营养补贴近480万元；70周岁以上无基本养老金的，享受一次性慰问金，其中70~79岁年补300元，80岁以上年补500元，年发放金额1000多万元。70岁以上老人免费乘坐城市公交车，60~69岁老人半价乘坐。

组织各类文化体育活动。筹资12万元，举办第四届老年体育运动会，项目有象棋、太极拳、运球投篮、乒乓球、扑克牌等。县、镇特色老年腰鼓队、高跷队、马灯队等上台表演，展示老年人风采。县老年书画协会的艺术家们多次现场挥毫泼墨。重大节日期间，县老年文体协会、县老年大学艺术团等群众团体，深入县城广场、居委会、镇村开展形式多样的文化活动。

【开展“敬老月”活动】 9月，县政府下发《关于在全县开展“敬老月”活动的意见》。“老人节”当天，县委全体常委分四路慰问百岁老人和敬老院，慰问金17万元。20日，县委宣传部、县文明办、县广电局、县老龄办联合举办老年人专场广场文化演出，拉开“敬老月”活动的序幕。县老龄委与南京蒙娜丽沙摄影公司联合开展“夕阳红”老年人免费摄影公益活动。县司法局、县人民法院老年法庭、县民政局联合开展老年维权法律咨询进社区活动，县人民医院组织开展老年健康知识系列讲座，县老龄委、县老干部局、县人力资源和社会保障局联合举办离退休老干部象棋比赛。县委宣传部、县文明办、县妇联、县总工会、县团委、县地税局等单位联合启动“溧水县尊老敬老助老志愿服务活动”，志愿者进入孤寡、病残、特困老人家庭，为老人打扫卫生、洗衣服、理发、读报，与老人拉家常，为老人唱歌、表演舞蹈等。县委宣传部、县文化局、县广电局及报社宣传报道县老人节系列活动、老龄事业发展、敬老好儿子及模范老人先进事迹。县老龄委联合团县委、县文明办等单位在网上开展为失能半失能老人义捐、义卖活动，拍卖物品所得5万元款项全部用于慰问生活困难的老年人。县民政局筹资15万元为150名特困老人开展慈善活动。

【老年维权工作】 县老龄委选择典型案例，及时将信息发至县114热线网，联合县法院选派业务骨干到各镇、村宣讲《老年人权益保障法》。协调县司法局开展为老服务“送法进社区活动”。与司法部门联合召开老年人维权工作专题会议。县人民法院为涉老案件建立绿色通道，坚持优先立案、优先审理、优先执行，减免经济困难的老年人诉讼费。全年受理老年人来信、来访、来电205件(次)，均及时答复。

【溧水县老年大学法律援助工作站】 该工作站8月18日正式挂牌成立，由县司法局与县老年大学共同组建，主要职能是了解全县经济困难老年人法律援助需求，发放宣传老年人权益保障的资料，使更多的老年人知法、懂法、用法。接待老年人来访、来信、来电，开展法律咨询服务，为生活困难的老年人无偿提供咨询。指派法律援助人员无偿帮助老年人追索赡养费、确认继承权，保护老年人人身权利和财产权利。该站聘请11名优秀学员为法律援助联络员，县法律援助中心为联络员发放聘书。

(段聿寿　俞云月)

民　族

【概况】 2010年，全县民族工作贯彻执行党和国家民族政策和民族法律法规，切实保障少数民族合法权益，全县民族团结进步事业进一步发展。

开展少数民族扶贫帮困工作，帮助少数民族群众发展生产。按照高考少数民族考生加分政策，审核全县22名少数民族中、高考考生的民族成分。贯彻《南京市清真食品管理条例》，上海世博会期间，会同县工商局、县商务局检查城区范围内清真食品生产供应情况。处理少数民族群众来信来访，帮助他们解决实际困难。多方筹措资金，在春节前，走访慰问少数民族贫困家庭。

【少数民族扶贫帮困工作】 2010年，全县有少数民族群众近2000人，31个族别，以回族、苗族、彝族人数居多，散居在全县各镇(区)。省、市、县民族宗教部门积极帮助少数民族群众发展生产，主要帮助和凤镇孔镇民族村和永阳镇东山村少数民族群众发展大棚蔬菜生产和苗木种植，并辐射、带动其他少数民族群众通过发展特色种植业增加收入。年底，县民族宗教事务局被南京市民族宗教事务局评为“十一五”期间南京市少数民族扶贫帮困工作先进单位。

【民族村情况调研】 2010年4月8日，市人大常委会副主任黄煌等一行，在县人大常委会副主任沈银保、张三青，副县长蒋晓芬等陪同下，到溧水县和凤镇孔镇民族村调研民族村经济发展情况，在听取有关情况汇报、实地察看花卉苗木、蔬菜大棚基地等后，就进一步做好相关工作提出意见。

（严 霞）

宗 教

【概况】 2010年，全县宗教工作贯彻国务院《宗教事务条例》，依法加强宗教事务管理，及时调处、化解宗教方面的矛盾，全县宗教领域保持稳定。

开展法制宣传教育。采取培训、宣讲、咨询等形式，在信教群众中进行法制宣传教育活动，增强他们法制观念。依法加强宗教事务管理，监督检查宗教活动场所遵守法律、法规、各项管理制度等情况。及时处置、妥善化解宗教方面的矛盾、纠纷等近20起（次）。强化依法行政，按要求梳理全县民族宗教工作相关权力事项。依照国务院《宗教事务条例》，初审通过筹备设立溧水县云鹤禅寺的申请，并上报南京市民族宗教事务局审批。

【平安宗教活动场所创建】 2010年，全县继续开展平安宗教活动场所创建活动。县正觉寺、基督教杨家庄聚会点等16个宗教活动场所在年底通过市平安宗教活动场所创建工作领导小组办公室的评估验收。县民族宗教事务局被南京市平安宗教活动场所创建工作领导小组评为创建工作先进单位。

【马占寺复建奠基】 马占寺位于县白马镇，始建于宋代，后遭毁坏。2010年在原址开始复建。3月18日，来自各地的佛教信众数百人参加复建奠基仪式。

【县基督教第二次代表会议】 9月29日，县基督教第二次代表会议召开。县58名基督教代表出席会议，市民族宗教事务局副局长纪勤，县政协副主席、县委统战部部长朱信年等到会祝贺。大会通过《溧水县基督教三自爱国运动委员会第一届委员会工作报告》及《溧水县基督教三自爱国运动委员会章程》等，选举产生县基督教三自爱国运动委员会第二届委员会，刘慧、蔡正田当选为副主任，刘慧兼任秘书长。

【东庐观音寺圆通宝殿落成】 12月26日，东庐观音寺举行圆通宝殿落成暨佛像开光庆典活动。省人大常委会副秘书长、民宗侨委主任薛和，副市长陈刚，市政协副主席俞明，省宗教局副局长沈祖荣，市民族宗教事务局副局长纪勤，县领导姜明、尹昭伦、张伟、朱克成、邱训成、蒋晓芬、朱信年等及诸山长老和3000余名信众参加。该寺位于县城以东东庐山，原有观音殿较小，无法满足宗教活动需要。年初动工重建，12月宝殿落成，题名圆通宝殿。新建宝殿为二层建筑，高15.6米，建筑面积550平方米。

东庐山观音寺　　县民宗局 供稿

（严 霞）

地名工作

【概况】 2010年，县地名委员会办公室重点推进平安和谐边界建设，制订创建平安和谐边界实施方案，与镇江市句容签订和谐边界协议，联合管护132.56公里的边界平安和界点界桩。明确县、镇、村三级界线管理责任人的工作职责，实行定期走访联系制度。加强与周边县（区）联络与沟通，定期召开平安边界共建联系会议，共同协商解决边界线管理中出现的问题。加强界线管理联合行政执法检查，打击擅自移动界桩，毁坏界桩，破坏界线实地走向位置行为，及时修复损毁的界桩，确保界线走向位置清晰和界桩完好无损，维护法定界线权威。根据国务院《地名管理条例》、民政部《地名管理条例实施细则》，开展地名命名更名工作。县地名委员会领导、部门协调联动，确保地名命名更名工作顺利开展。全年由县政府命名路街10条、居民小区12个。

2010年溧水县地名命名、更名一览表

辖区	命名名称	类别	名称来历及含义(起讫)	命名时间
开发区	百合花园	居民区	位于"卧龙湖风情小镇"，以C2组团得名	2010-01-07
开发区	紫薇花园	居民区	位于"卧龙湖风情小镇"，以C3组团得名	2010-01-07
开发区	紫荆花园	居民区	位于"卧龙湖风情小镇"，以F2组团得名	2010-01-07
永阳镇	幸庄北苑	居民区	位于城区南，南至幸庄佳苑、西临新龙路南延、北连省溧中。	2010-02-05
永阳镇	双塘佳苑	居民区	位于城区财贸北村西，东接财贸北村、南至商业幼儿园、西临双塘路、北连永寿路。	2010-02-05
石湫镇	影视大道	路	位于石湫坝集镇影视基地，南起塘窦村西塘头自然村西侧，北至老虎山。	2010-03-11
石湫镇	创新路	路	位于镇工业园区，西起新河南路，东至社东村塘埂自然村。	2010-03-11
石湫镇	新河东路	路	位于镇工业园区，西起塘窦村东路口，东至社东村任里自然村南	2010-03-11
石湫镇	新河西路	路	位于 镇工业园区，东起塘窦村西路口，西至桑园蒲村桑园蒲自然村	2010-03-11
石湫镇	新河南路	路	位于镇工业园区，北接新河南路，南至塘窦村臧村头自然村	2010-03-11
石湫镇	兴浦路	路	位于镇工业园区，西起老明公路，东至塘窦村汤庄自然村	2010-03-11
石湫镇	创新南路	路	位于镇工业园区，南起老明公路，北至创新路	2010-03-11
石湫镇	创新北路	路	位于镇工业园区，南起创新路，北至社东村塘下自然村	2010-03-11
石湫镇	汤庄路	路	位于镇工业园区，北起老明公路，南至塘窦村汤庄自然村	2010-03-11
石湫镇	石涛路	路	位于镇工业园区，西起塘窦村南路，东至老明公路	2010-03-11
开发区	樱花花园	居民区	位于"卧龙湖风情小镇"，以C4组团得名	2010-04-12
开发区	茉莉花园	居民区	位于"卧龙湖风情小镇"，以G4组团得名	2010-04-12
永阳镇	蓝湖西岸	居民区	位于城区水岸康城东，原"建发花园居"更名。	2010-04-16
永阳镇	凯阳花园	居民区	位于永阳镇经济创业园西。	2010-05-26
石湫镇	兴龙家园	居民区	位于明觉集镇。	2010-07-08
和凤镇	颐园世家	居民区	位于和凤镇政府西。	2010-10-20
永阳镇	和园	居民区	位于城区体育公园南，人民医院新址东。	2010-10-22

（俞云月）

各镇概况

GeZhen GaiKUANG

永 阳 镇

【基本情况】 永阳镇是县政府所在地，是百里秦淮之源。总面积140平方公里，宁高、宁杭、宁常3条高速公路和宁溧、常溧、老明3条高等级公路穿境而过。2010年，镇政府辖11个村民委员会，363个村民小组，11个居委会，401个居民小组，常住人口14.04万人。

【经济发展概况】 全镇地区生产总值51.6亿元，比上年增长22%；财政收入7.2亿元，上年比增长36.7%；一般预算收入5亿元，比上年增长42.9%；农民人均纯收入11255元，比上年增长12.1%。

2010年，永阳镇在南京市86个镇及涉农街道综合实力排名中列第4位；在市社会主义新农村建设夺杯竞赛中获“发展杯”金杯。城郊、戴家、工农兵3个村进入南京市综合实力“百强村”行列，分列17、41、42位；城郊、工农兵、戴家、十里牌4个村进入县集体经济“十强村”行列，分列1、2、3、8位。

工业经济。全镇有工业企业789家，职工2.3万人，其中外资企业30家。工业总产值115亿元，比上年增长32%；销售收入108亿元，比上年增长34%；利税16亿元，比上年增长25%。申请专利102件，开发新产品10个，有省高新技术产品3个、省高新技术企业2家，省市工程技术研究中心3家。完成技改项目42个，总投资11.72亿元。

农业经济。全镇耕地面积4756.39公顷，农业总产值70.7亿元。水稻种植面积2259.7公顷，总产量1830万公斤，比上年增加20万公斤。小麦种植面积986.5公顷，总产量440万公斤，比上年增加82万公斤；油菜种植面积925.8公顷，总产量215.2万公斤，比上年减少14.6万公斤；蔬菜种植面积720公顷，其中大棚面积273.3公顷，蔬菜总产量8万多吨；经济林果种植面积1033.3公顷，桑、茶、果、山栀、黑莓为主，产量达9500多吨，产值7000多万元，水产品养殖面积1000公顷，产量3000多吨，经济作物种植面积400多公顷，西瓜、甘庶、棉花、玉米、山芋、大豆为主，产值900多万元。高效农业面积2210公顷，比上年增加240公顷，其中设施农业面积272.5公顷，比上年增加86.7公顷。建设防汛道路3公里，新建当家塘坝20座。

建筑业。全镇建筑企业18家，其中一级资质企业2家(八建、宏马)，二级资质6家(苏舜、秦源、骏马、宏昌、新金陵、宏森源)，三级资质10家，从业人数5600人。全年实现施工产值17亿元，同比增长30%。入库税收8400万元。

服务业。全镇个体工商户4500户，当年新增500户。完成增加值21.6亿元，比上年增长20.4%；税收2.75亿元，比上年增长25%；社会消费品零售总额37.38亿元，比上年增长25%。全年三产投入2亿元。

城乡基础设施。246省道及宁杭城际铁路征地拆迁工作基本完成。其中，246省道征地111.5公顷，拆迁房屋2.45万平方米，企业用房1.62万平方米；宁杭城际铁路征地13.3公顷，拆迁房屋4040平方米。古塘互通道路征地5.7公顷，拆迁房屋2100平方米。建成中山、工农兵2个村农民康居示范小区，建筑面积分别为6000平方米、3.4万平方米。投入100万元建成东山邵旺村污水处理示范点。投资1400万元,启动工农兵社区服务中心建设,建筑面积1000平方米。

永阳镇送戏下乡活动　　永阳镇 供稿

【社会事业发展概况】 全镇加快改善民生为重点的社会事业建设,发展成果惠及于民。

民生工作。2010年,全镇低保户663户1237人,最低保障标准提高到240元/月。投入30多万元改造34户农村危房,投入160万元改造5座农村危桥;投入260万元,完善永阳自来水厂供水配套设施,改造东庐集镇、高塘岔路口至郑巷自然村和东庐集镇至秋湖村的自来水主管网;投入200万元清淤120座当家塘坝,投入75万元改造2座涵洞和2座排涝站;投入820万元新建41公里农村水泥路,实现"村村通、组组通"。新型农村合作医疗保险参保率达100%,人均筹资标准230元。新型农村社会保险参保率达100%。粮食直补和农资综合补贴标准20元/亩、69元/亩,分别发放资金74.89万元、258.37万元,涉及农户11812户。

镇村环境整治。投入80万元整治17个自然村和东庐集镇环境,投入80万元建设县经济开发区南区垃圾中转站并投入使用。推进"绿化南京·生态溧水"工程,新增林地93.1公顷,绿化村14个,创建市级生态村3个,完成绿化面积90.6公顷。12月30日永阳镇通过国家级生态镇验收。

教育。全镇有中心幼儿园1所,即东庐中心幼儿园(达省优质幼儿园);村办幼儿园(班)5所,学前三年在园农村幼儿912人,普及率超过90%,幼儿教育工作者57人。中心小学1所,村完全小学4所,在校学生3910人,入学率100%、升学率100%,教职工256人,其中高级职称11人、中级职称198人。初级中学1所,在校生436人,升学率100%,教职工85人,其中高级职称15人、中级职称40人。成人教育中心校1所,中职班11个、学历班2个,全日制学生420人,专职教师20人,举办职业资格证书培训1.48万人次,1222人获得证书,其中初级753人、中级454人、高级33人。

文化体育。全镇有图书室1个,村民活动室、棋牌室、农家书屋等村文化平台11个。农家书屋建有电子档案,方便借阅。开展送戏、送书、送电影活动100多次。举办"和谐永阳"等文化演出4场次、乒乓球等体育比赛4场次,参加县以上文艺演出5场次。获县首届农民运动会团体第二名,县第四届老有所乐运动会团体第一名。成立镇游泳协会。各居委会在"三八"、"七一"等节日期间,在社区开展群众文艺活动;各村聘请专业剧团为村民演出,中山村、东庐村相继举办农村文化艺术节;企业开展厂庆文艺演出,活跃职工业余文化生活。全镇架设有线电视光缆36公里,电缆11公里,模拟转换数字电视用户3303户,发展有线电视用户2318户,其中数字电视用户1372户、模拟电视用户946户,门堂入户率100%。

卫生保健。永阳镇卫生院(永阳镇社区卫生服务中心)病床20张,卫技人员43名,其中中级职称19人。一体化管理村卫生室9家,达市级标准,配备高压灭菌锅、冰箱等设备。私立医院1所(东庐医院),私营卫生室1个(石家山卫生室)。儿童免费接种计划疫苗,"四苗"(卡介苗、百白破、脊髓灰质炎三型混疫苗、麻疹减毒活疫苗)覆盖率100%。镇创建无烟医院通过市级检查验收。7月起,实行《江苏省基本用药目录》,药品零利润销售。

计划生育。全镇计划生育率98%,期内综合避孕率100%,知情选择率91%,出生缺陷一级干预率100%,RTI(生殖道感染防治普查)参查率90%,后续治疗率85%,随访服务率90%,统计准确率98%。镇计生服务所专业技术人员3名,计生专业干部22名,配备电脑、投影仪等设备。镇人口学校全年举办培训50期,1万人次受训,发放各类知识卡片近2万份。育龄妇女免费体检5万人次。

【农村实用技术培训】 2010年,举办农村实用技术培训班20期,2400多人参训;选配技术指导员16名,进行科普宣传、咨询、技术包干指导。全镇省级科技示范户235户,其中稻油60户、果蔬105户、水产15户、畜禽55户;部级科技示范户100户,其中粮油30户、果蔬30户、水产10户、畜禽30户。全镇科技示范户发放物化补贴3.53万元(150元/户)。

【成立东庐山现代农业科技示范园】 3月,东庐山现代农业科技示范园成立。该园位于东庐山与秋湖山之间,南京普朗克有机田园为核心,规划面积为66.7公顷,总投资1200万元,建设周期为3年。年底,投资460多万元,建成农业设施面积23.3公顷,其中连栋钢架大棚精品果园3.3公顷,钢架大棚草莓采摘园10公顷,有机蔬菜采摘园10公顷。

【教育事业多次获奖】 2010年,镇中心小学(溧水县第三小学)获全国青少年"我爱祖国蓝天读书教育"活动二等奖,获省"科学在我身边"优秀美术作品评比集体一等奖。东庐小学获南京市第八届少年儿童艺术大赛舞蹈类金奖。全镇4所村完小通过南京市卫生保障工程达标评估验收。东庐中学获首批省基础教育课程改革先进集体、首届省基础教育成果特等奖、首批市推进素质教育示范初中、首届市基础教育成果特等奖等。永阳镇成教中心被认定为"南京市高水平现代化镇成人教育中心校",维修电子培训项目被评为"南京市成人教育培训优秀项目"。 (芮强武)

白 马 镇

【基本情况】 白马镇位于县城东南部,距县城19公里。东与溧阳市上兴镇毗邻,北与句容市天王镇接壤,属江南低山丘陵地区。宁杭高速公路、老明公路穿境而过。全镇总面积124.2平方公里。镇政府辖9个村民委员会,227个村民小组,1个居民委员会镇,总人口39829人

【经济发展概况】 2010年,镇生产总值10.45亿元,其中第一产业1.9亿元、第二产业5.6亿元、第三产业2.86亿元。全镇劳动力1.75万人,其中从事农林牧渔业5727人、工业4755人、建筑业3162人、服务业3866人。固定资产投资9.13亿元,其中工业投资8.01亿元。协议注册外资636万美元,实际利用282万美元,横联引资6.03亿美元。财政收入8280万元,农民人均纯收入9543元。石头寨村列南京市综合实力"百强村"第57位。

农业经济。全镇特色农业、生态农业和科技农业快速发展,农业生产产业化进程加快。全镇耕地8868.8公顷,其中稻谷种植面积2583.3公顷、蔬菜种植面积2454.1公顷、油料种植面积1111.4公顷、豆类种植面积110.7公顷、薯类种植面积127.3公顷、经济林果种植面积2609.2公顷,粮食作物种植面积与经济作物种植面积比例由上年的40:60调整到当年的32:68。粮食总产量3.07万吨、油料总产量2013吨、蔬菜总产量4.12万吨、棉花总产量190吨、茶叶总产量43吨。完成农业总产值3.7亿元。农业经济作物实行连片栽种、统一栽种、统一管理、统一销售。2010年,完成200公顷人居森林工程建设,退耕还林667公顷,建成10公里绿化带、29公顷防水隔离带与重要林区防水通道和农田林网。投资672.2万元,修建当家塘坝173个,改造低产田1280公顷,清淤、治理河道、渠道、泵站等水利配套工程42项,完成土方石224.07立方米。

工业经济。全镇有工业企业217家,从业人员8462人,销售收入20.11亿元,利润1.89亿元,税收9492万元。实际利用外资134万美元,出口产品交货额9973万元,固定资产投资11.35亿元。主要产品有食品、饮料、体育用品、交通配套设施产品、化工产品、高档油漆等。全镇有省著名商标1个(溧峰茶叶),省名牌产品2个(溧峰茶叶、新得利食品),市著名商标3个(南京柏克斯热水器、廻云茶叶、金源漆业)。18家企业通过ISO9000质量管理体系认证,3家企业通过ISO14000环境管理体系认证,1家企业产品获国家免检。年投入技改资金1600万元,完成技改项目7个,高新技术成为白马镇新的经济增长点。

建筑业、第三产业。全镇建筑企业4家。其中,二级资质1家、三级资质3家,从业人员1043人,

年承接施工面积16万平方米，建筑业产值1.2亿元，上缴税收386万元。个体工商户1594户，从业人员3216人，完成税收660万元。全镇商贸业增加值2.2亿元，投入3800万元，进行商贸基础设施建设。镇持证农民经纪人159人，从事农副产品流通销售。

环境建设。投资1718万元，改建道路8.1公里；投资150万元，镇域内绿化1.6万平方米；投资150万元，镇区内下水管道5.28公里；投资46万元安装5.5公里镇区主干道路灯113盏；征地3.34万平方米，投资310万元，新建一座日5000吨污水处理厂。新建农户住宅6套，建筑面积712平方米。集镇道路形成两横、两纵、四联井字型格局。市容管理走向制度化、长效化，管理人员13人，保洁员20人，农村道路维护、保洁兼职人员18人。集镇道路垃圾清理分类，镇容镇貌专人管理，沿街摊贩、镇区绿化、道路清扫有专人负责。建立全天侯保洁和环卫的长效管理机制，采取联合执法、综合治理和包干负责。是年，白马镇被评为“南京市卫生镇”。

【社会事业发展概况】 2010年，全镇各项社会事业协调发展，成果惠民。

社会治安。集镇有专职联防员12人，51名农村兼职治安巡防员，安装监控平台14处，群众社会治安状况满意率98%。监督管理网吧、游戏室，专项治理学校周边环境。中小学、幼儿园分别配备2名有资质的保安人员，聘请4名退休教师担任网吧监督员。当年，该镇被评为“南京市综合治理先进镇”、“创建平安南京先进集体”。

教育。投资310万元，新建一所公办幼儿园。全镇有幼儿园10所，其中村级幼儿园6所，全镇入园幼儿1012人，幼儿教师35人。白马小学投资100多万元，改建塑胶运动场。白马中学初中升学率为99%，有320名学生升入高一级学校，其中有40名学生被省溧水高级中学录取。白马镇成人教育中心校培训企业职工和农村劳动力2000多人次。

文化体育。镇设文化体育服务中心，有专职干部和工作人员各1名。建有篮球场、乒乓球室、图书室、阅览室等文化娱乐场所。全镇有文化中心户9家，村级图书室4个，市民休闲广场1个。与溧阳市上兴镇开展象棋、乒乓球、篮球友谊赛。中小学分别举行“艺术月”和田径运动会。全镇开通有线电视光接点51个，有线电视用户6068户，有线电视入户率达85%以上。

医疗卫生。镇有中心卫生院1所，卫生院内设常规科室8个，有医务人员66名，床位40张。卫生院设立母婴病房，住院分娩率100%。村级卫生室9个，医务人员29人，中级职称以上12人。全镇实行农村新型合作医疗统筹，3.18万人参保，参保率92%。镇年报销医药费248万元，受益面58.5%。

计划生育。全镇9个村建立标准化服务室和人口分校，建立育龄妇女管理系统，推行优质服务。镇人口学校避孕节育生殖保健培训126期，受训7100人次，发放知识卡片7200份。实施“RTI”(生殖道感染防治普查)工程，妇女参检人数9120人，参检率93%，计生知识普及率90%以上，被县委、县政府评为人口和计划生育先进镇。2010年，全镇计划生育率99.5%，人口出生率5.5%，出生210人，计划内出生209人，其中一胎179人、二胎30人。期内综合避孕率95%以上，避孕节育和生殖保健服务率95%，信息统计准确率98%，其中出生信息统计准确率99%，育龄群众知晓率和知识普及率均达95%，群众满意率99%。该镇被评为县“人口与计划生育示范镇”。

【启动硅谷新邨一期工程建设】 硅谷新邨是农业硅谷拆迁安置住宅区，位于白马集镇康居路两侧，规划用地11.4公顷，投资8000万元。10月开工建设，建造38幢住宅楼和一幢物管商业楼，建筑面积11.3万平方米，计划于2011年9月竣工入住。

【白马河道整治工程】 白马河道整治2009年开工，一期工程整治河道500米，驳岸1800立方米，清淤土方3.2万立方米，绿化1200平方米，投资150万元，工程2010年4月竣工。二期工程2010年5月开工，整治河道1.5公里，投资400万元，计划2011年6月竣工。

【省级标准化秸秆气站】 2010年，镇革新村投资80万元，建成标准化秸秆沼气站。沼气站厂房占地2400平方米，气柜容量达300平方米，铺设送气管道8000米，296户农家用上秸秆沼气。相比液化气，每户可节约40%的费用，并解决焚烧秸秆污染环境问题。革新村被江苏省环境保护委员会授予“江苏省生态村”。

【建成白马镇中心幼儿园】 2010年，镇政府投资343万元新建白马中心幼儿园，幼儿园占地4200平方米，建筑面积2800平方米。年底，主体工程，水电安装，园外道路建设，绿化和活动场地等附属工程全部完成，计划2011年3月投入使用。

新落成的白马镇中心幼儿园　　　　白马镇 供稿

【镇敬老院升级改造】 2010年，镇政府投资300万元，实施敬老院升级改造，翻建原来的旧楼房，新建240平方米的食堂和120平方米的浴室，新建连接两幢楼房的长廊，配备活动室、医疗室、健身房，每个房间配有电视机、电风扇。每位老人供养标准提高到4000元。敬老院有床位97张，入住老人78人，2名管理人员和4名护工。（王大成）

东屏镇

【基本情况】 东屏镇位于南京市溧水县东北角，东部和北部分别与句容市天王镇、葛村镇、郭庄庙镇接壤，南面和北面分别与县内白马镇、永阳镇相邻，距禄口国际机场24公里，距南京新生圩港60公里，宁杭高速、沿江高速、常溧公路、建设中的宁杭城际铁路穿境而过。总面积120平方公里，总人口4.3万人。镇政府下辖12个村民委员会，391个村民小组，方边和夏家边2个居民委员会。镇区内拥有一个AAA级风景区（大金山风景区），2个国家二级水质淡水湖（东屏湖和卧龙湖），2010年被市政府确定为市重点新市镇。

【经济发展概况】 镇生产总值15.1亿元，比上年增长24%；完成财政收入8050万元，比上年增长42.48%，其中一般预算收入5460万元，比上年增长41.82%；社会固定资产投资13.7亿元，比上年增长28%；社会消费品零售总额5.62亿元，比上年增长38%；农民人均纯收入11500元，比上年增长18%。

工业经济。全镇工业企业近200家，其中亿元以上10家、5000万元以上20家，职工7182人。完成工业总产值16.8亿元、销售收入16.8亿元、工业增加值4.2亿元，实现利税1.7亿元、利润0.89亿元；工业固定资产投资12亿元，增长20%；工业开票收入12.1亿元，增长33.3%；对外贸易出口1800万美元，增长6%；注册合同外资800万美元、实际利用外资310万美元，实际利用内资8亿元；新增规模企业13家、新增成长型企业2家（5000万元销售额）。全年有工业支撑项目34个，总投资17.53亿元，其中超亿元项目6个，列入全县重点项目27个，总投资16.21亿元。无锡南天、安达泰星新能源等重点项目相继投产达效。

农业经济。全镇耕地面积4251.18公顷（其中水田3567.73公顷），粮食总产量3.32万吨，夏收小麦面积2286.7公顷，单产325公斤，比上年减产2.2%；油菜面积1053.3公顷，单产146公斤，比去年减产6.2%；秋收水稻面积3453.3公顷，单产550公斤，比上年增产5.7%。高效农业面积300公顷，设施农业面积86.7公顷，新建钢架大棚53.3公顷，其中有机蔬菜26.7公顷，新增26.7公顷设施精养鱼池，发展连片小拱棚西瓜466.7公顷。土地整理300公顷，复垦新增耕地24.7公顷。绿化造林面积10.3公顷，其中绿色产业林面积47公顷、江河防护林35公顷、生态景观林21.2公顷；

新建绿化新村18个，其中5个被评为省级示范村。在建防火通道3公里。巩固“苗木之乡”称号，新增苗木20公顷,新建花卉温室大棚40个。各类农民专业合作社30家。

建筑业。全镇建筑企业4家,其中二级资质2家、三级资质2家,常年从业人数450人。完成施工产值5.1亿元，施工面积54万平方米，入库税收624万元,获市文明工地2个。金湖家苑小区一期建成开始销售,1.5万平方米的宁杭铁路拆迁安置房一期建设基本完成。完成华昊地块、大金山南山、原金蛙集团四分公司和集镇中心四宗土地出让。

第三产业。全镇有个体工商户550户，新增45户。镇服务业增加值5.95亿元,增长22.1%;商业开票销售收入0.93亿元,增长20%;服务业税收1100万元,增长117%。总投资5.9亿元的中国移动华东大区物流中心基地开工建设。旅游业逐步升温,完成大金山风景区会务接待中心、茶社、游泳池等项目建设,全年接待游客5万人次,旅游综合收入1000多万元，分别比上年增长28%和39.6%。

【社会事业发展概况】 2010年，东屏镇教育、文化、体育、卫生等各项社会事业协调共进。

教育。全镇有初级中学2所,中心小学1所、村完小1所,中心幼儿园1所、村级幼儿园1所、村办班1个，成教中心校1所。在校初中生823名,小学生1391名,在园儿童632名。全镇在编中小学教职工258名,其中高级职称31名、中级职称207名,公办幼儿教师1名,招聘幼儿教师47名。全镇小学入学率、巩固率均100%,初中巩固率99.6%,适龄儿童入园率96%。全年,投入200多万元,加强和改善办学条件,完成群力幼儿园教学楼工程的征地、图纸设计、招投标等前期准备工作,建设小学、中学塑胶运动场。开展捐资助学活动,筹集助学款20余万元，资助贫困家庭学生186名,其中大学生8名。教育现代化创建工作通过省级验收。东屏中心幼儿园成为市级中心园,被评为省“平安校园”、南京市普及性体育特色学校、县教学质量综合考核优秀单位，东屏中学被评为南京市“绿色学校”,成教中心成为省级“农科教示范基地”和南京市“社区教育中心”。

文化体育。全年有线电视安装540户，创收129万元。完成文化资源共享工程,创建农家书屋示范点2个,农村电影播放120场,组建集镇健身队伍2支,投入10万元用于集镇健身点、篮球场等建设，举办镇首届妇女运动会暨第三届综合运动会。

公共卫生。全镇有卫生院2所,床位35张,医务人员64人,乡村医生37人,村社区卫生服务站16家。全镇二次改水受益4600人，投入资金65万元,完成改厕1060户,消除露天粪坑870座,改水改厕任务完成率100%。开展“南京市食品安全示范村”争创工作,全年镇区内无食品药品安全事故。新农合、新农保参保率100%,实现新农合报销无缝对接,共补偿78445人次,报销金额434.3万元,最高报销12万元。

计划生育。全镇开展社会抚养费征收专项治理工作。全年征收社会抚养费168万元。完善“世代服务”机构建设,建成1个镇级服务所和12个村级计生服务室。开展避孕节育和生殖健康系列服务,全镇已婚育龄妇女健康体检8340人,门诊服务咨询841人。贯彻生育奖扶政策,全年上报奖扶对象106名。

社会保障。该镇继续完善城乡低保制度,新增低保14户21人;落实五保供养困难户救助机制,完成危房改造32户。多渠道扩宽就业途径,全年新增就业岗位1200个，实现城镇就业300人,转移农村劳动力1980人，培育自主创业200人,培育创业典型40人。完善农民养老保险制度,全年新增360人,完成下达任务的120%。

【启动镇村二期标房建设】 2010年,南京市对村级可支配收入低于50万元的经济薄弱村,给予标房扶持,全镇有5个村纳入扶持建设对象,在全县率先启动镇村二期标房建设。九栋标准厂房占地5.3公顷,总面积达2.8万平方米,总投资为8000万元,采取市县拨付与镇村自筹相结合方式,各村通过租金或税收分成等途径确保每年收益不低于50万元,增加经济薄弱村的集体收益,推进村级建设。

【金湖现代农业示范园】 东屏金湖现代农业生态园位于金湖村,是2010年镇重点打造的现代有机农业园区。核心区占地186.7公顷,大棚设施农业占地73.3公顷,集食用菌、花卉苗木、有机蔬菜、养殖等特色农业于一体，初步形成以屏湖、一剪梅、润田农业发展公司为示范、农户经营为主导的现代有机农业基地。2010年，园区经营收入达2400万元，带动用工近280人，入园经营农户纯收入达3万元。该园被评为县级现代农业园区，金湖村被江苏省农委评为省级现代农业示范村。

中国移动华东物流中心开工　《秦淮源周刊》供稿

【华东物流中心项目落户镇工业集中区】 2010年1月，中国移动华东物流中心项目落户镇工业集中区，溧水县主要领导出席签约仪式。该中心主要负责中国移动华东地区上海、浙江、安徽、福建、河南、湖北、江西、江苏七省一市通信及应急物资的储存和配送工作。

【科技创新】 2010年，全镇完成技改项目16个，总投资6.14亿元。胜田电子等企业实施1个国家工业企业科技创新基金项目、2个市科技创新创业基金项目，科博磁电磁性新材料获得高新技术产品证书，新核复合材料有限公司被批准为省级民营科技企业。全年企业申请专利60件，其中发明专利12件、实用新型专利2件、外观设计专利46件，专利授权3件。

【启动新市镇建设】 2010年，东屏镇被市政府列入南京市11个重点新市镇之一，成为南京市新一轮城乡统筹发展的重点中心镇。宁杭城际铁路溧水站点开始建设。完成集镇详规修编，争取省市交通部门项目扶持。投资3000万元，完成常溧路东屏段沥青铺设；投入200万元，完成沿江高速连接线建设。金屏路、金港路、新农路及群力集镇路灯架设，累计安装路灯400盏。投入100万元，绿化改造集镇道路沿线、政府广场等处。投入近百万元新增公共环卫设备，新建垃圾池7座，组建环卫工作队伍。是年，该镇进入南京市27个涉农街道环境综合考评前10名。

【完善农村基础设施】 2010年，结合二干河三期整治工程，疏浚河道2.4公里，加固圩堤2公里，完成东屏湖堤坝消险加固工程，清淤塘坝27座。新修农村水泥道路25公里，改造农村道路1.2万平方米。加强道路管养，争创“省级农村道路交通安保镇”。

（王　蕊　何　姗）

洪　蓝　镇

【基本情况】 洪蓝镇是江苏省百家名镇。全镇总面积115.67平方公里。镇政府辖11个村民委员会，299个村民小组，洪蓝、蒲塘2个居民委员会，17个居民小组，1个农场圃，总人口4.75万人。天生桥、无想寺、傅家边等风景名胜区，以其独特的魅力，每年吸引数十万人前来游览观光。

洪蓝镇交通区位优越，是南京地区重要的交通节点。123、341省道贯穿全镇，宁高高速公路在镇工业集中区和镇区均设有互通。天生桥河连接石臼湖、长江与秦淮河。镇区距南京禄口国际机场18公里，距南京主城50公里。

【经济发展概况】 2010年，镇生产总值17.49亿元，比上年增长30%；财政收入1.037亿元，一般预算收入6508万元，比上年分别增长35.6%、52%；农民人均纯收入10944元，比上年增长13%。

工业经济。全镇有工业企业375家，职工7386人，全年实现工业产值29.7亿元，同比增加51%。工业增加值7.8亿元，同比增加193.5%；开票销售收入26.16亿元，同比增长53.6%；利税

洪蓝镇连栋大棚　　　　洪蓝镇 供稿

3.93亿元，同比增长164%。工业经济发展强劲。2010年，18个重点项目(总投资16.99亿元)完成投资10.71亿元，新增年销售额千万元以上企业10家，新增年销售额3亿元企业1家、2亿元企业1家、1亿元企业1家。招商引资签约项目9个，总投资7亿元，其中投资亿元以上2个、外资项目500万美元1个。11家企业进行技改扩建，总投资3.1亿元。新成立“江苏冠军集团”和“南京忠信集团”；江苏冠军涂料创建市级技术(工程)中心，获得中国驰名商标1件、省著名商标2件、市名牌商标2件。启动园区跨河向西拓展100公顷。新设立民营企业92家，增加注册资本2.12亿元。以电光源、机械机电、交通设施等为主导的82家企业实现年销售额19.5亿元。

农业经济。2010年，全镇现代高效农业2133.3公顷，其中设施农业1200公顷，全年实现农业增加值3.2亿元。农田水利等基础设施建设加快。陈家圩至洪蓝集镇段两岸防汛圩堤加固、上港中心沟清淤、西大圩排涝站引水沟和上塘湫水库溢洪道建设等农水工程全面开工；无想寺水库下游土地治理、耕地整治项目全面推进；傅家边、三里亭、上港等6个村土地增减挂钩项目有序推进；投入100多万元，新建小农桥8座；完成河道清淤20万立方米、河塘清淤42万立方米。投资1820万元，拓展傅家边现代农业示范园和绿岛休闲农业园。重点培育优质海棠园、高档鲜果园、特色果蔬园和特种水产养殖基地，全年新增高效农业面积333.3公顷，其中设施农业150公顷；新增钢架大棚66.7公顷，连栋大棚6万平方米。农业科技、品牌建设加快，2010年，全镇拥有绿色、生态、有机基地18个，无公害农产品15个、绿色产品1个、有机产品23个、省名牌产品1个、市名牌产品3个。农业产业化经营水平提高。至年底，全镇农业园区和农业基地组建果品、草莓、苗木、水产等各类专业合作社34家，其中新增10家；组建土地股份合作社9家，其中新增7家，入股土地933.3公顷，参加农户3400多户；7家县级以上重点农业龙头企业，实现销售收入5.7亿元，同比增长25%。2010年“第五届中国(南京·溧水)草莓文化节”和“江苏省第二届乡村旅游节”在洪蓝镇举办，旅游农业、设施农业、特色农产品的效应和效益不断增强。全镇村级新建村标房4.2万平方米，3个村进入县综合实力排名“十强”村、市综合实力“百强”村行列。

建筑业、第三产业。全镇3家建筑企业，其中二级资质2家、三级资质1家，常年从业人员5300人。2010年承接施工面积6.73万平方米，完成施工产值2.35亿元，与上年持平，入库税金616万元，比上年增长136万元。集镇商业网点1800个，全镇有个体工商户993户，比上年增加120户；全镇第三产业增加值6亿元，占全镇生产总值的34.3%；完成社会消费品零售总额5.37亿元；第三产业投入1.35亿元，比上年增长20%；实现第三产业税收4389万元，比上年增长124.6%；第三产业从业人员7200多人。全年劳务输出2000人，年收入6000万元。竹木市场年交易产值300万元，黄砂市场年交易产值3000万元，比上年增长20%。

镇村建设。投资240万元，铺设集镇污水管网4公里；投资300万元，完成农村自来水改造主管网5公里，新增受益人口800人；投资159万元，启动金牛山健身休闲公园建设；整治集镇店招、店牌、广告、经营临时摊位。全年农民新建住宅98户，新增建筑面积1.25万平方米，投资总额1500万元；完成村庄综合整治2个、村庄绿化17个，新增集镇绿化1500平方米，植树8030株，森林覆盖率由上年的25%提高到28%。

【社会事业发展概况】 2010年，洪蓝镇社会事业健康快速发展，获市发展杯铜杯、县建设全面小康社会银杯。

教育。洪蓝镇有初级中学1所，中心小学1所、村小学1所，中心幼儿园1所、民办幼儿园3所、村办幼儿班6个。在校初中生948人，在校小学生1532人，在园(班)幼儿1054人。在职教职工305人(其中高级职称24人，中级职称215人)。完成中学运动场地整治，新建小学200米标准环形塑胶跑道。投资170万元，改造老教学楼并新建幼儿综合楼816平方米；投资15万元改造6个村办幼儿班。投入60万元添置成人教育基地设备。完善励志助学资金管理，启动困难学生助学工程，对就读大学、高中的困难生，给予1000元~6000元不等的补助，全镇6名大学生和11名高中生获得补助3.9万元；低保户、困难户子女，中小学每人每学期获250元中餐补助，全年发放补助资金10.8万元。初中就学巩固率99.6%，小学入学率、巩固率、毕业率、直升率均100%，幼儿入园率96%。洪蓝中心小学获2010年南京市小学优秀校本课程教材评比二等奖，学生舞蹈《天堂家园》获江苏省"阳光关爱我成长"少儿舞蹈组金奖，集体舞《校园的早晨》、《校园青春舞曲》获2010年南京市小学生校园集体舞比赛二等奖，被认定为南京市艺术教育普及性特色学校。洪蓝中学2010年获中考综合评估一等奖，德育教育创新获市教育局优秀奖，第十届中小学艺术月文艺汇演一等奖。

群众文化。普查和申报全镇非物质文化遗产，收集民间传说、传统剧目、历史文化，姜家"打水浒"、蒲塘村高跷队、青锋村双龙，多次参加市县组织的民间艺术表演。1512年建造的蒲塘桥(省级文物保护)、清朝年间建造的芮氏宗祠遗址得到修缮和保护。镇戏迷俱乐部送戏下乡14场次，参加市、县组织表演获二等奖，镇文化站被评为省优秀文化站。新增有线电视用户600户，入户率87%。

医疗卫生。全镇有中心卫生院1所，床位40张，医务人员41人；村卫生室11个，医务人员22人。63名医务人员中，中级职称6人。新型合作医疗保险全覆盖，新农合补贴资金333万元，3723人享受到新农合医疗补助。改扩建3个村卫生室。改厕1700户，新增饮用水人口1.1万，自来水入户率98.5%。

社会保障。依托建成的镇劳动力培训平台，镇财政投入30万元开展农村劳动力免费初、中级技能培训，全镇有97名困难家庭就业对象拿到技能证书并实现就业，培养自主创业54人，带动就业268人。全年新增就业1806人，转移劳动力2100人。年发放低保金180万元。完成危房改造60户。发放优抚经费151万元、农村义务兵优待金32万元。全镇农村养老金保险参保2.6万人，8693人领到养老补贴，450人领到新农保退休金。

【绿岛休闲农业示范园建设】 2010年，绿岛休闲农业示范园投资1820万元，新建3000平方米的乡村旅游接待中心、200平方米的中心广场、1800平方米的中心停车场、年产1000万枚蛋品的生产和质量检测观光线、5000平方米智能温室连栋大棚以及年繁殖商品种苗800万株以上的草莓种苗繁育基地3.3公顷。该示范园年接待游客2万多人，繁育果蔬种苗1000万株，为农户加工生产蛋品1000多万枚，辐射带动农户种植草莓、果蔬面积333.3公顷。

【天生桥河洪蓝集镇段整治一期工程】 2010年，投资1343万元，综合整治天生桥河洪蓝集镇段。年底，一期工程1.15公里综合整治基本完工，河堤亲水平台景观及绿化工程正抓紧建设，计划2011年11月竣工。

【建成农村劳动力培训中心】 2010年，投资320万元，新建劳动力培训中心，培训中心面积1800平方米，设服务大厅、标准办公区和电教化培训功能区。年初开工，5月竣工并投入使用。全年完成劳动力培训1086人次，其中技能培训536人，上岗就业培训400人，外来务工培训150人。

【集镇生活污水管网和平安路改扩建工程】 2010年，投资440万元，铺设集镇污水管网4公里，铺设路牙5200米，改造道路1300米；完成道路两侧下水道、绿化带建设2600米、路面沥青摊铺1200平方米。

【建成洪蓝中心幼儿园综合楼】 2010年，投资170万元新建洪蓝中心幼儿园综合楼816平方米，铺设园内花岗岩路面和塑胶跑道260米，新建食堂54平方米、传达室(含保健室)40平方米、开放式围墙87米。项目于2010年12月建成并投入

使用。

【扩建洪蓝敬老院】 2010年，征地0.53公顷，投资605万元，镇扩建敬老院。完成土建工程2700平方米，新添床位150张，院内设施配套齐全。当年入院集中供养老人109人。

【金牛山公园建设】 金牛山公园坐落在洪蓝集镇中部，占地面积13.7公顷。规划建设有清风阁、双亭、六角亭、牌坊、景观绿化等5个部分。项目于2009年立项并公开招投标，2010年3月江苏省古典建筑园林有限公司中标，5月4日开工建设，年底，公园主体建筑完工。 （陈 伟 班光华）

石湫镇

【基本情况】 石湫镇位于溧水县西南，南临石臼湖，北连江宁区，西壤安徽省当涂县博望镇，是南京市刀具制造业特色名镇。镇域面积128.3平方公里，总人口47890人。镇政府辖14个村民委员会，2个居民委员会，191个村民小组。石湫镇交通便捷，宁高、宁杭、沿江等高速公路连接周边，塘铜、老明等高等级公路和243省道贯穿全镇。

【经济发展概况】 2010年，生产总值16.78亿元，比上年增长22.3%；财政收入1.28亿元，比上年增长32.3%；一般预算收入6886万元，比上年增长41.9%。社会固定资产投资11.3亿元，比上年增长27%；工业固定资产投资10亿元，比上年增长27%；农民人均纯收入10618元，比上年增长12.1%；村级集体经济可支配总收入达2560万元，比上年增长26%。农民新建住宅84户，计9920平方米，总投资794万元。

农业经济。2010年，完成第一产业增加值2.03亿元，增长8.6%；高效农业和设施农业面积分别新增240公顷、80公顷；创建县级农业园区1个（南京金湫科技农业园）。全镇特色农业有东部桑蚕基地、南部石臼湖水产基地、中部意杨基地、西部温氏鸡一体化养殖、九塘村科技农业、昊兴生态农业、社东优质葡萄、横山杭白菊等。建成温氏鸡规模化养殖小区12个，鸡棚21万平方米，年饲养肉鸡达800万只，实现销售1.28亿元。横山村整合闲置低产土地近33.3公顷，种植杭白菊，为横山村及周边的百姓增收达60万元。全镇水产养殖面积1400公顷，其中青虾养殖面积233.3公顷、加州鲈鱼364公顷、乌鱼80公顷、黄鳝与螃蟹250公顷、特种水产种苗26.7公顷。水产养殖年产量9802吨。

工业经济。工业产值、增加值、利税、利润分别完成38亿元、10亿元、3.6亿元、2.1亿元，比上年分别增长25%、25.4%、35.4%、90.9%。工业固定资产投资10.2亿元，比上年增长27.5%；实际利用内资7.5亿元，比上年增长20%；实际利用外资300万美元，比上年增长48.5%；注册合同外资1200万美元，比上年增长71.4%；工业开票销售收入14.02亿元，比上年增长49.9%。12个村参与标准厂房建设，全年村级集体经济可支配总收入2560万元，比上年增长26%。64家重点企业开票销售收入11.4亿元，占全镇的81.3%。其中，开票超1000万元企业40家，超亿元的企业1家。新增规模企业6家，总数达53家；新增纳税超百万元的企业5家，总数达19家。企业自主创新能力进一步提升，华能公司的宁虹牌、京宁公司的京宁牌商标，通过省级著名商标审核认定。申报市著名商标2件、市名牌产品1个。申请专利60件，其中发明专利20件、实用新型专利23件。全年新增工业投入项目77个，总投资44.85亿元。开工项目36个，投入10亿元。其中，技改项目21个、新建项目15个、列县重点项目25个。全年技改项目、重点项目分别完成投入3.74亿元、8.5亿元，分别占工业总投入的36.7%、83.3%。36个开工项目全部竣工。

建筑业和第三产业。全镇建筑企业8家，其中一级资质企业1家、三级资质企业5家，常年从业人数4000人，建筑施工产值7.1亿元，比上年增长15%；利税7000万元，比上年增长21%；劳务收入1.44亿元，比上年增长20%。石湫建设发展有限公司资质由二级升为一级。年底，全镇有商业网点1680户，当年新增80户，社会商品零售总额4.4亿元，利税9300万元。第三产业增加值4.95亿元，增长29.2%；税收2200万元，增长1倍以上，其中影视文化产业税收1200万元。

村镇建设。修编完善石湫镇2010~2030年总体规划，启动新一轮镇、村建设。完成新河北路以西、243省道以东区域，面积76.7公顷的集镇新区规划和新区安置区以及道路规划；完成老集镇石湫路和花溪路1300米的路面出新、绿化、亮化、下水道改造;明觉兴龙家园项目建成商住楼6000平方米;新建农村道路7.6公里,环山河下游高标准农田整治93.3公顷;完成土地增减挂钩工作,新增耕地面积10.4公顷;完成市投资的土地整理133.3公顷任务。生态环境不断改善。上方村、蟹塘村通过市级生态村创建验收;新增造林面积144.2公顷,完成绿色新村建设14个、农村改厕1376户、河塘清淤52座;完成上方中心村省级和塘头村市级村庄整治示范村创建工作。加强工业污染防治,万元工业增加值综合能耗同比下降5%。

【社会事业发展概况】 2010年,石湫镇注重社会事业发展,着力保障和改善民生,给人民群带来实惠。

改善民生。全年培训农村劳动力1560人次,新增就业岗位1380个,新增农村劳动力转移1821人;新增私营企业82家、个体工商户63户,新增民营注册资本9929万元;农民人均纯收入达10618元,比上年增长12.1%。提升农村保障水平,新增企业职工参加社会保险760人,实施"五险"同征3600人;新农保、新农合做到应保尽保,全镇新农保参保农民1.8万人;低保、五保家庭、优抚对象均无障碍进入新农合,新农合参保农民3.4万人。完成明觉敬老院改造,建立精神障碍人员保障基金,完成农村危房改造42户。

教育。2010年,全镇幼儿园(班)15所,其中镇中心园1所、村级园(班)14所,幼儿园在园数644人,幼儿教育工作者40人,教师学历达标率100%。有小学4所,其中中心校1所、完小2所、初小1所,在校学生1701人,有教职工146人(其中中级以上职称111人,比上年增加3人)。有初级中学2所,在校生1022人,教职工127人(其中中级以上职称108人)。投入40万元新建石湫中心小学塑胶跑道;投入34.2万元,添置教学设备,翻新改造幼儿园及中小学教学用房、食堂等;投入8.6万元为幼儿园及中小学配备流动保安人员及保安设备。获省级表彰的教师论文12篇,教师案例9个;获市表彰的教师论文3篇,教师案例3个。明觉中学升学率100%。石湫中学被评为南京市首批"推进素质教育示范初中学校",同时被确定为南京市实施小班化精品教育试点学校。全镇成人教育中心校1所,企业职工学校3所。全年技术培训2397人,颁发职业资格证书750本。

文化体育。整合多方资源,提档升级文化设施。全镇14个村,均建有图书室,图书量均超过500册,其中6个图书室超1000册。新建明觉村王母塘自然村农家书屋1个,实现农家书屋向自然村延伸。在镇文体中心新建文化服务点,"文化资源共享工程"通过省市验收。强化石湫龙灯、东泉马灯、九塘马灯3支民间文化队伍建设,筹建石湫民间器乐演奏队和县戏曲协会石湫分会。全年放映电影100多场,观众达1万人。利用江苏未来影视文化创意园落户石湫的有利条件,参与文化产业招商活动,全年引进文化企业10家。

卫生保健。全镇有卫生院2所,工作人员74人,其中卫技人员66人,中级职称26人、初级职称34人,设临床科室6个,辅助检查科室3个,床位40张,有500MAX光机、半自动生化仪、心电监护仪、心电除颤仪、B超机等设备,新建明觉卫生服务中心门诊综合楼,1月30日投入使用。新型农村合作医疗报销21.4万元。完善农民健康档案,建档约2.4万人,其中慢性病建档2495人。

计划生育。2010年,全镇人口出生率为5.8‰,人口自然增长率低于1.5‰,计划生育率达98.8%,3月、9月为近4万育龄妇女免费开展"RTI"(生殖道感染防治普查)工程服务,发放4万份宣传纪念品。推行农村独生子女家庭奖励制度,为861名独生子女参加独生子女保险。镇成立计划生育社会抚养费专项治理领导小组,集中开展抚养费征收专项活动。投入25万元,对服务站办公环境及各行政村"世代服务"服务室增添设备,优化服务平台。镇计生服务站被评为"全国计划生育优质服务示范站"。

【光明村、明觉村争先进位】 2010年,光明村、明觉村在市"百强村"排名中有较高提升,其中光明村列62位,与上年相比跃进34位,明觉村列第67位,与上年相比前移11位。明觉村进入县"十强村",列第7位。

【环山河综合开发】 2010年,打造农田灌溉、农业休闲观光、生态旅游、商务度假一体化新兴产业片区,编制环山河整体建设规划;综合整治河区生态环境,全线贯通王家庄、蚂蝗塘等地段12座小型水库河道,总长8.7公里;对环山河沿岸坝区进行除险加固,坝堤铺设沥青路面,绿化坡道,整治环山河下游高标准农田 93.3 公顷；以大项目带动，分步实施河区开发，项目注册资本 1200 万美元的唐宁文化产业有限公司落户，打造与江苏未来影视文化创意园相配套的影视文化旅游区。

石湫镇刀具产品展示厅　　石湫镇 供稿

【传统刀具、工具产业创新升级】 2010 年，全镇工业企业 400 多家。其中以工具、刀具、刀具模具、机械制造为主的刀具企业 200 多家，占全镇工业企业总数的 63%；刀具产业产值 18 亿元，利税 9000 万元，分别占全镇工业经济的 68.3%和66.7%。京宁牌、宁虹牌刀具通过省著名商标认定。华能冶金机械制造有限公司、宏伟屠宰机械制造有限公司、京宁工具制造有限公司 3 家企业产品被认定为市名牌产品。京宁、华能、巨力达生产的“铍直铜活扳手”“双面槽剪刀”“混凝土管柱金属端接扳”3 个产品被认定为市高新技术产品，获国家专利。华能、巨力达 2 家企业被分别认定为省、市高新技术企业。思索数控的主要产品数控系列铣床执行国家 3C 标准、欧洲 CE 标准，各项性能技术指标达到国内先进水平。

【引进江苏昊兴农业生态开发有限公司】 2010 年，由江苏昊兴置业投资(集团)有限公司投资成立的全资公司——江苏昊兴农业生态开发有限公司落户石湫镇。该项目注册资金 2000 万元，一期投资 3 亿元，用地约 110 公顷，主要从事农产品生产、加工、销售，林木花卉栽培，旅游观光和商务会议接待等业务。

【明觉卫生服务中心门诊楼落成】 石湫镇明觉卫生服务中心门诊综合楼建于 2008 年，2010 年 1 月 30 日建成使用。门诊楼建筑面积 1600 平方米，投资 210 万元。有床位 20 张，配有电子胃镜、彩色 B 超、500MAX 光机等设备，有效改善当地的诊疗环境。

【文化队伍建设】 2010 年，镇文体中心着力提升传统的石湫龙灯、东泉马灯、九塘马灯 3 支民间文化队伍素质，加大培训力度，做好新鲜血液的补充，提高演出质量和水平。其中，石湫龙灯圆满完成 2010 年乡村旅游节期间的各项演出任务。结合非物质文化遗产普查，挖掘民间文艺人才，整合资源，建成石湫民间器乐演奏队和县戏曲协会石湫分会两支文化队伍。

（焦君琴）

和凤镇

【基本情况】 和凤镇位于溧水县南部，东南与高淳县接壤，西临石臼湖，北与县洪蓝镇相临。宁宣高速、123 省道、104 省道贯穿境内。镇域面积 98 平方公里，有耕地 3246.7 公顷，水面 2000 多公顷，山坡地 1300 多公顷。2010 年，镇政府辖 11 个村民委员会，411 个村民小组，总人口 5.3 万。

【经济发展概况】 2010 年，镇生产总值 20.98 亿元，比上年增长 23.9%。其中第一产业2.84 亿元、第二产业 11.47 亿元、第三产业 6.67 亿元，分别比上年增长 11%、41%、和 18.5%；财政收入 1.6 亿元，比上年增长 26%，一般预算收入8900 万元，比上年增长 48%；完成工业总产值37.39 亿元、工业增加值 9.97 亿元、工业销售收入35.2 亿元，分别比上年增长 29.3%、32.1%和 28.5%；农民人均纯收入 10776 元，比上年增长13.5%。

工业经济。全镇新引进鹏奕包装、博乔电炉等项目 22 个，协议引资 10.4 亿元，其中千万元以上项目17个,总投资10.1亿元。列入县重点产业项目的21个项目,有13个项目竣工、投产。全年新增私营企业63户,个体工商户91户,比上年增长82%和10%。

农业经济。2010年,和凤镇被定为南京市农业“1115”工程实施试点镇,编制《和凤镇农业产业规划》,启动建设“万亩蔬菜、万亩茶叶、万亩苗木、万亩优质粮油、五千亩特水养殖”的“四万五千”现代高效农业园项目。万亩蔬菜产业园区,建成大棚蔬菜133.3公顷、露天蔬菜80公顷。全镇生态林新增面积238.1公顷,33个自然村村庄绿化;被列入省部级的2个万亩水稻、1个万亩油菜高产示范方通过验收。全镇新增农业土地流转133.33公顷;新增10家农民专业合作社和1家合作联社,举办创业农民培训班。6个村完成集体资产改制,成立乌飞塘等4个村的农村土地股份合作社。8月,乌飞塘村被列入市低收入农户整村推进项目区,毛公铺村被列入市农民创业主体工程培育项目,年底均通过市级验收。

建筑业、第三产业。全镇8家建筑企业,其中一级资质1家、二级资质1家、三级资质6家,常年从业人数6400人。通和、越商等为龙头的建筑、房地产业和新发展同兴钢结构等专业建筑企业,全年承接施工面积100万平方米,施工产值超10亿元,入库税收1700万元。获金陵杯3个、省文明工地2个、市文明工地8个。物流业彰显后发优势。新引进润新、虎华等3家海运公司和2家船务公司,水运物流业开票营业额4亿元,入库税收2500万元。金陵汽运集团第五分公司汽运物流业,年入库税金500万元。集镇较大百货商店、超市有25个,与上年相比增加5户。全镇第三产业总值6.67亿元,占镇生产总值的27%,社会消费品零售总额4.29亿元,比上年增长35%。第三产业投入7000万元,比上年增长35%,税收1.15亿元,比上年增长100.95%,从业人数达7031人。劳务输出8619人,年收入8000万元。沙塘庵粮食市场入园企业近30家,年粮油加工交易量30多万吨,年销售额8.7亿元。

村级经济。2010年,全镇11个村村均可支配收入165万元,比上年增长20%;村均固定收入54万元,比上年增长15%。骆山、乌飞塘等9个村在镇工业集中区建设标准厂房,毛公铺、双牌石等7个村沿宁宣高速新建高架广告牌,成为村级固定收入的亮点。孔镇、乌飞塘2个村发展大棚蔬菜基地133.3公顷;沙塘庵、中杨等3个村开发苗木基地666.7公顷,双牌石、孙家巷等4个村建设特种水产养殖基地333.3公顷,吴村桥村建设万亩优质粮油基地,各村形成“一村一业”、“一村多品”的新局面,全镇通过全面小康验收。

【社会事业发展概况】 2010年,和凤镇坚持统筹兼顾,协调发展社会各项事业。

通和建筑公司承接施工的建设工程　　和凤镇 供稿

教育。全镇中心幼儿园2所、村办幼儿园6所、村办班6个,入园儿童886人,入园率95%,幼儿教师50人(其中中级以上职称4人、初级职称3人)。中心小学3所,教学班63个,学生1593人,入学率、升学率均为100%,教职工175人(其中高级以上职称6人、中级以上职称128人)。初级中学2所,教学班30个,学生1350人,升学率98%,教职工144人(其中高级职称25人、中级职称56人)。和凤中心幼儿园通过省级标准幼儿园验收,和凤中心小学举办“诵读节”,和凤中学中考成绩继续保持在全县镇级中学领先地位。

医疗卫生。全镇卫生院3所,床位70张,医务人员60人;村社区卫生服务站9个,乡村医生28人。镇卫技人员中级以上职称15人。敬老院1所,入院老人30名。投入700多万元新建梁氏医院,病房楼面积1200平方米。投入100万元实施农村改厕,新建"三格式"化粪池2009户。全镇新农合参保率98%,享受最低生活保障1576人。

文化体育。广电事业加快发展,全年新增有线电视用户700户,新增光缆电缆3公里,有线电视"村村通"。全镇先后开展象棋、乒乓球、青年篮球等比赛,组队参加县首届农民运动会的8个项目比赛,篮球运球投篮项目获全县第一。11月,镇成立文学艺术界联合会。

集镇建设。完成凤凰路中间绿岛、凤凰广场绿化、人行道、路牙更新建设;拓宽改造凤凰路二期和123省道集镇段,新建雨污管网和双牌石集镇垃圾中转站;5月,完成乌飞塘、孔镇等5个村的村庄整治,双牌石唐邵村、孔镇村率先通过验收;8月,新建吴村桥、毛公铺村生活污水处理设施。加强集镇市容长效管理,重点整治集镇脏乱差迹象,完善垃圾收、运一体的处理模式。

维稳工作。镇完善矛盾纠纷调处机制,扎实推进三项排查,镇、村两级受理矛盾纠纷182件,调处成功率100%。加强社会治安重点地区整治,完善重点地区监控设施建设。9月,"法治和凤"、"平安和凤"创建通过省市验收,获市"先进法治镇"和市"综治规范化建设"先进单位。

社会保障。投入20多万元,改造镇敬老院食堂,完成52户危房改造,全镇所有低保户、五保户无障碍纳入新农合。党员干部开展结对帮扶活动,节日慰问受困对象3000余人次,发放救助、帮扶款近80万元。新型农村医疗保险参保率100%,农民医疗费年报销额达808万元,农民养老保险全覆盖。就业、创业培训1500余人,新增就业岗位1160人,转移劳动力2200余人。2010年,计划生育率保持98%以上,镇村"世代服务"阵地打造全覆盖,完成社会抚养费征收工作。

群团工作。2010年,镇新增市、县工会"先进职工之家"各1家,镇工会获省"六好乡镇工会"称号。4月,创建大学生村官科技创业基地,开展创业大赛。7月,开展青年"青春交友"和"好婆婆、好媳妇"评比等活动。吴村桥村创建省级"留守儿童快乐家园"。7月汛期,组建的民兵应急分队抗洪抢险。

【江苏三叶园林种苗有限公司】 公司成立于2009年11月,注册资金2000万元。至2010年,公司有各类技术管理人员100余名,投资近1.5亿元,在孔镇、中杨、乌飞塘、毛公铺、沙塘庵5个村建成苗圃基地766.7公顷,形成6种开花小乔木及10余种菜叶乔木产品规模化生产基地,大小苗木约7万株,品种有女贞、榉树、香樟、无患子、合欢、黄山栾树、樱花、紫薇等。

【组建溧水县华成蔬菜专业合作社】 6月,和凤镇驻无锡服务部党支部书记路晓华,带领17位回乡菜农,创办溧水县华成蔬菜专业合作社、在和凤镇乌飞塘村东南面租赁土地34.3公顷,投入资金

世博园中国馆对面人行道及亚洲广场"绿岛"的株树由江苏三叶苗木公司提供

《秦淮源周刊》供稿

华成蔬菜专业合作社生产的蔬菜装车外运　　和凤镇 供稿

448 万元，建大棚 32 公顷，铺设自来水管道及电力线路 610 米，做砂石路 845 米，引进新品种10个，举办技术培训 5 期，培训 180 人次。与天津宏丰蔬菜研究所合作，开发特选黄嫩西芹新品种，与无锡蔬菜种子有限公司合作开发"大青叶莴苣"，产品投放市场后受消费者喜爱。（杨连杰）

晶　桥　镇

【基本情况】 晶桥镇位于溧水县城东南 22 公里处，总面积 135 平方公里，东邻溧阳，南接高淳，境内新桥河由东向西贯穿全境。丘陵面积占总面积的85%，耕地面积 3255 公顷，其中水田 2878 公顷，林地面积 3.74 万公顷，是南京市林业重点镇。2010 年，镇政府辖 12 个村民委员会，105 个村民小组；新桥、杭村 2 个居委会，总人口 3.82 万人。

【经济发展概况】 2010 年，镇生产总值 20.33 亿元，比上年增长 12.7%；财政收入9720 万元，比上年减少 0.24%；一般预算收入 5003 万元，与上年持平；农民人均纯收入 10824 元，比上年增长 12.8%。

农业经济。新增高效农业面积 288 公顷，设施农业面积 88 公顷，新增高效渔业面积 133.3 公顷，新增造林绿化面积 92 公顷。农业总产值 3.95 亿元，增长 11.9%。粮食 3.01 万吨，油料 3691 吨，水产品 2310 吨，家禽 87.62 万只，生猪 4.88 万头，牛 170 头，羊 2100 只，其他经济作物 5.97 万吨。新思维公司列为市后备龙头企业，推进仁恒园林、逸程农林等生态农业观光项目建设；"晶湖"特种水产、"盛世湫湖"青壳蛋、"剑茗"绿茶、"石泉"大枣等无公害基地和产品得到认证；新增周庄、王村、天鹤 3 家股份合作社和水晶社区股份合作社，合作社累计 31 个；农田水利建设投入 275 万元，水库除险加固 1 座（象山），修建当家塘坝 33 座，清淤治理河道、渠道8.2 公里，二级撇洪沟 5 公里，完成土石方 72 万立方米；新桥河治理工程 8 月开工，计划工期 9 个月，完成土方 88 万立方米；土地复垦 20.7 公顷、净增耕地 23.7 公顷，土地增减挂钩 3.4 公顷。

工业经济。全镇企业 107 家，职工 6510 人。工业产值 53.5 亿元，增长25.1%；销售收入 52 亿元，增长 33.5%，增加值 11.7 亿元，增长 7.2%；利税 2.5 亿元，增长60.8%。拥有南京云海特种金属有限公司、南京华晶集团，江苏汉天水泥等 27 家规模企业。出口产品 10 个，远销欧洲、美国、日本、新西兰、韩国和东南亚地区。华晶公司取得对甲酚产品欧盟 REACH 注册证书。欣飞汽车内饰件项目、汉天水泥低温余热发电、华晶对甲酚扩能、海正一期扫尾工程、庆楷新型密封建材、云开金属中间合金、观山塑料编织扩产 7 个重点工业项目竣工投产；云海金属、晶美化学、九龙化工、观山化工等企业节能减排技术改造和船舶配件企业扩产技改等 18 个项目竣工。全年工业固定资产投资 10 亿元，比上年增长 11%；全社会固定资产投资 11 亿元，比上年增长 9.2%。重点开展驻点招商、产业链招商和以商招商，华今塑业、无锡荣达、晶桥能源、仁恒园林等 15 个项目相继落户，海正二期，崇明冶金、汉天粉末、南京贝斯特、鼎润金属等项目跟踪落实。全年合同利用外资 682 万美元，增长 36.4%；实际利用外资170 万美元，增长 32.1%；实际利用内资 7.6 亿元，增长 10.2%。

建筑业。全镇建筑企业 4 家，天泉公司拥有一级资质，并逐步向房地产转型；云鹤建设晋升二级资质；天鹏、盛金为三级资质。常年从业人员 3000

人。承接施工面积 90 万平方米，入库税收 1299 万元，获得金陵杯 4 个、省文明工地 2 个、市文明工地 8 个。

第三产业。全镇个体工商户 1956 户，新增132户。社会消费品零售总额 3.99 亿元，增长21%；商业开票销售收入 0.98 万元，第三产业投入5280 元。

基础设施建设。审批发证农居民建房 27 户，建筑面积 5677 平方米；投资 650 万元，扩建敬老院住宿楼 1250 平方米；改造中心小学教学楼 2540 平方米；改造卫生院病房楼1300 平方米；投资 860 万元，建成占地面积 5300 平方米、日处理能力 2000 吨集镇生活污水处理厂，铺设集镇和观山工业集中区污水管网 2600 米；投资 430 万元建成观山工业集中区及集镇安泰西路道路 1850 米，建农村水泥路 3700 米；投资 420 万元，扩建杭村自来水厂工程，日生产能力升至 5000 吨，改造水管网 2000 米；投资 300 万元，修建 5 个村庄的水泥路和公厕。

【社会事业发展概况】 2010 年，该镇全面开展“平安晶桥”、“法治晶桥”、“文明村镇” 创建工作，社会各项事业加快发展。

教育。全镇有中心幼儿园 1 所、村办幼儿园 1 所、村办班 6 所，入园儿童 669 人，入园率 95%，幼儿教师 35 人（其中高级职称 2 人、初级职称 6 人)。中心小学 1 所、村级完小 3 所，教学班 43 个，学生 1293 人，入学率、升学率均 100%，教职工 151 人(其中高级职称 3 人、中级职称 126 人)。初级中学 2 所，教学班 21 个，学生 651 人，升学率 98%，教职工 102 人(其中高级职称 17 人、中级职称 46 人)。2010 年，镇中心幼儿园通过市合格幼儿园提升工程验收。晶桥中心小学获得全县小学教育教学成果优秀奖。小班化教育教学日趋规范，成效显著。参加市科技创新大赛获一等奖 3 项、二等奖 4 项，代表县参加市射击大赛获女子团体冠军，男子团体季军。中心小学投入 350 万元进行教学楼改扩建工程，投入 40 万元铺设塑胶跑道。晶桥中学投入 31.5 万元，铺设塑胶跑道 300 米并维修部分教学楼。镇成人教中心校举办各类培训班 50 期，8782 人受训。10 月 20 日，镇社区教育中心成立并通过市验收。巩固原有 8 个文化平台，完善 12 个村的图书室建设；组队参加县首届农民运动会和第四届“老有所乐”老年运动会，分别获团体第四名和冠军；电影下乡放映 160 场，剧团演出传统剧目 120 余场；架设电线光缆 1.5 公里(累计 63 公里)，开通光接点 1 个(累计 32 个)，全镇实现有线电视“村村通”，新增有线电视用户 520 户(累计 7920 户)，入户率 68%。

计划生育。2010 年，镇开通计生专用网络，实行网络信息“村村通”工程，共录入计生信息 3.94 万条，计生管理与服务水平得到提升；开展“婚育新风进万家”、“新农村、新家庭”等活动，举办计划生育培训 85 期，受训6800 人，发放各类知识卡片 3 万份；签订《流出人口计划生育管理合同》586 份，《流入人口计划生育管理合同》385 份，签字率 96%；实行计划生育家庭奖励扶助政策，205 人获得奖励。是年，人口出生率 6.8‰，计划生育率 98.5%。镇计生协会被市计生协会命名为“生育关怀”先进集体。

医疗卫生。2010 年，全镇卫生院 1 所，床位 40 张，医务人员 30 人，村社区卫生服务站 8 个，乡村医生 25 人，全镇卫技人员中级以上职称 11 人。投入 150 万元改建晶桥卫生院病房楼 1200 平方米。投入 60 万元，进行农村改厕。全镇新农合参保率 99.23%，受益 10.94 万人，全年报销医疗费748.5 万元。

社会保障。2010 年，全镇新增就业岗位 1128 个，城镇人员再就业 336 人，农村劳动力转移 1816 人，技能培训 309 人。净增企业社会保险 757 人，新农保参保 330 人，续保 1.35 万人，续保率 98.3%。新发粮食直补、农资综合补贴、汽车和家电等财政补贴645 万元，低保户保障金192.33 万元，优抚保障金144 万元，五保老人保障金 59.7 万元。改造危旧房45 户，落实“阳光助学”资金 102.6 万元，安置 20 名残疾人就业。开展“机关干部进农家”主题实践活动，落实资金 3 万元。

【村级经济增收加快】 组织实施村级标房建设，开展结对帮促，村企挂钩和村级招商。因地制宜发展村级经济，村级可支配收入达 1568.9 万元，比上年增长 20.5%。芝山村连续 7 年进入市 “百强村”行列，2010 年列第 61 位。

【汉天水泥一期工程达产达效】 江苏汉天水泥有限公司，2007 年 7 月落户晶桥镇。该企业总投资 10.5 亿元，占地 34 万平方米，厂房 10 万平方米，建成二条 4500T/D 新型干法水泥熟料生产线，改

汉天水泥一期工程　　晶桥镇 供稿

造纯低温余热发电技术。2010年10月正式投产，全年完成熟料产量156.4万吨，销售收入3.63亿元，净利润2300万元。

【246省道晶桥段开工建设】 3月，246省道晶桥段开工建设。一期工程5.63公里，拆迁户10户，征用土地26.3公顷。其中，耕地8公顷、经济林地4.5公顷，养殖水面2.2公顷，迁坟100座。5月，地面清表工程结束，12月，路基工程全面贯通。

【实施土地增减挂钩】 2010年，镇国土资源所加大土地复垦力度，实现用地占补平衡。选择孔家和云合山行政村的2个自然村实施土地增减挂钩。拆建农村居民45户，拆除面积1.09万平方米，项目实施面积3.6公顷，新增耕地面积3.4公顷。

【环境保护】 2010年，该镇不再引进化工类企业，开展化工类企业ISO 14000环境管理体系认证和清洁生产审计。观山工业集中区企业排水实行雨污分流，污水管网接入污水处理厂，确保100%达标排放，依法关闭达标无望企业7家。组建20人市容管理队伍、114人保洁员队伍，以治理"脏、乱、差"为重点，开展镇村环境整治。集镇主干道新改建公厕6个，垃圾屋10个，垃圾池20个，垃圾箱80个；全镇12个村修建公厕80个，垃圾屋102个，垃圾池240个，改造标准化"三格式"化粪池1009个，填埋露天粪坑7000个，农村卫生厕所普及率95%，垃圾无害化处理90%，整治5个自然村环境卫生，绿化21个村庄；推进环境优美乡镇，省级生态村创建，笪村被确定为2010年省农村环境综合整治示范村。

【晶桥污水处理厂竣工】 2010年11月，晶桥集镇生活污水处理厂竣工。该项目2009年5月启动，投资500万元，占地300平方米，选购二套硅藻泥式污水处理设备，日处理生活污水2000吨，达到一级排放标准。

【改建晶桥中心小学教学楼】 晶桥中心小学原教学楼由于质量问题，存在安全隐患。2010年8月，投资350万元，拆除重建。新教学楼设计三层18个教室，建筑面积2540平方米。云鹤建设有限公司中标承建，工期10个月。　　(高寿友)

人物

Ren Wu

县妇联 供稿

新闻人物

马　兵

南京消防支队溧水县中队副中队长。2010年，在人民网“人民盛典暨责任中国”年度评选中，入选全国“十大责任公民”，被省公安厅表彰为首届“江苏省十大爱民警察”。

1979年10月出生，安徽含山人，中共党员，武警中尉警衔，1998年12月入伍。入伍以来，他先后参加各种火灾扑救和抢险救援任务1600余起，营救遇险群众150余人，先后荣立三等功3次，受到各级嘉奖20余次。

2008年四川汶川特大地震发生后，他冒着余震不断、山体滑坡等危险，肩扛手担救援器材穿梭于各个救援现场，与战友们配合，抢救出幸存群众17名，成为江苏消防地震救援队的“救人状元”。党中央、国务院、中央军委授予“全国抗震救灾模范”称号，公安部授予“抗震救灾尖兵”称号，团省委等8家单位联合表彰他为第二届江苏省杰出青年消防卫士。2009年公安部消防局评为公安消防部队优秀共产党员，省政府授予“江苏省青年五四奖章”。2010年，担任溧水县消防中队副中队长后，指挥交通事故抢险救援20多起，救出受困群众30多人，先后被市政府授予“南京市杰出青年”、“南京市好市民”称号。

（尤象红）

马红松

江苏南京黑玉特种家禽养殖专业合作社理事长，2010年6月被中国农村劳动力资源开发研究会、中国扶贫基金会、国务院发展研究中心联合授予第九届全国“创业之星”称号。

1964年12月出生，江苏省溧水县人，高级农艺师。他长期从事种、养殖业产品与技术开发、主持相关企业管理工作。主持“中华黑羽乌鸡引种繁育”等农业科技研发项目，创办南京黑玉特种家禽养殖专业合作社、溧水绿宝果蔬专业合作社等民营科技企业5个，建成青壳蛋鸡生态养殖示范基地4个，发展青壳蛋养殖户600多户，年青壳蛋鸡存栏20万只，户均年增收4000余元；建成设施果蔬栽培基地134多公顷，引进推广草莓等果蔬新品16个，发展科技示范户100多个，辐射带动种植户2000多个，农户年增收4000多万元，二次分配社员返利累计300万元。先后被授予“南京市劳动模范”、“国家星火科技二传手”、“江苏省百佳农产品经纪人”等称号。

（刘银保）

刘世柏

江苏南京博士牛生态农业有限公司董事长、南京神牛栀子专业合作社理事长，2010年6月被中国农村劳动力资源开发研究会、中国扶贫基金

会、国务院发展研究中心授予第九届全国“创业之星”称号。

1961年7月出生，江苏省溧水县人，中共党员，高级经济师。他长期从事农村经济管理、种植、农产品精深加工与技术开发和推广工作。组建江苏省永阳农业资源开发科技园区和栀子精深加工产业化生产基地。先后主持国家星火计划《栀子精深加工及产业化开发》等多项农业科技研发项目，创办南京神牛栀子专业合作社、南京米乐生物科技有限公司等民营科技企业5个，创建省级农业资源开发科技示范园1个、栀子精深加工基地1个，建成温室高档花卉和设施果蔬栽培基地13.4公顷、栀子标准化种植基地201公顷，先后引进推广花卉苗木、栀子、草莓等新品种30多个，直接带动种植户2000多户，农民户均年增收8000余元；栀子精深加工带动基地面积1333公顷，辐射带动种植户5000多户，农民年增收3000多万元。先后被授予“南京市劳动模范”、“江苏省创业之星”、“第八届全国创业之星”等称号。（李旺盛）

吴红月

溧水县政协副主席、人口和计划生育局局长。2010年12月，被国家计划生育协会授予“全国计划生育协会先进个人”称号。

1957年11月出生，江苏宜兴人，1980年3月参加工作。自2005年1月调任县人口计划生育局局长、县计划生育协会常务副会长以来，重视县基层计生协会组织建设，参与县企业计生协会和流动人口协会建会工作。2010年，组织开展生育关怀志愿服务体系建设，动员县协会会员投身于村(居)民计生自治工作，开展“我为协会尽责任，我为国策做贡献”活动；推进人口计生工作“人性化”服务。在她的领导下，全县计生协会队伍不断壮大，组织更健全，制度更完善，活动更趋经常化，县先后获得“全国计划生育优质服务先进县”、“全国计划生育科技工作先进集体”、“江苏省人口和计划生育工作先进县”、“江苏省人口计生系统先进集体”、“全省人口计生科技工作先进集体”等称号。她本人多次被评为省、市“人口和计划生育工作先进个人”、“南京市妇女儿童工作先进个人”等。（刘　容）

姚　荣

县永阳镇城郊村村民委员会副主任兼治保调解主任。2010年6月，被司法部授予“全国模范调解员”称号。

1978年1月出生，江苏溧水人，1996年12月入伍，2000年复员返乡。2003年起担任永阳镇城郊村村委会治保调解主任。2008年，在全县创建国家级卫生城中，他的足迹踏遍全村20多个自然村，化解农村邻里和社会矛盾纠纷50多起，使全村卫生面貌较快改变。当年，他所在村被省、市、县评为卫生村和文明村镇。村里修路牵涉到少数村民切身利益，矛盾纠纷不断，他担起全村大小20多条通道修扩建中矛盾化解任务，路修到哪矛盾就化解到哪。中宁锻造企业与村民迁坟发生纠纷，他多次主动上门调解协商，最终化解矛盾。近年来，城郊村综合实力跃为南京市百强村前15名，被国家命名为社会主义新农村建设明星单位，获“全国敬老模范村”、“省级民主法治示范村”、“省级平安创建先进集体”、“民主自治管理示范村”等称号。他多次被评为市人民调解工作先进个人。（芮强武）

戴作新

县实验小学退休教师。2010年6月被中国关心下一代工作委员会、中央精神文明建设指导委员会授予“全国关心下一代工作先进工作者”称号。

1929年11月出生，辽宁绥中人。1984年11月退休后加入县关心下一代协会，被人民法院聘为青少年庭陪审员。她把帮教失足青少年当做教师责任的延续。2003年10月，县关心下一代工作委员会聘为县关心下一代特邀指导员。在多次陪审中，亲眼目睹一个个花季少年因种种原因走上犯罪道路，远离亲人和社会，被关进高墙深院，她非常痛心惋惜。退休以来，她跑遍周边省内几十个监狱和看守所，多次深入失足青少年家庭，参与帮教青少年40余人。她经常到少管所看望失足青年，和他们促膝谈心，送去学习和生活用品，一次次写信教育他们自尊自强，弃恶从善，重新做人，累计寄出帮教书信500多封。在一次次帮教中，她尊重人格，用爱心和亲情对那些失足青少年给予理解和尊重。她精心设计帮教方案，动之以情，晓之以理。“精诚所至，金石为开”，在她的真情感化下，8名劳教青年提前释放。她本人多次被评为市、县关心下一代工作先进个人，2007年获江苏省刑释解救人员安置帮教工作先进个人。

（曾　保　葛庆海）

逝世人物

崔业淮

原溧水县人大常委会副主任，离休干部，因病于2010年8月16日10点55分在溧水县逝世，享年84岁。

男，汉族，1927年11月28日出生，江苏海安人。1942年6月参加革命工作，在抗日民主政府泰北办事处工作，1944年10月在紫石县(即现在的海安县)财经局工作，1945年5月加入中国共产党，同年8月到泰县姜埝区工作。1948年2月在泰县财经局工作，1949年3月在江南干校工作，并随军南下，4月到无锡市粮草供应总站工作，6月在苏南行署粮食局会计训练班任教，9月在江宁县粮食局工作。1951年在华东局粮政研究班学习，8月任江宁县粮食局副局长。1954年5月任镇江专署粮食局股长，1955年8月任中共江苏省委财贸部秘书，1961年3月任溧水县东庐公社党委副书记，1962年8月任中共溧水县委监察委员会副书记，1964年3月任县级机关党委书记，1970年2月任县林场革委会党核心小组副组长，1973年4月任县化肥厂革委会副主任、党总支副书记。1975年8月~1981年2月，任县委组织部副部长，1981年2月任县委组织部部长，同年9月任县委常委。1978年7月~1984年1月，兼任县纪律检查委员会副书记。1984年1月经市委提名，5月任县人大常委会副主任。1987年3月离休。

崔业淮，一生朴实耿直，在党的培养和教导下，由一名普通的农民儿子成长为一名领导干部，特别是1945年加入中国共产党后，他坚定共产主义信念，在长期的革命斗争过程中，始终拥护党的领导。解放后，他密切联系实际，团结群众，勤奋工作，为地方经济建设和发展，做了大量卓有成效的工作。在任县委组织部部长期间，他认真贯彻落实中共十一届三中全会精神，全面纠正过去特别是“文化大革命”中“左”的错误，大力平反冤假错案，落实干部政策，有力调动党员干群的积极性。1984年任县人大常委会副主任后，他认真学习研究人大工作的有关业务和各项方针政策，在推进民主法制建设、完善人民代表大会制度、依法履行监督职责等方面做了大量富有成效的工作，为推进依法治县进程作出了积极贡献。　（蒋红松）

大事记

Da Shi Ji

《秦淮源周刊》供稿

2010年

1月

1日

溧水县新型农村合作医疗保险实行持卡就诊,即看即报。

3日

洪蓝镇明确2010年为民办实事10项重点工程。一是综合治理金牛山矿山,开工建设占地14万平方米的金牛山生态公园;二是实施集镇整治提升工程;三是实施天生桥河集镇段1.15公里河道水环境治理、集镇防洪工程;四是完成1560平方米的综合服务大楼建设;五是启动镇企服务中心大楼建设;六是实施农民健康工程,抓好农村改水改厕工作;七是新增有线电视600户;八是实施中小学校园环境整治提升工程;九是完成村庄环境综合整治5个、村庄绿化25个、村级污水处理工程1个;十是升级改造农村公路5公里。

东屏镇中心档案室档案工作通过省级测评,达到省一级档案室标准,成为全县七镇一区首家"三星级"档案室。

县经济开发区航空产业园被省商务厅批准为省级特色产业园。

县环卫所连续第4年获"南京市金牌环卫所"称号。

4日

市发改委、人民银行南京分行营业部和县政府共同举办2010年溧水县银企对接签约活动,市、县20家金融单位为溧水县208家企业的255个投资项目签约68.23亿元信贷资金。

5日

县第八届政协委员会第三次会议在县级机关礼堂举行,7日结束。

6日

县第十四届人民代表大会第三次会议在县级机关礼堂召开,8日结束。

8日

县文化局、烟草专卖局、洪蓝镇被江苏省全面推进依法行政工作领导小组办公室授予省级"依法行政示范点"称号。

9日

2009年中国"十大责任公民"评选结果揭晓,南京消防支队溧水县中队副中队长马兵榜上有名。

10日

永阳镇明确2010年为民办8件实事,分别是:教育设施建设工程、国家卫生县城创建工程、农村改水工程、农村道路建设工程、农业基础设施建设工程、农村环境提升工程、农民增收工程、农村社会保障工程。

由南京市溧水县常力蜂业有限公司建设的溧水出口蜂业示范基地,通过江苏省农委和省出入境检验检疫局的实地验收考核,被认定为省级出口农产品示范基地。常力蜂业基地是江苏省蜂业行业唯一一家蜂蜜出口基地,也是南京市唯一一家农产品出口示范基地。

南京市经济委员会授予和凤镇"食品加工制造业特色名镇"称号。

洪蓝镇文体中心被省文化厅评为"江苏省优秀文化站",全县仅此一家。

12日

溧水县被省语言文字工作委员会认定为"江

苏省语言文字工作评估达标县”。

14 日

市政府促进就业委员会专家组到溧水县检查验收充分就业县创建工作。专家组充分肯定溧水县创建工作的有效做法和取得成绩。

意大利国家第三大电视台“LA7”农业经济栏目记者法兰切斯卡女士一行,专程到溧水县考察采访现代农业、养殖业及农副产品加工业发展情况。

18 日

由市打假办以及市公安、质监等部门组成的督查组,到溧水县督查春节期间熟食制品专项整治工作情况。

19 日

总投资 1.5 亿元,建筑面积 3 万多平方米的四星级酒店——一品骊城酒店综合楼在县经济开发区开工建设。

省政府名牌战略推进委员会发布公告,溧水县 8 家企业产品获“2009 年江苏名牌产品”称号。

南京飞燕活塞环股份有限公司获“2009 年度江苏省质量奖”,是南京市机械系统唯一获得者。

21 日

省政府太湖流域水污染治理工作检查考核组到溧水县检查考核 2009 年目标责任完成情况。至 2009 年 12 月,省政府下达给溧水县太湖流域水污染治理目标 7 项任务全部完成,部分指标超过考核目标要求。

22 日

县委召开全县政法工作会议,总结 2009 年工作,部署 2010 年工作任务。县委书记项雪龙在会上要求全县政法机关与时俱进,不断提升标杆,打造一支素质过硬的政法队伍。会上,“十佳政法干警”、“平安溧水”和“法治溧水”建设先进集体和先进个人受到县委、县政府表彰。

省建设厅检查考核组检查考核溧水县全面小康社会建设达标情况,一致认为,溧水县城区绿化覆盖率和城镇人均拥有道路面积两项指标,符合考核要求。

市“水稻+N”种植制度推广土豆种植现场会在溧水县召开,与会人员实地参观溧水县华成蔬菜专业合作社土豆种植基地建设现场。溧水县初步落实“水稻+N”新型种植模式总面积 1100 公顷,其中和凤等镇落实“水稻+土豆”355.1 公顷、白马镇“水稻+有机蔬菜”67 公顷。

23 日

省委常委、市委书记朱善璐到溧水和凤镇、洪蓝镇,调研发展郊县农业经济、推进城乡统筹一体化建设情况,实地考察和凤镇三叶园林苗木基地和农民创业园、洪蓝镇绿星设施农业园、傅家边草莓园。

25 日

县委、县政府在县级机关礼堂召开全县领导干部警示教育大会,通报 2009 年以来全县反腐案件查处情况。2009 年,全县立案查处副科级以上领导干部 12 人。县委书记项雪龙在会上发表讲话。会议对全县领导干部提出“加强党性修养,保持清正廉洁”的要求。

26 日

县委、县政府决定,2010 年春节,给部分年满 70 周岁的老年人,发放一次性老年慰问金。

27 日

来自省内外十多名著名诗人、作家、画家、书法家齐聚溧水,为第五届中国南京溧水草莓文化节挥毫泼墨、吟诗作画,为草莓文化节预热。

28 日

全县人口和计划生育工作会议召开。总结 2009 年工作,部署 2010 年任务。副县长蒋晓芬代表县政府同镇区及有关部门负责人签订 2010 年计划生育目标管理责任书。

2 月

1 日

县委、县政府召开全县重点骨干企业负责人座谈会,县长姜明通报 2009 年全县各方面工作取得的成就以及 2010 年奋斗目标和工作安排。

县消防大队组织官兵开展春节消防安全检查,消除安全隐患,确保广大群众过一个平安祥和的春节。

总投资 8000 多万元,落户和凤镇工业集中区的江苏嘉泰蒸发结晶设备有限公司正式投产。

4 日

市委、市政府表彰 2009 年度社会主义新农村建设夺杯竞赛优胜单位,溧水县获“发展杯”金杯、“和谐杯”铜杯,永阳镇获“发展杯”银杯,和凤镇获“和谐杯”铜杯。

县政府集中分配和发放2009年度廉租房、经济适用房和租赁补贴,150户困难家庭拿到廉租房和经济适用住房新房钥匙。

5日

县四套班子领导分10个慰问小组,深入全县各地,对驻溧部队、公安干警、部分特困企业、困难职工、农村老党员、困难党员、低保户和优抚对象等进行春节慰问。

7日

由国际休闲产业协会、中国人民大学休闲经济研究中心等单位推出的“最具发展潜力”休闲城市和休闲产业品牌揭晓,全国有28个城市和单位入选,溧水县被评为全国最具发展潜力的国际休闲目的地。

溧水县顺利通过2007~2008年度全国科技进步考核。

溧水县顺利通过省教育现代化建设水平评估。

8日

县工商部门组织执法人员,进入超市、农贸市场、食品店,检查各类食品质量,确保消费者购买到放心食品。

9日

溧水县被住房和城乡建设部命名为“国家园林县城”。

县政府组织开展全县安全生产大检查活动,确保全县春节期间安全生产无事故。

全县地方税务工作会议召开,会议总结2009年工作,部署2010年任务。2009年全县各项收入11.7亿元,比上年增加2.41亿元。

南京宝生园果蔬专业合作社农业项目在洪蓝镇举行签字仪式。该项目位于傅家边现代农业园内,占地46.9公顷,总投资6500万元。

10日

县政府召开全县工业经济暨环境保护和安全生产工作会议,会议提出:2010年全县要继续深入实施“工业立县、环境优先”发展战略,促进工业经济加快转型,促进优势规模企业加快发展。会上,副县长部伦浩同七镇一区负责人签订2010年工业经济、环境保护、安全生产责任书。

和凤镇双牌石邮政储蓄营业部正式对外营业,至此,邮政储蓄营业网点七镇一区全覆盖。

21日

县委、县政府召开全县2009年度建设全面小康社会总结表彰大会。大会宣读《中共溧水县委、溧水县人民政府关于命名表彰2008-2009年度文明行业、文明单位、文明村镇、文明社区的决定》和《中共溧水县委、溧水县人民政府关于表彰溧水县2009年度建设全面小康社会先进单位和先进个人的决定》。

县珍珠桥农贸市场通过商务部专家组验收,被评为国家级绿色农贸市场。该农贸市场经营面积7000平方米,摊位669个,经营户130家。

县傅家边农业科技园,通过省四星级乡村旅游点验收。

22日

溧水县“2010年新春首场大型用工招聘会”在县人力资源市场招聘大厅举行,126家招聘企业为求职者提供5700多个就业岗位。

23日

县委、县政府召开全县建筑业工作会议,总结2009年工作,部署2010年任务。会议提出,2010年全县建筑业要大力实施“科技攻关年”活动。2009年全县建工企业施工产值81.5亿元,比上年增长27%,施工面积850万平方米,增长25%,上交税收2.2亿元,增长7%。会议表彰2009年度建筑行业先进单位和先进个人。

全县国土资源工作会议召开。会议提出,2010年全县土地利用工作将坚持建设用地总规模不增加,耕地总量不减少,基本农田面积不减少的原则,确保县经济开发区工业项目建设用地需求,确保全县农田保护面积不减少,质量不下降。

25日

县委、县政府召开全县软环境建设暨机关作风建设大会,总结2009年全县软环境建设和机关作风建设情况,部署2010年工作任务。会上宣读《溧水县机关作风和行业建设工作领导小组关于表彰2009年“县级机关作风建设先进科室”的决定》。

全县城市管理工作会议召开。

26日

县政协理论与实践研究会、县政协文史研究会同时成立。

27日

2010年第十届南京溧水梅花节暨“秦淮源头最美乡村自驾游”和“南京万名游客祈福启新溧水游”在傅家边梅园开幕。上万名海内外客商、专家学者及游客前来踏青赏梅,一览溧水风光。

3月

1日

县经济开发区中心幼儿园被市教育局确认为“南京市优质幼儿园”，全县21家幼儿园获此殊荣。

4日

县委、县政府举行纪念“三八”国际劳动妇女节100周年表彰大会。会上，副县长陈小冬宣读县第三届“十佳创业女明星”和县2009年度“巾帼文明岗”表彰决定。

5日

来自县实验小学、县人民医院、县供电公司等300多名志愿者以及驻溧部队上百名官兵走上街头，开展学雷锋做好事活动。

6日

第五届中国（南京·溧水）草莓文化节暨'2010南京“春之都”休闲农业游开幕式在溧水傅家边农业科技园梅花广场举行。中国草莓学会会长张运涛、市委副书记陈绍泽、市人大常委会副主任张铭生、副市长陈维建、市政协副主席俞明、县委书记项雪龙、县长姜明等出席开幕式。来自海内外近千名游客齐聚傅家边，品草莓、赏美景，一览溧水好风光。开幕式上举行“相约草莓园”大型文艺演出。开幕式结束后，举办草莓专家论坛与学术交流活动。

县职教中心成功晋级江苏省四星级中等职业学校。该校现有省级示范专业3个，省级课改实验点1个、省级实训基地2个。

8日

县妇联、总工会、劳动和社会保障局等部门，联合举办“庆百年三八，春风送岗位”妇女用工专场招聘活动。

2010年中国优质草莓评比结果在溧水县揭晓，溧水县选送的89个草莓样品，获得3个金奖、4个银奖。

两艘总价值70万元的豪华画舫游船，在天生桥风景区胭脂河内启航接待游客，为游客浏览“小三峡”观赏天生桥提供服务。

县傅家边农业科技园推出“市民种树，优惠游园”活动，至3月31日结束。

9日

县法制宣传领导小组聘请85名大学生“村官”担任新农村建设法制教育宣传员。市司法局将这一创新方式在全市推广。

10日

市绿化委组织南京市近1500名机关干部到和风镇工业集中区开展义务植树活动，为溧水县争创国家生态县添绿增色。

县文化局被省文化厅表彰为“2009年度全省文化市场行政执法先进单位”。参评的行政处罚卷宗（2009年度宁溧文市网字第004号）获得年度全省文化行政处罚案卷评比二等奖。

11日

在第32个全民义务植树节到来之际，县四套班子领导及县级机关事业单位干部职工、志愿者400多人，到无想寺水库新建的环湖路边开展义务植树活动，为生态溧水建设打造亮丽的风景线。

12日

市委常委、政法委书记杨植率市有关部门负责人到溧水调研政法工作和经济社会发展情况，实地考察和凤镇大调解中心、傅家边农业科技园、城南新区体育公园、南京金鑫传动设备有限公司、南京云海特种金属股份有限公司。

13日

南京—巴塞罗那全球物流有限公司与县经济开发区签署正式协议，在溧水航空物流国际社区内规划建设国际物流园10.45公顷，成为首个在国际社区落户的国际物流公司。

省旅游局授予傅家边现代农业园“江苏乡村旅游精品创建试点单位”称号。

15日

县委召开全县纪检、组织、宣传、统战工作会议，总结2009年全县党建工作，部署2010年工作任务。县委书记项雪龙在会上发表讲话，就全县党建工作提出具体要求。

县关工委在退教协会高考补习学校举行“和基爱心助学金”首发仪式。基金出资人苏州和基投资有限公司董事长张和清，县关工委副主任曹玉华，县教育局局长毕咏慈、副局长彭旺等出席仪式。该助学金从2009年起连续三年，每年资助贫困学生20万元。

县消费者协会联合卫生、药监、质检、烟草、物价、种子等部门开展“3·15”消费者权益日现场咨询服务活动。

16日

县人大常委会副主任沈银保、汤义政带领县人大调研组成员，视察、调研城区幼儿教育工作。

2010 年度全市“平安校园”创建工作会议上，云鹤中学等 15 所学校（园）被命名为 2009 年度“南京市平安校园”。

17 日

沃德绿世界(溧水)生物科技有限公司项目在白马食品工业园举行开工仪式，该项目建筑面积 6 万平方米，投资 4 亿元。

18 日

县委、县政府制定并下发《关于深入推进全县社会矛盾纠纷大调解工作的意见》。

21 日

南京银茂微电子制造有限公司总经理庄伟东博士入选国家“海外高层次人才引进计划”(即国家“千人计划”)，成为溧水县第一位“人才国家队”成员。

22 日

全县文化工作会议召开，会议提出 2010 年全县文化工作要以公共文化服务体系建设为重点，统筹城乡文化建设，发展和壮大文化产业。会上七镇一区负责人同县政府签订“2010 年度文化工作责任书”。

县水务局在弯子口广场举办“严格水资源管理，保障可持续发展”宣传咨询活动，倡导市民节约用水，保护水资源。

23 日

省长助理徐南平带领省市有关部门负责人，到溧水县调研指导江苏南京白马现代农业高新技术产业园区规划建设工作。

26 日

全县关心下一代工作会议召开。

县法制宣传办、县关工委等 6 部门联合举办万名青少年学生书法竞赛活动。

27 日

国家电网公司授予柘塘供电所“全国标准化示范供电所”称号，在南京市尚属首家。

全县首个居家养老服务站在县城财贸新村社区建立。

副市长陈维健率 21 个市帮促部门到石湫镇召开帮促工作现场会，确定工业、农业、集镇及三产、民生及社会事业方面 4 大类 17 个项目，总投资 9610 万元，计划帮促资金 1650 万元。

30 日

和凤镇张家村获“江苏省社会主义新农村建设示范村”称号。

县物价部门开展涉农价格与收费政策落实情况专项检查，重点查处变相提高农资销售价格等 7 种乱涨价、乱收费行为。

31 日

省纪委副书记、监察厅厅长解畅到溧水县督查列入中央扩大内需项目的水利工程建设情况。

全县卫生工作会议召开。总结交流 2009 年卫生工作，部署 2010 年工作任务。

县第一家民营资本担保公司——南京通盛投资担保有限公司正式营业。

4 月

1 日

县人民检察院即日起开展为期 1 个月的“民行检察宣传服务日”活动。

2 日

“台湾中华文化协会”会长范光陵率队到溧水石湫镇考察文化产业，签约台湾文化创意城项目。

7 日

在“东方小白鸽”艺术盛典展示全国总决赛中，县第二高级中学学生取得声乐类 1 金 2 银的成绩。

8 日

市人大常委会副主任黄煌带领有关人员到和凤镇民族村开展专题调研。该村少数民族家庭 150 多户 320 多人，有回族、苗族、布依族等 16 个少数民族。

县政府制定《2010 年全县主要污染物减排实施方案》。

县傅家边农业科技观光园，被省旅游局确定为全省乡村旅游示范点。

9 日

市委常委、副市长王受文到溧水县调研指导开放型经济工作。

市人大常委会副主任张宁生到溧水县视察，检查《南京市森林消防条例》贯彻落实情况。

据省统计局反馈，全县小康 4 大类 18 项 25 个指标全部达标。具体完成情况：人均地区生产总值 4.82 万元，二、三产业增加值占地区生产总值 92.9%，城市化水平 45.9%，城镇登记失业率 3.1%，城镇居民人均可支配收入 22015 元，农村居民人均纯收入 9547 元；城镇居民人均住房建筑面积 37.1 平方米，农村居民人均钢筋、砖木结构住房面积 55.3 平方米；农村行政村通灰黑公路(或航道)100%，城镇人均拥有道路面积 28 平方米；百户家庭电话拥有量 272.8 部，百户家庭电脑拥有量 45.9 台；居民文教娱乐服务支出占家庭消费支出比重 18.8%，恩格尔系数 35.2%；科技研究与试验发展经费支出占地区生产总值 1.04%；初中毕业生升学率 96.5%；卫生服务体系健全率 100%，城镇劳动保障三大保险覆盖面均达 98.5%，新型农村合作医疗覆盖率 100%；人民群众对社会治安的满意率 98.3%，城镇社区居委会和农村村委会依法自治达标率 100%；城市绿化覆盖率 40.8%，森林覆盖率 27.3%，环境质量综合指数 84.2 分。

县委、县政府召开全县深入学习实践科学发展观活动总结暨一季度经济工作分析会。县委常委、常务副县长孙绿叶总结发展观活动情况。县长姜明分析经济工作形势，部署二季度工作。县委书记项雪龙出席会议并讲话。

南京·溧水第六届牡丹节在特殊教育学校牡丹园开幕。该校牡丹园占地面积达百亩，有来自 4 个国家、近 500 个品种、20 多万株牡丹，成为全省规模最大、品种最多的牡丹种植区。

12 日

日本“千棵樱花树”实行委员会委员长韩金龙率日本民间友好植树使节团 32 人，到天生桥景区开展“第五年千棵樱花植树活动”。

13 日

县公安、安监、工商等部门联合行动，集中销毁 500 多件非法劣质烟花爆竹。

长安公司一季度整车销售 58099 辆，比上年增长 97.3%;销售收入 14.38 亿元，比上年增长 85.3%.

县无公害茶叶标准化示范区通过省级验收。该项目 2006 年由溧峰茶叶集团具体实施，建成示范核心区 335 公顷，辐射带动全县茶园面积 1340 公顷。

在南京市少儿田径赛上，溧水县代表队获奖牌 35 枚，其中金牌 11 枚、银牌 12 枚、铜牌 12 枚，获团体总分第四名。

15 日

副市长王咏红到溧水石湫镇，调研指导江苏未来影视文化创意产业园规划建设工作。

副市长陈维健到溧水县，就傅家边现代农业园建设发展有关事项进行现场办公。

19 日

溧水县 2010 年度村庄河塘疏浚整治工程通过市委组织部、市委农工办、市财政局、市审计局联合组织的专家验收组的验收，完成当家塘疏浚整治 274 座，土方 188.18 万立方米，投资 708.45 万元。

县公安、地税、建设等部门组织执法人员，专项检查县城地区房屋租赁情况，规范房屋租赁行为。

省林业局公布 2009 年县级森林覆盖率监测结果，溧水县森林覆盖率达 27.32%，在南京市各区县中位列第二。

21 日

县政府召开全县“十二五”规划编制工作会议，县长姜明出席会议并讲话。溧水县“十二五”规划体系由县总体规划和 29 个专项规划以及七镇一区总体规划组成。

县妇联、科技局、人民医院、农林局等单位联合开展到白马镇送科技、送健康、送良种活动。

23 日

溧水县召开公共文明指数测评推进会，部署指数测评项目落实工作。根据南京市统一部署，即日起，每两个月 1 次，测评全市各区县公共文明指数。

县领导带领安监、公安、消防等有关部门负责人，专项检查全县重点部门行业、企业安全生产工作，确保五一国际劳动节和上海“世博会”期间全县生产安全稳定。

25 日

全县社会各界踊跃捐款，支援青海玉树灾区抗震救灾。县红十字总会收到捐款 19 万元，县慈善总会收到捐款 6 万多元。

27 日

县十四届人大常委会召开第十五次会议，通过有关人事任免事项，听取和审议全县社会矛盾纠纷大调解工作情况汇报以及相关调查报告。

28 日

省全面建设小康社会考察组到溧水检查小康社会建设工作。考察组实地考察县经济开发区云海公司、白马镇省农科院科学实验基地等。

县委召开全县迎“世博”工作会议，部署上海“世博会”期间全县社会安全稳定工作。

全县 91 个村和 3 个涉农社区党组织领导班子开始公推直选，5 月下旬结束。

29 日

县物价、商贸、卫生、旅游等部门组织执法人员，专项检查全县市场物价情况，确保“五一”和上海“世博会”期间市场物价稳定。

全县一批重大投资项目在“2010 年中国·南京重大项目投资洽谈会”上签约，朱善璐、季建业、缪合林等市领导和县长姜明等出席项目签约仪式。此次签约项目 17 个，总投资 7.4 亿美元，其中 6 个千万美元以上外资项目，总投资额 4.3 亿美元，内资项目 6 个，投资总额超 20 亿元。

30 日

县政府召开庆祝“五·一”国际劳动节表彰大会，表彰全县各战线、各行业成绩优异、贡献突出的“六十佳”(十佳和谐劳动关系企业、十佳工人先锋号、十佳职工之家、十佳技术创新能手、十佳创业明星、十佳工会工作者)先进集体和先进个人。

县政府颁发《优抚对象医疗保障实施办法(试行)》。

县食品药品安全委员会组织卫生、工商、质监等部门执法人员，开展全县“五一”国际劳动节和上海“世博会”期间食品安全工作专项整治行动。

5 月

3 日

县文化、公安等部门组织执法人员专项检查全县音像市场情况。

4 日

总投资 2.2 亿元的国电龙源南京中空纤维超滤膜生产基地项目落户县经济技术开发区。该项目全面建成后年生产超滤膜 200 万平方米，有效处理再生水 250 万吨，成为国内最大的超滤膜生产基地。省环境保护厅副厅长周迁等出席奠基仪式。

团县委组织各界团员青年开展座谈活动，纪念“五·四”运动 91 周年。

5 日

市委常委、副市长王受文，到溧水县专题调研商贸、流通业发展工作。

省教育厅、综治办、公安厅联合授予溧水经济开发区小学、白马中心小学“江苏省平安校园”称号。

6 日

县公安和消防大队联合开展校园消防安全专项检查行动，确保校园不发生火灾事故。

7 日

南京警备区党委常委、后勤部长郭庚明带领考核组，考核验收县新组建的合成化民兵应急救援工作。

溧水县第一家合作社联合社——天湖蛋业联合社在和凤镇成立。

8 日

县公路站组织人员，检查全县境内 3 条省级道路和 14 条县级道路养护情况，迎接交通运输部 5 年 1 次的公路检查。

10 日

洪蓝中心小学被省环保厅、教育厅命名为江苏省“绿色学校”。全县有国家级“绿色学校”1 所、省级“绿色学校”6 所、市级“绿色学校”8 所。

11 日

县政府制定《溧水县 2010 年度地质灾害防治工作方案》。

12 日

县民政、科技、气象、地震等部门在县城弯子口广场开展防灾减灾现场咨询活动，增强群众对各类突发事件的防范意识和自我保护能力。

13 日

市政府在溧水县召开 2010 年县统筹城乡发展暨洪蓝镇挂钩帮扶工作会议。市委常委、常务副市长沈健出席会议并讲话。

县政府召开全县防汛防旱工作会议，贯彻上级会议精神，部署全县防汛防旱工作。会上，县水务局和气象局负责人，分别通报全县汛前准备工作情况和今年汛期天气趋势预测。会议要求各级各部门明确责任，全面落实防汛防旱工作责任制，各方协作配合，确保今年防汛防旱工作全面胜利。七镇一区以及城区防指负责人同县政府签订 2010 年防汛防旱工作责任书。

15 日

县文明办、关工委、教育局联合在孔镇中学举办“感恩的心”家校联合式主题班队活动，弘扬敬老、尊师、爱师的传统美德。

16 日

南京市“全国助残日”广场助残活动暨“圆梦行动”捐赠仪式在溧水县南门广场举行。

来自全县 21 所中小学校的 200 多名学生，齐聚县实验小学，开展“2014，我为青奥加油”绘画比赛，庆祝 2014 年青奥会在南京举行。

17 日

省委常委、市委书记朱善璐到溧水县调研指导新农村建设和村党组织领导班子公推直选工作。

19 日

第七届溧水县“十大杰出青年”评选揭晓，陶巧良、李明、高勇、顾翔、周型虎、章熙康、章祥玲、董群、强立峰、徒位国 10 人当选。王海波、王小荣、管仁红、张鑫、李玲、赵玲、张忠禄、葛晓宝、黄伟、李刚 10 人获“第七届溧水县新长征突击手”称号。

县 2009 年度省级高效农业“黑莓出口基地”和“蜂产品出口基地”项目通过省农委专家组验收。

21 日

市领导季建业、陈家宝、陈绍泽、沈健等带领出席全市转型发展、转变经济增长方式工作会议的全体人员，到溧水县经济技术开发区观摩工业发展情况。

县食品药品安全委员会组织执法人员，检查县城部分学生培训机构和托管中心的食品卫生安全工作。

22 日

溧水县校园保安大队成立。

23 日

国家电网公司检查组一行 5 人在组长刘国生带领下，到溧水县供电公司，检查标准化供电所建设和农电人员持证上岗工作情况。检查组实地参观县农电人员技能培训基地，查看洪蓝、柘塘供电所硬件环境设施和国网公司标识规范化应用等情况。

为期 3 天的 2010 年“洋河——梦之篮杯”县乒乓球大赛落下帷幕，全县 100 多名乒乓球选手参加比赛。

晶桥镇孔家村投资 130 多万元兴建的村级生活污水处理设施，正式投入使用。

24 日

由市农委、财政、发改等部门负责人组成的市政府扩大内需督察组，到溧水县督察农业部 2009 年第三批扩大内需项目——县级质检站和动物防疫站建设情况。

25 日

溧水县顺利通过南京市“五五”普法检查组考核验收。

26 日

省教育厅、科协、高校技术协会和南京农业大学等部门联合在傅家边农业科技园举办“二十二届江苏科普宣传周农业科技溧水行”活动，主题是“坚持科学发展，走进低碳生活”。

副市长陈刚到溧水县，专题调研南京白马如意文化艺术中心建设事项。

全县第一个卫生服务示范站在县经济技术开发区秦淮佳苑建成。

27 日

设立在县图书馆内的县第一家读书社——溧水中山读书社成立。

28 日

在苏州召开的由住房和城乡建设部、国际风景园林师联合会共同主办，中国建筑文化中心协办的国际风景园林师联合会(IFLA)第 47 届世界大会上，住房和城乡建设部领导为溧水成功创建国家园林县城授牌。全国政协副主席王志珍，住房和城乡建设部副部长仇保兴，省委常委、苏州市委书记蒋宏坤，副省长何权，IFLA 主要负责人等出席开幕式。

全县 2010 年度汛期地质灾害防治工作会议召开。

溧水县 8 个重大投资项目参加南京市“重洽会”项目签约仪式，项目总投资达 25 亿元。市长季建业和县领导姜明、陈小冬等参加签约活动。

全县建筑安全生产工作会议召开，会上通报建筑施工事故案例，部署全县建筑工程安全生产、文明施工事项。

29 日

县政府与南京航空航天大学在溧水共同举办科技成果对接会。南航介绍近年来科研成果，结合溧水县产业特点，围绕新能源、新材料、低碳环保等新兴产业开展产学研合作，推介合作项目。

金陵五月风——第四届文学艺术节“摄影艺术创作与市场”研讨会，在位于柘塘镇的南京视觉艺术学院举行。

6 月

1 日

县委、县政府召开机构改革动员大会。县长姜明全面部署县政府机构改革工作；县委常委、组织部部长孙绿叶宣读县政府涉改部门和新设机构人事任免决定；县委书记项雪龙在会上讲话。机构改革后，县政府设置工作部门 24 个。

中国大唐集团公司江苏分公司投资16亿元的燃机热电联产机组项目落户县经济技术开发区。

2日

副县长蒋晓芬带领县建设、体育、消防大队等单位负责人，检查全县在建体育场馆项目的消防安全情况。

县体育局和县委农工委共同举办的“农民体育幸福工程”溧水县全民健身系列活动暨县首届农民运动会，于10月22日闭幕。运动会设拔河、运动投篮、象棋、负重接力、原地抛秧、趣味体育、乒乓球、快乐农忙8个比赛项目，有600余名农民运动员参赛。石湫镇夺得趣味体育团体奖第一名和总团体奖第一名，获优秀组织奖。

洪蓝镇顺利通过市旅游园林局考核专家组的评估验收，被评为“南京重点乡村旅游街镇”，全县仅此一家。

3日

全县2010年夏粮收购工作会议召开，明确小麦和油菜籽的收购价格。

4日

省人大常委会副主任朱龙升到县傅家边农业科技园，视察现代高效设施农业和观光旅游农业建设发展工作。

省农委主任吴沛良到溧水县调研农业和农村经济发展工作。

县新龙佳苑小区成立全县首家业主委员会。

5日

国务院农民工办综合处处长、人力资源和社会保障部农民工工作司主任吴厚德带领省、市社保部门负责人，到溧水县白马镇、石湫镇，调研农民工工作状况和镇级劳动保障平台建设情况。吴厚德一行实地视察南京亚狮龙体育用品有限公司、石湫镇劳动和社会保障所和部分企业。

县环保局、宣传部、农业局、水务局、妇联、教育局、国土局、科技局、团县委等部门联合在城区举行第39个世界环境日宣传活动。此届世界环境日主题是“多样的物种·唯一的星球·共同的未来”，中国主题是“低碳减排·绿色生活”。

8日

县政府颁布《溧水县2010年秸秆综合利用工作实施意见(试行)》。

县政府举行微型消防车发放暨构筑社会消防安全“防火墙”工程启动仪式。

永阳幼儿园幼儿体操代表队在2010年“李宁杯”全国幼儿基本体操表演中，获团体一等奖。

晶桥中学射击队在南京市少年儿童射击比赛中，获少年小口径步枪男子团体第一名，少年汽步枪女子团体第二名。

9日

县安全生产管理协会成立并召开第一次代表大会。会议通过协会章程和《选举办法》，选举南京华晶化工有限公司总经理陈敬伟为协会会长。

南京“重洽会”第二次签字仪式上，溧水县有8个项目签约，总投资达20亿元。

江苏汉天水泥有限公司投资5943.33万元建设的9MW纯低温余热发电工程投入试运行。

10日

省、市水利部门负责人到溧水县检查在建中型水库除险加固工程安全度汛情况。

11日

县质检部门组织执法人员，检查全县卤菜及豆制品生产加工企业。

12日

市社区矫正司法惩处工作推进会在溧水县召开。

15日

来自南京和上海、浙江“长三角”地区沃尔玛、大润发、乐购、家乐福等10多家大型超市集团采购商，齐聚白马镇石头寨村，深入蓝莓基地观摩，现场订购蓝莓鲜果。

南京长安汽车公司1~5月实现整车销售9万辆，比上年增长61.5%，销售收入22.38亿元，比上年增长74.02%.

白马镇开展“农业硅谷”项目区内朱家边村张家组、孙家组征地前土地流转试点工作，签订流转协议61份，流转土地面积42.24公顷。

18日

市委常委、副市长王受文到溧水县调研指导服务业发展工作。

县农副产品交易中心正式启用。市委常委、副市长王受文，省商务厅副厅长潘宪生，县长姜明共同启动开业触摸球。该工程是南京市重点扶持的“菜篮子”工程之一，中心规划占地5.56公顷，总投资8500万元，拥有蔬菜、果品、肉类、活禽、水产品、干货、卤菜、豆制品等8个交易区和停车场、检测站及综合商务区等配套设施。

县政府召开2010年政风行风建设工作推进

会，部署2010年行风评议任务。2010年民主评议行风工作，在全县25个机关部门和教育、卫生系统、公共服务行业以及县经济技术开发区、各镇基层站所中普遍开展。

县工商局为南京白马如意文化艺术中心颁发首张外商投资合伙企业营业执照，此为2010年3月1日《外国企业或个人在中国境内设立合伙企业管理办法》正式实施以来，南京市首个外商投资合伙企业营业执照。

26日

县2010年城区防汛排涝工作会议在县住建局召开。县气象、住建等12家成员单位负责人参加会议。会议明确部门职责，具体划分城区防汛河流路段，落实目标责任制和责任追究制。

28日

副市长陈维健到县白马镇调研小城镇建设情况，重点考察该镇农贸市场、农民集中公寓及市民休闲广场建设现场。

石湫镇社区卫生服务中心明觉分中心举行门诊综合楼落成典礼，大楼面积1600平方米，副县长蒋晓芬为大楼落成剪彩。

30日

成都蓝天实业有限公司在永阳镇投资的南京蓝天座椅有限公司举行竣工投产仪式。成都飞行机械研究所所长季晓飞，县领导汤少波、孙绿叶等共同为公司竣工投产剪彩。该公司占地5.7公顷，主要为南京长安等汽车企业配套生产各类座椅。

石湫镇同心村村级集体经济股份合作社成立，全村3188名村民成为合作社股民。

溧水县"维利康"春蕾女童班在永阳镇石家山小学挂牌成立。

7月

1日

县十四届人大常委会召开第十七次会议，听取和审议关于《中华人民共和国食品安全法》贯彻实施执法检查报告和全县重点水利工程建设调研报告。2009年溧水县顺利通过省级"食品安全示范县"验收，先后组织实施6大类42项市以上重点水利项目，总投资近5亿元。人大常委会委员就2个报告发表审议意见。

2日

县政府召开全县城乡总体规划暨永阳镇新城总体规划工作动员大会，副县长臧正满作动员讲话。

县委宣传部、县文化广播电视局主办，江苏省明联房地产开发有限公司协办的溧水县"明辉杯"第十届广场文化宣传活动暨南京市文化惠民工程百场公益演出广场行活动，在县城南门广场正式启动。2010年活动主题是"建设新溧水，实现新跨越"。活动持续3个月，先后举办15场各类文化活动。

4日

县首届农民运动会乒乓球比赛落下帷幕，石湫镇夺得冠军。

5日

县财政收入实现"双过半"。1~6月，全县完成地方一般预算收入9.62亿元，占目标50.1%，比上年增收2.58亿元；上划中央收入5.44亿元，占目标38.6%，比上年增收11635万元。全县财政收入15.07亿元，占目标45.2%，比上年增收3.74亿元。

溧水经济开发区上半年有10家企业工业开票销售收入超亿元，分别是长安汽车公司、喜之郎食品、创维—RGB电子、长龙、宁宏建、小洋人、联塑、飞燕、金晟达、胜捷，工业开票销售总收入55.74亿元，比上年增长53.6%，占全区总量70.1%。

发改委正式批复和凤镇沙塘庵粮油市场2.5万吨仓储房新建项目。该项目建成后，沙塘庵粮油市场粮油加工年交易能力达80万吨，年交易额10亿元。

国家重点建设工程——宁杭高速铁路客运专线溧水跨宁杭高速公路特大桥第一孔箱梁顺利吊装，标志宁杭高铁溧水段基础建设工程进入尾声。

石湫镇与江苏瑞泰重型机械公司签约，引进总投资1.2亿元的水泥粉磨装备生产线项目。

2010年全县3804人参加高考，二本以上达线1143人，其中普通类本一265人、普通类本二565人、艺术类本科313人。

2010年中考成绩揭晓，全县总均分541.2分，比全市总均分高3.8分，名列全市第四。

下午3时，石臼湖蛇山站水位达10.8米，12年来首次超过10米警戒水位。全县沿湖镇村及时启动防汛抗洪预案。

6日

全县4个项目被科技部立项。分别是南京白龙有机农业科技开发有限公司承担的"蓝莓和黑莓标准化有机栽培技术集成与示范"、江苏省嘉庆水务发展有限公司承担的“硅藻精土强化+硅藻土深度处理工艺处理城镇生活污水”及“小型一体化高效滤池系统处理农村生活污水”、南京傅家边林果专业合作社承担的“设施草莓工厂种苗开发与科技创业平台建设”。

县级机关工委召开庆“七一”表彰会，庆祝中国共产党成立89周年。

市墙改办专家组到溧水县调研、指导农村新型墙体与建筑节能应用推广工作。

7日

江苏省等级医院评审组到溧水县人民医院，对该院进行等级医院评审。

8日

市农委开发处处长顾正良与市财政局副调研员沈宁华率市检查组，到溧水县实地考察洪蓝、东屏等镇，检查验收“2009年度国家农业综合开发项目”。2009年度，全县承担国家级农业综合开发项目8个，其中国家级土地治理项目3个，治理面积1206公顷，总投资1378万元。

县委召开十一届十八次全体(扩大)会议，总结上半年工作，部署下半年任务，动员全县上下认清形势，坚定信心，攻坚克难，确保完成和超额完成全年各项目标任务，夺取“十一五”发展的全面胜利，为推动溧水新一轮跨越发展奠定基础。县委书记项雪龙在会上作工作报告。

县委、县政府召开全县第六次全国人口普查工作会议，此次人口普查标准时点是2010年11月1日零点，普查地域范围是溧水县行政区划内所有地域。会上，县委常委、常务副县长孙绿叶与七镇一区签订人口普查工作责任书。

石湫镇在机场工业集中区举行4万平方米村级工业标准厂房暨5个重点工业项目开工仪式。副市长陈维健、县长姜明等参加开工仪式。

9日

县卫生监督所执法人员，检查县汽车客运总站周边小餐馆、小旅社环境卫生整治情况，确保“创卫”达标。

10日

香港TS集团投资100亿元的创维集团产业园，正式落户县经济技术开发区、县委书记项雪龙出席签约仪式，县长姜明和董事长林卫平，分别代表县政府和香港TS集团在合作文本上签字。该产业园占地67公顷，从事家用电器、数码电器、新能源电动车、节能电器、环保家电以及其他高新科技产品的生产，并建立研发孵化中心、培训基地等机构。

12日

省委常委、市委书记朱善璐，副市长陈维健到溧水县检查指导防汛工作。

南京市“五五”普法交流观摩会在溧水县举行。

13日

《南京日报》、《现代快报》、南京广播电台、南京电视台等多家新闻媒体，聚集县飞燕活塞环公司，对该公司实施精益生产、提升效益，作深入采访报道。

14日

环保部华东督查中心主任高振宁率环保部督查组，督查上半年溧水县主要污染物总量减排情况。高振宁一行实地查看县经济技术开发区喜旺污水处理厂和南京惠民肥料有限公司。

15日

县政府召开防汛紧急会议，部署石臼湖地区防汛排涝工作。

16日

县委、县政府召开全县城乡统筹协调发展工作会议，贯彻落实市委、市政府推进城乡一体化发展会议精神，全面部署城乡统筹发展各项工作任务。会上，县长姜明介绍近5年来全县社会经济发展情况。县委书记项雪龙就全县城乡统筹协调发展提出7点建议。

18日

溧水县2010年中小学英语教师“引智培训”班开班典礼在县教师进修学校举行，来自县各中小学的90名英语教师参加开班典礼。培训于28日结束。

20日

总投资7500万元的溧水和凤汽车4S园对外营业，这是南京市乡镇规模最大的一家汽车4S园。该园建筑面积1.5万平方米，经销10多个品牌汽车。

县商务局联合县委宣传部及财政、工商、国税等部门，检查县城地区家电下乡政策执行情况。

县青年商会举行二届二次会员大会。

22日

被列入全县重点水利工程的国家拉动内需项目——方便水库除险加固工程，部分工程通过市县专家组的工程质量验收。至此，方便水库除险工程完成总工程量的90%以上。

省人口计生委主任孙燕丽率计生督查组到溧水县，为期2天督查评审“十一五”人口和计划生育目标管理终期评估暨人口协调发展先进县创建工作。

23日

市委书记朱善璐到溧水调研。朱善璐实地察看创维物流园内创维冰箱洗衣机生产基地、“长安之星”微型面包车生产基地。朱善璐指出，溧水要坚持走新型工业化道路，坚持在发展中保护生态环境，坚持走集约、集聚发展的道路，加快转变经济发展方式，打造先进制造业基地，用3~6年时间实现城乡一体化建设新跨越。朱善璐还到洪蓝镇检查防汛工作。

副市长陈维健带领市防汛指挥部、市水务局负责人，到和凤镇联合圩检查消险堤坡，同时强调，汛期发生的险工堤段，要列入今冬明春水利建设的“重点工程”，确保来年不再出险。

县自来水公司积极组织人力和机械，争分夺秒，加紧推进中山湖、东屏湖自来水管网建设工程。

24日

江苏东盟输配电科技股份有限公司在县经济技术开发区举行项目开工仪式。该公司由中国机械500强企业中国东盟电气集团投资设立，主要生产高低压输配电设备和风力发电机。项目总占地面积14.47公顷，建筑面积9300平方米，投资4.3亿元，是2010年溧水经济开发区单体开工面积最大的项目。

25日

县第九届村民委员会换届选举工作开始。

26日

县政府在白马镇召开全县城乡建设用地增减挂钩项目推进现场会，与会人员实地考察白马砖瓦厂和石湫镇明觉砖瓦厂。县委常委、常务副县长孙绿叶出席会议并讲话。2010年，全县七镇一区有60个城乡建设用地增减挂钩项目，项目实施规模110.85公顷，实施后新增农用地108.42公顷，净增耕地106.18公顷。

28日

省住房和城乡建设厅节水办副主任林锋带领省安全供水督查组到溧水县，检查汛期城市饮用水安全保障工作和区域供水规划实施进展情况。督查组实地考察东屏湖水源，检查县自来水厂设备及运行情况。座谈中，督查组对溧水的供水安全提出要求。

8月

4日

县委、县政府召开全县安全生产紧急会议，全面部署安全生产工作。下午，县领导项雪龙、姜明、尹昭伦、汤少波、张伟、朱克成等带队分赴全县各地，重点检查化工企业、供电供水、交通运输、公众密集场所、建筑工地等，对检查中发现的安全问题提出整改意见。

5日

市委副书记陈绍泽带队到溧水检查安全生产工作，就落实市委、市政府工作部署，全面深入开展安全生产大检查提出明确要求。陈绍泽一行实地视察县经济技术开发区南京洁宁燃气有限公司、南京景兴纸业有限公司、供电公司调度中心。对县委、县政府高度重视安全生产工作给予充分肯定。

8日

总投资7000万元，占地1.34公顷的尤孚泵业(南京)有限公司落户溧水经济开发区南区。该公司专业生产、组装、维修、销售尤孚品牌的各种泵类产品。

10日

省统计局、省发展和改革委员会联合发文，确认溧水县2009年25项小康指标全部达到或超过省定目标值。省社情民意调查中心电话随机抽样调查表明，城乡居民对本地全面小康认可度符合《关于进一步完善规范全面小康进程监测及达标认定工作程序的意见》达标条件。县全面小康建设通过省认定。

县政府召开全县安全生产大排查工作会议，会议决定立即在全县开展一次拉网式安全生产大排查。县政府各分管领导按照“一岗双责”要求，负责各自分管领域、行业的排查和整改工作。县长姜明出席会议并讲话。

南京傅家边现代农业园被确定为首批“江苏省现代农业产业园区”。

11日

县委举行大学生村官“法制讲坛”开讲仪式。市委组织部、市司法局、县有关部门负责人以及大学生村官代表等100多人参加仪式。《扬子晚报》

等多家省、市媒体进行采访报道。

由《中华合作时报》、中国合作经济与中国人民大学中国合作社研究院联合举办的2009年度中国合作经济年度成就奖评比活动落下帷幕，溧水县黑玉特种家禽养殖专业合作社被评为全国50佳农民专业合作社，南京市独此一家。

县委开展为期2天的全县党员领导干部廉洁从政集中轮训，学习贯彻《中国共产党党员领导干部廉洁从政若干准则》，县四套班子全体成员、县管副职以上领导干部440人参加集中轮训。市纪委副书记侯成新，县委常委、县纪委书记林建乐作学习贯彻《廉政准则》专题辅导。

12日

江苏省水利工程质量监督中心站站长黄海田率省水利厅安全生产检查组到溧水，现场检查秋湖泵站更新改造工程安全生产工作。要求施工单位进一步落实防范措施，确保重点水利工程建设安全。

16日

由县委宣传部、县文化广电局、团县委和南京中源房产开发有限公司联合举办的2010“中源阳光城杯”溧水县第二届魅力歌手电视大赛决赛颁奖仪式在县影剧院举行，歌手管仁红获得大赛冠军。

17日

县政府举办全县中小企业金融产品推介暨银企对接活动，107家企业同6家金融单位签订113笔融资协议，贷款金额21.09亿元。

永阳镇创建国家生态镇通过省环保厅检查组考核验收。

县人社局在县人才交易中心举行“特色农业产业与品牌农业发展战略”研修班开班仪式。各镇分管负责人、养殖大户代表、大学生村官参加研修班学习。开班仪式后，省农科院研究员刘华周、南京农业大学副教授朱利群、市农技推广站高级农艺师季国军为学员们作专题讲座。

18日

“溧水县老年大学法律援助工作站”挂牌成立。

19日

县妇联、文明办、司法局、公安局联合举办县“迎青奥十万家庭共创文明交通”第七届家庭学法竞赛活动，来自七镇一区和县级机关工委代表队的9户家庭参加竞赛。

21日

省公安厅刑侦局副局长陈金观带领省综治委检查组一行3人到溧水县，明查暗访县综治、平安创建工作。检查组实地检查晶桥镇、永阳镇的综治办、派出所、司法所、学校及社区(村)，就下一步工作提出要求。

部分县高效设施农业发展项目提前超额完成年度目标任务。

县民政局启动物价上涨与困难家庭临时生活补贴联动机制，县城低保户临时生活补贴每月23元，农村低保对象、五保户临时生活补贴每月18元。对上述两种困难家庭，连续发放4、5、6月的物价补贴，每户100元。

23日

世界多元化文化教育基金会主席王鹏飞、副主席王石到溧水石湫镇考察文化产业，就世界多元教育中国创意产业园项目进行第二轮实质性洽谈。该基金会计划投资5亿美元，打造多元创意产业园。

白马镇龙字湖发现珍稀水生物桃花水母。

24日

市人大常委会主任陈家宝到溧水调研指导经济社会发展工作，视察傅家边农业科技园、县体育公园、通济街市民广场、南京天河汽车配件有限公司。

25日

卫生部疾控局副巡视员张立带领卫生部督导组到溧水县，督导检查县农村地区癫痫病治疗项目实施进展情况。省卫生厅疾控处副处长顾华、副县长蒋晓芬等陪同检查。督导组实地察看白马卫生院。

县赭山头、卧龙山、方便3座中型水库水下阶段除险加固工程通过省级验收。

26日

溧水明辉科技创业有限公司与艾欧史密斯(中国)投资有限公司在县经济技术开发区举行标准厂房租赁签约仪式，标志明辉科技创业园迎来第一批外国业主。县委副书记、经济技术开发区管委会主任汤少波，艾欧史密斯(中国)投资有限公司总裁魏福德出席签约仪式。

县各界群众踊跃向甘肃舟曲灾区捐款献爱心。

27日

南京市网上招投标暨异地远程评标现场推进会在溧水县召开。

30日

县人民医院成为南京医科大学康达学院教学医院签约及挂牌仪式在县人民医院举行。

9月

1日

市“三项工作”(社会矛盾化解、社会管理创新、执法廉洁公正)专项督查组到溧水县检查指导,实地察看县联合接访室。

中央电视台新闻中心经济新闻部采访组,到溧水县专题采访,拍摄统筹城乡发展工作电视新闻。

3日

县委、县政府召开全县负责干部大会,总结前8个月工作,部署下一阶段任务。县长姜明主持会议,县委书记项雪龙出席会议并讲话。

5日

县政府召开全县人口和计划生育领导小组扩大会议,研究部署2010年全县社会抚养费征收工作。县政府决定:2002年9月1日以来,凡应征收社会抚养费而没有征收或没有征收到位的对象,补征社会抚养费。

南京洪溪食品有限公司董事长周金兰被全国妇联评为“全国城乡妇女岗位建功先进个人”。

县经济技术开发区京港国际物流中心项目正式启动。

8日

江苏昊兴农业生态园项目签约仪式在石湫镇举行,昊兴集团计划3~5年内,投资6亿~8亿元,打造集生态农业、科普教育、观光旅游、保健养生、休闲度假、商务接待为一体的现代农业生态精品园区。

省教育厅专家检查组,验收县东屏镇省级农科教结合示范基地创建工作。

9日

县经济技术开发区召开“奋战四季度,确保完成全年目标任务”动员大会,全面动员部署第四季度工作。1~8月,开发区完成财政收入6.08亿元,占全年任务44.68%,比上年增收1.28亿元;一般预算收入2.67亿元,占全年任务46.05%,比上年增收5644万元。

10日

第十二届“江苏国际服装节暨博览会”在南京市国展中心举行,县政府组织县名鹰服饰、富木制衣等14家重点服装企业参展。

由县纪委、宣传部、文明办、县级机关工委、党校、住建局联合举办的“人防杯”机关文明礼仪知识竞赛决赛落幕,县住建局代表队获得团体第一名。

县回族同胞举行庆祝活动,欢度穆斯林传统节日——开斋节。

12日

宁高高速溧水西互通连接线、古塘互通连接线改造工程开工建设。

县经济技术开发区提前完成合同外资全年目标任务。

13日

市政府应急办主任刘建华、市消防局丁九鸿政委一行到溧水县,检查基层应急救援队伍建设和应急管理工作。检查组实地察看县消防大队各类抢险救援器材装备,并对基层应急救援队伍建设管理工作提出要求。

14日

县政协举办第二次“政协论坛”讲座,特邀东方智慧开发研究创始人、中国古代经典学术应用于商业智慧倡导人南柏先生,为全县政协委员和部分企业家讲授国学知识与商业智慧。

15日

市人大常委会副主任黄煌到溧水县专题调研园区转型发展工作。实地视察南京长安汽车有限公司、南京喜之郎食品有限公司、南京瑞摩车业有限公司。

中山、姚家、老鸦坝水库除险加固工程通过省水利厅竣工验收。

16日

2010中国·南京金秋经贸洽谈会签约仪式在南京国际博览中心举行。签约仪式上,县经济技术开发区分别与南京创源天地投资有限公司、美国阿姆斯特工业集团、北京金唯度投资有限公司现场签约;永阳镇分别与广东东莞市康力森实业有限公司、北京百味堂饮品有限公司现场签约。其中,落户在县经济技术开发区的2个外资项目总投资1.7亿美元,其余3个签约项目总投资21亿元。

县政府召开农村环境卫生整治现场推进会,要求全县七镇一区加快市、县农村环境整治示范村创建工作,确保创建工作年内通过验收。

17日

县委、县政府在溧水宾馆召开全县各界人士中秋联谊会,各界代表欢聚一堂,喜迎中秋佳节,共谋溧水新发展。

县委统战部和市台办、市侨办、市侨联,共同邀请南京地区60名台商、华商和海归创业人士代表，到溧水县参观考察经济社会发展及投资环境。

县人口计生局、县计生协会、县文广局、永阳镇政府联合在县城南门广场举办“树婚育新风、创和谐家庭”专场文艺演出，纪念《中共中央关于控制我国人口增长问题致全体共产党员共青团员的公开信》发表30周年。文艺演出队还分赴全县七镇一区进行巡演。

18日

由县家装商会、县文广局共同举办的第三届家装文化节在国际大酒店开幕，此次家装节为期2天，主题为“品牌、诚信、低碳、环保”。

19日

全县食品安全工作会议召开。

20日

县委、县政府制定《关于加快推进城乡统筹协调发展的实施意见》。

24日

县政府在中国电信溧水分公司召开三网融合(电信网、互联网和广播电视网)光纤入户改造推进会。

25日

溧水县“洪蓝镇奉贤圩农业灌区”和“石湫镇九塘农业灌区”创建市级节水型灌区通过市级验收。

27日

为期3天的第十二届江苏农业国际合作洽谈会在无锡举行，县新得力、常力蜂业、老一辈等10多家农业龙头企业携带农产品参会展示。

29日

团县委、县少工委组织开展溧水“首届少先队辅导员技能大赛”，实验小学端云瑶、特殊教育学校张小钦、洪蓝小学朱传澜获“溧水县首届少先队技能标兵”称号。

10月

5日

由县妇联、旅游局、团县委联合举办的“我在溧水有一棵果树”旅游公益助学活动在大金山风景区举行，来自南京的30多名爱心市民在大金山风景区认养果树，并与结对资助的县贫困学生一同观赏大金山风景。

7日

“十一”黄金周期间，全县接待游客17.16万人，比上年增长26%。

8日

国庆期间全县实现社会消费品零售总额1.8亿元。

9日

全县征兵工作会议召开。

洪蓝镇天生桥行政村光纤到户(FTTH)改造工程顺利完成，标志溧水县第一个光纤宽带村诞生。

11日

江苏舜天机械进出口公司60兆瓦太阳能光伏组件项目，在县经济技术开发区建成投产。

南京市2010年农村反假币宣传服务站成立大会暨授牌仪式在溧水县举行。

13日

国家工商总局外资局局长何训班一行到溧水县，调研县外资登记管理工作，实地视察白马镇亚狮龙体育用品有限公司，参观该企业负责人出资筹建的白马如意文化艺术中心(周园)。至9月底，溧水县有外资企业186户，投资总额13.55亿美元，注册资本8.57亿美元。

市委、市政府授予永阳镇、永阳镇城郊村、工农兵村为“2007-2009年度市级文明村镇”称号。

县2010年空军招飞初检工作结束，15名应届高中毕业男生初检合格，其中江苏省溧水高级中学9名，第二高级中学和第三高级中学各3名。

16日

中国·南京农业嘉年华活动期间，溧水县天湖蛋业联合社、洪蓝靖靖食品厂等6家农业企业携带30多个优质农产品亮相购物街，傅家边农业科技园、大金山国防园、东庐山庄3家农业旅游企业，以实景、实物展示景区风景。县农业局、傅家边农业科技园、大金山国防园3家单位获“南京市休闲农业发展贡献奖”。

县妇联在全县开展“巾帼创新功、岗位争优秀”活动，同时开展“四大课题”活动(“每天学习一小时”，“创先争优、展巾帼风采”优质服务竞赛，“姐妹齐牵手、共建新农村”，“巾帼志愿服务示范”)，助推“创先争优”活动深入开展。

县文明办、民政局、老龄办、团县委、妇联、司法局、地税局、烟草公司等10部门联合开展重阳节敬老爱老志愿者活动，进一步营造爱老助老社会氛围。

位于石湫镇的南京华能公司冶金制造有限公司的宁虹牌、南京京宁工具制造有限公司的京宁牌,通过省工商行政管理局省级著名商标认定。

18日

县政府召开会议,部署全县城乡客运一体化改造工作,计划城区公共交通覆盖率达90%,符合通车条件的,村公交车通车率100%,自然村达50%。

江苏冠军集团科技涂料有限公司的鲸海牌商标被国家工商行政管理总局商标局认定为"中国驰名商标"。至此,全县有中国驰名商标2件,省著名商标11件,市著名商标43件,县知名商标42件。

20日

全省舆情信息和调研工作培训班在溧水县举行。

21日

县政府颁发《溧水县职工生育保险办法》。

22日

溧水县举办"金融服务进园区"暨银企对接签约活动,来自南京市以及县内15家金融机构与县经济技术开发区的26家企业签约31个项目,意向性贷款金额14.07亿元。

由农业部、河南省人民政府共同主办的第八届中国国际农产品交易会在郑州市举办。交易会期间,县组织南京常力蜂业、南京新得力食品和南京老一辈食品3家有限公司的蜂产品、黑(蓝)莓制品、风鱼制品3个系列近20种产品,在江苏省展区集中展示。

23日

全国废气化学品处置标准技术委员会及全国化学标准化技术委员会无机化工分会工作方案会在溧水县屏湖山庄召开。全国各地专家、企业代表约80人参加会议。会议为期4天,审查2010年完成的国家标准和化工行业标准。县质监局局长潘学能就县五大特色工业、生态农业、旅游服务业等情况向与会专家作详细介绍。

25日

县政府召开成品油市场管理工作会议,分析全县成品油供应面临的形势,并部署成品油供应保障工作。

县政府召开全县水利和农业园区建设现场推进会。会议部署2010年全县水利建设和农业园区建设工作,观摩和凤镇乌飞塘村国家土地整治工程和白马镇潘山村万亩高标准农田建设现场。

溧水县首届大学生村官创业设计大赛正式启动,80多名大学生村官现场PK创业方案。

26日

省科技厅厅长朱克江到溧水县调研指导科技发展工作。视察南京云海金属有限公司、西普重型机械有限公司、南京金鑫传动设备有限公司、傅家边农业科技园。

26日

县委、县政府颁发《关于村级主要负责人经济责任审计暂行办法》。

2010年江苏省名牌产品评审工作会议在溧水县召开,全省1200多个产品参评。

27日

县政府制定《溧水县城乡客运一体化工作实施意见》。

南京市首届中级家政服务员试验性技能考试鉴定在洪蓝镇举行,洪蓝镇24名初级家政服务员参加鉴定。

南京供电公司检查组到溧水县洪蓝供电所检查创建国家电网公司标准化示范供电所工作,确保年内如期完成创建任务。

28日

市委统战部部长钱继红带领市委农工委、市发改委等29个市级机关部门负责人,到县白马镇开展城乡统筹结对帮促现场办公、考察白马镇工业集中区、南京亚狮龙公司以及白马现代农业示范园。2010年,市级机关为白马镇落实24个帮促项目,帮扶资金1400多万元。

29日

江苏省第二届乡村旅游节暨南京市百万市民游乡村活动启动仪式在溧水县傅家边农业科技园举行。副省长张卫国到场宣布旅游节开幕,省政府副秘书长张吉生、省旅游局局长王咏红等为傅家边农业科技园等19家获省首批精品旅游区点称号的单位授牌。副市长陈刚、县长姜明等出席开幕式。

南京重点旅游项目周园正式开园。省、市、县领导以及有关部门负责人到场祝贺。周园主要展现英籍华人周贺桐先生家中五世百年收藏的万余件藏品。

县示范调解组织建设现场推进会在东屏镇景山村召开,与会者现场观摩东屏镇景山村调委会组织建设情况。全县106个村(居)调委会,有73个达到市规范化调委会标准。1~9月,全县村(居)各类调解组织调处纠纷1336件,调解成功1310件。

30 日

2009 年度县环山河、龙头、新尤咀、象山、丁塘、神山凹、茨菇塘、无想寺 8 座小型水库除险加固工程通过市水利局专家组竣工验收。

县职业教育中心校和省农科院溧水植物基地联合举行校外实习实训基地签约仪式。

县第二高级中学被省教育厅评为“2008-2009 年度江苏省体育工作先进学校”。

11 月

1 日

第六次全国人口普查标准时点零点开始，全县 2512 名人口普查员走进 10 万家庭，开展人口普查登记工作。

2 日

南京市水库湖泊保护条例立法调研工作汇报会在溧水召开。与会人员先后调研溧水县晶桥镇云合山水库、和凤镇龙头水库的管理和周边环境，县水务局负责人汇报本地区在册水库的管理和保护工作。全县在册中小型水库 79 座(中型水库 6 座)，除险加固 47 座(6 座中型水库、41 座小型水库)。会议强调，要通过立法手段，明确水库管理职责，更好地保护山水资源。

县志愿者协会成立帮教志愿者大队。

9 日

住建部村镇司司长王兵弟到溧水县调研、指导村镇建设发展工作。

县综合应急救援大队在县公安消防大队挂牌成立。

县级机关工委组织召开“创先争优”工作推进会，要求县级机关各个党总支(支部)以创建先进基层党组织、争当优秀共产党员为主要内容，按照上级和县委的总体部署，有力有序推进“创先争优”活动深入开展。

县七镇一区劳动和社会保障所、县人力资源、社会保障局服务大厅和溧佳巴士公交公司10 个服务网点，同时发放南京市市民卡。

12 日

县城乡居民最低生活保障标准、五保户供养标准和无固定收入重残人员救助标准调整方案正式实施，新标准 2010 年 10 月 1 日起执行。

13 日

溧水县 2003~2010 年农村河道疏浚整治工程通过省水利厅、财政厅验收。验收组现场检查县环山河段、蒲塘河等多处疏浚整治工程。至此，全县完成土方 2237.5 万立方米，占计划 119.04%，总投资 9214.71 万元，完成疏浚河道 82 条，总长 427 公里，疏浚土方 858.87 万立方米，占计划 120.22%；完成疏浚整治 91 个村，河塘 1645 个，疏浚土方量 998.76 万立方米，占计划 121.27%。

15 日

省政法委执法监督第三巡视组组长马汝庆到溧水县检查指导政法系统规范化建设工作。巡视组听取县社区矫正和法律援助工作汇报，并就如何调整定位、改进矫治工作方法提出意见。巡视组一行还视察县法律援助中心和县公证处。至此，县法律援助中心在全县七镇一区建立法律援助工作站，在妇联、老龄委、总工会、团县委、人武部、残联设立 6 个维权分部，在 3 个经济适用房小区、1 个残疾人居住区和 3 个行政村分别设立法律援助联络点。

县初中科技辅导员培训班开班典礼在县教师进修学校举行，全县 14 所初中的科技辅导员参加典礼。

16 日

中国移动通信集团江苏有限公司华东大区物流中心开工奠基仪式在东屏镇工业集中区举行。该项目总投资 5.9 亿元，占地 17.35 公顷，土建总面积 9.28 万平方米，主要建设仓储用房、辅助用房和机房，是中国移动通信集团在全国五大区项目之一。

17 日

县自来水公司组织人力、机械，加紧推进中山湖、东屏湖自来水管网建设工程，确保 12 月底前投入使用。

18 日

省住建厅副厅长王翔率省太湖流域城镇污水处理项目督查组一行 5 人到溧水，督查太湖流域城镇污水处理项目建设情况。

2010 年县首届老年人体育节暨第四届老有所乐运动会闭幕。体育节于 4 月 24 日开幕，举办自行车慢骑、老年人象棋赛等多项赛事，吸引 1 万多名老人参加。至此，全县已举办 4 届老年人运动会。

19 日

县汇农食用菌专业合作社联合社授牌仪式在白马镇举行。联合社有社员 7 户，主要种植茶树菇、白蘑菇、香菇、杏鲍菇等菇类食用菌。

20日

中国长江航运集团南京油运股份有限公司船员培训基地在和凤镇开工建设。该项目总投资2亿元、占地10.05公顷,集常规训练、海上救援、模拟操作、实践演练等于一体。

由中国科协主办、河海大学承办的“中国科协第220次青年科学家论坛”在溧水县怡人山水度假山庄举行,全国各高校和科研院所的百余名青年专家学者出席论坛。此次论坛主题是“波浪研究前沿问题及其对沿海开发和防灾减灾的影响”。

22日

即日起,县公安和交通运输部门联合组织开展运输车超载专项执法行动。

23日

省政协主席张连珍带领省政协全体领导以及200多名省政协委员,到溧水县视察指导经济和社会发展工作。

国家家政服务员实验性考试鉴定在县洪蓝镇举行。该镇26名学员通过鉴定,成为全国首批“新国标”中级家政服务员。

24日

江苏省现代农业装备科技示范中心基地建设项目落户白马现代农业高新技术产业园。项目总投资5000多万元,重点建设农机化技术及机具试验示范功能区,农机新技术、新产品研发及孵化转化功能区,农机化技术培训、技能鉴定及科普展示功能区,现代农业生产功能区等。

洪蓝镇塘西村成立集体资产股份合作社。今后,该村村民可根据自己手中持有的股份,共享村级集体经济发展成果。当日,第一次股东代表大会通过村集体资产股份合作社章程,选举产生第一届股份合作社领导及股东委员。

25日

全县护林防火工作会议召开。

东庐中学获首届南京市基础教育教学成果特等奖。

27日

县天湖合作联社、欣南食品公司等6家农业企业带着60多种名特优农产品参加第八届江苏省名特优农产品上海交易会。上海市副市长胡延照,江苏省委常委、副省长黄莉新,南京市副市长陈维健参观县名特优农产品展台。

30日

省道张溧线(张家港至溧水县)溧水段(县城至东屏白鹿)升级改造工程全面竣工,境内总里程8.1公里,投资4500万元。

12月

1日

即日起,全县统一内、外资企业和个人城市维护建设税和教育费附加费,长期存在的内、外资企业税费不平等情况成为历史。

县经济技术开发区、洪蓝镇、晶桥镇3家畜牧兽医站通过市农委、市兽医站专家验收组“五有”(先进的服务手段,健全的专业队伍,稳定的财政保障,严格的工作制度,科学的管理机制)标准站验收。

2日

全县“增减挂钩”项目全部通过市级验收。2010年全县立项并经省国土厅备案挂钩项目30个,建设规模59.17公顷,新增农用地56.26公顷,耕地55.09公顷。

白马农业园被科技部批准为国家农业科技园区,定名为江苏南京白马国家农业科技园区。该园区建期3年,占地面积40平方公里,主要由科技创新核心区、农业高新技术产业区和辐射带动区三部分组成。

3日

以副县长蔡家福为团长的台湾台北县参观访问团一行33人,到溧水县参观访问。

县行评办邀请部分县人大代表、政协委员、行风监督员和服务对象,公开评议县人口计生系统行风建设工作。

县森林防火指挥部组织县农业局、公安局、人武部等单位负责人,专项检查全县森林防火工作。

4日

县法制宣传教育领导小组办公室组织县法院、国土局、质监局、气象局、交警大队等19家单位,在县城弯子口广场举办“12·4”法制宣传日10周年大型法律咨询活动,现场解答市民涉法问题。

在南京市首届十佳社区服务项目评选活动中,永阳镇毓秀路社区的县青少年校外活动中心当选十佳称号。

6日

县委、县政府召开全县城乡客运一体化改造

工作动员大会,部署一体化改造工作。会议提出,城乡客运一体化改造后,逐步实现城区公交全覆盖、行政村通车率100%、自然村通车率50%以上目标。城区公交线路由8条增至11条,向镇村延伸通达率大幅度提高。县长姜明出席会议并讲话。

永阳镇城郊村调委会主任姚荣被司法部授予全国“模范人民调解员”称号。

7日

全省冬季蔬菜扩种保供工作会议在溧水县召开。与会代表实地考察和凤镇“万亩蔬菜”产业园区。

副市长陈维健到石湫镇调研环山河水利工程。

8日

县政协组织政协委员围绕县2010年新兴产业、重点企业、重点工程开展“委员集中视察”活动。

中国少年先锋队溧水县第五次代表大会召开。

9日

中国交通运输协会主办的第六届中国国际物流节上,江苏溧水航空物流国际社区获2010中国“十佳物流园区”称号。

10日

县农业局提供数据显示,全县2010年新增高效农业面积2077公顷。

11日

溧水县被表彰为“南京市充分就业县”。1~11月,全县新增就业岗位2.01万个,城镇再就业3248人,农业劳动力转移就业1.70万人次。

13日

永阳镇成人教育中心“市高标准、现代化镇成教中心校”创建工作通过市教育局验收。该中心有全日制学历班11个,在校学生420人。

14日

市水利局在溧水召开水利工程建设现场会,实地检查新桥河整治、天生桥河消险工程等冬春水利建设项目。

县工商、物价、房管等部门组织执法人员,检查全县商品房销售市场。

15日

和凤镇提前半个月完成全年工业经济目标任务,各项指标平均增幅超过30%。

县西普水泥工程集团成为江苏省首批跨境贸易人民币结算试点单位。

16日

中共溧水县委十一届十九次全体(扩大)会议在县级机关礼堂召开。会议总结全县2010年工作和“十一五”发展取得的成绩,部署“十二五”及2011年各项目标任务。县委书记项雪龙在会上作题为“坚定不移走科学发展之路,为建设基本现代化的新溧水而努力奋斗”工作报告。会议审议通过《中共溧水县委十一届十九次全体(扩大)会议决议》。

17日

县政府在县消防大队举行乡镇微型消防车发放仪式。

20日

历时4个月的“创业金陵潮、建设新溧水”县首届大学生村官创业设计大赛在县政府多功能厅落下帷幕。8组选手参加决赛。白马镇村官的“乐土无土栽培基质”、东屏镇村官的“金湖食用菌创业项目”和晶桥镇社保员的“南京绿化园林有限公司项目”获得大赛一等奖。

溧水县被确定为南京市再生资源回收体系建设试点县。

21日

2010海峡两岸(江苏)名优农产品展销对接洽谈会在南京国际展览中心举办,溧水200多个名优农产品在3天的农展会上销售额近10万元。

23日

洪蓝镇三里亭、姜家、蒲塘3个村通过市环保局考核验收,成功创建南京市生态村。

24日

溧马高速公路沿线发现多个文物点,有两周遗址和春秋时期贵族土墩墓。

26日

东庐山观音寺圆通宝殿落成,省佛教界法师以及省、市、县领导到场祝贺,共同见证佛像开光。

27日

国家广播电影电视总局电影管理局局长童刚视察石湫影视基地。

县政府制定农业“1115”工程实施意见,决定用3年左右时间,在全县种植1.68万公顷经济林果,种植面积分解到七镇一区及县林场。

省委常委、市委书记朱善璐到溧水调研指导“创先争优”活动开展情况。

28日

首家地方性股份制商业银行江苏银行溧水支行开业。

(刘春兰)

统计资料

Tongji Ziliao

张谷文 摄

综　合

基本情况

指　标	单　位	2010年	2009年
区域面积	平方公里	1067	1067
人口密度	人/平方公里	387	388
行政区划	–	–	–
镇(区)	个	8	8
村民委员会	个	91	91
村民小组	个	2006	2028
居民委员会	个	25	25
人口情况(公安年报)	–	–	–
年末总户数	户	141324	140438
年末总人口	人	413326	413690
其中：男	人	210761	211167
女	人	202565	202523
其中：非农业人口	人	165015	142947
农业人口	人	248311	270672
出生人口数	人	4231	3368
出生率	‰	10.23	8.17
死亡人口数	人	7113	2581
死亡率	‰	17.2	6.26
人口自然增长率	‰	-6.97	1.91
地区生产总值	亿元	243.64	196.58
第一产业	亿元	22.38	20.16
第二产业	亿元	156.6	123.16

续表

指　　标	单　位	2010 年	2009 年
工业	亿元	132.6	105.12
建筑业	亿元	24	18.04
第三产业	亿元	64.66	53.26
交通运输业	亿元	15	12.82
信息传输、计算机服务和软件业	亿元	0.53	0.38
批发和零售业	亿元	16.79	14.23
住宿和餐饮业	亿元	4.37	3.7
房地产业	亿元	9.38	6.45
其他服务业	亿元	18.59	15.68
人均地区生产总值	元	58920	46189

2010 年地区生产总值构成项目

单位：亿元

	总产出	增加值率%	增加值	劳动者报酬	生产税净额		固定资产折旧	营业盈余
						补贴		
总　　计	791.09	30.8	243.64	96.31	33.36	0.46	23.37	90.60
第一产业	38.11	58.7	22.38	19.67	−0.39	0.39	0.95	2.15
农、林、牧、渔业	34.99	59.0	20.65	18.37	−0.39	0.39	0.85	1.82
农、林、牧、渔服务业	3.12	55.4	1.73	1.30			0.10	0.33
第二产业	624.24	25.1	156.60	49.34	27.80	0.07	14.32	65.14
工　业	528.04	25.1	132.60	31.16	25.28	0.07	13.35	62.81
规模以上	481.79	24.5	118.00	23.46	24.41	0.07	11.63	58.50
规模以下	46.25	31.6	14.60	7.70	0.87		1.72	4.31
建筑业	96.20	24.9	24.00	18.18	2.52		0.97	2.33
第三产业	128.74	50.2	64.66	27.30	5.95		8.10	23.31
交通运输、仓储和邮政业	30.00	50.0	15.00	5.39	0.62		2.04	6.95
信息传输、计算机服务和软件业	0.86	61.6	0.53	0.14	0.06		0.11	0.22
批发和零售业	30.14	55.7	16.79	5.22	1.90		0.26	9.41
批发业	17.33	57.8	10.01	1.60	1.50		0.15	6.76
零售业	12.81	52.9	6.78	3.62	0.40		0.11	2.65
住宿和餐饮业	8.24	53.0	4.37	2.85	0.08		0.19	1.25
住宿业	0.34	58.8	0.20	0.07	0.02		0.02	0.09
餐饮业	7.90	52.8	4.17	2.78	0.06		0.17	1.16
房地产业	21.67	43.3	9.38	1.03	2.59		2.34	3.42
房地产开发经营业	18.80	36.2	6.80	0.83	2.57		0.08	3.32
物业管理、中介服务业和其他房地产活动	0.63	54.0	0.34	0.20	0.02		0.02	0.10

续表

	总产出	增加值率%	增加值	劳动者报酬	生产税净额	补贴	固定资产折旧	营业盈余
居民自有住房服务业	2.24	100.0	2.24				2.24	
其他服务业	37.83	49.1	18.59	12.67	0.70		3.16	2.06
租赁和商务服务业	11.80	29.1	3.43	0.55	0.66		0.34	1.88
科学研究、技术服务和地质勘查业	1.79	48.0	0.86	0.71			0.15	
水利、环境和公共设施管理业	1.16	53.4	0.62	0.36			0.26	
居民服务和其他服务业	0.60	73.3	0.44	0.34				0.10
教育	8.60	65.1	5.60	4.94			0.66	
卫生、社会保障和社会福利业	4.87	40.0	1.95	1.71			0.24	
文化、体育和娱乐业	0.88	62.5	0.55	0.36	0.04		0.07	0.08
公共管理和社会组织	8.13	63.2	5.14	3.70			1.44	

各镇(区)区域面积

指　　标	单　位	2010年	2009年
全县区域面积	平方公里	1067	1067
开　发　区	平方公里	49	49
永　　阳	平方公里	144	144
白　　马	平方公里	146	146
东　　屏	平方公里	129	129
柘　　塘(注:已并入开发区)	平方公里	46	46
石　　湫	平方公里	119	119
洪　　蓝	平方公里	109	109
晶　　桥	平方公里	135	135
和　　凤	平方公里	190	190

各镇(区)地区生产总值

单位:亿元

镇(区)	合　计	一　产	二　产			三　产
			小　计	工　业	建筑业	
全县合计	243.64	22.38	156.6	132.6	24	64.66
开发区	68.72	2.24	60.02	55.22	4.8	6.46
永　阳	54.76	2.97	30.97	27.66	3.31	20.82
白　马	13.42	2.85	7.08	5.68	1.4	3.49
东　屏	13.67	2.69	6.27	4.27	2	4.71
石　湫	18.55	2.84	11.01	9.92	1.09	4.70

续表

镇(区)	合　计	一　产	二　产			三　产
			小　计	工　业	建筑业	
洪　蓝	17.49	2.32	9.17	7.77	1.4	6.00
晶　桥	20.5	2.69	13.78	11.88	1.9	4.03
和　凤	21.21	2.84	11.7	10.20	1.5	6.67
其　它	15.32	0.94	6.6	—	6.6	7.78

农村经济

各镇(区)农村组织情况

镇(区)	村民委员会(个)	村民小组(个)	乡村总户数(户)	乡村总人口数(人)
合　计	91	2006	104745	315831
开发区	11	307	12244	34100
永　阳	11	98	14479	41128
白　马	9	227	11770	34963
东　屏	12	365	13141	37711
石　湫	14	218	13830	44366
洪　蓝	11	306	13187	39646
晶　桥	12	108	11237	35946
和　凤	11	377	14857	47971

各镇(区)劳动力基本情况

单位:人

镇(区)	乡村劳动力	其中:男性	1、农林牧渔业	其中:种植业	2、工业	3、建筑业	4、交通运输邮电业	5、批发零售贸易业	6、其它劳动力
溧水县	177345	95784	44755	35760	50441	36253	10244	10722	24930
开发区	20195	10429	3248	2488	9052	2417	714	1235	3529
永　阳	24282	13041	7150	5977	7719	5620	742	650	2401
白　马	17610	9439	5660	5444	4766	3170	626	960	2428
东　屏	19887	10482	6418	5789	4656	4581	931	693	2608
石　湫	23807	13588	3481	2523	5947	5363	1822	3211	3983
洪　蓝	25007	13305	5999	4722	7025	4712	1480	1355	4436
晶　桥	21554	11807	4951	3458	5648	4675	1798	1294	3188
和　凤	25003	13693	7848	5359	5628	5715	2131	1324	2357

获南京市百强村位次排名

单位名称	2005年	2006年	进退位	2007年	进退位	2008年	进退位	2009年	进退位	2010年	进退位
永阳镇城郊村	39	18	+21	16	+2	15	+1	15	0	17	−2
和凤镇张家村	60	14	+46	17	−3	22	−5	22	0	35	−13
永阳镇戴家村	67	35	+23	35	+0	34	+1	34	0	42	−8
永阳镇工农兵村	70	40	+30	32	+8	31	+1	30	1	30	0
洪蓝镇傅家边村	82	81	+1	77	+4	71	+6	70	1	70	0
晶桥镇芝山村	90	70	+20	66	+4	51	+15	84	−33	61	+23
洪蓝镇西旺村	95	95	+0	82	+13	81	+1	80	1	70	+10
石湫镇明觉村	84	97	−13	80	+17	89	−9	88	1	69	+19
石湫镇光明村	99	85	+14	87	−2	86	+1	96	−10	62	+34
白马镇石头寨村	–	99	新增	86	+13	64	+22	63	1	57	+6
东屏镇方边村	–	–	–	92	重进	92	+0	94	−2	75	+19
和凤镇沙塘庵村	–	–	–	–	–	–	–	100	新增	81	+19
洪蓝镇三里亭村	–	–	–	–	–	–	–	–	–	82	新增

农林牧渔业总产值、增加值

单位：万元

指标	现价产值	缩减指数	可比价产值	现价上年同期
农林牧渔业总产值	381055	110.33	345386	344601
农业	226366	114.77	197206	196769
林业	3860	100.00	3860	3716
牧业	60794	102.56	59283	30250
渔业	58855	107.24	54882	54980
农林牧渔服务业	31180	103.60	30155	28886
中间物质消耗	157249	—	—	143009
农业	78879	—	—	68035
林业	1678	—	—	1615
牧业	36648	—	—	36202
渔业	26170	—	—	24300
农林牧渔服务业	13874	—	—	12857
农林牧渔业增加值	223806	111.13	201384	201592
农业	147487	114.77	128475	128734
林业	2182	100.00	2183	2101
牧业	24146	102.56	23543	24048
渔业	32685	107.24	30478	30680
农林牧渔服务业	17306	103.60	16705	16029

说明：根据经济普查数据，省市将2009年的现价农业产值和增加值基数作了调整。

各镇(区)主要农业经济指标

单位:万元、亩、吨、元

镇(区)	农林牧渔业总产值	农林牧渔业增加值	农作物播种面积	其中:粮食作物播种面积	粮食作物总产	农民人均纯收入(元)
合　计	381055	223806	879416	496479	225413	10804
开发区	38243	22470	111029	53442	24124	10935
永　阳	50573	29650	131395	67766	30538	10988
白　马	48363	28355	122495	75614	33148	10735
东　屏	45812	26800	87654	58123	26679	10730
石　湫	48668	28480	103494	56768	26499	10809
洪　蓝	39605	23210	97443	59900	27093	10744
晶　桥	46201	27075	122189	63264	28762	10824
和　凤	48378	28280	103717	61601	28570	10776

种植业生产情况

作物名称	面积(亩)	亩产(公斤)	总产量(吨)
农作物总播种面积	879416	–	–
粮食作物合计	496479	454	225413
夏收粮食	155551	312	48570
其中:小麦	145733	319	46509
秋收粮食	340927	519	176843
秋收谷物	315591	538	169683
其中:稻谷	305993	542	165766
秋收豆类	13900	170	2364
薯类	11436	419	4795
油料合计	151357	151	22905
其中:油菜籽	134706	152	20517
棉花	7820	98	767
苎麻	9668	139	1346
甘蔗	1732	2703	4682
药材	5957	31	184
蔬菜(含菜用瓜)	171535	2150	368869
瓜果类	32012	2415	77309
其它农作物	2857	–	–
附:常年种蔬菜面积	61233	–	–
水果产量	73740	463	34132
茶叶产量	25620	23	591

牧业、渔业生产情况

指标	单位	年末存栏数	当年出栏数	2010年产量	2009年产量
牧业生产	–	–	–	–	–
猪	头、吨	79200	124611	9096	9663
牛	头、吨	4200	2000	360	429
羊	只、吨	37900	65004	910	936
家禽	只、吨	2160000	5284100	7926	7804
牛奶	吨	–	–	327	274
蜂蜜	吨	–	–	495	449
禽蛋	吨	–	–	8900	10200
蚕茧	吨	–	–	301	180
渔业生产	–	–	–	–	–
水产品产量	吨	–	–	26682	26662
其中：鱼类	吨	–	–	20971	21071
甲壳类	吨	–	–	4868	4748
贝类	吨	–	–	830	830
其它水产品	吨	–	–	13	13
人工育珠	公斤	–	–	500	500

工业经济

工业主要经济指标情况

单位：万元

指标	总计	规模工业	规模以下法人单位	个体户
企业个数(个)	3922	557	1439	1926
其中：亏损企业个数	34	13	21	–
工业总产值	5150934	4617582	331703	201649
应收帐款	389854	313646	76208	–
产成品	148135	137119	11016	–
本年折旧	102216	86586	11890	3740
主营业务收入	5002031	4530880	299502	171649
营业利润	528712	486046	33558	9108
利润总额	421787	419564	1137	1086
其中：亏损额	20152	1047	16702	2403
利税总额	647011	645780	715	516
工业增加值	1326010	1180855	87003	58152
主营业务工资及利福总额	300685	224835	50092	25758
职工平均人数	103535	66315	20630	12390

规模以下工业及个体户指标均为抽样推算数

规模以上工业企业指年主营业务收入500万元以上的工业企业

镇(区)工业企业主要经济指标

单位：万元

单位	产值		增加值		主营业务收入		利税总额		利润总额	
	2010年	2009年	2010年	2009年	2010年	2009年	2010年	2009年	2010年	2009年
全县总计	5150934	4090515	1326010	1051201	5002031	3922955	647011	399131	421787	231726
开发区	2130655	1690635	552167	435836	2084931	1627388	285004	200458	176002	116742
乡镇合计	3020279	2399880	773843	615364	2917100	2295567	362007	198673	245785	114984
永阳	1050593	820670	276578	207916	1033004	812074	131453	56994	92879	36157
白马	211188	155978	56841	43630	211357	155901	22836	12030	11686	6012
东屏	161046	201153	42724	50870	156518	207938	11971	18518	7828	10006
石湫	379998	307463	99209	79441	359917	275281	38389	26552	21873	10840
洪蓝	297190	197678	77748	48810	263671	180735	39294	14867	27751	9492
晶桥	537987	427781	118775	109174	532825	389617	60216	29318	42318	15468
和凤	382277	289157	101968	75524	359808	274021	57848	40395	41450	27009

工业主营业务收入前40名排序表

序号	单位名称	序号	单位名称
1	南京长安汽车有限公司	21	南京华晶集团有限公司
2	南京云海特种金属股份有限公司	22	溧水县观山精细化工有限公司
3	南京喜之郎食品有限公司	23	航天晨光股份有限公司化工机械公司
4	南京溧水精诚电工材料有限公司	24	南京飞燕活塞环股份有限公司
5	南京沙塘庵粮油实业有限公司	25	南京中兴轨道装备有限公司
6	南京宁宏建机械有限公司	26	南京亚狮龙体育用品有限公司
7	南京鑫源铜材有限公司	27	南京市溧水县常力蜂业有限公司
8	南京安鑫铜业有限公司	28	江苏冠军涂料实业有限公司
9	南京小洋人生物科技发展有限公司	29	南京秦源铜业有限公司
10	南京金岛服装有限公司	30	南京群锋铜业有限公司
11	江苏长龙汽车配件制造有限公司	31	南京金源漆业有限公司
12	南京高基数控设备制造有限公司	32	南京飞瑞服装有限公司
13	南京阳升铸造有限公司	33	溧水县金星机械厂
14	江苏汉天水泥有限公司	34	南京八幸药业科技有限公司
15	南京联塑科技实业有限公司	35	南京鸿晟铁路车辆配件有限公司
16	南京西普水泥工程集团有限公司	36	南京金鑫传动设备有限公司
17	南京胜捷电机有限公司	37	南京控特电机有限公司
18	南京秦源锁厂	38	南京永福特种铁合金厂
19	南京忠信交通设施有限公司	39	南京喜之郎海苔食品有限公司
20	南京中盛铁路车辆配件有限公司	40	南京瑞麦食品有限公司

年主营业务收入500万元以上工业企业综合耗能分行业表

行业名称	单位个数(个)	2010年			2009年			产值能耗增减(%)
		综合能源消费量(吨标准煤)	工业总产值(万元)	产值能耗(吨/万元)	综合能源消费量(吨标准煤)	工业总产值(万元)	产值能耗(吨/万元)	
全部工业企业	557	617732.0	4617581	0.134	430302.5	3645451	0.118	13.33
其中:轻工业	176	67549.0	1136374	0.059	61766.2	938418	0.066	−9.69
重工业	381	550183.0	3481207	0.158	368536.3	2707034	0.136	16.09
非金属矿采选业	3	4123.0	41268	0.100	3820.9	39480	0.097	3.23
农副食品加工业	18	3547.0	181027	0.020	2441.5	142122	0.017	14.06
食品制造业	9	15799.0	242284	0.065	13634.9	186401	0.073	−10.85
饮料制造业	4	6149.0	79984	0.077	6293.9	75813	0.083	−7.40
纺织业	20	4445.0	79760	0.065	4061.3	66959	0.061	−8.12
纺织服装、鞋、帽制造业	28	2906.0	164019	0.018	2843.8	141614	0.020	−11.77
皮革、毛皮、羽毛(绒)及其制品业	3	615.0	30406	0.020	517.4	22674	0.023	−11.36
木材加工及木、竹、藤、棕、草制品业	2	68.0	2446	0.028	271.9	7431	0.037	−24.01
家具制造业	5	457.0	14817	0.031	651.8	12543	0.052	−40.65
造纸及纸制品业	10	3421.0	52782	0.065	4415.8	50376	0.088	−26.06
印刷业和记录媒介的复制	2	2.0	1639	0.001				
文教体育用品制造业	17	1445.0	38895	0.037	1254.3	42865	0.029	26.96
石油加工、炼焦及核燃料加工业	1	26.0	814	0.032				
化学原料及化学制品制造业	51	85875.0	305616	0.281	102916.4	268006	0.384	−26.83
医药制造业	6	2152.0	29060	0.074	2372.5	28076	0.085	−12.37
化学纤维制造业	1	58.0	1731	0.034	34.4	1023	0.034	−0.39
橡胶制品业	9	4571.0	94672	0.048	4981.6	76844	0.065	−25.52
塑料制品业	17	3859.0	79844	0.048	2652.0	52007	0.051	−5.22
非金属矿物制品业	29	202245.0	116549	1.735	14821.0	66178	0.224	674.83
黑色金属冶炼及压延加工业	3	7103.0	54952	0.129	8107.7	67937	0.119	8.31
有色金属冶炼及压延加工业	27	105451.0	689993	0.153	77529.6	647062	0.120	27.55
金属制品业	55	15890.0	253993	0.063	14416.6	182344	0.079	−20.87
通用设备制造业	98	63385.0	529945	0.120	65833.2	401654	0.164	−27.03
专用设备制造业	28	9024.0	317166	0.028	8745.3	240145	0.036	−21.87
交通运输设备制造业	43	23929.0	802145	0.030	19104.5	577485	0.033	−9.83
电气机械及器材制造业	47	9046.0	287660	0.031	7156.2	136515	0.052	−40.01
通信设备、计算机及其他电子设备制造业	10	983.0	74154	0.013	726.3	54514	0.013	−0.50
仪器仪表及文化、办公用机械制造业	1	16.0	623	0.026	14.8	592	0.025	2.99

续表

行业名称	单位个数(个)	2010 年			2009 年			产值能耗增减(%)
		综合能源消费量(吨标准煤)	工业总产值(万元)	产值能耗(吨/万元)	综合能源消费量(吨标准煤)	工业总产值(万元)	产值能耗(吨/万元)	
工艺品及其他制造业	4	233.0	14309	0.016	183.6	20587	0.009	82.60
废弃资源和废旧材料回收加工业	1	119.0	4350	0.027	239.7	7721	0.031	−11.89
电力、热力的生产和供应业	1	39168.0	8107	4.831	58929.0	9405	6.266	−22.89
燃气生产和供应业	2	361.0	12530	0.029	321.3	11221	0.029	0.63
水的生产和供应业	2	1259.0	10044	0.125	1009.7	7860	0.128	−2.43

固定资产投资、建筑业

全社会固定资产投资完成情况

单位:万元

投资种类	2010 年	2009 年
全社会投资合计	2245349	1650154
# 工业投资	1920960	1401024
# 私个经济	653621	656649
# 民间投资	2093755	1539591
城镇固定资产业投资	1387706	921678
房地产开发	125133	96418
农村非农户投资	732510	632058

50 万元以上固定资产投资完成情况

单位:万元

指　标	合　计	城　镇	农　村
本年施工项目个数(个)	522	277	245
本年新开工项目个数(个)	461	250	211
本年竣工项目个数(个)	424	250	174
计划总投资(万元)	2649129	1507796	1141333
本年完成投资	2120216	1387706	732510
其中:建安工程	797554	426485	371069
设备购置	8722431	8443307	279124
本年新增固定资产	2014917	1434854	580063
本年施工房屋面积	3536503	2102566	1433937

续表

指　标	合　计	城　镇	农　村
本年竣工房屋面积	2414803	1790566	624237
本年资金来源合计	2156386	1399646	756740
上年结余资金	8560	7160	1400
本年资金来源	2147826	1392486	755340
其中:国内贷款	3750	0	3750
自筹资金	2132796	1389806	742990
本年各项应付款合计	17181	9200	7981
其中:工程款	12430	9200	3230

注:表中内容不包括房地产投资部分。

房地产企业开发投资情况

单位:万元

指　标	2010 年	2009 年
计划总投资	1279031	1107387
本年完成投资	125133	96418
本年房屋施工面积(平方米)	1290088	1182446
本年房屋竣工面积(平方米)	224034	350508
本年新增固定资产	39713	51720
房屋销售额	274468	237911
房屋销售面积(平方米)	552702	588614
本年资金来源合计	422147	256720
上年末结余资金	52866	27788
本年资金来源小计	369281	228932
其中:贷款	68170	38240
自筹资金	47779	36061
其他资金	253332	154631
本年各项应付款合计	47043	30905

总承包建筑企业生产情况

单位:万元、平方米、人

指　标	2010 年	2009 年
企业个数	72	67
建筑业总产值	892418	828942
其中:建筑工程产值	863005	753396
竣工产值	773069	688582
房屋建筑施工面积	7622410	8554414

续表

指　　标	2010 年	2009 年
其中:本年新开工面积	4069289	5644721
投标承包面积	7017535	7927513
房屋建筑竣工面积	4151035	4537206
其中:厂房	1113648	998017
住宅	2696969	3166488
办公用房	182099	250477
商业居民服务业	94302	0
文教用房	22720	73450
医疗	900	3000
其他	40397	45774
自有机械设备年末总数(台)	7447	7335
年末总功率(千瓦)	196427	202226
自有机械设备净值	418970	36796
从业人员年平均人数	52792	49293
期末从业人员	50507	54664
其中:工程技术人员	5220	5100

劳务建筑企业主要经济指标情况

单位:万元、人

指　　标	2010 年	2009 年
企业个数	20	23
建筑业总产值	8096	22106
全部从业人员平均人数	1901	4470
年末从业人数	1775	4556
其中:工程技术人员	151	269
资产总计	8986	8219
固定资产原值	1155	907
本年折旧	198	101
负债合计	1926	2975
营业收入	7370	21080
其中:工程结算收入	7370	20800
主营业务税金及附加	287	257
费用合计	757	697
营业利润	1163	927
利润总额	1137	735
从业人员劳动报酬	2020	16875
劳动失业保险金	95	141
住房公积金及住房补贴	9	7

商贸、外向型经济

社会消费品零售总额

单位：万元

指　　标	2010 年	2009 年
社会消费品零售总额	705114	587577
按销售单位所在地分	–	–
城镇	399218	314938
乡村	305896	272639
按行业分	–	–
批发业	31184	24387
限额以上	4628	3131
限额以下	26556	21256
零售业	576629	478206
限额以上	143155	109773
限额以下	433474	368433
住宿业	2371	2260
限额以上	1436	1369
限额以下	935	891
餐饮业	94930	82724
限额以上	10998	9136
限额以下	83932	73588

住宿和餐饮业经营情况

单位：万元

指　　标	2010 年	2009 年
营业额总计	110122	90855
限额以上企业(单位)	14421	12431
住宿业小计	2734	2658
客房收入	1298	1290
餐费收入	1436	1368
商品销售收入	–	–
其他收入	–	–
餐饮业小计	11687	9773
客房收入	662	624
餐费收入	10971	9107
商品销售收入	27	29
其他收入	27	13

续表

指　　标	2010 年	2009 年
限额以下企业(个)	95701	78424
住宿业小计	5026	3879
其中:餐费和商品销售收入	935	891
餐饮业小计	90675	74545
其中:餐费和商品销售收入	83931	73589

亿元以上商品交易市场情况

指　　标	市场个数(个)	市场摊位总量(个)	年末出租摊位数(个)	年末个体户承租摊位数(个)	年末营业面积(平方米)	全年商品成交总额(万元)
合　计	5	1221	1042	1042	55930	179425.3
按市场类别分						
综合市场	2	1025	846	846	20000	49151.3
专业市场	3	196	196	196	35930	130274
按营业状态分组						
常年营业	5	1221	1042	1042	55930	179425.3
季节性营业						
按经营方式分组						
批发	2	51	51	51	23930	114940
零售	3	1170	991	991	32000	64485.3
按经营环境分组						
露天式	1	21	21	21	21930	16940
封闭式	4	1200	1021	1021	34000	162485.3
按商品销售类值分组						
总计			1042			179425.3
粮油、食品、饮料、烟酒类			649			134660
服装、鞋帽、针纺织品类			127			5182.8
化妆品类			6			269.7
日用品类			50			2361.2
家用电器和音像器材类			3			1127.6
家具类			1			1410
建筑及装潢材料类			145			15334
汽车类			21			16940
其他类			40			2140

外向型经济主要指标完成情况

指　　标	计量单位	2010 年	2009 年
直接利用外资	–	–	–
当年利用外资项目数	个	29	24
千万美元以上项目数	个	10	8
协议注册外资	万美元	29379	22049
实际利用外资	万美元	10985	9647
对外贸易	–	–	–
进出口总值	万美元	31951	25348
其中：出口	万美元	27708	22410
进口	万美元	4243	2938

镇(区)外向型经济完成情况

单位：万美元

镇(区)	协议注册外资	实际利用外资	横联引资(亿元)
全　县	29379	10985	144.89
开发区	18543	6514	71.82
永　阳	4555	2024	25.13
白　马	650	134	8.26
东　屏	800	310	8.4
石　湫	1800	300	7.82
洪　蓝	1680	61	7.85
晶　桥	682	170	7.79
和　凤	670	122	7.84

电力、交通运输、邮政通讯

电力供应情况

指　　标	用户个数	用电装接容量(千瓦)	用电量(万千瓦时)	
			2010 年	2009 年
合计	176458	1630403	125491	93143
农业	3558	65507	1869	1795
农、林、牧、渔服务业	3107	58339	1352	1396
工业	4221	557693	95180	67334
采矿业	86	7078	1449	1535

续表

指　　标	用户个数	用电装接容量(千瓦)	用电量(万千瓦时)	
			2010 年	2009 年
制造业	3908	437805	82666	57346
建筑业	359	31972	2243	1671
交通运输邮电业	143	7082	669	789
信息、计算机和软件业	420	5674	729	626
批发和零售业	5754	47574	2397	2063
住宿和餐饮业	733	12237	891	797
金融业	59	2004	237	214
房地产业	2249	32879	1201	875
租赁商务、居民和其它服务	397	4047	637	538
其它服务业	3678	55355	3352	3157
生活用电	154887	808379	16086	13284
其中：城镇居民	42041	268467	6988	5645

交通运输情况

指　标	单　位	2010 年	2009 年
全县公路里程	公里	1560	1524
其中：省、市道	公里	181	181
县、乡道	公里	999	985
其中：高速公路	公里	92	–
一级公路	公里	72	72
二级公路	公里	159	149
全县航道里程	公里	88.5	88.7
客运量	万人	1296	1200
旅客周转量	万人公里	172800	160000
货物运输量	万吨	1786	1639.6
水运	万吨	598	539.6
公路	万吨	1188	1100
货物周转量	万吨公里	344471	324189
水运	万吨公里	204071	194189
公路	万吨公里	140400	130000
港口吞吐量	万吨	101.68	183.98
社会船舶总数	艘	66	61
机动船	艘/吨	66/92958	61/68860
货驳	艘/吨	–	–

邮电业务情况

指　　标	计量单位	2010 年	2009 年
邮电业务总量合计	万元	12030	11475
邮政业务	万元	2930	2875
电信业务	万元	9100	8600
邮政	–	–	–
函件	万件	100.4	148.3
包裹	万件	1.47	1.50
汇票	万笔	9.67	9.40
订销报纸累计份数	万份	559	542
订销杂志累计份数	万份	24.1	20.1
报刊流转额	万元	511.2	559.9
集邮业务	万枚	6.28	16.7
电信	–	–	–
国内长途电话	万次	2012	1962
国际及港澳台电话	万次	3.80	3.10
城市电话用户	户	38461	39000
其中：住宅电话	户	29938	30400
乡村电话用户	户	65546	66000
其中：住宅电话	户	61006	55500
公用电话	部	4412	4697
本地网内区间电话通话量	万次	1726	1652
本地网内区内电话通话量	万次	24310	23500
互联网用户数	户	33585	24211
已通电话的行政村	个	91	91
移动电话年末用户数	万户	32.4	32

教育、卫生、计划生育

教育基本情况

指　　标	计量单位	普通中小学			职业中学	特殊教育	幼儿教育
		合　计	其中				
			小　学	中　学			
学校数	所	43	25	18	1	1	30
班级数	个	921	474	447	77	19	278

续表

指　　标	计量单位	普通中小学			职业中学	特殊教育	幼儿教育
		合　　计	其　　中				
			小　学	中　学			
招生人数	人	9123	3252	5871	1005	26	3022
毕业生数	人	11165	3278	7887	683	18	3293
在校学生数	人	37875	18408	19467	3480	184	9653
其中：毕业班人数	人	10109	3204	6905	1165	33	3496
教职工数	人	3487	1477	2010	214	48	702
其中：专任教师	人	2875	1258	1617	180	47	483
学校占地面积	万平方米	132.67	45.04	87.63	13.33	0.70	13.63
校舍建筑面积	万平方米	38.16	11.94	26.22	4.68	0.40	6.48
教学及辅助用房	万平方米	20.34	7.33	13.01	2.42	0.27	4.77
其中：教室	万平方米	12.96	5.20	7.76	1.65	0.26	3.91
办公用房	万平方米	3.91	1.23	2.68	0.28	0.01	0.40
生活用房	万平方米	11.18	2.04	9.14	1.98	0.12	0.49
当年新增面积	万平方米	0.14	0.14				
学校藏书量	万册	112.47	43.93	68.54	8.00	0.40	7.50

卫生机构基本情况

指　　标	机构数(个)	床位数(张)	人员数(人)	其中：卫生技术人员
总　计	21	1075	1604	1377
医院	5	760	1099	947
其中：县综合医院	4	610	951	815
社区卫生服务中心(站)	3	20	50	37
卫生院	9	295	370	322
妇幼保健机构	1		23	18
疾病预防控制中心	1		37	34
卫生监督所	1		16	13
医学在职培训机构	1		9	6

卫生人员情况

指　　标	2010年	其　　中		
		医院	社区卫生服务中心	其他卫生机构
合　计	1604	1099	50	455
卫生技术人员	1377	947	37	393
执业(助理)医师	527	292	21	214

续表

指　　标	2010 年	其　　中		
		医院	社区卫生服务中心	其他卫生机构
其中:执业医师	467	282	20	165
注册护士	549	454	11	84
药师(士)	102	58	2	42
技师(士)	86	53	3	30
其他	113	90		23
其他技术人员	18	12	1	5
管理人员	69	48	1	20
工勤技能人员	140	92	11	37

镇(区)计划生育情况

镇(区)	晚婚率(%)	出生率(‰)	独生子女率(%)
全　县	48.72	4.62	75.96
开发区	46.15	5.46	85.29
永　阳	53.36	4.62	87.37
白　马	47.86	4.78	79.36
东　屏	45.16	3.37	80.27
石　湫	35.93	5.41	59.82
洪　蓝	58.70	5.18	70.91
晶　桥	45.87	3.65	66.80
和　凤	51.56	4.22	62.01

财政、金融、保险业

财政收入情况

单位:万元

指　　标	2010 年	其　　中		2009 年
		县　级	乡镇级	
财政收入总计	321383	—	—	236512
一般预算收入	200168	111928	88240	144188
税收收入	146251	62167	84084	108660
增值税	27396	15285	12111	21451
营业税	46872	12270	34602	34718
企业所得税	15674	10661	5013	11711

续表

指　　标	2010年	其　中		2009年
		县　级	乡镇级	
个人所得税	5498	1972	3526	3471
资源税	562	12	550	95
城市维护建设税	6306	2423	3883	4932
房产税	2690	1456	1234	2057
印花税	1881	831	1050	1289
城镇土地使用税	6965	3242	3723	5802
土地增值税	13512	4987	8525	5580
车船税	545	545		410
耕地占用税	2547	279	2268	3497
契税	15803	8204	7599	13647
非税收入	53917	49761	4156	35528
专项收入	5557	3278	2279	3677
行政事业性收费收入	40240	38365	1875	24628
罚没收入	2608	2608		3536
国有资本经营收入	5401	5401		3588
国有资源(资产)有偿使用收入	111	109	2	99
其他收入				
上交中央四税合计	121215			92324
政府基金收入	144302			153366
文化事业建设费收入	50			42
地方教育费附加收入	1696			1301
江苏省地方教育基金收入				
残疾人就业保障金收入	16			155
城市公用事业附加收入	605			461
国有土地使用权出让金收入	134500			147400
国有土地收益基金收入	6551			3326
农业土地开发资金收入	884			652
其他各项基金收入				29

财政支出情况

单位：万元

指　　标	2010年	其　中		2009年
		县　级	乡镇级	
财政支出合计	412978			347915
一般预算支出	259800	230622	29178	198434
一般公共服务	32478	22896	9582	26241

续表

指　　标	2010 年	其　中		2009 年
		县　级	乡镇级	
外交	0			0
国防	2	2		2
公共安全	15018	15018		9423
教育	31828	31219	609	29808
科学技术	5172	5172		4971
文化体育与传媒	2069	1787	282	1677
社会保障和就业	26323	23231	3092	15761
医疗卫生	11023	10056	967	10730
环境保护	7317	7023	294	4277
城乡社区事务	42188	37718	4470	31810
农林水事务	42721	40987	1734	38888
交通运输	7596	7596		2848
资源勘探电力信息等事务	13324	11013	2311	14266
商业服务业等事务	7769	7652	117	
国土资源气象等事务	4285	4285		
住房保障支出	479	396	83	
粮油物资储备管理事务	877	877		
国债还本付息支出	55	55		
其他支出	9276	3639	5637	7732
政府基金支出	153178			—
教育	2002			—
文化体育与传媒	74			—
社会保障和就业	1015			—
城乡社区事务	145610			—
农林水事务	2867			—
交通运输	1086			—
资源勘探电力信息等事务				—
商业服务业等事务				—
其他支出	524			—

金融机构存、贷款情况

单位：万元

	2010 年	2009 年
各项存款合计	1438281	1192256
企业存款	304732	351047
其中：活　期	255297	258058

续表

	2010年	2009年
定　期	49435	92988
财政存款	22122	37010
机关团体存款	202442	45259
储蓄存款	756257	626616
其中:活　期	273359	209623
定　期	482898	416993
农业存款	125591	100120
其他存款	27137	32203
各项贷款合计	1000008	751480
短期贷款	454530	349996
个人贷款及透支	51089	48382
其中:个人消费贷款	2092	3033
单位贷款及透支	394091	298014
贸易融资	9350	3600
中长期贷款	530949	378166
个人贷款	222667	147870
其中:个人消费贷款	195939	129116
单位贷款	308282	230296
其中:经营贷款	65432	22245

保险情况

单位:万元

指　　标	计量单位	投保金额	保费收入	赔款支出
财产保险合计		4127573	3573	2096
财产保险	万元	614710	410	411
企事业财产险	笔	312093	234	344
家庭财产险	户	88294	30	10
工程责任及其它险	笔	214323	137	57
机动车辆保险	辆	235434	1499	886
货物运输保险	笔	55536	15	
意外短期险类	万人	210414	281	46
健康险类	万人	2999374	804	574
其它		12105	564	178
人寿保险合计	万人		2530	4223
养老金保险	万人		10	16
意外短期险类	万人		495	77
健康险类	万人		357	2057
寿险类	万人		1668	2073

人民生活

全部职工人数与工资

	在岗职工年末人数(人)		在岗职工年平均人数(人)	在岗职工年工资总额(万元)	在岗职工年人均工资(元)
	合计	其中:女性			
总　计	37947	18136	36734	1323908	36040
农、林、牧、渔服务业	1317	689	1327	21732	16377
制造业	21397	11149	20551	561446	27320
电力、煤气及水的生产和供应	600	143	592	44308	74845
建筑业	741	89	746	17172	23019
交通运输、仓储及邮政业	301	74	301	12236	40651
信息传输、计算机服务和软件	105	30	105	4705	44810
批发、零售业	1848	1122	1761	58296	33104
住宿和餐饮业	249	165	252	4363	17313
金融业	1028	377	727	51664	71065
房地产业	740	285	646	27389	42398
租赁和商务服务业	890	69	639	13781	21567
科学研究、技术服务和地质	82	26	82	2998	36561
水利、环境和公共设施管理	497	305	497	8629	17362
居民服务和其他服务业	17	3	17	738	43412
教育	3972	1691	4000	235086	58772
卫生、社会保障和社会福利	1224	1065	1201	64653	53833
文化、体育和娱乐业	49	21	50	1201	24020
公共管理和社会组织	3245	833	3240	193511	59726

农民人均收入结构

指　　标	单　位	2010年	2009年
调查户数	户	100	100
调查户常住人口	人	346	354
全年纯收入	元	10804	9547
工资性收入	元	5949	5156
在非企业组织中劳动得到收入	元	581	512
在本乡地域内劳动得到收入	元	4018	3479
外出从业得到收入	元	1350	1165
家庭经营纯收入	元	4190	3841
第一产业纯收入	元	2425	2323
农业收入	元	1938	1873
林业收入	元	3	2

续表

指　　标	单　位	2010 年	2009 年
牧业收入	元	329	297
渔业收入	元	155	151
非农产业纯收入	元	1765	1518
其中:第二产业纯收入	元	153	139
工业收入	元	101	90
建筑业收入	元	52	49
其中:第三产业纯收入	元	1612	1379
交通.运输.邮电业收入	元	899	794
批零贸易业.饮食业收入	元	569	535
社会服务业收入	元	144	49
财产性纯收入	元	162	133
转移性纯收入	元	503	417
全年现金纯收入	元	9578	8645
全年实物纯收入	元	1226	902

城镇居民家庭现金收入情况

指　　标	计量单位	2010 年	2009 年
期初手存现金	元/人	429	562
家庭总收入	元/人	26271	23444
其中:可支配收入	元/人	24468	22015
二薪收入	元/人	15742	14252
工资及补贴收入	元/人	15742	12250
其他劳动收入	元/人	0	2.8
经营净收入	元/人	5661	5013
财产性收入	元/人	305	265
利息收入	元/人	77	115
出租房屋收入	元/人	221	150
转移性收入	元/人	4563	3914
养老金或离退休金	元/人	3731	3226
社会救济收入	元/人	67	89
保险收入	元/人	7	14
其中:失业保险金	元/人	7	14
赡养收入	元/人	83	83
捐赠收入	元/人	339	308
提取住房公积金	元/人	0	0
记帐补贴	元/人	125	89
其他转移性收入	元/人	212	101
出售财物收入	元/人	6.3	204
出售住房收入	元/人	0	0

续表

指　　标	计量单位	2010 年	2009 年
出售其他物品收入	元/人	6.3	204
借贷收入	元/人	2163	4463
提取储蓄存款	元/人	2024	3632
借入款	元/人	35	831
收回借出款	元/人	104	0
收回投资本金	元/人	0	0
住房贷款	元/人	0	0
期末手存现金	元/人	853	903

城镇居民家庭现金支出情况

指　　标	计量单位	2010 年	2009 年
家庭总支出	元/人	17456	16935
消费支出	元/人	13825	12567
其中:服务性消费支出	元/人	3758	3339
食品	元/人	4675	4289
衣着	元/人	1937	1472
居住	元/人	729	1062
家庭设备用品及服务	元/人	791	821
医疗保健	元/人	817	482
交通和通讯	元/人	1743	1708
教育文化娱乐服务	元/人	2772	2372
其他商品和服务	元/人	363	362
购房与建房支出	元/人	0	1478
转移性支出	元/人	2073	1586
其中:个人所得税	元/人	182	41
捐赠支出	元/人	1580	1253
赡养支出	元/人	228	252
各种非储蓄性保险支出	元/人	64	15
财产性支出	元/人	63	6
社会保障支出	元/人	1496	1299
其中:个人交纳的养老基金	元/人	542	483
个人交纳的住房公积金	元/人	747	634
个人交纳的医疗基金	元/人	166	152
个人交纳的失业基金	元/人	36	30
借贷支出	元/人	10537	11100
其中:存入储蓄款	元/人	9980	10635
借出款	元/人	0	
归还借款	元/人	22	125
储蓄性保险支出	元/人	51	166
归还住房贷款	元/人	138	97

城镇居民家庭抽样调查情况

指　　标	计量单位	2010 年	2009 年
调查户数	户	100	100
家庭人口	人	272	272
其中:就业人口	人	140	141
离退休人口	人	40	38
人均住房建筑面积	平方米	37.12	37.12
有卫生设备户比重	%	100	100
有取暖设备户比重	%	93	93
冰箱及冰柜	台/百户	102	101
彩色电视机	台/百户	161	159
家用电脑	台/百户	62	60
摄像机	架/百户	8	8
照相机	架/百户	32	30
钢琴	架/百户	2	2
微波炉	台/百户	82	82
健身器材	套/百户	3	3
普通电话	部/百户	92	92
移动电话	部/百户	168	164

劳动保障情况

指　　标	单　位	2010 年	2009 年
实现再就业人数	人	1745	1645
农村劳动力转移就业人数	人	10512	10426
城镇登记失业人数	人	2089	3042
城镇登记失业率	%	3.21	3.11
参加养老保险人数	人	259985	264441
其中:农村	人	194145	196965
城镇职工养老保险覆盖面	%	98	98
参加基本医疗保险人数	人	91100	79897
医疗保险覆盖面	%	99	98
参加失业保险人数	人	61388	53122
失业保险覆盖面	%	99	98
开展各类培训人数	人	14878	16662
其中:农村劳动力人数	人	9260	10493

※注:2010 年包含新型农村养老保险参保人数。

(张三福)

附 录

Fu Lu

南京卧龙湖置业有限公司 供稿

先进名录

国家级先进集体

单位名称	授予称号	授予部门	授予时间
县儿童图书馆	国家一级馆	文化部	2010 年 1 月
溧水县	国家园林县城	住房和城乡建设部	2010 年 2 月
县教育局	全国家庭教育工作论文征集活动组织奖	教育部关心下一代工作委员会家庭教育中心	2010 年 5 月
县第二高级中学	全国"十一五"教育科研先进集体	中国教育发展基金会	2010 年 6 月
县供电公司(知行 QC 小组、和凤供电所创新 QC 小组、永阳供电所 QC 小组、装接班 QC 小组)	全国优秀质量管理小组	中华全国总工会、中华全国妇女联合会、共青团中央、中国科学技术协会、中国质量协会	2010 年 9 月
南京傅家边现代农业园	中国农业科技园区全国十大名园	中国农学会农业科技园区分会	2010 年 9 月
溧水县	国家卫生县城	全国爱国卫生运动委员会	2010 年 12 月
石湫镇计划生育服务站	全国计划生育优质服务示范站	国家人口计生委	2010 年 12 月
县经济开发区富滨村	人口和计划生育基层群众自治示范村	国家人口计生委、国家计划生育协会	2010 年 12 月

省委、省政府及省级部门表彰的先进集体

单位名称	授予称号	授予部门	授予时间
溧水县	江苏省教育现代化建设先进县	江苏省政府办公厅	2010 年 1 月
溧水县	江苏省体育强县	江苏省体育局	2010 年 1 月
县文广局	省级依法行政示范点	江苏省全面推进依法行政工作领导小组办公室	2010 年 1 月
东屏镇文体中心	江苏省群众体育先进单位	江苏省体育局	2010 年 1 月
和凤镇文体服务中心	江苏省全民健身活动先进单位	江苏省体育局	2010 年 1 月
县体育场健身站点	江苏省健身气功先进站点	江苏省体育局	2010 年 1 月

续表

单位名称	授予称号	授予部门	授予时间
县统计局第二次全国经济普查办公室	省级先进集体	江苏省第二次全国经济普查领导小组	2010 年 1 月
县供电公司	2008-2009 年度审计工作先进集体	江苏省电力公司	2010 年 2 月
东屏镇统计站	江苏省第二次全国经济普查先进集体	江苏省经济普查领导小组	2010 年 2 月
县供电公司	2009 年度电费回收先进单位	江苏省电力公司	2010 年 2 月
县供电公司	2009 年资产经营、营销服务、人力资源专业管理标杆单位	江苏省电力公司	2010 年 3 月
县供电公司	2009 年同业对标综合管理标杆单位	江苏省电力公司	2010 年 3 月
县农村信用合作联社	2009 年度江苏省银行业金融机构"小企业金融服务工作先进单位"	江苏省银监局	2010 年 3 月
洪蓝镇陈卞村	江苏省现代渔业示范村	江苏省海洋渔业局	2010 年 3 月
县劳动和社会保障局	江苏省企业养老保险经办管理工作先进单位	江苏省社会保障基金管理中心	2010 年 3 月
洪蓝供电所	标准化示范供电所	江苏省电力公司	2010 年 4 月
天泉建筑公司	省级文明工地	江苏省建设厅	2010 年 4 月
县供电公司	2007-2009 年江苏省精神文明建设先进单位	江苏省精神文明建设指导委员会	2010 年 4 月
永阳镇工会	江苏省工会工作模范镇	江苏省总工会	2010 年 4 月
县农村信用合作联社	2009 年度支农先进单位	江苏省银监局	2010 年 4 月
溧水县	江苏省信访工作"三无县"	江苏省信访工作领导小组	2010 年 5 月
中国人寿保险股份有限公司溧水支公司	江苏省系统团险业务绩优县支公司	中国人寿保险股份有限公司江苏省分公司	2010 年 5 月
南京飞燕活塞环股份有限公司	厂务公开民主管理先进单位	江苏省厂务公开协调小组	2010 年 5 月
晶桥镇国土资源所	省级人民满意国土所	江苏省国土资源厅	2010 年 5 月
县第二高级中学	2009 年度省节水型单位	江苏省水利厅、江苏省发展改革委员会	2010 年 6 月
永阳镇庆丰路居委会	江苏省妇联基层组织建设示范社区	江苏省妇联	2010 年 9 月
东屏镇人民政府	江苏省群众体育先进单位	江苏省体育局	2010 年 9 月
县第二高级中学	2008—2009 年度江苏省体育工作先进学校	江苏省教育厅	2010 年 10 月
县教育局	江苏省中小学金钥匙科技竞赛先进集体	江苏省教育厅、省科协等	2010 年 11 月
永阳镇	江苏省第二批新农村新家庭计划示范镇	江苏省人口计划生育委员会	2010 年 12 月
县工商联	江苏省县(市、区)工商联先进集体	江苏省工商业联合会	2010 年 12 月
县民营经济关工委	江苏省民营经济关心下一代工作先进单位	江苏省民营经济关心下一代工作委员会	2010 年 12 月
县图书馆	江苏省文明图书馆	江苏省文化厅	2010 年 12 月
县儿童图书馆	江苏省文明图书馆	江苏省文化厅	2010 年 12 月
溧水县高塘为农服务社	"百佳"农民专业合作社	江苏省供销社	2010 年 12 月
永阳镇财贸社区体育健身广场活动点、永阳文体中心体育健身广场活动站点、洪蓝镇文体中心广场健身活动站点、东屏夏家边集镇健身广场、石湫镇文体健身广场	省优秀群众体育健身活动站(点)	江苏省体育局	2010 年 12 月

续表

单位名称	授予称号	授予部门	授予时间
县供销社	农民专业合作社示范社建设优胜单位	江苏省供销社	2010年12月
县供销社	品牌建设优胜单位	江苏省供销社	2010年12月
县供电公司	2010年度江苏省交通安全示范企业	江苏省社会治安综合治理委员会办公室、江苏省公安厅	2010年12月
东屏镇文体中心	江苏省优秀体育健身站点	江苏省体育局	2010年12月
洪蓝镇老年体协	江苏省老年体协工作示范乡镇	江苏省老年体协	2010年12月
洪蓝镇水务站	文明单位	江苏省水利厅	2010年12月
和凤镇工会	江苏省模范乡镇(街道)职工之家	江苏省总工会	2010年12月
和凤镇张家村	江苏省生态村	江苏省环境保护局	2010年12月
南京天娇蜂业专业合作社	"百佳"农民专业合作社	江苏省供销社	2010年12月
南京黑玉特种家禽养殖专业合作社	"百佳"农民专业合作社	江苏省供销社	2010年12月
溧水在水一方渔业专业合作社	"百佳"农民专业合作社	江苏省供销社	2010年12月
县特殊教育学校	江苏省扶残助残先进集体	江苏省政府残疾人工作委员会	2010年12月
县人民医院	江苏省模范职工小家	江苏省总工会	2010年12月
县方便为农服务社	"百佳"农民专业合作社	江苏省供销社	2010年12月
县法院	江苏省法院信息化工作先进单位	江苏省高级人民法院	2010年
县法院	江苏省法院集体二等功	江苏省高级人民法院	2010年
县法院	江苏省审判管理工作先进集体	江苏省高级人民法院	2010年
县法院交通审判庭	涉诉矛盾纠纷化解工作先进集体	江苏省高级人民法院	2010年
县经济开发区梅山行政	2007-2009年度创建文明村工作先进村	江苏省精神文明建设指导委员会	2010年

市委、市政府表彰的先进集体

单位名称	授予称号	授予部门	授予时间
县交通局	2009年农村八件实事先进集体	南京市委、市政府	2010年2月
县地税局	2007-2009年度市级文明单位	南京市委、市政府	2010年8月
永阳镇	2007-2009年度市级文明镇	南京市委、市政府	2010年8月
永阳镇城郊村	2007-2009年度市级文明村	南京市委、市政府	2010年8月
永阳镇工农兵村	2007-2009年度市级文明村	南京市委、市政府	2010年8月
永阳镇板桥社区	2007-2009年度市级文明社区	南京市委、市政府	2010年8月
县经济开发区梅山村	2007-2009年度文明村镇	南京市委、市政府	2010年
和凤镇双牌石村	村庄整治先进村	南京市政府	2010年
县运输管理所	2009-2010年度春节运输工作先进集体	南京市政府	2010年
县运输管理所	2010年度春运工作先进集体	南京市政府	2010年

国家级先进个人

姓　名	工作单位	获奖称号	授奖机关	授奖时间
孔小红	县供电公司	国家电网公司对藏人才帮扶工作优秀帮扶人员	国家电网公司	2010年1月

续表

姓　名	工作单位	获奖称号	授奖机关	授奖时间
王　敏	县统计局	国家级先进个人	国务院第二次全国经济普查领导小组	2010年2月
张三福	县统计局	国家级先进个人	国务院第二次全国经济普查领导小组	2010年2月
周金兰	南京洪溪食品责任有限公司	全国城乡妇女岗位建功先进个人	全国妇联	2010年3月
曹祖文	县地税局	第七届全国五好文明家庭	全国五好文明家庭创建活动协调小组	2010年5月
谢英杰	县第二高级中学	全国“十一五”教育科研先进工作者	中国教育发展基金会	2010年6月
俞祚福	县第二高级中学	全国“十一五”教育科研先进工作者	中国教育发展基金会	2010年6月
戴作新	县实验小学	全国关心下一代工作先进工作者	中国关心下一代工作委员会、中央精神文明建设指导委员会办公室	2010年6月
刘世柏	江苏南京博士牛生态农业有限公司	第九届全国“创业之星”	中国农村劳动力资源开发研究会、国务院发展研究中心	2010年6月
马红松	南京黑玉特种家禽养殖专业合作社	第九届全国“创业之星”	中国农村劳动力资源开发研究会、国务院发展研究中心	2010年6月
姚　荣	永阳镇城郊村村民委员会	全国模范调解员	司法部	2010年6月
杨木金	县老区建设促进会	全国优秀老区工作者	中国老区建设促进会成立20周年总结表彰大会组委会	2010年11月
吴红月	县人口和计划生育局	全国计划生育协会先进个人	国家计划生育协会	2010年12月
俞同军	和凤镇农业服务中心	农业技术推广成果奖	农业部	2010年12月

省委、省政府及省级部门表彰的先进个人

姓　名	工作单位	获奖称号	授奖机关	授奖时间
赵孝荣	县委党校	江苏省党校系统行政后勤工作2001-2009年度先进工作者	江苏省委党校	2010年1月
俞同军	和凤镇农业服务中心	江苏省农业信息工作先进个人	江苏省农业委员会	2010年1月
马　兵	南京消防支队溧水县中队	江苏省十大爱民警察	江苏省公安厅	2010年1月
董中生	县统计局	江苏省级先进个人	江苏省第二次全国经济普查领导小组	2010年2月
易明诚	县供电公司	2008-2009年度审计工作先进个人	江苏省电力公司	2010年2月
汪心善	县供电公司	2009年农村供电所电费回收先进个人	江苏省电力公司	2010年2月
谢孝林	和凤镇计生所	江苏省人口和计划生育信息化建设先进个人	江苏省人口和计划生育委员会	2010年2月
解承美	县统计局	省级先进个人	江苏省第二次全国经济普查领导小组	2010年2月
倪　容	县统计局	省级先进个人	江苏省第二次全国经济普查领导小组	2010年2月
田福红	晶桥镇国土资源所	省国土系统先进工作者	江苏省国土资源厅	2010年3月
王永凤	南京老一辈食品责任有限公司	江苏省农村“妇女双学双比”竞赛活动女能手	江苏省“妇女双学双比”竞赛活动领导小组	2010年4月
濮天凤	晶桥镇部村幼儿园	江苏省城乡社区校外教育辅导站工作先进个人	江苏省文明办、江苏省关工委	2010年7月
刘天法	县第三小学	江苏省城乡社区校外教育辅导站工作先进个人	江苏省文明办、江苏省关工委	2010年7月

续表

姓　名	工作单位	获奖称号	授奖机关	授奖时间
谢学模	东屏镇科技办	江苏省特派员创业先进个人	江苏省委农工办、江苏省科技技术厅、江苏省财政厅、江苏省农业委员会	2010年8月
张　猛	县建筑工程执法大队	江苏省见义勇为先进分子	江苏省政府	2010年9月
杭　韬	县委宣传部	江苏省宣传思想工作先进个人	江苏省委宣传部	2010年11月
芮芳林	县体育局	江苏省国民体质监测先进个人	江苏省体育局	2010年11月
邓秋霆	县体育局	江苏省群众喜爱的社会体育指导员和江苏省十佳社会体育指导员	江苏省体育局	2010年12月
邰振华	县体育局	江苏省群众喜爱的社会体育指导员和江苏省十佳社会体育指导员	江苏省体育局	2010年12月
印八零	县体育局	江苏省群众喜爱的社会体育指导员和江苏省十佳社会体育指导员	江苏省体育局	2010年12月
邹小宝	县工商局	江苏省民营经济关心下一代工作先进工作者	江苏省民营经济关心下一代工作委员会	2010年12月
杭　韬	县委宣传部	2010年江苏省"扫黄打非"工作先进个人	江苏省"扫黄打非"工作领导小组	2010年12月
包旭华	石湫横山村	第二届江苏省农村青年创业大赛优胜奖	共青团江苏省委	2010年12月
章丽燕	东屏镇政府	江苏省妇联系统"五五"法制宣传教育工作先进个人	江苏省妇女联合会	2010年12月
陶玲娟	县供电公司	江苏省妇联系统"五五"法制宣传教育工作先进个人	江苏省妇女联合会	2010年12月
孙立鹏	东屏镇文体中心	江苏省群众喜爱的社会体育指导员和江苏省十佳社会体育指导员	江苏省体育局	2010年12月
孙艳芳	溧水县老年体协	江苏省群众喜爱的社会体育指导员和江苏省十佳社会体育指导员	江苏省体育局	2010年12月
沈前进	县烟花爆竹有限责任公司	江苏省安全工作先进个人	江苏省安检局	2010年12月
伍冠军	县环境监察大队	2010年度江苏省排污收费先进个人	江苏省环保厅	2010年12月
陈腊生	石湫社东村	江苏省农村青年致富带头人	共青团江苏省委、江苏省农委	2010年12月
王成孝	县法院执行局	江苏省法院优秀法官	江苏省高级人民法院	2010年
李　侠	县法院	江苏省法院系统新闻宣传工作先进个人	江苏省高级人民法院	2010年
李　阳	县法院洪蓝法庭	江苏省法院2010年度先进个人二等功	江苏省高级人民法院	2010年
曹松发	县信访局	江苏省信访稳定工作先进个人	江苏省人力资源和社会保障厅、江苏省信访局	2010年
简恩林	县财政局	江苏省财政系统先进个人	江苏省财政厅、江苏省人力资源和社会保障厅	2010年
章　忠	县渔业技术推广站	江苏省优秀科技特派员	江苏省委农工办、江苏省科技技术厅、江苏省财政厅、江苏省农林厅	2010年

重要文件选辑

中共溧水县委　溧水县人民政府
关于溧水县人民政府机构改革的实施意见

溧委〔2010〕11 号

2010 年 6 月 1 日

根据《中共南京市委、南京市人民政府关于印发〈溧水县人民政府机构改革方案〉的通知》(宁委〔2010〕176 号)，为积极稳妥地做好县政府机构改革工作，确保完成各项改革任务，现提出如下实施意见。

一、机构改革的指导思想和基本原则

(一)指导思想

高举中国特色社会主义伟大旗帜，以邓小平理论和“三个代表”重要思想为指导，深入贯彻落实科学发展观，坚持以人为本，执政为民，从溧水实际出发，突出建设责任政府的目标，以政府职能转变为核心，按照精减统一效能的原则，进一步理顺职责关系，明确和强化责任，优化政府组织结构，规范机构设置，完善管理体制和运行机制，推进依法行政，提高行政效能，逐步做到权责一致、分工合理、决策科学、执行顺畅、监督有力，为推动溧水转型发展、创新发展和跨越发展提供体制机制保障。

(二)基本原则

1、突出重点。以建设责任政府为目标，以转变政府职能为核心，明确县政府的职责重点，完善行政管理体制和运行机制。

2、上下衔接。积极探索实行职能有机统一的大部门体制，职能调整和机构设置与市政府机构改革相衔接。

3、平稳推进。把到 2020 年建立比较完善的行政管理体制的长远目标，与建设责任政府的当前任务有机结合，根据省、市的统一部署，统筹规划，循序渐进，稳妥实施。

二、机构改革的主要任务

(一)转变政府职能

结合溧水实际，加快推进政企分开、政资分开、政事分开、政府与市场中介组织分开，把不该由政府管理的事项转移出去，进一步下放管理权限，深化行政审批制度改革，减少行政许可，从制度上更好地发挥市场在资源配置中的基础性作用，更好的发挥基层政府、公民和社会组织在社会公共事务管理中的作用。

在全面履行职责的基础上，突出管理和服务重点，确保党的路线、方针、政策和国家法律法规的有效落实；加强对全县经济社会事务的统筹协调，更加注重社会管理和公共服务，着力解决民生问题；强化执行和执法监管职责，增强处置突发公共事件和社会治安综合治理的能力。

按照权力阳光运行的要求，强化直接面向基层和群众的服务“窗口”建设，健全办事制度，公开办事依据，简化办事程序，转变管理方式和工作作风，提高政府服务水平、服务效能和公信力。

(二)理顺职责关系

结合县政府各部门“三定”工作，对交叉重复的职能进行梳理归并，切实解决部门职责交叉和关系不

顺的问题，逐步建立和完善部门间协调配合机制，形成工作合力。

（三）明确和强化责任

把明确和强化责任作为县政府机构改革的重要内容，按照有责才有权、有权必有责、权责相一致的要求，在明确县政府各部门责任的基础上，赋予部门相应的职权。推进政务分开、绩效考评、行政问责等工作，强化责任追究，提高政府部门的执行力。

（四）优化组织机构

1、组建县工业和信息化局。将县发展和改革局的企业发展（中小企业发展）的职责、县商务局外资管理的职责、县招商局的职责，整合划入县工业和信息化局，挂县投资促进局牌子。承担统筹推进工业经济发展、中小企业发展、信息化以及协调全县投资促进工作的责任。不再保留县乡镇企业管理局（县中小企业局）牌子。不再保留县招商局。

2、组建县住房和城乡建设局。将县建设局的职责、县建设工程局的职责、县人民防空办公室的职责，整合划入县住房和城乡建设局，挂县建筑工程局、县人民防空办公室牌子。承担推进城乡基础设施建设、住房保障和建筑业发展的责任。不再保留县建设局、县建筑工程局。

3、组建县人力资源和社会保障局。将县人事局的职责、县劳动和社会保障局的职责，整合划入县人力资源和社会保障局，挂县公务员局牌子。承担人才管理、公务员管理、促进就业、劳动权益保护和完善社会保障体系的责任。不再保留县人事局、县劳动和社会保障局。与县人事局合署办公的县机构编制委员会办公室单独设置，列县委机构序列，既是县委工作机构，又是县政府工作机构。

4、组建县城市管理局。将县市容管理局的职责、县建设局部分城市管理的职责，整合划入县城市管理局，挂县城市管理行政执法局牌子。不再保留县市容管理局。

5、县交通局更名为县交通运输局。

6、组建县农业局。将县农林局的职责、县农业资源开发局的职责，整合划入县农业局，挂县林业局、县水产局、县农业资源开发局、县政府农村集体资产管理办公室牌子。承担统筹协调农业和农村经济发展的责任。不再保留县农林局、县农业资源开发局。县委农村工作办公室更名为县委农村工作委员会。

7、组建县商务局。将原县商务局外经外贸的职责、县商业贸易局的职责、县粮食局的职责，以及县发展和改革局有关第三产业、现代服务业的发展引导职责，整合划入县商务局，挂县粮食局牌子。承担推进内外贸融合、粮食以及现代服务业发展的责任。不再保留县商业贸易局、县粮食局。

8、组建县文化广电局。将县文化局、县广播电视局、县旅游局的职责，整合划入县文化广电局，挂县旅游局牌子。不再保留县文化局、县广播电视局、县旅游局。

9、按照食品药品监督管理机构由省以下垂直管理改为由地方政府分级管理的要求，将南京市溧水食品药品监督管理局的职责划入县卫生局，县卫生局挂溧水县食品药品监督管理局牌子。不再保留南京市溧水食品药品监督管理局。

10、将县政府法制办公室由与县政府办公室合署改为在县政府办公室挂牌，县政府办公室同时挂县政府外事办公室牌子。

11、将县物价局的职责划入县发展和改革局，县发展和改革局挂县物价局牌子。不再保留县物价局。

12、县科学技术局挂县知识产权局牌子。

13、组建江苏南京白马现代农业高新技术产业园区管委会，为县政府派出机构，不计入机构个数。

全面清理议事协调机构。撤消工作任务已完成的议事协调机构。对确需设立的议事协调机构，严格按照规定程序进行审批，不单独设置实体性办事机构，不单独核定人员编制和领导职数。

县政府机构改革后，设置工作部门24个（详见附表）。

（五）完善管理体制

按照财力与事权相匹配的原则，科学配置县政府的财力，增强提供公共服务的能力。进一步理顺和

明确垂直管理部门与县政府的权责关系，完善县、镇管理体制，建立健全配合制约机制，严格执法监管。

（六）严格控制机构编制

严格控制机构数量，不突破省、市规定的县政府机构限额。对自行设置的机构进行调整归并，不在限额外设立承担行政职能的事业单位，对已经设立的承担行政职能的事业单位进行清理归并，逐步解决行政职能体外循环的问题。严格控制行政编制，确保改革后不突破市委、市政府核定的行政编制总额。同一层级内，根据职能的调整，对人员编制实行动态管理，进一步优化结构。严格按照规定核定政府工作部门及内设机构领导职数。

严格执行机构编制审批程序，加强对机构编制规定执行情况的监督检查，对违反规定的要认真查处，限期纠正。采取有力措施切实解决党政机关人员超编问题。建立健全机构编制管理与组织、人力资源、财政预算管理的配合制约机制，积极实施党政领导干部"三责联审"制度，建立机构编制考核评估和责任追究制度，严格执行机构编制实名管理制度。

三、机构改革的组织实施

（一）对县政府办公室、县发展和改革局、县工业和信息化局、县住房和城乡建设局、县人力资源和社会保障局、县城市管理局、县农业局、县商务局、县文化广电局、县卫生局和江苏南京白马现代农业高新技术产业园区管委会等新组建或调整的机构，由县分管领导召集新组建机构领导班子和县相关部门负责人共同制定机构组建工作计划，并按照"人员编制随职能走"的原则，将相关机构、编制和人员合并到新机构中，待"三定"规定确定后，尽快完成职能调整、内设机构整合、人员定编定岗等工作。

动员大会后，涉改部门除人头工资正常拨付外，经费账户一律冻结，行政账户一周内由财政部门合并完毕。

（二）对其他保留、更名及改变性质的机构，由部门负责制定实施机构改革工作计划。待"三定"规定确定后，尽快完成职能调整、内设机构整合、人员定编定岗等工作。

（三）对职能划转到多个部门后不再保留的机构，由县分管领导牵头，明确责任部门，成立善后工作小组，认真做好人员划转（含离退休人员）、资产分割、工作衔接、安全稳定等工作，并尽快完成所涉下属事业单位的相应划转。

县政府办公室负责对办公用房进行集中调整安排，本次合并调整机构原则上集中办公；县财政局负责国有资产划转、资金渠道和经费预算调整工作；县审计局会同财政局负责审计和清产核资工作；县档案局负责指导协调文书档案划转归并工作；县委组织部、县人力资源和社会保障局负责做好人员划转（含离退休人员）安置工作；县政府法制办公室负责对涉及相关行政主体的地方性法规和规章进行修改。

四、关于"三定"工作

（一）"三定"工作程序

县政府部门"三定"（定职责、定内设机构、定人员编制和领导职数）工作，是机构改革的重要内容。县政府各部门要根据本次机构改革的要求，对职责进行认真梳理和分解，形成职能转变、内设机构设置和人员编制配备的初步设想。在此基础上，由县编办拟定（修订）部门"三定"规定草案，在征求县分管领导和有关部门意见后，按规定程序上报审批并正式印发"三定"规定。

（二）"三定"规定的内容

"三定"规定主要包括：职责调整，即提出新增、取消和加强的职责；主要职责，即全面、准确地提出本部门的主要职责；内设机构，即提出部门内设机构的数量、名称和职责；人员编制，即提出机关行政编制和部门、内设机构两级领导职数；其他事项，即需要特别说明的事项；附则。

（三）"三定"工作的具体要求

1、准确界定部门职能。以转变政府职能为核心，按照政企分开、政资分开、政事分开、政府与市场中介组织分开的要求，将不该由政府管理的事项转移出去，将可由下级政府承担的事务交给下级政府，将技术性和具体事务交给事业单位或中介组织，切实把政府该管理的事项管理好，认真履行涉及群众切身利益、关系国计民生的经济社会事务管理职责。新增、取消和加强的职能保持与上级对口部门的衔接。

2、着力解决部门职责交叉问题。坚持一件事情原则上由一个部门负责，对确需多个部门管理的事项明确牵头部门，分清主次责任。在精简和规范议事协调机构的同时，建立健全部门间行之有效的协调、会商和沟通机制，切实形成工作合力。

3、切实强化部门责任。配置部门职能应明确相应的责任，做到权责对等，避免权责脱节，为推行行政问责制、加强责任追究提供依据。

4、优化设置部门内设机构。按照全面正确履行职能的要求，以大科室制为核心，全面整合、精干设置部门内设机构。各部门内设机构原有数量不能增加，不设 3 人以下科室。合并组建部门的内设机构数原则上压缩 20%-25%。按照议事协调机构不设实体性办事机构的要求，议事协调机构的办事机构不设业务科室，其日常工作由相关业务科室承担。

5、严格控制人员编制，严格按照规定配备领导职数。县政府行政编制总数不突破改革前的规模。对职能弱化的部门，适当精简编制；对职能强化、工作任务增加的部门，通过整合资源、调整机构、创新体制机制等办法解决编制紧缺问题；对相关部门合并共同组建新机构的，人员编制按照 10%-15%比例适当精简并重新核定；对新设立的部门，人员编制从相关部门按职能一并划转，并统筹调剂部门综合科室的人员编制；对部门之间职能调整的，人员编制随职能划转，后勤服务人员编制随行政编制按比例划转。各部门原有各类地方自定编制一律取消，用上级下达的抵冲编制适当补充，后勤服务人员编制在压缩精简的前提下另外核定控制数。各部门应充实加强业务科室的力量，业务科室的人员编制不少于部门总编制的 70%。部门领导职数按规定配备，科级领导职数根据内设科室设置情况从紧核定，原则上内设科室设 1 名领导职数。

五、加强对机构改革工作的领导

机构改革工作涉及工作格局和多方面利益关系的调整，关系改革、发展和稳定大局，必须加强党委和政府对机构改革工作的领导，统筹规划、周密部署，积极稳妥地推进。县政府各部门要切实增强对机构改革工作的认识，加强组织领导，明确专人负责，精心谋划、规范运作，做到思想不散、秩序不乱，保持各项工作正常运转。县纪检监察、组织、财政、人事、编制、审计等有关部门要各司其职、强化配合，认真做好职能、机构、编制、人员、资产划转等各项工作；要大力加强思想政治工作，严肃各项改革纪律，严禁超编进人，禁止突击提拔干部，严防国有资产流失，确保机构改革顺利进行。机构改革工作结束后，县编办要组织力量对“三定”规定实施情况进行督查，对违反政策规定的做法要及时纠正，并按规定验收。

附：溧水县人民政府机构设置表

溧水县人民政府机构设置表

县政府办公室	县发展和改革局	县工业和信息化局	县住房和城乡建设局	县科学技术局	县公安局	县教育局	县监察局	县民政局	县司法局	县财政局	县人力资源和社会保障局	县国土资源局	县审计局	县统计局	县安全生产监督管理局	县环境保护局	县城市管理局	县交通运输局	县农业局	县水务局	县商务局	县文化广电局	县卫生局	县人口和计划生育局	县民族宗教事务局

说明：溧水县人民政府设置工作部门 24 个。县监察局与县纪律检查委员会合署，列入政府工作部门序列，不计政府机构个数；县政府办公室挂县政府法制办公室、县政府外事办公室牌子；县发展和改革局

挂县物价局牌子；县工业和信息化局挂县投资促进局牌子；县住房和城乡建设局挂县建筑工程局、县人民防空办公室牌子；县科学技术局挂县知识产权局牌子；县财政局挂县政府国有资产监督管理办公室牌子；县人力资源和社会保障局挂县公务员局牌子；县城市管理局挂县城市管理行政执法局牌子；县农业局挂县林业局、县水产局、县农业资源开发局、县政府农村集体资产管理办公室牌子；县商务局挂县粮食局牌子；县文化广电局挂县旅游局牌子；县卫生局挂县食品药品监督管理局牌子；县民族宗教事务局列入政府工作部门序列，与县委统战部实行两块牌子、一套班子，不计政府机构个数；县体育局、县档案局(馆)维持不变。

中共溧水县委　溧水县人民政府
关于印发《溧水县2010年国民经济和社会发展奋斗目标》的通知

溧委发〔2010〕1号

2010年1月13日

溧水经济开发区管委会，各镇党委、人民政府，县各部委办局，县各直属单位：

《溧水县2010年国民经济和社会发展奋斗目标》已经溧水县第十四届人民代表大会第三次全体会议通过，现予印发，请认真组织实施。

溧水县2010年国民经济和社会发展奋斗目标

一、经济建设和社会发展十项综合指标

1、地区生产总值(现价)增长18%(226亿元)，其中：一产增加值增长5%；工业增加值增长19.4%；建筑业增加值增长18.4%；三产增加值增长17.6%。

2、财政总收入增长27%(30亿元)，其中：地方一般预算收入增长20%(17.3亿元)。

3、全社会固定资产投资增长33%(220亿元)，其中：工业固定资产投资增长36%(190亿元)。

4、社会消费品零售总额增长18%(69.6亿元)。

5、对外贸易出口总额增长10%(2.2亿美元)。

6、实际利用外资9000万美元，实际利用内资120亿元。

7、农民人均纯收入增长10%(10570元)。

8、城镇居民可支配收入增长10%(24365元)。

9、城镇登记失业率控制在3.5%以下。

10、万元工业增加值综合能耗下降8.5%。

二、加快推进经济“三个发展”，着力提升综合实力

11、做大做强工业经济。工业开票销售收入增长20%(296亿元)。新增规模企业50家，全县规模企业达550家(其中：新增1000万元以上企业30家，全县达380家)；新增成长型企业15家，全县成长型企业达165家；新增销售收入亿元以上企业10家，全县亿元以上企业达75家，其中：40亿元以上的企业1家，30亿元以上的企业1家，20亿元以上的企业1家，10亿元以上的企业1家，5亿元以上的企业5家。加快推进工业项目建设，支撑全年工业投资计划的项目上半年100%开工建设，全年在建工业项目竣工率达到75%以上，全年重点工业项目当年完成投资占工业投资的75%以上。加大工业企业技改力度，全年工业企业技改完成投资占工业投资的30%以上。加快工业载体建设，溧水经济开发区和各镇工业集中区完成基础设施投资9亿元，其中溧水经济开发区完成6亿元；全县建成工业标准厂房30万平方米。

12、加快建筑业提档升级。建筑业施工面积950万平方米，建筑安装施工产值90亿元，建筑业税收增长45%以上。培育发展规模企业，建筑安装施工产值超亿元企业20家，其中：10亿元以上的企业1家，

5亿元以上的企业5家,3亿元以上的企业4家。加快企业资质升级,力争1家企业晋升一级资质,1家企业晋升二级资质。提升工程质量水平,争创省级优质工程1个,市级优质工程10个。加强施工现场管理,创省、市级文明工地30个。积极拓展建筑市场,新开辟2个县外建筑市场。开工建设县建筑工程检测中心。

13、提升服务业整体水平。商业开票销售收入增长20%以上;服务业税收增长25%以上。培育做大商贸企业,苏果超市、金苏皖物资城等10家重点商贸企业销售收入增长20%以上,新培育销售收入超亿元企业2家,全县超亿元企业达到10家;创建市级社区商业示范区1个;引进品牌专卖店10家。加快推进市场建设步伐,建成县烟草局经营业务用房主体工程;县农副产品交易中心一期工程投入运营;开工建设苏皖再生资源交易市场、县农副产品交易中心二期工程、沙塘庵粮食物流仓储、南京淳泰4S店扩建工程和休闲美食广场;启动溧水经济开发区汽车4S园和溧水县钢材交易中心建设。加快物流产业发展,建成合成船务、捷锦船务、汇融船务等水运物流项目;启动中国移动华东物流中心建设。加快发展旅游业,全年旅游人数达到180万人次,增长20%;建成江苏未来影视文化创意产业园影视基地接待中心、摄影棚;重点建设卧龙湖国际社区和生态旅游园项目。加快推进傅家边现代服务业集聚区建设,积极争创省级服务业集聚区。积极推进房地产业发展,房地产新开工面积35万平方米,竣工面积50万平方米;不断完善已建小区的物业管理,新建住宅小区物业管理率达到100%。优化金融运行环境,提升金融运行质量,金融生态县通过验收;信贷总量增加30亿元,增长40%以上,年底存贷比达70%;组织在县城开展2场银企对接签约会,在镇(区)开展3场银企对接签约会。

14、加快发展现代农业。围绕建设高效农业、科技农业、生态农业、旅游农业的目标,以农业科技示范园区为载体,推进农业市场化、产业化、园区化、合作化。加快建设县级农业示范园区,每个镇(区)规划建设至少一个符合县级认定标准的农业示范园区,全县县级以上农业园区达10个。大力发展高效设施农业,新增高效农业3万亩,高效渔业0.5万亩,设施农业1万亩,设施渔业0.1万亩;畜禽规模养殖比重提高5个百分点。推进农产品质量品牌建设,新增“三品”基地3个、“三品”认证3个,建成农产品检验检测中心。加快发展生态农业,新增造林面积1万亩,完成村庄绿化150个。加快农业龙头企业提档升级,争创市级农业龙头企业1家;县级以上重点农业龙头企业销售收入增长20%、利税增长18%,带动农户8.6万户。积极发展外向型农业,农业实际利用外资1000万美元,实际利用内资5.7亿元,农副产品出口交货额5500万美元。加强农业基础设施建设,实施傅家边现代农业园万亩产业园二期工程,拉开5000亩框架,建设园区中心干道10公里;完成湫湖泵站改造及湫湖灌区一期建设工程;实施二干河整治三期及新桥河整治工程;实施3座中型水库、7座小型水库除险加固工程;疏浚县乡河道10条,完成村庄河塘清淤422座;建设高标准农田1.5万亩。

15、着力提升村级经济。积极组织实施城乡统筹、结对帮促和村企挂钩工作。因地制宜发展村级经济,村级经济可支配收入增长20%以上,其中村集体自主经营收入增长15%以上。控制和化解村级债务,不良债务下降15%以上。

16、大力发展开放型经济。注册合同外资2.3亿美元。对外劳务营业额100万美元。服务外包执行额1000万美元。注重引进大项目,当年引进总投资千万美元以上外资项目5个,当年引进10亿元以上内资项目2个、5亿元以上的4个、亿元以上的20个。

17、加快发展民营经济。新增民营企业520家、个体工商户1260户;新增民营注册资本12亿元。

18、深化体制机制改革。加快推进企业资本市场融资工作,继续做好上市公司培育,力争1家企业进入上市辅导,深化3家公司的股改工作。加强融资平台建设,规范融资性担保公司的运行,新增2家注册资本5000万元以上的融资性担保机构,全年担保贷款5.5亿元以上。溧水县恒大农村小额贷款公司对外开展贷款业务,确保全年贷款1.5亿元,力争2亿元。按照上级部署,积极稳妥推进医疗卫生体制改革。积极培育农业经营主体,新组建农民专业合作社20个,社区股份合作社18个,土地股份合作社10个。

19、提高自主创新能力。组织实施各级各类科技计划项目50项以上;大力发展高新技术产业,全年新增高新技术企业和产品5个;积极扶持发展民营科技企业,全县新增民营科技企业10家,全县民营科技企业达90家,技工贸总收入达40亿元以上;加大专利申请力度,全年申请国家专利360件以上,其中发明专利40件以上;加强产学研合作,全年新形成产学研合作项目20项。加大科技兴农力度,抓好2个省级现代农业科技园区建设,引进推广10个农业新品种,组织推广应用10项农业先进实用技术和5项新模式,科技培训(咨询)农村党员、干部和科技示范户5000人次。加大科技投入力度,县级科技投入达到当年度本级财政实际支出3%以上。实施质量兴县战略,保创省市名牌工业产品10个,新增市以上名牌农产品3个;新增中国驰名商标1个,省著名商标3个,市著名商标7个,县知名商标15个。

20、坚持可持续发展。促进循环经济发展,创清洁生产企业10家,完成循环经济试点企业2家。提高资源综合利用水平,推广散装水泥35万吨,粉煤灰综合利用5万吨;非粘土新型墙体材料产量1.5亿块,新型建筑节能墙体材料在建筑中的应用比例达60%以上。认真开展新一轮土地利用总体规划修编;新增耕地2500亩;稳妥实施"万顷良田工程";做好城区范围内700亩储备土地前期开发,确保净地出让;开发复垦土地1500亩,宕口治理6万平方米。

三、加快建设各项基础设施,着力改善城乡面貌

21、完善城乡规划。全面完成城区控规(老城区编制、新城调整);完成宁杭铁路溧水站场地区及卧龙湖片区规划;完成柘塘新城中心区控规;完成全县地形图数据整理及村镇相关规划。

22、加快建设城市道路。完成新城区健康路西延、薛李路、板桥路建设;力争建成城东干道青年路至花园路段和交通西路;完成毓秀路、龙山路、青年路建设提升工程;续建幸庄一号路东延、城西生活路和城北生活路东延。

23、加大城市景观建设力度。完成通济街改造和西苑公园扩建工程;实施老旧片区改造2000平方米;新建、改造道路及节点绿地25万平方米;提升入城亮化,新建路灯8公里。

24、改善供水设施。根据上级部署推进区域供水工程;积极实施农村饮水安全工程,解决农村不安全饮用水2.36万人。

25、加快电力设施建设。完成35千伏晶桥变升压工程,完成配网高压47公里、低压60公里改造。

26、加快交通设施建设。开工建设溧马高速、溧芜高速溧水段,做好宁杭城际铁路征地拆迁配套服务工作;建成省道246县城至晶桥段主体工程;建成县汽车客运总站;建成县道202戴山线、203淳溧线和305白明线;建设农村公路80公里;开通南京至溧水城市公交线路;建成交通应急指挥中心。新建小农桥50座。

27、加强生态环境保护。确保环境质量综合指数达到80分以上;COD、SO2排放量在2005年的基础上分别削减3.5%和1.84%;全面推行排污许可证制度。建成开发区柘塘污水处理厂一期工程,建设一区七镇截污管网,全县污水处理厂投入正常运行。推进水环境治理,完成天生桥河整治二期工程,完成秦淮河航道戴家岗河段整治,启动开发区柘塘新河水环境整治工程,完成中山河、南门河整治及截污主管网建设3公里;建成县环境突发事件应急指挥中心和大气自动监测站;建成溧水县太湖流域在线监控系统。国家生态县创建通过省级以上考核验收,建成7个全国环境优美乡镇,创建生态村20个,其中市级以上6个。新增农村无害化厕所1万户。建成规模畜禽养殖场沼气池10座。

28、加大镇村建设和管理力度。溧水经济开发区完成航空产业园滨淮大道、新淮路、福田路、东岗路、安山路等有关路网建设22.6公里。白马镇完成神农东路、美玉南路、环镇东路等集镇道路建设,开工建设江苏白马现代农业高新技术产业园白朱路等道路工程;完成23000平方米回峰家园、16000平方米康居小区和25000平方米拆迁安置小区建设。东屏镇完成环湖路景观建设和群力集镇基础设施改造;完成15000平方米金湖家园和15000平方米拆迁安置小区建设。洪蓝镇完成洪蓝河集镇段两岸改造,建设金牛山公园,实施集镇环境综合整治。石湫镇完成江苏未来影视创意产业园有关水电路基础设施建设、石湫集镇横山路市政工程、明觉东横街市政工程,实施石湫集镇街道整治绿化。和凤镇完成123省道和凤镇集镇段改造和集镇广场、支路改造。晶桥镇完成晶桥镇集镇整治、环卫设施建设。各镇区完成2~3个村庄环境整治达标,建立健全"组保洁、村收集、镇转运、县处理"垃圾收运体系。

四、加快发展各项社会事业,着力改善人民群众生活

29、优先发展教育事业。认真研究制定与城区快速发展相适应的教育布局调整规划，并积极组织实施；县第二高级中学创建“四星级”高中；新建白马小学综合楼、和凤中学学生食堂，完成12片塑胶运动场建设；初中教育普及率达100%，初中毕业生升学率达96%以上；中、高考继续保持全市先进水平；完善中小学生上学交通安全措施。

30、着力改善医疗卫生条件。加快推进县人民医院省级基本现代化医院创建和县中医院省二等甲级医院创建工作，完成县人民医院新址工程建设。加强社区卫生服务内涵建设，为参保居民提供免费健康体检并建立健康档案；全面实施农村基本公共卫生服务项目，继续实施社区基本用药零差率和惠民定点医院“五免五减半三优惠”政策。加强重大传染病防治和卫生应急能力建设，突发事件卫生应急处置及时率达100%。加大卫生人才引进和培养力度。

31、加快文化广电体育等设施建设。完成宝塔文化公园扩建，规划建设县文化艺术中心。推进全县农村有线电视“户户通”，新增农村有线电视5000户，实施乡镇集镇有线电视数字化整转。建成县游泳馆、县体育公园全民健身广场。

32、做好人口和计划生育工作。人口出生率控制在9‰以内，计划生育率达98%，创建省人口协调发展先进县。继续推进“和谐家园”工程建设，做好省新农村、新家庭计划项目。实现县、镇、村三级“世代服务机构”体系全覆盖；对农村部分计划生育家庭发放奖扶、特扶金；促进流动人口计生服务管理区域一体化，流动人口计生服务管理各项绩效指标达90%以上。建立全员人口信息中心数据库，构建人口计生综合信息平台。

33、扎实推进平安创建和法治创建工作。全面落实省市平安创建、综合治理各项指标；完善科技强警工程，刑事案件增幅不超过5%；筹建县公安局应急指挥中心，开工建设县检察院技术业务用房。落实安全生产责任制，亿元GDP生产安全事故死亡率控制在1.6%以内。依法行政，公正司法，深入开展法制宣传教育和“法治建设”为民办实事活动，全面推进法治溧水建设。创建3个省优秀司法所，新建社区矫正劳动基地。

34、积极拓宽就业渠道。实施就业失业登记制度，建立创业指导中心，打造创业就业平台，出台鼓励创业的有关优惠政策。新增就业岗位1.5万个，新增城镇再就业3000人，新增农村劳动力转移就业1.5万人。开展各类职业技能培训8000人次，其中组织农村劳动力培训5000人次，创业培训300人。开工建设县人力资源市场。开展农业实用技术培训1.2万人，农业创业培训500人，“致福工程”农民上网培训500人。

35、健全社会保障体系。企业职工保险实行“五险”同征；医保实现市、县联网刷卡结算；新型农村社会养老保险做到应保尽保。新增企业职工参加各类社会保险3.5万人。城乡老年居民养老补贴按时足额发放，新征地农民及时全部纳入被征地农民基本生活保障。新型农村合作医疗保险人均筹资标准提高到230元；提高补偿标准和实际报销比，补偿最高封顶线提高到12万元，新农合低保、五保家庭及优抚对象无障碍进入，县镇村建立网络化管理。提高困难户大重病救助标准，提高城乡低保户、农村五保户、无固定收入重度残疾人员和重点优抚对象遗属生活救助金标准。建立精神障碍人员保障基金。

36、关心困难群众生活。在永阳镇财贸新村、中山东路和板桥三个社区建设居家养老服务中心(站)。建成溧水县社会福利院，新增床位300张。对农村危房做到“有一改一”。建立完善从幼儿教育到高等教育全覆盖助学体系，继续实施特殊教育全免费；对低收入纯农户家庭子女免收校车费。完善住房保障体系，建成拆迁安置房3.3万平方米，建成150套廉租房和经济适用房，对低收入家庭实施租赁补贴和购房补贴。

中共溧水县委
关于贯彻实施《中国共产党党员领导干部廉洁从政若干准则》的通知

溧委发〔2010〕10 号

2010 年 8 月 9 日

各镇党委，县委各工委，县委各部委办局，县各办局、县各直属单位（总支、支部），县人武部党委，县法院、县检察院党组：

《中国共产党党员领导干部廉洁从政若干准则》（以下简称《廉政准则》）是规范党员领导干部从政行为的党内重要法规。贯彻实施《廉政准则》，对于落实党要管党、

从严治党方针，提高反腐倡廉建设的制度化、规范化、科学化水平，具有十分重要的意义。根据《中共南京市委关于认真贯彻实施〈中国共产党党员领导干部廉洁从政若干准则〉的通知》（宁委发[2010]26 号）精神，结合溧水县实际，现就贯彻实施《廉政准则》通知如下。

一、深入学习宣传，提高贯彻执行的自觉性

1、认真组织学习。一是坚持把学习《廉政准则》作为党委中心组学习的重要内容，组织安排好专题学习。要把学习《廉政准则》与学习《中国共产党党内监督条例（试行）》和《关于领导干部报告个人有关事项的规定》等其它法规结合起来，把握基本要求，牢记自律规定，自觉规范行为。二是各单位要组织好全体党员领导干部的集中学习，对《廉政准则》"八个方面 52 个不准"和贺国强同志提出的"六个重点"，做到应知应会、熟悉掌握。三是各单位要组织党员领导干部系统学习中央纪委编印的《廉政准则》参考资料，加深理解，并每人撰写一篇心得体会或理论调研文章。

2、开展主题教育活动。结合《廉政准则》的学习，在全县党员干部中开展"学习廉政准则，争做勤廉表率"主题教育活动，做好"三个一"工作：一是开展一次专题辅导。各单位在由党政主要领导为党员干部上好党课的基础上，邀请专家学者作一次《廉政准则》的辅导报告。二是举办一场知识竞赛。10 月份，在全县组织开展"学习廉政准则，展我廉政风采"知识竞赛活动。三是统一组织考试。《廉政准则》知识考试成绩纳入公务员培训学分制管理。组织新任领导干部进行《廉政准则》知识考试，推动学教活动深入开展。

3、强化教育培训。县委组织部和县委党校要把《廉政准则》纳入党课教育和干部培训计划。7-11 月份由县纪委、县委组织部、县委宣传部集中时间，分两期对全县县管领导干部进行《廉政准则》教育轮训；各单位也要开展所属中层干部《廉政准则》的教育培训工作。

4、进行广泛宣传。要充分利用广播、电视、报刊、网络等新闻媒体，搞好宣传教育，在全县迅速掀起学习宣传《廉政准则》的热潮。开展以学习贯彻《廉政准则》为主题的书画展等系列活动，深入推进廉政文化建设，为《廉政准则》的贯彻实施营造浓厚的舆论氛围。

二、认真对照检查，开展查纠整改

1、认真自查自纠。各级党员领导干部要认真对照《廉政准则》"八个方面 52 个不准"、贺国强同志提出的"六个重点"和中央有关领导干部廉洁自律的各项规定和要求，紧密联系自身实际，积极查找自身存在的问题和不足，并形成个人自查报告。

2、开展集中排查。一是召开民主生活会。领导班子召开一次专题民主生活会，对照《廉政准则》和县委在全县机关作风建设大会上提出的"增强'十个意识'，争做'十种人'"的具体要求，认真查找存在的问题。二是召开征求意见会。组织召开由党员干部、职工代表、离退休干部和社会服务对象参加的座谈会，广泛征求方方面面的意见和建议。

3、抓好整改落实。在开展自查和集中排查的基础上，各单位对征求到的意见、建议和存在问题进行梳理分类，仔细分析问题根源，认真制定整改方案，明确整改目标、时限和责任人，强化整改落实，确保整改效果。

三、完善规章制度，形成长效机制

健全完善配套制度。要结合“全省惩防体系基本框架形成年”活动，围绕建立健全廉政教育机制、权力监督机制、纠风长效机制、有效预防机制和从严惩处机制，完善《廉政准则》相关配套制度，努力形成加强领导干部廉洁自律工作的长效机制。要对现有制度进行清理规范，重点完善党员领导干部报告个人有关事项制度，把住房、投资、配偶子女从业等情况列入报告内容。同时，加强对收入申报情况的监督，加强对配偶子女均已移居国(境)外的公职人员管理。要与时俱进，根据《廉政准则》的规定，按照县委《惩防体系实施意见》的要求，重点加强干部选拔任用、党员领导干部的教育、监督和责任追究等制度建设，要将党员领导干部执行“52个不准”的情况纳入廉政档案，并列入党员领导干部考核的重要内容，作为干部任免、奖惩的重要依据。提高制度执行力，各单位要切实担负起推动《廉政准则》相关制度执行的责任，维护制度的严肃性。

四、提高组织程度，确保各项学习贯彻措施落实到位

1、加强领导。各单位要把《廉政准则》的学习贯彻工作作为当前和今后一个时期重大而紧迫的政治任务，明确学习贯彻要求，强化责任措施落实，确保取得实效。主要领导要切实担负起第一责任人的责任，既要以身作则、模范遵守，又要加强领导、推动落实。领导班子其他成员也要认真抓好分管范围内的贯彻实施工作。各级纪检监察组织要认真履行职责，协助党委抓好落实。

2、明确目标。要以促进党员领导干部廉洁从政为目标，坚持把学习宣传、查纠整改、建章立制贯穿始终，做到边学边查、边查边纠。要把《廉政准则》的学习贯彻与落实县委十一届十八次全会精神，严格执行党风廉政建设责任制，完成《溧水县2010反腐倡廉建设目标及责任分工的意见》各项工作任务，推进反腐倡廉制度建设、构建溧水富有特色的惩治和预防腐败体系结合起来，全面加强领导干部作风建设，促进党员领导干部廉洁自律。

3、强化督查。要加强日常监督。充分发挥民主生活会、重要情况通报和报告、任前廉政谈话和诫勉谈话、述职述廉和报告个人有关事项等党内监督制度的作用，推动《廉政准则》的贯彻执行。要拓宽监督渠道，注重发挥人大、政协和人民群众、新闻媒体等方面的监督作用，进一步整合监督资源，形成监督合力。要严肃执行纪律，对违反《廉政准则》的党员领导干部，要依照有关规定给予批评教育、组织处理或纪律处分，触犯刑律的依法移送司法机关处理。县纪委要对各单位和党员领导干部学习准则、执行准则情况进行监督检查，努力推动《廉政准则》落到实处。各级组织、宣传等部门要各负其责、齐抓共管，形成工作合力。

中共溧水县委　溧水县人民政府
关于加快推进城乡统筹协调发展的实施意见

溧委发〔2010〕12号

2010年9月20日

为了深入贯彻落实中央和省、市关于统筹城乡经济社会发展的一系列重大战略部署，加快推进我县城乡统筹协调发展，奋力走在全市新一轮科学发展前列，特提出如下实施意见。

一、总体要求

1、指导思想。认真贯彻落实科学发展观，始终坚持“四大战略”和“五个不动摇”的总体发展思路，以科学规划为龙头、经济发展为关键、社会建设为重点、改善民生为根本、政策引导为动力，主动融入市域统筹，全面推进县、镇、村统筹，着力推进城乡规划一体化、产业发展一体化、要素配置一体化、基础设施一体化、公共服务一体化，着力提高新型工业化程度、城镇化程度、市场化程度、农村文明程度、农民富裕程度，加快形成城乡融合互动，协调发展的新格局。

2、奋斗目标。统筹城乡协调发展是一项长期而艰巨的任务，要通过全面规划，分步实施，有序推进。结合“十二五”规划的实施，按照 2012 年和 2015 年两个时间节点，努力实现“四个有”的阶段性目标：

(1)经济发展有新跨越。全县主要经济指标继续保持快速增长，发展质量和水平同步提高。到 2012 年，财政一般预算收入达到 34 亿元，力争达到 40 亿元，比 2010 年翻一番；工业固定资产投资达到 280 亿元以上。到 2015 年，财政一般预算收入达到 66 亿元，力争达到 80 亿元，比 2012 年再翻一番；工业固定资产投资达到 530 亿元以上。各镇(开发区)发展再上新台阶。到 2012 年，一区七镇财政一般预算收入占全县比重超过 80%，到 2015 年占比超过 85%，同步实现“十二五”财政一般预算收入再翻两番的目标。

(2)社会建设有新突破。城乡建设力度不断加大，规划、建设、管理水平不断提高，高等级公路、轻轨、县镇村道路以及电力、燃气、供水等重大基础设施建设加速推进，小城镇、中心村建设取得突破性进展，基本实现城乡基础设施均衡化。科、教、文、卫加速发展，满足群众需求的社会事业公共设施基本到位，达到苏南地区先进水平。人居环境更加优良，建成国家生态县。社会文明程度普遍提高，建成省级文明县城，争创全国文明县城。

(3)人民生活有新提升。群众实现充分就业，城乡居民收入保持较快增长，增幅高于全市平均水平。到 2012 年，城镇居民人均可支配收入达到 30293 元，农民人均纯收入达到 13040 元。到 2015 年，城镇居民人均可支配收入达到 41430 元，农民人均纯收入达到 17834 元，力争达到 20000 元。城乡就业、低保、养老保险、医疗保障、住房保障等制度并轨覆盖到全县所有镇村。弱势群体得到有效救助。

(4)区域发展有新形象。财政一般预算收入等主要经济指标增幅在全市区县持续领先，绝对值总量在全市区县和全省县市中的位次不断前移，人均财政一般预算收入基本保持在全省前 10 名，真正融入苏南板块，进入江苏经济第一方阵。县经济开发区进入全省省级开发区前二十强，一批镇跻身全市乡镇(街道)双十强，更多的村进入全市百强村，做到经济快速发展，社会全面进步，各项工作勇争一流，充分展示溧水充满活力、文明进步、团结和谐、富有希望的全新形象。

二、重点工作

1、深化完善城乡规划。增强规划意识，以科学规划引领城乡建设和发展。

(1)科学制定县域总体规划。按照建设南京新型卫星城市和生态园林城市的要求，围绕打造南京市重要的先进装备制造业基地、文化旅游休闲度假基地、现代农业示范基地、航空物流基地的功能定位，将全县 1067 平方公里内的产业结构、城镇布局、资源配置、人口居住、基础设施等整体考虑，合理规划各类功能区，加快编制县域总体规划。打破各地、各类规划自成一体、相互分割的局面，协调各类规划关系，实现城乡建设、土地利用、产业发展、基础设施、环境保护、社会事业等规划的有机衔接和融合，真正做到“城乡一张图、全县一盘棋、规划全覆盖”。

(2) 完善小城镇建设规划。永阳镇按照建设溧水新城的要求，按照工业开票销售收入达到 200 亿元—500 亿元、集聚人口 20 万-25 万人的目标，其他各镇按照建设新市镇的要求，按照工业开票销售收入达到 150 亿元—200 亿元、集聚人口 1.5 万-2 万人的目标，从未来 15-20 年的发展来考虑，科学规划，合理布局，建设规模适度、功能完备、品质优良、各具特色的生态园林小城镇。小城镇规划应突出功能布局，体现八个功能区：①工业集中区。各镇工业集中区规划面积达到 5-6 平方公里，建设成为功能完备、产业集聚、富有活力和竞争力的特色经济板块。②农业耕作区。合理规划布局基本农田保护区，强化耕地保护，提高农业综合生产能力和产出效益。③三产商业区。科学规划布局商业、市场、物流、娱乐等设施，完善功能、提升档次，促进三产服务业又好又快发展。④居民住宅区。积极推进房地产开发，规划建设布局集中、空间较大、设施完备、环境优美的集镇居民小区，引导农民向小城镇集中。⑤教育文化卫生区。高起点规划布局教育、文化、卫生、体育等公共服务设施，力争达到苏南先进地区小城镇同等水平。⑥行政服务区。集中布局行政服务设施，形成行政办公、企业服务、便民服务于一体的行政服务中心。⑦休闲运动区。规划建设市民公园等设施，满足城镇市民休闲运动需求。⑧生态保护区。强化森林、绿地等生态功能区和饮用水源地保护区规划控制，建设环境优美镇村。要按照现代化、国际化的标准和要求，切实提高小城镇规划建设水平。

(3)加快编制中心村建设规划。顺应农村人口不断加快向县城和小城镇集中的趋势，从未来15-20年的发展考虑，科学布局中心村，最大限度地节约建设成本。结合实施农村土地增减挂钩，有序推进自然村撤并，引导农民集中居住。从改善农村环境、提高农民生活质量出发，结合各村的经济、社会和自然条件，结合小城镇和工业集中区建设，对中心村的公共服务设施、基础设施配套、环境建设等方面进行科学规划、合理安排，编制功能配套、环境优美、富有溧水特色的中心村建设规划。

(4)合理制定土地利用等专业规划。围绕"十二五"发展用地需求，制定全县土地利用规划，优化配置土地利用结构及布局，积极探索保护耕地与保障发展并重的新路子。一区七镇加强对接，做好各自的土地利用规划。按照市委、市政府的统一部署，以新城建设、开发区扩容、现代农业园区建设、重大基础设施建设等为平台，大力推进土地整治和村庄整理，在农地重整、村镇重建中促进集约用地。重点实施江苏白马现代农业高新技术产业园万顷良田工程试点，积极推进县经济开发区、永阳镇、东屏镇、洪蓝镇等万顷良田工程试点工作。到2012年，全县完成省市万顷良田项目建设工程4个以上；到2015年，全县完成增减挂钩土地指标8000亩。此外，根据城乡建设的需要，进一步完善一区七镇道路、供水、供电、供气、通讯、广电、排污、防洪等专项规划及工业、农业、商业、旅游度假业等产业规划，形成全覆盖的城乡规划体系。

(5)强化规划的管理和实施。严格实行规划审批控制，确保规划的导向性、权威性和强制性。今后，各镇(开发区)不再审批新的零星宅基地。以规划保留村为基础，遵循"先规划、后整理，先建设、后搬迁"的原则，采取"统拆统建"、"自拆自建"或"统规自建"等方式推进农民集中居住区建设。对非规划保留的自然村落中农民要求自建住房的，本着"只出不进、只拆不建"的原则，引导农民向小城镇、中心村集中居住。到2015年，全县减少自然村落400个。

2、大力发展镇村经济。坚持新型工业化道路，加快产业转型升级，提升城乡经济发展水平。

(1)大力发展镇村工业。深化工业强镇、工业强村理念。围绕发展壮大汽车及零部件、电子信息、机械制造、新型材料、轻工食品等五大主导产业，加快推进县经济开发区和各镇工业集中区建设，促进主导产业和特色产业集群集约发展。着力做大做强县经济开发区，将优质项目、战略带动性项目向开发区集聚，将土地计划、资金和人才等要素向开发区倾斜，加快推进创维科学城、南京长安汽车园、航空产业园、海峡两岸新型材料产业园等特色产业园建设。到2015年，县经济开发区工业经济占全县的比重达到65%以上。加快各镇工业集中区资源整合，着力打造以永阳镇、东屏镇为主的先进装备制造业核心区，形成晶桥镇新型材料、石湫镇五金刀具、和凤镇电子电工等市级工业园区特色产业片，将洪蓝镇工业集中区作为县经济开发区汽车零部件产业的配套发展区，将石湫镇工业集中区作为县经济开发区航天航空产业机械制造的配套发展区，将白马镇工业集中区作为江苏白马现代农业高新技术产业园区的高新农副产品加工区和农业机械加工配套发展区。到2015年，形成工业销售收入超1000亿元、超200亿元、超60亿元园区各1个，超50亿元园区2个，超30亿元园区3个。一区七镇围绕主导产业，强化产业招商、以商引商，不断加大工业投入，提高投入水平，确保每年工业固定资产投资保持较快增长，不断做大主导产业规模，提升产业层次，增强发展后劲。到2015年，五大主导产业实现销售收入占全县的比重达85%以上。按照"五个转型"的要求，抓好企业技改扩能、引进高端项目、推进科技创新、加快人才引进、优化投资环境等工作，推动经济科技化、环境生态化，不断提升经济发展的质量和水平。到2012年，全县规模以上企业达800家以上，新增1-2家企业上市；到2015年，全县规模以上企业达1000家以上，销售超100亿元企业达2家以上，新增5家企业上市。加快生物医药、节能环保等新兴产业的发展。到2012年，新兴产业实现销售收入达50亿元,2015年达100亿元。积极培育高新技术产业。到2012年,高新技术产业产值占全县规模以上工业比重达12%,2015年达15%。大力发展村级工业,推进村级招商引资项目进驻镇工业集中区,所得项目收益镇与村按一定比例分成;鼓励村到镇工业集中区建设标准厂房,提高土地集约利用效率。

(2)加快发展现代农业。以发展高效农业、科技农业、生态农业、旅游农业为目标,以市场化、产业化、园区化、合作化、标准化为路径,强化规划引领、加大投入、培育龙头、资源整合、组织领导等举措,大力推进农业现代化进程。结合南京市农业“1115”产业规划,制定和实施溧水“十二五”农业发展规划,着力打造21万亩高标准粮田、25万亩经济林果、17万亩高效养殖和8万亩标准菜地。到2012年和2015年,全县高效农业面积分别达到25万亩和35万亩,其中设施农业面积分别达到9万亩和12万亩。加强生态农业建设。到2012年,新增成片造林1.5万亩、低产低效林改造0.5万亩、生态公益林抚育4万亩,建设绿化新村250个,森林覆盖率提高1.5个百分点;到2015年,新增成片造林3万亩、低产低效林改造1万亩、生态公益林抚育10万亩,建设绿化新村500个,森林覆盖率提高3个百分点。加强“三品”基地建设。到2012年,全县“三品”基地面积占食用农产品面积比例达88%;到2015年,达90%以上,其中有机农业基地面积达到5万亩。加快推进现代农业园区建设,重点打造江苏白马现代农业高新技术产业园、傅家边现代农业园等重点农业园区,各镇(开发区)分别打造1个以上连片面积1500亩、主导特色产业鲜明、科技含量较高、示范带动作用显著的高效设施农业示范园区。到2012年,建成县级以上现代农业示范园区10个以上,到2015年达到20个。大力扶持重点农业龙头企业。到2012年,全县重点农业龙头企业总数达到40家,其中省级农业龙头企业10家,市级农业龙头企业15家。积极推进科教兴农,全面实施科技入户以及农业新品种、新技术、新模式工程,逐步提高农业机械装备水平。加快发展农民合作经济组织,积极争创省“五好”、市“五有”合作组织,鼓励有条件的合作社跨行业、跨镇区发展,形成一批示范合作联社。到2012年,农民专业合作社达到280家,社员超过4万人;农地股份合作社66家,入社土地面积达到5万亩;社区股份合作社70家;力争培育3个销售额超亿元的合作联社。到2015年,农民专业合作社、农地股份合作社分别达到360家和150家;社区股份合作实现全覆盖;力争培育销售额超亿元的合作联社6个。大力发展村级特色农业产业,推进“一村一品”工程。

(3)积极发展农村服务业。加强农村现代流通体系建设,加快建设粮油、水产等农副产品市场,发展农产品收购、运输、储存、加工、配送等一体化的新型流通业态。深入推进“万村千乡市场工程”,加快农资超市、连锁农家店发展。加强农业产前信息、产中技术和管理、产后销售等社会化服务体系建设。完善村级文化、卫生等综合服务平台。整合农业旅游资源,拓展江苏白马现代农业高新技术产业园旅游功能,打造十里梅岭农家乐专业村、傅家边现代农业、白马有机农业、大金山生态农业等旅游农业特色园区。2015年,新建市级休闲农业景区(点)10个。提升农业旅游的规划、建设、管理、经营水平,进一步打响溧水南京“春之都”品牌。

(4)提升拓展农村建筑业。更加注重建筑企业提档升级,引导建筑企业加大设备、科技、人才投入。到2012年,全县一级资质企业和二级资质企业分别达到10家和22家;到2015年,分别达到12家和26家。积极创造条件,组建建筑企业集团,争取达到总承包特级资质。更加注重开拓建筑市场,鼓励建筑企业加大外向开拓力度、承接重大工程项目,提高县外市场的比重;大力发展高附加值的专业施工,帮助建筑企业加快申报市政、水利、路桥、园林、绿化、装饰装潢等专业资质,尽快形成溧水专业施工特色。更加注重加强行业管理,加快现代建筑企业制度建设,建立科学合理的法人治理结构和高效运转的管理体制,推动建筑业快速健康发展。

(5)着力壮大村级集体经济实力。坚持宜农则农、宜工则工、宜商则商,积极探索发展村级经济的新路子。到2012年,全县村级集体可支配收入500万元以上的村达到10个;到2015年达到20个,努力实现全县村级集体经济三年翻一番的目标。

3、加强农村社会建设。按照公共服务均等化的要求,切实加强农村基础设施、小城镇、社会事业、生态环境、社会文明等建设,全面提升农村社会发展水平。

(1)加强基础设施建设。①加快交通路网建设。重点加快省道340、341、246、243“两纵两横”骨干道路改线和建设，积极推进溧马高速、淳芜高速、禄口机场至溧水轨道交通、宁杭铁路溧水段建设。建成宁杭铁路溧水站。完成秦淮河航道全面扩容的前期准备工作。加强农村道路建设，完善农村客运服务设施。到2015年，建成投用1个一级枢纽客运站、6-8个五级以上农村客运站、4-6个城区公交中转站、100个农村客运候车点，推动农村水泥路向居住点延伸、公共汽车向中心村延伸、城市公交车向重点镇延伸，努力形成覆盖县域、城乡一体的交通网络。②完善污水处理设施。2012年，完成县城综合污水处理厂二期工程，使得日处理污水能力达到4万吨。2015年，完成县经济开发区(柘塘片区)污水处理厂二期工程，新增日处理污水能力0.5万吨；实施永阳镇工业集中区污水管网全部与县城主管网贯通工程，完善各镇污水收集管网建设，使得集镇建成区污水收集率达85%以上，处理率达100%。加强中心村污水处理设施建设，在人口超过千人的中心村规划建设农村生活污水收集、处理设施，大力推进农村无动力式污水处理系统。从2011年开始，各镇(开发区)选择1-2个经济实力较强的村先行试点；到2015年，千人以上的中心村都要建成污水收集、处理系统。③推进供电、供水、供气设施建设。2012年建成220千伏渔歌变电站，完成35千伏南门变电站升压改造工程；2015年建成110千伏永阳变电站。加快实施区域供水工程，确保2012年长江水供水工程在我县全线贯通。开展饮用水源地达标创建，重点抓好方便水库、中山水库、老鸭坝水库、姚家水库、赭山头水库、卧龙湖、无想寺水库等中小型饮用水源地的保护和管理，强化石臼湖备用水源地保护，规划饮用水源地生态隔离带，保障饮用水源地安全。推进天然气供应系统建设，规划建设西气东输引入溧水工程。④加强水利基础设施建设。加快推进秋湖泵站改造、秋湖灌区配套和新桥河治理、二干河综合整治以及病险水库除险加固工程。加大农田水利建设力度，深入开展县乡河道疏浚和村庄河塘清淤工作。到2012年，完成中型灌区改造1个，建成节水灌溉示范园区1个，实施小流域生态治理2个，改造农村小型泵站22个以上、小农桥100座以上。

(2)加强小城镇建设。树立经营小城镇理念，对城镇土地要坚持“先规划后建设，先储备后开发，先做环境后出让”，对城镇道路等重点基础设施和居民小区要积极引进有较强实力和现代城市设计理念的投资商参与开发建设，实现城镇资产的不断升值。按照小城镇建设规划，以道路建设为先导，以先易后难为原则，加快启动学校、卫生院、商业街、居民小区、市民公园等功能区建设，尽快拉开小城镇建设框架。吸引城镇就业人员、本地和周边富裕人群购房置业，做大集镇人口规模，提高城镇化水平。到2015年，白马、东屏、洪蓝3个集镇人口达到2万人，其他集镇人口达到1万人以上。

(3)加强社会事业建设。加大社会事业投入，提高社会事业建设水平，努力满足群众就学、就医、休闲、娱乐等基本需求。①优先发展教育事业。按照“四个一流”(一流的教育理念、一流的师资队伍、一流的硬件设施、一流的教学水平)的要求，加大对镇村教育的投入，着力提升教育硬件设施水平和教学质量，确保“十二五”期间镇村教育状况明显改善。稳步实施新一轮城乡教育布局调整，促进教育科学布局、均衡发展。加强教师队伍建设，积极稳妥做好教师岗位轮换工作。加快推进“校舍安全工程”，完善基础教育政府扶困助学“绿色通道”。到2012年，85%以上镇中心幼儿园成为江苏省优质幼儿园，100%公办幼儿园达到市级合格标准；义务教育阶段学校全面达到省现代化学校标准，县第二高级中学成为省四星级高中；县职教中心在国家级重点职业学校和省“四星”级职业学校的基础上，积极创建国家级高水平示范性职业学校。②加快发展医疗卫生事业。建立城乡一体的公共卫生、基本医疗和药品供应服务保障体系。全面推进基本药物制度改革，落实基本药物制度实施后的补偿政策。整合全县医疗卫生资源，实施县人民医院整体搬迁，研究制定中医院发展规划。加快建设县突发公共卫生事件应急指挥中心，完成县级公共卫生机构基础设施达标建设。到2012年，90%以上社区卫生服务中心达省示范标准，基本公共卫生服务项目完成率达95%以上。2015年，镇卫生院(镇社区卫生服务中心)达到一级甲等医院标准，每个中心村完成村卫生室(村卫生服务站)标准化建设，基本完成全县社区卫生服务中心及村卫生服务站的升级改造，努力做到农民看小病不出村、看一般的病不出镇。强化乡村医生队伍建设，通过人才引进和在职教育，力争到2015年基本完成乡村医生新老更替。提高农村基本公共卫生服务项目补助标准，促进基本公共卫生服务均等化。③大力发展文化、体育、人口与计生事业。到2012年，高标准建成县文化艺术中心，不断提高县体育馆、体育场、游泳馆管理和运营水平，完善全民健身中心建设；县文化馆、图书馆、儿童图书馆达到国家一级馆标准；各镇（开发区）文化站达到市五星级文化站标准，60%的村（社区）文化活动室达到市级文化活动室示范点标准。加快广播电视事业发展。到 2012 年全县有线电视入户率达 95%以上，到 2015 年实现有线电视数字化整体转换。认真落实人口计生政策，稳定低生育水平。

（4）加强生态环境建设。以“迎接青奥会、建设新南京”为契机，以生态县、环境优美镇、生态村“三级联创”为抓手，全面推进环境保护和生态建设，促进环境质量持续改善。到 2012 年，全县环境质量综合指数达到 82 分以上，2015 年达到 85 分以上，确保国家生态县创建通过国家级考核验收。严格执行“三同时”制度，一律不再引进重污染、高能耗项目。加大工业污染、农业面源污染、农村生活污染等治理力度。推进镇村垃圾收运体系建设。到 2015 年实现城乡垃圾清扫、集运、处理全覆盖。加强水环境治理。2012 年，完成天生桥河、新桥河、柘塘新河的水环境整治工程，全县主要河流水质达到环境功能区要求。

（5）加强社会文明建设。以争创省级文明城市为抓手，在全县城乡广泛开展各类文明创建活动。加强“四德”教育，各级领导带头，从自身做起，从小事做起，通过多种载体吸引群众广泛参与，让群众在参与中进行自我教育、得到自我提高，促进市民养成良好的生活方式和行为习惯，在全社会形成讲文明、树新风的良好局面。

4、大力改善群众生活。始终把改善民生作为统筹城乡协调发展的出发点和落脚点，不断提升群众生活水平和生活质量，让广大群众享受到更多的发展成果。

（1）拓宽农民增收渠道。大力实施“农民收入倍增计划”，坚持农业、就业、创业、物业并举，不断提高农民收入，确保到 2015 年全县农民人均纯收入在 2009 年基础上翻一番。鼓励农民自主创业、联合创业，带动更多农民就业。加强农村劳动力转移培训，鼓励用工单位开展岗位技能培训，不断提高农民工资性收入。加大低收入农户增收项目区建设力度，确保低收入农户年均收入增幅超过全县平均增幅 5 个百分点。认真落实农业补贴政策，进一步提高补贴标准。大力发展富民合作、资金合作、劳务合作、消费合作等多种形式的新型合作社，不断增加农民股份收入。到 2012 年，转移性和财产性收入占农民人均纯收入的比重达到 20%以上，到 2015 年达到 30%以上。

（2）提高社会保障水平。统筹考虑城乡社会保障机制和网络建设，逐步缩小城乡差距。健全农村养老保险、医疗保险、低保、五保制度，完善被征地农民社会保障制度，逐步将被征地农民纳入城镇社会保险，确保被征地人员生活水平不降低、长远生计有保障。建立健全合理的农村社会保障水平增长机制，逐步提高新农保基础养老金、农村居民养老补贴以及低保、五保等保障标准。提高新农合人均筹资标准，2011 年不低于 280 元，到 2015 年力争与城镇居民医疗保障基本接轨。

（3）加大弱势群体救助。健全社会公共救助体系，落实各项救助措施，加大对困难群众的帮扶救助力度，切实解决弱势群体的住房、就学、就医等基本生活问题。组织发动全县党员干部及有能力的家庭与困难群众开展“进户认亲、牵手同行”的“牵手活动”，促进结对帮扶工作向纵深发展。

5、强化政策引导激励。加强政策研究和应用，推动政策创新，加大政策倾斜力度，激发农村发展的内生动力。

（1）完善财税管理政策。进一步调整和完善全县财政分配体制、土地收益分配机制。在不折不扣贯彻落实中央和省、市已有的公共财政向农村倾斜政策的同时，充分发挥地方财政资金投入的引导和放大效应，带动社会各类投资主体投资“三农”，形成多元投入、集中投入、持续投入的新格局。

（2）加大基础设施建设扶持力度。积极向上争取各项基础设施建设资金，加强镇村基础设施建设。调整公共财政资源和建设资金的投向，制定有利于加速城乡良性互动的投入政策，逐步提高政府投入比例，提高投资效益。通过以奖代补等形式，重点加大财政对镇村社会事业和基础设施建设的投入力度。

（3）全力推进土地综合整治。综合运用集体建设用地整理、城乡建设用地增减挂钩、万顷良田建设、宅基地置换等政策，用好市土地整治专项资金、新增建设用地有偿使用资金返还、县城乡建设用地增减挂钩专项基金、农业开发等资金，大力支持镇村开展土地综合整治。对万顷良田建设以及建设用地增减挂钩市财政预补每亩 5 万元和 1 万元的专项资金，全额拨付到镇（开发区）的对应项目，土地出让收益市县留成部分全额返还，优先用于农民安置和社会保障。

（4）盘活农村集体建设用地。今后新增建设用地中的国家计划，主要安排县内重大基础设施项目和重点产业项目；整理形成的农用地，优先补划为基本农田；整理置换的建设用地，在保证农民安置房建设和农村基础设施建设的基础上，优先用于经营性出让。对新增的建设用地指标，在全县范围内有偿调剂使用。完善农地流转和交易制度，对整理和流转出来的土地实行集中管理、统一运作。建立建设用地指标（地票）交易市场，努力实现农村集体建设用地和国有建设用地“同地同价同权”。实施集体土地留用制度，对今后上报的集体土地征收，落实2%的村发展留用地给被征地的村，对被留用地可采取物业补偿、参股经营、等价置换等形式，促进村级集体经济发展。对高效农业管理、仓储用房以及附属设施配套用地等，按照农村集体建设用地管理，面积控制在农业项目规模的3%以内。两年内全面完成农村建设用地、宅基地使用权和农民房屋所有权登记发证工作。

（5）保障农民土地权益。在土地综合整治中充分尊重和保护农民权益。对农民的补偿必须及时足额到位。探索建立农民承包地、宅基地退出补偿机制，实现农民承包地流转有收益，宅基地退出有补偿，参与合作社有股权，整理后增加的建设用地收益有分成。对列入城乡建设用地增减挂钩项目的拆旧村庄，按照拆旧村庄新增建设用地的30%，作为挂钩周转指标，先行用于农民集中居住区建设，使进入新居的农民既能改善生活条件，又能获得就业机会、持有资产股份、提高保障水平。

（6）鼓励村级集体经济发展和农民创业。引导有条件的村到镇工业集中区建设标准厂房，对纳入市级扶持范围内的38个经济薄弱村，设立村级标准厂房建设专项资金，给予重点扶持，县级财政按市补助资金1:1配套，并免收项目建设中县权范围内的规费。村级标准厂房资产属村级集体所有，由各镇统一经营，租金收入实行保底分配、稳定递增。采取创业辅导、创业直补、创业示范“三位一体”的扶持方式，推进农民初始创业。积极争取省市创业资金补助，县级财政按照1:1配套。将扶持城镇下岗失业人员就业创业的“四补一贷”政策拓展到农村。县财政每年安排200万元支持农民合作经济组织项目建设。

三、组织保障

1、健全组织机构。县委、县政府成立溧水县城乡统筹协调发展工作领导小组，县委、县政府主要领导任组长，县政府分管领导任副组长，领导小组办公室设在县委农工委。各镇（开发区）也要成立相应的组织机构。各有关部门要明确分管领导和具体负责科室，并根据部门职责研究制定本部门工作推进实施细则。

2、认真组织实施。各镇（开发区）要按照县委、县政府的部署，广泛宣传发动，统一思想，统一行动，营造浓厚氛围，形成工作合力。各级党政“一把手”要亲自抓，分管领导要具体抓。建立县级领导联系点制度，加强调查研究和检查指导。县、镇（开发区）城乡统筹协调发展工作领导小组要落实定期分析、研究解决困难和问题例会制度，切实担负起任务部署、力量组织、政策协作、工作指导和监督检查的职责。加强资源整合，健全各级机关部门、企事业单位与农村的结对帮促制度。

3、强化考核奖惩。县各有关部门和单位要围绕城乡统筹协调发展工作总体目标，排出年度实施计划，精心组织，全力推进。建立健全以统筹城乡发展为导向的工作实绩和干部政绩考评体系，把城乡统筹协调发展作为各级、各部门年度目标考核内容，考核结果作为各级、各部门领导班子政绩和干部选拔任用的重要依据和对垂直部门的绩效评议范围。县纪检、监察部门要加大督查考核力度，严肃责任追究，促进各项工作落到实处。

中共溧水县委办公室　溧水县人民政府办公室
关于深入推进全县社会矛盾纠纷大调解工作的意见

溧委办发〔2010〕12 号

2010 年 3 月 18 日

为认真贯彻落实苏办发[2009]33 号《关于转发〈省社会治安综合治理委员会关于深入推进社会矛盾纠纷大调解工作的意见〉的通知》的要求，进一步发挥大调解工作在化解社会矛盾纠纷、维护社会和谐稳定、促进经济社会平稳较快发展中的重要作用，在溧委办[2008]38 号《关于深入推进大调解机制建设的实施意见》文件基础上，结合我县大调解工作运行的情况，现就进一步推进全县社会矛盾纠纷大调解工作提出如下意见：

一、充分认识深入推进社会矛盾纠纷大调解工作的重要意义

深入推进大调解工作是加强社会治安综合治理、维护社会和谐稳定的需要。“打防并举，标本兼治，重在治本”是社会治安综合治理的基本原则，积极预防和及时化解社会矛盾纠纷，是社会治安综合治理工作的本质要求，也是构建社会主义和谐社会的重要任务。近年来，我县排查出的社会矛盾纠纷数量不断增多。呈现出聚合性、敏感性、关联性、复杂性不断增强的新趋势；矛盾纠纷的表现形式向激烈化发展，对抗性、暴力性不断增强。新时期的各类矛盾纠纷，化解的政策性强、难度大，稍有不慎极易转化为严重刑事案件或引发群体性事件，甚至被敌对势力和别有用心的人策划利用，影响社会平安稳定。面对复杂的矛盾纠纷和严峻的维稳形势，亟需深入推进大调解工作，建立完善与新时期矛盾纠纷发展趋势相适应的大调解工作体系，对实现矛盾纠纷的常态化解，实现以调解处置为主向以源头治理为主的转变，促进社会和谐稳定。

深入推进大调解工作是推动科学发展、服务和保障民生的需要。发展是第一要务，发展需要稳定的社会环境和有序的社会秩序，需要不断化解各种矛盾和问题。新时期发生矛盾纠纷，绝大多数涉及到民生问题，如果得不到及时妥善解决，群众的合法权益就不可能得到依法保护，经济社会的全面协调可持续发展也就难以实现。中国自古就有“不争讼、和为贵、让为贤”的传统，调解这种柔和的矛盾纠纷解决方式，较之“对簿公堂”的诉讼，无论是从情感上，还是从效率上，更容易为人民群众所接受，更有利于问题的解决。深入推进大调解工作，坚持依法、自愿、平等原则，采取疏导、说服、对话等方法，发挥调解网络全面覆盖和贴近群众的优势，有利于把推动科学发展、服务和保障民生的政策措施具体化为畅通群众诉求渠道、维护群众切身利益的实际行动，使人民群众实实在在感受到党和政府的关怀，从而赢得人民群众的衷心拥护和支持，进一步密切党群、干群和警民关系。

深入推进大调解工作是推动基层基础建设、提升平安溧水建设水平的需要。大调解机制是化解新时期人民内部矛盾的创新举措，已成为平安溧水建设的一大支柱。社会矛盾纠纷排查调处工作是社会治安综合治理基层基础工作的重要内容，构建大调解机制的过程，就是强化基层组织和基层政权建设、巩固党的执政根基的过程，就是推动党员干部深入做好群众工作、维护社会稳定的过程，也是不断拓展平安建设内涵、提升平安溧水建设水平的过程。不断深化大调解机制建设，使溧水的大调解工作永葆生机和活力，对于夯实平安建设根基、确保我县平安建设始终处于先进水平，对于平安溧水建设的深入发展和全县的长治久安，具有重要意义。

二、深入推进社会矛盾纠纷大调解工作的指导思想、基本要求和主要任务

（一）当前和今后一个时期深入推进社会矛盾纠纷大调解工作的指导思想是：以邓小平理论和“三个

代表”重要思想为指导，深入贯彻落实科学发展观，按照构建社会主义和谐社会和建设更高水平平安溧水的要求，进一步完善社会矛盾纠纷大调解机制，进一步落实社会矛盾纠纷排查调处责任制，进一步加强化解社会矛盾纠纷的能力建设，进一步提高调解队伍的整体素质，使社会矛盾纠纷大调解工作与江苏经济社会又好又快发展的内在要求相适应，努力实现矛盾纠纷调解率、调解成功率、人民群众对调解工作满意率持续上升，民转刑案件发生率、越级上访率和群体性事件发生率不断下降的“三升三降”目标，确保不发生有重大影响的恶性民转刑案件、群体性事件和进京非正常上访事件。

(二)深入推进社会矛盾纠纷大调解工作的基本要求是：

1、全领域引入调解理念。各镇(区)党政领导、全县政法干警和综治工作者、各行各业的干部都要牢固树立调解优先的理念，了解调解的地位和作用，掌握调解的方法和要求，把调解作为做群众工作、做社会治安综合治理工作的基本功，做到重视调解、善于调解、以调促和。

2、全方位建立调解机制。所有有矛盾纠纷或可能发生矛盾纠纷的地方和领域都要建立调解制度，矛盾纠纷多发的地方和领域都有专门负责调解工作的机构和人员，建立健全调解工作机制，使调解工作真正落实到每一个部门和单位。

3、构筑全封闭的维护社会稳定第一道防线。要强化各类调解组织、各项调解制度和各种调解方法之间的衔接配合，全面落实化解社会矛盾纠纷的各项措施，实现调解工作对所有社会矛盾纠纷的全覆盖。

(三)深入推进社会矛盾纠纷大调解工作的主要任务是：

1、着力提高对潜在矛盾纠纷的防范能力。从源头上防范矛盾纠纷的发生是大调解机制的第一功能。要坚持科学、民主、依法决策，统筹兼顾各方利益，从源头上减少产生矛盾纠纷的因素和隐患。大力推行社会稳定风险评估制度，坚决防止因决策不当引发影响社会稳定的问题。建立社会矛盾纠纷反馈纠错机制，督促矛盾纠纷多发、频发的地方和部门调整完善政策措施，努力消除引起矛盾纠纷多发的因素。及时准确、全面有效地收集矛盾纠纷信息，加强综合分析研判，提高预警能力，将矛盾纠纷隐患消除在萌芽状态。

2、着力提高对各类矛盾纠纷的调解能力。调处化解矛盾纠纷是大调解机制的基本功能。各镇(区)党委、政府要负责组织排查本行政区域内的矛盾纠纷和苗头隐患，各职能部门要负责组织排查本系统的矛盾纠纷和苗头隐患，各事业单位、村(社区)要负责组织排查本单位本区域的矛盾纠纷和苗头隐患，形成以块为主、条块结合，全覆盖、无疏漏的大排查网络。坚持经常性排查与集中排查相结合，随时了解、发现、掌握各种矛盾纠纷和苗头隐患。对排查出的以及群众、各类社会组织申请调解的矛盾纠纷，各镇(区)各部门各单位要积极主动地采取法律、政策、教育、行政等多种手段和说服教育、协调、和解、调解等多种方法，依法有效地予以解决。对影响人民群众切身利益或社会稳定的矛盾纠纷，要主动进行调解。认真分析研究各类社会矛盾纠纷发生、发展、演变的规律，创新调解方法，提高调解实效。对婚姻、家庭、邻里等传统型矛盾纠纷，要着力防止其转化为刑事案件；对医患、劳资、征地拆迁、环境污染等新型民生类、发展类矛盾纠纷，要着力防止其激化、扩大化和群体化，防止被敌对势力和别有用心的人策划利用。加强对调解个案和调解工作规律性的研究，分析总结调解案例的经验教训，探索建立科学高效的调解方法体系。切实加强调解工作与领导接访的有机结合，积极组织律师参与调解工作，促进矛盾纠纷的有效化解。

3、着力提高对重大矛盾纠纷的处置能力。依法及时化解重大矛盾纠纷，是大调解机制的重要功能。对重大矛盾纠纷，特别是涉及面广、时间跨度大，容易引发群体性事件的疑难复杂矛盾纠纷，要实行领导包案化解，组织专门班子，明确责任单位，制订化解方案，并进行跟踪督办、联合督导和挂牌督办，确保矛盾不堆积、纠纷不激化。进一步强化对突发性、群体性矛盾纠纷的应急反应和管控处置，完善应急预案，加强实战演练，建立健全部门联动、分级管控、全程跟踪、合力化解机制，确保一旦发生群体性事件，能够及时依法妥善处置，最大限度地防止矛盾激化和事件升级。

三、深入推进社会矛盾纠纷大调解工作的重点措施

(一)进一步步加强县、镇(区)两级调处中心建设。县、镇(区)两级社会矛盾纠纷调处服务中心是大调

解机制的运作平台，是人民调解、行政调解、司法调解相互衔接配合的中枢，是大调解职能的具体承担者，其作用必须在深入推进大调解工作中得到进一步强化。1、要进一步明确调处中心的职权。县镇调处中心要切实承担起矛盾纠纷接待受理、分流指派、协调调度、督办指导以及重大矛盾纠纷直接调处的职能，将调处中心打造成融社情民意分析研判、矛盾纠纷排查调处、大调解工作协调管理于一体的一线实战单位。2、要配强县、镇(区)调处中心的整体力量。按照能力强、素质高、有威望的要求，选配调处中心主任、副主任要不少于3名。社会矛盾纠纷调解工作领导小组成员单位要派人常驻调处中心工作，配齐配强专职人员，县、镇调处中心配置专职调解员要确保不少于2名，县派驻人员要不少于5名，镇(区)派驻人员要不少于3名，派驻的人员要保持相对稳定，常驻期限不少于1年，以有效解决县、镇调处中心调解员不足，调解人员挂名、业务能力不强、协调水平不适应形势发展等问题，确保中间环节不脱节。3、调处中心要有适应调解工作需要的办公用房，并配备必要的办公设施和设备。要把规范建设县、镇(开发区)大调解中心服务窗口作为落实省委文件要求的工作重点：县社会矛盾纠纷调处服务中心要选择场所、面积合适(不少于200平方米)的办公地址。按照要求设接访窗口、接待大厅、县领导接待室、对话听证室、三个调解室和会议室、文印室、阅览室、档案室和值班室等办公场所；并设谈心室、办公室、纠纷受理科、纠纷分流指派科、纠纷督查指导科等功能处室。镇社会矛盾纠纷调处服务中心要依托司法所，不断加强基础设施建设，改善调处中心的办公条件，有效解决场所面积不足的问题，保证调处中心面积不少于150平方米并设置规范。要按照要求设立“四室”，即办公室、接待室、调解室和资料档案室。4、要进一步加强调处中心的内部管理，推进调处中心的业务建设和制度建设，提高工作的规范化水平。县、镇(区)调处中心要在矛盾纠纷多发或集中的部门、单位和场所设立调解工作室。调解工作室是调处中心的派出机构，要由县镇财政出资、提供经费保障，由派驻单位提供场所和办公条件，由派出机构和派驻单位共同管理，以派出机构管理为主。

(二)进一步加强人民调解、行政调解、司法调解的衔接配合。按照“整合资源、整体联动”的要求，不断完善人民调解、行政调解、司法调解衔接配合和相互融合的机制，积极推动信息联通、二作联动、矛盾联调、优势互补，形成化解矛盾纠纷的整体合力。县司法行政机关要切实加强对人民调解工作的指导和管理，深入推进人民调解委员会规范化建设，进一步拓展人民调解工作范围，充分发挥人民调解在大调解工作中的基础性作用。县人民法院要选派业务骨干担任人民调解组织指导员，加强对人民调解工作的业务指导。各行政机关要以预防和化解与人民群众生活密切相关的行政争议为重点，规范和加强行政调解，充分发挥行政调解在化解矛盾纠纷方面的独特优势。县人民法院要认真贯彻“调解优先、调判结合”的原则，坚持能动司法，强化“诉调对接”，积极探索在诉前、立案、审理、执行等环节全面开展调解的途径、方法和程序，切实把调解贯穿于司法审判的全过程和各个方面，努力用和谐的司法方式化解矛盾纠纷。

(三)进一步加强基层调解工作。化解矛盾纠纷是基层党组织和综治组织的重要职责。把矛盾纠纷防范在源头、化解在基层，是基层调解工作的主要任务。要按照“机构体制上一体化运行、力量调配上一体化管理、目标任务上一体化安排”的要求，将基层调解工作与社会治安综合治理整体工作统一部署、协调推进。按照“哪里有矛盾纠纷，哪里就有调解工作”的原则，依据矛盾纠纷发生、发展的情况，合理规划设置辖区内的调解组织，多层面搭建调解组织网络平台。村(社区)都要建立健全人民调解委员会，企事业单位、集贸市场、流动人口聚居区、行政接边地区也要设立调解组织。村(社区)、企事业单位调解组织，要以自然村、居民小区(楼院)、车间(班组)为单位，设立调解小组，聘任调解员或信息员，形成严密的调解工作网络，使调解组织更加深入基层、更加贴近群众、更加适应需要。规范基层调解组织的工作程序、内部管理，提高基层调解组织化解矛盾纠纷的能力。在村、社区、学校和其他企事业单位，广泛开展“无矛盾激化、无民转刑案件、无群体性上访”的“三无”创建活动，促进基层单位把矛盾纠纷解决在萌芽状态和初始阶段。

(四)进一步加强专业调解工作。在矛盾纠纷多发的领域，根据行业纠纷的不同情况和相关部门的实际，通过在调处中心设立专门调解小组、在行政主管部门设立调解工作室、组建专业性的人民调解委员会等多种方式，建立健全医患、劳资、征地拆迁、环境污染、交通事故、消费、物业管理等专业调解机制，扩大专业调解的覆盖面。加强对调解人员的专业培训，用专业的知识分析矛盾纠纷，用专业的方法化解矛盾纠纷。通过建立咨询委员会等方式邀请相关领域的专家参与调解，提高专业调解的权威性和公信力。进一步发挥仲裁机构、人民团体、行业协会的优势，充分利用社会力量化解特定领域的矛盾纠纷。

（五）进一步加强调解队伍建设。坚持一手抓义务调解员队伍的壮大，一手抓专职调解员队伍的建设。积极探索调解队伍职业化、专业化的新途径，优化调解队伍的知识结构、年龄结构，建立一支与化解社会矛盾纠纷要求相适应的专职调解员队伍。县、镇两级调处中心都要配备专职调解员，村（社区）也要逐步配备专职调解员。进一步加大在专业人员中选聘调解员的力度，大力推行首席人民调解员制度，支持有专长、有特长、有威信的人民调解员设立“个人调解工作室”，积极探索调解员持证上岗、等级评定、职称评聘等制度，培养一批调解专家、调解能手，进一步激发调解员的职业荣誉感和自豪感。进一步推进调解队伍社会化建设，尽可能将具有调解工作经验、热心调解工作、人民群众信任的人员吸纳为调解志愿者，广泛动员社会力量化解矛盾纠纷。把加强调解队伍的教育培训作为大调解工作的一项重要任务来抓，通过集中培训与日常培训相结合、知识培训与技能培训相结合、理论学习与实践锻炼相合等多种方式，使广大调解员精通调解业务，掌握调解技能，成为调解工作的行家里手。

四、切实加强对社会矛盾纠纷大调解工作的组织领导

（一）把大调解工作摆上更加重要的位置来抓。要高度重视社会矛盾纠纷大调解工作，各地党政会议、部门党组(党委)会要定期分析研究本地区本部门社会矛盾纠纷发生、排查调处情况，随时掌握社情民意，及时解决调解工作中遇到的重大问题。党政主要领导对可能影响本地区社会稳定的重大矛盾和突出问题，要亲自过问，亲自解决。分管领导要经常分析社会稳定形势，研究大调解工作情况，部署阶段性的重点工作。实行领导层层分包责任制和包案责任制，切实把矛盾纠纷排查调处工作的责任落到实处。

（二）努力形成齐抓共管的大调解工作合力。县、镇综治部门要把大调解工作作为平安建设工作的重中之重来抓，做好组织、协调、督查工作。县、镇社会矛盾纠纷调解工作领导小组办公室（调处中心）要具体负责大调解工作的组织实施，制定计划，明确目标，落实任务，加强检查督导，总结和推广先进经验。各部门各单位要认真落实部门和单位责任制，切实承担职责范围内的矛盾纠纷排查调处工作，同时要加强协作配合，努力营造齐抓共管的工作局面，提高化解社会矛盾纠纷的整体效能。

（三）为大调解工作提供必要的经费保障。要把社会矛盾纠纷调处中心及其派出的调解工作室、专业性调解组织的业务经费和工作经费，司法行政机关、人民法院指导人民调解工作经费，聘用专职调解员所需经费，人民调解委员会补助经费和人民调解员补贴经费等大调解工作各项经费列入财政预算。建立社会矛盾纠纷化解救助资金，对生活确有困难的矛盾纠纷当事人，采取政府救助、社会救助、民间互助等方式，使其基本生活得到保障，体现党和政府的关怀，促进矛盾纠纷的妥善化解。

(四)加强大调解工作绩效考核。各镇（区）和有关部门要对照省、市制定的大调解绩效考核体系，把各项考核指标细化、量化，贯穿于大调解工作的每一个环节，全面进行考核，严格兑现奖惩。认真落实《中共中央办公厅、国务院办公厅印发<关于实行党政领导干部问责的暂行规定>的通知》(中办发[2009]25 号)，建立并严格落实重大矛盾纠纷责任倒查制度，对抓大调解工作不力、发生因调解不当或不及时造成有重大影响的民转刑案件或群体性事件的，坚决追究责任，及时进行通报批评、诫勉谈话、限期整改，情节严重的，坚决实行社会治安综合治理一票否决。大力宣传、表彰奖励调解工作成绩突出的地方、单位和个人，着力营造“奉献调解工作，争当和谐使者”的浓厚氛围。

中共溧水县委办公室　溧水县人民政府办公室
关于在全县县级机关开展文明机关创建活动的实施意见

溧委办发〔2010〕13号

2010年3月29日

为进一步加强和改进县级机关作风建设，增强机关服务企业、服务群众、服务基层、服务项目、服务人才的能力，促进我县经济和社会协调发展，经县委研究，决定在县级机关中开展文明机关创建活动。现就创建活动提出如下意见：

一、指导思想

以邓小平理论和"三个代表"重要思想为指导，全面贯彻落实党的十七大及十七届三中、四中全会精神，深入学习实践科学发展观，以"认真履行行政职责，大力提高行政效能"为主题，要求全体机关干部"增强'十个意识'，争做'十种人'"，切实改进机关作风，不断提高机关效能，努力打造务实高效、清正廉洁、文明服务、人民满意的文明机关，为创建省级文明城市打好基础。

二、创建对象

文明机关的创建对象是：全县县级机关各部门、各单位，省市驻溧各单位。

三、创建标准

1.领导班子坚强有力

(1)领导班子政治意识强，坚决贯彻党的路线方针政策，对县委、县政府的各项决策部署做到政令畅通、执行有力。

(2)班子成员大局意识强，团结和谐，民主作风好；思维创新，开拓意识强；决策科学，领导艺术高。

(3)强化宗旨意识，坚持群众路线，作风扎实，体察民情，为群众办实事、办好事，在干部群众中有较高威信和良好形象。

(4)注重理论武装，党组(党委)中心组学习有制度、有落实，效果显著。

(5)认真落实党风廉政责任制，大力推进机关廉政文化建设，班子成员清正廉洁，干部职工遵纪守法。

2.干部素质整体优良

(1)政治素质过硬。坚持用科学发展观武装干部头脑，提升政治敏感性和鉴别力，促使机关干部更好地担负主动执行的责任。

(2)学习意识超前。深入开展学习型机关创建活动，重视政治理论、业务知识和技能的学习与培训。

(3)业务能力扎实。工作人员业务熟练，工作能力强，各项工作任务完成及时，保证质量。

(4)思想作风优良。机关工作人员爱岗敬业，诚实守信，办事公道，精神状态饱满昂扬。

3.业务工作成绩显著

(1)充分发挥部门职能作用，围绕中心，服务大局，按时完成年度目标任务，成效显著。

(2)推行岗位目标管理责任制，机关工作作风好、效率高、质量优。

(3)求真务实，争先创优，本单位业务在省市范围内处于领先地位，条线成绩优异。

(4)为民服务措施实，为民办实事成效明显，群众满意度高。

4.依法办事公开公正

(1)强化法制教育,带头遵纪守法,自觉抵制不正之风。

(2)规范行为、执行制度、遵守规则,严格按照法律和程序办事,真正做到依法行政。

(3)深化“阳光工程”,推进政务公开,公开办事程序、办事标准、办事结果,接受群众监督。

(4)畅通投诉渠道,及时妥善处理群众投诉。强化效能监察,严肃责任追究。

5.服务质量群众满意

(1)加强机关效能建设,全面推行岗位责任、首问负责、服务承诺、限时办结、行政问责等制度。

(2)整合行政资源,简化办事程序,实行“便民、利民、为民”措施,逐步实现“一站式”服务。

(3)机关干部责任到位,服务热情,办事快捷,群众满意度高。

(4)各部门团结协作,配合默契,运转正常,部门之间、上下级之间、机关与基层之间关系协调。

6.道德风尚健康向上

(1)着力抓好“四德”教育,增强荣辱意识,自觉遵守市民文明守则,带头实践文明言行,争做文明市民表率。

(2)积极参与志愿者服务、慈善捐助、公民无偿献血等社会公益活动。

(3)重视机关文化建设,关心机关党员干部职工的身心健康,积极开展各类健康有益的文体活动。

(4)机关干部仪容整洁,仪表端庄。公务接待礼貌耐心,言行举止得体文明,公务用语一律使用普通话。

7.环境优美整洁有序

(1)机关办公环境和各类场所整洁优美,管理有序。

(2)公共设施相对齐全,各项卫生、环保工作达标。

(3)内部事务管理有序,档案资料积累健全,活动记录齐备,办公秩序井然。

(4)积极参加创建卫生城市等活动,认真组织机关干部进社区参加义务劳动,积极组织全民健康教育,单位干部职工节能、环保意识强。

8.创建活动常抓不懈

(1)文明机关创建做到有组织、有计划、有部署、有检查、有落实。

(2)普遍开展文明科室(站所)、文明岗位等基础性创评活动,文明科室(站所)、文明岗位创建达到相当比例。

(3)广泛宣传,各类活动做到全面教育,全员发动,广泛参与。

(4)切实保证创建经费,建立健全规范的创建档案。

四、实施办法

1.成立县创建文明机关工作领导小组。由县委分管领导任组长,与县机关作风和行业作风建设工作领导小组合署办公,办公室设在县级机关工委。定期召开会议,研究部署创建规划,检查各阶段任务落实情况,抓好督查整改。

2.建立公开、公正、公平的考评制度。按照综合考核和群众评议相结合,日常考核和综合检查相结合,明查和暗查相结合的原则,坚持好中选优,考评工作实行百分考核制,综合考核占50分,群众评议占50分。

3.表彰奖励。县级文明机关每年评选一次,由县委、县政府进行命名和表彰。

4.文明机关评比实行一票否决制。文明机关代表着党和政府的形象,有下列情况之一的不能予以命名:班子成员违法违纪受到立案查处的;违反计划生育政策的;出现与溧水县文明机关称号极不相符的事件与行为,造成恶劣社会影响的。

五、工作要求

1.统一思想,提高认识。创建文明机关是创建省级文明城市的重要基础,各单位要高度重视,按照县委、县政府提出的“增强‘十个意识’,争做‘十种人’”的要求来增强机关党员干部的责任感、使命感和紧迫感,把文明机关创建的要求转化为大家的自觉行动,在全县机关中形成创建文明机关的浓厚氛围。

2.精心组织,突出重点。要把创建文明机关活动列入各部门、各单位工作的重要议事日程,健全组织机构,明确领导责任。认真制订计划,精心组织实施。要把创建文明机关与转变机关作风、提高行政效能、构建和谐社会紧密结合起来,有重点、有针对、有特色地抓好文明机关创建活动。

3.不断深化,注重实效。各单位要结合各自实际,广泛开展文明科室(站所)、文明岗位创建活动,把文明机关的要求落实到个人。

4.领导带头,率先垂范。要加强对创建文明机关活动的领导,充分发挥领导干部在创建文明机关工作中的表率作用。建立创建责任制,强化考核,促进创建活动扎实开展。

溧水县人民政府
关于印发《溧水县职工生育保险办法》的通知

溧政发〔2010〕102 号

2010 年 10 月 21 日

各镇人民政府,县各局办,县各直属单位:

《溧水县职工生育保险办法》已经 2010 年 10 月 14 日第 23 次县政府常务会议审议通过,现予印发,希认真遵照执行。

溧水县职工生育保险办法

第一条 为了维护职工的合法权益,保障职工在生育期间以及实施计划生育手术时得到必要的经济补偿和医疗保健,根据《中华人民共和国劳动法》、《江苏省城镇企业职工生育保险规定》、《南京市城镇职工生育保险办法》等法律、法规,结合本县实际,制定本办法。

第二条 本办法适用于本县行政区域内所有用人单位,包括:机关事业单位和各类企业(含民办非企业单位和个体经济组织)(以下简称用人单位)及其职工或雇工(以下简称职工)。

第三条 职工生育保险按照属地原则实行社会统筹,设立生育保险基金。

第四条 县人力资源和社会保障行政部门主管本县职工生育保险工作,其所属的社会保险经办机构(以下简称经办机构)具体承办生育保险事务。

第五条 财政、卫生、发改、税务、审计、计划生育等部门应协助人力资源和社会保障部门做好生育保险有关工作。工会、妇联等组织依法对本办法的执行情况实施群众监督。

第六条 参加生育保险并足额缴纳 10 个月以上生育保险费的职工,符合计划生育规定生育或者实施计划生育手术的,可以享受本办法规定的生育保险待遇。

用人单位未参加生育保险、中断或未足额缴纳生育保险费,造成职工无法享受相应生育保险待遇的,用人单位应按本办法规定的生育保险待遇标准足额支付。

第七条 女职工符合计划生育规定生育或实施计划生育手术的,可享受以下生育保险待遇:

(一)女职工生育或者流(引)产,按照国家和省有关规定享受产假工资,产假工资由用人单位按规定发放。生育保险基金以生育津贴形式补偿参保企业,但机关事业单位不再补偿。生育津贴以女职工分娩或流(引)产前 12 个月职工本人平均缴费工资基数为标准,参保不满 12 个月的,以分娩或流(引)产当月本县上年度的最低缴费工资基数为标准;

(二)女职工妊娠后的产前检查费、生育或流(引)产所需的检查费、接生费、手术费、普通病房住院

费、医药费及产后恢复基本治疗费等生育医疗费用,按规定由生育保险基金支付;

(三)女职工妊娠后及产后4个月内因生育并发症发生

的医疗费用,由生育保险基金支付。4个月之后的医疗费用,参加城镇基本医疗保险的,按城镇基本医疗保险有关规定执行;

(四)对符合国家规定享受3个月及3个月以上产假的生育女职工,发给一次性营养补助费,其费用由生育保险基金支付,标准为本县上年度职工平均工资的2%。

第八条 参加生育保险的男职工的配偶为无业人员的,发生的符合计划生育规定的产前检查及分娩、流(引)产费用按照生育保险规定标准的50%支付,不享受其他生育保险待遇。

第九条 职工因实行放置(取出)宫内节育器、流(引)产术、绝育及复通术等计划生育手术发生的医疗费用,由生育保险基金按规定支付。因计划生育手术引起并发症的医疗费用,参加城镇基本医疗保险的,按有关规定在城镇基本医疗保险基金中支付。

第十条 参加生育保险的职工失业后,在核定的领取失业救济金期间符合计划生育规定生育或实施计划生育手术时,生育医疗费用、一次性营养补助费和计划生育手术费由生育保险基金支付。

参加生育保险的女职工退休后,符合计划生育规定实施取出宫内节育器、流(引)产等手术费用由生育保险基金支付。

第十一条 女职工生育或实施计划生育手术应在本县生育保险定点医疗机构就诊。生育保险定点医疗机构的资格认定及管理参照基本医疗保险定点医疗机构管理的规定执行。经办机构对生育保险定点医疗机构实行协议管理。

生育保险用药和医疗服务目录按城镇职工生育保险用药和医疗服务目录执行。

经办机构与生育保险定点医疗机构按项目、病种定额等办法实行结算。具体结算办法另行制定。

第十二条 生育保险基金按照以支定收、收支基本平衡的原则征收,具体征收、缴纳和管理,按照国务院《社会保险费征缴暂行条例》的规定执行。

生育保险基金实行财政专户、收支两条线管理,由财政、审计部门依法进行监督。

第十三条 各类企业(含民办非企业单位和个体经济组织)和机关事业单位分别按上年度全部职工缴费工资基数的0.8%和0.4%缴纳生育保险费;逾期未缴纳的,除责令其限期缴纳外,按日加收应缴额2‰的滞纳金。职工个人不缴纳生育保险费。

各类企业、民办非企业单位和个体经济组织缴纳的生育保险费在成本(费用)中列支。参保的机关事业单位中全额拨款单位在行政事业费中列支,差额拨款和自收自支事业单位在自有经费中列支。

第十四条 存入银行的生育保险基金,按照人民银行规定的存款利率计算,所得利息计入生育保险基金。

第十五条 以下情形发生的医疗费用、生育津贴及一次性营养补助费,生育保险基金不予支付:

(一)违反国家、省、市计划生育政策规定;

(二)非法选择胎儿性别、自杀、自残、斗殴、酗酒、吸毒等造成妊娠终止;

(三)异位妊娠、葡萄胎等原因致妊娠终止;

(四)有第三者赔偿责任的交通事故、医疗事故、药事事故;

(五)治疗各种不育(孕)症、性功能障碍等;

(六)在国外或港澳台地区生育或实施计划生育手术发生的医疗费用;

(七)新生儿的医疗费用;

(八)计划生育手术并发症;

(九)在本县非生育保险定点医疗机构生育或实施计划生育手术(抢救除外);

(十)参保职工就医时未出示《劳动和社会保障卡》和生育保险就医凭证;

(十一)不符合生育保险规定支付范围和标准的其他费用。

第十六条 用人单位、生育保险定点医疗机构或者个人骗取生育保险基金的,由人力资源和社会保障行政部门负责追回并给予处罚；构成犯罪的，依法追究刑事责任。

第十七条 经办机构工作人员违规造成生育保险基金损失的，由人力资源和社会保障行政部门负责追回，并根据情节轻重对责任人给予行政处分；构成犯罪的，依法追究刑事责任。

第十八条 职工对享受生育保险待遇有疑问的，可以直接到用人单位或者经办机构查询。职工与用人单位因生育保险待遇发生劳动争议的，可向劳动争议仲裁委员会申请仲裁；对仲裁裁决不服的，可依法向人民法院提起诉讼。

第十九条 当事人对行政决定不服的，可以依法申请行政复议或者提起行政诉讼。

第二十条 本办法由县人力资源和社会保障局负责解释。

第二十一条 本办法自2010年12月1日起施行。县政府2003年6月11日发布的《溧水县城镇企业职工生育保险办法》(溧政发〔2003〕63号文)同时废止。

溧水县人民政府
关于印发《溧水县城乡客运一体化工作实施意见》的通知

溧政发〔2010〕108号

2010年10月27日

各镇人民政府，县各局办，县各直属单位：

《溧水县城乡客运一体化工作实施意见》已经县政府同意，现予印发，请认真组织实施。

溧水县城乡客运一体化改造实施意见

为加强全县客运行业管理、满足群众出行需求、推进城乡公共服务均等化，根据相关法律法规和省市交通运输主管部门要求，结合我县实际，特制定溧水县城乡客运一体化改造实施意见。

一、总体目标

全县城乡客运一体化改造要坚持“政府主导、统筹规划、市场运作、整合主体、协调高效”的原则，通过改造，进一步优化城乡客运线路，进一步发挥新客运中心、城市轨道交通客运站、城铁车站等枢纽优势，进一步完善城乡公交设施，进一步提升公共服务水平，最终实现“统一主体、公车公营、合理布局、网络健全、方便快捷、安全有序”的城乡客运一体化建设目标。

二、主要任务

(一)统筹城乡客运发展规划。统一编制城乡线路布局规划、运力投放规划、场站建设规划，并将现有的自建场站和下一步即将投入使用的枢纽站点统一纳入规划，实现城区公交全覆盖、行政村通车率达100%、自然村通车率达50%以上的目标。近期，城市公交线路由目前的8条线路增加到15条，新投放公交车70辆，总运力达128辆，新城区、开发区、洪蓝、东屏等临近地区做到全覆盖；开通县城到镇8条线路，投放8米以上空调车93辆；开通镇与镇4条线路，投放6米以上大客车4辆；逐步开通镇到村43条线路，投放6米中客43辆。

(二)调整客运市场的运作模式。按照公平、公正、公开的原则，改变原有的分散挂靠经营模式，实现“公车公营”和城乡客运一体化。按照现代企业制度的要求，以产权为纽带，通过收购、兼并、联合等各种方式，按照线路、运力来测算股份，对现有客运企业进行整合，组建城乡客运一体化经营主体，具体做到：车辆产权属于公司所有；公司统一经营线路、管理车辆和人员，并承担全部经营风险和安全管理责任；严禁挂靠、转让和私下买卖车辆。同时,按照公车公营的要求同步实施城区出租车的升级改造。

(三)完善城乡客运基础设施的建设。通过城乡客运一体化改造,进一步加强农村公路、桥梁和公交枢纽站点、城区公交港湾式停靠站点以及农村客运停靠站点的建设,路桥和站点的规划、设计、建设、验收与运力改造同步进行,逐步完成路桥、站点以及镇到村的一些窄幅线路改造,实现城区枢纽站、公交中转站、乡镇客运站、农村候车亭(牌)有效衔接。

(四)规范城乡客运的营运行为。进一步明确客运企业车辆进站、定点停靠、准点发车、准点抵达、车型确定、票价核定、服务标准和服务承诺等相关要求,实现"六个统一",即统一站点、统一票价、统一班次、统一车型标识、统一服务标准、统一经营模式。

三、时间安排

(一)宣传发动阶段(2010年11月上旬)

1.成立机构。抽调专门人员,组建城乡客运一体化改造工作组,集中办公,开展工作。具体包括:企业整合组、宣传接待咨询组、车辆处置组、营运实施组、稳定保障组(具体名单附表)。

2.宣传发动。组织召开城乡客运一体化改造动员大会;召开有关座谈会;强化媒体宣传。

(二)组织实施阶段(2010年12月底结束)

1.测算运力。按照城乡客运一体化工作领导小组的统一安排,确定城乡客运一体化客运线路、站点布局和运力安排及投放车辆车型。

2.购置新车。企业订购车辆;办理新购车辆手续;相关部门与企业完善老旧车辆下线处理方案。

3.投放新车。相关客运企业按照有关规定对所属老旧车辆进行下线处理。新车投放过程中的机动驾驶员安置以及相关人员安置由新企业负责安排,确保平稳过渡。

四、保障措施

(一)整治客运秩序。由公安部门牵头,交通、城管等部门共同参与,抽调精干力量,组建专门队伍,集中办公,统一调度,强化考核,对城乡交通客运秩序进行集中整治。重点打击不符合载客条件车辆进行载客行为和非法营运行为。

(二)规范行政许可。所有城乡客运线路的经营权属于国家所有,由交通运输部门在实施城乡客运一体化工作中,以服务质量承诺的方式许可授予。线路经营期满后,由交通部门按照服务质量、信誉考核、社会评价、经营状况等综合因素依照主管部门许可程序和条件重新许可,需进行招标的必须依法进行招标。

(三)健全补贴机制。由财政部门牵头,研究制定具体补贴方案,参照南京市及其他地区的补贴政策,科学合理测算企业购车补贴、政策性亏损补贴、驾驶员增资补贴,发挥公共财政对城乡客运的激励和制约作用。

(四)加强协调配合。县交通运输部门负责方案制定、计划落实、客运规划制定、城乡客运线路设定、行政许可以及市场的规范管理。同时,负责场站建设、车型的确定,落实监督措施,查处非法营运行为,制定应急预案,牵头做好改造过程中客运企业、驾驶人员的信访稳定工作,协助公安部门查处妨碍、危害公共交通的行为;纪检监察部门负责制定责任倒查追究制度和工作纪律,对各责任单位、责任人进行督查,对措施不力、推诿扯皮影响工作的进行责任追究;宣传、文广部门负责做好有关宣传工作,负责对媒体宣传的把关扎口;财政部门牵头对财政补贴机制相关政策进行研究、整合;住建部门负责将城区客运站场建设纳入城区建设规划,会同交通运输部门和公安部门选定城区公交线路、中转站点和拟定客运站场的建设方案;公安部门负责应急预案制定,牵头排查不稳定因素,做好群访、信访的应急处置;国土部门负责落实城乡客运基础设施建设的土地需求,及时办理土地审批手续;发改(物价)部门负责审核站点、里程、公交票价以及老旧车辆的回购评估工作;信访部门负责应急预案、矛盾排查、接待信访等工作,按照交通运输局提供的政策口径对上访对象扎口解释;人社部门负责指导劳动合同关系的签订,协调处理好有关劳资纠纷；城管部门负责配合公安、交通运输部门开展交通秩序的整治，配合做好站场规划布局的论证工作；教育部门负责配合做好小学生上学和放学接送的应急预案制定，并做好对学生、家长的教育和宣传解释工作；法制办负责对所有文件进行合法性审查；一区七镇要落实属地责任，负责辖区内的驾驶员的稳定工作，积极排查化解矛盾，参与辖区内场站建设和客运环境整治工作。

溧水县人民政府
关于调整企业职工基本养老保险缴费比例的通知

溧政发〔2010〕110 号

2010 年 11 月 13 号

各镇人民政府，县各局办，县各直属单位：

根据《省政府关于统一全省企业缴纳基本养老保险费比例的通知》（苏政发〔2010〕85 号），经研究，从 2011 年 1 月起，我县企业缴纳基本养老保险费比例，从 19%调整为 20%。特此通知。

溧水县人民政府
关于印发《溧水县农业“1115”工程实施意见》的通知

溧政发〔2010〕117 号

2010 年 12 月 18 日

各镇人民政府，县各局办，县各直属单位：

《溧水县农业“1115”工程实施意见》已经县政府同意，现印发给你们，请认真贯彻执行。

溧水县农业“1115”工程实施意见

市政府决定从 2010 年起用 3 年左右时间，在全市规划建设 100 万亩高标准粮田、100 万亩经济林果、100 万亩高效养殖和 50 万亩标准化菜地（简称农业“1115”工程）。根据市政府下达的任务，我县将规划建设 21 万亩高标准粮田、25 万亩经济林果、17 万亩高效养殖和 8 万亩标准化菜地。为确保工程实施，现结合我县实际，提出如下意见。

一、基本原则

（一）科学规划，保障土地用途。工程规划要与全县“十二五”农业发展规划、土地利用规划、城市建设规划相衔接。结合基本农田保护工作，科学合理划定建设区域，对纳入高标准粮田和标准化菜地的地块，划定红线，永久保护，确保土地用途长期稳定不变。

（二）整合资源，优化资源配置。进一步整合各类农业生产要素，集聚资源，集中力量，集中投入，着力改善农田基础设施建设，提高土地产出能力。推广使用先进农业机械，提高劳动生产率。合理使用农业投入品，提高资源产出效率。

（三）因地制宜，发挥比较优势。根据资源特点，坚持生态优先，宜林则林，宜粮则粮，宜菜则菜，大力发展具有相对比较优势、对经济发展和农民增收有一定支撑作用的优势高效产业和无公害、绿色、有机等优质高效农产品。坚持集中连片建设,促进产业布局相对集中,逐步推进"一镇一业"、"一村一品"。

(四)打造载体,建设农业园区。把农业"1115"工程与现代农业园区建设结合起来,按照"政府引领、市场运作、企业主导、产业兴园"的思路,集中力量建设一批规划布局合理、生产要素集聚、科技和设施装备先进、经营机制完善、经济效益和示范带动效应明显的现代农业园区,使之成为实施农业"1115"工程的典范。

二、建设内容

(一)21万亩高标准粮田

1.面积分解。永阳镇2万亩,白马镇3万亩,东屏镇3万亩,洪蓝镇2.5万亩,石湫镇3万亩,晶桥镇2.5万亩,和凤镇3万亩,溧水经济开发区(柘塘)2万亩。

2.重点发展产业。重点打造"湫湖"、"珍珠"大米品牌,做大沙塘庵粮食市场,建成华东地区最大粮食集散地;大力推广水稻机插秧和精确定量栽培技术,实现标准生产;积极发展国标三级以上优质水稻品种,大力推广无公害生产技术,提高大米质量标准。同时,适度扩大绿色、有机水稻面积,规模达到2—3万亩,打造"春江"有机大米品牌。发展和优质水稻种植茬口相衔接的专用小麦、双低油菜作物。

3.主要区域布局。高标准粮田主要集中在秦淮河、石臼湖圩区和丘陵山区灌溉方便的冲田。无公害水稻生产区域主要在永阳镇的东庐、秋湖、东山、高塘、石巷村;白马镇的白马、上洋、朱家边、曹家桥、石头寨、浮山、大树下村;东屏镇的群力、和平、爱民、爱廉、丽山村;洪蓝镇的天生桥、青锋、蒲塘、陈卞、姜家、无想寺、西旺村;石湫镇的石湫、蟹塘、九塘、桑元蒲、上方、同心、向阳、光明、明觉村;晶桥镇的水晶、仙坛、芝山、杭村、陶村、笪村、新桥、枫香岭、芝山、郜村、孔家村;和凤镇的张家、沙塘庵、中杨、骆山村、吴村桥、沈家山、孔镇、双牌石村;开发区(柘塘)的共和等村。有机大米生产区域主要在白马的革新、白龙村,东屏的金湖、定湖村,石湫的九塘村等。

(二)25万亩经济林果

1.面积分解。永阳镇1.8万亩,白马镇4.2万亩,东屏镇3.8万亩,洪蓝镇1.6万亩,石湫镇3.9万亩,晶桥镇4.8万亩,和凤镇3.9万亩,溧水经济开发区(柘塘)0.5万亩,县林场0.5万亩。

2.重点发展产业。做响"四梅(莓)"产业,突出发展果树,积极发展花卉苗木、茶叶、西甜瓜,稳定蚕桑和山栀。引进金手指葡萄、红乳葡萄、518梨、苏茶早、牡丹等30个新品种,大力推介红颊草莓、醉金香葡萄、新美人指葡萄、黄冠梨、紫金油桃、脆枣等20个良种,使全县经济林果良种栽培面积达到80%以上。加快草莓、蓝莓、葡萄、中高档花卉设施栽培,配套推广设施栽培技术,提高设施园艺水平。重点打响"傅家边"牌草莓、"严景万"牌茶叶、"溧峰"牌茶叶、"博士牛"牌花木、"天骄"牌黑莓制品等名牌产品。

3.主要区域布局。果品:加快"四梅(莓)一区"建设。即:以洪蓝、永阳、柘塘镇为主的高效设施草莓基地建设,建成集采摘休闲观光为一体的全国一流草莓园,种植规模1万亩;以白马、东屏、晶桥镇为主的黑莓基地建设,种植面积巩固在3万亩;以白马、晶桥镇为主的蓝莓基地建设,种植规模1万亩(其中设施栽培2000亩);以洪蓝镇为主的青梅基地建设,种植规模1万亩;以傅家边现代农业园区为主,辐射到永阳、和凤等镇,万亩应时鲜果(以葡萄、桃、梨为主)示范园区建设;种植规模1.5万亩。茶叶:发展以白马、和凤、洪蓝镇为主的三大茶叶产区,种植面积达2.6万亩以上,重点建设以严景万茶场为核心的5000亩高效茶叶示范基地。花卉苗木:建设以东屏、和凤、晶桥镇为主的三个万亩花卉苗木种植示范带,重点打造永阳"博士牛"盆花、鲜切花生产基地以及和凤三叶园林公司连片万亩中高档花木生产基地。蚕桑和山栀:建设以石湫镇为主的5000亩高效蚕桑基地和以永阳镇为核心的万亩山栀生产基地。西甜瓜:大力发展以永阳、白马、洪蓝镇为主的麦(油)/中小竹棚西瓜+水稻种植模式,形成三个万亩西甜瓜产业带。

(三)17万亩高效养殖(高效水产养殖15.5万亩、高效畜牧养殖1.5万亩)

1.高效水产养殖

(1)面积分解。永阳镇1.2万亩,白马镇1万亩,东屏镇1.1万亩,洪蓝镇3.3万亩,石湫镇2.7万亩,晶桥镇 1.8 万亩，和凤镇 3 万亩，溧水经济开发区(柘塘)1.4 万亩。

(2)重点发展产业。以加州鲈鱼、河蟹、“三虾”和优质鱼等为重点产业，着力提升池塘微孔增氧、机械投饵、水质实时监控等设施水平，推行生态健康养殖模式，全面提升高效设施渔业整体档次和水平；健全水产品质量安全监管长效机制，培育创建水产品牌，提高“银水湾”、“老一辈”、“金臼”等知名水产品的品牌经营水平。

(3)主要区域布局。鲈鱼产业以石湫、洪蓝镇为主，河蟹产业以洪蓝、和凤、晶桥等镇为主，“三虾”产业以洪蓝、东屏、永阳等镇为主，优质鱼产业以白马、开发区、东屏等镇区为主，重点建设陈家圩、团结圩、富财圩、战天圩、奉贤圩、胜利圩等高效水产养殖基地。

2.高效畜牧养殖

(1)面积分解。永阳镇 0.15 万亩，白马镇 0.1 万亩，东屏镇 0.2 万亩，洪蓝镇 0.25 万亩，石湫镇 0.3 万亩，晶桥镇 0.2 万亩，和凤镇 0.25 万亩，开发区 0.05 万亩。

(2)重点发展产业。以优质鸡、獭兔、鸭业、生猪等为重点产业，大力推进畜禽规模养殖，实施畜牧生态健康养殖模式，提升畜牧生产标准化水平，推广应用高产高效养殖方式。优质鸡产业依托南京温氏公司，推行温氏运作模式，完善管理机制，加快推进全县优质鸡产业发展；生猪规模养殖以金大象规模猪场为引领，全面提升全县生猪标准化规模养殖建设水平；獭兔产业以东润食品有限公司为依托，着力建设獭兔养殖小区和基地，辐射带动全县獭兔产业快速发展；鸭业以改变传统养殖方式为重点，通过桂花鸭、天元等养鸭基地的辐射引领，推行高架养鸭模式，促进鸭业可持续发展。同时切实完善畜牧养殖设施，培育龙头基地和企业，提升畜牧品牌经营水平。

(3)主要区域布局。优质鸡产业以石湫、洪蓝等镇为主，獭兔产业以永阳、东屏、白马等镇为主，鸭业以和凤、晶桥等镇为主，生猪产业以晶桥、洪蓝、永阳等镇为主，重点建设石湫优质鸡、和凤鸭业、永阳獭兔、标准化规模猪场、特畜禽等高效畜牧养殖基地。

(四)8万亩标准化菜地

1.面积分解。永阳镇 1.3 万亩，白马镇 1.4 万亩，东屏镇 1.2 万亩，洪蓝镇 1.3 万亩，石湫镇 0.9 万亩，晶桥镇 0.5 万亩，和凤镇 1.1 万亩，开发区(柘塘)0.3 万亩。

2.重点发展产业。做大做强有机蔬菜产业，进一步打响“春江”、“普朗克”、“环湖”等有机蔬菜品牌。着力提升设施蔬菜业，全面推进标准化生产，推广使用新品种、新技术和新材料，建立健全标准田头检测室和基地电子档案管理，稳步推动技术集成应用与全面质量管理；加快发展食用菌生产，进一步做大规模，做响品牌，增强科技示范、带动作用，加速产业发展。

3.主要区域布局。重点抓好“一区两片”基地建设。“一区”即有机蔬菜种植区，以东庐山系至浮山、东屏湖为主要区域，包括白马、东屏、永阳等镇，并在其他适宜地区开展多点示范，充分发挥生态资源和白马省级有机农业科技园示范辐射效应，突出壮大发展白马革新、东屏金湖、永阳王家甸等有机蔬菜基地。“两片”即应时蔬菜基地片和食用菌生产片。以永阳镇为中心建设城郊型应时蔬菜生产基地片。以白马、东屏为重点，着力发展“屏湖”、“天丰”、“博大”等品牌食用菌基地，加快基地和产品的有机认证认定，建立健全经纪人合作组织，不断提升市场竞争力，扩大市场占有率。

三、保障措施

(一)加强组织领导。县政府成立领导小组，组长：陈小冬(县政府副县长)，副组长：张德才(县政府办公室副主任)、戴孝礼(县农业局局长)，成员：徐伏云(县委农工委副主任)、张春银(县发改局副局长)、唐海清(县财政局副局长)、尹昭根(县国土局副局长)、王永(县住建局副局长)、郝纪平(县水务局副局长)、严雪凤(县科技局副局长)、丁莉芳(县环保局副局长)、巢玉军(县统计局副局长)、杨志锁(县农业局副局长)，领导小组下设办公室(设在县农业局)，杨志锁兼任办公室主任。各镇区要高度重视农业“1115”工程，成立相应的领导小组和工作班子，明确责任，抓好落实。

(二)加大扶持力度。县各有关部门对农业“1115”工程建设要给予重点扶持，积极争取国家和省市土地治理项目、丘陵山区开发项目、农田水利建设项目、“万顷良田”工程和高效设施农业项目等，集中投入工程建设，确保“1115”工程早出形象、早见成效。

(三)提高服务水平。加大农业科技示范推广力度，积极引进示范新品种，挖掘品种优势，围绕节本、节水、节能、多抗、提高产品质量和效益；加大“农民培训”和“科技入户”工程实施力度，开展多层次、多形式的技术培训和科技示范，将农业“1115”工程和“科技入户”和“送科技下乡”活动相结合，加强对基层干部、农技人员和农民的技术普及培训，提高科技素质，为工程实施提供技术和人才支撑。

附件:南京市“1115”工程溧水县目标分解表

溧水县农业“1115”工程目标分解表

单位:万亩

项目 镇(区)	水稻	经济林果	养殖	蔬菜
永阳	2	1.8	1.35	1.3
白马	3	4.2	1.1	1.4
东屏	3	3.8	1.3	1.2
洪蓝	2.5	1.6	3.55	1.3
石湫	3	3.9	3	0.9
晶桥	2.5	4.8	2	0.5
和凤	3	3.9	3.25	1.1
开发区(柘塘)	2	0.5	1.45	0.3
县林场		0.5		
合计	21	25	17	8

重要文件目录

中国共产党溧水县委员会

溧委[2010]11 号	关于溧水县人民政府机构改革的实施意见
溧委发[2010]1 号	关于印发《溧水县 2010 年国民经济和社会发展奋斗目标》的通知
溧委发[2010]8 号	关于进一步加强和改进人大工作的意见
溧委发[2010]10 号	关于贯彻实施《中国共产党党员领导干部廉洁从政若干准则》的通知
溧委发[2010]11 号	关于印发《溧水县 2010 年各镇“三个发展”千分制考核办法》和《溧水县 2010 年县经济开发区“三个发展”千分制考核办法》的通知
溧委发[2010]12 号	关于加快推进城乡统筹协调发展的实施意见
溧委发[2010]16 号	关于加强和改进人民政协政治协商工作的意见
溧委发[2010]17 号	关于加强新形势下党史工作的实施意见
溧委办发[2010]1 号	关于《中共溧水县委贯彻落实〈中共中央关于加强和改进新形势下党的建设若干重大问题的决定〉的意见》任务细化分解的通知
溧委办发[2010]3 号	关于给部分年满 70 周岁及以上老年人发放一次性老年慰问金的通知

溧委办发[2010]10 号　关于转发《溧水县 2010 年反腐倡廉建设目标及责任分工的意见》的通知
溧委办发[2010]12 号　关于深入推进全县社会矛盾纠纷大调解工作的意见
溧委办发[2010]13 号　关于在全县县级机关开展文明机关创建活动的实施意见
溧委办发[2010]22 号　关于做好全县第九届村民委员会换届选举工作的实施意见
溧委办发[2010]37 号　关于印发村级主要负责人经济责任审计暂行办法的通知

溧水县人民政府

溧政发[2010]1 号　关于下达溧水县 2010 年国民经济和社会发展奋斗目标一级分解目标的通知
溧政发[2010]21 号　关于进一步加强新型农村社会养老保险工作的意见
溧政发[2010]26 号　关于组织实施 2010 年价格调控和治乱减负目标责任制的意见
溧政发[2010]28 号　关于印发溧水县 2010 年度重点产业项目推进考核办法的通知
溧政发[2010]38 号　关于调整溧水县经济适用住房保障标准的通知
溧政发[2010]43 号　关于印发县财政局 2010 年收入目标考核办法的通知
溧政发[2010]44 号　关于印发县国税局 2010 年税收目标考核办法的通知
溧政发[2010]45 号　关于印发县地税局 2010 年税收目标考核办法的通知
溧政发[2010]48 号　关于印发"十二五"规划编制工作意见的通知
溧政发[2010]50 号　关于印发 2010 年全县政府廉政建设和反腐败工作意见的通知
溧政发[2010]87 号　关于印发在全县开展安全生产大排查的实施意见的通知
溧政发[2010]93 号　关于建立溧水县精神病防治专项基金的实施意见
溧政发[2010]102 号　关于印发溧水县职工生育保险办法的通知
溧政发[2010]108 号　关于印发溧水县城乡客运一体化工作实施意见的通知
溧政发[2010]110 号　关于调整企业职工基本养老保险缴费比例的通知
溧政发[2010]117 号　关于印发溧水县农业"1115"工程实施意见的通知
溧政办发[2010]15 号　关于调整六十年代部分精减老职工生活补助费标准的通知
溧政办发[2010]17 号　关于深入开展建筑业科技攻关年活动的实施意见
溧政办发[2010]26 号　关于印发加快村级工业标准厂房建设实施方案的通知
溧政办发[2010]28 号　关于转发溧水县 2011~2015 年商标战略实施意见的通知
溧政办发[2010]32 号　关于印发溧水县推进现代农业示范区建设实施方案(试行)的通知
溧政办发[2010]33 号　关于印发溧水县国家行政机关公文格式实施细则的通知
溧政办发[2010]38 号　关于转发溧水县城乡总体规划(2010~2030)和永阳新城总体规划(2010~2030)编制工作方案的通知
溧政办发[2010]42 号　关于转发溧水县构筑社会消防安全防水墙工程实施意见的通知
溧政办发[2010]54 号　关于调整五十年代部分退职人员生活补助标准的通知
溧政办发[2010]58 号　关于印发 2010 年溧水县社会抚养费征收工作方案的通知
溧政办发[2010]67 号　关于印发溧水县深化集体林权制度改革实施意见的通知
溧政办发[2010]68 号　关于开展技防城暨技防入户工程建设的实施意见
溧政办发[2010]82 号　关于印发溧水县 2011 年新型农村合作医疗补偿办法的通知
溧政办发[2010]89 号　关于进一步加强社会抚养费征管和使用的补充意见

新闻报道题录

时间	报刊\电视\广播\网	题目
1月1日	南京电视台	溧水草莓基地对外开放
1月1日	新华报业网、扬子晚报	飞行员生源基地落户溧水中学
1月3日	扬子晚报	去溧水旅游休闲
1月4日	南京电视台	溧水银企对接签约68亿元
1月4日	南京日报	南京两公民当选中国十大责任公民
1月6日	南京日报	溧水消防战士马兵当选中国十大责任公民
1月7日	龙虎网	溧水精品草莓园迎宾
1月7日	龙虎网	全省首家飞行员基地在溧水挂牌
1月7日	龙虎网	溧水航空产业园获批省级特色园区
1月8日	龙虎网	溧水财政一般预算收入四年翻两番,提前实现目标
1月8日	龙虎网	溧水数千群众赶集三下乡
1月8日	龙虎网	溧水建立消费者维权服务站
1月8日	龙虎网	溧水向居民发放法制挂历
1月8日	龙虎网	溧水村村建“法律门诊”
1月8日	南京日报	20家银行向溧水企业授信贷款68亿元
1月11日	扬子晚报	溧水新农合人均筹资标准提高到230元
1月12日	南京日报	爱的心灯唤回迷途羔羊
1月12日	新华日报	溧水28家企业获信贷68亿元
1月14日	南京晨报	聋哑孩子育出2000盆名贵牡丹愁销路
1月15日	南京晨报	想去聋哑学校买牡丹请在2月7日左右行动
1月16日	人民网	马兵:能够得到人民群众的肯定是最大的幸福
1月21日	金陵晚报	中科院院士向溧水初中捐赠天文望远镜
1月22日	南京日报	院士研制望远镜馈赠少年天文迷
1月26日	国际船舶网	溧水盛龙公司保温舱盖生产线建成
1月27日	第一食品网	傅家边小草莓使用“微生物菌”亩产增千斤
1月27日	龙虎网	溧水近3万老人集中领慰问金
1月27日	龙虎网	马兵入围全国十大责任公民
1月27日	龙虎网	溧水初中受捐天文望远镜
1月27日	龙虎网	溧水农贸市场获评国家级绿色农贸市场
1月27日	龙虎网	千余保姆反季进城补缺
1月27日	龙虎网	溧水县被评为最具发展潜力国际休闲目的地
1月27日	南京日报	石臼湖变天鹅湖
1月27日	人民网	溧水县廉政文化五朵金花香气飘乡村
1月29日	美国侨报	溧水天鹅湖
2月2日	金陵晚报	溧水被评为最具潜力休闲目的地
2月2日	新华日报	溧水千余保姆反季进城补缺
2月2日	扬子晚报	溧水新增23处监控专拍违法行为
2月3日	南京电视台	朱善璐视察溧水农业基地
2月3日	新华日报	溧水21场民俗表演闹新春
2月4日	南京晨报	备些土特产年货随时换口味

续表

时　间	报刊＼电视＼广播＼网	题　　目
2月4日	南京日报	朱善璐视察溧水农业基地
2月4日	扬子晚报	国际休闲目的地溧水“最具发展潜力”
2月4日	扬子晚报	溧水20多场民俗表演闹新春
2月6日	美国侨报	溧水被评为最具发展潜力国际休闲目的地
2月8日	江苏电视台、南京电视台、南京十八频道	溧水将举办草莓文化节及梅花节
2月9日	金陵晚报	南京春节活动单出炉,开年大戏全攻略
2月9日	现代快报	溧水梅花节及草莓节系列活动
2月9日	新华报业网	溧水将举办草莓文化节及梅花节
2月9日	新华日报	溧水梅花节对外征集旅游宣传口号
2月9日	新华网江苏频道	溧水也将举办梅花节
2月9日	扬子晚报	溧水草莓节梅花节同时举办
2月10日	南京日报	溧水将举办梅花节草莓节
2月10日	新华日报	傅家边农业科技园通过四星级乡村旅游点验收
2月12日	扬子晚报	溧水梅花节为市民过节添精彩
2月13日	新华日报	草莓大棚订保险
2月15日	南京电视台	溧水白马镇民俗表演
2月22日	东方烟草报	江苏溧水三突出一强化加强节后市场管理
2月22日	金陵晚报	溧水打造“中国草莓之乡”品牌
2月22日	扬子晚报	本周末可去溧水采草莓
2月23日	金陵晚报	2010年溧水草莓文化节开幕式将于3月6日举行
2月24日	金陵晚报	溧水万亩春梅绽放迎宾
2月24日	金陵晚报	溧水赏梅＼采草莓一日游
2月24日	扬子晚报	溧水梅花节精彩抢先知
2月25日	现代快报	摘草莓赏梅花65元搞定
2月26日	金陵晚报	周末去溧水采莓品莓正当时
2月26日	南京日报	溧水跻身国家园林县城
2月27日	南京电视台	第十届南京溧水梅花节开幕
2月27日	南京日报	南京最大梅园开门迎宾
2月28日	南京日报、金陵晚报	第十届南京溧水梅花节开幕
3月1日	第一食品网	溧水打造中国草莓之乡品牌
3月1日	金陵晚报	溧水草莓何以赢得中国草莓协会的青睐
3月1日	扬子晚报	溧水推出自驾游线路
3月1日	扬子晚报	一颗小草莓铺就农家致富路
3月1日	中国网	溧水推出自驾游线路
3月2日	金陵晚报	溧水草莓首度登陆上海星巴克
3月2日	金陵晚报	溧水项目农业助推农业产业化
3月2日	扬子晚报	溧水采莓品莓旅游全攻略
3月3日	扬子晚报	溧水成“国家园林城市”
3月3~10日	江苏电视台	去溧水赏梅品莓正当时(每晚6:00)
3月4日	江苏电视台	溧水将于3月7日举办第五届草莓文化节字幕
3月4日	南京电视台	草莓节催生草莓经济
3月4日	扬子晚报	溧水农业如何在转型升级中赢得先机
3月5日	江苏电视台	溧水将于3月8日举办第五届草莓文化节字幕
3月5日	金陵晚报	10万市民赴溧水赏梅采莓

续表

时　间	报刊＼电视＼广播＼网	题　目
3月5日	南京晨报	周六可去溧水采草莓赏梅花
3月5日	南京电视台	第五届中国草莓文化节本周开幕
3月5日	南京日报	雷锋战友欲出书画集
3月5日	扬子晚报	南京草莓王——傅家边草莓首度登陆上海滩
3月5日	扬子晚报	10万市民赴溧水赏梅采莓
3月6日	江苏电视台	溧水将于3月9日举办第五届草莓文化节字幕
3月6日	江苏电视台	溧水草莓节开幕　红颊品种受热捧
3月6日	龙虎网	草莓节今在溧水开幕
3月6日	龙虎网	万余市民现场采莓品莓
3月6日	南京电视台	第五届中国南京溧水草莓文化节开幕
3月6日	南京电视台	全国草莓论坛为农民带来草莓经
3月7日	金陵晚报	春花烂漫,去溧水农家游
3月7日	南京电视台	挑选草莓有学问
3月7日	南京日报	第五届中国草莓文化节在溧水开幕
3月8日	南京电视台	溧水草莓节——高效农业篇
3月8日	南京日报	溧水草莓:一份“甜蜜”的事业
3月8日	扬子晚报	草莓等你摘
3月9日	南京晨报	植树节期间去溧水种树可免费游梅园
3月13日	南京电视台	6万市民涌入溧水傅家边采草莓
3月13日	南京电视台	去溧水赏梅花、采草莓,体验“春之都”
3月13日	南京电视台	全国优质草莓评比活动在溧水县举办
3月14日	南京电视台	去溧水摘草莓应该怎么走
3月14日	南京电视台	草莓进入盛果期　此时的草莓最好吃
3月16日	南京电视台	观梅花采草莓　春意盎然
3月20日	金陵晚报	50万市民赴溧水赏梅采莓
3月23日	南京日报	比“刀”
3月23日	新华日报	溧水草莓登陆星巴克
3月24日	南京晨报	周末去秦淮源头赏500亩李花
3月25日	南京日报	技改提升微车产能
3月26日	扬子晚报	周六到玄武湖采购溧水土特产
3月27日	南京晨报	溧水东庐山和小麦相间的油菜花
3月28日	南京晨报	春天十处绝佳赏花地
4月2日	阿里巴巴	溧水的草莓熟了
4月2日	第一茶叶网	磨齿机王落户南京溧水
4月6日	光明日报	南京溧水第六届牡丹节即将举行
4月6日	江苏商报	去溧水:骑马＼挖笋＼抓鸡
4月7日	江苏商报	去溧水欣赏太空芍药
4月8日	江苏商报	抢抓机遇赢得海外市场
4月9日	金陵晚报	南京最大野炊基地即将开放
4月9日	金陵晚报	溧水牡丹园有500余种
4月9日	金陵晚报	溧水牡丹节今日开幕
4月10日	龙虎网	溧水有一隅海棠花
4月11日	龙虎网	日本友人在南京溧水种下千棵樱花树

续表

时　间	报刊\电视\广播\网	题　　目
4月12日	龙虾网、南京日报	溧水体育公园雏形初现
4月12日	南京晨报	溧水第六届牡丹节开幕　市民可观赏到500余种牡丹
4月14日	南京晨报	溧水首家行政许可担保机构成立
4月17日	南京普法网	江苏溧水省级无公害茶叶示范区通过验收
4月18日	南京日报	溧水龙虾生态养殖小区建设区通过验收
4月20日	南京日报	溧水为西南旱区送岗位
4月22日	南京日报	南京到溧水自驾游路线全攻略
4月22日	南京日报	两岸新材料产业园落户溧水经济开发区
4月23日	人民网	江苏溧水省级无公害茶叶示范区通过验收
4月24日	腾讯网	溧水启动老年人体育节
5月1日	现代快报	下乡去采茶,喝自己炒的最享受
5月4日	南京晨报、新华网江苏频道、网易	溧水沙塘庵村自采自炒有机雨花茶
5月4日	龙虎网	溧水加大经济推动力度
5月4日	江苏法制报	溧水一二三四助推普法出成效
5月5日	新华网江苏频道	溧水重冶会上签下7.4亿美元大单
5月5日	中国新闻网	一季度溧水GDP领跑全市
5月5日	中国质量报、新华日报、中国网、新华网江苏频道、金陵晚报	国内最大超膜生产基地落户溧水
5月5日	江苏商报、网易	溧水重冶会上签下7.4亿美元大单
5月5日	网易	溧水加大经济推动力度
5月6日	南京晨报	溧水九塘村家家户户都养蚕宝宝
5月7日	新华日报、农博网	溧水县:清廉风香溢农村
5月7日	中国江苏网	总投资2.2亿元国内最大超膜生产基地落户溧水
5月8日	南京日报	国内最大超(微)滤膜生产基地落户溧水
5月12日	江苏商报	国电集团新兴环保产业落户溧水
5月13日	金陵晚报	溧水开通世博客运专线直通班车
5月15日	扬子晚报	溧水调高经适房保障标准
5月15日	金华日报	雷锋生前战友金华话雷锋
5月17日	南京日报	溧水广场开展助残活动
5月18日	南京晨报	山峦环抱碧波粼粼
5月19日	南京日报	确保双过半,南京郊县在发力
5月20日	金陵晚报	寻找最具魅力乡村
5月21日	中国气象报	溧水县气象职工获县"十大杰出青年"称号
5月21日	南京晨报	溧水东屏湖南京"日月潭"
5月24日	金陵晚报	石头寨:全国黑莓第一村
5月25日	南京晨报	周末可到溧水白马湖钓鱼\烧烤\采黑莓
5月25日	新华日报	溧水莓农半年进账2600万
5月25日	南京日报	溧水乡村游景点打折
5月26日	易车网	"我和乐驰有个约会"自驾游活动圆满谢幕
5月26日	南京日报	南京郊区县助推工业经济发展
5月28日	扬子晚报、新华报业网、扬子晚报网	溧水建小企业创业孵化基地
6月1日	南京日报	前五个月溧水房产企业补报款达到2000余万元
6月3日	南京日报	中国移动华东物流中心溧水开建

续表

时　间	报刊＼电视＼广播＼网	题　　目
6月4日	新华日报	中国移动华东物流中心落户溧水
6月6日	南京日报	环保日,市民组团探寻秦淮源头
6月7日	扬子晚报	数千市民赴溧水探秦淮源头
6月8日	中国水产养殖网	溧水县进行梭鱼主养试验养殖
6月8日	金陵晚报	溧水举办首届趣味农民运动会
6月9日	南京日报	溧水16家合作社进入"千万级"
6月9日	江苏商报	溧水县重洽会再引资20亿元
6月13日	龙虎网	中国移动华东物流中心落户溧水
6月13日	龙虎网	十年收藏溧水球迷喜得世界杯球星战靴
6月13日	龙虎网	千余市民赴溧水东庐山探秦淮源头
6月13日	龙虎网	溧水幼儿体操喜获全国表演一等奖
6月13日	龙虎网	溧水一农民自掏6000余元救治老枫杨树
6月13日	龙虎网	溧水招商月落下帷幕　定向招商引资70.5亿元
6月13日	龙虎网	溧水:实施投资项目联审会办制
6月13日	龙虎网	溧水举办首届趣味农民运动会
6月13日	龙虎网	溧水获授"国家园林县城"奖牌
6月13日	龙虎网	溧水环卫精细化作业提升保洁水平
6月21日	南京日报	9名大学生村官贷款创业种草莓
6月21日	南京日报	老农自掏6000元救活半百枫杨树
6月23日	南京晨报	龙王庙水库:大山里的世外桃源
6月25日	龙虎网	溧水农网装"智能防盗器"助农户阻止偷盗
6月25日	龙虎网	溧水108个项目促城乡用电一体化
6月29日	南京日报	傅家边现象调查
6月30日	江苏商报	溧水县大力促进规模企业发展
7月1日	中国新闻网	南京市侨办官员赴溧水调研指导侨务工作
7月2日	新华报业网	去溧水采摘有机果
7月2日	龙虎网	溧水有机水果基地将于15日开采
7月3日	现代快报	便宜葡萄哪里买,溧水果品基地
7月5日	金农网	溧水水产专家现场指导水产养殖户合理用药
7月7日	新华日报	溧水上马农作废料碳化生产线
7月8日	新华网江苏频道	溧水首个有机种子培育基地开工建设
7月9日	龙虎网	溧水建立太湖污染治理专项资金财政专户
7月10日	龙虎网	溧水各项主要经济指标平衡快速增长
7月12日	南京日报	高淳溧水两县千人上堤查险
7月13日	中国税务报	溧水地税两表一线推进企业核定征收
7月14日	新华日报	溧水启动建设2.5万吨科技粮库
7月15日	通信产业网	溧水电信周密部署汛期通信保障
7月15日	新华日报	溧水开建我省首个有机种子培育基地
7月15日	南京日报	防汛大军中的"小人物"
7月17日	南京日报	溧水千余军民奋战防汛抢险第一线
7月18日	南京晨报	周末到溧水果园采摘新鲜水果
7月19日	中国税务报	溧水地税以纳税评估夯实数据质量
7月19日	南京日报	各区县严防死守,确保安全度汛
7月19日	南京电视台	溧水洪蓝防渗漏

续表

时间	报刊\电视\广播\网	题目
7月20日	南京十八频道	溧水和凤\晶桥固堤降压做好防汛工作
7月21日	江苏商报	香港TS集团投资百亿在溧水打造新型产业园
7月21日	南京日报	我市乡镇最大汽车4S园落户溧水
7月21日	南京日报	我永远是老人们的女儿
7月21日	南京电视台	溧水2000吨石块护堤
7月21日	龙虎网	溧水黑玉特种家禽合作社跻身全国50佳
7月21日	龙虎网	溧水增强堤防抗洪能力,利用晴好天气固堤调渼
7月22日	南京日报	溧水石臼湖抛石护堤
7月23日	江苏法制报	溧水检察院壮根热线呵护民工权益
7月23日	龙虎网	溧水各地迅速行动严防洪涝
7月24日	南京日报	溧水养殖生态鹅
7月25日	南京日报	朱善璐视察溧水要求加快转变发展方式
7月26日	中国水产养殖网	溧水科技入户入塘口　水产专家现场传技术
7月27日	江苏法制报	溧水服务三个发展大局
7月28日	南京电视台	溧水防汛不放松
7月28日	南京电视台	溧水82岁老人坚持巡堤
7月29日	龙虎网	休闲避暑去溧水傅家边
7月29日	龙虎网	溧水西普揽得首个中非基金水泥项目
8月26日	南京日报	溧水成立老年人法律援助站
9月4日	扬子晚报	溧水有机蓝莓首次出口韩国
9月4日	南京日报	溧水为农村桥梁建"健康档案"
9月13日	南京晨报	初秋季节去溧水打板栗采大枣
9月17日	南京晨报	浮山村:四季如画的生态村
9月20日	中国新闻网	南京溧水各界人士中秋前夕联谊　共商发展大计
9月22日	扬子晚报	金秋美好江苏精彩乡村旅游
9月25日	店长网	张正林:一头默默耕耘的老黄牛
9月26日	中华会计网	溧水审计等四部门联手"阳光交接"
9月26日	新华日报	"傅家边"跻身全国十大农业名园
9月26日	中国审计网	江苏溧水:审计等四部门联手"阳光交接"
9月27日	南京日报	"三园三区",打造经济核心竞争力
9月27日	南京日报	秋粮收购大战即将上演
9月28日	中国江苏网	溧水今年交通建设工程税收预计达6000万
9月29日	新华日报	溧水奖励农民开办农家乐
9月29日	南京日报	加快形成城乡融合互动协调发展新格局
9月29日	南京日报	溧水县"七查"减隐患
10月2日	南京日报	傅家边农园入选"全国十大名园"
10月4日	南京日报	国庆期间赏桂正当时
10月5日	南京晨报	今起可去溧水认养果树捐资助学
10月8日	中国江苏网	溧水傅家边农园入选"全国十大名园"
10月8日	南京日报	谨慎购买上门推销的低价酒
10月9日	南京日报	用生态"底色"描绘发展"绿色"
10月11日	南京日报	南京大学生村官:"村官经历"比加分更重要
10月11日	南京日报	溧水:开办农家乐三年税费全返还

续表

时间	报刊\电视\广播\网	题目
10月13日	扬子晚报	溧水开通老人法援通道
10月13日	南京日报	溧水"霸王枣"上市个头大如鸡蛋
10月18日	江苏法制报	调解专家倾力构筑和谐防线
10月18日	江苏法制报	用亲情温暖明天的幸福
10月19日	南京日报	"假冒伪劣"产品环保化销毁
10月21日	中国审计网	江苏溧水启动任中"三责联审"监督关口前移
10月27日	江苏法制报	给弃婴安家
10月30日	龙虎网	国内最大私人博物馆"周园"开园
10月30日	扬子晚报	全国最大私藏馆溧水开园"床王"震撼现身
10月30日	南京日报	溧水和凤万亩"放心菜"基地一期建成
11月2日	食品科技网	南京市溧水县农产品热销乡村旅游节
11月2日	中国共产党新闻网	江苏南京溧水地税局构建"六个平台"推进廉政文化建设
11月5日	中国江苏网	溧水旅游业踏上新台阶旅游营业税收跨三倍
11月8日	南京日报	溧水县工商局将航空产业园作为扶持服务重点
11月8日	365居家网	南京市秦淮源头添新景
11月11日	江苏法制报	溧水成立南京首支综合应急救援大队
11月18日	中国江苏网	溧水农村河道疏浚整治工程通过省验收
11月18日	南京电视台	溧水草莓园11月20日开放迎宾
11月23日	西部网	溧水防化应急演练"苯事故"一小时被成功解除
11月24日	新华日报	溧水"新国标"家政服务员亮相
11月24日	江苏法制报	交管扫描
11月25日	中国共产党新闻网	南京市溧水县基层站所负责人开展向服务对象述职评议活动
11月25日	江南时报	南京溧水"五五"普法结硕果
11月25日	南京日报	南京市溧水县首批34名持证渔业养殖户上岗
11月27日	新华报业网	改善民生是目的　41万溧水人绽放"幸福表情"
11月28日	新华日报	江苏省建设农机研发推广示范基地
12月4日	新华报业网	南京郊县游溧水系列　秦淮源头有个"月潭"
12月5日	乐途旅游网	溧水渔歌美丽的蒲塘桥
12月8日	江苏法制报	溧水快速应对浓雾保畅通
12月9日	中国食品商务网	江苏溧水总结河蟹池塘养殖
12月9日	龙虎网	溧水改善公交出行
12月10日	现代快报	溧水客运一体化,再开3条公交线
12月13日	人民网	江苏南京市溧水县围绕四个重点加强农村基层党风廉政建设
12月14日	南京日报	溧水4客运公司合并成立公交公司
12月16日	南京日报	特色劳务经济带动10万余人就业
12月16日	金农网	南京溧水和凤镇强化土壤肥料投入品监测
12月17日	南京日报	郊区县种菜大户踊跃进城直销
12月17日	人民网	江苏溧水91个村开展"兑现勤廉承诺评议"活动
12月18日	现代快报	江苏溧水疑发现3000年前诸侯王坟墓
12月21日	新华日报	溧水评出村官创业"金点子"
12月23日	南京日报	蓄势跨越实现"十二五"倍增目标
12月28日	现代快报	《金陵十三钗》剧组溧水外景地曝光
12月30日	佛教在线	开光-溧水东庐山观音寺圆通宝殿落成暨佛像开光庆典举行

索　　引

Suo Yin

县委宣传部 供稿

说　　明

1.本索引采用条目分析法提取；按索引词首字汉语拼音音序排列，首字音调相同按第二字音序排列，依次类推。

2. 索引词后的阿拉伯数字表示内容所在页码，数字后的拉丁字母 a、b 分别表示左、右栏。

3.索引词后第二个页码表示“参见”内容所在位置。“概况”条目重复较多不收入索引，文字通栏排版，不注栏别。

4.“特载”“人物”“大事记”“统计资料”“附录”中的内容未作索引，仅以标题标示。

A

B

C

D

E

F

G

索引

K

L

M

N

P

Q

R

S

T

W

X

索引

Y

Z

南京溧水经济开发区

Nanjing Lishui Economic Development Zone

南京溧水经济开发区位于县城北部，是国家级生态示范区、全国百佳科学发展示范园。境内有宁高、宁杭、沿江3条高速公路，123、243两条省道，正在建设的溧马高速、246省道、宁杭高铁以及规划中的轻轨线穿区而过，与南京禄口国际机场无缝对接，交通便捷，物流顺畅。辖区总面积118平方公里，其中建成区面积32平方公里。辖有11个村委会、3个居委会和1个果园，总人口4.77万人。

开发区有生产企业530家，规模企业155家，形成汽车及零部件、食品医药、电子信息、先进装备制造、新材料、节能环保、现代物流等主导产业，培育出南京长安汽车、喜之郎食品、旺旺食品、小洋人乳业、云海金属、联塑管业、银茂电子、宁宏建机械、创维电器物流等龙头企业；引进创维科学城、创源电动车、金唯度物流、总参第六十研究所无人机等基地型、龙头性大项目和A.O.史密斯净水器、德国瀚乐电子、西班牙物流、美国康迈特汽配、德国伯泛等欧美企业。2010年完成地区生产总值65.54亿元，财政收入11.58亿元，一般预算收入5.1亿元，全社会固定资产投资107.4亿元，工业投入100.2亿元，工业开票销售收入166.6亿元，注册合同外资1.86亿美元，实际利用外资6514万美元，实际利用内资71.82亿元，提前实现“五年翻两番”目标。

随着区位优势日趋明显，投资环境日臻完善，开发区按照“南京未来的国际化航空物流中心、现代服务业高度集聚区、新的高端产业基地、人口人才汇集地、新一轮产业转移接受区”目标定位，全力打造一个国际化、现代化空港新城区，以全新姿态迎接世界各地企业家前来投资兴业。

◇ 省委书记梁保华视察开发区企业长安公司

◇ 秦淮河二干河综合治理工程开工仪式

◇ 传统民间文艺——柘塘雄狮

全国百家科学发展示范园区

省级生态工业园区

◇ 长安汽车流水线

◇ 卧龙湖

◇ 创维冰箱厂车间

◇ 南京长安汽车有限公司第10万辆汽车下线仪式

◇ 喜之郎质检车间

◇ 中源阳光城

◇ 中国国际物流节专场推介溧水经济开发区

◇ 镇党委中心组学习

溧水县永阳镇

Lishuixian Yongyangzhen

永阳镇是溧水县政府所在地，是百里秦淮之源。总面积140平方公里，距南京主城区40公里、南京禄口国际机场16公里、南京新生圩港60公里，宁高、宁杭、宁常3条高速公路和宁溧、常溧、老明3条高等级公路穿境而过，246省道和宁杭城际铁路永阳镇段正在建设。全镇辖11个村，363个村民小组；11个居委会，401个居民小组。常住人口140439人。有天然氧吧、南京后花园等雅称。依秋湖山、东庐山、无想山，傍中山湖、胭脂河、卧龙湖。

溧水经济开发区南区是镇工业集中区，位于县主城规划范围内，规划面积20平方公里，已开发15平方公里。村镇干部创业园为小企业营造创业基地。初步形成铁路机车和汽车配件、压力容器、装备制造等特色产业，分别集聚企业32家、18家、35家。先后被命名为省机车配件产业集中区、市制造业特色名镇，2010年，村镇干部创业园被认定为江苏省百家小企业创业示范基地。

2010年全镇地区生产总值51.6亿元，财政收入7.3亿元，一般预算收入5亿元，工业开票销售收入60.23亿元。三次产业比例调整到5∶53∶42。国家级卫生县城、国家级生态镇创建都高标准通过检查验收。在南京市86个镇及涉农街道综合实力排名中列第4位；在市社会主义新农村建设夺杯竞赛中获“发展杯”金杯。

◇ 市委书记朱善璐到永阳镇城郊村调研，镇党委书记经地生陪同

◇ 市委副书记陈绍泽参加项目开工仪式，镇党委书记经地生陪同

◇ 市长季建业深入企业调研，镇党委书记经地生陪同

◇ 表彰建设全面小康社会有功人员

◇ 许村拆迁安置房

溧水县白马镇

LISHUI XIAN BAI MA ZHEN

白马镇位于百里秦淮之源——溧水县东庐山麓，东南与溧阳交界，东北与句容接壤，是江苏省重点中心镇、南京市重点特色镇、南京市统筹城乡发展先导试点镇。镇域面积153.7平方公里，总人口4.5万人，辖1个国营茶场、9个村、2个居委会。白马镇交通发达，宁杭高速、宁杭城际铁路、341省道穿镇而过。江苏南京白马国家农业科技园区在建，规划面积40平方公里，省农科院溧水植物基地、南京农业大学、南京林业大学、农业部南京农机化所、省农机局、省植物所等科研院所项目相继落户园区。农业建有黑莓、蓝莓、绿茶、有机蔬菜“四个万亩”特色产业基地。工业有两大园区：一是机械加工园，规划面积6平方公里，功能定位为机械加工和轻工制品两大主导产业，现有企业70家；二是食品加工园，规划面积5平方公里，功能定位为白马国家农业科技园产业配套区，产业方向为农业科技创新和成果转化，现有企业10家。三产服务业建有全国最大私人收藏品展示基地——周园，内设千佛廊、百床馆、大型壁画、根雕石刻艺术等。白马湖、东庐湖、马占寺、杨树山等人居森林、农业旅游项目正加快建设，初步形成以文化博览、生态观光、休闲度假、农事体验为主的乡村旅游业。

开放的白马欢

◇ 南京中策电缆有限公司

◇ 南京宁成电气有限公司

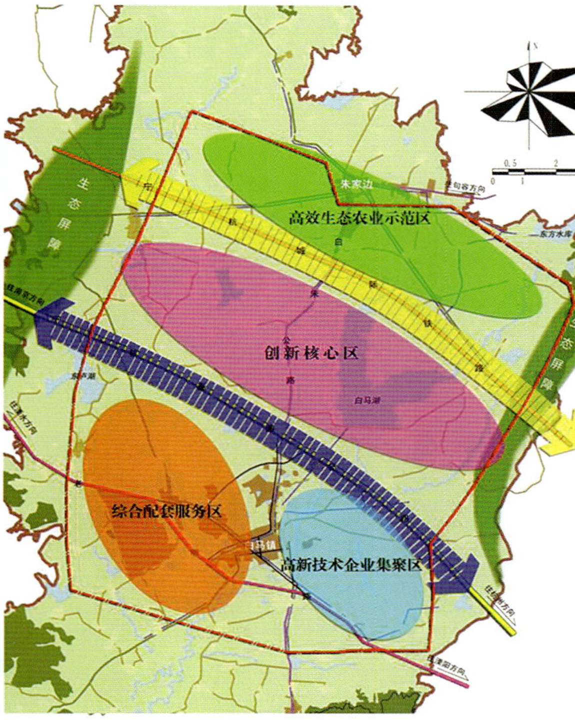

国家级农业科技园区规划

◇ 省委书记罗志军视察白马

◇ 安居房

迎您！

◇ 南京氟源管道设备有限公司

◇ 周 园

溧水县东屏镇

Lishuixian Dongpingzhen

东屏镇位于溧水县东北部，距南京主城区38公里，距禄口国际机场24公里，距南京新生圩港60公里。总面积120平方公里，总人口4.3万人。全镇辖12个村民委员会和2个居民委员会。东屏镇是国家重点镇、全国生态示范镇、省重点中心镇、省新型示范小城镇、省苗木之乡、市卫生镇、市环境优美小城镇、市制造业特色名镇，2010年被市政府确定为全市重点新市镇。

东屏镇拥有1个国家AAA级风景区（大金山风景区），2个国家二级水质淡水湖（东屏湖和卧龙湖），宁杭高速、沿江高速、常溧公路等穿境而过，宁杭城际铁路将东屏、南京主城和长三角经济区紧密连接，交通十分便捷。

2010年，全镇实现地区生产总值15.1亿元，比上年增长24%；完成财政总收入8050万元，比上年增长42.48%，其中一般预算收入完成5460万元，比上年增长41.82%；完成全社会固定资产投资13.7亿元，比上年增长28%；实现社会消费品零售总额5.62亿元，比上年增长38%；农民人均纯收入1.15万元，比上年增长18%。

◇ 副市长陈维健在东屏镇调研宁杭铁路站点建设

◇ 基层党建联系点“五个一”活动现场会

◇ 镇先进单位和先进个人表彰大会

◇ 村级标房

◇ 金湖现代农业示范园

◇ 卧龙湖国际社区

◇ 国家AAA级风景区——大金山风景区

◇ 金水湾国际度假村

溧水县洪蓝镇

洪蓝镇位于县城西南部，地形南低北高，半山半圩，辖11个村，1个居委会，总面积115平方公里，常住人口5万人。该镇交通区位优越，是南京地区的重要交通节点。123、341省道贯穿全镇，宁高高速公路在镇工业集中区和镇区均设有互通。天生桥河连接石臼湖、长江与秦淮河。镇区距南京禄口国际机场18公里，距南京主城区50公里。

该镇历史文化悠久，系江苏省百家名镇。境内自然资源丰富，人文景观荟萃。天生桥、无想寺、傅家边等风景名胜区以其独特的魅力，每年吸引数十万游客前来游览观光。

近年来，洪蓝镇凭借独特的交通区位优势和自然禀赋，积极整合资源，抢抓发展机遇，经济社会发展突飞猛进。2010年，全镇实现地区生产总值16．5亿元，财政收入1．04亿元，一般预算收入6508万元，农民人均纯收入1．08万元。先后获省社会治安综合治理先进镇、省文化和体育工作先进单位、市双拥模范镇、市重点乡村旅游街镇、市“发展杯”铜杯、县建设全面小康社会银杯等荣誉称号。2010年第五届中国（南京 溧水）草莓文化节、江苏第二届乡村旅游节在该镇傅家边举办，农业休闲旅游、生态旅游功能不断增强。

镇工业集中区紧邻宁高高速公路溧水天生桥出口，规划面积8平方公里。园区水、电、路、气、通讯等配套设施完善，企业集群、产业集聚势头良好，有62家企业入驻发展，园区招商引资的重点是电光源、汽车配件、装备制造类企业和物流产业。

◇ 集镇新貌

◇ 金牛山公园

◇ 天生桥

◇ 省农委主任吴佩良视察傅家边科技园

◇ 工业集中区

◇ 工业集中区村级标房

◇ 江苏冠军涂料科技集团有限公司

◇ 市委书记朱善璐视察傅家边新农村建设

◇ 连栋大棚

◇ 洪蓝镇人力资源市场

◇ 环境优美的敬老院

丰富的文化活动

第五届中国（南京·溧水）草莓节在傅家边开幕

洪蓝镇第三届农民运动会隆重举行

省第二届乡村旅游节在傅家边举办

副省长王卫国出席乡村旅游节开幕式

溧水县石湫镇

Li Shui Xian Shi Qiu Zhen

石湫镇位于溧水西南部，南临石臼湖，西接西横山山脉，下辖14个行政村、4个居委会，镇域面积128.3平方公里，山林面积2333.33公顷，总人口5万人，拥有石臼湖、西横山、小茅山、老虎山和环山河等5大风景观光区。地处南京禄口空港经济圈内，交通便捷，形成5分钟上高速、8分钟到机场、40分钟到南京新生圩港，2小时到杭州、3小时到上海的立体交通网。

石湫镇第一产业形成“桑、水产、意杨、特种水果、菊花”5大特色农业示范基地；第二产业形成冶金设备、机械制造、刀具工具、锻造铸造、铜材、电力配件6大支柱产业；第三产业建设以江苏广电石湫影视基地为中心的江苏未来影视文化创意产业园和石湫文化产业配套发展区。该创意产业园项目是省、市重点建设的文化设施和文化产业项目之一，规划总面积666.67公顷。一期占地140.87公顷，总投资50亿元。张艺谋执导的大片《金陵十三钗》剧组进驻创意园，于2011年1月10日开机拍摄。

2010年石湫镇完成地区生产总值16.78亿元，比上年增长22.3%；财政收入1.28亿元，比上年增长32.3%；全社会固定资产投资11.3亿元，比上年增长27%；农民人均纯收入1.06万元，比上年增长12.1%。

◇ 市、县领导在石湫镇视察教育工作

◇ 副市长陈维健调研环山河

◇ 《金陵十三钗》开机仪式

◇ 横山村大学生村官指导村民采摘杭白菊

◇ 创意园国家级项目揭牌仪式

◇ 工业集中区标准厂房

◇ 机械制造企业生产车间

溧水县和凤镇

◇ 全国人大农委领导调研和凤蔬菜产业园，镇党委书记石年生陪同

◇ 双牌石集镇新貌

和凤镇位于溧水县南部，东南与高淳县接壤，西临石臼湖，北与洪蓝镇相邻。全镇面积98平方公里，人口5.3万，辖11个村、2个居委会。

和凤镇是有名的“建筑之乡、水运之乡”。工业形成机械加工、食品加工、新型材料等主导产业；农业形成“万亩蔬菜、万亩茶园、万亩苗木、万亩粮油、五千亩特水”的现代农业示范园区；有全国县级最大的汽车4S园。

2010年，全镇完成国内生产总值20.98亿元，比上年增长23.9%；完成工业总产值37.39亿元，比上年增长29.3%；完成工业增加值9.97亿元，比上年增长32.1%；完成财政总收入1.63亿元，比上年增长26.3%；一般预算收入完成0.89亿元，比上年增长48.3%；农民人均纯收入1.08万元，比上年增长13.5%。

◇ 南京市委书记朱善璐走访和凤农户，镇党委书记石年生陪同

◇ 和凤小学诵读节

◇ 江苏淳通汽车销售服务有限公司开业典礼

◇ 学生们表演的跳马灯

◇ 舞龙灯

◇ 省委书记罗志军视察和凤工业集中区企业

◇ 市人大领导视察和凤蔬菜园

◇ 和凤通过市生态镇验收

◇ 石臼湖天鹅

◇ 万亩大棚

◇ 万亩苗木

溧水县晶桥镇

LI SHUI XIAN JING QIAO ZHENG

晶桥镇位于溧水县东南部，距县城15公里，东邻溧阳，南接高淳，北距南京禄口国际机场30公里，蒲杜线连接宁高高速公路，穿镇而过，246省道由北向南穿越镇中部，规划中的341省道于“十二五”期间建成，镇村公路总里程178公里。地形东南略高，西北较低，是典型的丘陵山区。

◇ 王进荣书记陪同县委书记项雪龙等领导视察

晶桥镇山青水秀，环境优美，资源丰富。新桥河、云鹤支河是县境内主要河流，其中新桥河是县境内最长的河流，全长26.28公里，横贯集镇由东向西流入石臼湖，是引水、分洪的重要水道。境内有芝山、芳山、观山、秋湖山、西瓜山、斗面山等，山林面积6710公顷，占全县山林面积的四分之一，是南京市林业重点镇。耕地面积2778公顷。地下蕴藏锶、锗、金、铜、铁、磷、硫、石灰石、辉绿岩等19个矿种。其中，可供开采的石灰石资源上亿吨，花岗岩、大理石约5万平方米，金矿约400公斤。

晶桥镇形成冶金、医药、新型建材、船舶配件等为主的现代制造业体系，拥有国家级、省级、市级高新技术企业以及省、市名牌产品。2010年实现工业总产值42.78亿元，主营业务收入38.96亿元，开票销售收入33.21亿元，工业增加值10.92亿元，实现利税2.93亿元。

◇ 芮家村千亩苗木基地

◇ 2010年10月，汉天水泥一期工程正式建成投产

◇ 枫香岭船舶配件工业集中区村级标房

◇江苏海正医药化工有限公司

◇ 观山工业集中区建设中的标房

◇ 镇文化园

◇ 迎奥林匹克会旗仪式上的文艺表演

◇ 奥林匹克会旗传递

机场路居委会

机场路居委会地处溧水经济开发区中心地段，区位优势明显，基础设施完善。辖区面积11.7平方公里，有28个居民小组，9个商业开发小区，10个保留村，服务人口1.3万人，党员142名。居委会水电及通讯到户率、卫生户厕率、生活垃圾集中处理率、主干道硬化率均达100%，农民居住地绿化率达40%以上。近年来，居委会党总支以发展集体经济和改善民生为己任，抢抓机遇，团结奋斗，综合实力不断提高，多项工作走在县开发区前列。2010年，实现经济总产值5000万元，集体可支配收入350万元，人均收入1.3万元。获省新型社区建设先进单位，市平安家庭创建活动示范社区（村）、环境卫生整治示范点、六好关工委、星级青年文明社区，县优秀基层党组织、青年文明号、优秀团支部、先进基干民兵组织、劳动和社会保障先进单位、经济建设社会发展先进集体等荣誉称号。

◇ 党总支书记　李永美

◇ 社区大楼落成典礼

◇ 慰问困难户

◇ 办公大楼

◇ 居委会班子成员

◇ 开发区领导及企业代表共谋居委会经济发展

◇ 红旗村拆迁动员现场

◇ 小区文化娱乐活动

◇ 整洁的王家井村（居委会保留村之一）

◇ 拆迁安置小区碧水家园活动场所

◇ 拆迁安置小区中城花园一角

◇ 班子成员召开民主生活会

前进居委会地处溧水经济开发区东部卧龙湖畔，宁杭高速、沿江高速、溧马高速在区域内交汇。总面积 6 平方公里，有 14 个居民小组，2 个安置小区，2 个商业小区，常住人口约 8000 人，有党员 59 名。

近年来，居委会大力发展集体经济，拥有 3000 多平方米的综合办公楼和 2500 平方米的标准厂房，合资经营园林绿化工程有限公司。正积极筹建新标准厂房以及其他经济增长点，着力解决办公经费的问题。2010 年，居委会年收入过百万元，居民人均收入 1.3 万元。居委会对女满 55 周岁，男满 60 周岁居内农民每人每月补助 100 元生活费，年底对 70 周岁以上老年人进行慰问，使更多的居民享受到经济发展带来的益处。

◇ 领导班子讨论工作计划

◇ 党支部书记张科凤看望老年人

◇ 党支部书记张科凤慰问困难群众

溧水经济开发区前进居委会

◇ 妥善安置拆迁户

◇ 拆迁安置小区内的文化活动长廊

◇ 环境优美的拆迁安置小区

◇ 市委书记朱善璐到村调研

◇ 村党总支书记徐建平陪同上级领导视察

永阳镇城郊村

YONG YANG ZHEN CHENG JIAO CUN

城郊村位于县城西南边缘，面积3.5平方公里。全村有16个村民小组，党总支下设6个党支部12个党小组，党员108名。有工业、商贸企业50余家，个体工商户百余家，实际管理人口4000人左右，其中村民2394人。2010年实现社会总产值5.01亿元，村集体可支配收入1017万元，农民人均纯收入1.51万元。综合经济实力位居南京市百强村第15位，拥有固定资产近4000万元。先后获全国敬老模范村，省、市文明村，省卫生村，市民主法治示范单位，市百强村，平安江苏创建先进集体，市先进基层党组织等荣誉称号。

◇ 重阳节慰问老年人

◇ 村办企业——栖凤工贸

◇ 村级道路绿树成荫

◇ 户户通水泥路

◇ 卫生城创建

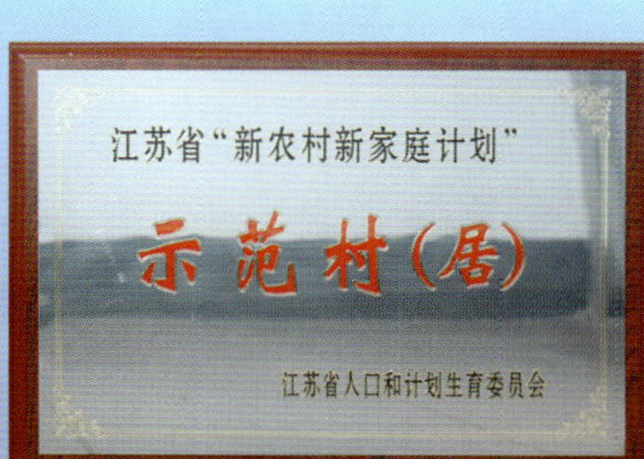

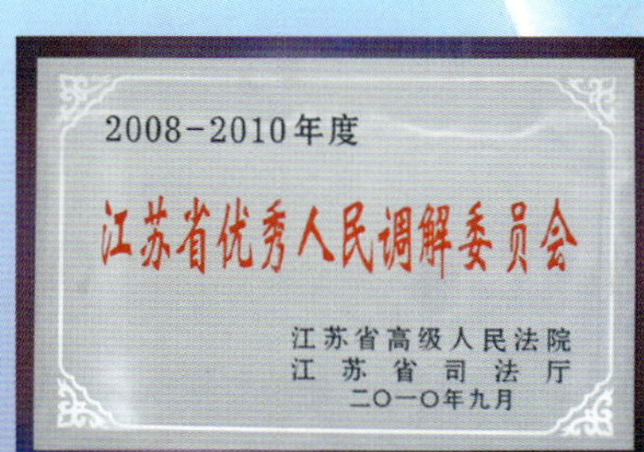

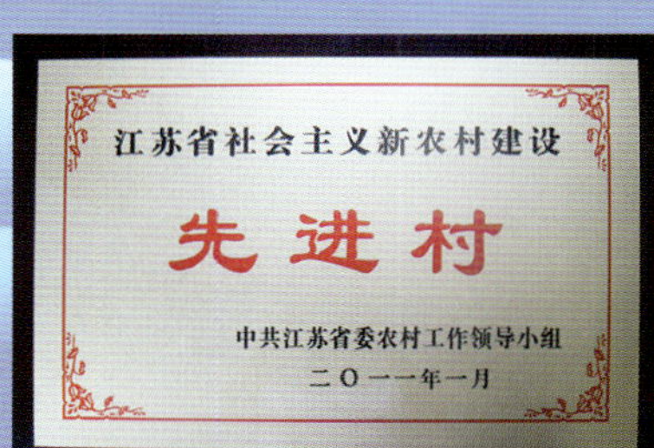

永阳镇戴家村

Yong Yang Zhen Dai Jia Cun

◇ 村党总支书记　孙庭革

戴家村位于县城南郊，总面积 4.53 平方公里，总人口 3582 人，有 12 个村民小组，15 个居民小组，党总支下设 3 个党支部，党员 125 名。2010 年实现地区生产总值 3.98 亿元，村级可支配收入 975 万元，农民人均纯收入 1.46 万元。综合经济实力由南京市百强村第 53 位上升至第 40 位，列溧水县十强村第 3 位，获南京市农村环境卫生示范村等荣誉称号。

◇ 村招租项目——汇豪商务大酒店

◇ 村委会成员

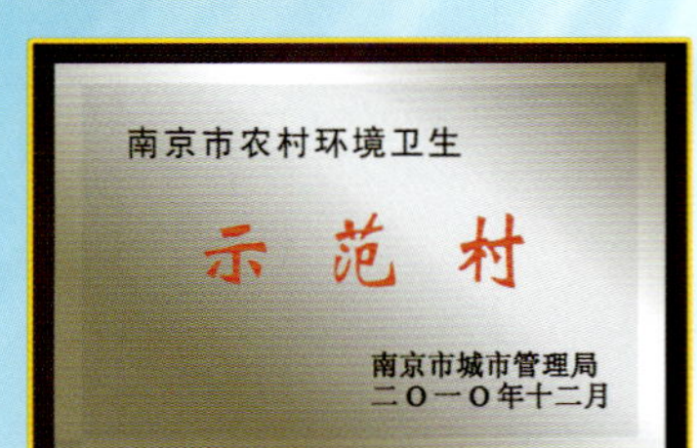

◇ 户户通水泥路

◇ 南堡中心村农民小憩广场一角

◇ 村民安置小区——幸庄佳苑

◇ 村民安置小区——幸庄北苑

◇ 南堡中心村公厕

◇ 西肖污水塘整治后的绿化园

永阳镇工农兵村

工农兵村位于县城东北部，东临宁杭高速公路、南近老明公路、北与县经济开发区交界、西接溧水县城。246省道、龙山路、青年路、中山东路贯穿全村，总面积10.5平方公里，耕地面积200.73公顷。有35个村民小组，1780户，农业人口4618人，党员141人。水泥路畅通全村各户，家家完成改厕，组组有保洁员，垃圾集中清运，有中小企业14家。2010年村坚持以科学发展观为指导，以争先创优为载体，依靠广大党员群众，克难奋进，富民强村，实现农村经济总收入4.38亿元，村级集体可支配收入860万元，农民人均纯收入1.6万元，名列南京市村级综合实力百强村第42位，在溧水县村级综合实力十强村排名第2位。

◇ 村党总支书记　王光生

◇ 村领导班子成员

◇ 村办公大楼

◇ 村级标准厂房

◇ 安居房

◇ 新区幼儿园

◇ 葡萄园

永阳镇高塘村

YONG YANG ZHEN GAO TANG CUN

◇ 村容整治

高塘村位于永阳镇东南，宁杭高速与老明公路穿境而过。全村总面积6.7平方公里，有18个自然村，32个村民小组。2010年经济总产值2.2亿元，其中工业开票销售收入1.17亿元，村级集体可支配收入95万元，农民人均纯收入1.09万元。

高塘村坚持走“工业强村”道路，有工业企业9家，总投资（包括资产）达到3.2亿元。2010年实现利税250万元，新增劳力就业500多人，增加农民工资性收入1000多万元。

高塘村拥有商贸市场、门面28家，健身广场2处，农民学校1所，县国土局指定农田配套制品厂1家。

2010年社会主义新农村建设通过高标准验收，卫生改厕率达100%。开展千亩农田整治，由低产田变为高产田，沟、路、电配套，全面实现机械化种田。

◇ 环境整治

◇ 农民学校

◇ 农田整治

◇ 农田整治后

◇ 商贸门面房

◇ 标准厂房

永阳镇 石巷村

◇ 万亩葵花

◇ 县领导到村召开调研会

◇ 万亩山栀

石巷村位于县城南郊，区位优势明显，基础设施完善，自然环境优美。全村面积12.46平方公里，有37个自然村，23个村民小组，有居民1191户，常住人口3407人。村属企业16家。2010年实现村级经济总产值1.2亿元，村集体可支配收入160万元，农民人均纯收入9326元，在全县综合实力排名中位居第23位。近年来，村紧紧围绕社会主义新农村建设目标，扎实有序地开展民主法治村创建工作，多次被县、镇评为文明村和社会治安综合治理先进单位。

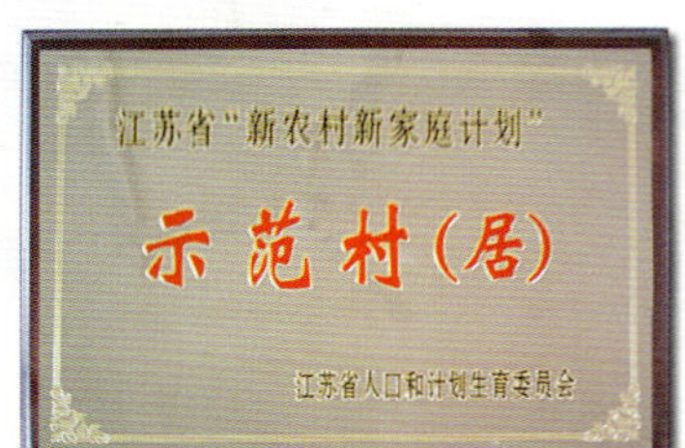

◇ 老年活动中心

南京溧峰集团

南京溧峰集团地处白马镇，交通发达，宁杭高速公路穿境而过，距南京禄口国际机场28公里。

现有生产茶园373.33公顷，先进的茶叶加工机械100多台套，加工厂房2万多平方米，茶叶贮藏冷库3座、300立方米，茶叶质量审评、化验设备齐全。

2000年溧峰绿茶被中国绿色食品发展中心认证为绿色食品。2001年在全省同行业中率先通过IS9001:2000质量管理体系国际认证。2002年，溧峰牌碧螺春、翠毫、毛尖被省名牌战略推进委员会授予江苏名牌产品称号，溧峰商标被省工商行政管理局授予江苏省著名商标。2003年，溧峰绿茶被中国绿色食品发展中心认证为AA级绿色食品，被中绿华夏有机食品认证中心认证为有机食品。2006年溧峰茶叶获省质量技术监督局颁发的QS食品生产许可证，2010年通过省级无公害标准化示范区验收。

2005～2009年溧峰牌碧螺春参加全国中茶杯质量评比均获特等奖，2006～2010年溧峰牌碧螺春参加江苏省陆羽杯质量评比均获特等奖。

浓浓溧峰茶，杯杯暖人心。溧峰人将以满腔的热情、一流的质量、周到的服务竭诚欢迎您的光临！

◇ 溧峰翠眉

◇ 碧 螺 春

垂询电话：025—57250079
025—57250118

白马镇白马村

白马村位于溧水县东南部，是白马镇政府所在地，与句容、溧阳交界，属于丘陵地区。有28个自然村，1941户，总人口6356人。1个党总支，4个党支部，有党员201人。村域面积17.5平方公里，水田523.33公顷，旱地36.67公顷。2010年白马村农民人均纯收入1.08万元，村集体可支配收入126万元。

◇ 商业一条街

◇ 娱乐健身场所

◇ 进村企业

白马镇石头寨村

全国"莓产业"第一村

石头寨村位于白马镇东南部，东与溧阳市上兴镇交界，西南与晶桥镇枫香岭村、芝山村接壤，全村面积16.7平方公里，有18个自然村，28个村民小组，总户数1113户，总人口3272人，劳动力1765名，设1个党总支，5个党支部，党员96名。石头寨村是革命老区，抗战时期溧水县第一个农村党支部在石头寨村李巷自然村成立。全村地貌属低山丘陵，有水田313.33公顷，旱地667公顷，山林233.33公顷。蓝莓、黑莓种植是石头寨村的主导产业，2010年，全村种植蓝莓314公顷，产量1670多吨，产值近9000万元；种植黑莓133.33公顷，产量1000多吨，产值200多万元。全年村集体可支配收入280万元，农民人均纯收入1.23万元。

◇ 村党总支书记　李年保

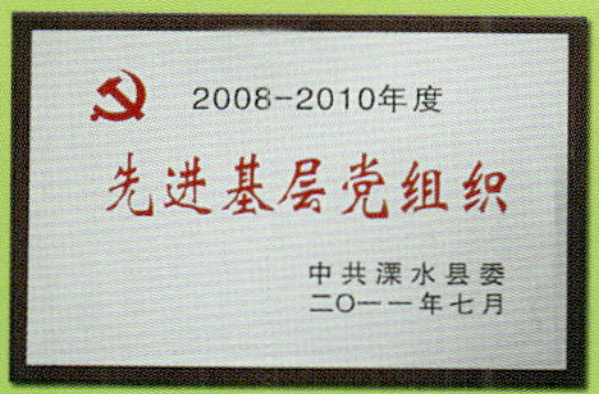

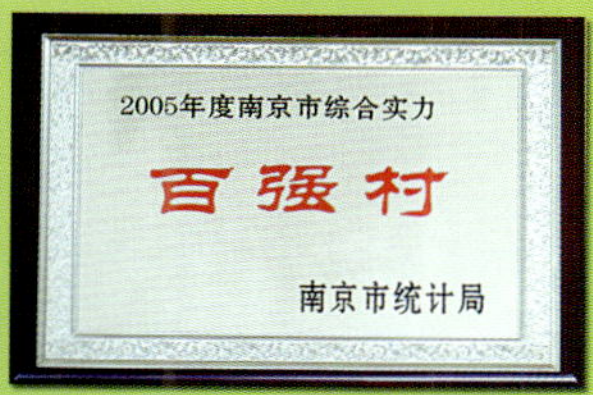

◇ 蓝莓育苗基地

◇ 黑莓采摘

◇ 村村通水泥路

◇ 杨树山度假村

◇ 生态健身广场

白马镇曹家桥村

曹家桥村位于白马镇南部，东与溧阳交界，总面积14.7平方公里，有20个自然村、31个村民小组，总人口3233人，总户数1147户，党员102名。耕地面积551.87公顷（其中水田375.2公顷，旱地176.67公顷），经济作物346.67公顷，集体山林352公顷，尤咀水库水面28公顷。2010年村集体可支配收入170万元，农民人均纯收入1.02万元。

◇ 村工业标房

◇ 整洁的村庄

◇ 蓝莓育苗

◇ 蓝莓种植

◇ 蓝莓基地

◇ 水泥路通达各自然村

◇ 公 厕

白马镇上洋村

上洋村位于白马镇西部，有16个自然村，22个村民小组，全村面积10.44平方公里，耕地560公顷。全村总人口3388人，党员130余人。劳动力1850余人，90%以上人员在外地打工，其中到省外打工者占25%。宁杭高速、老明公路穿村而过。

上洋村属白马镇工业集中区规划区，境内有企业30余家。2010年村集体经济总收入1500多万元，村集体可支配收入150万元。农村道路实现村村通，涧屋等村户户通水泥路，涧屋村被列为县集绿化、环卫、娱乐于一体的新农村建设示范点。全村有线电视入户率95%，自来水饮用率100%，村村进行绿化改厕，村村有垃圾集中箱和环卫人员。

◇ 境内企业——白马鸡场

◇ 规模种植葡萄等农产品

◇ 环境优美的居民小区

◇ 山清水秀的村居

白马镇浮山村

浮山村位于白马镇北部，属丘陵山区及革命老区，全村总人口4327人，劳力2863人，户数1443户，有28个自然村，22个村民小组。总面积14.57平方公里，有水田338.67公顷，旱地及岗坡地466.67公顷，山林330.07公顷，水面153.47公顷，其中小型水库6座。村内有企业4家（新盛石料加工厂、金童磁性材料加工厂、永丰砖瓦厂及传友墙体材料厂）。2010年村集体经济可支配收入80万元，农民人均纯收入1.11万元。浮山村先后获南京市镇村环境卫生整治示范行政村及市巾帼文明示范行政村等荣誉称号。

近年来，浮山村大力发展有机农业和科技生态设施农业，农户以种植有机大米、小籽花生、紫糯玉米、紫心山芋等农副产品为主，果树以大枣、柿子、梨、油桃、黄桃为主，苗木以香樟、玉贞、银杏、桂花、榉树为主，药材以芍药、银翘花、山栀为主。走“资源节约型、环境友好型、生态康居型”可持续发展道路，大力推进各项事业协调发展。

◇ 朝阳水库

◇ 茶叶基地

◇ 浮山特产

◇ 小籽花生

◇ 养鸡场

◇ 美国红枫育苗栽植基地

东屏镇群力村

◇ 商业一条街

群力村位于县城北部，与县经济开发区毗邻，距南京主城区45公里，禄口国际机场15公里，境内有宁杭高速公路互通口，交通便捷，区位优势明显。全村总面积8平方公里，有1个居委会和10个自然村，总户数1292户，人口2688人。

2010年，群力村两委班子坚持以富民强村为己任，着力加快村级经济发展，积极盘活存量土地资源，引进工业项目1个，现代农业项目2个，村级经济收入显著提高。高标准推动新农村建设进程，完成3个自然村内道路“户户通”工程，强化区域内集镇和村庄整治工作，加快实施农田水利配套建设，获得较好的经济社会效益。

◇ 建设中的现代农业示范基地

◇ 铺设村级道路

◇ 娱乐健身场所

◇ 宁杭高速互通口

◇ 高档会所

东屏镇金湖村——

金湖村位于东屏镇东南部，山清水秀，环境优美，总面积15平方公里，人口5000余人。紧邻常溧公路和沿江、宁杭高速公路互通出口，宁杭城际铁路穿村而过，地域优势明显，交通便捷。金湖村先后获市文明村、省生态村等称号，是镇重点打造的县级现代有机农业园区。金湖村坚持“发展、和谐、稳定、生态”的原则，理清党建和经济思路（党建思路：抓党建，带队伍，理思路，谋发展；经济思路：调结构，兴产业，强基础，增收入），以科学发展观统揽经济工作，加大招商引资力度，壮大村级经济，服务群众，抢抓机遇，走农业增效、农村繁荣、农民增收之路，村级经济取得较大发展，2010年村级可支配收入246万元，增幅居全县全镇前列，农民人均纯收入9600元。

◇ 市委常委刘志伟到金湖视察村级经济发展

◇ 县人大副主任沈银保视察金湖村现代农业发展

◇ 副县长陈小冬带领七镇一区领导参观金湖农业园

◇ 一剪梅现代农业园

◇ 市检察院帮促联系点金湖村艰苦创业谋发展报告会

◇ 一剪梅休闲农庄

东屏镇方边村

方边村是东屏镇政府所在地。常溧路穿村而过，村东有美丽的东屏湖，国家AAA级风景区大金山风景区坐落在村南，村北是镇工业集中区。全村总面积6平方公里，有9个自然村，17个村民小组，农户800户，农业人口2600余人。村党总支下设3个党支部，有党员98名。2004年以来，方边村一直被评为市百强村，近几年先后获市生态村、省民主法治创建村称号。方边村紧紧围绕经济建设中心，深入开展党建工作，坚持科学发展观，开拓创新，不懈追求，走以工业为主、服务业为辅的“富民强村”之路，利用集镇区位优势，加大对外招商引资力度，提高村集体的综合实力，2010年村集体可支配收入320万元，农民人均纯收入1.43万元。

◇ 村委会

◇ 水泥路通达各自然村

◇ 大金山庄国防园

◇ 工业集中区

◇ 东屏湖

洪蓝镇三里亭村

三里亭村地处洪蓝集镇，面积6.8平方公里，有15个自然村和1个居委会，1581户，常住人口4459人，耕地226.4公顷，林地18.53公顷，水面23.33公顷。三里亭村党总支下设4个党支部，有党员130人。2010年，有民营企业46家，村集体可支配收入368万元，农民人均纯收入1.3万余元。境内有宁高高速、老明公路、胭脂河穿村而过，水陆交通便利，区位优势明显。

近年来，三里亭村与时俱进，开拓进取，不断推进全村经济社会向前发展，取得较好成绩。先后被评为省、市民主法治示范村，市人民调解先进集体，县稳定工作先进单位，县平安创建先进集体，县计划生育先进单位，县三个文明建设先进单位，县十强村。2010年底，被评为市百强村。

◇ 村委班子召开党群议事会

◇ 村书记在南京市深化“村官保廉”体系建设工作推进会上发言

◇ 开展消防演习

◇ 村办企业

◇ 南京市暨溧水县“三下乡”启动仪式

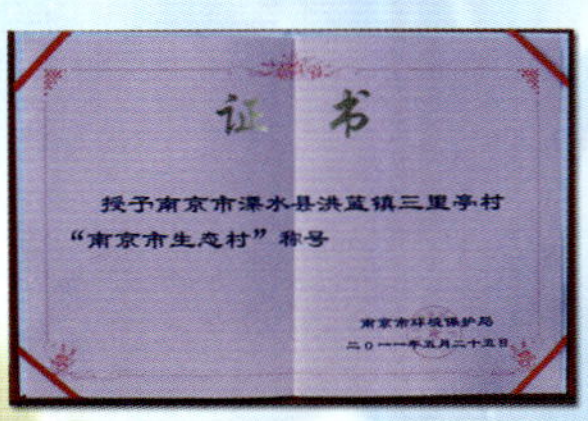

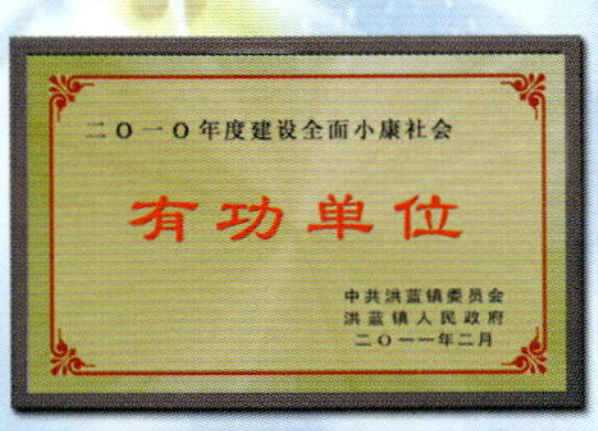

洪蓝镇西旺村

◇ 中组部组织局副局长李小新到西旺村调研党员远程教育工作

西旺村地处县城西南部，村区位优势明显，基础设施完善，自然环境优良。全村面积9平方公里，有28个村民小组，人口3250人，党员122名。

西旺村水、电、通讯到户率，卫生户厕普及率，主干道硬化率等均达90%以上，农民居住区绿化率达40%以上。近年来，村投入100多万元进行村级道路建设，并且每年投入经费10多万元进行村庄卫生整治，为全村村民创设良好的生活环境。

村两委班子坚持以发展经济、强村富民为己任，村级经济特别是工业经济得到快速发展，村综合实力不断提高，新农村建设取得显著成绩，各项工作都走在全镇乃至全县的前列。至2010年末，实现村级经济总产值近亿元，村集体可支配收入538万元，农民人均纯收入1.31万元；村综合经济实力位于南京市百强村第71位；先后获省党员干部现代远程教育示范站点、省人民调解防激化工作先进集体、市民主法治示范村、市“六好”村关工委等荣誉称号。

◇ 林荫大道

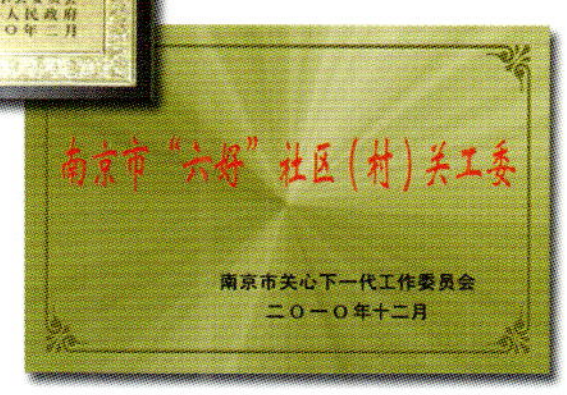

◇ 工业集中区

◇ 约翰温泉大酒店

◇ 天生桥度假区

洪蓝镇天生桥村

◇ 村党总支书记秦新海与村联系点领导畅谈村级经济发展

◇ 村招商企业

天生桥村位于洪蓝镇西北部，村域内山水资源丰富，环境优美，汇集国内称奇的天然石桥——天生桥、有“江南小三峡”美称的胭脂河、“中山八景”之一“琛岭神灯”等风景名胜及南京太阳岛高尔夫球场。全村有17个自然村，30个村民小组，总户数1295户，人口3487人，1476个劳动力，党员101人。全村总面积7.8平方公里，耕地445公顷，山林100公顷，水面65.33公顷。近年来，该村立足实际，多措并举，扎实推进新农村建设和村级工业经济发展，取得明显成效。2010年，全村实现经济总产值2.9亿元，村集体可支配收入134.9万元，农民人均纯收入1.2万余元。

◇ 南京太阳岛高尔夫球场

◇ 古塘水库

◇ 山南现代农业基地

◇ 木材市场

新农村建设示范村

——傅家边村

◇ 市委书记朱善璐到傅家边调研新农村建设情况

◇ 上级领导视察傅家边村

◇ 村党总支民主生活会

傅家边村地处洪蓝集镇东南，距县城13公里，距南京禄口国际机场33公里，村域内山水资源丰富。全村总面积12.8平方公里，有17个自然村，34个村民小组，总人口4333人，党员97名。近年来，傅家边村充分发挥资源优势，围绕旅游发展，采取土地租赁、土地股份合作、村企合作等多种模式，大力发展大棚草莓种植等高效设施农业，有效地促进村级经济发展和农民增收，现代高效农业面积466.67公顷。现代农业园加快发展，农业产业特色逐步彰显、规模不断拓展、效益逐步提高，成为溧水县推进现代农业发展的示范窗口。2010年，全村实现工、副业总产值3.8亿元，村集体总收入493万元，农民人均纯收入1.27万元，村级综合实力列市百强村第72位。先后获全国绿化先进单位、省级生态村、省卫生村、省民主法治示范村、省级康居示范村、市安全文明村、市有功单位、市农家乐示范村等荣誉称号。

◇ 大棚草莓

石湫镇石湫村

——SHI QIU ZHEN SHI QIU CUN

石湫村是石湫镇政府所在地，江苏省“十一五”文化产业重大项目之一——江苏影视基地落户该村。243省道穿村而过，交通方便，区位优势明显。全村面积15平方公里，耕地面积250多公顷，有23个村民小组，人口4500多人，党员109人。

石湫村水、电、通讯到户率，卫生户厕普及率，生活垃圾集中处理率，主干道硬化率等均达100%，农民居住区绿化率达40%以上。建有社区活动中心1个、社区卫生服务站1个。石湫村每年平均投入经费20万元进行河塘清淤和村庄整治，2010年投入120多万元进行道路建设。

石湫村农业以水稻、油菜种植为主，产出稳定，农民收益良好。近年来，该村党总支、村委会坚持以发展经济、强村富民为己任，扬长避短，发挥优势，村级经济特别是工业经济得到快速发展。2010年完成经济总产值1.75亿元，实现村集体可支配收入120万元，农民人均纯收入1.08万元。

◇ 石湫行政村村委会

◇ 未来影视文化创意产业园

◇ 意杨种植基地

◇ 风景宜人的独山水库

石湫镇九塘村

SHI QIU ZHEN JIU TANG CUN

九塘村位于县城西6公里，石湫镇东6公里，面积15平方公里，有19个自然村，1166户，总人口3927人。九塘村党总支有4个党支部，123名党员。承包面积为433.33公顷，其中水田313.67公顷。九塘村距南京主城区40公里、南京禄口国际机场12公里、天生桥公园和太阳岛高尔夫球场2公里，溧水公交5路车直达九塘村。

九塘村是南京市最大的养蚕基地，年产鲜茧310吨。溧水九塘蚕桑专业合作社是南京市唯一的蚕桑专业合作社。该合作社从办社初始的58人，发展到2010年拥有固定社员2150人，社员栽种桑树面积323.33公顷。2010年，合作社组织蚕茧销售收入550万元，社员户均收入1.2万余元，合作社现有专业技术人员8名，行政管理人员6名。合作社不断强化技术、质量管理，制订有效的岗位责任制，以家庭承包经营为基础，以提高社员组织化程度和增加社员收入为目的，为社员提供产前、产中、产后服务，依法维护社员的合法权益。

九塘村利用自身资源及地理位置优势，进行农业项目招商引资，引进3家企业投资农业项目，以苗木种植、有机大棚、观光农业为主。

◇ 南京汇丰兴业农业发展有限公司种植的经济苗木

◇ 南京亿塘农业发展有限公司开发地块

◇ 南京市金湫农业发展有限公司蔬菜大棚

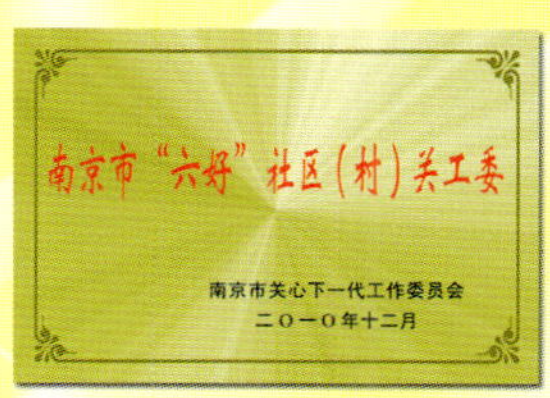

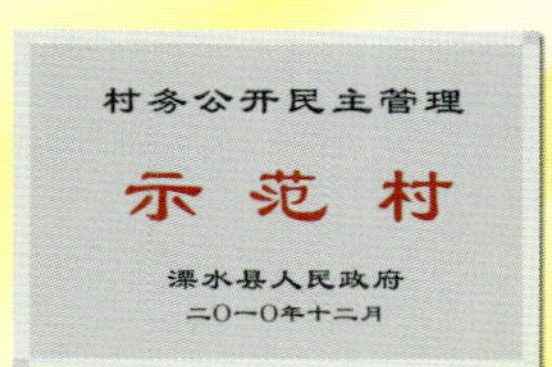

石湫镇上方村

上方村位于县城西部，西接石湫集镇，东与天生桥风景区毗邻。距南京禄口国际机场6公里。境内有溧水县“中山八景”之一“琛岭神灯”之称的小茅山，环境秀丽，小茅山水库水资源丰富。全村面积10.2平方公里，耕地523.33公顷，山林73.33公顷。有17个自然村，33个村民小组，总户数1350户，人口3550人。2010年，实现村集体可支配收入180余万元，农民人均纯收入1.08万元。

◇ 进村企业——兴业磁材

◇ 南京交通工程有限公司落户上方村

◇ 纯天然食品玉龙粉丝

◇ 新农村建设成果

◇ 上方村古银杏树被评为南京市城市古树名木

◇ 村民休闲健身广场

晶桥镇 枫香岭村

枫香岭村地处晶桥镇中南部，与白马、和凤两镇接壤。距县城30多公里，云晶公路穿村而过，交通便利。全村面积24.8平方公里，有19个自然村，36个村民小组，4367人、1242户。农田承包面积420.07公顷，山林面积575.4公顷。2010年枫香岭村实现地区生产总值1.65亿元，村级可支配收入120多万元，农民人均纯收入1.08万元。枫香岭村先后获全国造林千佳村、市绿化先进单位、市文明村镇等多项荣誉称号。

◇ 船舶配件基地

◇ 成群的白鹭栖息在秀山

◇ 苗木基地

◇ 枫香岭

溧水县行政区划图

江
宁
区
禄口镇
禄口机场
机场互通
句
容
市
天王镇
柘塘镇
新淮
共和
梅山
富滨
交山
福田
华桥
红星
秦淮
群力
联民
爱廉
爱民
和平
景山
长乐
丽山
爱景
定湖
白鹿
东屏镇
方边
金湖
东屏湖
卧龙湖
骆家边
县果树实验场
开发区
荷花
桂庄枢纽
机场路
前进
里牌
徐溪
沙河
工农兵
永阳镇
县政府
城郊
东山
中山湖
中山
戴家
东庐山
浮山
朱家边
革新
白龙
白马湖
高塘
蟹塘
上方
九塘
石湫
石湫镇
西横山
横山分场
横山
桑元蒲
社东
塘窦村
西横山水库
小茅山
西旺
天生桥
三里亭
平安山
S243
S246
宁杭高速
沿江高速
溧水河
天生河
三干河